세계의 과거·현재·미래가 만나는 제7의 대륙

# 태평양이야기

세계의 과거·현재·미래가 만나는 제7의 대륙

# 태평양 이야기

**사이먼 윈체스터** 지음 · **김한슬기** 옮김

21세기북스

# 차례

__프롤로그__  **잠들시 않는 지구의 눈** · 6

태평양, 마법처럼 환상적인 미지의 세계 · 슬픈 역사의 시작 · 천혜의 아름다움과 그 이면 · 추한 역사의 단면 · 태평양의 현대사 · 잠들지 않는 지구의 눈

__제0장__  **1950년, 현대의 시작** · 44

__제1장__  **핵실험으로 일그러진 바다** · 53

원자폭탄 실험의 조건 · 비키니섬의 재앙 · 실패한 첫 번째 실험 · 에이블, 대폭발을 일으키다 · 바다를 떠다니는 유목민 · 끔찍한 방사능 유출 사고 · 희생자들 · 폐허가 된 낙원

__제2장__  **트랜지스터라디오 혁명** · 107

모리타와 이부카 · 도약의 발판을 마련하다 · 트랜지스터라디오의 등장 · 시험대 위에 서다 · 소니의 탄생 · 라디오 도난 사건 · 소니, 삼성, 그리고 애플 · 도쿄만에서 중국으로

__제3장__  **서핑, 파도가 주는 선물** · 153

〈기젯〉의 열풍이 파도를 몰고 오다 · 서핑의 고향, 하와이 · 하와이에서 로스엔젤레스로 · 서핑의 영웅들 · 파도 속으로 · 폴리네시아 문화가 준 아름다운 선물

__제4장__  **럭비공 같은 나라, 북한** · 191

지도 위에 그어진 선 · 푸에블로호의 임무 · 나포된 푸에블로호 · 잔혹했던 시간들 · 크리스마스 선물 · 판문점 도끼만행사건 · 유연함이 없는 북한 사회 · 비무장지대에서의 오찬

__제5장__  **태평양 식민 시대의 종식** · 239

퀸엘리자베스호 · 사고인가 방화인가 · 개인의 권리보다 앞서는 집단의 질서 · 더글러스 그레이시와 베트남 · 인도차이나전쟁 · 태평양의 영국 식민지들 · 인구 60명의 핏케언제도 · 홍콩의 반환 · 태평양 제국의 종식

**제6장** 기후이변, 태평양에 위기가 닥치다 · 293

태풍 트레이시의 상륙 · 초강력 태풍 하이옌 · 세계 최악의 태풍 · 태평양에서의 기상이변 · 길버트 워커 · 워커순환과 남방진동 · 태평양에 거는 기대

**제7장** 오스트레일리아는 아시아의 일원이 될 수 있을까? · 339

총리 고프 휘틀럼 · 총독, 총리를 해임하다 · 휘틀럼 파면이 가져온 결과 · 오스트레일리아의 상징 · 하버브리지와 오페라하우스 · 순탄치 않았던 오페라하우스 건축 과정 · 안타까운 사건, 기이한 사건 · 백호주의 · 오스트레일리아의 양면성

**제8장** 앨빈호, 바닷속 또 다른 세상을 발견하다 · 391

모든 대륙의 근원, 해저산맥 · 이동하는 판 · 심해에도 조개가 산다 · 앨빈호가 발견한 신대륙 · 과학계를 진일보시킨 갯지렁이 · 앨빈호가 주워 올린 검은 보물 · 블랙 스모커의 가치와 논란

**제9장** 바다가 보내는 경고 · 437

자연의 보고 그레이트배리어리프 · 악마불가사리보다 무서운 환경오염 · 아름다운 깃털 망토의 경고 · 앨버트로스의 부활 · 거대한 쓰레기 섬 · 바다를 수호하라 · 래리 엘리슨의 도전

**제10장** 미국과 중국의 충돌 · 487

피나투보산이 폭발하다 · 무너진 방어선 · 드러난 중국의 야심 · 산호초에 중국 막사가 세워지다 · 우디섬과 싼사시 · 중국과 미국의 대립 · 성장하는 중국, 변화하는 정세 · 중국의 새로운 꿈 · 공해전투의 탄생 · 태평양의 과거와 미래

**에필로그** 파도가 전하는 메시지 · 547

폴리네시아 사람들의 지혜 · 타히티를 향하여 · 태평양의 교훈

감사의 말 · 570    옮긴이의 말 · 576    참고 자료에 대하여 · 580    참고 문헌 · 588    찾아보기 · 600

# 프롤로그

# 잠들지 않는 지구의 눈

산 아래 바닷가에 푸른 바다에 긴 안개 사이로

뛰어오르는 돌고래 같은 모양의 곶이 끝없이 이어진다.

잔잔한 바다 너머 서쪽을 보라. 우리 행성의 반절이 눈에 담긴다.

아시아, 오스트레일리아, 하얀 남극까지……

이는 깜빡임이 없는 지구의 눈꺼풀이다.

지구의 눈은 결코 잠들지 않는다.

전쟁으로 얼룩진 끔찍한 광경까지 모두 지켜보고 있다.

— 로빈슨 제퍼스, 〈눈〉, 1965.

유나이티드항공 154편은 주 3회, 동틀 무렵 호놀룰루 국제공항을 이
륙한다. 이 비행기는 와이키키를 비추는 아침 햇살 사이로 솟구쳐 올
라 북동무역풍을 타고 괌의 주도 하갓냐Hagåtña로 향한다. 비행기 왼
쪽 창문 밖으로는 해안을 따라 고층 호텔이 줄지어 서 있는데, 이 중

에는 도리스 듀크Doris Duke의 고급 별장 샹그릴라도 있다. 다이아몬드
헤드 사화산 분화구 위로 3킬로미터를 더 올라가면 비행기는 오른쪽
으로 천천히 방향을 튼다.

아침 안개가 옅게 낀 날이면, 비행기 오른편에 앉은 승객은 히컴필
드Hickam Field 비행장에 줄지어 대기하고 있는 폭격기와 거대한 수송기
를 볼 수 있다. 어쩌면 매끈한 회색 군함이 무리 지어 진주만을 유유
히 항해하는 풍경을 볼 수 있을지도 모른다. 산등성이와 해안 사이로
는 한적한 마을들이 자리하고 있고, 러시아워에 갇힌 자동차들은 호놀
룰루 H-1 고속도로 주변의 얽히고설킨 도로 위를 느릿느릿 움직일 것
이다. 이 도시 풍경 뒤로 가파른 산등성이 곳곳에는 하얀색 레이더 탐
지돔들이 세워져 있다.

## 태평양,
## 마법처럼 환상적인 미지의 세계

이쯤에서 승객을 가득 태운 비행기가 엔진 출력을
높이면서 머리를 하늘로 치켜든다. 고도 8킬로미터에 달하면 남서쪽
항로로 자동조종에 들어가고, 맑고 푸른 망망대해 위로 3,000킬로미
터 이상의 비행을 시작한다. 비행기 기체가 수평을 이루고 몽글몽글
한 구름 사이를 지나 눈 깜짝할 사이에 하와이가 시야에서 사라지면,
그 후로 몇 시간 동안 끝없이 바다 위를 날아간다.

비행기의 항로 아래로 펼쳐진 어마어마하게 넓은 바다는 끊임없이
변화한다. 이 바다는 7억 5,000만 년 전 지구상에 존재하던 유일한 대

양인 판타랏사Panthalassa가 분열하면서 형성된 태평양이다. 유구한 역사를 자랑하는 태평양의 면적은 상상하기 어려울 정도로 넓은데, 6개 대륙의 면적을 모두 합쳐도 태평양에 비기지 못할 정도다. 드넓은 대양에는 수많은 생물체가 살아가고 있으며 지각변동도 매우 활발하다. 꿈쩍도 하지 않을 것 같은 높은 산과 깊은 해구라도 태평양에서 일어나는 지각변동에는 당해낼 수 없다. 이뿐만이 아니라 태평양에서 일어나는 대기 현상과 기상 현상은 지구 반대편까지 영향을 미친다.

태평양에 접한 해변에서 해수욕을 즐기고, 바다 한가운데 자리한 아름다운 산호섬을 둘러보고, 깊은 바닷속에서 스쿠버다이빙을 하는 등 우리가 태평양의 일부를 체험할 수 있는 기회는 많다. 하지만 태평양 전체를 볼 수 있는 사람들은 오직 소수의 해양학자뿐이다. 이들은 태평양에서 일어나는 수많은 자연현상과, 태평양에서 살아가는 다양한 사람과, 지질학적 특성과 생물학을 연구한다. 면적이 1억 6,525만 제곱킬로미터에 이르는 대자연 앞에서 이들은 가슴 깊이 겸허함을 느낀다.

제임스 쿡James Cook은 태평양을 항해하며 "인류가 도달할 수 있는 가장 먼 곳까지 왔다."는 글을 남겼다. 쿡이 태평양으로 첫 탐험을 떠난 지 250년이 넘었지만, 오늘날에도 러시아 캄차카반도에서 혼곶까지, 알래스카에서 오스트레일리아까지, 파나마에서 팔라완까지 태평양을 횡단하기 위해 1만 6,000킬로미터가 넘는 거리를 항해하다 보면 개척정신이 솟구친다. 이는 단순히 태평양이 어마어마하게 크기 때문이 아니라, 태평양에는 아직까지 밝혀지지 않은 미지의 영역이 아주 많기 때문이다. 과거 영국 해군성에서 제작한 해도 '일반 항로Ocean Passages for the World'에서는 태평양을 횡단하려고 출항을 준비하는 항해사들에게 다음과 같이 경고하고 있다.

"태평양에는 아직 관련 정보가 없는 지역이 많으며, 항로에 기록된 정보조차 완벽하게 정확하다고 할 수 없다. 안전하게 항해를 마치려면 주변을 유심히 살펴보고 청각을 곤두세워야 한다."

유나이티드항공 154편은 하와이를 출발해 최종 목적지인 괌의 하갓냐로 향하는 아일랜드 호퍼island hopper다. 태평양 사방팔방을 바쁘게 누비는 154편의 총 비행 거리는 9,600킬로미터, 총 비행시간은 열네 시간에 달한다. 154편의 목적지인 태평양의 작은 섬들은 세상에 잘 알려진 편은 아닌데, 그나마 마지막으로 착륙하는 섬인 하갓냐가 가장 유명하다.

호놀룰루 공항을 이륙한 유나이티드 154편의 첫 도착지는 마셜제도의 나지막한 산호섬인 마주로 그리고 콰절린 환초다. 154편은 공항에 착륙해 30분간 대기한 뒤 다음 목적지인 미크로네시아제도로 향한다. 미크로네시아제도에서는 산세가 험하고 정글이 우거진 섬인 코스라에, 폰페이, 추크에 착륙한다.

호놀룰루에서 탑승해 마지막 목적지인 괌까지 비행하는 승객은 거의 없고, 중간 목적지인 섬들 사이를 오가기 위해 154편을 이용하는 경우가 대부분이다. 그러니 비행기가 한 번 착륙할 때마다 온갖 크고 작은 수하물이 실리고, 내려진다. 오랫동안 근무해온 유나이티드 154편의 가무잡잡한 현지 승무원들은 항공편을 자주 이용하는 승객들과 살가운 인사를 주고받는다. 154편의 승무원들은 규정상 도중에 내리지 못하고, 하와이에서 괌까지 비행을 해야 한다. 비행기가 괌에 도착하면 이착륙 안내 방송을 열 번도 넘게 반복하느라 지칠 대로 지친 승무원들은 무사히 비행을 마쳤다는 안도감에 가슴을 쓸어내린다.

호놀룰루에서 하갓냐로 향하는 동안 비행기 아래로 내려다보이는 풍경은 유럽인들이 생각하기에 이상적인 태평양의 모습을 그대로 그려놓은 듯 아름답다. 유나이티드 154편이 착륙하는 섬들은 모두 열대 기후에 속한다. 따뜻한 햇볕 아래 펼쳐진 바다는 눈이 부시도록 푸르게 빛나고, 부드러운 바람은 머릿결을 간질인다. 백사장 너머 바다에서는 알록달록한 물고기들이 산호와 말미잘 사이를 헤엄치고 있다. 섬을 수놓은 화려한 꽃밭 위로는 앵무새가 날아다닌다. 대추야자 열매와 바나나, 코코넛이 주렁주렁 매달린 나무들은 살랑대는 무역풍에 가볍게 흔들리며 넓게 펼쳐진 해변 뒤로 멋진 배경을 깔아준다. 서퍼들은 넘실대는 바다 위를 여유롭게 떠다니며 적당한 파도를 기다리고 있다.

유나이티드 154편이 들르는 섬 어디에서나 이런 풍경을 볼 수 있다. 특히 출발지인 하와이는 마법처럼 환상적인 폴리네시아 문화의 상징과 같다. 하와이에서는 흥겨운 우쿨렐레 소리가 끊이지 않고, 풍성한 검은 머리칼에 화려한 열대 꽃을 꽂고 풀을 엮어 만든 치마를 입은 현지인들이 건강한 갈색 피부를 뽐내며 훌라 댄스를 추고 있을 것이라고 사람들은 생각한다.

하지만 내가 호놀룰루 동쪽에 자리한 도시인 마노아에 머물면서 접한 하와이는 환상 속의 폴리네시아와는 거리가 먼 모습이었다. 하와이는 폴리네시아 문화권에 속하지만, 오히려 태평양 건너 아시아 문화의 영향을 더 많이 받은 듯 보였다.[*] 내가 살던 집에서 조금만 걸어가면 일본 식재료 가게가 눈에 들어오고, 옆집에는 미얀마 식당이 있으며, 나와 같은 버스 노선을 이용하던 승객 대부분은 필리핀 사람이었다. 엘리베이터에서는 한국어가 들렸고, 예상치도 못한 장소에서 중국인 이민자들과 맞닥뜨렸다. 내 머리카락을 다듬어주던 나이 지긋한 이발사는 홍콩 출신이었는데, 그는 시드니와 도쿄 사이를 오가며 항해 중간에 자카르타, 포트모르즈비, 마닐라, 상하이를 들르던 홍콩 국적 여객선에서 수십 년 동안 웨이터로 일했다고 한다.

그럼에도 불구하고 대중들은 하와이가 아시아가 아닌 폴리네시아 특유의 분위기를 가진 섬으로 남길 원한다. 이들이 꿈꾸는 하와이는 넋이 나갈 정도로 아름답고, 마치 갑판 너머 수평선으로 아련하게 사라질 것만 같은 환상 속의 섬이다. 훌라, 루아우, 알로하, 레이, 오하나는 하와이 현지어 알파벳 13개를 조합해 만든 유명한 단어들로, 이 단어를 들은 이들은 누구나 하와이를 떠올린다.

1959년, 알래스카주가 미국령으로 귀속된 지 8개월이 지난 후 하와이도 미국의 주州로 편입되며 많은 변화가 일어났다. 하지만 하와이에는 여전히 서양인들이 생각하는 태평양 문화권의 모습이 많이 남아 있다. 하와이를 방문하면 마르키즈제도에 머물던 고갱과, 라이아테아섬의 오마이Omai(최초로 유럽에 온 라이아테아 사람-옮긴이)를 런던으로 데리고 온 유럽인, 식민 지배를 위해 태평양에 파견된 관료들이 당시 어떤 느낌을 받았을지 짐작할 수 있다. 식민지 관료이자 작가인 아서 그

---

■ 통계적으로 하와이에서 백인[현지어로는 하오리(haoli). 백인의 비하하는 의미로 주로 사용된다]은 비주류에 속한다. 2010년 통계에 따르면 하와이에 거주 중인 백인은 33만 6,000명이다. 반면에 필리핀인 20만 명과 일본인 18만 5,000명을 포함해 하와이에 거주 중인 유색인종은 50만 명이 넘는다.

림블Arthur Grimble은 태평양에서의 행복했던 추억을 기록한 책인『섬에서의 일상A Pattern of Islands』으로 명성을 얻었다.

미국 본토와 활발한 교류 덕분에 오늘날 하와이 곳곳에는 거대 쇼핑몰이 자리하고 있다. 산꼭대기에는 망원경이 설치돼 있고, 연안에는 항공모함이 떠다니며, 하늘에는 전투기가 날아다닌다. 이뿐 아니라 연구를 위해 하와이에 상주 중인 해양학자와 기상학자도 있다. 이는 하와이가 이제는 완전히 현대화됐다는 인상을 준다. 이렇듯 하와이가 상당히 개발되긴 했지만 여전히 문화적으로는 이스터섬과 쿡섬, 아오테아러우어Aotearoa(길고 하얀 구름으로 뒤덮인 땅이라는 의미로 뉴질랜드를 가리킨다-옮긴이)와 함께 폴리네시아에 속한다. 허먼 멜빌Herman Melville과 로버트 루이스Robert Louis가 태평양을 배경으로 집필한 문학작품에는 폴리네시아 문화를 간직한 하와이의 모습이 고스란히 녹아 있다. 하와이는 남태평양 고유문화와 정서적으로 끈끈하게 연관되어 있다. 남태평양 문화에 매혹된 시인 루퍼트 브룩Rupert Brooke은 하와이에서 남쪽으로 3,200킬로미터 떨어진 타히티에서 7개월 동안 머물렀다. 그는 타히티에서의 평화로운 생활을 시로 남겼다. 브룩이 쓴 시는 오랜 시간이 지난 지금까지도 독자들에게 깊은 감명을 주고 있다.

마무아여, 우리가 여기에 있다.
왕관을 쓴 자여, 그곳을 떠나오라!
달빛이 그대를 부르고,
게으르고 따뜻한 해변의 향기가
그대의 코끝을 스치네.

사람들은 서둘러 손을 맞잡고

꽃길은 어둠을 밝히네.

하얀 모래사장은 바닷물의

부드러운 손길에 녹아내리고

어리석은 생각도 덩달아 녹아내리네.

당시 하와이를 비롯한 남태평양 섬들은 문학적 영감을 줄 만큼 아름다웠다. 하지만 유나이티드항공 154편이 운항을 시작한 뒤 브룩의 "부드러운 손길"은 곧 자취를 감춰버렸다. 154편이 향하는 서쪽 섬들은 머지않아 암흑기를 맞이하게 된다.

새벽에 출발한 비행기는 2,400킬로미터가량을 비행하고 한낮이 다 될 무렵 날짜변경선을 넘는다. 비행기에 탑승 중이던 승객들은 손목에 차고 있던 시계의 날짜를 조절하고, 일기장을 한 페이지 뒤로 넘겨야 한다. 어제 아침에서 오늘 점심으로 시간이 이어지는 것이다.

날짜변경선의 존재는 다소 번거롭다. 하지만 지구는 둥글고, 전 세계의 시간 체계를 통일하기 위해서 날짜변경선은 반드시 필요했다. 그래서 태평양 한복판에 기준이 되는 선을 긋기로 했다. 반대 자오선과 마찬가지로 지구 반대편에서 그리니치까지, 북반구과 남반구를 일직선으로 관통하게 할 수도 있었지만 그렇게 되면 날짜변경선이 인구밀집 지역을 가로지르면서 한 발자국 차이로 날짜가 바뀌는 혼란스러운 상황이 발생하게 된다. 이런 우려 때문에 1884년 워싱턴 D.C.에서 국제자오선회의International Meridian Conference를 열었고, 날짜변경선을 일직선으로 그었을 때 중간에 걸치는 섬들을 돌아가도록 결정을 내렸다.

이 결정이 내려질 때쯤에 태평양은 아직 상업이 크게 발달하기 전이었다. 나라 사이를 오가는 항공기는 고사하고, 전화선조차 연결되지 않은 상태였다. 국제무역이라고 해도 기껏해야 코코넛 껍데기나 고래기름, 새똥 비료를 주고받는 정도였다. 날짜변경선이라는 가상의 경계가 생기고, 도쿄가 토요일일 때 캘리포니아는 금요일 오전이라는 새로운 규칙이 생겼을 뿐, 새똥비료 무역과 같은 실질적인 문제에는 어떤 영향도 없었다. 금융업이 성장하고 차익 거래의 개념이 생기기 이전에 날짜변경선은 가상의 선일 뿐이었고, 여객선 승무원들은 이 선을 넘어갈 때 익살맞게 '하루를 벌었다', '하루를 잃었다'는 방송을 내보냈다.

하지만 일본에서 내린 결정에 샌프란시스코 금융시장이 즉각 반응하는 오늘날, 날짜변경선은 상당히 불편한 존재가 되었다. 예를 들어 어느 금요일, 캘리포니아의 금융시장에서 어떤 문제에 대해 급하게 결정을 내려야 할 돌발 상황이 발생했는데, 최종 결정권자가 도쿄에서 느긋한 토요일을 즐기고 있다면 중요한 타이밍을 놓치게 된다. 이런 혼란스러운 상황을 예방할 만한 대안이 없었던 것은 아니다.

1884년 회의에서 프랑스는 본초자오선의 기준점을 런던 근교로 하는 것에 격렬하게 반발했다. 당시 표준시 운동을 이끌던 온화한 캐나다인 샌퍼드 플레밍Sanford Fleming은 상황을 중재하기 위해 대안을 제시했다. 본초자오선이 태평양을 통과하도록 하고, 그리니치를 지나는 오늘날의 본초자오선을 날짜변경선으로 사용하자는 것이었다. 당시 이 제안은 웃음거리였다. 하지만 시간이 지나고 플레밍의 제안을 지지하는 사람들이 생겨났다. 이들은 날짜변경선이 상업의 중심지인 태평양을 통과하면서 발생하는 부작용을 최소화하기 위해 날짜변경선을 대서양으로 옮기자고 주장했다.

날짜변경선은 관념적인 문제일 뿐이다. 유나이티드항공 154편의 목적지인 섬들은 날짜변경선과 같은 사소한 문제와는 비교가 안 될 정도로 혹독한 암흑기를 경험했다. 이 시기를 제대로 이해한다면 태평양이 어떤 과정을 거쳐 오늘날의 모습이 되었는지 한층 깊게 이해할 수 있을 것이다.

## 슬픈 역사의
## 시작

날짜변경선을 넘은 유나이티드항공 154편은 폴리네시아 군도를 벗어난다. 비행의 첫 목적지인 마주로는 마셜제도의 수도로, 미크로네시아제도에 속한다. 마셜제도는 캐롤라인제도, 마리아나제도와 더불어 태평양의 북서부에 자리하고 있다. 마셜제도 섬 대부분은 고도가 낮고 평평한 산호섬이지만, 개중에는 높은 화산섬도 있다. 마셜제도의 모든 섬은 태평양 근대사에 안타까운 희생양으로 기록돼 있다. 최근 몇 세기 동안 으레 그랬듯이, 외부인들은 탐욕을 채우려고 태평양의 넓고 푸른 바다와 아름다운 섬의 자연환경을 파괴하고 주민들을 착취했다.

이 섬에 살던 사람들은 미처 대비할 틈도 없이 불운의 소용돌이에 휘말렸다. 미크로네시아는 태평양 전체에서 가장 복잡한 식민 통치를 겪었다. 1521년 마젤란Ferdinand Magellan은 마리아나제도에 속한 괌에 도착했다. 평화롭던 고대 문화와 외부 문명의 첫 만남이었다. 그는 괌을 스페인령으로 선언했는데, 이는 유럽 국가가 태평양 섬에 대해 공식적으로 소유권을 주장한 첫 번째 사건이다. 당시 괌에는 토착민인 차모로족이 거주하고 있었다. 4,000년도 전에 동남아시아를 떠나 미크로네시아로 이주한 차모로족은 미크로네시아에서 가장 긴 역사를 가진 민족이다. 하지만 외부로부터 유입된 질병에 걸리거나 침략자들의 손에 희생되어 현재 남은 인구는 수천 명 남짓에 불과하고, 이들의 언어도 거의 잊혔다. 하지만 미크로네시아의 슬픈 역사는 이제 막 시작됐을 뿐이다.

스페인에 이어 독일이 미크로네시아에 관심을 나타냈다. 이들은 미크로네시아를 손에 넣어 상업적 필요를 만족시킴과 동시에 제국의 자존심을 지키려고 했다. 라이벌인 독일이 미크로네시아에 진출해서 스페인의 영토를 넘보자 스페인은 불쾌감을 드러냈지만 이내 묵인하고 넘어갔다. 독일 상인에게 점령당한 마셜제도와 캐롤라인제도에는 야자수와 목화 플랜테이션 농장이 자리 잡았다. 19세기 말 마셜제도는 공식적으로 독일의 식민 통치 아래 들어갔고, 중국 산둥성 칭다오 부두에 본거지를 둔 독일 동아시아 함대의 보호를 받았다.▪

독일이 미크로네시아에 지배력을 행사하는 동안 미국과 스페인의 전쟁은 끝이 났고 미국은 스페인으로부터 괌의 지배권을 넘겨받았다.

---

▪ 과거 식민 통치 시절 독일에서는 칭다오에 양조장을 세워 맥주를 생산했다. 이 시기의 영향으로 오늘날 칭다오 맥주는 지역 특산물로 유명하다. 아마 독일제국이 중국에 남긴 가장 큰 영향력이 칭다오 맥주라고 봐도 무방할 것이다. 맥주병에는 여전히 과거 웨이드식 표기법을 적용해 'Tsingtao'라고 적혀 있지만, 지명을 나타내는 칭다오는 'Qingdǎo'라는 새로운 표기법을 사용하고 있다.

미국은 함대에 연료를 공급하기 위해 괌에 석탄 공급소를 세웠다. 영국은 미크로네시아 동부를 야금야금 파고들어와 길버트제도와 근처의 엘리스제도(하와이와 타히티, 그리고 태평양 남서부에 자리한 섬들과 마찬가지로 폴리네시아에 속한다)를 점령했다.

이렇듯 미크로네시아의 지배권이 복잡하고 어수선하게 나뉜 상황은 그리 오래가지 않았다. 제1차 세계대전이 발발했기 때문이다. 일본은 전쟁 초기에 영국과 손을 잡고 재빨리 서태평양 해로를 장악해서 독일의 교역을 차단했다. 일본은 상업적·전략적 요충지인 미크로네시아에서 독일을 몰아내고 그 자리를 차지했다. 1914년 10월 일본 해군은 미크로네시아의 거의 모든 섬을 손에 넣었고, 꽤 오랜 시간 동안 미크로네시아에 통치권을 행사했다. 제2차 세계대전이 끝나고 전쟁을 수습하는 과정에서 일본의 통치가 얼마나 견고했는지를 확인할 수 있었다.

이것으로 미크로네시아는 공식적으로 세 번째 식민 지배 아래 들어갔다. 당시 도쿄의 신문사들은 가슴에 훈장을 단 일본인 총독이 이 섬 저 섬에 사탕수수 방앗간을 열고, 학교를 설립하고, 철로를 개통하는 사진을 주기적으로 게재하곤 했다. 이런 사진은 일본이 태평양 남쪽 바다, 즉 난요南洋를 지배할 내재적 권리를 갖고 있으며, 일본이 통치하는 지역을 넓혀야 한다는 신념을 부추겼을 것이다. 일본의 목적이 순수하지만은 않았다. 일본의 유명한 역사학자이자 국회의원인 다케코시 요사부로竹越與三郎는 세계대전이 끝날 무렵 다음과 같은 주장을 펼쳤다.

"태평양을 일본의 호수로 삼아야 한다. 이는 우리가 이루어야 할 위대한 업적이다. 열대를 손에 넣는 자가 세계를 손에 넣을 수 있다."

19세기 일본에서는 아름다운 남태평양에 대한 열망이 유행처럼 번졌다. 당시 한창 유명세를 타던 소설에 묘사된 하와이의 와히니(하와이어로 여자, 여왕이라는 뜻 – 옮긴이)와 열대 지방의 꽃, 분홍빛을 띠는 산호도 일본인들에게 환상을 심어주는 데 한몫했을 것이다. 하지만 사람들은 이런 단순한 이유를 제외하고 일본이 미크로네시아를 왜 그토록 간절하게 원했는지 알 수 없었다. 다케코시의 주장이 일본에 뿌리내리기까지는 얼마간 시간이 걸렸지만, 일단 사상이 전파되자 공격적인 성향을 가진 민족주의자들이 재빨리 행동에 나섰다.

서구의 많은 국가는 일본이 독일을 쫓아내고 미크로네시아를 슬쩍 차지했다는 사실에 불안감을 느꼈다. 그리고 불안은 현실이 되어 나타났다. 일본군은 1941년 진주만과 말레이시아, 홍콩을 기습 공격했고, 군사적으로 만반의 준비를 갖춘 섬들(풀라우, 추크, 잴루잇, 그리고 유나이티드항공 154편의 중간 목적지인 마셜제도의 마주로, 콰절린 등)은 서양 침공의 전진기지가 될 수 있기 때문이었다. 일본은 1930년대부터 이런 목적으로 미크로네시아를 점령할 준비를 한 것이 분명했다. 일본이 군사적 우위를 선점하기 위해 태평양 섬의 지배권을 탐냈다는 서구 국가의 의심은 확신이 되었다.

나는 과거에 일본 국적의 광석 운반선을 타고 미크로네시아를 지나간 적이 있다. 스미토모 제철 소유의 아프리카 마루Africa Maru라는 배였는데, 이 배는 마운트뉴먼 광산에서 캐낸 오스트레일리아산 철광석 13만 5,000톤을 싣고 도쿄 동쪽의 가시마 용광로로 향했다. 용광로에서 생산된 철은 닛산과 도요타의 자동차로 다시 태어났을 것이다.

선장은 시게타카 다카나카라는 친절한 남자였다. 정면으로는 야프섬과 팔라우제도가, 우측으로는 추크제도가 어렴풋이 보이던 어느 날 선장은 나를 함교로 초대했다. 그는 미크로네시아와 그 북쪽으로 자신의 고향인 일본이 그려져 있는 커다란 해도를 주의 깊게 살펴보고 있었는데, 해도에는 '완전한 일본'이라는 제목이 붙어 있었다. 미래에 대한 낙관적인 전망을 담은 것이었는지, 고향에 대한 향수 때문이었는지는 모르겠다. 그는 레이더에 감지될 만큼 가까이에 있는 조그만 섬들을 손으로 가리켜 보였다. 하나는 육안으로도 흐릿하게 보였는데, 마치 초록색 덩어리가 바다 위에 우두커니 떠 있는 모양이었다. 다카나카 선장은 수평선을 향해 손짓하며 "한때는 우리의 것이었소."라고 부드럽게 말했다. 그는 진심으로 애석해 보였다. "이 모든 것이 말이오. 국제연맹은 우리에게 이를 주었다가 다시 빼앗아갔소."

사실이다. 일본은 끔찍한 대가를 치르고 미크로네시아를 빼앗겼다. 1994년 봄, 미군은 유혈이 낭자한 전투를 치르고 미크로네시아의 섬들을 하나둘 차례로 탈환했다. 이 끔찍한 전투들은 이제 전쟁사의 전설로 남아 있다.

추크섬은 마지막까지 남은 일본의 전초기지 중 하나였다. 1945년 8월 도쿄만에 정박한 미주리호 함상에서 일본이 공식적으로 항복 문서에 서명하고, 약 한 달이 지난 9월에서야 추크섬은 투항했다. 미크로네시아(섬 약 3,000개, 총 면적 약 7,700만 제곱킬로미터, 육지 면적 약 2,600제곱킬로미터)는 그 이후로 쭉 미국령에 속해 있다. 어떤 사람들은 미크로네시아가 네 번째 제국 식민 통치 아래 들어갔다고 주장한다.

역사학자들은 외부의 침략은 미크로네시아의 발전에 거의 도움이 되지 않았다고 비판한다. 긴 시간 원치 않던 지배를 받는 동안 질병과 죽음이 미크로네시아를 휩쓸었고, 사람들은 독립성을 잃어버렸다. 미크로네시아를 휩쓴 죽음의 잔해는 여전히 끔찍한 모습으로 남아 있다. 콰절린 환초가 이를 생생하게 보여준다.


## 천혜의 아름다움과
## 그 이면

　　　　　유나이티드항공 154편의 두 번째 목적지가 바로 콰절린 환초다. 방문을 허가받지 못한 대부분의 승객들은 규정상 콰절린 환초에 내리지 못하고, 비행기가 착륙하면 냉각시스템이 한낮의 뜨거운 열기를 식혀주길 바라면서 비행기 안에서 대기해야 한다. 하지만 나에게는 미군 전초기지에서 발급해준 콰절린 환초 착륙 허가권이 있었기 때문에 호놀룰루를 떠나 콰절린 환초에 방문할 수 있었다.

　미군이 콰절린 환초에서 착륙 허가권을 발급하는 이유는 이곳이 군사기지로 쓰이고 있기 때문이다. 태평양 한복판에 자리한 콰절린 환초는 1960년대부터 오늘날의 로널드 레이건 탄도미사일 실험기지Ronald Reagan Ballistic Missile Defense Test Site에 이르기까지, 줄곧 미사일 발사의 중심지로 사용돼왔다. 콰절린 환초를 방문할 권한을 가진 사람은 매우 적고, 환초에 머물 권한을 가진 사람은 이보다도 더 적다. 콰절린 환초에서 극비리에 연구가 이루어지고 있기 때문이다. 섬에는 최첨단 기술을 적용한 값비싼 장비가 수두룩한데 고급 기술자와 군인, 과학자 수백 명이 이 장비들을 가지고 은밀히 업무를 수행하고 있다. 그게 뭐가 됐든 간에, 세상에서 가장 치명적이라고 간주되는 위협에서 미국을 보호하기 위해서다.

콰절린 환초는 거의 100개 가까이 되는 섬들 사이에 둘러싸여 있다. 콰절린 환초는 세계에서 손꼽히는 큰 환초 중 하나로, 석호의 면적만 2,000제곱킬로미터에 달한다. 석호의 모래는 은처럼 빛나고, 밝은 푸른빛을 띠는 얕은 물 아래로 살짝살짝 흔들리는 산호를 볼 수 있다. 제2차 세계대전의 전리품인 독일의 거대한 순양함 프린츠 오이겐 Prinz Eugen호*는 콰절린 환초로 인양되는 도중 석호에서 전복되어 현재까지 이곳에 잔해가 남아 있다. 섬 바깥의 바다는 밤하늘처럼 짙은 색인데, 산호초 가장자리의 수심이 갑자기 수천 미터로 깊어지기 때문이다. 섬에는 야자수가 비스듬히 서 있고 파도는 끊임없이 넘실대며 바닷새들이 종알대는 소리가 들리고 뜨거운 백사장 위로는 햇볕이 강렬하게 내리쬔다.

콰절린 환초의 남쪽은 철저하게 고립된 군사기지로 사용되고 있다. 군사기지 끝에서 끝까지의 길이는 대략 5킬로미터, 면적은 0.6제곱킬로미터가량인데 비행장과 급수탑, 소프트볼 경기장이 있으며 여느 군

---

■ 프린츠 오이겐호는 규모가 1만 8,000톤, 최고 속력이 32노트에 달하는 드물게 아름다운 군함이다. 이 군함은 전쟁 동안 쏟아지는 RAF(영국 공군)의 폭격에서 살아남았을 뿐 아니라, 비키니섬 석호에서 실시된 핵실험에 두 번이나 투입되고도 형체를 유지했다. 공중에서 투하하는 형식의 첫 핵폭탄 실험에서 큰 타격을 받지 않았으며, 수중에서 폭발하는 방식으로 엄청난 파괴력을 가진 비키니의 헬렌(Helen of Bikini)이 폭발할 때조차 침몰되지 않았다. 하지만 방사능 피해는 엄청나서, 만일 프린츠 오이겐호에 승선한 사람이 있었다면 모두 목숨을 잃었을 것이다. 실험이 끝나고 프린츠 오이겐호를 콰절린으로 옮기는 도중 선체에 금이 가 전복됐고, 배에 설치된 수많은 대포가 바다 밑으로 가라앉았다. 박물관에서는 이때 튀어나온 나사 중 하나를 전시 중이다. 나머지 파편들은 썰물 때 얼핏 볼 수 있다. 하지만 선체의 방사능 수치가 워낙 높아서, 프린츠 오이겐호가 인양되는 경우는 없을 것이다.

사기지처럼 딱딱하고 조직적인 분위기를 풍긴다. 미 국방성은 알래스카의 한 기업체와 계약을 체결해서 섬의 관리를 맡겼는데, 기지에 머무는 민간인 용역 대부분은 앨라배마 출신으로 이 기업체에서 파견된 직원이다.

미국에서는 콰절린 환초에 관계자를 파견해 1년에 대여섯 번 정도 미사일 성능 실험을 한다. 이를 확인하기 위해 콰절린 환초를 찾은 고객, 손님, 이용객(이들은 다양한 호칭으로 불린다)은 캘리포니아주 반덴버그, 알래스카주 코디액 발사대에서 콰절린 환초로 날려 보낸 미사일을 유심히 관찰한다. 실험에는 무게, 연식, 탄두 모양이 모두 다른 다양한 종류의 미사일이 사용된다. 콰절린 환초에서는 장거리 망원경과 레이더로 발사된 미사일의 궤도를 추적하고 추락 지점을 확인해서 점수를 매긴다. 거의 6,500킬로미터 가까이 날아간 미사일이 착수着水된 범위는 센티미터 단위로 측정된다. 수백만 달러가 걸린 다트 게임과 마찬가지다.

아늑함과는 거리가 먼 콰절린 군사기지에 상주하는 군인들은 어쩌다 한 번씩은 날아오는 탄두를 향해 방어용 미사일을 날림으로써 얼마나 효과적으로 공격에 대응할 수 있는지 확인한다. 수백만 달러가 걸린 스키트사격인 셈이다. 이 모든 행동은 물론 세계 평화를 지키기 위해서다.

콰절린에서 이루어지는 미사일 실험은 나에게 깊은 인상을 남겼다. 심지어 아름답다는 생각까지 들었다. 실험은 밤중에 실행됐는데, 미사일은 발사 궤도를 따라 하늘을 밝히는 오렌지색 섬광을 남기고 바다에 떨어졌다. 미사일이 물에 빠지자 그곳에는 환하게 빛나는 물기둥이 튀어 올랐다. 참으로 오래도록 기억에 남을 광경이었다. 하지만 콰절린 환초를 방문하는 사람들은 아름다운 광경 이면에 있는 섬의 현실은 보지 못한다. 섬 주민들은 미사일 실험의 희생양이 되어 아주 열악한 장소에서 머물도록 강요되고 있다.

마셜제도 주민의 대부분은 콰절린 환초에 머물 권한이 없다. 그들은 매일 저녁 미군 소유의 조그만 배를 타고 환초를 떠난다. 석호를 따라 북쪽으로 5킬로미터가량 이동하면 에베예섬에 도착한다. 에베예섬의 인구는 성인 남녀, 어린이를 합쳐 총 1만 2,000명 정도인데, 이들은 32만 제곱미터 남짓의 다 쓰러져가는 지저분한 주택에 거주하도록 강제되어 있다. 아마도 지구상에서 가장 인구밀도가 높은 장소일 것이다.

북적거리는 에베예섬에서는 어디를 가나 고약한 냄새가 진동한다. '자유'를 추구하는 미국의 관할 지역이라기보다 과거 봄베이(뭄바이의 전 이름 – 옮긴이)나 캘커타(콜카타의 전 이름 – 옮긴이)의 빈민가에 가까운 모습이다. 섬은 하수처리시설조차 제대로 갖추지 못한 상태다. 에베예섬 인구의 절반은 18세 미만의 미성년자인데, 섬에는 교육체계는 고사하고 제대로 된 학교조차 찾아보기 힘들다. 친절한 아일랜드인이 괌에서 물건을 조달해와 에베예섬의 유일한 식료품점을 운영하고 있는데, 판매량을 조사해본 결과 에베예섬 주민들은 도저히 말이 안 된다고 느껴질 만큼 엄청난 양의 스팸과 콜라를 소비하고 있었다. 2형 당뇨병은 에베예섬에서 가장 흔한 질병이다.

에베예섬의 현실은 침울하다. 섬에는 세탁 시설조차 없어서 옷을 빨기 위해서는 콰절린 환초까지 가야 한다. 조그만 배를 타고 콰절린 환초로 가면 군사기지 보안울타리 바깥에 있는 격리 수용소에서 세탁기를 사용할 수 있다. 바로 지척의 보안울타리 안쪽에서는 이와는 너무도 대조적으로 유니폼을 잘 차려입은 미국인들이 자전거를 타고 지나다닌다. 에베예섬에는 영안실조차 없다. 누군가 사망하면 콰절린 환초로 시신을 옮겨 울타리 바깥의 시체 냉장고에 보관해두고 장례식을 기다려야 한다. 미국에서의 통상적인 장례 절차와는 거리가 멀다.

콰절린 환초와 에베예섬처럼 이토록 가까운 거리에서 선진국과 후진국이 극명하게 갈리는 경우는 없다. 하지만 두 섬의 문화적 경계는 너무나도 허술해서 완전히 대조되는 상황이 생생하게 보인다. 풍요로운 생활을 영위하는 군사기지의 미국인들과 달리 마셜제도 내의 모든 환초와 섬의 주민들은 모두에게 마땅히 주어져야 할 생존권조차 누리지 못하고 있다.

이것이 마셜제도와 마셜제도 국민들의 현실이다. 마셜제도에서 수천 킬로미터 떨어진 미국의 정부 청사에서 체결된 국제협정은 수천, 수만 명에 이르는 마셜제도 국민들이 고향 땅에 거주하지 못하도록 하는 규약을 포함하고 있다. 철창 너머에 거주하는 낯선 외부인들이 자유롭게 마셜제도를 오갈 때, 이들은 격리 구역에서 세탁을 하고 장례식을 치러야 한다.

여기에는 금전적인 문제가 얽혀 있다. 미국 정부는 마셜제도공화국 정부와 협정을 맺어 콰절린 환초를 포함한 석호 주변의 작은 섬 열한 곳을 장기 대여하기로 했다. 콰절린 환초의 북쪽 끝에 자리한 작은 산호섬인 로이나무르에도 군사시설이 갖춰져 있다. 로이나무르의 암석지에는 큰 이착륙장이 건설돼 있고, 이외에도 거대한 레이더 장비와 망원경, 장거리 미사일 탐지 카메라가 있다. 작지만 일본인 전사자를 기리는 묘지도 꾸며져 있다. 섬 주변에서는 현재까지도 전시에 사망한 일본 군인의 유골이 발견되고 있는데, 미 해군의 유골과 구별하기가 상당히 힘들다. 미국에서는 나머지 섬 아홉 곳에도 미사일 발사대와 음향탐지기를 설치했고, 반덴버그 기지에서 발사하는 미사일의 목표 타격점을 표시하는 두꺼운 콘크리트 벽을 세웠다.

콰절린 환초와 주변 섬을 대여히는 대가로 마셜제도 정부는 해마다 미국으로부터 1,800만 달러를 수령하고 있다. 현재 체결된 협정상 계약은 2066년까지 유효한데, 계약 기간이 끝나더라도 2086년까지 연장이 가능하다. 또한 계약 사항 수정도 가능하다. 자유연합협정Compact of Free Association에 따라 계약된 금액의 상당 부분은 미국 정부에서 지불하고 있으며, 추가로 비용을 지불한다는 조건 아래 미크로네시아 연방의 섬 일체(마셜제도 포함)에 대한 이용은 미국 정부의 요구에 따라 변경할 수 있다.

콰절린 환초를 임대하는 조건으로 받는 1,800만 달러의 수입은 예산으로 편성되어 콰절린 환초에 배정된다. 하지만 섬을 방문한 사람들은 하나같이 다음과 같은 의문을 품는다. 그 큰돈이 대체 어디로 갔기에 에베예섬은 그토록 찢어지게 가난한 것일까? 마셜제도에서는 이 질문에 공식적인 대답을 내놓지 않았다. 하지만 뒤가 구린 사람들이 개인적으로 주머니를 두둑하게 불린 것이 틀림없다. 섬에 거주 중인 사람들에게 이런 질문을 던졌을 때, 그들은 하나같이 땅만 쳐다보며 화제를 돌리려고 했다. 마셜제도의 독특한 부족 문화라든가, 어떤 구조에 따라 전통적으로 권위와 권력이 부여됐는지, 투표로 선출된 부족장이나 현지 왕의 행동에 관한 이야기를 애매모호하게 늘어놓을 뿐이었다.

마셜제도의 고위 공직자 대다수가 하와이에 한 채씩 가지고 있다는 호화저택에 비용이 너무 많이 든다고 불평하는 사람들도 있긴 하다. 하지만 미국에서 들어오는 자금이 충분하다 못해 넘치는 마셜제도의 에베예섬이 어째서 이토록 심각한 가난에 시달리는지 공공연히 언급되는 경우는 찾아보기 힘들다. 하와이 대학교에 재직 중인 한 교수는 너무나도 명백히 눈에 보이는 부패를 고발하기 위해 책을 집필했다. 하지만 고소하겠다는 협박에 몇 년간 출간이 지연됐다. 지배층의 심기를 건드리는 내용이 없도록 엄격한 검열을 거치고 상당한 부분이 삭제된 후에야 책은 서점에 진열될 수 있었다.

이어지는 비키니섬의 안타까운 사연도 마셜제도의 슬픈 역사의 일부다. 비키니섬은 콰절린 환초에서 약 400킬로미터 북쪽에 오도카니 자리하고 있는데, 원자폭탄이 터지기 전에는 평화롭고 아름다웠다. 「내셔널지오그래픽」의 표지 사진이나 식당에 걸린 포스터, 열대 해안가를 주제로 한 소설의 표지에 나오는 그림 같은 모습이었다. 하지만 1940년대 후반 비키니섬에 원자폭탄이 떨어졌고, 피폭 이후에는 세계적으로 악명 높은 장소가 되었다. 에베예섬 주민들이 공금횡령 때문에 가난에 허덕이며 제한된 구역에 모여 살 수밖에 없는 사연도 안타깝지만, 비키니섬 주민들은 이보다 훨씬 안타까운 운명에 처했다. 미국은 비키니섬에서 수차례 원자폭탄 실험을 실시했다. 콰절린 환초에서 쫓겨나 에베예섬에 격리된 이들과 마찬가지로 비키니섬 사람들도 고향에서 쫓겨나 수백 킬로미터 떨어진 섬에서 새로이 터를 잡고 살아가야 했다(이에 대해서는 뒤에서 자세히 언급하겠다). 산전수전을 다 겪은 비키니섬 주민들은 건강을 잃고 실의에 빠졌다. 태평양에서는 비키니섬과 비슷한 사례를 어렵지 않게 찾을 수 있지만, 이들의 희생이 공식적으로 인정받은 경우는 없었다.

### 추한 역사의
### 단면

　　　　　　　피해자들이 흘린 눈물이 모여 태평양을 형성했다. 태평양의 생태는 상상하기 힘들 정도로 다채롭고, 태평양에는 수많은 인종이 살아가고 있다. 소설가 아서 C. 클라크Arthur C. Clarke는 다음과 같은 재치 있는 문장을 남겼다. "우주를 여행하던 외계인이 우리 행성을 목격한다면 지구(영어의 어스Earth라는 단어는 '땅' '흙'이라는 의미를 내포하고 있다 – 옮긴이)라는 이름이 상당히 부적절하다고 생각할 것이다. 행성은 누가 봐도 땅이 아닌 물로 뒤덮여 있기 때문이다." 그는 이 문장을 쓰며 광활하고 푸른 태평양을 떠올린 것이 분명하다.

　태평양은 어마어마하게 넓다. 거의 행성의 절반을 차지한다. 발보아Vasco Núñez de Balboa가 올랐던 파나마 다리엔 지협의 높은 산꼭대기에서 서쪽을 바라보면, 말레이시아 동부 해안에 이르기까지 1만 7,000킬로미터가 넘는 끝없는 바다가 눈앞에 펼쳐진다. 싸늘한 베링해협에서 남극의 마리버드랜드의 얼음 절벽까지, 태평양 북쪽 끝에서 남쪽 끝까지의 거리는 거의 1만 5,000킬로미터에 달한다. 태평양의 면적은 1억 6,000만 제곱킬로미터가 넘으며, 지구 표면적을 구성하는 물의

45퍼센트는 태평양에 속한다. 태평양은 세상에서 가장 깊은 바다로 수심은 최고 11킬로미터가 넘는다. 5대양 중 서양인이 마지막으로 발견한 대양이 태평양이라는 사실은 태평양에 접근하기가 상당히 어렵다는 것을 알려준다.

다른 대양과 달리 태평양은 들어가기도 나오기도 어렵다. 러시아와 알래스카 사이의 베링해협과 거센 바람이 부는 남극 앞바다를 제외하면, 태평양에는 폭이 480킬로미터 이상의 자연 발생 진입로가 없다. 인도양에서 배를 타고 태평양으로 넘어오려면 말레이시아와 오스트레일리아 사이의 바다 대륙Maritime Continent이라 불리는 구간을 통과해야 한다. 바다 대륙 곳곳에는 작은 섬들이 흩어져 있는데, 그 사이를 항해하기란 여간 성가신 일이 아니다. 아메리카 대륙 남쪽 끝에 있는 마젤란해협은 그 근방에서 유일하게 자연 발생한 진입로다. 20세기 초 파나마지협을 인공적으로 파내서 대륙을 관통하도록 만든 파나마운하가 건설됐고, 그제야 선박들은 대서양과 태평양을 빠르고 편리하게 왕래할 수 있었다.

태평양 한복판의 외딴섬 사정이 세상에 알려진 경우는 많지 않다. 과거 영국의 지배를 받던 길버트섬이 독립해서 생긴 키리바시공화국에서 어떤 일이 있었는지 아는 사람 역시 별로 없다. 공화국 국민 10만 명은 면적이 350만 제곱킬로미터에 달하는 바다 여기저기에 흩어져 살고 있다. 수도인 타라와에서 3,200킬로미터 떨어진 곳에 키리티마티섬(크리스마스섬이라고도 불린다-옮긴이)이 있다. 1960년대에 영국은 현지인들을 대피시키지 않은 채 이 섬에서 원자폭탄 실험을 진행하기도 했다. 키리티마티섬과 타라와 사이로는 날짜변경선이 지나고 있다. 키리티마티섬에 거주하는 5,000명의 키리바시 국민들은 이 때문에 혼란에 휩싸였다. 타라와가 일요일일 때, 키리티마티는 토요일인 셈이다. 키리바시공화국 국민들이 이런 이상한 논리를 받아들이기가 쉽지는 않았을 터다.

키리바시공화국의 경제 상황은 열악하다. 주식인 해초와 코프라(야자씨의 배젖을 말린 것 – 옮긴이), 생선은 너무 비싼 탓에 대부분은 끼니를 챙겨 먹기도 버거운 삶을 살고 있다. 키리바시공화국의 남자들은 대부분 나라 밖에서 일자리를 찾거나 원양화물선의 선원으로 근무한다. 이들은 가족이 생활을 연명하고 국가의 보잘것없는 경제가 무너지지 않길 바라며 힘들게 번 돈을 고향에 부친다. 어떻게 보면 많을 수도, 혹은 적을 수도 있는 금액이다.

태평양에는 비밀이 가득하다. 태평양 근대사에는 온갖 조난자와 도망자가 등장한다. 마젤란해협에서 북쪽으로 항해를 하다 보면 제일 먼저 후안페르난데스제도의 화산섬 무리를 맞닥뜨린다. 스코틀랜드 파이프셔 지방의 해적 알렉산더 셀커크Alexnder Selkirk는 항해 중 배에서 쫓겨나 이곳에서 4년간 조난 생활을 했다. 나중에 대니얼 디포Daniel Defoe 가 셀커크가 겪은 실화를 바탕으로 쓴 작품『로빈슨 크루소』에 그 기록이 남아 있다.

2008년 미국 국적 스파이 위성의 궤도 순환에 문제가 생겨서 미 군부에서는 미사일을 발사해 태평양으로 위성을 격추하라는 명령을 해군에 내린 적이 있었다. 태평양이 워낙 컸기에 별 해가 없으리라 생각한 것이다. 마셜제도 국민들은 미국 국방부의 이러한 무신경한 태도에 분노했다. 그들은 태평양은 자신들의 삶의 터전이며 수많은 생명이 살아가고 있는 바다라며, 필요하면 아무 데서나 위험한 실험을 할 수 있는 빈 바다가 아니라고 주장했다. 이에 미군은 계획을 바꾸어 위성을 대기권 밖에서 폭파했고, 로켓의 연료인 하이드라진으로 피해를 입은 사람은 아무도 없었다.

'필요하면 아무 데서나 위험한 실험을 할 수 있는 빈 바다가 아니라고' 했지만, 과거 태평양에서는 끔찍한 실험들이 많이 실시됐다. 대표적인 것이 원자폭탄 실험이다. 미국은 마셜제도에서, 영국은 길버트제도에서, 프랑스는 프랑스령 아래 있는 폴리네시아 섬들에서 원자폭탄 실험을 실시했다.

하와이에서 1,000킬로미터가량 남쪽으로 가면 아담한 존스턴 환초가 나타난다. 유나이티드항공 154편이 섬 위를 지나가기는 하지만 존스턴 환초가 눈에 띄는 일은 거의 없고, 이곳에서 일어났던 사건 역시 세상에 거의 알려지지 않았다. 여러 해 동안 섬 근처에는 항로를 돌아가라는 커다란 경고판('무장 지역'이라고 쓰여 있었다)이 설치돼 있었고, 완전 무장된 해군 정찰선이 접근을 금지했기에 섬에서 도대체 어떤 일이 벌어지고 있는지 외부에서는 알 길이 없었다.

존스턴 환초에서는 수상한 일이 벌어지고 있었다. 원자폭탄을 실은 미사일이 우연히 폭발하는 바람에 섬은 플루토늄과 아메리슘에 오염됐다. 게다가 존스턴 환초에서는 베트남에서 공수한 에이전트오렌지(베트남전쟁 중에 베트콩 게릴라가 숨어 있는 삼림 지역의 나뭇잎을 떨어뜨리기 위해 미군이 뿌렸던 고엽제 중 하나-옮긴이)를 거의 7,500만 리터 가까이 보관하고 있었는데, 미사일이 폭발하면서 위험 물질을 담아놓는 유리병이 열렸고, 에이전트오렌지가 유출됐다.

이 섬에서는 생화학무기 실험이 행해지기도 했다. 실험 도중 사고로 인해 야생토끼병과 탄저병을 일으키는 원인균이 역풍을 타고 대량 살포되면서 섬은 또다시 오염됐다. 게다가 1990년에는 미국에서 화학무기를 폐기하기 위해 존스턴 환초에 거대한 소각로를 건설했는데, 미 국방부에서 공개한 폐기 목록에는 다음과 같은 내용이 포함되어 있다. "폭탄, 지뢰, 미사일, 탄환 등 41만 2,000개, 신경작용제 및 수포작용제 180만 킬로그램, 20만 시간 동안 작업 중 인력사고 한 건 발생함." 이 폐기 작업은 2000년에 중지됐으며 소각로는 철거됐다. 이때 존스턴 환초의 면적은 매립 작업을 통해 처음 발견됐을 당시의 열 배까지 확장된 상태였다. 미국은 오염 물질 제거 작업을 끝냈다며, 쓸모를 다한 존스턴 환초를 판매 시장에 올렸다.

이 시기에 섬에 강한 공격성을 지닌 개미가 유입됐다. 무장 군인이 철수한 뒤로 호기심에 이끌린 항해사들이 근처를 지나다 섬에 들르는 경우도 있었기에 사람들에게 경각심을 주기 위해 존스턴 환초는 국립 야생보호구역으로 지정됐다.


## 태평양의
## 현대사

이 모든 사건이 태평양에서 발생했다. 태평양에는 수많은 섬만큼이나 많은 사연이 있는데, 그 이야기는 이 섬 저 섬 사이를 비행하는 유나이티드항공 154편의 이상한 여정만큼이나 복잡하다. 하지만 잦은 화산활동으로 불안정한 환태평양에 속하는 나라들의 화려하고 다채로운 문화를 이해하고, 이들이 가진 강력한 힘과 거대한 규모를 파악해야만 태평양이라는 큰 그림을 그릴 수 있다.

현대 세계사에는 문화 우월주의가 팽배해 있다. 문화 우월주의가 낳은 편견 때문에 태평양의 명칭과 개념은 엉터리로 뒤바뀐 상태다. 태평양의 서쪽에는 한국인, 중국인, 일본인, 인도네시아인, 필리핀인에서부터 더 나아가 인도인까지 수없이 많은 사람이 살고 있는데, 우리는 이들을 동양인이라 부른다. 동쪽에는 캐나다인, 미국인, 콜롬비아인, 에콰도르인, 페루인, 칠레인과 같이 다양한 나라에서 유입해 들어온 이주 토착민이 섞여 살고 있는데, 우리는 이들을 서양인이라 부른다. 태평양 남쪽 오세아니아 대륙의 뉴질랜드와 오스트레일리아에는 외부인이 유입된 지 비교적 얼마 되지 않았다. 아메리카 원주민, 알류트족, 이누이트, 마오리족, 오스트레일리아 토착민을 비롯한 태평양 토착민들은 태평양 여기저기에 넓게 흩어져 살아가고 있다. 이들은 오래지 않은 과거에 폴리네시아와 멜라네시아, 미크로네시아 사람들과 마찬가지로 힘든 시간을 겪었다. 유럽 이주민들이 태평양에 등장하면서 원주민들은 보호받거나 핍박받았고, 착취당하거나 도움을 받았다. 이들은 태평양 원주민들을 가만히 내버려두는 법이 없었다.

이렇듯 태평양에는 다양한 사람들이 문화를 형성하며 살아가고 있는데, 야욕을 드러내는 외부인들의 정치활동으로 힘든 시기를 겪기도 했다. 이 모든 이야기의 바탕에는 태평양의 자연이 있다. 태평양에서는 화산활동, 지진, 쓰나미 같은 복잡하고, 때로는 엄청나게 위험한 지질작용이 끊임없이 일어난다. 태평양의 섬과 바다, 해저에는 아직 발견되지 않은 갖가지 종류의 이국적이고 낯선 동식물이 살아가고 있다. 광물자원 또한 풍부하다. 인류가 갈망하던 엄청난 양의 자원이 태평양 전체에 걸쳐 매장되어 있지만, 우리의 욕심으로 태평양을 헤집어놓는 다면 두 번 다시 이전과 같은 모습으로 되돌릴 수는 없을 것이다. 태평양의 자연환경은 다른 지역과 비교했을 때 유독 쉽게 망가질 듯 섬세한 느낌을 준다. 이는 아마 넓은 면적을 뒤덮은 산호와, 평온한 바다 위로 살짝 솟은 나지막한 산호섬이 가진 인상 때문일 것이다. 하지만 걱정이 무색하게, 강력한 사이클론과 태풍의 어마어마한 파괴력에도 태평양은 변치 않는 아름다움을 뽐내고 있다.

오늘날 태평양은 평화를 되찾았지만, 재앙의 씨앗은 여전히 남아 있다. 정치경제학적 문제, 지질학적 문제, 기상학적 문제부터 식량 부족 문제와 같이 증가하는 인구로 인해 지구에 발생할 수 있는 근본적인 문제까지, 태평양에는 온갖 문제가 수도 없이 잠재해 있다.

태평양은 미래를 상징한다. 고대에는 지중해가 세상의 중심이었다. 현대에는 대서양으로 세상의 중심이 옮겨왔고, 여전히 대서양이 세상의 굳건한 중심이라고 생각하는 사람들도 있다. 하지만 태평양이 다가올 세상의 중심을 차지할 것이라는 사실에는 반박의 여지가 없다. 이 군청색의 넓은 바다에서 발생하는 사건들은 어마어마한 영향력을 가진다. 우리 모두의 삶이 태평양의 영향권 안에 들어가 있는 것이다. 이런 이유로 나는 태평양을 주제로 책을 한 권 써보기로 했다.

하지만 도대체 **어떻게** 이야기를 풀어나가야 할까? 일반적으로 아시아로 대표되는 제한된 범위의 태평양을 주제로 삼고 싶지는 않았다. 나는 해안선 이 끝에서 저 끝에 이르기까지, 북극에서 남극에 이르기까지, 태평양 전체에 관한 이야기를 풀어나가고 싶었다. 하지만 태평양 전체에 걸쳐 일어난 수없이 많은 사건과 엄청나게 방대한 정보를 정리하고 압축해서, 적당한 두께의 책으로 만들 방법이 도통 생각나지 않았다. 도대체 책의 구조를 어떻게 잡는 것이 가장 좋을까?

몇 달간 이 문제로 골머리를 썩었다. 태평양은 너무 넓었고, 이 넓은 공간에서는 온갖 일이 다 일어나고 있었는데, 그 엄청난 양을 감당해내기는 도저히 불가능할 것만 같았다. 그러던 어느 날, 얇은 책 한 권이 우연히 눈에 들어왔다. 100년 전 독일에서 출판된 책이었는데, 이 책에서 나는 문제 해결의 실마리를 찾았다.

그 당시 나는 태평양을 처음 목격한 바스코 누녜즈 데 발보아와, 태평양 횡단에 최초로 성공한 페르디난드 마젤란과 관련된 자료를 닥치는 대로 조사하던 중이었다. 두 유럽인은 오늘날 역사 속에 전설로 남아 있다. 1513년 9월, 발보아는 다리엔 정상에 올라 끝없이 펼쳐진 푸른 바다를 눈에 담았다. 태평양을 처음으로 발견한 순간이었다. 그리고 7년 후, 마젤란은 훗날 자신의 이름을 따 마젤란해협이라 명명된 해협을 통과했다. 그는 잔잔한 바다에 마레 파시피코Mare Pacifico, 즉 태평양이라는 이름을 붙였다. 그렇게 그의 업적은 역사 속에 길이 남게 됐다. 마젤란은 태평양을 횡단하던 도중에 사망했고, 그의 죽음도 역사에 함께 기록됐다.

이 두 탐험가의 모험 이야기를 담은 자료는 끝도 없이 쏟아져 나왔다. 나는 조사를 시작한 지 얼마 되지 않아 어떤 작가가 쓴 책 두 권을 읽었는데 문장에서는 작가의 번뜩이는 직관이 고스란히 느껴졌으며, 내용이 포괄하는 범위와 그 규모는 엄청나게 방대했고, 이야기를 전개하는 스타일은 굉장히 독창적이었다. 이 위대한 작가는 바로 슈테판 츠바이크Stefan Zweig였다. 그는 오스트리아 출신으로, 1920년대 초반에 왕성한 작품 활동을 보였다. 하지만 오늘날 이 20세기 초반의 작가를 기억하는 대중은 많지 않다. 그러다 2014년 개봉한 웨스 앤더슨Wes Anderson 감독의 영화 〈그랜드 부다페스트 호텔〉이 츠바이크의 소설에서 영감을 받아 만들어졌다는 사실이 알려지며 재조명되기도 했다.

츠바이크는 1927년 출판된 자신의 책에서 발보아의 모험 이야기를 간결하면서도 시적으로 묘사해냈는데, 번역본으로 출간되면서 제목이 엄청나게 바뀌어버렸다. 독일어 원서 제목은 『인류 역사의 위대한 순간Sternstunden des Menschheit』이었는데, 이 책의 첫 영미권 번역본의 제목은 『행운의 파도The Tide of Fortune』, 그다음 번역본은 『역사의 결정적인 순간들Decisive Moments in History』이었다. 그리고 가장 최근 출판된 번역본의 제목은 『슈팅 스타Shooting Stars』다. 제목이 몇 번이나 바뀌었지만 책의 본질은 변하지 않았다. 책에는 츠바이크가 생각하기에 인류 역사에서 중요한 순간들을 추려내 한 줄 한 줄 신중히 써내려간 글 열 편이 기록돼 있다.

그가 선택한 주제들은 일반적이지는 않았지만 흥미로웠다. 발보아가 지협을 가로지른 모험 이야기가 첫 번째 주제였으며, 나폴레옹Napoléon Bonaparte이 워털루 전투에서 패배한 이야기가 두 번째 주제였고, 세 번째로는 로버트 스콧Robert Falcon Scott이 남극 탐험에 실패한 이야기가 등장했고, 그 뒤에는 헨델Georg Friedrich Händel의 〈메시아〉, 비잔티움의 몰락, 키케로Marcus Tullius Cicero의 죽음, 프랑스 국가 '라마르세예즈'와 관련된 이야기가 글의 주제로 선정됐다. 또 츠바이크는 레닌Vladimir Lenin이 기차를 타고 전쟁 때문에 황폐해진 유럽을 거쳐 핀란드로 향한 이야기를 특별한 방식으로 풀어내기도 했다. 이렇듯 책에는 온갖 다양한 이야기가 섞여 있다. 학문적 잣대를 들이댔을 때는 조금 부족할 수도 있지만, 나는 책 자체가 가진 매력에 푹 빠졌다.

나는 도무지 정리가 안 될 것 같던 태평양 이야기를 책 한 권에 갈무리하기 위해 이런저런 시도를 해봤다. 그리고 마침내 위대한 슈테판 츠바이크의 뒤를 따르기로 했다. 100년 전 츠바이크가 이야기를 풀어냈던 방식을 도입해 현대판 『슈팅 스타』를 쓰기로 한 것이다. 나는 나만의 별을 찾아 나섰다. 드넓은 태평양에서 들려오는 수많은 이야기를 꼼꼼히 살펴보고, 글의 주제가 될 중요한 **순간**들을 골랐다. 사건의 단편적인 측면을 강조하는 것이 아니라 태평양 역사의 큰 흐름이 될 사건들에 대해 설명함으로써, 이 책이 태평양 현대사의 축소판이 되었으면 하는 마음으로 글을 써내려갔다.


## 잠들지 않는
## 지구의 눈

어마어마한 자료를 걸러내고 솎아내서 남은 주제 중에 태평양이 어떻게, 어떤 방향으로 변화하고 발전해왔는지를 가장 잘 보여줄 만한 사건들을 골라냈다. 이 모든 사건은 태평양이 현재의 모습이 되기까지 어떤 일들을 겪었는지를 보여주는데, 이를 참고하면 앞으로 다가올 미래에 태평양이 어떤 역할을 할지 추측해볼 수 있을 것이다.

먼저 나는 리스트를 작성했다. 신문과 역사책, 논문을 샅샅이 뒤져 1950년 1월 1일(시작점을 선택한 기준은 후에 언급할 것이다)부터 내가 집필을 시작하는 2014년 여름까지 일어난 사건들 중 수백 개를 추려냈다. 그중에는 누구나 알고 있는 유명한 사건도, 쉽게 간과하고 넘어간 사건도 있었다.

작업실 바닥은 후보들로 발 디딜 틈이 없었다. 그중에는 다음과 같은 이야기들이 있었다. 제2차 세계대전이 끝나고 얼마 지나지 않아 일본은 태평양 주류 국가의 위치를 되찾았다. 나는 미국에 억류됐던 일본인이 고향으로 돌아가는 이야기를 통해 일본이 강국으로 재부상하는 모습을 상징적으로 보여줄 수 있을 것이라고 생각했다. 소소하게 태평양 디즈니랜드 개장에 관해 쓸까도 고민해봤다. 디즈니랜드는 1955년 애너하임에서 최초로 개장한 뒤 1983년 도쿄, 2005년 홍콩에서 잇따라 문을 열었다. 디즈니랜드에 관해 조사하며 미국 문화가 태평양 국가에 어떤 영향을 끼쳤을지 스스로 질문을 던져봤다. 멜버른, 도쿄, 서울 등 태평양에서 개최된 올림픽이 가져온 사회적 여파도 생각해봤다. 태평양 횡단을 목적으로 태평양 해안 공장에서 제조된 제트항공기 보잉 747-400은 비행 중간에 연료를 충전할 필요가 없다고한다. 이 항공기의 발명으로 어떤 변화가 일어났을지에 대해서도 생각해봤다.

리스트는 끝없이 이어졌다. 1956년 5월 발생한 미나마타병을 언급해 환경오염의 심각성을 환기해보면 어떨까? 아니면 4개월 뒤인

1956년 9월 오스트레일리아에서 첫 TV 프로그램이 방영되면서 사회에 미친 영향력은? 1965년 로스앤젤레스에서 일어난 와츠 폭동은? 1968년 3월 베트남에서 발생한 밀라이 학살을 주제로 글을 써볼까, 아니면 같은 해 6월 6일에 로버트 케네디Robert Francis Kennedy가 로스앤젤레스에서 총에 맞아 피살당한 사건을 언급해볼까? 1970년 서울에서 700명이 넘는 통일교 신도가 합동결혼식을 올린 사건이나 1997년 샌디에이고에서 '천국의 문' 신도 39명이 집단자살을 한 사건을 써볼까? 1972년 미국 대통령으로는 최초로 닉슨Richard Nixon이 중국을 방문했던 상황을 주제로 삼을까? 1979년 칠레 공산당 창당이 어떤 결과를 가져왔는지 써볼까? 1980년 오스트레일리아 에어스록Ayers Rock 근처에서 일어난 '딩고 베이비' 실종 사건은 어떨까? 1985년 필리핀에서 마르코스Ferdinand Marcos 대통령을 축출한 사건도 괜찮은 주제가 아닐까? 2004년 하와이에서 마지막 검은 얼굴 꿀먹이새가 죽으면서 지구상에서 멸종한 이야기를 써볼까? 2012년 블라디보스토크 동보스포루스해협 너머로 다리가 놓인 뉴스를 전하는 건 어떨까? 아니면 2014년 통가가 네바다주 방위군과 군사협정을 체결한 희한한 상황을 서술해볼까?

나는 고민에 고민을 거듭했다. 그리고 마침내 주제를 열 개로 추려내는 데 성공했다. 그중에는 거창한 이야기도 있고, 사소한 이야기도 있다. 하지만 개인적으로는 열 가지 모두 태평양의 조류를 바꿔놓은 중요한 사건이었다고 생각한다. 과거에서 현재로, 시간 순서에 따라 이야기를 배치했다. 이 책을 읽으면 지난 65년간 전개된 사건들이 어우러져 하나의 그림을 완성하는 것을 볼 수 있다. 이는 뚜렷한 정밀화보다는 멀리서 언뜻 봐야 형체가 눈에 띄는 점묘화에 가까운 모습이다. 또 이를 통해 우리는 태평양이 미래에 어떤 방향으로 나아가게 될지를 추측해볼 수 있다. 어떤 주제를 선정하느냐에 따라 완성된 태평양의 그림이 왜곡됐을지, 혹은 공정하게 있는 그대로 묘사됐을지 판가름이 날 것이다. 내 주제 선정이 틀리지 않았기를 바란다.

나는 씁쓸한 현실을 주제로 첫 장을 열기로 했다. 페르디난드 마젤란이 처음으로 태평양을 항해할 때, 이 바다는 말 그대로 그저 태평한 바다였다. 하지만 이후 태평양은 다른 어떤 대양보다 원자력 무기에 많이 노출됐다. 이야기의 시작점인 1950년 1월부터 지금까지, 수소폭탄 실험의 대부분이 태평양에서 실시됐다. 비키니섬에서 행해진 수소폭탄 실험은 결코 찬사를 보내거나, 감탄할 만한 사건이 아니다. 이는 끔찍한 핵무기가 이미 인류를 향해 겨눠졌던 적이 있음을 상기시키는 역할을 하는데, 핵무기 투하의 피해자는 대부분 무고한 일본 시민이었다. 또 어찌 됐든 원자폭탄 실험 역시 태평양 역사의 일부로 태평양의 과거와 현재, 그리고 미래를 논하는 데 도움을 줄 것이다.

이어질 주제로는 조금 더 밝은 이야기를 골랐다. 1954년 트랜지스터라디오의 발명과 소니의 기업 설립 이야기를 풀어나가기로 했다. 나는 1950년대 일본이 기술 강국으로 부상한 상황이 단순히 전후 일본의 에너지와 끈기, 탁월한 기술력만을 보여주는 것은 아니라고 생각한다. 트랜지스터라디오가 발명되며 세계무역에 큰 변화가 일어났고, 변화는 오늘날까지도 영향을 미치고 있다. 이 시기부터 태평양 서쪽에서 동쪽으로의 수출량이 수입량을 넘어섰고, 이때 옮겨간 세계무역의 중심은 아직까지도 굳건히 자리를 지키고 있다. 비록 시간이 지나 한국의 기술력이 일본을 따라잡고, 중국의 기술력이 한국을 따라잡았지만, 금문교 아래를 지나가는 컨테이너선의 행렬은 오늘날까지도 끝없이 이어진다. 이는 일본이 주머니에 쏙 들어가는 라디오 수신기를 발명한 덕분임이 틀림없다.

이어지는 주제는 서핑이다. 서핑은 애초 생각만큼 사소한 주제는 아니었다. 가벼운 미국 영화 한 편이 개봉하면서 서핑은 순식간에 인기 스포츠의 반열에 올랐다. 남태평양 폴리네시아가 선사한 선물인 서핑은 오늘날 수조 원의 가치가 있는 산업으로 성장했다. 고대부터 이어져온 우아한 파도타기는 한때 하와이와 타히티 귀족 계층 문화의 중심이었다. 한 문화의 상징인 미식축구와 크리켓이 가볍게 언급될 만한 주제가 아닌 것처럼, 서핑의 탄생지인 태평양과 태평양 사람들을 이해하기 위해서는 이 스포츠를 충분히 알아볼 필요가 있다.

나는 북한을 몇 번 방문한 경험이 있다. 1987년 남한을 방문했을 당시 걸어서 반도를 횡단해보려고 했는데, 480킬로미터쯤 걸었을 무렵 북한으로 넘어가려다 국경지대 앞에서 보초를 서던 건장한 미군 두 명에게 저지당했다. 오금이 저린 경험이었다. 수립 초기 경제적·문화적으로 스스로를 고립시키고 독자적인 길을 가려는 북한 정권에 나는 살짝 동정심을 품은 적이 있다. 하지만 오늘날의 북한 정부는 내부적으로는 공포정치를 펼치고, 외부적으로는 비정상적인 도발 행위를 보이고 있는데, 이는 무시하기 힘든 사안이다. 태평양의 골칫거리인 북한은 달갑지는 않지만, 결코 가볍게 여겨서는 안 될 존재임이 틀림없다.

그 과정이 순탄치만은 않았지만, 1970년대 들어서면서 식민 통치를 펼치던 제국들이 태평양에서 하나둘 물러나기 시작했다. 일본을 비롯해 태평양 원주민들(아메리카 원주민, 오스트레일리아 토착민, 마오리족 등)은 제자리를 찾아갔다. 나는 당시 영국령에 속하던 홍콩 앞바다에서 영국 호화 여객선이 화재로 침몰한 상징적인 사건을 서두로 글을 써내려가기로 했다. 태평양에서 식민 지배가 종결되던 이야기를 풀어내기 위해서다. 인도차이나반도를 비롯해 태평양 여기저기에 흩어져 있던 수많은 식민지가 프랑스와 네덜란드, 포르투갈, 영국 등에서 벗어나 독립을 이루어냈다. 수 세기 전에 그랬어야 했건만, 태평양 사람들은 그제야 마침내 온전한 독립국 국민이 되었다.

하지만 서태평양 가장자리에 위치한 오세아니아 대륙만은 예외다. 오세아니아 대륙을 통째로 차지하고 있는 오스트레일리아는 이주민들로 구성된 국가다. 오스트레일리아가 미래에 태평양에서 어떤 역할을 할지 단정하기는 어렵다. 오스트레일리아가 지금 그 자리에 어울리는 나라이긴 할까? 과연 오스트레일리아는 태평양에 깊이 뿌리내릴 수 있을까? 오스트레일리아가 언젠가는 지리적 이점을 이용해 태평양의 강대국으로 부상할 수 있을까?

다음은 좀 더 과학적인 주제를 다뤘다. 태평양에서는 수많은 기상현상이 일어나고 있다. 또, 오늘날의 태평양은 심각한 환경오염으로 지구에 닥칠 재앙을 경고하고 있다. 태평양에서는 세상에서 가장 강력하고 위험한 지진이 발생한다. 태평양에는 어마어마한 양의 자원이 매장되어 있는데, 자원이 보존될지 개발될지 여부는 인간의 손에 달려 있다.

그리고 드디어 중국이 등장한다. 중국은 세계에서 가장 인구가 많은 나라이자, 현대 인류가 접근 가능한 모든 분야에서 꼭대기를 향해 무섭게 사다리를 타고 올라가고 있는 나라다. 오늘날 최강대국의 지위를 차지한 미국에서 태평양을 건너면 지구 반대편에 자리한 중국이 나타난다. 중국은 고대서부터 지금까지 오랜 시간 동안 군건히 나라를 존속해왔다는 자부심을 가지고 있다. 현재 미국과 중국은 빠르게 라이벌 구도를 형성하고 있는데, 이 두 국가가 맞붙었을 때 모두가 만족할 만한 결과가 쉽게 도출되지는 않을 듯하다.

　마지막으로 바다 자체에 관해 얘기해보기로 했다. 가늠할 수 없이 넓고 깊은 로빈슨 제퍼스의 '잠들지 않는 지구의 눈', 원주민들이 아끼고 사랑했던 바다, 국익을 추구하던 유럽인들에게는 수단에 불과했던 태평양 말이다. 오늘날 태평양 대부분의 지역은 유럽의 식민 지배에서 벗어났지만, 분쟁은 끊이지 않고 있다. 태평양의 불안정한 지질 상태와 대기 상태로 엄청난 위험이 발생할 가능성도 있고 환경오염도 심각하다. 또한 태평양 국가들은 내부적으로 갈등을 겪고 있지만, 다른 한편으로 이들 국가 간 상업 활동은 활발하다. 이제는 과학의 중심지로 자리 잡은 태평양에서는 빠른 발전이 일어나고 있는데, 이와는 대조적으로 태평양 사람들은 집요하게 옛날 방식을 고수하기도 한다. 태평양 동쪽과 서쪽의 문명은 오랜 시간 동안 꾸준히 교류하면서 드디어 서로를 받아들이기 시작했다. 아름답고 환상적인 태평양에서 서로 다른 문명이 만나 새로운 철학과 정신적 가치가 탄생했다.

　태평양은 지구상에서 가장 변화가 심한 지역으로 모두의 이목이 집중되고 있다. 다음 세계대전이 일어나는 곳이 태평양이 될까? 시간이 지나면 언젠가는 인류가 무신경하고 어리석은 행동을 멈추고 거대하고 아름다운 태평양에서 구원을 받는 날이 올까? 동쪽 세계와 서쪽 세계가 태평양에서 균형을 찾고 희망에 찬 미래를 건설할 수 있을까?

앞으로의 이야기는 1950년 1월 1일부터 태평양의 현대사회가 60여 년간 겪은 발전과 격동의 세월을 다룬다.

# 제0장

# 1950년, 현대의 시작

1950년 새해 첫날은 일요일이었다. 째깍대던 시계가 20세기 들어 쉰 번째로 새해 알람을 울렸다. 제2차 세계대전의 참화는 흐릿해지고 다가올 혼란은 보이지 않는지 세상은 꽤나 평온해 보였다.

일본은 여전히 전후 복구 작업 중이었고, 아직 일본에서 미국이 철수하기도 전이었지만 일본인들은 새해에 기분 좋은 일을 맞이하게 되었다. 아이가 태어나면서 한 살이 되고, 이듬해 1월 1일마다 한 살씩 더하는 관습이 폐지된 것이다. 덕분에 당시 8,000만 일본 국민은 이날 본인의 나이에 한 살을 더할 필요가 없었고, 마흔 살이었던 일본인이 마흔 한살이 되려면 다음 생일까지 기다려야 했다. 새해 아침 잠깐이지만, 일본 국민 모두가 젊어진 기분을 느꼈다.

이만큼은 아니지만 뉴욕 시민들에게도 좋은 일은 있었다. 이전 3개월 동안 뉴욕 그랜드센트럴 터미널 중앙의 홀에서 레코드음악 소리가 울려 퍼지며 조용한 출퇴근길을 즐기던 뉴욕 시민들을 분노하게 만들

44

었는데, 1950년 새해 첫날 마침내 음악이 꺼지고 이후 두 번 다시 켜지지 않았다. 그랜드센트럴 역 이용객들은 평화를 되찾았고, 역에서는 다시 조용하게 웅성대는 소리만이 들려왔다. 안정을 찾은 뉴욕 시민들도 잠깐이지만 젊어진 것 같은 기분이라 했다.

그리고 영국의 찻주전자 뚜껑 장인인 엘리자베스 흄Elizabeth Hulme과 섬유산업 관련 직종에 종사하던 랭커셔 출신 '뮬 방적공mule spinner' 제임스 잭슨James Jackson은 그들이 해당 산업에 기여한 공로를 인정받아 버킹엄궁전에서 열린 행사에서 상을 받았다.

당시 정권을 차지하고 세상을 통치하던 지도자들은 앞으로 어떤 미래가 다가올지 보지 못하고 권력을 손에 쥔 채 평온한 하루를 즐기고 있었다. 트루먼Harry S. Truman, 애틀리Clement Richard Attlee, 스탈린Iosif Vissarionovich Stalin, 아데나워Konrad Adenauer, 프랑코Francisco Franco, 티토Josip Broz Tito, 페론 Juan Perón과 새롭게 지도자 자리에 앉은 김일성, 마오쩌둥毛澤東까지 모두 침대에 편안히 누워 휴식을 즐겼다. 마찬가지로 이집트와 통가, 카트만두, 룩셈부르크의 존경받는 왕족들은 어떤 면에서는 안일하게까지 보이는 태도를 지키며 통치자의 자리에 앉아 있었다.

그럼에도 불구하고 역사의 흐름은 변하고 있었다. 1949년, 군주제를 고수하던 영국은 여전히 부강함을 과시했다. 엄밀히 따지자면 당시 세계 인구의 4분의 1 이상이 국왕인 조지 6세George Ⅵ의 통치 아래 있는 것과 마찬가지였다. 하지만 새해가 밝고 3주 뒤, 자와할랄 네루Jawaharlal Nehru가 인도공화국을 선포했고 영연방은 약화됐다. 1950년 초반, 아시아에서는 아직 유명세를 얻기 전인 베트남의 공산주의자 호찌민胡志明이 중국, 소련과 협정을 체결했고, 그 결과로 마침내 아시아에서 손을 떼기로 한 프랑스가 인도차이나를 떠나야 했다.

이런 사소한 징조들을 제외하고도, 안정을 찾은 줄 알았던 세계에는 가느다란 금이 가기 시작했다. 소수만이 변화를 감지했지만 이 때문에 불편을 겪은 사람은 없었다.

하지만 1950년에 일어난 사건은 현재까지 영향을 미치고 있다. 이 사건은 오늘날 두 가지 중대한 의미를 갖는다. 첫째, 세계 역사상 가장 암울한 순간이자, 둘째, 영원히 남을 과학적 중요성이 바로 그것이다.


1949년 9월 3일, 기상관측기 아메리카 B-29는 일본 요코타와 미국 알래스카의 아일슨 공군기지 사이를 정찰 중이었다. 그 기상관측기에 설치된 가이거계수기(방사능 측정 장비)가 요란한 소리를 내기 시작했다. 어리둥절한 기술자는 계수기의 기록을 확인했고, 근원지가 어디인지 확인할 수 없었지만 상공에 엄청난 양의 방사능이 유출된 것으로 판단했다.

그러고 나서 이틀 뒤 괌에서 출발한 비행기가 같은 항로로 비행을 하다가 방사능 수치가 이전보다 더 높아졌다는 사실을 발견했다. 바륨, 세슘, 몰리브덴 분열 동위원소가 상공에서 탐지되었다. 이는 항로의 동쪽 어딘가에서 핵 사고가 났거나, 아니면 누군가 핵무기를 터뜨렸다는 의미였다.

원인은 후자인 것으로 밝혀졌다. 이로부터 5일 전, 카자흐스탄 세미팔라틴스크Semipalatinsk에서 소련은 극비리에 원자폭탄 실험을 실시했다. 이오시프 스탈린은 이곳에서 소련 최초의 원자폭탄인 '최초의 번개First Lightening'를 터뜨렸다. 미국에서는 이 폭탄을 조원Joe 1이라고 칭했다. 이는 4년 전 미국이 나가사키에 투하한 플루토늄 무기를 참고해 만든 것이었는데, 이 둘은 모든 측면에서 굉장히 흡사했지만 위력만큼은 소련의 원자폭탄이 조금 더 강력했다. 소련이 원자폭탄 실험에 성공하자 전 세계는 충격에 휩싸였다. 미국과 동맹국은 소련의 핵무기 개발 수준이 미국을 따라잡으려면 시간이 한참 더 걸릴 것이라 생각했기 때문이다. 소련이 미국 원자력 연구의 중심지인 로스앨러모스에 클라우스 푹스Klaus Fuchs를 스파이로 심어놨던 사실은 수십 년이 지나고 나서야 밝혀졌다. 하지만 이 총명한 독일계 영국인 스파이가 소련으로 빼돌린 정보가 얼마나 유용했을지에 관해서는 오늘날까지도 의견이 분분하다. 하지만 역사적인 스파이 클라우스 푹스가 세상을 바꿔놨음에는 대부분 동의했다.

소련이 핵무기를 개발하는 데 성공하고 마침내 수소폭탄과 더불어 끔찍한 부수 도구까지 갖추자 동서 사이의 냉전 시대가 공식적으로 시작됐다. 이로써 향후 반세기 동안 세계에는 지구가 핵무기로 인해 멸망할 수도 있다는 지극히 현실적인 어둠의 그림자가 드리워졌다.

핵무기의 개발은 또 다른 중대한 문제를 야기했다. 이는 오늘날 과학계에 지대한 영향을 끼쳤으며, 또 덩달아 이 책을 집필하는 데도 어느 정도 영향을 미쳤다. 바로 방사능오염이다.

냉전 시대에 원자폭탄 수백 개가 터졌고, 폭발에서 발생한 엄청난 양의 방사능 붕괴 생성물이 대기 중에 퍼지면서 지구는 오염됐다. 그 규모가 크든 작든, 분열 원리를 이용했든 융합 원리를 이용했든, 미사일로 터뜨렸든 항공기에서 투하했든 대포로 쏘아 올렸든, 어느 나라에서 터뜨린 폭탄이든 결과는 마찬가지다. 미국, 소련, 영국, 프랑스, 중국,

이스라엘, 인도, 파키스탄, 북한, 이란 등 어느 나라가 됐든 간에 일단 원자폭탄이 터지면 대기는 오염된다. 1963년 공중에서 폭발시키는 방식의 원자폭탄 실험이 금지되기 전까지 인류는 끊임없이 방사능에 오염된 공기를 마시고 살았으며, 수천 년이 지나도 그 영향력이 완전히 사라지지 않을 것으로 추정된다.

원자폭탄이 폭발하면서 대기 중에는 여러 가지 물질이 생성되는데, 이 중에는 탄소 14라는 불안정한 방사능 동위원소가 있다.

탄소 14 동위원소는 우주 광선에서 생성되어 이미 자연적으로 지구상에 존재하던 물질인데, 그 양이 극히 적기는 하지만 측정은 가능하며, 방사성을 지니지 않은 일반적인 방위원소인 탄소 12와 1 대 1조의 비율을 유지했다.

식물은 광합성을 통해 이 탄소를 흡수하고, 식물을 섭취한 동물도 마찬가지로 탄소를 흡수하게 된다. 따라서 동식물이 살아 있는 동안 세포에는 탄소 12와 탄소 14가 대기 중에서와 같은 비율로 존재한다.

하지만 동식물이 죽으면 탄소 14의 불안정성 때문에 방사선 붕괴가 시작되면서 두 방위원소의 비율이 변화하기 시작한다. 탄소 14의 반감기는 5,730이다. 남아 있는 탄소의 양이 절반으로 줄어드는 데 걸리는 시간이 5,730년이라는 뜻이다. 그 이후에 또 5,730년이 지나면 남은 양은 그의 절반이 되고, 그 과정이 계속 되풀이된다. 무엇보다 동식물의 잔해에서 탄소 12와 탄소 14의 비율 변화가 매우 정밀한 수치로 측정 가능하다는 사실은 굉장히 중요한 시사점을 가진다.

1956년, 시카고 대학교에서 연구를 진행하던 화학자 윌러드 리비

Willard Libby가 동위원소의 비율을 측정하는 것이 가능하다는 사실을 최초로 발견하면서 노벨 화학상을 받았다. 리비의 발견 덕분에 죽은 동물이나 식물의 조직에 남아 있는 탄소 14를 측정해서 그 식물이 살던 연대와 죽은 시기를 꽤 정확하게 추정할 수 있게 되었다. 탄소연대측정법의 탄생이었다. 탄소연대측정법은 오늘날까지도 고고학과 지질학 분야에서 유물의 연대를 측정하는 중요한 도구로 사용된다.

탄소연대측정법이 성립하기 위해서는 한 가지 조건이 충족되어야 한다. 측정된 값이 정확하려면 자연 발생한 탄소 12와 탄소 14의 비율 기준치가 일정해야 한다는 것이다. 리비와 연구소 동료들은 탄소 14 원소 하나에 탄소 12 원소 1조 개의 비율을 기준치로 삼았다. 이 비율이 유지된다는 전제하에, 연대측정법을 사용해서 얻은 결과는 신뢰성이 상당히 높다고 볼 수 있다.

하지만 예기치 못한 상황이 발생했다. 1950년대에 본격적인 원자폭탄 실험이 시작되자 기준치가 갑자기 변화했기 때문이다. 원자폭탄이 터지고 피어난 버섯구름에는 독성이 강한 화학물질이 대거 포함돼 있었다. 그 결과 다른 원소와 더불어 엄청난 양의 탄소 14가 대기 중에 생성됐고, 탄소연대측정법의 기준치가 되는 비율은 흐트러졌으며, 연대측정법으로 얻은 결과의 신뢰도는 급격히 낮아졌다.

전 세계의 방사화학자는 매해 실험을 통해 대기 중의 탄소 14 함유량을 기록하기 시작했다. 원자폭탄으로 인해 발생한 비율 왜곡이 어떤 알고리즘을 가지는지 확인하기 위해서였다. 하지만 원자폭탄의 폭발이 늘면서 점점 더 많은 불안정 원소를 만들어내자 급격히 복잡해진 상황에 학자들은 혀를 내둘렀다. 그리고 탄소연대측정법으로 얻은 결과 자체가 부정확한 값이 되면서 측정값을 절대적인 수치로 놓고 연구를 진행하던 학계에서는 더 이상 이 방법을 사용하지 못할 지경에 이르렀다.

문제 상황을 정리하기 위해 결정이 내려졌다. 특정한 날짜를 기준으로 삼아 그 이전에 측정된 값은 정확도가 높고, 그 이후에 측정된 값은 의혹의 여지가 있다고 여기기로 했다. 이는 특정 날짜 이전에는 방사선 동위원소의 비율이 일정했기 때문이다.

기준이 된 특정 날짜가 바로 1950년 1월 1일이었다. 이 날짜는 기준연대의 출발점, 혹은 인덱스 해Index Year라고 불린다. 1950년 1월 이전의 대기는 방사화학 물질에 오염되지 않았다. 1950년 이후 폭발이 생성해낸 방사 원소로 대기가 오염됐다. 호찌민이 베트남에서 독립 운동을 시작하고, 일본인이 새로운 나이 계산법을 도입하고, 뉴욕의 그랜드센트럴 터미널에서 음악 소리가 멎은 이 일요일이 과학자들에게는 새로운 시대의 시작이었다.

이 날짜 선택은 과학적으로 명쾌하고 논리적이고 정확하다. 이는 과학계뿐 아니라 다른 분야에도 빠르게 영향을 끼쳤다. 어떻게 시대를 구분할 것인가에 중대한 영향력을 행사했기 때문이다.

1950년 이전에 과학이 인류의 날짜 계산 방식에 영향을 미친 적은 단 한 번도 없었다. 2017이라는 숫자로 현재 우리가 살아가는 해를 표기하는 것은 과학과는 전혀 관계가 없으며, 오히려 이는 과학과 거리가 먼 신화와 신앙에서 기인했다. 시대를 어떻게 구분해야 할지 의문을 제시하면, 대부분의 서양인은 그 답으로 BC와 AD라는 이니셜을 내놓을 것이다. 현대사회에서는 보통 그리스도의 탄생을 기준으로 '그리스도의 기원 이전Before Christ, BC', '그리스도의 기원 이후Anno Domini, AD'라는 표현을 사용해 날짜를 표기하고 있다.

하지만 이 표기법은 기독교 신앙이 없는 사람에게는 논쟁의 여지가 있다. 이들에게는 예수 그리스도의 존재가 별로 중요하지 않으니 표기법 역시 그 의미가 퇴색된다. 그래서 최근에는 이런 표기법에 반발심을 느끼지 않도록 다소 우회적인 표현을 쓰기도 한다. 일반적으로 통용되는 표기법으로 BCE가 있는데, 이는 '기독교 시대 이전before Christian Era' 혹은 '일반 시대 이전before Common Era'이라는 의미를 가진다.

하지만 이러한 표기법도 여전히 신화를 바탕으로 하고 있어 그 기준이 애매모호하다. 게다가 탄소연대측정법이 발견된 이후로 BCE는 과학자들에게 설득력이 떨어졌다. 그래서 결국에는 '현대 이전before present'이라는 의미를 가진 BP라는 이니셜을 사용하는 건 어떻겠냐는 의견까지 나왔다. 예를 들면 "위스콘신 빙하기는 BP 5만 년에 막을 내렸다."는 식으로 말이다.

이 새로운 표기법을 받아들이기 위해서는 **현대가 언제인가**라는 질문에 대한 답이 필요했다. 1960년대 초반에 방사화학자 두 명이 여기에 답을 내놨다. 그들은 새로운 기준 연대의 출발점과 똑같이 1950년 1월 1일을 현대로 삼자고 제안했다.

논리적이고, 깔끔하며, **적절**해 보이는 제안에 대부분이 동의했다. 그렇게 이 날짜는 전 세계 과학자들에게 관념적으로 현대라고 받아들여졌다. **1950년 1월 1일, 현대의 아침이 밝아왔다.**

1950년 1월 1월은 '현대의 태평양'을 다루는 이 책의 시발점으로도 이상적인 날짜다.

물론 다른 날짜에도 모두 나름의 의미가 있다. 제2차 세계대전이 끝나고 태평양에 진정한 새로운 시대가 열렸다는 점에서 일본이 투항한 1945년 9월 2일을 시작점으로 삼을 수도 있었다. 아니면 1949년 10월 1일 마오쩌둥이 중화인민공화국 수립을 선포함으로써 태평양을 논란이 들끓는 가마솥으로 만들어버린 중대하고 근엄한 순간을 고를 수도 있었다. 1954년 3월 1일 미국은 캐슬 브라보Castle Bravo 실험에서 역사상 가장 강력한 수소폭탄을 터뜨렸는데, 이 상징적인 순간을 사용하면 어떨지 생각해보기도 했다.

하지만 '현대의 시작'이 내 머릿속을 계속 맴돌았다. 정말 멋지고 단순한 데다가 철저한 과학적 중립성까지 깃든 날짜다. '현대의 시작'이 1950년 1월 1일이라는 사실에는 신앙이 있든 없든, 어떤 신앙을 가졌든 누구나 고개를 끄덕인다. 게다가 이 책의 주제와 딱 맞는 지리적 조건까지 갖추었으니 기분 좋은 우연의 일치라고 할 수 있다.

원자폭탄 폭발로 탄소 14가 퍼지면서 대기가 오염됐고, 과학계에서는 '현대 이전'과 '현대'라는 개념을 만들었는데 이런 결과를 가져오게 된 첫 폭탄이 터진 장소가 바로 태평양이다. 태평양의 비키니섬을 시작으로 에네웨타크 환초, 크리스마스섬, 우메라, 세미팔라틴스크, 뤼부포호, 무루로아 환초, 팡가타우파 환초에 이르기까지, 이 모든 곳에서 원자폭탄이 터졌다.

순수하리만치 깨끗했던 자연이 방사능 피폭으로 오염됐고, 그 사이를 구분 짓는 절묘한 순간을 기준으로 이야기를 시작하기로 했다. 미래를 상징하는 태평양의 이야기는 현대가 시작되면서 그 출발선을 넘는다.

# 제1장

# 핵실험으로 일그러진 바다

1945년 8월 9일, 나가사키에 두 번째 원자폭탄이 투하되다.

1945년 9월 2일, 일본 투항하다.

1949년 10월 1일, 중화인민공화국이 수립되다.

**1950년 1월 19일,**
**트루먼 대통령이 수소폭탄 개발을 명령하다.**

1951년 5월 8일, 에네웨타크 환초에서 조지가 폭발하다.

1952년 11월 1일, 에네웨타크 환초에서 아이비 마이크가 폭발하다.

1954년 3월 1일, 비키니섬에서 캐슬브라보 실험이 강행되다.

PACIFIC

힌두교의 경전 『바가바드기타』의 구절이 떠올랐다.

"나는 세상의 파괴자인 죽음이 되었다."

– J. 로버트 오펜하이머, 1945년 7월 16일 뉴멕시코 최초의 원폭 실험 현장에서


고삐 풀린 원자의 힘은 우리의 사고방식을 제외한 모든 것을 변화시켰고,

우리는 미증유의 재앙을 향해 표류하고 있다.

– 알베르트 아인슈타인, 1946년 5월 24일 미국 저명인사들에게 보낸 전보 중에서


1950년 1월 4일, 해리 트루먼 대통령이 연두교서 후 점심식사 자리에서 수수께끼 같은 말로 태평양이 안타깝게도 최초로 원자폭탄의 바다가 될 것임을 암시했다. "인류는 자연의 비밀을 열어 젖히고 새로운 힘을 얻게 되었다." 트루먼은 태평양이라는 단어를 언급하지는 않았다. 2주 뒤인 1월 19일 의회 연설에서 세상의 운명을 바꿀 결정을 내비칠

때도, 그 2주 뒤 공식 강령을 내리고 자신의 결정을 공표할 때도 언급하지 않았다.

꼭 짚어 언급할 필요조차 없었다. 대통령이 지시한 핵무기 개발 실험을 행할 수 있을 만한 비어 있는 유일한 장소는 크기와 용도, 또 미국이 국제사회에서 차지한 위치를 고려했을 때 면적이 1억 6,525만 제곱킬로미터에 달하는 태평양뿐이었다.

태평양은 이미 맛보기를 끝낸 참이었다. 미국 정부는 1946년부터 태평양 열대 산호섬에서 비밀리에 간단한 형태의 핵분열 원자탄 실험을 하고 있었다. 이 원자폭탄도 강력하고 끔찍한 무기임에는 틀림없지만 뒤에 개발될 무기들에 비하면 아무것도 아니었다. 1월 셋째 주 목요일, 트루먼 대통령은 결정을 내리고 원자력위원회Atomic Energy Commission, AEC에 공식적으로 명령을 하달했다. 이로써 상상할 수 없을 만큼 치명적이고 무한한 파괴력을 가진, 지금까지와는 비교할 수 없는 핵무기 개발 프로젝트가 시작되었다. 이렇게 개발된 무기는 전쟁의 본질을 바꾸고 돌이킬 수 없는 변화를 가져올 것이다. 핵무기의 위력은 가늠하기 어려울 정도여서 검증할 곳이라고는 텅 빈 태평양의 한가운데밖에 없었다.

1940년대 중반까지 사람들의 머릿속에 태평양은 400년 전 마젤란이 묘사했던 모습으로 남아 있었다. 군청색의 조용하고 잔잔한 해수면 위로 부드러운 무역풍이 부는 평화로운 바다였다. 태평양 섬 주민들이라고 언제나 고요하고 평화롭게 살아온 것은 아니다. 하지만 대서양의 이미지처럼 전쟁의 상흔으로 소용돌이치는 회색빛의 바다는 아니었다. 태평양에서 미국과 일본이 격렬하게 전쟁을 치른 것은 바로 이 무렵이었다. 하지만 이제 일어나려고 하는 일들은 여러 측면에서 그것과 비교할 수 없는 것이었다.

트루먼 대통령은 1950년, 원자력위원회에 3억 달러의 예산을 편성해서 신무기 개발을 지시했다(사람들은 이 핵융합 수소폭탄을 간단하게 '초강력'이라고 지칭했다). 이는 애초에 물리학자들이 칠판에 끼적인 이론에 불과했지만 대통령의 이목을 끌기에는 충분했다.

예산 편성이 있기 얼마 전인 1949년 10월 6일, 중앙정보국장인 시드니 수어스Sidney Souers 해군 제독은 대통령에게 몇몇 물리학자의 놀라운 이론을 보고했다. 수소 핵융합을 도입해 이전과는 비교할 수 없을 만큼 막강한 폭탄을 만들어낼 수 있다는 것이었다. 대통령도 몇 주 전 소련이 최초의 원자폭탄 실험에 성공했다는 사실을 알고 있었기 때문에 곧바로 큰 관심을 보였다. 이는 미국 국방부와 과학계 사이에 수백만의 목숨을 앗아갈 수 있는 신무기를 개발하는 것이 도덕적으로 옳은 일인지에 대한 맹렬한 갈등을 초래했다. 국방부 고위층의 대다수가 소련의 원폭 실험 성공과 신무기 개발 가능성을 고려했을 때, 미국이 군사력에서 앞서가거나 동등한 위치를 점하려면 신무기 개발이 반드시 필요하다고 주장했다. 그러나 과학자는 핵무기의 위력이 가공할 만하다는 것을 알고 있었기에 신무기 개발에 혐오감을 느꼈다. 많은 과학자들은 애초에 개발의 기초가 된 이론을 제공했다는 죄책감과 수치심에 시달렸다. 원자폭탄도 끔찍했지만, 수소폭탄이 사용된다면 그 파괴력은 상상할 수 없는 끔찍한 결과를 초래할 것이다.

하지만 트루먼 대통령이 1월 19일 수어스 제독을 백악관으로 불러

그의 대통령 임기에 가장 기억될 만한 결정을 내림으로써 논쟁을 종결시켰다. 트루먼 대통령은 수어스 제독에게 핵무기 개발을 지시하면서 **"많은 걸 알게 되었고 반드시 해야만 한다."**고 강조했다.

1월 31일 트루먼은 원자력위원회에 연구에 착수하라는 지시를 내렸다. "미국은 수소폭탄이 반드시 필요하다." 대통령은 이렇게 말하고 참모들에게 무기를 실제로 사용하지 않더라도 핵무기는 후에 소련과의 협상에서 비장의 카드 역할을 할 것이라고 강조했다. 반박할 수 없는 근거였고, 이는 트루먼 자신에게 도덕적 논쟁에 대한 정당성을 부여했다.

절차에 따라 원자력위원회는 비밀리에 빠른 속도로 개발을 시작했다. 그리고 그해가 가기 전에 이론은 현실이 되었다. 수소폭탄 제조를 위한 기술적 문제들이 근본적으로 해결된 것이다. 3개월 뒤인 1951년 5월 8일에는 '조지'라고 불린 소형 모형장치로 폭발 실험에 성공했고, 1952년 11월 1일에는 '마이크'라고 명명한 최초의 완성형 수소폭탄 기폭 실험에 성공했다. 그리고 16개월 뒤 그중 가장 거대한 규모의 수소폭탄이 터졌는데 실험 중 일어난 실수로 인해 용서받을 수 없는 결과를 초래했다.

이렇듯 압도적인 위력의 수소폭탄 실험으로 평화로웠던 태평양이 수소폭탄의 대양으로 다시 태어났다.

## 원자폭탄 실험의

## 조건

　　　　　　　1946년 대양 한가운데 자리한 산호섬에서 태평양의 원자폭탄 이야기가 시작됐다. 그해 그 산호섬과 같은 이름이 붙여진 파격적인 스타일의 수영복이 세상에 등장했다. 프랑스 일간지 「르몽드Le Monde」는 이 수영복에 대해서 "정숙함을 최소화한 형태"라고 묘사하며 "폭발처럼 세상을 놀라게 했다."고 표현했다. 사태를 비난하려는 의도가 아닌 본인의 작품이 널리 알려지길 바라는 마음으로 수영복의 디자이너 루이 레아르Louis Réard가 꺼낸 말도 이와 비슷했다. "폭탄처럼, 비키니는 작지만 엄청나게 충격적이다."

　작은 비키니섬의 사연도 마찬가지로 엄청나게 충격적이었다.

　**소유한다**는 표현이 적당한지는 모르겠으나, 긴 시간 동안 몇 세대에 걸쳐 살아오던 원주민이 섬을 소유하고 있던 시기에 태평양은 지상의 천국 같았다. 하지만 유럽의 모험가들이 태평양에 나타나고, 섬들은 하나둘씩 순수했던 본모습을 잃었다. 영국인 항해사 존 마셜John Marshall은 18세기에 뉴기니에서 북쪽으로 1,600킬로미터 떨어진 넓은 바다에 여기저기 흩어져 있는 산호섬들을 발견했다. 얼마 지나지 않아 미국은 이 섬들을 원자폭탄 실험 장소로 사용하는 데 관심을 보이기 시작했다. 원주민들(인류학자는 이들을 미크로네시아인이라고 칭했다)의 일부는 말레이인이었고, 일부는 폴리네시아인이었다. 이들은 곧 마셜제도라고 명명될 산호섬에서 3,000년이 넘도록 평화롭게 살아오고 있었다. 낚시를 하고 코코넛을 채집했으며, 수확물을 분배하면서 가끔 토닥거리긴 했지만 심각한 분쟁이 일어날 만한 일은 거의 없었다.

하지만 뜬금없이 등장한 모험가들이 섬을 '발견'했다고 주장하면서 지배권을 행사했고, 천국과 같던 섬들에서 암묵적으로 통용되던 규칙은 무참하게 무시됐다.

프롤로그에서 잠시 언급했듯 유럽에서는 스페인이 최초로 태평양에 진출했다. 스페인은 필리핀의 마닐라를 포함해 서태평양의 꽤 넓은 범위에 지배력을 행사했지만, 거리가 너무 먼 탓에 마셜제도는 스페인의 주된 관심지역에서 벗어났다. 게다가 미국과의 전쟁에서 패배하고 필리핀 지배권이 미국으로 넘어가면서 머나먼 스페인에서 마셜제도를 제대로 관리하기란 사실상 불가능했다. 섬의 수만 어림잡아 6,000개가 넘었으니, 그 먼 곳에서 지배력을 행사하려는 시도 자체가 사실 비현실적이었다.

19세기 초반 하와이에서 기독교를 전파하는 데 힘쓰던 미국인 선교사 몇 명이 일본으로 가던 길에 마셜제도에 들러 얼마간 머물렀다. 이들은 원주민들에게 영어와 성경을 가르치고, 니캅(이슬람 문화권에서 여성들이 몸을 가리기 위해 입는 옷 – 옮긴이)의 기독교 버전인 머더 허버드 원피스(19세기 말부터 20세기 초까지 미국에서 유행하던 단이 길고 헐렁한 가운 형식의 여성복 – 옮긴이)를 착용하도록 했는데, 이때 선교사들이 마셜제도에 끼친 영향력은 오늘날까지도 남아 있다(마셜제도 국민 대부분은 독실한 크리스천이다). 이 선교사들은 미국에서 마셜제도를 식민지화하려고 보낸 바람잡이가 아니었다. 오히려 마셜제도에 제국주의적 마수를 뻗은 국가는 19세기 후반 태평양에 진출한 독일이었다. 이때 태평양에 도착한 함부르크 상인들은 마셜제도에서 고향으로 가져갈 만한 물건을 찾느라 정신이 없었다.

스페인과 달리 독일은 마셜제도를 실질적인 지배하에 두고 상업적 이익을 취할 수 있을 것이라 생각했다. 그들은 먼저 산호섬 여기저기에 무역 거점을 세우면서 자리를 잡기 시작했고 루터교 선교사들을 앞세워 독일의 식민지가 돼 황제의 통치를 받으면 훨씬 안락한 미래를 영위할 수 있다고 사람들을 설득했다. 1899년 독일은 스페인에 2,500만 페세타를 지불하고 간단한 조약을 체결해서 마셜제도의 지배권을 넘겨받았다.■ 이로써 1906년에 마셜제도 주민들은 완전히 새로운 시대를 맞이하게 됐다. 스페인의 이름뿐인 지배에서 벗어나 독일제국의 관심을 한 몸에 받는 피보호국이 된 것이다. 동남쪽으로 2,400킬로미터 떨어진 파푸아의 헤르베르트쇠헤Herbertshöhe에서 온 루디거Rudiger, 할Hahl, 스코프니크Skopnik 등의 이름을 가진 총독이 주민들에게 평온한 삶을 살려면 스페인어를 잊고 대신 독일어를 배우라고 타일렀다.

하지만 독일의 노력은 수포로 돌아갔다. 콰절린 환초를 손에 넣은 지 고작 8년이 지난 1914년에 제1차 세계대전이 발발했기 때문이다. 마셜제도의 주민 중 태평양 저 먼 곳에서 전쟁이 일어났다는 사실을 눈치 챈 사람은 없었지만 여파는 곧바로 나타났다. 저 먼 수평선에서는 일본 군함이 모습을 드러냈고, 해안에서는 당시 영국과 동맹을 맺은 일본군의 행진이 이어졌다. 독일은 마셜제도에서 추방당했다. 한때 독일 총독이 차지하고 있던 자리에는 이제 도쿄에서 파견된 총독이 앉아 있었다. 1918년에 독일은 항복을 선언했고, 국제연맹이 마셜제도 주민들

---

■ 1899년 체결된 조약에는 마셜제도라는 명칭이 정확히 언급돼 있지 않아 오늘날까지도 법적으로 논란이 되고 있다. 독일이 마셜제도에 지불한 원조금과 보상금의 금액이 인도적 차원이라기에는 너무 크다는 것이다.

을 '일본 제국 영토에 속하는 남해에 거주하는 사람들'이라고 공표하면서 지배권은 완전히 일본으로 넘어갔다. 식민 지배 본부가 파푸아에서 북서쪽으로 2,400킬로미터 떨어진 사이판으로 옮겨졌고, 이번에는 다와라, 마쓰다, 히야시 등의 이름을 가진 총독이 주민들에게 평온한 삶을 살려면 스페인어나 독일어를 잊고 일본어를 배우라고 타일렀다.

제2차 세계대전이 발발하고, 격렬한 전쟁의 결과로 마셜제도에는 또다시 커다란 변화가 일어났다. 1944년 1월 말, 콰절린 환초 전투에서 미국 해군이 일본군 주둔지를 습격해 일본군 3,500명 중 전쟁 포로 51명을 제외하고 모두 몰살했다. 그해 봄, 마셜제도의 지배권은 미국으로 넘어갔고 주민들은 40년 만에 지배국이 세 번이나 바뀌는 혼란을 겪었다. 그리고 머나먼 워싱턴 D.C.에서 프랭클린 루스벨트Franklin Delano Roosevelt 대통령(곧 트루먼이 대통령 자리에 올랐다)이 마셜제도를 통치했다. 주민들은 평온한 삶을 살기 위해 스페인어와 독일어와 일본어를 잊고 영어를 배워야 했다.

당시 미국은 원자폭탄을 소유한 유일한 국가였고(소련은 아직 개발 단계에 머물러 있었다), 이들은 제2차 세계대전이 거의 끝나갈 무렵에 원자폭탄을 세 번 폭발시켰다. 폭발에 사용된 원자폭탄은 모두 중금속 핵분열이라는 물리학 원리를 이용한 폭탄이었다. 첫 번째 폭탄은 뉴멕시코 사막에서 실시한 기폭 실험에 사용됐고, 두 번째와 세 번째 폭탄은 각각 히로시마와 나가사키에 실제로 투하되었다. 원자폭탄은 엄청난 파괴력으로 두 도시를 완전히 파괴했는데, 트루먼 대통령은 원자폭탄 덕분에 일본의 전투의지를 꺾을 수 있었다고 생각했다. 이 끔찍한 발명품은 미국의 무기고에서 중요한 자리를 차지했다. 트루먼 대통령은 국방부에 더 많은 원자폭탄을 개발하고 실험을 거쳐 완성도를 높이라고 명령했다. 이를 통해 핵무기 분야에서 미국은 독보적인 위치를 차지할 수 있었고 덕분에 군사적 우위를 점할 수 있었다.

원자폭탄 실험은 해군(육군에는 권한이 없었다)의 책임 아래 진행했다. 개발 초기에 원자폭탄 투하로 도시를 파괴하는 데 성공한 후, 해군 제독들은 바다에 떠 있는 항공모함이나 함선이 원자폭탄의 공격에 가장 취약하다는 생각을 하게 되었다. 육군이야 깊숙한 지하 벙커에 숨을 수 있고, 전투기야 폭발이 미치는 영향권 밖으로 벗어나 비행할 수도 있을 것이다. 하지만 항공모함은 원폭 한 방으로 몇 분 안에 침몰될 수 있다는 논리였다. 함선은 어마어마한 파괴력을 가진 원자폭탄이 날아와도 숨거나 피할 방법이 없다. 그렇기에 원자폭탄에 미 해군(미국뿐 아니라 다른 나라 해군도 마찬가지다)의 생존이 달려 있었다. 만약 위의 논리처럼 원자탄으로 손쉽게 함선을 침몰시킬 수 있다면, 거대한 군함은 그 옛날 갑옷을 입고 군마를 타고 전장을 누비던 기사처럼 전쟁에서 큰 역할을 하지 못하게 될 것이다.

하지만 이 모든 상황이 **가정**에 불과하다는 사실이 중요하다. 원자탄이 실제로 거대한 함선을 침몰시킬 수 있을지 확신할 수 있는 사람은 아무도 없었다. 그럴 가능성이 매우 커 보일 뿐이었다. 트루먼 대통령은 가설이 실현 가능한지 확인하기를 요구했고, 초기 실험에서 이는 가장 중요한 목표 중 하나였다. 원자폭탄이 전함, 항공모함, 거대 순양함 같은 주력함을 파괴할 수 있을까? 해군은 자신이 원자폭탄의 가장 손쉬운 표적이 될 수 있다는 사실에 두려움에 떨었다. 그렇기 때문에 실험은 해군 주도하에 진행되어야 했다.

전쟁 도중 원자폭탄 개발을 위해 비밀리에 진행된 맨해튼 프로젝트가 이미 핵무기 개발의 탄탄한 기반을 마련해놨다. 전쟁 중 플루토늄을 생산하던 워싱턴주 핸퍼드의 거대한 핵무기 개발 시설과, 우라늄을 생산하던 테네시주 오크리지의 원심분리기, 그리고 애초에 무기 디자인과 조립을 위해 세워진 뉴멕시코주 로스앨러모스의 실험실은 전쟁이 끝난 뒤에도 여전히 핵무기 개발을 위해 사용됐다. 하지만 개발된 무기들을 어디서 실험해야 할까? 대통령은 윌리엄 블랜디<sup>William Blandy</sup> 해군 중장에게 '실험으로 야기되는 위험이 허용 가능한 범위에 속하고, 최소한의 혼란으로 실험을 완수할 수 있는 장소'를 물색하도록 명령했다.

무엇보다 원자폭탄 폭발 실험 장소는 미국령에 속해 있어야 했다. 또 국방성에서는 원자폭탄이 거대한 군함에 어떤 공격 효과를 거둘 수 있는지 알고 싶어 했기에, 실험은 정박된 선박을 폭발시킬 수 있는 잔잔한 석호에서 이루어져야 했다. "거주 중인 현지인이 많지 않고 실험에 협조적이어서 최대한 갈등 없이 이들을 이주시킬 수 있어야 한다."는 블랜디 중장의 발언으로 알 수 있듯 인구가 적어야 한다는 조건도 있었다.

기상 환경도 중요한 요소 중 하나였다. 특히나 핵폭탄 폭발 후에 형성되는 버섯구름의 기둥 부분이 다다르는 고도 20킬로미터까지 풍향과 풍속 예측이 가능해야 했는데, 바람이 어느 방향으로 어떻게 부느냐에 따라 기둥에 포함된 방사능이 어디로 향할지가 결정되기 때문이었다. 실험 장소가 얼마나 외진 곳에 있는지도 고려해야 했다. 이상적인 실험 장소는 항로와 충분한 거리를 두고 있어서 세간의 관심에서 벗어난 동시에, 비행장과 너무 멀지 않아서 전투기를 이용한 공중투하 핵폭탄 실험을 실시할 수 있는 거리에 자리해야 했다. 당시 실험에 사용되던 폭격기는 B-29 슈퍼포트리스였는데 최대 항속 거리가 약 6,000킬로미터에 달했다. 그러므로 B-29가 왕복 비행을 할 수 있으려면 비행장에서 이 절반 거리인 반경 3,000킬로미터 내에서 실험을 진행해야 했다. 이외에도 수많은 조건을 고려했을 때 비행장에서 1,600킬로미터가량 떨어진 장소가 가장 이상적이라는 결론이 도출됐다.

10월에 실험 장소를 물색하기 시작했고, 이듬해 1월에 장소가 확정됐다. 국방성이 대서양과 카리브해에서 적당한 후보를 조사했지만 번번이 허탕을 치자 끝없이 넓게 펼쳐진 태평양에 실험 장소를 마련해야 한다는 의견이 점점 더 힘을 받았다. 갈라파고스제도를 실험 장소로 쓰기엔 생태학적인 문제가 있었다. 자연환경에 대한 인식이 지금처럼 발전하지 않았음에도 불구하고, 갈라파고스제도에서 핵실험을 한다면 생물학자들이 가만히 있지 않을 터였다. 이리저리 따져봤을 때 얼마 전 미국의 실질적인 영토로 편입된 마셜제도가 가장 적당했다.

### 비키니섬의
### 재앙

태평양의 중앙부에 자리한 마셜제도는 거리가 멀어 접근이 어려운 탓에 관광객이 드물었다. 게다가 콰절린 환초의 비행장은 B-29가 핵폭탄을 공중 투하하기 위한 조건도 충족시켰다. 최종 후보에 오른 마셜제도의 서른두 곳 중 어디에서 실험을 해도 무관했으나, 그중에서도 가장 이상적인 장소가 있었다. 바로 콰절린 환초에서 북쪽으로 412킬로미터 떨어진 랄리크 열도(마셜제도의 서부 열도로 '일몰 열도'라는 뜻을 가지고 있다)의 북쪽 끄트머리에 자리한 비키니섬이었다.

제2차 세계대전이 끝나면서 비키니섬에 평화가 찾아왔다. 전장에서 들려오던 끔찍한 소리가 멎고 섬에서는 전투기와 탱크, 포탄, 참호가 자취를 감췄다. 오래전 사라졌던 평화가 돌아왔고, 푸른 바다와 알록달록한 열대어, 백사장, 초록빛 앵무새, 춤추는 군함새, 산호초, 무역풍 사이로 끝없이 줄지어 서 있는 무성한 야자나무 등이 전쟁이 머물던 자리를 대신했다. 비키니섬은 작지만 아름답고 평화롭던 예전의 모습을 되찾았다. 하지만 블랜디 중장이 내린 결정으로 비키니섬은 지옥같이 끔찍한 혼란의 소용돌이에 또다시 휩싸였다.

섬에 거주 중이던 주민들은 몇 안 됐고, 미국은 전쟁에서 승리하고 막강한 힘을 손에 넣은 강대국이었다. 그렇게 지상낙원에 가깝던 비키니섬은 파괴되었다. 1946년에 상어가 헤엄치던 비키니섬 석호 주변에 살던 인구는 남자와 여자, 어린아이를 통틀어 고작 167명에 불과했다. 다른 마셜제도 사회와 마찬가지로 이곳에도 지도자이자 족장이 있었는데, 그의 이름은 주다 케시부키Juda Kessibuki였다. 하지만 주민들은 물론 족장도 고향의 파괴를 막을 수는 없었다. 국방부와 백악관에까지 영향력을 미칠 정도로 강력한 권력을 가진, 대못*이라는 무시무시한 별명의 블랜디 중장을 상대하기에 역부족이었기 때문이다. 블랜디 중장의 좌우명은 '**힘으로 이뤄낸 평화**Pax per Potestatem'였다. 이 좌우명에 충실하려는 듯 그는 비키니섬에서 주민들을 몰아내고 섬을 영구적으로 파괴함으로써 미국이 원하는 바를 이룰 수 있었다.

블랜디 중장은 1946년 1월 중순에 비키니섬을 핵실험 장소로 사용하겠다는 공식 결정을 내렸다. 곧 결정에 허가가 내려졌고 2월 10일 마셜제도 총독을 겸임하던 중년의 벤 와이엇Ben Wyatt 해군 중장은 주민 167명을 이주시키기 위해 수상비행기를 타고 비키니섬을 방문했다. 와이엇 중장은 "일요일 예배가 끝나고 주민들을 직접 만나 신사답게 대화로 주민들을 설득하겠다."고 했다.

와이엇 중장은 성경 구절을 인용했다. 주민들의 순수함을 이용하기 위한 해군의 교묘한 술책이었는지, 중장이 급조한 방법이었는지는 알 수 없지만 이들은 100년 전 섬을 방문한 빅토리아시대 선교사들 덕분에 비키니섬 주민들이 성경 말씀에 충실하다는 점에 주안점을 두고 접근하기로 했다.

그는 야자나무 밑 그늘진 수풀에 주민들을 불러 모아 반원 모양으로 앉게 했다. 이 상황을 기록한 영상의 배경에는 파도가 넘실대다 산호에 부딪쳐 부서지고, 하늘에는 구름 조각이 떠 있으며, 게으른 바닷새들이 물결 위에 앉아 있다. 군인들은 주변에 둘러서서 중장이 하는 이야기를 무심하게 들으며 보초를 서고 있다.

와이엇 중장은 비키니섬 주민들을 고향 땅에서 이주시키기 위해 「출애굽기」 13장에서 하나님이 이집트 밖으로 이스라엘 민족을 인도할

---

■ 인터넷에 게재된 자료에 따르면 와플 노스(장군의 넓적한 코 모양 때문에 이러한 별명이 붙었다─옮긴이)라는 별명도 있었다고 한다. 블랜디 중장의 외모는 배우 칼 말든(Karl Malden)과 상당히 흡사했다.

때, 홍해가 갈라지기 직전의 긴장감 넘치는 상황을 인용했다. "야훼께서는 그들이 주야로 행군할 수 있도록 낮에는 구름기둥으로 앞서 가시며 길을 인도하시고 밤에는 불기둥으로 앞길을 비추어 주셨다. 이렇게 낮에는 구름기둥, 밤에는 불기둥이 백성 앞에서 떠나지 않았다."(「출애굽기」 13:21~22 - 공동번역)

중장의 말에 따르면 '다가올 미래에 하나님의 백성들이 공격당할 경우를 대비해' 하나님께서 미국에 불과 연기 기둥을 만들어 후에 백성들을 보호할 무기로 사용하도록 인도하셨다는 것이다. 당혹스러운 상황에 주민들은 희미하게 웃어 보였지만 입을 여는 사람은 아무도 없었다. 그는 말을 이어갔다. "주님의 뜻에 따라 불기둥과 연기 기둥이 제대로 만들어졌는지 확인하려면 실험이 필요하다. 비키니섬에서 실험을 해야 한다. 당신들은 선택받은 자들이고, 미국이 하나님의 인도로 만들어낸 창조물을 완성하는 데 도움을 보태야 한다. 이 창조물 덕분에 전쟁은 사라지고 인류는 평화를 찾을 것이다."

그러므로 비키니섬에 거주 중인 사람들은 모두 해군과 함께 빨리 섬을 떠나야 한다는 뜻이었다. 와이엇 중장이 호소하듯 질문을 던졌다. "당신들은 전 인류의 안녕을 위해 이 섬을 희생할 수 있는가?"

시간이 지나고 섬의 한 지도자는 "우리는 미국의 명령에 따르는 것 말고는 다른 선택지가 없었으며, 중장이 기도문을 인용하며 비키니섬 주민들을 위하는 척하면서 교묘하게 원하는 바를 얻어냈다."고 했다. 그리고 관습에 따라 비키니섬에서 일어나는 모든 사안에 최종결정권을 가진 주다 족장은 마지못해 중장의 의견에 동의했다.

주민들이 언제, 어떻게 미국의 계획에 따르겠다고 동의했는지 제대로 설명해놓은 자료는 찾을 수 없다. 국방부가 밝힌 바로는 주다 족장이 핵실험은 아주 좋은 생각이라며 그 자리에서 기쁜 마음으로 섬을 사용하라고 허락했다고 한다. 하지만 그 이야기는 이로부터 3주쯤 지나고 대외 홍보 자료로 쓰기 위한 영상을 제작할 때, 족장의 기쁨이 드러나는 장면을 카메라에 담기 위해서 와이엇 중장이 몇 차례나 재촬영을 요구했다는 촬영감독의 이야기와는 달랐다. 촬영 감독은 어리둥절하고 비참한 표정을 한 섬 주민들이 "우리는 떠날 것이다. 우리는 이 모든 것이 하나님의 뜻이라 믿고 떠날 것이다."라고 제창하는 장면을 영상에 담았다. 지금 와서 확인해보아도 주민들의 연기는 로봇처럼 딱딱한데, 이는 진심에서 우러나는 발언이 아니라 연출된 장면이었기 때문임을 누구나 알 수 있다.▪

하지만 미국의 입장에서는 이 정도면 충분한 입증 자료였다. 시간이 지나고 슬픔에 찬 울음소리가 들려왔지만 섬 주민들은 미국의 요구에 따르기로 했다. 겨우 한 달이 채 안 돼 주민들은 비키니섬을 떠났다. 소지품만 간단히 챙겼을 뿐, 이들은 아기자기한 주택과 애지중지하던 카누와 오랫동안 여러 세대에 걸쳐 평화롭게 무리 지어 살던 집과 정원을 뒤로 한 채 행선지를 알 수 없는 미국 해군의 낯선 배에 올랐다. 그러고는 별로 중요해 보이지도 않는 일을 처리해야 한다며 부산을 떠는

---

▪ 20년 후에 인도양에서도 비슷한 사례가 있었다. 미 국방부는 영국령인 디에고가르시아섬을 군사기지로 사용하기 위해 섬에 거주 중인 주민들을 대피시켰다. 데니스 그린힐(Denis Greenhill)은 섬에 '원주민 몇 명'이 살고 있을 뿐이라고 보고했다. 하지만 섬에는 2,000명이 넘는 원주민이 사회를 이루며 살아가고 있었고, 이들은 제대로 된 설명도 듣지 못하고 모리셔스로 강제 이주됐다. 이에 대한 적절한 보상을 받기 위한 소송이 지금까지 진행되고 있다.

생전 처음 본 백인이 내리는 명령에 따라 행동해야 했다.

8주 치 식량을 챙겨 조그마한 해안 상륙용 선박 하나에 몸을 실은 주민들은 동쪽으로 200킬로미터 떨어진 곳에 자리한 조그마한 산호섬인 롱게리크 환초로 옮겨졌는데, 환초의 면적은 비키니섬의 절반에 불과했다. 비키니섬에서 카누를 타고 밤낮으로 꼬박 하루만 항해하면 이 산호섬에 도착할 수 있었기에 주민들은 이미 이 산호섬에 대해 잘 알고 있었다. 섬 환경은 열악했다. 토양은 척박했고 깨끗한 물은 부족했으며 야자나무도 충분치 않았다. 무엇보다 악령이 씌었다는 지역 설화 때문에 이 섬은 마셜제도에서 무척이나 꺼리는 장소였다. 이 모든 악조건에도 불구하고 비키니섬 주민들은 미국이 선한 신념을 가지고 자신들을 이주시켰으리라 믿으며 롱게리크 환초에 새로운 터전을 잡으려고 애썼다. 핵폭탄 실험을 위한 작업이 고향 섬에서 행해지고 있을 때 이들은 새로운 터전에서 잃어버린 삶을 되찾기 위해 노력하고 있었다.

비키니섬을 폭탄 실험 장소로 변신시키는 일은 조금도 지체되지 않았다. 주민들이 수평선 너머로 자취를 감추자마자 정박 중이던 미국 함선들이 섬을 차지하기 위해 항만을 출발했다.

블랜디 중장은 워싱턴에서 다음과 같이 말했다. "이 혁명과 같은 무기가 발명되고 전쟁과 문명은 현재 운명의 교차로에 서 있다." 그는 비키니섬에서 이루어질 핵폭탄 실험에 '크로스로드(교차로를 뜻하는 말—옮긴이)'라는 작전명을 붙이고 빠듯한 일정에 따라 실험을 진행했다. 요새와 막사를 세우고 관찰 카메라와 방사능 센서, 망원경과 이에 필요한 인원을 배치할 수 있는 철탑을 건설하기 위해 해군 건설대가 섬 내륙으로 이동했다. 소함대는 무거운 원료들(시멘트, 철, 불도저, 굴착기, 엄청난 양의 방어용 구리 차폐물)을 운반했다. 석호에서 핵폭탄 실험 표적으로 사용될 다양한 종류의 낡은 선박이 수도 없이 섬으로 들어왔다.

일정에 맞춰 실험을 진행하기 위해 4만 명이 넘는 인력이 동원됐다. 이들은 하루에 고기 20톤과 초콜릿바 7만 개를 먹어치웠다. 소련이 스파이를 심어 미국의 턱밑까지 쫓아왔다는 사실은 이미 모두가 잘 알고 있었다. 그리고 미 해군은 이제 원자폭탄 한 방이면 어항의 물고기 잡듯이 손쉽게 함선을 침몰시킬 수 있다는 사실에 엄청난 위협을 느끼고 있었다.

크로스로드 작전은 이후 50년간 미국이 수행할 핵폭탄 실험 프로그램 55개 중 첫 번째 프로그램이었는데, 대부분의 경우 여러 번의 소규모 실험을 통해 프로그램 하나를 완성했다. 미국이 1945년부터 터뜨린 핵폭탄은 1,032개에 달한다. 이는 다른 핵 보유 국가에서 터뜨린 폭탄의 수를 모두 합한 것보다도 훨씬 웃도는 수치다. 세월이 지나고 미국은 다양한 방법(중력 낙하, 탄도미사일, 포탄, 지뢰)을 이용해서 다양한 용도로 실험을 계속했다. 이러한 실험은 대부분 네바다 사막의 지하에서 진행됐다. 하지만 초창기 실험 67번은 태평양에서 이루어졌으며, 비키니섬에서 이루어진 실험은 그중 가장 규모가 큰 데다가 상징적 의미까지 가진다.▪

비키니섬에서 실험이 행해진 횟수는 23번밖에 안 되지만 섬에 투하된 폭탄의 위력이 강력한 데다가 무기 자체의 크기도 엄청나서(섬에서

---

▪ 바로 근처에 자리한 산호섬인 에네웨타크 환초에서도 핵실험이 여러 차례 실시됐지만, 이런저런 이유로 비키니섬처럼 큰 관심을 끌지는 못했다. 2014년 「뉴욕타임스(New York Times)」에서는 에네웨타크 환초와 관련해 다음과 같은 헤드라인을 내걸었다. "방사능에 오염된 채 잊힌 태평양의 작은 섬."

실시된 실험 23개 중 두 개가 실패하면서 끔찍한 결과를 가져왔다) 비키니섬에서 이루어진 실험이 가진 파괴력은 역사상 미국이 행한 핵폭탄 실험 전체의 15퍼센트가 넘는 비중을 차지한다.

## 실패한
## 첫 번째 실험

크로스로드 작전은 이 중 가장 먼저 행해진 실험이며, 해군 사용 목적을 가지고 특별히 계획된 실험이었다. 잇따를 두 번의 폭발 중 첫 번째 폭발을 위해 정박될 선박이 수송됐다. 태평양 핵 역사상 최초로 철제 기물을 표적으로 삼은 실험이었다.

해군은 먼저 비키니섬에서 남서쪽으로 6.5킬로미터 떨어진 석호의 동쪽 끝에 선박 73척을 가져다 났다. 이 선박들은 하얗고 빨갛게 칠해놓은 미국 초노급 전함superdreadnought battleship으로 네바다호를 중심으로 주변을 둘러싼 원 형태로 배치됐는데, 네바다호는 진주만 공습에서 어뢰와 폭탄에 공격당하고도 무사히 빠져나온 것으로 유명했다. 해군은 1914년 건조되어 이제는 낡은 네바다호를 첫 원자폭탄 실험의 표적으로 삼아 마지막까지 국가의 발전을 위해 충성을 다하는 존엄한 책임을 부여하기로 했다.

하지만 네바다호는 비키니섬 실험에서도 살아남았다. 콰절린섬에서 첫 번째 원자탄(에이블Able)을 싣고 온 폭격기가 표적을 놓치고 600미터 떨어진 장소에 폭탄을 투하했기 때문이었다. 네바다호는 원자탄에 침몰되는 대신 깔끔하게 수리돼서 낡은 선체를 이끌고 실전으로 복귀

했다.

크로스로드 작전의 첫 실험에 사용된 원자탄은 설계 형태와 투하 방법이 실험 1년 전인 1945년 나가사키에 투하된 원자탄과, 실험 몇 주 전 뉴멕시코에서 최초의 폭발 실험에 사용된 무기와 거의 같은 종류였다. 이 무기는 플루토늄 융합 폭탄인 팻맨Fat Man으로 표적 150미터 상공에서 폭발하도록 설정되어 있다. 비록 표적에서는 벗어났지만 애초 설정해놓은 대로 1946년 7월 1일 오전 9시, 수소폭탄은 폭발했다.

폭발의 위력은 엄청났다. 100명이 넘는 기자들이 석호 바깥의 배에 올라 실험을 지켜보고 있었는데, 이들은 온갖 미사여구를 총동원해서 폭발의 엄청난 위력을 찬양했다. 누가 이들을 탓할 수 있겠는가? 이때까지 있었던 세 번의 원자폭탄 폭발 광경을 목격한 사람은 미군 병력과 폭발의 피해자뿐이었다. 민간인 중 핵폭발 장면을 목격한 사람은 거의 없었다. 이는 협정을 통해 공개 폭발 실험이 최초로 행해진 장소인 비키니섬이 상징성을 가지게 된 이유 중 하나다.

애팔래치아호에 승선해서 실험을 지켜보던 「뉴욕타임스」 기자 윌리엄 로런스William Laurence는 경외감에 가득 차 선박 무선통신 시스템에 다음과 같이 기록했다.

내가 타고 있던 배의 갑판에서 북동쪽으로 30킬로미터 떨어진 곳에서 어마어마한 불기둥이 하늘로 솟구쳐 올랐다. 척추가 오싹해질 정도로 엄청난 장면이었다. 바로 앞까지 열기가 느껴졌는데, 얼마나 뜨거웠는지 거대한 화산이 폭발한 것 같았다. 색색의 불꽃과 연기, 무지갯빛 고리가 하늘을 물들였고, 그 모습은 마치 괴수가 지구를 빨아들여 우주로 던져버리려는 것 같았다.

그리고 폭발이 일어났다. 행성의 탄생과 종말을 보는 듯했다. 흡사 행성이 탄생과 동시에 산산이 흩어지는 모습이었다. 새로 태어난 별은 인간이 맨눈으로 볼 수 없을 만큼 눈부신 빛 속에서 나타나더니 태평양의 햇빛을 칠흑 같은 어둠으로 바꿔놓았다. 폭발이 일어나고 섬광이 흩어질 때 하늘과 바다는 태양 여러 개가 동시에 비추는 것처럼 도저히 지구의 것이라고 생각할 수 없는 빛으로 물들었다.

하지만 기자들의 열렬한 반응은 곧 차게 식었다. 폭발 실험 다음 날 아침 「타임Times」의 헤드라인 세 줄은 냉철하게 실망을 표시하고 있었다. "기대에 미치지 못하는 폭발력"이라는 문장으로 시작된 기사는 폭발이 일어나는 순간의 빛을 "햇빛보다 열 배 밝았다."고 덤덤히 묘사했으며 바로 이어지는 "하지만" 이하 내용에서는 비키니섬 실험에 사용된 선박 73척 중 두 척만이 침몰했을 뿐이라는 소식을 담고 있었다. 이는 다소 성급한 보도였다. 실제로 침몰된 배는 네 척이었기 때문이다. 오래된 미국 구축함 두 척과 수송선 두 척이 격추당했고 일본의 고상한 여객선이었던 사카와호는 심각하게 파손되어 정박 장소에서 견인되던 중 침몰했다. 여객선이 침몰하면서 예인선도 덩달아 바다로 끌려 들어갈 뻔했는데, 배가 가라앉기 직전에 당황한 선원이 아세틸렌 용접기 등을 사용해 두 배의 이음줄을 아슬아슬하게 끊어냈다.

최초의 공개 원자폭탄 실험이라는 점을 제외하고는 특별하게 주목할 만한 점이 없었다. 에이블은 실패의 상징으로 사람들의 기억 속에 남았다. 블랜디 중장이 "폭탄이 곧장 연쇄반응을 일으켜 바닷물을 증발시키고 그 위에 떠 있던 배들을 바닥으로 끌어내릴 리는 없다. 폭탄이 바다를 뚫고 들어가 지구에 구멍을 내서 바닷물이 반대편으로 샐 일도 없을 것이다. 폭탄이 중력을 파괴할 만큼 강력하지는 않다."고 모두를 안심시키기 위해 한 발언이 사실임이 증명됐다. 폭탄 때문에 섬의 야자나무에 불이 붙는 일 역시 없었다.

하지만 기대하던 결과를 가져오지도 못했다. 투하 지점에 모아놓은 선박들의 피해는 미미했다. 폭발 중심부 근처에 정박된 작은 배들만 몇 척 손상됐을 뿐이었다. 네바다호도, 일본의 거대한 전투함인 나가토호도 침몰되지 않았다. 나가토호는 진주만 공습 때 야마모토山本 五十六 제독이 이끌던 기함으로 비키니섬 원자폭탄 실험에서 이 전투함을 산산조각 냈다면 꽤나 그럴듯한 앙갚음이 될 뻔했다. 독일의 전함이었던 프린츠 오이겐호 역시 침몰하지 않았다. 프린츠 오이겐호는 미 해군의 취역함이었는데, 전쟁이 끝나자 독일계 미국인 선원이 승전 기념으로 머나먼 빌헬름스하펜에서 비키니섬까지 끌고 왔다고 한다.▪

또 폭탄은 선원 대역으로 실험용 선박에 묶어둔 동물들에게도 별다른 피해를 입히지 못했다. 해군은 실험을 위해 포탑에 염소들을 묶어두고, 레이더 화면 앞에는 쥐를, 선미루 갑판에는 돼지를, 돛대 옆에는 생쥐를, 배 여기저기에는 수많은 설치류를 배치했다. 이 중 4분

---

▪ 독일은 파나마에서 프린츠 오이겐호를 미국에 넘겼다. 미국은 프린츠 오이겐호를 비키니섬 원자폭탄 표적으로 사용하고 싶었는데, 프린츠 오이겐호의 보일러가 고장 나는 바람에 1만 8,000톤에 이르는 독일 군함을 예인선에 연결해서 태평양을 횡단해야 했다. 이런 노력에도 불구하고 배는 이 실험에서 침몰되지 않았다.

의 3 정도가 피폭 후 얼마간 살아남았는데, 바로 옆에서 생지옥이 펼쳐질 때 염소 몇 마리는 태연하게 입을 우물대고 있었다. '돼지 311'과 '염소 315'는 오랜 시간 동안 건강하게 살아남아 워싱턴 D.C.의 동물원으로 옮겨져 사람들에게 공개되기도 했다.

에이블이 역사적으로 중요한 의미를 갖는 두 번째 이유는 기술적인 측면에서 찾을 수 있다. 여기에는 다소 섬뜩한 사연이 연관돼 있다. 무기의 중심부에 자리한 플루토늄은 실험 전년도인 1945년 8월에 생산된 것으로, 로스앨러모스의 핵 개발 본부에서 이 플루토늄 때문에 이미 두 번이나 치명적인 사고가 일어난 전적이 있다.

핵을 구성하는 물질이 서로 분리되어 있을 때는 그다지 위험하지 않다. 하지만 특정 상황에 충돌이 발생하면 '즉발임계'에 도달하는데, 이때 어마어마한 양의 방사능이 급작스럽게 방출된다. 이 현상으로 인해 두 번의 치명적인 사고가 발생한 것이다.

첫 번째 사고는 1945년 8월 21일 발생했다. 물리학자인 해리 더그힐런Harry Daghlian이 작업 도중 실수로 텅스텐 카바이드 벽돌을 플루토늄 위에 떨어뜨렸고, 핵은 임계질량에 도달했다. 더그힐런은 방사능에 피폭돼 4주 뒤에 사망했다.

악명 높은 두 번째 사고는 이듬해인 1946년 5월에 일어났다. 로스앨러모스 연구소에서 근무하던 루이스 슬로틴Louis Slotin은 스크루드라이버로 니켈 도금된 플루토늄 반구 두 개를 서서히 접근시켰을 때 증가하는 방사능 농도를 측정하는 '잠자는 사자의 코털 건드리기' 실험을 하고 있었다. 위쪽의 반구를 조심스럽게 아래쪽으로 내리던 도중에 어떤 이유 때문인지 슬로틴은 깜짝 놀랐고(영화에서는 찻잔이 떨어져서 깨지는 바람에 사고가 일어났다) 손에 쥐고 있던 스크루드라이버가 미끄러지면서 두 반구가 덜컥 합쳐졌다. 체렌코프복사의 푸른빛이 실험실을 휩쓸었다. 내부에 있던 가이거계수기는 순식간에 계측 가능한 범위를 넘어섰다. 슬로틴은 힘겹게 일어나서 위쪽 반구를 바닥으로 집어던졌고, 연쇄반응은 멈췄다. 슬로틴은 반구를 던지면서 어마어마한 중성자와 감마 방사선에 피폭되어 자신이 수 시간 안에 사망할 것이라 생각했다. 실제로 슬로틴은 끔찍하게 고통받다가 9일 뒤에 사망했다.

로스앨러모스에서 사망 사건이 두 번이나 발생한 이후로 니켈과 베릴륨으로 도금된 플루토늄 반구는 '악마의 핵'이라고 불리기 시작했다. 악마의 핵이 바로 에이블 투하 실험의 핵심이었다. 과학에 깊은 지식이 없는 일반인들은 수소폭탄 폭발을 일으키려면 단순히 작은 폭탄으로 충격을 줘서 플루토늄 폭탄 내부 저장고에 배치해둔 핵을 터뜨리면 된다고 생각하기 쉽다. 하지만 위의 사고를 조금이라도 이해하는 사람이라면 악마의 핵을 투입하는 이상 폭발이 엄청난 위력을 발휘하든, 실험이 실패로 끝나든 에이블 실험의 결과가 결코 성공적일 수는 없다고 말했을 것이다.

결과적으로 봤을 때 크로스로드 작전의 첫 폭발 실험에서 유일한 '피해자'는 폭탄을 투하한 폭격기의 기장밖에 없었다. 그는 폭탄을 떨어뜨리고 B-29를 덮친 충격파에 놀라 입술을 깨물었다. 이를 제외하고는 에이블이 가져온 재앙은 없었고, 실험은 실패로 끝났다.

실험 현장을 방문한 이들은 별다른 감흥을 느끼지 못했다. 실험을 관찰하기 위해 UN 가입 국가에서 파견한 인물 중 폭탄의 위력에 감탄한 이는 거의 없었다. 강단에서 미래의 인재들을 교육하던 소련의 시몬 알렉산드로프Simon Alexandrov는 특유의 동작으로 어깨를 으쓱이며 "그다지not so much."라는 심심한 반응을 나타냈다. 브라질에서 파견한 대표는 실험이 "그저 그렇다so so."고 했다. 뉴욕 국회의원은 덮쳐오는 열기를 느낄 수는 있었지만 함께 승선해 있던 다른 사람들과 마찬가지로 30킬로미터가량 떨어진 장소에 투하된 폭탄이 터지는 장면이 썩 극적이진 않았다고 말했다. 일기예보관은 당시의 습한 공기가 폭발음과 열방사를 흡수했다고 설명했다. 미국 언론에서는 실험이 실시되던 그 시간에 무기를 투하한 파일럿과 폭격수의 어머니를 찾아갔다. 조그만 안경을 쓰고 있던 두 어머니는 위스콘신주 라크로스에서 숨을 죽이며 실험을 지켜봤다. 실험이 끝나고 나서야 마음이 놓인 어머니들은 "우리 귀염둥이들이 신나는 모험을 즐겼을 것"이라고 이야기했다.


## 에이블,

## 대폭발을 일으키다

비키니섬에 거주하던 주민들은 별것도 아닌 일로 고향에서 쫓겨난 게 아닌가 싶었다. 하지만 7월 25일에 크로스로드 작전의 두 번째 실험인 베이커가 실시됐다. 이번에는 효과가 훨씬 극적이었다. 국방부의 기대대로 실험은 성공리에 끝났지만, 대참사를 가져왔다.

에이블은 공중에서 투하되는 폭탄이었다. 베이커 역시 에이블과 마찬가지로 핵무기가 주력함대에 어떤 영향을 미치는지 알아보기 위해 설계됐지만 에이블과는 달리 수중에서 폭발하는 폭탄이었다. 에이블이 당초 기대보다 미약한 폭발력으로 표적이었던 선박들을 침몰시키는 데 실패한 이유는 폭발이 일어났을 때 파괴력의 범위가 선박까지 미치지 못했기 때문이라는 것이 공식적인 입장이었다. 반면에 베이커는 선박의 윗부분이 아닌 수중에서 선체에 직접 충격을 가해 군함 킬러로서의 역할을 훨씬 더 효과적으로 수행할 것이라고 예상했다.

예상은 적중했다. 파괴력은 물론 폭발의 극적인 효과도 엄청났는데 이는 얼마간 포스터에 상징물로 그려질 법한 모습이었다. 해군은 콘크리트 적재함에 베이커를 넣고 쇠줄로 매달아 오래된 상륙용 주정 아래 수심 27미터 지점에 배치했다. 블랜디 중장은 실험이 성공할 것이라는 확신에 차 롱게리크 환초에 머물던 원주민 족장 주다에게 실험을 보러 오라며 마음에도 없는 초대장을 보냈다. 블랜디 중장은 주다가 현장에 실제로 나타나리라고 생각지도 않았지만, 족장은 초대에 응했고 실험 당일 해군 관찰함에 오르며 블랜디 중장에게 폭발 장면이 아주 기대되며, 실험이 끝나면 주민들과 함께 섬으로 돌아올 수 있길 바란다고 말했다. 순진한 족장의 헛된 소망이었다.

무기는 오전 8시 35분 정각에 폭발했고, 목격자들에게 잊을 수 없는 깊은 인상을 남겼다. 쉭 하는 엄청난 소리가 나고, 물과 수증기와 방사능 응축 물질이 뒤섞인 지름 1.5킬로미터의 거대한 구체가 솟아올랐으며, 거울같이 잔잔했던 푸른 석호 주변에는 산산조각 난 산호와 진흙이 뒤범벅되어 흩뿌려졌다. 구체가 터지면서 1.6킬로미터 높이의 빈 기둥이 되어 상공으로 순식간에 치솟았는데, 포말과 산호 잔해가 구름을 생성해서 기둥 꼭대기를 덮고 있었다. 이때 기둥이 천천히 수면으로 내려오는 장면이 사진으로 남았는데, 이는 아직까지도 당대를 상징하는 사진으로 사용된다. 핵폭탄에 마음을 사로잡힌 사람들(특히 미국의 젊은 이들이 핵폭탄에 열광했다)의 침실에, 입술을 삐죽 내민 브리지트 바르도 Brigitte Bardot와 바람에 부풀어 오른 치마를 부여잡고 웃는 메릴린 먼로 Marilyn Monroe 포스터 옆에 붙여놓기 딱 좋은 사진이었다. 버섯구름은 만화영화에서 상투적으로 쓰이는 표현 방법이 됐다. 베이커가 터지고 나서 버섯구름이 그 모양 그대로 그려지는 경우는 거의 없었고, 이를 소재로 삼아 만화영화 표현 기법을 더한 독창적인 작품이 여럿 나왔는데 그중에서도 왕관 모양이나 콜리플라워 모양이 많았다.

상륙용 주정은 완파되어서 아주 조그마한 파편조차 발견되지 않았다. 상륙용 주정뿐만이 아니었다. 핵폭탄은 전함 두 척, 항공모함 한 척, 잠수함 세 척을 포함해 표적 10개를 침몰시켰다. 폭발이 일어나고 0.001초 단위로 찍힌 사진에는 거대한 물기둥 가장자리에 검은 얼룩이 수직으로 떠오르는 모습이 찍혀 있다. 사진을 살펴본 분석가들은 이 얼룩이 어마어마한 폭발로 인해 바다에 처박히기 전 물기둥으로 빨려 들어가 거꾸로 매달려 있는 아칸소호일 것이라고 추측한다. 아칸소호는 배수량이 2만 6,000톤에 달하는 거대한 전함이었다. 시대를 상징하는 폭탄이 폭발해 배의 우현을 강타하면서 선체가 공중에 떠올랐고, 엉망이 된 전함은 태평양의 진흙 바닥에 처박혔다. 대포는 마치 교수대에 매달린 무솔리니Benito Mussolini의 입 밖으로 늘어진 혓바닥처럼 포곽砲廓에서 튀어나와 힘없이 늘어져 있었다. 바다 한복판에서 얼룩 한 점으로 사라지는 운명을 바라며 건조된 선박은 없을 것이다. 특히나 1910년 건조돼 제1차 세계대전과 제2차 세계대전에 모두 투입

크로스로드 작전에 수중 폭발용 베이커로 사용된 '비키니의 헬렌'은 어마어마한 양의 방사성 낙진을 방출했고, 작전은 종결됐다. 기둥의 오른편 아래에 보이는 짙은 얼룩은 아칸소호의 선체라고 알려져 있다.

되어 노르망디 해전, 이오지마 해전, 오키나와 해전에서 활약한 위풍당당한 전함 아칸소호가 이렇게 전함으로서의 생을 마감한 것은 안타까운 일이다. 전쟁을 이끌었던 제독들이 아칸소호가 원자폭탄 수중 폭발 실험 대상으로 갑작스럽게 투입되어 완파당하는 모습을 지켜봤다면 반쯤 하얗게 센 머리를 절레절레 흔들었을 것이다.

실험이 끝나고 8주 후 과학계에서는 폭발에서 수집된 방대한 양의 자료를 논의하려는 목적으로 학회를 개최했고, 열정적인 탐구는 몇 달간 계속됐다. 이때 윌슨 구름, 슬릭, 크랙, 버블, 베이스서지, 콜리플라워 같은 원자폭탄과 관련된 세부적인 용어들이 탄생했다.

원자폭탄 폭발은 생각지도 못하게 지구물리학자들이 오래된 난제를 푸는 데 도움을 줬다. 1833년 크라카타우 화산 폭발이 쓰나미를 발생시킨 이유를 밝혀낸 것이다. 화산 폭발과 원자폭탄 폭발 사이에는 그간 알아채지 못한 공통점이 있었다. 원자폭탄이 폭발하면 수중에서 기체가 빠른 속도로 팽창하며 공기방울이 형성된다. 방울에 밀려난 바닷물은 27미터 높이의 파도를 만들었고, 그 파도가 수면에 떠 있던 배를 쓸고 와서 몇 초 만에 비키니섬을 덮쳤는데, 해안가에 다다랐을 때 파도의 높이는 6미터에 달했다.

크라카타우 화산 폭발 당시 섬을 초토화시킨 쓰나미의 원리도 이와 비슷했다. 바닷물이 뜨겁게 달궈진 빈 공간으로 밀려들어갔다가 과열된 수증기로 변환돼 공기방울을 형성하고 이 때문에 수면에 파도가 만들어진 것이다. 핵으로 무장한 인류보다 거대한 화산이 만들어낸 파도가 훨씬 강력했다. 크라카타우 화산 폭발로 발생한 쓰나미에 거의 1만 명이 목숨을 잃었다. 쓰나미는 멀리까지 이어졌는데 발생 몇 시간 뒤에는 6,000킬로미터 거리에까지 그 영향이 미쳤다. 비키니섬에서 일어난 핵폭발에는 이정도까지의 파급력은 없었다.

하지만 비키니섬에서 행한 두 번째 실험은 크라카타우 화산 폭발과는 다른 종류의 끔찍한 결과를 야기했다. 충분히 예상 가능한 결과였다. 원자폭탄이 폭발하면서 치명적인 양의 방사능이 전 세계로 유출된 것이다. 군 당국에서는 이미 방사능 유출이 일어날 수 있다는 사실을 알고 있었다.

"나는 개인적인 만족을 위해 폭탄을 터뜨리는 원자폭탄광이 아니다."라고 말한 블랜디 중장은 두 번째 실험에 쓰인 폭탄이 앞선 폭탄보다 훨씬 위험하다는 경고를 받았다. 공중투하된 에이블과 달리 방사능 부산물이 바람에 쓸려 사라지지 않고 고스란히 석호에 남기 때문에 바다와 해안가, 파손되지 않은 선박들이 방사능에 노출될 것이라는 내용이었다. 하지만 블랜디 중장은 실험을 강행하기로 결정했으며, 파티를 열어 커다란 버섯구름 장식이 올라간 케이크를 들고 크로스로드 작전을 기념했다. 그리고 재앙이 일어났다.

예상한 대로 폭발 후 피어난 구름이 흩어지면서 엄청난 양의 방사능이 생성됐다. 폭발에 의해 치솟았던 기둥이 바다로 무너져 내리면서 기둥 외곽을 따라 350미터 높이의 수증기 벽이 솟아올랐고(후에 이러한 현상에 베이스서지라는 명칭이 붙었다), 폭파되지 않은 선박들을 덮쳤다. 시간이 지나고 이 파도가 죽음을 초래할 만큼 강한 독성을 띤다는 사실이 밝혀졌지만, 당시에는 그 영향력과 위험성을 아무도 몰랐다. 폭발 후의 핵분열 생성물이 베이스서지를 형성하는 주요 물질이었고 총량은 그리 많지 않았지만(플루토늄 4.5킬로그램, 핵분열 생성물 1.3킬로그램) 독성이 엄청나게 강했기에 실험이 끝나고 바로 정화 작업에 들어가야만 했다.

하지만 해군은 정화 작업을 위한 긴급 대책을 마련해두지 않은 상태였다. 몹시 당황한 장교들은 반바지와 티셔츠를 입고 있던 선원 수천 명에게 호스와 분무기, 대걸레, 소다를 희석한 물이 담긴 양동이를 가지고 방사능에 노출된 배들을 최대한 빠르고 깨끗하게 닦아내라고 지시했다. 곧장 배 50척을 석호에 끌어다 놓고 1,500명에 달하는 병사들이 오염 물질을 닦아내기 시작했다. 이 과정에서 상상할 수 없을 만큼 엄청난 양의 방사능이 선원들의 옷가지와 피부, 머리카락, 폐를 비롯해 접촉한 모든 신체 부위에 흡수됐다. 가이거계수기로는 플루토늄 잔해의 방사능 농도를 측정할 수 없었기 때문에 누구도 이 잔해가 얼마나 위험한지 눈치채지 못했다.

방사능 부산물을 걸레로 닦아낼 수는 없는 노릇이었다. 하지만 보호

장비를 잘 갖춰 입은 장교들은 판단력을 잃고 완전 무방비 상태의 병사들에게 극도로 위험한 과업을 수행하도록 명령했으며, 그 결과 발생한 인명 피해는 엄청났다. 이날 발생한 해군의 인명 피해는 전시를 제외하고는 최고 수준이었다. 당시 촬영된 사진에서 갑판을 닦고 있는 병사들의 모습을 확인할 수 있는데, 사진 속의 병사들은 마치 디너파티가 끝나고 뒷정리를 하는 것처럼 즐거운 표정을 짓고 있었다. 병사한 명은 배가 모래와 산호 조각으로 뒤덮여 있었다고 말했다. 그는 집에 갖고 돌아갈 거라며 자랑스럽게 돌 파편 하나를 보여주고는 주머니에 쓱 집어넣었다.

추후 병사들의 안타까운 운명을 기록한 통계치(특히 비키니섬 원자폭탄 실험으로 암에 걸려 목숨을 잃은 사람들의 숫자)가 어떻게 나올지는 누구도 모르는 일이었지만, 해군 간부들과 달리 과학자들은 빠르게 수소폭탄의 잠재 위험을 알아챘다. 예정돼 있던 세 번째 실험인 크로스로드찰리 실험은 취소됐고, 크로스로드 작전은 공식적으로 종결됐다. 블랜디 중장은 대서양 함대로 발령받아 태평양을 떠났고 3년 뒤 은퇴했다. 그리고 1954년 세상을 떠났다.


**바다를 떠다니는**

**유목민**

하지만 비키니섬의 악몽은 진행 중이었다. 추방된 비키니섬 주민들의 삶은 점점 더 열악해지고 있었다. 베이커 실험이 끝나고 롱게리크 환초로 돌아온 주다 족장은 굶어 죽어가는 주민들에게 그들의 섬은 예전과 크게 다르지 않은 모습이었고 야자나무도 멀쩡하게 서 있더라고 순진하게 말했다. 미국에서 챙겨준 저장고는 이미 동이 났고, 주민들은 묽은 귀리죽과 한 입 거리도 안 되는 생선으로 힘들게 연명하고 있었다. 코코넛 농장은 화재로 손쓸 도리 없이 망가진 상태였다. 롱게리크 환초를 다녀간 마셜제도 주민 한 명은 비키니 섬에서 추방당한 사람들이 '뼈와 가죽밖에 안 남아' 매우 수척해 보였다고 말했다. 미국인 의사는 이들이 심각한 영양실조에 걸렸다고 진단했다. 하지만 핵무기 실험이라는 극적인 상황에서 이들의 삶에 신경 쓰는 사람은 거의 없었다.

이때 뜻밖의 응원군이 나타났다. 해럴드 이키스Harold L. Ickes였다. 그는 루스벨트 대통령 집권 시절에 12년 넘게 내무장관으로 재임하면서 국립공원의 인종차별정책을 철폐하고, 볼더댐 건설에 힘썼으며, 프랭클린 루스벨트 대통령이 뉴딜정책을 실질적으로 도입할 수 있도록 도운 인물이었다. 은퇴한 후에도 그는 여전히 약자의 편에 서 있었다. 1947년 말 이키스는 비키니섬 주민들에게 내려진 처우를 강력하게 비판하는 신디케이트 칼럼을 썼다. "원주민들이 굶어 죽고 있다."

워싱턴의 모든 신문에 이키스의 칼럼이 기고됐고, 트루먼 대통령 행정부는 수습에 나섰다. 처음에 정부는 비키니섬 주민들에게 잘못을 돌리며 책임을 회피하려고 했다. 행정부에서 발표한 성명에는 다음과 같이 기록돼 있다. "원주민들이 직접 롱게리크 환초를 새 터전으로 선택했다. 정부에서는 주민들에게 집과 학교를 건설해주고 식수대도 설치해줬다. 그들은 당시에 만족을 표했다. 하지만 후에 당초 예상보다 섬의 생산성이 낮음이 밝혀졌고 우리는 식량을 지원해줌으로써 수급을 맞추려 노력했다."

정부의 거짓 성명을 믿는 사람은 아무도 없었다. 미국 전역에서 비키니섬 주민들이 처한 상황에 유감을 표시했다. 바다 한가운데 떠 있는 조용하던 환초에 백악관과 내셔널프레스클럽Natioanl Press Club에서 보낸 보트와 수상비행기가 앞다투어 밀려들었다. 이미 미국에 대한 신뢰가 바닥에 떨어져 있던 비키니섬 주민들은 영문도 모른 채 보트와 비행기에 올랐다. 행선지는 2,000킬로미터 남쪽의 거대한 군사기지인 콰절린 환초였는데, 이착륙장 가장자리에 줄지어 세워진 텐트가 이들의 새로운 보금자리였다.

새 보금자리는 너무 시끄럽고 분주하고 끔찍했으며, 수백 년 동안 평온하게 석호에서 물고기를 낚으며 살아오던 문화와는 너무 동떨어져 있었다. 현재와 마찬가지로 당시에도 콰절린 환초는 미국 군사기지로 사용됐는데, 콰절린 환초에서의 생활은 과거 이들이 영유하던 삶과는 달라도 너무 달랐다. 식량과 식수는 충분했다. 충분함을 넘어 과할 정도였다. 건강에 좋을 것 없는 스팸, 코카콜라, 정제설탕, 밀가루가 이때부터 비키니섬 사람들의 식단에 올랐으며, 이들은 아무 일도 하지 않은 채 식량을 얻는 것에 익숙해져서 오늘날에는 노동 없이 대가를 바라게 되었다. 콰절린 환초로 이주한 이후부터 비키니섬 사람들의 성격이 변하기 시작했다. 이들의 전통적인 생활양식은 점점 희미해져갔다.

몇 달이 채 지나지 않아 비행장 텐트에서 태어나는 아이의 수가 늘어나자 미국 정부는 비키니섬 사람들과 텐트에서 성장할 아이들에게 콰절린 환초는 적당한 보금자리가 아니라는 사실을 깨달았다. 1948년 11월에 비키니섬 사람들은 세 번째로 새로운 터전을 찾아 떠난다. 이

번 행선지는 마셜제도 남쪽에 자리한 조그마한 무인도인 킬리섬이었
는데, 킬리섬은 산호섬도 아니었고, 섬에는 석호도 없었다. 이 뿐 아니
라 항구도 없었기 때문에 파도가 조금이라도 거칠어지면 배가 접근할
수 없었다. 해상 상태가 악화되면 군용 화물 수송기가 공중에서 보급
품을 투하했다. 잔디가 깔린 이착륙장이 있어서 이론적으로는 마셜제
도 항공사를 이용해 마셜제도에 속한 다른 섬과 왕래할 수 있었지만,
항공편이 거의 없는 데다가 거리도 워낙 멀었기에 쉬운 일은 아니었다.
이 모든 악조건에도 불구하고 핵폭탄 실험 때문에 고향에서 추방당한
유목민 신세의 비키니섬 사람들은 1948년부터 킬리섬에 터를 잡고 살
았다. 고향땅으로는 영영 돌아가지 못할 듯했다.

이유는 많았다. 첫 번째로 1946년 비키니섬에서 크로스로드 작전이
실시되고 베이커가 터지면서 그 후유증으로 섬이 방사능에 오염됐고,
오염 물질이 정화되기까지는 오랜 시간이 걸리기 때문이었다. 게다가
8년이 지난 1954년 3월 1일 비키니섬에 사상 최악의 폭탄이 터지면서
끔찍한 오염 물질이 한 번 더 섬을 뒤덮었다. 바로 비키니섬의 악명을
드높인 캐슬브라보 Castle Bravo 실험이었다.


**끔찍한**

**방사능 유출 사고**

1950년대 중반까지 태평양이 강력한 폭탄을 터
뜨리기에 최적의 실험 장소라는 사실에 의심을 표하는 사람은 아무
도 없었다. 1950년 1월 19일 트루먼이 결정을 내렸다. 열핵융합을 이

용한 초강력 폭탄을 만들어서 실험을 거친 후 러시아를 상대하기 위한 비장의 카드로 삼겠다는 것이었다. 1951년 첫 번째 소형 모형장치인 조지를 이용한 폭발 실험이 성공했고 1952년에는 이를 발전시킨 폭발 실험이 성공리에 끝났다. 그리고 드디어 주인공이 등장했다. 암호명 '캐슬브라보'라고 명명된 수소폭탄으로, 미국 역사상 최초로 운반 가능한 원자핵융합 무기였다.■ 캐슬브라보는 역대 미국이 폭발시킨 핵무기 중 가장 강력한 위력을 자랑했는데, 폭탄을 터뜨리는 과정에서 발생한 계산 실수와 멍청한 고집이 예상하지 못한 끔찍한 결과를 불러일으켰다.

사고의 주범은 핵연구에 목숨을 건 명석한 물리학자였다. 1946년 핵분열 물질 실험 중 발생한 사고(당시 실수를 일으킨 장본인은 사망했다)로 죽다 살아난 앨빈 그레이브스Alvin Graves가 바로 그 주인공이다. 이전의 사고에서 살아남아 1954년 캐슬브라보 실험의 책임자로 참가할 만큼 건강을 회복했다는 사실이 그가 방사성 낙진 위험에 부주의하고 오만하게 했을 것이다. 그는 방사성 낙진 위험이 '엄살쟁이들이 부리는 꾀병'이라는 발언을 한 적이 있다.

그레이브스는 로스앨러모스 연구실에서 발생한 두 차례의 끔찍한 방사능 유출 사고 중 두 번째 사고 현장의 피해자였다. 지름 8센티미터

---

■ 이로부터 16개월 전, 에네웨타크 환초에서 '아이비 마이크(Ivy Mike)'라는 작전명이 붙은 세계 최초의 핵융합 무기 실험이 성공리에 끝났다. 하지만 여기에 사용된 수소는 과냉각된 상태였기에 이를 폭발시키기 위해서는 나가사키에 투하된 팻맨과 같은 폭탄을 폭파 장치로 사용해야 했다. 거대한 폭탄이 설치된 아이비 마이크의 무게는 62톤에 달했고, 이는 무기로 실제 투입되기에는 너무 거대했다. 반면에 고체 연료를 사용한 캐슬브라보의 무게는 10톤에 불과했고, 미 해군과 공군에서는 항공기나 미사일을 이용해 수소폭탄을 투하 지점으로 운반할 수 있다는 사실을 폭발 실험을 통해 입증했다.

의 니켈 베릴륨 도금 플루토늄 반구가 맞닿아 방출된 푸른빛과 방사능이 연구실을 휩쓸 때 그레이브스는 슬로틴의 바로 뒤에 서 있었다. 슬로틴이 어느 정도 방패 역할을 해주었음에도 불구하고 생명을 위협할 만한 양의 감마선과 엑스선, 중성자가 그레이브스를 덮쳤다. 그 누구도 그레이브스가 목숨을 부지할 수 있을 것이라고 생각하지 않았다. 그레이브스의 머리카락은 한 올도 남김없이 다 빠졌고, 신경과 시력에도 심각한 손상을 입어 몇 주 동안 꼼짝도 못 하고 침상에 누워 있었다. 하지만 놀랍게도 그레이브스는 더디지만 꾸준하게 회복했고, 마침내는 거의 완전히 건강을 되찾았다. 머리에 조그마한 탈모 자국이 생기긴 했지만 되레 그레이브스는 이 부분을 사람들에게 자랑스레 내보이곤 했다. 이를 제외하고는 몸에 큰 흉터 하나 남지 않았다.

그레이브스는 마침내 캐슬브라보 원자핵융합 폭탄 실험의 과학 총괄 책임자로 임명됐다. 당시 일어난 재앙을 돌이켜 생각해보면 도대체 왜 그레이브스를 책임자 자리에 임명했는지 의문을 가질 수밖에 없다. 그는 소련이 핵무기 개발 분야에서 미국을 무섭게 쫓아오자* 이 신무기 개발을 열렬히 옹호했다. 지금은 태평양 검증 기지Pacific Proving Grounds로 불리는 에네웨타크 환초 실험 본부에 도착하자마자 그는 팀원들에게 한 가지를 분명히 했다. 자신의 책임 아래 있는 비키니섬 핵융합 장치 폭발 실험을 어떤 상황에도 중지할 생각이 없다는 것이었다.

---

* 미국이 뉴멕시코에서 최초의 원자폭탄을 터뜨린 지 4년째 되던 해인 1949년에 소련 최초의 원자폭탄이 터졌다. 하지만 미국의 첫 수소폭탄인 아이비 마이크가 폭발 실험에 성공한 지 고작 9개월밖에 지나지 않은 1953년 8월에 소련은 최초의 수소폭탄 실험에 성공했다.

핵 사고에서 생존한 방사성 낙진을 업신여기기로 유명하던 앨 빈 그레이브스는 미국 역사상 최대 규모였던 캐슬브라보 실험 에서 수소폭탄 폭발 명령을 내렸다.

캐슬브라보 실험에 사용된 폭탄은 높이가 4.5미터, 지름이 1.2미터 인 철제 원기둥 모양으로, 마치 커다란 가스통처럼 보였다. 외양만 봤 을 때는 전혀 위험한 느낌이 없었다. 이 폭탄은 로스앨러모스 연구소 에서 제조됐는데, 살상 용도가 아닌 순수한 연구용으로 만들어졌다는 사실을 강조하기 위해 암호명을 슈림프(새우)라고 붙였다. 이 폭탄은 1950년 2월에 에네웨타크 환초로 은밀하게(밤에는 불을 끄고 이동했으며 항공기와 구축함이 화물선 주위에 배치됐다) 운반됐다. 에네웨타크 환초에 서 폭탄은 실험 관계자 외의 사람이 크기와 모양을 확인하지 못하도록 방수포로 감싼 후 바지선을 이용해 비키니섬으로 옮겨졌다. 비키니섬 북쪽 끄트머리에 인공적으로 만들어놓은 섬의 커다란 창고에 폭탄이 보관됐다. 조그마한 둑이 북쪽 창고 발사대와 비키니섬을 연결해주고 있었다. 폭탄에 설치된 기다란 도화선은 모래언덕과 산호초와 한때 비 키니섬 사람들이 살던 주택을 지나 32킬로미터 떨어진 인유섬의 자동 발사 벙커까지 닿아 있었다.

2월의 마지막 날, 섬 지하에 설치된 콘크리트 벙커에 발사 대원 아홉 명만을 대기시킨 채 모든 연구원과 선박은 비키니섬을 떠났다.

폭탄에는 두 가지 불확실성이 존재했다. 첫 번째는 폭탄의 위력이 얼마나 강력할지에 대한 문제였다. 16개월 전 진행된 아이비 마이크 실험에서 일어난 폭발은 10메가톤의 엄청난 규모를 보여줬는데, 이는 물리학자들이 당초 계산한 값과 맞아떨어졌다. 하지만 캐슬브라보 실험에 사용된 수소폭탄은 습식이 아니라 건식이었다. 신형 수소폭탄은 중수소화 리튬과 리튬 혼합물, 수소 동위원소를 결합해 만든 것으로 고체 상태의 결합물에 열과 압력을 가해 핵융합 반응을 이끌어내면 어마어마한 양의 에너지가 방출되고 그로 인해 폭발이 일어나는 원리였다. 이 신형 무기가 폭발하면서 방출될 수소의 양이 얼마나 될지, 혹은 폭발의 위력이 어느 정도일지 예측할 수 있는 사람은 없었다.

실험이 끝나면 그 위력이 곧 밝혀질 터였다. 그리고 또 하나의 불확실성(실험 당일의 풍향과 풍속) 때문에 수많은 부작용도 함께 밝혀졌다.

실험 예정일 며칠 전부터 바람은 애초 예상한 대로 향해 불고 있었다. 실험으로 인한 방사성 낙진은 텅 빈 넓은 바다에 떨어질 예정이었다. 미국은 항행통보(해상교통안전과 관련해 항해자 등에게 제공되는 정보–옮긴이)에 14만 8,000제곱킬로미터에 달하는 면적을 '위험지역'이라고 공표하고 선박의 접근을 제한했지만 이유를 밝히지는 않았다. 실험 당일의 상황이 갑작스럽게 변하지 않았더라면 폭발로 인한 피해가 크지는 않았을 것이었다.

하지만 폭발 예정일 하루 전인 2월 28일 밤, 갑자기 바람이 위험지역을 벗어나 동쪽으로 불기 시작했다. 상황은 악화됐다. 그 상태로 운명의 날이 밝았다. 기상학자들은 상공에 돌풍이 강하게 불고 있으며 바람이 방향을 바꿔 사람들이 거주 중인 지역을 향하고 있다고 보고했다. 특히 비키니섬에서 160킬로미터 떨어진 롱겔라프섬은 직접적인 사정권 안에 속해 있었다. 그리고 롱겔라프섬에서 바람이 부는 방향으로 64킬로미터가량 더 이동하면 비키니섬 사람들이 첫 번째로 이주된 장소인 롱게리크섬이 있었다. 당시 미국인 기상예보관이 롱게리크섬에 파견돼 있었는데, 후에 그는 실험 당일 아침에 바람이 해수면 부근에서 자신이 머물던 롱게리크섬을 향해 불어왔다고 신문사에 고백했다. 간단히 얘기하자면, 폭발을 위해 초읽기에 들어간 비키니섬에서 롱게리크섬 방향으로 바람이 불고 있었다는 얘기다.

앨빈 그레이브스는 지휘함 커티스호에 자리를 잡았다. 커티스호는 진주만 공습과 태평양 한복판에서 일어난 가미카제 공격에 파손되고도 살아남은, 폭탄에는 이미 이골이 난 수상기모함이었다. 폭탄은 군대 소속이었지만, 기동부대와 폭발 작전을 총괄하는 장군에게 명령을 내리는 최종 권한은 민간인 총책임자인 그레이브스에게 있었다.

그레이브스는 바람이 예상치 못한 방향으로 불고 있기에 실험을 강행하면 최선을 가정한다 해도 낙진이 하강기류를 타고 내려가 롱겔라프섬까지는 방사능에 오염될 것이라는 사실을 이미 알고 있었다. 그럼에도 불구하고 그는 지체 없이 실험을 진행하라고 명령을 내렸다. 폭발로 방출될 방사능의 양은 예측 불가능한 상태였다. 물론 방사능에 노출되어 발생하는 부작용이 엄살쟁이들이 부리는 꾀병이라는 입장을 굳건히 고수하던 그레이브스에게 위와 같은 상황은 별로 중요하지 않았다.

그래서 그는 자동발사장치 가동 명령을 내렸다. 캐슬브라보 작전을 위한 폭탄에 폭발 허가가 내려졌다. 지하 벙커에서는 커버를 열고 빨간색 폭발 버튼을 눌렀다.

오전 6시 45분, 폭발이 일어났다. 태평양의 맑고 파란 하늘에 부드러운 바람이 불던 날이었다. 세상이 멈추고 눈이 멀 것 같은 강렬한 하얀빛이 터졌다. 이전과는 차원이 달랐다. 지옥의 불꽃을 막고 있던 문이 활짝 열리면서 화염으로 만들어진 구체와 충격파가 방출되는 듯했다. 우레 같은 소리도 들려왔다. 폭탄이 터지고 채 1초도 지나지 않아 지름 6.5킬로미터의 하얀 화염구가 생성됐다. 1분이 지나자 지름이 11킬로미터에 이르는 잔해 구름이 16킬로미터 상공으로 솟구쳤다. 10분이 지나자 지름이 9.6킬로미터로 확장된 구름이 40킬로미터 높이까지 올라갔다. 그날 새벽, 수백 킬로미터 외곽까지 하얀빛이 퍼졌고, 거대한 불기둥과 연기가 하늘로 치솟아 올랐으며, 기둥을 덮은 버섯구름은 오렌지빛으로 불타오르며 검은 연기를 뿜어냈다. 그 위로는 고리 모양 구름이 하늘을 뚫고 올라가며 꿈틀대고 있었다. 머나먼 산호섬 주민들은 공포에 휩싸여 그 광경을 지켜보고 있었다. 비밀리에 진행된 실험이었기에 사전에 공지나 경고 사항을 전달받지 못한 상태였다.

충격파는 비키니섬 전체를 아수라장으로 만들었다. 태풍에 잔가지 부러지듯 나무들이 꺾였고, 실험을 위해 세운 건물과 탑, 작업장과 부두, 창고, 막사 수백 개가 완전히 파괴됐다. 충격파가 바다를 덮치고 거대한 파도가 섬 바깥에서 대기하던 배들을 뒤흔들었다.

섬에서 48킬로미터 떨어진 배에 이론물리학자 마셜 로젠블루스 Marshall Rosenbluth가 타고 있었다. 그는 당시 상황을 다음과 같이 묘사했다. "화구가 요동쳤다. 불타오르고 있었다. 마치 하늘에 거대한 뇌가 떠 있는 것 같았다. 이 거대한 뇌는 거의 내가 있던 곳 바로 위에까지 팽창했다. 시시한 원자폭탄 폭발과는 비교가 안 되는 광경이었다. 정신이 번쩍 들 만큼 엄청난 충격을 받았다."


## 희생자들

지하 벙커에 있던 발사 대원 아홉 명은 대지진이 일어난 듯 격심한 진동에 몸을 가누지 못했다. 배관이 터져서 벙커에 물이 쏟아져 들어왔으며, 콘크리트 벽면에는 금이 갔다. 환기구를 통해 유입된 방사선이 벙커를 휩쓸었다. 지휘함과의 통신은 두절되었고, 대원들은 당황했다. 누구도 섬에 접근할 수 없는 위험한 상황이며 헬리콥터로 그들을 데리러 오기로 한 계획이 틀어졌다는 사실을 대원들은 곧 파악했다.

이들은 방사능 수치가 비교적 낮은 벙커 깊숙한 곳으로 대피했다. 가장 먼저 방사능에 오염된 공기의 유입을 막기 위해 에어컨의 전원을 내리려고 했으나 벙커 외부의 디젤발전기가 가동을 멈추면서 모든 기계의 전원이 차단됐다. 대원들은 그날 오후에 헬리콥터 세 대가 도착할 때까지 하루 온종일을 칠흑 같은 어둠과 찌는 열기 속에서 버텨야 했다. 헬리콥터는 표면에 이불이 덕지덕지 붙어 있고 라이트 부분은 파인 기괴한 모습으로 나타났다. 가이거계수기는 쉴 새 없이 흔들렸다. 헬리콥터는 마치 비키니섬에서 벗어나고자 안달하는 것처럼 보였다.

미리 위험을 경고한 과학자 몇 명을 제외하고는 누구도 캐슬브라보 실험의 결과를 전혀 예측하지 못했기에 이들은 눈앞에 나타난 놀라운 광경에 입을 다물 수 없었다. 폭발로 어마어마한 양의 방사능이 방출됐다. 폭발로 발생한 먼지와 잔해에 뒤섞인 방사능은 태평양 동쪽으로 빠르게 퍼져나갔다. 실험이 끝나고 몇 시간 동안 하늘에서는 방사능에 오염된 산호 조각이 비처럼 내렸다. 폭탄의 위력은 계측치를 훨씬 웃돌았다. 후에 비키니섬 주민들에게 합당한 보상을 요구하던 변호사는 법정에서 캐슬브라보 실험의 위력은 TNT(폭약의 일종 - 옮긴이) 15메가톤을 운반하는 화물기차가 메인주에서 캘리포니아주까지 이어져 있고, 이를 외부로 운반하기 위한 여분의 자동차 수백 대가 대기하고 있는 상황에서 폭탄이 터지는 것과 같다고 변론을 펼쳤다.

앨빈 그레이브스의 명령으로 터뜨린 폭탄이 가져온 피해 규모는 어마어마했다. 비키니섬 주변의 지리를 조금이라도 아는 사람이었다면 누구나 불기둥이 솟아오르는 장면을 보고 곧장 롱겔라프섬 주민들이 방사능에 노출됐음을 깨달았을 것이다. 롱겔라프섬 우물 두 군데에서 방사능 수치를 기록하던 가이거계수기를 회수해오라는 명령이 내려왔다. 곧장 명령을 수행하기 위해 출발한 배는 오후쯤 섬에 상륙했고, 방호복을 입은 선원들이 배에서 우르르 내려왔다. 그들은 섬 주민들이 몸을 가누지 못하고 구역질을 하거나 무기력하게 모래에 누워 있는 모습을 목격했다. 상태가 좋지 않음이 분명했다. 하지만 선원들은 괜찮으냐는 말 한마디 없이 계수기를 회수하고는 곧 떠나버렸다.

그들은 그날 아침 서쪽 하늘에서 나타난 거대한 화구와, 연이어 섬을 쓸고 지나간 태풍, 뒤에 들려오는 우레 같은 커다란 소리에 섬 주민들이 극심한 공포를 느꼈다는 사실을 몰랐다고 진술했다. 그들은 고운 안개가 섬을 감싸고 하늘에서 모래와 회색 파편이 쏟아져 내렸다는 사실 역시 몰랐다고 진술했다. 섬을 뒤흔들던 굉음이 멈추자마자 섬 주민들은 아침식사를 하고, 빵을 굽고, 낚시를 가는 등 평소와 같이 일상생활을 계속했고, 몇 시간 후 정체를 알 수 없는 질병의 증후를 보이기 시작했다는 사실도 몰랐다고 진술했다.

하지만 가이거계수기에 기록이 남아 있었다. 롱겔라프섬에 거주 중이던 주민 236명은 심각한 수치의 방사능에 노출됐다. 이는 히로시마 원자폭탄 투하 지점에서 3킬로미터 떨어진 지점의 방사능 수치와 맞먹었다. 하지만 롱겔라프섬에 주의경보는 울리지 않았다. 롱겔라프섬 주민에게 안타까움을 표하는 대신 실험 책임자는 이들을 사례 연구 대상으로 이용할 수 있다는 생각을 먼저 떠올렸다. 실험용 기니피그를 대하는 태도와 다르지 않았다. 롱아일랜드 브룩헤이븐 연방연구소의 방사선 과학자들은 섬에 거주 중이던 주민들의 사례를 통해 생태학적으로 방사선이 인간의 신체에 어떤 영향을 끼치는지 값진 데이터를 얻을 수 있을 것이라며 기쁨에 가까운 반응을 표했다.

방사능에 노출되고 50시간 동안 섬 주민에게는 어떠한 후속 조치도 취해지지 않았고, 이들은 고립된 상태에서 고통받고 있었다. 방사선 농도가 높아 죽음에 이를 수도 있다는 사실이 밝혀지고 나서야 실험 관계자들은 급하게 섬으로 배와 항공기를 보내 주민들을 대피시켰다. 섬을 떠나기 전에 주민들의 몸에 호스로 물을 뿌려서 잔해를 씻어낸 뒤 가이거계수기로 방사능 수치를 측정하는 절차가 세 차례나 반복됐다. 섬 밖으로 가지고 나갈 수 있는 소지품이라고는 등에 진 옷가지 몇 벌뿐이었다. 건강 상태가 나빠 보이지 않는 이들은 배를 타고 콰절린 환초에 있는 공군기지로 이동했고, 노약자들은 수상비행기를 타고 이동했다. 사고 당시 열두 살이었던 로코 랑긴벨리크Rokko Langinbelik는 그 당시의 상황을 다음과 같이 서술했다. "가축 같은 취급을 받았다. 돼지를 우리로 몰아넣는 행위와 다를 바 없었다."

그때쯤 대부분의 원폭 피해자들은 발열과 통증, 탈모, 피부 병변에 시달리고 있었다. 하지만 실험 관계자들은 여전히 이들의 건강상태보다는 학술적 목적에 관심을 보였다. 우리에 가둬놓은 실험용 짐승과 마찬가지였다. 겁먹은 주민들은 자신들이 어떤 상황에 처했는지 전혀 짐작하지 못했다. 왜 갑자기 통증이 느껴지는지, 혹시 전염성이 강한 질병에 걸린 것인지 도대체 알 수가 없었다. 공군기지에 주둔하던 의사들은 몸을 깨끗이 씻어내라는 조언을 하고 방사능 계수기를 관찰하는 것 외에 별다른 도움을 주지 않았다.

이로부터 6일 후, 4·1 프로젝트라고 알려진 의학연구가 비밀리에 착수됐다. '초강력 무기의 방사성 낙진으로 상당한 양의 베타와 감마 방사선에 노출된 인체의 반응에 대한 연구'가 논문의 제목이었다.

연구 대상인 '인체'가 충분히 예방 가능했던 끔찍한 사고의 무고한 희생자였다는 사실에도 불구하고 이들이 내린 결정에서 배려라고는 찾아볼 수 없었다. 어쩌면 철저하게 계산된 실수로 그런 결과가 나난 게 아닌가 하는 의심마저 들 정도였다. 정부 당국에서 이들에게 보인 태도의 저변에는 인종차별적인 사고방식이 깔려 있었다. 만약 피해를 입은 섬 주민이 백인이었다면 당국은 즉각 공식적인 조사에 나섰을 것이다. 국회에서는 위원회를 개최하고, 대통령은 사과문을 발표했을 것이며, 주민들에게는 어마어마한 보상이 주어졌을 것이다.

하지만 이들은 백인이 아니었다. 그저 미국의 신탁통치 아래 있는 마셜제도에 속한 까무잡잡한 원주민일 뿐이었고, 배를 채우고 갈증을 해소할 음식만 제공한다면 고분고분하게 굴 터였다. 그러니 물질적인 보상을 제공할 필요는 없었다. 미국 정부가 보기에 피해자들은 사회 구성원의 일부가 아니라 단순한 의학 표본일 뿐이었다. 해부학자들이 연구하는 시체와 마찬가지였다. 이들은 일본이 행한 악명 높은 생체실험 대상자와 같은 취급을 받았다. 일본인들은 생체실험 대상자들을 '통나무'라는 뜻의 마루타라고 불렀는데 여기에는 의도적으로 호칭을 비인간화해서 죄의식을 줄이기 위한 목적이 있었다. 무고한 롱겔라프섬 주민들은 미국의 마루타로 쓰였다. 통나무 취급을 받은 것이다. 감정이라곤 없는 방사선 과학자들이 우연히 사고 결과물을 발견해서 비밀리에 치료를 가장한 연구를 진행했으며, 이들은 방사선 핵 시대의 중요한 표본으로 사용됐을 뿐이었다.

4·1 프로젝트는 일급비밀로 남는 듯했다. 그러던 어느 날, 돈 휘태커 Don Whitaker 육군 상병이 콰절린 환초에 엉성하게 지어진 수용소에서 방사능 피폭 후유증에 시달리는 롱겔라프섬 사람들을 목격하고 신시내티에 있는 가족들에게 편지를 썼다. 이에 충격을 받은 가족들은 지역신문인 「신시내티 인콰이어러Cincinnati Enquirer」에 편지와 함께 콰절린 환초의 현실을 고발했다. 폭발이 일어나고 일주일 뒤인 3월 9일, 편지가 세상에 공개됐다. 소문은 빠르게 퍼졌고 미국 정부는 궁지에 몰렸다. 마지못해 정부는 비키니섬에서 핵폭탄 실험이 있었고, 소수의 롱겔라프섬 주민들이 방사능에 노출된 것은 사실이라고 인정했지만 적절한 조치가 취해져 이들이 건강을 회복했다고 발표했다.

원자력위원회 회장이었던 루이스 스트라우스Lewis Strauss는 화가 나펄펄 뛰며, 롱겔라프섬 주민들이 실험용 동물 취급을 받고 있으며 생물학적 연구를 위해 의도적으로 이들을 이틀이나 지나서 구출했다는 의혹을 극구 부인했다. 그 외에도 일체의 의혹에 대해 "새빨간 거짓말이며, 애국심을 가지고 국가에 봉사하는 이들을 모욕하는 무책임하고 불공정한 처사"라고 못 박았다. 게다가 스트라우스는 자신이 번거로움을 감수하고 롱겔라프섬 주민들의 상태를 확인하기 위해 직접 쾌절린 환초로 시찰을 나갔는데, 모두 "건강하고 행복한 모습이었다."고까지 했다.▪

롱겔라프섬 주민들이 폭발의 유일한 피해자는 아니었다. 다른 사상자들도 있었다. 폭발이 일어나던 날 아침에 롱겔라프섬 근처에서 낚시를 하던 일본의 참치잡이 어선 '러키드래곤 5호'가 대표적인 피해 사례다. 이날, 방사능 물질이 러키드래곤 5호를 뒤덮었다.

당시 어선에는 23명의 선원이 승선해 있었다. 길이가 30미터 정도 되는 이 목조선은 5주 전 일본의 야이즈항에서 출발해 미드웨이제도에서 조업을 하다가 어획량이 시원치 않자 마셜제도로 뱃머리를 돌렸다. 선장은 항행통보에서 위험을 알리는 경고문을 이미 여러 차례 접했지만, 3월 1일 아침 서쪽 하늘에서 눈이 멀 것 같은 하얀빛이 번쩍이고 거대한 오렌지빛 화구가 떠올랐을 때에서야 비로소 상황의 심각성을 눈치챘다. 빛이 번쩍인 지 7분 후 폭발을 알리는 꽝음이 들려왔다. 배에

---

▪ 스트라우스 회장의 발언이 진심이었는지는 확인할 길이 없다. 하지만 핵융합 기법을 도입하면 전력 발전에 드는 비용이 "너무 저렴해져서 값을 매기기조차 어려울 것"이라는 스트라우스 회장의 예언은 거짓으로 판명됐다. 이뿐 아니라 스트라우스 회장은 맨해튼 프로젝트의 책임자였던 로버트 오펜하이머(J. Robert Oppenheimer)를 소련의 스파이로 고발하며 전후 오펜하이머의 경력을 망쳐놓았다.

있던 모두가 북쪽으로 최대한 멀리 도망쳐야 한다는 사실을 깨달았다.

하지만 배에서 그물을 거둬들이는 동안 하늘에서 재가 떨어지기 시작했다. 가루가 된 비키니섬 산호가 주성분이었는데, 차갑고 아무 맛도 나지 않았으며(선원 한 명이 입에 유독 커다란 낙진 조각이 들어갔다) 아무 냄새도 나지 않았다. 눈과 솜사탕이 섞인 것 같은 재가 끊임없이 쏟아져 내렸다. 세 시간이 지나자 배는 재로 뒤덮였다. 머리는 엉겨 붙었고 그을린 어깨에는 회색 잔해가 가득했다. 선원들이 위험구역에서 벗어나려고 배에 시동을 건 지 얼마 되지 않아 발열, 두통, 탈모, 복통과 같은 증상이 나타났다.

수소폭탄 실험의 피해자였던 이 일본인들은 역설적이게도 모항에 도착하자마자 빠르게 방사선 노출 후유증을 진단받았다. 이처럼 빠른 진단이 가능했던 배경에는 암울한 사연이 있다. 히로시마와 나가사키에 원자폭탄이 터진 후라 일본인 의사들은 새로운 미국발 질병이 가진 특유의 증상을 이미 잘 알고 있었으며, 덕분에 선원들이 호소하는 증상이 무엇인지 바로 알아챘던 것이다.

몇 주 동안 선원들은 끔찍한 고통에 시달리며 자리보전을 했는데, 면역력이 상당히 떨어진 상태였다. 미국 당국에서는 이들의 상태를 호전시키는 데 도움이 될 만한 정보를 넘겨줄 생각이 없었다. 선원들을 오염시킨 동위원소를 공개했다가는 폭탄을 구성하는 원료가 밝혀질 수도 있었기 때문이다.

롱겔라프섬 주민들에 대한 처우가 부당했다는 의혹은 모두 날조된 것이라며 강력하게 반박했던 원자력위원회 회장 루이스 스트라우스는 이번에도 러키드래곤 5호 조작설을 내세웠다. 그는 배가 소련에서 사주받아 실험을 훔쳐보러 온 가짜 어선이라는 의혹을 제기했고, 선원들이 입은 화상은 산화된 산호가 피부에 닿으면서 일어난 단순한 화학반응이라고 설명했다. 이뿐 아니라 러키드래곤 5호가 위험구역에서 낚은 물고기조차 가짜라고 우겼다. 위험구역에서 잡힌 참치는 오염되지 않았고 인체에 무해하다고도 했다. 하지만 미국 식약청에서 일본산 수산물 수입에 강력한 제재를 걸어 야이즈의 어부들이 방사선 후유증뿐 아니라 경제적 어려움에 힘겨워할 때 스트라우스 회장은 입을 꾹 다물고 있었다.

어선의 무선통신사는 자신을 역사 속에 수소폭탄으로 인한 첫 번째 사망자로 기록해줄 것을 당부하는 유언을 남기고 6개월 후에 세상을 떠났다.▪

**폐허가 된**

**낙원**

태평양 원자폭탄 실험의 배경에는 이렇듯 온갖 슬픈 사연이 있는데, 여전히 씁쓸한 서사의 결말은 보이지 않는다. 핵무기 실험으로 수없이 많은 태평양 사람이 불행한 운명에 시달려야 했지만, 그 대가로 무엇을 얻었는지는 알 수 없다. 롱겔라프섬 주민들은

---

▪ 유독 커다란 조각이 입에 들어갔던 선원은 세탁소를 운영하며 살다가 80대에 세상을 떠났다. 당시 배에 승선했던 선원 중에는 두부 전문 식당을 운영하던 사람도 있다. 2015년 미국 정부는 이들에게 각각 5,000달러의 보상금을 지급했다. 이 어선은 현재 도쿄의 박물관에 전시 중인데, 박물관에는 이를 보러 오는 관람객의 발길이 오늘날까지도 끊이지 않고 있다.

고향에서 추방당했고, 방사능에 노출된 후유증으로 통증, 기형아 출산, 불임, 원인 불명의 종양과 온갖 질병에 시달렸으며, 평균 수명보다 일찍 사망했다. 1958년에 실시된 선인장 실험Cactus test의 피해자들은 세간의 관심을 받지 못한 채 무심하게 잊혔다. 실험 현장은 경기장만 한 크기의 두꺼운 시멘트 무덤 아래에 파묻혔다. 러키드래곤 5호의 생존자 대부분은 고향에서 멀리 떠나 일본 여기저기 흩어져 정체를 숨긴 채 비참한 삶을 살고 있다. 방사능에 노출돼 생긴 질병도 한센병처럼 전염될 것이라 생각하며 공포심에 떠는 사람들 때문에 일본인 피해자들에게는 여전히 히바쿠샤, 즉 '피폭자'라는 꼬리표가 달려 있다.

비키니섬 사람들의 안타까운 운명은 원폭 실험 피해자들의 삶을 생생하게 보여준다. 여전히 킬리섬에서 살아가는 사람도 있지만, 당시 실험으로 섬에서 쫓겨난 167명과 후손까지 400명에 달하는 비키니섬 사람들 대부분은 다른 원자폭탄 실험 피해자와 마찬가지로 여기저기 흩어져 살고 있다. 이들은 방사능에 오염된 오래된 터전을 떠나 태평양 곳곳에 자리 잡았다. 이유를 짐작하지 못하는 것은 아니지만, 매사에 불평불만이 가득한 비키니섬 사람들에게 싸늘한 눈빛을 보내는 이들도 있었다. 끝없이 보상 분쟁에 불을 지피는 변호사들도 꽤나 짜증스러운 존재였다.

아니나 다를까, 미국 정부는 태평양 방사능 오염 문제를 해결하기 위해 세금으로 거둔 어마어마한 금액을 지불했고, 이것으로 분쟁이 끝나기를 바랐다. "비키니섬에 돈폭탄을 투하하다." 1994년 한 신문의 헤드라인이었다. 신탁기금, 보상, 요구, 지불, 투자와 같은 용어들이 비키니섬 사람들의 발언에서 빠지는 법이 없다. 과거 평화봉사단에서 자원

봉사자로 활동하던 미국 정부의 분쟁 조정 담당자가 말했다. "모든 회의는 돈, 돈, 돈에 관련된 얘기뿐이다."

최근에는 비키니섬에 가라앉은 배를 활용해 관광 상품을 만들어 전 세계의 돈 많은 심해 다이버들에게 유흥거리를 제공하고, 여기서 얻은 수입으로 피해자들에게 보상금을 지불하고 있다. 마셜제도 현지 항공사에서 운영하는 항공편은 하나밖에 없고 이마저도 뜨지 않는 경우가 거의 대부분이다. 하지만 관광객들은 배를 대절해서라도 섬에 들어와 침몰한 새러토가호의 갑판 위에서 헤엄치고, 상어 떼를 구경하고, 지구상에서 가장 유명한 동시에 가장 외진 장소에 와봤다는 사실을 자랑하고 싶어 한다. 비키니섬은 '탁월한 보편적 가치'와 '견해와 신념이라는 국제적 중요성'을 지닌 대표적인 핵무기 실험 장소로 유네스코가 지정한 세계문화유산 목록에 올랐다.

가끔씩 다이버들은 소형 보트를 타고 육지로 올라가 새로 자라나는 야자나무 밑에서 시간을 보내고, 이제는 버려진 지 오래돼 녹이 흘러내린 콘크리트 벙커 옆을 산책하며 폭발 당시의 상황을 상상해보기도 한다. 하지만 1946년 미국이 섬을 점유하기 이전의 평화로웠던 과거를 떠올릴 만한 흔적은 거의 없다. 과거 비키니섬 사람들이 살던 집과 그들이 세운 기념비는 사라진 지 오래고 고기잡이배는 을씨년스럽게 벌레 먹은 모습인 데다가 전통문화는 수많은 섬을 거치며 희석됐다.

1968년 8월에 비키니섬이 원래의 모습을 찾을 수 있다는 희망이 생겼다. 린던 존슨Lyndon Johnson 대통령이 비키니섬 사람들이 고향으로 돌아와 편안한 삶을 되찾도록 허가를 내렸기 때문이다. 과학자들이 대통령에게 비키니섬은 이제 사람이 살기에 안전하다고 했고, 대통령은 이 사실을 세상에 알렸다.

대통령의 발표가 있던 날 밤, 고향에서 추방당한 이후 20년 동안 킬리섬 남쪽의 협소한 판잣집에서 답답하게 살아가던 이들은 기쁨에 젖었다. 그들은 마침내 자신들의 위대한 희생이 끝났으며, 낚시를 하고, 코코넛 과육을 말리고, 이웃들과 함께 뱃놀이를 즐기던 평화로운 과거를 되찾을 수 있다고 생각했다. 100명이 넘는 사람들이 벅찬 마음으로 고향을 향했다. 이때 촬영된 사진에는 무리 지은 비키니섬 출신 노인들이 해안에 발을 딛는 장면이 담겨 있다. 이들은 셔츠를 입고 타이를 맨 모습으로 본인들의 공식적인 귀향을 품위 있게 기념했다.

하지만 과학자들의 판단이 틀렸음이 밝혀졌다. "착오가 있었다."고 원자력위원회 관계자 중 한 명이 말했다. 지금껏 비키니섬의 안타까운 현실에 대해 수차례 공식적인 발표를 할 때와 마찬가지로 가볍고 무심한 태도였다. 식물성 먹이사슬(환경에 존재하는 방사성 물질이 식물을 경유해 사람의 입을 통해 섭취되는 과정 - 옮긴이)에서 측정한 방사능 수치를 계산할 때 중대한 실수가 있었다는 것이 이들의 변명이었다. 비키니섬 토양 깊숙한 곳의 방사능 수치는 여전히 상당히 높았고, 그 때문에 주민들이 재배한 채소도 오염된 상태일 테니 이를 섭취하면 건강에 치명적인 문제가 생길 수도 있다는 것이었다.

의회에서는 비키니섬 주민들에게 1,500만 달러의 보상금을 추가로 지불했다. 1978년에 이들 모두는 또다시 고향을 떠나 킬리섬으로 되돌아가거나, 이들을 수용해주겠다는 다른 장소로 흩어졌다. "마음이 아팠다." 비키니섬 주민 페로 조엘Pero Joel이 1989년 인터뷰에서 한 말이다. "마음이 너무 아팠고 앞으로 어떻게 살아가야 할지 막막했다."

이들과 이들의 조상이 살아가던 땅에서는 1946년에서 1958년까지 12년 동안 원자폭탄이 23번이나 터졌고 폭발의 규모는 4,200만 톤에 달했다. 예전 섬의 모습은 흔적도 없이 사라졌다. 집과 배는 파괴됐고, 토양과 바닷물은 오염됐으며, 그들의 삶은 망가져서 영영 되돌릴 수 없게 되었다. 도대체 무엇을 위한 것이었을까? 실험으로 무엇을 얻었을까?

이제는 거의 사마이 돼버린 비키니섬의 황량한 해안에는 태평양의 푸른 바다가 소용돌이치고 있다. 사람의 손이 닿지 않은 야자나무는 바람을 맞으며 서 있다. 바다에서 뱃놀이를 즐기는 이도, 야자나무 아래 수풀에 모여 수다를 떠는 이도 없다. 오늘날의 비키니섬은 죽음 같은 침묵만이 감도는 장소가 돼버렸다. 부자연스러운 공허함에 방문자들은 곧 돌아서며 영원히 대면할 수 없는 가해자를 찾으려 노력한다. 모두가 가해자고 모두가 피해자다. **대체 무엇을 위해 태평양에서 원자폭탄을 터뜨린 것일까?**

# 제2장

# 트랜지스터라디오 혁명

1953년 7월 27일, 한반도 휴전협정이 체결되다.

1955년 7월 17일, 애너하임에 디즈니랜드가 개장하다.

**1955년 8월 7일,
일본에서 최초의 트랜지스터라디오를 발명하다.**

1956년 5월 1일, 미나마타병이 발생하다.

1956년 9월 17일, 호주에서 텔레비전 방영이 시작되다.

1956년 12월 18일, 일본이 유엔에 가입하다.

PACIFIC

학자의 시대는 지났다. 엔지니어의 시대가 열렸다.

전극은 펜보다 강하다.

– 랜슬롯 호그벤, 『일반인을 위한 과학상식』, 1938

1955년 캐나다의 늦여름은 끔찍하게 더웠다. 신문에서는 뜨거운 태양
이 온타리오의 사과나무에 달린 사과를 익힐 정도라고 했다. 실내에 앉
아 있으면 찜통더위에 숨이 턱턱 막혀왔다. 퇴근하고 집에 돌아온 사람
들은 라디오 볼륨을 한껏 높이고, 마당 잔디에 쪼그리고 앉아 지나는
차량 소음에 라디오 소리가 묻히지 않길 바라며, 저녁 뉴스와 지역 라
크로스(크로스라는 라켓을 사용해서 하는 하키와 유사한 구기 종목 – 옮긴이)
팀의 승리 소식에 귀를 기울였다.

하지만 위니펙, 에드먼턴, 토론토, 몬트리올, 밴쿠버 등의 시내 전자
상가에서 판매하던 작은 갈색 플라스틱 상자처럼 생긴 기계가 그들의

여름을 구원해줬다. 이 물건의 정체를 알고 있는 사람은 거의 없었다. 특히 밴쿠버에는 당시에 전자기기 분야의 선진 지식을 가진 일본인 인구가 꽤 많았음에도 불구하고 말이다.

손바닥보다도 작은 플라스틱 박스의 정체는 무선 라디오 수신기였다. 무선 라디오 수신기가 시장에 선보이기 전인 그해 8월 8일까지, 라디오 수신기는 엄연한 가구였다. 사람들은 호두나무 합판으로 만든 커다랗고 복잡한 라디오 수신기에 앉은 먼지를 주기적으로 털어내고 윤을 내야 했으며, 간혹 위에 화분을 올려놓는 경우도 있었다. 하지만 새로 등장한 작은 라디오는 달랐다. 건전지로 작동했으며, 벽에 달린 콘센트에 연결할 필요도 없었다. 가볍고, 예열하는 데 시간도 걸리지 않았다. 사실, 이 장치는 예열 과정이 따로 필요 없었다. 전원을 켜자마자 소리가 흘러나왔고, 어디든 휴대할 수 있었다. 숨 막히게 더운 8월, 캐나다에서는 답답한 거실을 벗어나서도 라디오를 들을 수 있었다. 나무 그늘이나, 물이 안개처럼 흩뿌려지는 시원한 스프링클러 옆에서도 라디오 소리가 흘러나왔다. 라디오 밑에 달린 조그마한 다리는 거치대 역할을 톡톡히 해냈다. 테이블이나, 마당에 놓인 간이식탁, 잔디밭, 현관 그 어디든 라디오를 올려놓을 수 있었고, 원한다면 항상 몸에 지닐 수도 있었다. 냉장고에 맥주 한 병을 가지러 잠깐 자리를 비울 때조차 말이다.

혁신적인 발명품이었던 라디오는 전 세계인의 사랑을 받았다. 무선 라디오는 대부분 스피커를 덮는 보호망에 조그만 구멍들이 송송 나 있어서 확성기 같은 모양을 하고 있었다. 측면에는 전원을 켜고 끌 수 있는 빨간 버튼과, 볼륨을 조절할 수 있는 까만 버튼이 달려 있었다. 정면에서 봤을 때 오른쪽에는 눈금판이 그려진 톱니바퀴 모양 버튼이 설치돼 있었는데, 이 버튼을 돌리면 CBC 방송국에서 다른 방송국으로 채널을 바꿀 수 있었다. 톱니바퀴 모양 버튼 위에는 일본어로 '도쿄통신공업주식회사'라고 적혀 있었다.

이 조그만 기계의 정면에는 이것 말고도 단어를 두 개 더 찾아볼 수 있었다. 라디오의 윗부분에는 무선 라디오의 심장 역할을 하는 주요 장치의 명칭이 양각으로 새겨져 있었다. 이떤 원리로 작동하는지는 모르겠지만, 이 장치는 무선 라디오를 구성하는 필수품이라고 한다. 그 단어는 "TRANSISTORIZED", 즉 트랜지스터였다.

그리고 채널을 조정하는 버튼 윗부분에 자리한 작고 네모난 로고 안에 두 번째 단어가 있었다. 눈에 잘 띄지도 않았다. 이 단어는 훗날 세계에서 가장 유명한 브랜드명이 된다. 소니였다.


**모리타와**

**이부카**

소니가 태평양을 건너 동쪽으로 뻗어나가기 시작했다. 앞으로 소니에서 선보일 발명품들은 수많은 사람의 삶에 즐거운 변화를 줄 터였다. 전자제품 시장에서 일본의 시대가 열린 것이다.

소니가 10년 전에 발발한 제2차 세계대전의 앙금이 남아 미국이 아닌 캐나다에 최초로 라디오를 수출했다는 가설은 꽤나 흥미롭다. 하지만 진짜 이유는 평범하기 그지없다. 앨버트 코언Albert Cohen이라는 사업가가 그럴듯한 사업 아이템을 찾아 일본을 돌아다니다가 신문에서 신형 라디오의 배급사를 찾는다는 광고를 봤다. 그는 미팅을 잡고, 계약 조건을 협상하고, 악수를 하며 계약을 마무리 지으면서 마침내 라디오 50개를 가지고 위니펙으로 돌아왔다. 소니가 도약히는 첫 발판이 된 장소는 거대하고 푸른 태평양 건너 북아메리카대륙에 넓게 펼쳐진 푸른 목초지 위의 대형 곡물창고였다. 경제적·문화적 영향력이 거대한 태평양을 넘어 전 세계로 미치는 시대가 펼쳐진 것이다.

앨버트 코언은 1955년 여름, 소니의 대표로 훗날 세상에 이름을 떨친 모리타 아키오盛田昭夫와 첫 미팅을 가졌다. 그때 이미 모리타는 일본 전자산업계의 거물이 될 자질을 갖추고 있었다. 그는 명민하고, 고상하고, 귀족적이며(나고야 지역에 있는 부유한 사케 양조장의 후계자였다), 혜안을 가지고 있었다. 모리타는 물리학 학사 학위를 취득하긴 했지만, 엄밀히 말하자면 엔지니어는 아니었다. 하지만 엔지니어들의 기름때 묻은 손이야말로 소니의 확고한 근간이었다. 소니뿐 아니라 전쟁에 대패하고 폐허가 된 일본을 다시 일으켜 세우는 바탕이 된 모든 제품은 엔지니어의 손에서 탄생했다.

소니의 공동창립자인 이부카 마사루井深大는 뼛속까지 엔지니어였다. 1944년에 모리타와 이부카의 첫 만남이 이루어졌다. 당시 서른여섯 살이던 이부카는 세심함과는 거리가 먼 사람이었다. 그는 주어진 상황에 충실했지만 퉁명스러웠으며, 결코 재빠르다고 할 수는 없었다. 다소 어수선하기도 했지만, 우직한 곰 같은 면도 있었다. 스물세 살의 모리타는 이부카에게 완전히 압도당했다. 이때 이부카는 이미 발명가로 이름을 떨치고 있었다.

1933년에 이부카는 네온 튜브의 한쪽 끝에 고주파 전원 장치를 설치해서 산출량을 조절하는 원리를 이용해 마치 네온 조명의 불빛이 움직이는 듯한 효과를 내는 발명품을 개발했다. 학부생이던 이부카는 변조광전속 장치라 불리는 이 발명품으로 파리 발명품 전시회에서 금상을 수상했다. 이 장치는 오늘날까지도 광고판에 사용되고 있다.

이부카는 온갖 종류의 기계에 관심을 나타냈다. 그는 아마추어 무선통신사였고, 축음기를 만들었으며, 경기장에 설치될 거대한 스피커를 제작하기도 했다. 이부카에게는 뮤직 박스와 자동피아노, 무선조종 헬륨 기구를 소장하는 취미가 있었다. 이부카는 어린아이들이 가지고 노는 모형 기차에 홀딱 빠져 있었고, 다다미에 무릎을 꿇고 앉아 소형 기찻길을 이어붙이거나 증기기관차의 나사를 조이며 긴 시간을 보냈다. 그는 훗날 일본 모형기차협회의 회장 자리에까지 올랐다.

1944년 여름, 패배를 코앞에 두고 전쟁의 판도를 뒤집기 위해 일본 군부는 마지막으로 필사의 시도를 했는데, 이때 이부카와 모리타의 첫 만남이 이루어졌다.

군수처에서는 무자비하게 폭탄을 투하해서 일본의 도시들을 박살내던 미국의 B-20을 격추시킬 만한 새로운 종류의 방공 미사일을 착안해내고자 했다. 그들은 미사일을 개발하기 위해 해군 레이더 제작을 맡고 있던 일본공업계측회사Japanese Instrument Measurements Company, JIMCO에 물리학 학위 소지자였던 모리타 소위를 파견했다.

이부카는 당시 JIMCO의 상무이사였다. 모리타는 첫 회의 때 이부카의 천재성과 독창성에 깊은 감명을 받았다. 이부카는 뛰어난 창의성을 가지고 있었다. 일례로 이부카는 라디오송신기의 불안정성 문제를 해결하기 위해 근처 대학교에서 음악 전공 여학생들을 고용한 적이 있다. 이들의 절대음감을 이용해 송신기에 소리굽쇠의 정확한 진동수를 적용했다. 모리타는 생각했다. '이런 독창성이라니! 이런 상상력이라니! 뻣뻣한 도쿄 직장인 억양이 입에 붙었고 성격은 투박하지만 이부카 씨는 놀랍도록 창의적인 사람이다!'

결국 열감지 미사일은 개발되지 않았고, 필사의 시도에도 별다른 소득을 거두지 못한 채 8개월 뒤 전쟁은 끝났다. 하지만 이때 형성된 모리타와 이부카의 공적인 협력 관계는 평생 떼려야 뗄 수 없는 우정으로 발전했다. 머지않아 이 두 사람은 힘을 합쳐 위대한 발명을 이루어 낸다.


전후 일본 상황은 암울했다. 일본(특히 수도인 도쿄) 국민들은 지금껏 경험한 적 없는 감정을 느끼며 괴로워했다. 정신과 의사들은 전쟁이 끝나고 무기력과 절망감이 사회를 휩쓰는 이러한 현상을 '교다쓰(허탈을 뜻하는 말 – 옮긴이)'라 명명했다.

일본에서 이러한 현상이 일어난 것이 그리 놀라운 일은 아니었다. 이때 일본 국민의 절반 이상은 집을 잃고 노숙을 하고 있었다. 다섯 명 중한 명은 폐렴에 시달리고 있었다. 전쟁 도중 파손된 건물 파편이 도시 곳곳에 흩어져 있었다. 교통 시설도 모두 파괴됐다. 미국에 패배한 이후 굴욕스럽고 수치스러운 나날이 이어졌다. 일자리가 부족했다. 사회는 궁핍해졌고 돈이 필요한 사람들은 구걸을 했다. 도덕심이 무너지면서 조직폭력, 매춘, 절도가 횡행했고, 암시장이 생겨났다. 후회와 죄책감과 억울함이 뒤섞인 깊은 쓸쓸함만이 도시를 감돌고 있었다.

불안정함 속에서 1946년 새해가 밝아왔고, 놀라운 현상이 일어났다. 도저히 재기 불가능할 것 같던 당시 사회 상황에서 일본인들이 패기 넘치는 새 출발을 시작한 것이다. 태평양은 힘찬 시작을 보여주기에 적합한 무대였다.

전쟁이 끝나고 몇 달간 일본은 보수 작업에 힘썼다. 사람들은 임시방편으로 땜질을 해서 부서진 건물을 보수했고, 기업들은 급격히 변화한 상황에 맞춰 태세를 전환했다. 몇 주 전까지만 해도 장군과 제독을 위한 군수용품을 만들던 공장에서는 지친 국민과 너덜너덜해진 채 전장에서 돌아온 병사를 위한 생활용품을 찍어내기 시작했다. 미사일 탄피는 목탄 난로로 변신해 전쟁이 끝나고 매서웠던 첫 겨울나기를 하는 일본인들 곁을 지켰다. 황동으로 만든 대형 대포 탄피는 쌀독으로, 반짝거리는 소형 대포의 탄피는 차를 담아두는 용기로 사용됐다. 탐조등 거울은 도쿄의 산산조각 난 창문을 수리하는 유리 패널로 쓰였다. 전투기 엔진에 부착되는 피스톤을 생산하던 공장에서는 시민의 갈증을 해소해주는 양수기를 제작했다. 피스톤 제작자 혼다 소이치로本田宗一郎는 전시에 발전기로 쓰이던 소형 엔진을 자전거 프레임에 부착해서 오토바이를 제작했고, 여기에 배기통에서 나는 소리를 그대로 가져와 바타바타라는 이름을 붙였다. 바타바타는 자전거 브랜드로 발전해 1950년대까지 일본에서 큰 명성을 떨쳤다. 바타바타는 상업화에 성공하며 훗날 거대한 자동차 제조 기업으로 성장한 혼다의 탄생을 예고했다.

머지않아 이부카와 모리타는 혼다와 마찬가지로 오늘날 세계적인 성공을 거둔 기업을 설립했다. 이부카가 기업 설립의 첫 발걸음을 뗐다. 방송에서 일본의 패망 선언이 흘러나오자마자 이부카는 함께 군용 레이더를 제작했던 직장 동료들에게 자신은 곧장 도쿄로 돌아가겠다고 선언했다. 그는 일본의 미래는 엔지니어의 기술력에 달렸다며, 흡사 히늘의 계시를 받은 것처럼 투철한 사명감에 휩싸였다. 그는 진보를 이루려면 수도로 가야 한다고 생각했다.

짐을 챙기면서 이부카는 동료들에게 동행을 제안했다. 여섯 명이 이부카를 따라나섰는데, 그중 한 명인 히구치 아키라樋口晃는 그날의 결정에 대해 "순식간에 이루어졌다. 다시 한 번 생각해볼 필요도 없이 텔레파시가 통한 것 같았다. 그날 이부카를 따라나선 것을 단 한 번도 후회한 적이 없다."고 말했다.

후에 소니의 부사장 자리에 오른 히구치는 이부카와 공통점이 많았다. 히구치 역시 역사에 기록될 만한 인물이다. 예를 들면 그는 열성적인 등산가로, 정상을 정복한 산을 표시하기 위해 조그마한 깃발들을 꽂아놓은 지구본을 사무실에 놔뒀는데, 깃발의 숫자가 100개가 넘었다. 히구치는 80대까지 소니에서 현역으로 재직했는데, 캘리포니아 시에라네바다산맥의 타호호 근처 스키 슬로프에 올라 85세 생일을 기념할 정도로 에너지가 넘치는 사람이었다.

이부카와 히구치를 비롯한 동료 다섯 명은 도쿄에서 사업을 시작했다. 그들은 거의 버려진 것과 마찬가지인 백화점 빌딩 3층에 있는 협소한 공간을 임대하고 책상과 작업대를 구매했다. 처음 결정한 사명은 도쿄통신조사기관이었는데, 두 번 더 변경을 거친 끝에 마침내 도쿄통신공업주식회사(일본어로는 도쿄쓰신코교가부시키카이샤라고 읽으며, 줄여서 '도쓰코'라고 부른다-옮긴이)가 탄생했다.

어떤 분야의 어떤 제품을 만들고 어떤 미래를 꿈꾸어야 할지 구체적인 계획이 전혀 없는 상태에서 이부카 마사루는 회사의 설립취지서를 썼다. 이부카는 가로줄이 그려진 종이에 세로로 취지서를 작성했는데, 중간중간 수정을 하려고 펜으로 까맣게 칠해놓은 흔적도 남아 있다. 공식적인 문서라기보다 초등학생의 어설픈 학교 숙제 같은 모습이었다. 열 페이지짜리 설립취지서는 현재 특수 제작된 전시용 유리로 감싸서 도쿄의 소니 문서보관소에 보관 중이다. 소니의 설립취지서는 시대를 불문하고 이 세상 모든 회사가 나아가야 할 방향을 제시한다.

설립취지서에는 이부카가 회사를 설립한 목적이 "자유롭고 편견 없는 이상적인 공장을 설립해서 선한 동기를 가진 엔지니어들이 수준 높은 기술력을 펼칠 수 있도록 하기 위함"이라 기록돼 있다.

설립취지서에서 이부카는 올바르지 않은 이익 추구를 근절해야 한다고 강조했다. 이 외에도 규모를 키우는 데만 주목해서는 안 된다, 직원은 신중하게 채용해야 한다, 자리만 지키는 직원은 필요 없다, 직원의 능력과 기술을 최대한 발휘할 수 있도록 해야 한다 등의 이야기가 담겨 있으며, "우리는 회사 수익을 공정한 방식으로 모든 직원에게 분배하고 그들이 안정적인 삶을 영위할 수 있도록 도울 것이다. 그 대가로 모든 직원은 회사에 최선을 다해야 한다."라고 주장했다.

그럴듯한 설립취지서를 작성하긴 했지만, 도쓰코는 힘겨운 시기를 겪고 있었다. 도대체 뭘 만들어야 할지 아무런 아이디어도 떠오르지 않았다. 결국 이들이 만들어낸 첫 발명품은 나무로 된 통에 단순히 납작한 알루미늄을 깔아놓은 투박한 전기밥솥이었다. 밥솥에 쌀과 물을 넣고 콘센트에 연결하면 밥솥 안의 물이 가열 시스템을 가동했다. 그리고 쌀이 어느 정도 익어서 물이 줄어들면 회로가 끊어져서 전원이 차단됐다. 기발한 발상이었지만 어떤 이유에서인지 쌀이 제대로 익지 않았다. 어떤 때는 잘 익었고, 어떤 때는 설익었다. 쌀이 아직 익지 않았는데 전원이 차단되는 경우도 있었고, 쌀이 완전히 익었을 때는 딱딱한 밥이 주먹만 하게 뭉쳐져 있었다. 결과적으로 도쓰코의 첫 시장 진입 시도는 완전히 실패로 끝났고, 안 팔린 밥솥은 사무실 선반에 몇 년간이나 방치됐다.

하지만 얼마 지나지 않아 이부카가 별난 사업 계획들(폭탄이 떨어졌던 자리에 소형 골프코스를 만들고 달달한 된장국을 판매하려고 했다)을 포기하고 본질적인 엔지니어링, 즉 전자제품 분야에 집중하자 회사는 곧 자리를 잡았다. 1946년 말 모리타 아키오는 해군 복역을 마치고 이부카와 동업에 나섰다. 도쓰코가 라디오 수리 시장에 뛰어들고, 기업 경영 방향을 재설정한 것도 이 무렵이었다.

당시 일본 가정에는 집집마다 라디오가 있었는데, 대부분 전쟁과 폭격을 겪으며 고장 난 상태였다. 운 좋게 폭격을 피했다 하더라도 일본 헌병대가 부숴놓는 경우가 많았다. 미군이 일본 국민들을 흔들어놓기 위해 송신하는 방송을 차단하려는 목적이었다. 전쟁이 끝나고 평화를 되찾은 일본인들은 흥겨운 음악과 미국의 검열을 거친 뉴스를 듣고 싶어 안달이 나 있었다. 도쓰코는 이를 이용해 제대로 된 사업을 시작하기로 했다. 사업이 번창하면서 회사 규모가 꽤 커져 직원이 20명이 넘는 어엿한 중소기업으로 거듭났다. 사무실도 오래된 백화점 건물 한 층을 다 차지할 정도로 확장한 상태였다. 어느 날 「아사히신문」에서 취재를 위해 도쓰코를 찾아왔다. 신문에는 도쓰코의 라디오 수리 사업이

평생에 걸쳐 모형 기차와 무선 라디오, 헬륨 기구를 수집
하던 이부카 마사루는 일본에서 최초로 트랜지스터라디
오와 트리니트론 모니터, 워크맨을 만들어낸 천재 발명가
이자 소니의 공동창업자였다.

"단순히 이윤을 추구하려는 것이 아니다."라는 내용을 담은 긍정적인
기사가 실렸다. 이부카는 기사를 읽고 매우 기뻐했다. 회사 앞에는 고
장 난 라디오를 품에 안은 손님들로 문전성시를 이뤘다.

도쓰코는 제작 사업에 뛰어들었다. 시간이 지나면서 제품의 품질
은 꾸준히 좋아졌다. 도쓰코가 처음 제작한 제품은 평범하기 그지없
는 전압계였다. 하지만, 미군 군수장교는 설계가 기발하고 완성도가
높은 도쓰코의 전압계에 큰 관심을 가졌고, 뛰어난 기술력을 벤치마
킹하기 위해 전압계 샘플을 미국으로 보냈다. 갑작스럽게 일본산 기
계는 일본을 넘어 세계적인 명성을 얻었다. 자부심으로 가슴이 부풀
어 오른 이부카는 마침내 전 세계적인 명성을 얻은 복잡한 전자제품
을 만들어냈다. 바로 테이프녹음기였다.

테이프녹음기의 개발과 제작 과정에는 막대한 비용이 들었지만, 완
성품은 히트를 치며 어마어마한 수익을 올렸다. 테이프녹음기를 제작
할 수 있었던 것은 모리타 아키오의 가문에서 상당한 금액을 투자하기
로 한 덕분이었다. 도쓰코가 따낸 첫 투자였다. 모리타 가문은 도쓰코

에 19만 엔(약 190만 원 ─ 옮긴이)을 투자했는데, 요즘 시세로 따졌을 때 이는 쉽게 만져보기 힘든 거금이었다. 모리타 가문은 14대에 걸쳐 농업에 종사한 유서 깊은 가문으로, 수백 년 동안 민족의 얼을 담은 가업을 이어오고 있었다. 이들은 직접 키운 쌀과 콩으로 품질 좋은 사케와 된장과 간장을 담갔다. 가문의 장로들은 놀라운 선견지명을 가지고 있었다. 여기에 천재적인 이부카 마사루에 대한 깊은 신뢰까지 더해지면서 가문의 수장들은 회사가 큰 성공을 거두리라 생각했다. 그들은 모리타 가문의 후계자*를 도쿄로 보냈다. 이부카와 함께 전 세계를 뒤흔들어놓으라는 당부도 잊지 않았다.

### 도약의 발판을
### 마련하다

　　　　　이부카는 사람의 목소리와 음악을 비롯해 주변에서 쉽게 접할 수 있는 소리들이 얇고 긴 갈색 테이프에 덧입혀져 스피커를 통해 흘러나온다는 사실에 완전히 매료됐다. 그는 도쿄 라디오 방송국의 검열 사무실에서 처음으로 테이프녹음기를 접했다. 테이프녹음기는 10년 전 독일에서 최초로 고안해낸 발명품이었다. 이부카의 눈이 휘둥그레졌고, 곧 머리를 굴리기 시작했다. 테이프는 플라스틱 재질 같았다. 아마 어떤 공정을 거쳐 자성을 가지게 됐을 것

---

* 모리타 아키오는 소니에 근무하며 큰 성공을 거둔 뒤에도 모리타 가문에서 대를 이어 경영 중인 회사의 이사회에 참여하기 위해 매년 고향에 내려갔다. 그는 과거 자신의 조상이 살던 주택과 고향의 절을 완전히 재건축해서 마을 사람들에게 큰 기쁨을 안겨줬다.

이다. 자성을 이용해서 소리를 테이프에 덧씌우는 방법이 있을지도 모른다. 테이프에 어떤 비밀이 숨겨져 있는지는 알아내지 못했지만, 이부카의 머릿속에는 녹음기가 가진 무궁무진한 가능성이 떠올랐다. 테이프녹음기는 교육 분야에서 유용하게 쓰일 수도, 당시 일본인들이 애타게 바라던 순수한 유흥거리를 제공해줄 수도 있을 것이었다. 이부카는 비용이 얼마가 들든, 단기적으로 적자가 나든 상관하지 않고 무조건 이 획기적인 기계를 만들어서 시장에 선보이기로 굳게 마음먹었다.

나고야의 모리타 가문에서 회사 자금 실태를 파악하기 위해 파견한 재미없는 회계사를 꾀어내서 테이프녹음기 개발 프로젝트를 허가한다는 서명을 받아내기까지는 시간이 꽤 걸렸다. 모리타와 이부카는 파견된 회계사를 데리고 암시장 귀퉁이에 자리한 식당으로 갔다. 이들은 회계사가 고주망태가 될 때까지 술을 먹이고 억지로 서명을 받아냈다. 이로써 비용 문제는 해결됐고, 이제 기술적 문제를 해결할 차례였다.

테이프를 어디서 구할지가 가장 큰 문제였다. 그래서 도쓰코는 애초에 테이프 생산까지 직접 하기로 했다. 일단 녹음기를 개발하면 테이프 판매 수익은 꾸준히 올라갈 테니 나쁘지 않은 장사라는 계산을 한 것이다. 일본에서는 기존의 독일 녹음기에 들어가는 테이프의 재료로 사용되던 플라스틱을 구할 수 없었다. 플라스틱을 대체하기 위해 셀로판지도 사용해봤지만 두께가 얇은 탓에 쉽게 늘어져서 적당하지 않았다. 이런저런 이유로 테이프 재료 후보들이 모두 탈락했고, 남은 재료 중 자성을 띠는 물질은 종이뿐이었다. 그래서 도쓰코는 오사카에 있는 유명한 종이 제조 공장에 수천 장의 종이를 최대한 부드럽게 제작해달라고 주문을 넣었다. 모리타와 이부카는 종이를 붙잡고 앉아 가늘게 자르기 시작했다.

그렇게 자른 종이를 풀로 이어 붙였다. 공장 바닥에는 바람에 날리지 않도록 눌러놓은 종이테이프가 수십 미터나 늘어져 있었다. 직원 36명(전압계 사업이 성공한 덕분에 직원 수가 두 배 가까이 늘었다)이 총동원돼 부드러운 너구리털 붓을 들고는 바닥에 무릎을 꿇고 앉아 수도원 필사실의 수사들처럼 머리를 숙인 채 도료를 조심스럽게 테이프에 발랐다. 이 도료는 산화철과 게이샤(기생)가 사용하던 질 좋은 하얀 분가루를 섞어 자성을 띠도록 제작한 것이었다. 도료에 들어가는 재료를 얻기 위해 이들은 프라이팬으로 산화철을 제조했고, 화장품 회사에서 분가루를 도매로 떼왔다. 거의 가내수공업 수준이었다.

도료를 도포한 테이프를 하룻밤 동안 말려서 다음 날 아침 스피커에 연결된 자석을 이용해 실험에 들어갔다. 결과물이 썩 성공적이지는 않았다. 처음 만든 테이프에서는 끽끽대는 날카로운 소리가 났다. 하지만 직원들은 점점 종이를 자르고 도료를 도포하는 데 능숙해졌고, 테이프의 질도 점점 나아졌다. 엔진과 자석을 대충 끼워 맞춰 만든 커다란 기계에 외장 마이크와 내장 스피커를 설치하고 꽤 완성도가 높은 테이프를 릴에 감아 끼워 넣었다.

수많은 실험을 거쳐 마침내 철과 구리와 유리로 만든 거대하고 정교한 도쓰코의 G타입 테이프녹음기가 탄생했다. 녹음기에는 도료가 발린 테이프가 끼워져 있었다. 녹음기는 제대로 작동했다. 마이크에 입력된 모든 소리가 녹음되어 스피커를 통해 그대로 흘러나왔다. 도쓰코는 공들여 제작한 녹음기 50개를 판매가 16만 엔(당시 일본인 평균 연봉의 두 배가 넘는 엄청난 금액이었다)에 시장에 내놓고 반응을 살폈다. 시골에서 재미없는 회계사가 다시 찾아왔다. 이번에는 맨정신이었다. 그는 녹음기 출시에 시장 반응이 어떤지, 혹여나 투자금이 날아가지는 않을지 초조하게 기다렸다.

투자금이 날아가지 않은 건 시장의 평판이 좋아서라기보다는 운이 좋아서였다. 출시 초기 매출은 시원찮았다. 녹음기가 작동하는 걸 본 사람들은 하나같이 탄성을 내질렀다. 한 국수 가게에서 첫 녹음기를 구매해 현재의 가라오케 기계처럼 사용했고, 국수 가게에는 손님들이 물밀듯 밀려왔다. 하지만 국수 가게에 첫 녹음기를 판매한 뒤로는 엄청나게 값비싸고 무식하게 무거운 기계를 구매하려는 사람이 더 이상 나타나지 않았다.

그래서 도쓰코는 새로운 방법을 도입하기로 했다. 이 방법을 도입한 덕분에 도쓰코는 녹음기 사업에 성공할 수 있었다. 수백 년 전부터 일본이 그래왔듯 물건의 크기를 줄이기로 한 것이다.

도쓰코에서 최초로 일본에서 예부터 내려오던 기술(자개 정리함, 접이식 부채, 병풍 제작 등 축소 기술)을 전자산업 분야에 적용했다. 거대한 녹음기(정부와 법원에서 녹취용으로 몇 대를 구매했다)는 더 아기자기하고, 가볍고, 작게 재탄생했다. 이 두 번째 버전의 녹음기에는 집을 뜻하는 단어 Home의 첫 글자를 따 모델 H라는 이름이 붙여졌다. 뒤이어 출시된 모델 M은 떠오르는 영화Movie 산업을 겨냥해 만들어졌다. 그리고 마침내 엄청난 인기를 얻은 모델 P가 등장했다. 저렴한 데다가 '도대체 어떻게 만든 거지?'라는 의문이 생길 만큼 가벼운 휴대용Portable 테이프녹음기에는 어깨에 걸칠 수 있는 끈이 달려 있었다. 세련되고 현대적인 디자인을 자랑하는 모델 P는 날개 돋친 듯이 팔려나갔고, 한 해 누적 판매량은 6,000대를 넘겼다.

　　　　　　　소비자의 욕구에 맞춰 새롭게 소형화된 모델을 생산해낼 수 있는 능력을 갖춘 덕에 어마어마한 수익을 거둔 도쓰코는 사무실을 확장하고 더 많은 직원을 채용했다. 1940년대 말쯤에 들어서자 도쓰코에는 500명이 넘는 직원이 근무하고 있었다. 이들은 기존의 백화점 건물에서 과거 막사가 있던 자리인 서부 외곽 언덕 위로 사무실을 이전했다. 60년이 지난 지금까지 회사는 같은 위치에서 사업을 이어가고 있다.

　제품의 소형화가 바로 문제의 해답이었다. 더 많은 제품을 더 작게 만든 엔지니어들이야말로 창립 초기 회사를 이끌어간 영웅들이다. 도쓰코는 1940년대 말에 미국에서 새롭게 등장한 작은 발명품을 초소형화했고, 여기서부터 이부카의 혁명이 시작됐다.

　미국에서 등장했다는 발명품은 트랜지스터였다. 오늘날에는 무척이나 쉽게 생산되는 단순한 전자증폭기가 당시에는 위대한 발명품이었다. 트랜지스터는 컴퓨터를 구성하는 필수품으로, 태평양 해안가에 자리한 마이크로소프트와 애플, 더 광범위하게는 실리콘밸리(1974년 트랜지스터의 주재료인 실리콘에서 이름이 유래됐다)를 탄생시킨 주역이며, 전후 일본 재도약의 도화선에 불을 지펴준 발명품이다. 트랜지스터는

1947년 12월 23일에 발명됐다. 머리 힐(맨해튼 머리 힐에서 스프리츠 칵테일을 만들던 사람이 뉴저지 외곽으로 이주하면서 이러한 지명이 붙었다)의 '벨 연구소'에 재직 중이던 엔지니어 세 명이 최초의 트랜지스터를 발명했고, 그 공로를 인정받아 1956년 노벨 물리학상을 수상했다. 이는 첨단 기술의 중심이 서쪽의 거대한 대양으로 옮겨가기 직전에 대서양에서 마지막으로 탄생한 발명품 중 하나다.

작은 은빛 게르마늄 반도체와 이보다도 작은 도금 도체 전극을 이용해 증폭기를 만들기 위해 존 바딘John Bardeen, 월터 브래튼Walter Brattain, 윌리엄 쇼클리William Shockley■ 박사는 수년간 열정적으로 연구에 몰두했다. 세상을 바꿔놓을 기적 같은 발명품이 탄생했고, 반도체와 트랜지스터는 진공관의 자리를 대체했다. 진공관은 깨지기 쉽고 발열이 심한 데다가, 크고, 전기신호 스위칭과 증폭 기능을 하는 데까지 예열 시간이 오래 걸렸다. 트랜지스터에는 이러한 단점들이 없었다. 트랜지스터로 실리콘 집적회로를 만드는 데 성공하고 마침내는 수천, 수만 개의 트랜지스터가 손톱만 한 실리콘 반도체에 집적되면서 현대 첨단 기술이 오늘날과 같이 고도화되기 시작했다.

트랜지스터가 발명됐다는 소식을 접한 이부카 마사루는 아주 큰 관심을 나타냈다. 일본의 신문에도 트랜지스터가 발명됐다는 기사가 실리긴 했지만, 크기가 작다는 이점을 살려 보청기의 성능을 개선할 수

---

■ 트랜지스터의 발명에 크게 기여한 쇼클리 박사는 우생학(오늘날 논란의 여지가 많다)에 집착에 가까운 열정을 보인 것으로 유명했다. 또한 그는 제2차 세계대전 중에 미국 정부의 의뢰를 받아 일본이 미국을 침략했을 때 발생 가능한 사망자의 수를 예측했다. 쇼클리는 일본인 1,000만 명을 처단하기 위해서는 미국인 80만 명이 희생돼야 한다는 예측치를 공식적으로 내놨는데, 미국이 일본에 원자폭탄을 투하하는 데 이러한 쇼클리의 의견이 큰 영향을 끼쳤다고 한다.

있을 것이라는 내용뿐이었다. 게다가 당시 일본에서 보청기는 보편적이지도 않았다. 1952년에 이부카는 처음으로 미국을 방문했다. "놀라운 나라다! 참으로 환상적이다. 건물은 환하게 빛나고 있고, 길에는 자동차가 가득하다."고 이부카는 감탄했다. 트랜지스터 때문에 미국을 찾은 것은 아니었다. 당시 회사의 주력 제품이던 테이프녹음기(사실상 유일한 제품이었다)가 어떻게 사용되고 있는지 살펴보는 것이 출장의 목적이었다.

그곳에서도 이부카는 열심히 일했다. 녹음기의 새로운 활용 방안을 떠올릴 때마다 그는 도쿄로 새로운 요구사항을 담은 전보를 쳤고, 모리타는 항상 이부카의 요구에 적극적으로 응했다. 그중 하나가 녹음기가 내장된 스테레오를 만들어달라는 것이었다. 며칠이 채 지나지 않아 도쓰코의 엔지니어는 스테레오를 뚝딱 만들어냈다. 모리타는 일본 국영방송국인 NHK에서 30분간 진행하는 라디오 프로그램에 최신 음향효과를 가진 스테레오 녹음기를 제공하겠다고 했다. 뛰어난 마케팅이었다. 1952년 12월 4일에 방송이 전파를 탔고 아나운서는 근엄한 목소리로 '도쿄통신공업주식회사와 NHK가 제작한' 스테레오 녹음기를 소개했다. 결과는 대성공이었다. 청취자 수천 명이 열광적인 반응을 보였다. 한 청취자는 다음과 같은 후기를 남겼다. "온열 테이블에서 자고 있던 우리 고양이가 음향 효과에 깜짝 놀라 문밖으로 뛰쳐나갔다." 미국에서 소식을 전해 들은 이부카는 흐뭇한 미소를 지었다.

이때가 탐방의 막바지쯤이었다. 뉴욕의 태프트 호텔에 머물던 어느 날 밤, 근처의 록시 극장에서 들려오는 음악 소리에 이부카는 잠을 이루지 못하고 있었다. 호텔 침대에 누워 뒤척이던 이부카는 놀라운 생각을 떠올렸다.

바로 얼마 전 트랜지스터를 발명한 벨 연구소의 모회사인 웨스턴일렉트릭에서 회사 외부에서 대규모로 트랜지스터를 생산하기 위해 라이선스 계약을 맺을 업체를 찾는다는 공고를 냈다. 도쓰코에서 새로 고용한 두뇌가 비상한 연구원 40명이 테이프녹음기 부서에서 제품을 향상시키는 데 핵심적인 역할을 하고 있지만, 이들의 능력을 십분 발휘하기엔 업무가 너무 단순했다. 그래서 이부카는 일본에 있는 동료들과 상의하지도 않고 웨스턴일렉트릭과 생산 라이선스 계약을 맺기로 했다. 여기에 2만 5,000달러가 든다는 사실을 본사에서 알았다가는 모두가 기함할지도 모른다는 생각은 애초에 접어둔 채였다.

이부카는 자신이 탄 비행기가 미국을 떠나 태평양을 건너 서쪽으로 날아갈 때쯤에서야 라이선스 계약 문제에 대해 곰곰이 생각해봤을 터였다. 비행기가 미니애폴리스 공항과 에드먼턴 공항, 앵커리지 공항, 알류산섬을 경유할 때마다 그는 오랜 비행에 뻣뻣하게 굳은 다리를 쭉 뻗으며 어떻게 해야 좋을지 고민했을 것이다. 이틀 후 이부카는 마침내 하네다 공항에 도착했다. 이틀간의 비행시간 동안 이부카는 해결책을 찾아냈다. 이부카는 임원들을 불러 모아서는 청천벽력 같은 소식을 전했다. "라디오를 제작하자. 먼저 트랜지스터를 개발해서, 트랜지스터라디오를 만들 것이다. 어디에나 들고 다닐 수 있을 만큼 작고, 아직 전기가 연결되지 않은 지역에서도 사용할 수 있는 무선 라디오를 만들자."

그의 갑작스러운 발표에 회의실에는 침묵만이 감돌았다. 당시 임원들의 침묵을 굳이 해석하자면 "너무 무모하고, 위험하다."로 풀이된다고 훗날 한 경영진이 말했다. 미쓰비시, 도시바, 히타치와 같이 이미 자리를 잡은 대형사라면 불가능한 일도 아니었다. 이들은 이미 벨 연구소와 라이선스 계약을 체결했고, 트랜지스터를 만들 자본도 충분했다. 하지만 이제 막 시장에 진입한 소형사인 도쓰코의 경우는 달랐다.

당시 도쓰코는 라디오를 만들 만한 자본금도, 기술력도 없었다. 회사 외부에서 2만 5,000달러를 조달하는 일은 쉽지 않았다. 유동성 부족에 시달리는 일본에서 달러를 끌어오는 것은 거의 불가능에 가까웠다. 다행히 이부카의 결단력과 통찰력으로 기술적인 문제는 해결했다. 여기에는 훗날 회사의 삼두정치 체제에서 세 번째 우두머리가 되는 젊고 명석한 지구물리학자인 이와마 가즈오岩間和夫의 도움이 컸다. 이와마는 정부 산하기관인 지진관측소 출신이었는데, 도쓰코의 다른 모든 직원과 마찬가지로 반도체 관련 지식은 아예 없었다.

하지만 이와마의 학습 속도는 놀라울 정도로 빨랐다. 1954년 여름 이와마와 이부카는 트랜지스터 기술을 한층 더 면밀하게 배우기 위해 미국을 재방문했고, 테이프녹음기를 판매해서 얻은 수익으로 숙박비와 식대를 충당했다. 소니 문서보관소에는 이때 미국에서 얻은 값진 소득이 보관돼 있다. 바로 이와마 가즈오가 써 보낸 편지 수백 장이 빽빽하게 들어차 있는 두꺼운 파일 네 권이다. 이 편지들은 거의 매일, 하루에도 몇 통씩 일본에 도착했다.

편지에는 사소한 내용까지 전부 기록돼 있었다. 온갖 숫자와 정체불명의 공식, 한자, 히라가나, 영어로 휘갈긴 단어와 문장이 뒤섞여 있었다. 용광로를 섬세하게 표현한 그림과 발진기를 설명한 도표, 회로를 묘사한 문장은 앞으로 펼쳐질 새로운 세상을 보여주는 듯했다. 한 편지에는 '층대 균질 융용 단결정'이라고, 다른 편지에는 '순수한 파라핀'

이라고 적혀 있었다. '섬유질 종이-부적격'이라 적힌 편지도 있었다. 한데 모아진 편지는 미국에서 트랜지스터에 관해 알려진 모든 사실 중 핵심 정보만 추출해서 만든 하나의 작은 백과사전이나 마찬가지였다. 1954년에 이 모든 것이 하나도 빠짐없이 일본에 전해졌고, 마침내 태평양에서 혁명이 일어났다.

## 시험대
## 위에 서다

또 다른 문제도 있었다. 1950년대 초반에 일본은 여전히 문화적으로 의기소침해 있었고 사회 전체적으로 자신감이 결여된 상태였다. 수년간의 노력으로 일본은 과거의 모습을 되찾아가고 있었지만, 패전으로 인한 수치심과 굴욕감은 일본이 발전하는 데 큰 걸림돌이었다. 모리타는 독일에서의 경험을 떠올렸다. 뒤셀도르프에서 한 종업원이 그에게 파라솔 모형이 꽂힌 아이스크림을 건네면서 그 파라솔이 일본산이라고 친절히 알려줬다. '이거면 된 건가?' 모리타는 스스로에게 질문을 던졌다. 모형 파라솔이나 만드는 게 일본의 역할인가?

나는 아시아 문화의 밑바탕에 깔려 있는 개념인 '체면'이 동아시아의 과학 발전을 방해했다고 생각한다. 이는 비단 나 혼자만의 생각은 아니다. 체면은 동북아시아 국가들에서 사회적으로 교류하는 데 아주 중요한 역할을 한다. 이들은 본인의 체면이 깎이거나, 혹은 상대방의 체면을 상하게 하는 행위를 상당히 부정적으로 받아들인다. 그리고 이 부정적인 인식이 과학 발전을 억압했을 것이다. 실험을 하다 보면 실패는 발생할 수밖에 없고 때로 이런 실패는 공공연히 알려지기도 하는데 체면을 지키려다 보니 실험 자체를 꺼리게 되는 것이다. 실패하더라도 마음을 추스르고 변수를 바꿔가면서 수많은 실험을 통하여 마침내 가설과 일치하는 하나의 답을 얻는 것이 과학 발전의 핵심이다. 하지만 아시아 과학자들은 이를 용인하기가 쉽지 않았다.

일본 사회에서 실패가 절대 용인되지 않는다는 말을 하려는 것은 아니다. 사실은 그 반대다. 예를 들어 초밥 요리사는 결과가 눈에 빤히 보임에도 불구하고 견습생에게 다마고(초밥 위에 얹는 달걀말이)를 만들라고 지시를 내린다. 이는 견습생이 수없이 많은 시도와 반복을 통해 완벽한 다마고를 만들도록 가르침을 주는 것이다. 젊은 견습생은 요리사의 기대에 부응할 만한 다마고를 만드는 데 번번이 실패하고, 스승은 매번 결과물을 굴욕적으로 쓰레기통에 처박는다. 하지만 이런 상황이 거듭 반복되어도 견습생은 창피해하지 않는다. 스승은 제자가 중요한 과제를 하나하나 성공할 수 있도록 도움을 줘서 마침내 훌륭한 초밥 요리사로 거듭나도록 가르침을 주고 있을 뿐이다. 그저 실패는 그 과정일 뿐이다. 초밥 요리사의 길뿐 아니라 일본의 다른 많은 직업에서도 마찬가지다.

하지만 과학과 요리는 다르다. 유서 깊은 일식 요리사의 경우 스승이 옆에서 제자를 격려하고 질책하며 성공하기까지 힘든 길을 함께 걸어준다. 반면에 과학자는 홀로 밝혀지지 않은 미지의 세계를 탐구해야 한다. 옆에서 이끌어주는 이 하나 없고, 오직 순수한 호기심만이 탐구의 원동력이다. 모든 과학자는 여기서 큰 부담을 느낀다. 실험이 실패하면서 '체면'이 땅에 떨어지고 대중의 비난을 사게 되면 힘든 시간을 겪을 수밖에 없을 것이다.

베이컨Roger Bacon, 갈릴레오Galileo Galilei부터 왓슨James Watson과 크릭Francis Crick까지 이들은 모두 실패를 경험했지만 그럼에도 불구하고 과학적 진리 탐구를 포기하지 않았기에 위대한 실증주의자가 될 수 있었다. 하지만 서양의 계몽주의 시대에 해당하는 시기의 동아시아 과학자들은 이들과 달랐다. 과거 동양의 과학기술(특히 중국의 과학기술)은 수백 년을 앞서갔지만, 계몽주의 시대에 들어 서양에서 일어난 급격한 발전이 동양에서는 일어나지 않았다. 도대체 무엇 때문에 이런 현상이 나타났는지에 대한 논쟁은 긴 시간 동안 계속되고 있다. 과거 시대를 앞서나가던 중국의 놀라운 과학기술이 15세기 이후에 더 이상 진보하지 못하고 유럽에 뒤처진 이유를 고찰하는, 이른바 니덤 문제*에 대한 논쟁은 오늘날까지도 계속되고 있으나 아직 만족할 만한 대답은 나오지 않았다. '체면'은 이런 현상의 수많은 원인 중 하나로 여겨진다.

초기 도쓰코의 트랜지스터 개발에 진척이 없었던 원인이 바로 여기에 있다. 라이선스 계약이 체결되고 트랜지스터 연구팀의 한 직원은 "벨 연구소에서 하는 이야기는 마치 신의 계시 같다."고 말했다. 이는 일본인 연구원들이 벨 연구소와 조금이라도 다른 시도를 하면 당연히 실패할 것이고, 그렇기에 체면을 구기는 일이라 생각했음을 알려준다.

---

* 조지프 니덤은 케임브리지 대학교 출신 생화학자로, 평생 중국 과학의 근원을 연구하는 데 몰두했다. 자세한 이야기는 내 저서 『중국과 사랑에 빠진 사나이(The Man Who Loved China)』를 참고하라.

설사 실패하지 않더라도, 그런 시도를 하는 자체가 벨 연구소에 굴욕감을 주고 체면을 떨어뜨리는 행위라고 생각했다. 이렇듯 타인과 웃어른을 존중하는 태도는 중국과 일본을 관통하는 개념이다. 본인의 체면도 중요하지만, 자신 때문에 타인의 체면이 떨어진다면 이 또한 용서받을 수 없는 부끄러운 행동이라 여겼다. 이런 이유로 도쓰코 연구소는 트랜지스터 연구 초기에 소극적인 자세를 취했다. 팀원들은 사소한 일 하나하나에 전전긍긍했으며, 1953년에서 1954년 첫 달까지 그럴듯한 연구 결과는 나오지 않았다.

연구소에 있는 직원들에게 동기를 부여하기 위해 최선을 다하던 이부카와 임원들은 시험대에 올랐다. 웨스턴일렉트릭과 성공적으로 라이선스 계약을 체결한 지 몇 달이 지나도록 눈에 띄는 결과는 나오지 않았고, 미국산 모델을 뛰어넘는 성능의 트랜지스터를 만들기는 어려워 보였다.

실패를 무릅쓰고 실험을 거듭해 신사업에 필요한 결과물을 얻어내야만 했다. 이부카 마사루가 고안한 소형 라디오에는 고주파에서도 충분한 출력을 내는 신형 트랜지스터가 반드시 필요했다. 그리고 이는 회계사들의 머리를 아프게 했다. 테이프녹음기의 수입은 건재했지만, 뚜렷한 성과를 보이지 못하는 연구원들과 엔지니어들에게 지급되는 급여 지출이 걷잡을 수 없이 증가하고 있었기 때문이다.

성과 없이 화학과 물리학을 연구하며 지내는 시간이 길어지고 있었다. 트랜지스터 개발을 위해 이부카와 이와마는 미국에서 긴급한 지시를 담은 편지를 계속해서 써 보냈다. 어떤 편지에는 **"큰 용광로를 구입하**

라."고 적혀 있었고 또 다른 편지에는 "**다이아몬드 연삭기를 사용해서 게르마늄 결정을 절단하라.**"고 적혀 있었다. 일본의 연구소에서는 천천히 전통적인 사고방식을 이겨내고 성공을 향해 발걸음을 옮겼다. 소극적이던 태도는 조금씩 변했다. 새로운 시도를 망설이던 연구원들은 과감한 결정을 내렸고, 연구를 저지하던 체면이 어느새 사라졌다. 연구는 진전을 보였고 안개 속에 묻힌 듯 희미했던 일본식 트랜지스터의 모습이 드러나기 시작됐다.

이부카와 이와마가 미국에 머무르던 1954년 여름, 도쓰코의 첫 트랜지스터가 완성됐다. 벨 연구소의 발명을 온전히 따라 한 원시적인 형태의 점접촉 트랜지스터였고, 크기도 작지 않았다. 하지만 이로써 이론적인 기틀이 마련됐다. 모두가 초조하게 지켜보는 가운데 발진기에 부착된 바늘이 흔들렸다. 기계가 증폭기 역할을 제대로 하고 있다는 뜻이었다. 이와마가 일본에 돌아왔을 때는 이미 한 단계 더 나아가 게르마늄 결정을 사용해서 만든 접합형 트랜지스터가 개발돼 있었다. 더 놀라운 사실은, 비 내리던 날 도쿄 외곽에서 찾아낸 낡은 절단기로 이 완벽한 형태의 게르마늄 결정을 만들어냈다는 것이다. 새로운 트랜지스터의 발진기는 점접촉 트랜지스터보다 한층 더 격렬하게 바늘이 흔들렸다. 이 작은 회사가 마침내 완벽한 발명품을 향한 첫걸음을 내디딘 것이다.

어떤 매체를 통해서든, 누구나 한 번쯤은 방호복을 입은 연구원들이 환하고 깨끗한 방에서 미세한 회로가 새겨진 조그마한 반도체를 조작하는 모습을 접한 적이 있을 것이다. 이들은 능숙한 모습으로 척척 업무를 수행해낸다. 오늘날에는 단순한 편에 속하는 이 기술이 1950년대 당시에는 고도로 복잡한 기술에 해당했다. 하지만 벨 연구소에서 도입했다가 폐기한 인phosphorus 도핑테스트를 이용해서 도쓰코는 결국 오랫동안 고심하던 문제의 돌파구를 찾았다.

## 소니의
## 탄생

이와마가 미국 탐방에서 돌아온 지 반년이 지난 1955년 6월, 도쓰코는 처음으로 트랜지스터 생산 라인을 세웠다. 초반에는 생산 라인 100개 중 다섯 개만 가동시켰다. 이부카는 제대로 작동하는 트랜지스터가 하나라도 있다면 생산과 제품의 완성도를 높이기 위한 연구를 병행할 수 있다는 낙관적인 생각을 가지고 있었다. 그렇게 가동된 공장에서 무선주파수 감지 기능을 가진 인 도핑 방식을 도입한 고출력 일본산 트랜지스터가 쏟아져 나왔다.

이제 트랜지스터로 라디오를 만들기만 하면 됐다. 라디오에 적당한 브랜드명을 붙여서 시장에 내놓으면 수백만 명의 삶이 바뀔 터였다. 이것은 이부카가 꿈꾸던 모습이었다. 그렇게 이부카 마사루, 이와마 가즈오, 모리타 아키오는 결실을 이뤄냈다.

물론 성공하기까지의 과정이 순탄하지만은 않았다. 1954년 인디애나폴리스에 기반을 둔 기업인 리전시가 최초의 트랜지스터라디오인 TR-1을 선보였다. "보라! 들어라! 가져라!"라는 문구가 적힌 광고판이 사방에 걸려 있었다. 뉴욕과 로스앤젤레스의 보석상에서는 이 잘빠진 소형 라디오를 49.95달러에 판매했다. 출시 초반에 TR-1은 날개 돋친 듯 팔려 엄청난 매출을 올렸다. 하지만 리전시 라디오의 품질은 썩 좋은 편이 아니었다. 음질이 떨어지는 데다가, 전원은 너무 빨리 닳았다.

1955년 봄에 도쓰코에서도 처음으로 소형 라디오를 생산해내기 시작했다. 도쓰코 최초의 라디오인 TR-52는 기다란 사각형 모양으로 담뱃갑보다 조금 더 컸다. 하얀 플라스틱 보호망에는 네모난 스피커 구멍이 400개 뚫려 있었는데, 이는 창문이 뺑뺑 뚫려 있는 고층건물을 떠올리게 했다. 평론가들은 TR-52의 외양이 르코르뷔지에Le Corbusier와 오스카르 니에메예르Oscar Niemeyer의 설계로 2년 전에 지어진 뉴욕의 UN본부와 흡사하다고 했고, 그래서 도쓰코의 라디오에는 'UN건물'이라는 별명이 붙었다. 도쓰코는 이 라디오를 수백 대나 생산했지만 판매하지는 않았다. 날씨가 더워지면 스피커 보호망이 구부러지고 도색이 벗겨졌기 때문이다. 이런 문제점을 발견하지 못한 채 시장에 제품을 내놨더라면 크게 창피를 당했을 터였다.

하지만 이런 결함에도 불구하고, 시계를 만드는 회사인 부로바Bulova는 도쓰코의 시제품을 테스트해보고 트랜지스터라디오에 상당히 긍정적인 반응을 보였다. 아마 날이 선선했나 보다. 시중에 리전시 라디오의 품질이 떨어진다는 불만이 한창 돌고 있을 때였다. 좋은 제품을 찾았다는 생각에 한껏 들뜬 부로바에서는 모리타에게 도쓰코의 트랜지스터라디오 10만 대를 주문하고 싶다는 의사를 내비쳤다.

하지만 모리타는 부로바의 제안을 거절해서 일본에 있는 직원들에게 실망을 안겨줬다. 모리타가 제안을 거절한 이유는 단순했다. 라디오에 부로바 브랜드를 붙여 출시하는 조건 때문이었다. 제품에 강한 자부심을 가졌던 모리타는 그 제안에 동의할 수가 없었다. 특히나 주문이 들어오기 며칠 전 모리타와 동료들이 사명을 변경하기로 한 상황이었기 때문에 더욱 제안을 받아들일 수 없었다. 변경될 사명은 바로 소니였다.

그들은 미국 시장을 노리고 소니라는 사명을 채택했다. 모리타는 미국인들에게 정식 사명인 도쓰코, 혹은 도쿄쓰신코교가부시키카이샤가 낯설고 발음하기에 어렵다는 사실을 발견했다. 그래서 그는 더 쉬운 이름이 필요하다는 메모를 남겼다. 짧고, 가능하면 두 음절인 데다 기억에 남는 이름이어야 했다. '포드'처럼.

도쓰코의 임원들은 제품 이미지에 딱 들어맞는 단어를 생각해내려고 애썼다. 50년 전 조지 이스트먼George Eastman이 떠올려낸 '코닥'처럼 새로운 단어를 만들려고도 해봤다. 하지만 일본어와 영어로 모두 발음하고 표기하기에 적합한 이름을 찾는 일은 쉽지 않았다. NBC, CBS, NHK처럼 알파벳 세 개로 구성된 이름도 고려 대상이었다. 당시의 사명에서 앞 글자를 딴 TTK도 괜찮을 법했다. 하지만 상품화를 위해서는 '포드' 같은 사명이 이상적이라는 생각을 지울 수 없었다. 모리타와 이부카는 사전을 샅샅이 뒤지기 시작했다. 그들이 라틴어 사전까지 샅샅이 뒤졌는지 여부는 회사 문서보관소에 남아 있지 않지만, 어쨌든 마침내 적합한 단어를 찾아냈다. 이들이 찾아낸 단어는 소리라는 의미를 가진 라틴어였다. 이는 도쓰코가 끝없는 연구를 통해 마침내 만들어낸 상품과도 의미가 통했다. 모리타와 이부카는 이 단어가 마음에 쏙 들었다. 그 단어는 바로 소누스Sonus였다. 비록 영문으로 다섯 글자이긴 하지만, 이 한 가지를 빼고는 완벽했다.

1928년 알 졸슨Al Jolson이 "소니 보이Sonny boy, 내 무릎 위에 앉아보렴 / 소니 보이, 세 살배기야."라는 노래를 부른 이후 미국에서 소니 보이라는 말이 엄청난 유행이었다. 미군 또한 일본에서 철수하기 전에 껌을 어린아이들에게 던져주면서 "이거 받으렴, 소니 보이!"라고 외치곤 했다. 이 단어에는 기분 좋은 울림이 있었다. 모리타와 이부카가 찾은 라틴어와 유사하기도 했으며, 발음하기도 쉬웠다. 게다가 세계적으로 잘 알려진 단어이기도 했다. 영어로 표기했을 때 알파벳 하나만 빼버리면 포드처럼 철자도 발음도 간단하게 만들 수 있었다. 그렇게 해서 1955년 마침내 소니Sony가 탄생했다. 역사에 길이 남을 기업명이었다.

고집스럽게도 부로바에서는 소니라는 상표가 붙은 제품은 판매하지 않겠다고 했다. "소니라는 브랜드명을 들어본 사람이 누가 있겠소?" 회장이 질문을 던졌다. 모리타 아키오는 이 질문에 정중히 대답했다. "50년 전에 누군가는 똑같이 '부로바라는 브랜드명을 들어본 사람이 누가 있겠소?'라는 질문을 했을 겁니다." 하지만 끝내 미국인 회장의 마음을 돌릴 수는 없었다. 모리타는 과장되게 고개를 숙여 보이고 사무실을 나왔다. 대량 주문은 없던 일이 돼버렸다. 일본산 트랜지스터라디오는 소니의 이름을 걸고 미국 시장에 출시돼야만 했으며, 이제 소니가 직접 판매에 나서야 했다. 회사의 미래가 상당히 위태로운 상황에 놓여 있었다.

하지만 어찌 된 영문인지, 사업은 술술 풀렸다. 부로바에서 대량 구매하길 원했던 플라스틱 보호망이 녹아내리는 TR-52 모델은 생산이 중지됐다. 대신 업그레이드된 트랜지스터라디오 TR-55 모델이 1955년 늦여름 위니펙에서 첫선을 보였다. 찜통 같은 더위에 고생하던 캐나다인들은 소니의 라디오 덕분에 마당의 나무 그늘에서 CBS 방송을 들을 수 있었다. 소니가 캐나다를 넘어 미국으로 진출할 수 있었던 까닭은 기업이 노련하게 상황 판단을 내렸다기보다는 운이 좋았기 때문이다.

TR-1을 제조한 리전시에서 소니의 라디오를 접했는지는 알 수 없다. 하지만 리전시와 투자자들이 위협을 느꼈음은 틀림없다. 이들은 갑자기 라디오 생산을 중단하고 시장에서 철수하겠다고 발표했다. 아직까지도 이들이 이런 결정을 내린 이유는 알려지지 않았지만, 리전시의 결정으로 라디오 시장에는 큰 구멍이 생겼고, 새 이름까지 달고 만반의 준비를 갖춘 소니*가 기분 좋게 그 빈자리를 메웠다.


## 라디오

### 도난 사건

구멍 뚫린 미국 라디오 시장 진출을 위해 소니에서는 주머니에 쏙 들어가는 포케터블pocketable 라디오 TR-63을 만들었다. 소니의 문서보관소에는 소니가 '포케터블'이라는 단어를 처음 사용했다고 기록돼 있지만 이보다 한참 전인 1699년에 이 단어가 처음 사용된 흔적이 남아 있다. 게다가 내부 기록에 의하면 사실 광고용 책자에 나온 것처럼 라디오가 일본인의 셔츠 주머니에 쏙 들어가는 사이즈는 아니었다고 한다. 기록에는 모리타가 영리하게 세일즈맨의 셔츠 주머니를 원래 크기보다 조금 더 크게 제작해서 제품 설명회를 할 때 일어날 수 있는 미연의 사고를 방지했다고 적혀 있다.

---

■ 얼마간은 '소니-토츠코'라는 사명을 사용했지만 보수적인 미쓰이 은행의 반대를 무릅쓰고 모리타는 1958년 1월 공식적으로 사명을 소니로 변경했다. 이후로 몇 년간 소니는 새로 설립된 소니 초콜릿 회사와 사명을 두고서 법적 공방을 벌였다. 쉽게 짐작할 수 있겠지만, 현재의 소니가 승리를 거뒀다.

이마저도 소니가 자사의 이미지를 위해 비싼 돈과 시간을 들여 광고 회사에 제작을 맡겨 꾸며낸 이야기라는 설이 있다. 하지만 이 소형 라디오와 소니의 이름이 세상에 알려지게 된 절도 사건은 조금의 꾸밈도 없는 사실이다.

1958년 1월 17일 금요일, 「뉴욕타임스」에 한 기사가 실렸다. 이 기사를 제외한 나머지는 매번 그렇듯 비슷한 주제를 다루고 있었다. 노엘 카워드Noël Coward가 감기에 걸려서 상영 중인 연극 〈누드와 바이올린〉 무대에 서지 못했다, 배우로 활동 중인 윈스턴 처칠Winston Churchill의 둘째 딸 세라Sarah가 말리부에서 풍기문란 죄로 50달러의 벌금형을 받았고 현재는 정신적 스트레스와 탈진으로 병원 신세를 지고 있다, 스물다섯 살짜리 매춘부 샐리 매 퀸Sally Mae Quinn이 너비가 20센티미터 남짓한 창문을 통해 그리니치에서 여성 수감자 최초로 탈옥했지만 창문 10미터 아래 도로에 남겨진 핏자국으로 보아 부상을 입었을 것이라고 경찰 당국은 추측한다는 내용이었다.

하지만 17면에 있는 기사는 상당히 심각한 사안을 다뤘다. "소형 라디오 4,000개가 퀸스에서 도난당하다"가 기사의 헤드라인이었다. 이 기사는 뉴욕의 이목을 집중시켰다. 롱아일랜드시티 서니사이드 화물역 건너편에 자리한 무역 회사 델모니코 인터내셔널Delmonico International의 책임자인 빈센트 실리버티Vincent Ciliberti는 아침에 출근하자마자 전날 밤 2층 창문으로 도둑이 들어 초록색, 빨간색, 검은색, 노란색 라디오가 든 상자 400개를 훔쳐 달아났다는 사실을 발견하고 경악을 금치 못했다. 도둑들은 화물 엘리베이터에 접근하기 위해 잠금장치를 최소 네 개 이상 파손했고 적재구역에 미리 트럭을 주차해놓고서 라디오가 담긴 상자를 힘겹게 밀고 와 트럭의 뒤에 싣고 어둠 속으로 사라지는 치밀함과 끈질김을 보였다.

각 상자에는 델모니코가 곧 소매상으로 내보낼 예정이었던 정가 40달러짜리 소형 라디오 10개가 보관돼 있었다. 뉴욕시 외곽의 으슥한 지역에서 16만 달러 값어치의 첨단 전자제품이 사라진 것이다. 라디오 방송국에서는 하루 종일 이 사건에 대해 보도했다. 형사들은 미국 역사상 최대 규모의 전자제품 도난 사건을 수사했고 사건 목격 가능성이 있는 50명이 넘는 사람들이 형사의 조사에 응했다. 하지만 목격자는 단 한 명도 나타나지 않았다.

그러고 나서 수사에 전혀 진척이 없었다는 비보와 함께 기사에 중요한 정보가 실렸다. "델모니코는 도난당한 일본의 소니 라디오를 독점 수입, 분배하고 있다. 이 라디오는 두께가 3.2센티미터, 너비가 7센티미터, 높이가 11.4센티미터다." 조사에 따르면 이때 최초로 소니가 「뉴욕타임스」에 언급됐다고 한다.

소니의 라디오를 제외하고는 도둑맞은 상품이 없었다. 도쿄에서는 이 사실을 알고 굉장히 기뻐했다. 현장에는 소니 외에도 라디오 스무 상자와 수많은 전자제품이 있었지만 도둑은 이 어떤 제품들에도 눈길조차 주지 않고 오직 소니의 라디오만 훔쳐서 유유히 달아났다. 신문을 읽은 독자들 대부분은 보관 중이던 물품 중 소니 라디오가 가장 뛰어난 제품이었을 것이라 생각했다. 도둑이 다른 제품은 다 고사하고 훔칠 만큼 값어치 있는 제품이라고 받아들인 것이다.

이후 소니의 라디오는 불티나게 팔렸다. 이 소형 라디오는 곧 미국인들의 생활필수품이 되었다. 오늘날 나이 지긋한 미국인들은 아직도 그들의 첫 소형 트랜지스터라디오를 기억한다. 이들의 머릿속에는 스피커와 이어폰이 달린 작은 플라스틱 상자를 학교에 가지고 가서 수학 시간에 몰래 야구 중계를 듣거나, 깊은 밤 자동차를 절벽 꼭대기에 주차해두고 잔잔한 음악을 틀어서 경치와 함께 분위기를 즐겼던 추억이 남아 있다.

'대중에게 즐거움을 준다.'는 목표를 가진 새로운 전자산업의 등장으로 세상에 일대 파란이 일어났다. 어떤 업체들은 전통적인 수요를 충족시키기 위해 여전히 불을 때고, 빛을 밝히고, 옷을 짓고, 요리를 하는 제품을 생산했다. 또 어떤 업체들은 차와 배를 만들고, 석탄을 캐고, 오븐과 세탁기 혹은 면도날을 생산했다. 하지만 새로운 전자산업은 기술을 인문학과 접목시켜서 예술가들을 위한 기계를 만들었다. 트랜지스터와 반도체, 회로판의 도입이 이룩해낸 결과였다.

### 소니, 삼성,
### 그리고 애플

이 새로운 분야에는 곧 소비자 가전*이라는 이름이 붙었다. 다양한 방식으로 전 세계 인류의 삶의 질을 높여주고자

---

■ 책을 집필할 당시 『옥스퍼드 영어사전』에서는 소비자 가전(Consumer Electronics)이라는 용어를 찾을 수 없었다. 세상의 단어와 모든 용어를 다 싣는 사전에 어째서 이토록 중요한 신조어가 누락됐는지 모르겠다. 만약 이 용어가 사전에 실렸다면 소비자 사회, 소비자 재화, 소비자 조사, 그리고 1984년 마닐라에서 파인애플에 독극물이 주입됐다는 사실이 밝혀진 후 새로 생겨난 용어인 소비자 테러 바로 위에 자리했을 것이다. 소비자 영속성이라는 용어 역시 그 부근에 실려 있었다. 소비자 가전을 누락시킨 담당자는 소비자 영속성은 이미 꽤 오래전에 사전에 등재됐다며, 소비자 가전도 잊지 않고 사전에 올리겠다고 약속했다.

하는, 환태평양에서 탄생한 산업이 소비자 가전의 바탕을 구성했다.

　새롭게 떠오르는 전자산업의 선도 기업인 소니는 시장의 요구를 만족시키기 위해 최선을 다했다. 공장을 확장하고, 수천 명을 고용했다. 필요에 따라 급하게 공장을 세우는 경우도 있었지만 대부분의 경우 충분히 생각할 시간을 가진 뒤 확장을 했으며, 투자자와 경영진 모두 더 나은 미래를 추구한다는 회사의 신념에 맞춰 행동했다. 굴뚝에서는 연기가 뿜어져 나왔고, 생산 라인은 언제나 가동 중이었으며, 짐을 가득 실은 트럭은 공항으로 향했다. 크리스마스 선물로 소니의 라디오를 찾는 사람들이 워낙 많아서, 일본에는 새로운 항공사가 설립되기도 했다. 후에 세계의 주요 항구가 되는 시애틀, 롱비치, 샌프란시스코만을 향하는 끝이 없는 컨테이너선에는 라디오를 담은 상자가 꽉꽉 들어차 있었다.

　시간이 지나면서 단순한 라디오뿐 아니라 훨씬 다채로운 제품들이 컨테이너를 가득 채웠다. 이부카 마사루와 더불어 엄청나게 성장한 소니의 엔지니어팀이 만들어낸 발명품으로는 마이크, 비디오카세트, 컴퓨터, 비디오카메라, 온갖 게임과 저장장치 등 인류의 삶의 질을 높이는 데 필요하지만 생존과는 전혀 관련이 없는 온갖 물건이 있다. 녹음 기능이 없는 테이프 재생장치로, 괴짜 발명품으로 여겨졌던 워크맨은 전 세계적인 인기를 끌었다.▪ 또 트리니트론 모니터(이부카가 가

---

▪ 워크맨 홍보팀에서는 게릴라 전략을 도입했다. 마케팅 예산이 거의 없었기 때문이다. 그래서 소니 뉴욕 지사에 근무하던 젊은 비서 한 명은 워크맨으로 음악을 들으며 롤러스케이트를 타고 센트럴파크와 유니언 스퀘어를 돌아다녔다. 행인들은 처음 본 기계에 관심을 보였고, 워크맨은 큰 성공을 거뒀다. 이 전략은 마케팅 업계에 전설로 남았다.

장 자랑스럽게 여기는 발명품이었다)가 발명되면서 화질 좋은 컬러 TV가 대중화됐다.

소니에서 신제품을 꾸준히 선보이면서 사람들의 관념도 변하기 시작했다. 전쟁이 끝나고 얼마 지나지 않았을 무렵 '아시아는 질이 떨어지는 조잡한 싸구려 물건을 생산한다.'는 이미지를 갖고 있었다. 하지만 소니를 비롯한 일본 기업에서 생산한 제품이 태평양 건너 동쪽으로 수출되면서부터는 튼튼하고 완성도 높은 물건을 만드는 데는 일본을 따라갈 나라가 없다는 높은 평판을 얻었다. 소니에서 생산한 제품들(소니 외에 다른 일본 기업이 생산한 제품들도 마찬가지였다)은 스위스와 독일같이 이미 일본보다 한참 이전에 제조업을 시작한 유럽 국가들과 비견될 정도로 질이 높았다.

일본의 전통 사회는 자연을 기반으로 형성됐다. 이들은 대나무와 물, 다다미와 비단을 주재료로 삼았고 도자기를 빚고 꽃을 꽂고 쇠를 담금질하며 살아왔다. 수학적 정확성이 필요 없는, 곡선으로 이루어진 사회였다. 그러다 이부카, 모리타, 이와마 같은 인물들이 나타나면서 일본은 갑작스럽게 완성도 높은 제품을 생산해냈고, 게르마늄, 티타늄 같은 신소재를 이용해 조금의 오차도 없이 정확하게 물건을 공정하는 능력이 있다는 명성을 얻었다. 그렇다고 해서 새로운 기술이 발전하는 동안 이들이 전통과 멀어진 것은 아니며, 여전히 자연의 부정확함이 주는 매력과 전통문화의 중요성을 잊지 않았다. 이렇듯 일본은 티타늄과 대나무, 직선과 곡선을 어우르며 태평양을 이어주는 교량 역할을 했다.

태평양은 문화 사이에 만남과 교류가 일어나는 장소가 되었다. 이런 현상이 일시적인지 영구적인지, 아직 알아내야 할 결론이 많은 상황에서 성급히 판단을 내리기는 어렵지만 말이다. 태평양 한쪽에는 고대로부터 자연을 중시하는 문화를 가지고 애니미즘에 종교적 기원을 둔 사람들이 살고 있는데, 서양인들은 이 나라들을 통틀어 동양이라고 칭했다. 그리고 반대쪽 아메리카 대륙에는 숫자로 환산되는 가치를 기반으로 실용성과 자본을 중시하는 문화를 가진 유대-그리스도교 사람들이 살고 있는데, 이들은 자신들의 나라를 통틀어 서양이라고 칭했다.

소니는 초반에 성공의 단맛을 보며 기쁨에 취했지만 시간이 지나자 많은 선구자가 그러했듯 값을 치러야 했다. 설립 초기에 대중들에게 불가능해 보일 만큼 엄청난 인기를 얻으며 성공 궤도에 올랐다. 20세기에 소니는 별다른 노력 없이 승승장구하며 정상의 자리를 차지했다. 기업의 설립자들은 사망했지만 그들의 명예는 길이 기억될 터였다. 모리타 아키오는 역사 속에 위대한 기업가로 기억된다. 진정한 발명가였던 이부카 마사루도 그만큼의 명성은 아니지만 역사적인 인물로 남았다. 하지만 이들이 세상을 떠나고 소니는 흔들리기 시작했다. 21세기의 첫해에 소니는 긴 나락으로 빠르게 굴러떨어졌다. 자산을 매각하고, 경영진을 교체하고, 잘못된 판단을 내려 성급하게 뛰어들었던 신사업에서는 실패했다. 장황한 사죄의 말이 자주 들려왔고, 회의에서는 모두를 실망시켰다는 생각에 슬픔에 잠긴 경영진이 애통한 마음으로 머리를 깊이 숙였다. 하지만 변명은 없었다. 다른 사람을 책망하지도 않았다. 그저 일본식으로 결과를 받아들이고 감내할 뿐이었다.

소니 외에도 많은 기업이 힘든 시간을 겪었다. 소비자 가전은 끔찍하리만치 경쟁이 치열한 분야였다. 소니는 물론이고 마쓰시타, 산요, 샤프, 도시바, 파나소닉, 그 외에도 많은 일본 기업이 처음에는 미국 시장을 점령했다. 일본인이 생산한 흠잡을 데 없이 완벽한 제품과 마케팅에 RCA, 마그나복스, 제니스, 실바니아 같은 기업들이 난관에 봉착했고, 결국에는 쇠퇴했다. 일본인들은 가전 산업의 선두를 차지했고 태평양 서쪽 나라들이 새로운 세상의 질서를 정립했다.

하지만 오늘날 볼 수 있듯 일본 역시 한때 그들이 차지했던 위치를 다른 나라에 내놓아야 했다. 먼저, 삼성과 폭스콘 같은 한국과 타이완 기업이 제품 생산 분야에서 일본의 기술력을 따라잡았다. 이들은 일본만큼 흠잡을 데 없이 완벽한 제품을 훨씬 적은 비용으로 만들어냈다. 또한 혁신적인 제품을 발명하면서 발전의 기회를 잡은 미국 기업들과 달리 일본의 신생 기업은 새로운 제품을 선보이는 데 실패했다. 애플이 이를 분명하게 보여준다. 1960년대 전자제품의 상징이 트랜지스터라디오, 1980년대의 상징이 트리니트론 모니터라면 21세기의 상징은 아이팟, 아이패드, 아이폰이다. 이 모든 발명품은 태평양에서 탄생했지만, 일본에서 태평양을 건너 미국으로 그 위치는 이동했다.


## 도쿄만에서
## 중국으로

나는 1980년대 말에 처음으로 도쿄만을 가까이서 봤다. 언제 봐도 놀라운 광경이지만, 하늘은 시리도록 차갑게 푸르고 바람이 부는 초봄에 맞닥뜨린 도쿄만은 특히 인상 깊었다. 나는 근사한 일본 여객철도를 타고 홋쓰시市로 향했다. 도쿄만의 동쪽, 보소반도 내부에 자리한 홋쓰시의 화산은 거친 해양 폭풍으로부터 도쿄를 보호한다. 1945년 일본이 패망을 선언하고 미군이 처음 발을 디뎠다는, 현재의 홋쓰 공원이 자리한 장소가 바로 여기다. 그날 아침 방파제는 서쪽으로 불어오는 매서운 바람 때문에 미끄러웠고 검푸른 바다와 흰 파도와 파도가 부서지며 일어나는 포말에 도쿄만의 경계는 불분명했다. 저 멀리로는 후지산이 보였는데 완벽한 대칭을 이룬 봉우리에는 눈이 쌓여 하얗고 강렬하게 반사되고 있었다. 도시의 매캐한 공기는 바람에 쓸려가 그날 나는 위엄이 넘치는 후지산과 어우러진 완벽하고, 진귀하고, 고요한 경치를 볼 수 있었다.

망원경의 도움을 받아 바라본 도쿄만은 위풍당당했다. 명실상부한 세계 상업의 중심지였다. 왼쪽으로는 폭이 9.5킬로미터에 달하는 도쿄만 우라가해협 입구가 있었다. 그날 아침 귀항하던 거대한 선박은 모두 만 안쪽의 항구(요코하마항, 요코스카항, 가와사키항, 지바항, 도쿄항)를 향하고 있었는데, 이들은 태평양에서 가장 분주한 항구이며 세계에서 가장 바쁜 항구라고 할 수 있다. 항로 입구에는 선박들이 뒤엉켜 있었고 작은 흰색 보트는 정신없이 여기저기 돌아다니며 정체를 해소하기 위해 수로안내인을 실어 나르고 있었다.

내가 서 있던 곳에서 3킬로미터쯤 떨어진 곳에 가항수로가 뚜렷이 보였다. 오랜 시간 태평양을 오가며 녹슨 화물선과 광석 운반선, 유조선, 액화가스 수송선이 원자재와 식료품, 석유를 싣고 선박 항로를 따라 왼쪽에서 오른쪽으로, 남쪽에서 북쪽으로 미끄러지듯 들어오고 있었다. 하지만 그날 아침 내 눈을 잡아 끈 것은 도쿄만을 떠나는 선박들이었다. 이 선박들은 모두 NYK Nippon Yusen Kabushiski 컨테이너선으로, 일본에서 생산해낸 제품들을 가득 담은 폭이 6미터, 길이가

12미터인 컨테이너를 높게 싣고 있었는데 대부분은 미국 서부 해안으로 향했다.

어쩌다 한 번씩 특징 없는 초록색 철벽으로 감싼 거대한 선박이 요코하마항 입구에서 항로를 따라 스르르 들어왔다. 미국으로 도요타 자동차를 수송하는 운반선인 듯했다. 자동차 중 몇 대는 그 달이 채 지나기 전에 미국을 누빌 것이고, 컨테이너 안에 있던 스테레오와 카메라와 텔레비전은 그보다도 빨리 체인점에 배치될 터다.

그리고 이후 자주 목격했던 군함을 첫 방문 날엔 두 번 정도 볼 수 있었다. 군함은 요코스카항 건너편의 거대한 창고 뒤에서 나타났다. 첫번째는 구축함, 두 번째는 항공모함이었다. 이들은 미 해군 소속 선박으로 제2차 세계대전이 끝나고 지금껏 일본 곳곳에 자리한 군부대(오키나와, 사세보, 나가사키, 미사와, 아쓰기, 요코스카)에 주둔하는 병력의 일부였다.

도쿄만 근처에 자리 잡은 미군 선박과 항공기와 해병대 수백 명은 긴급한 상황이 발생하면 바로 서태평양 어디든 출동할 준비가 돼 있다고 한다. 하와이의 제독에게는 이들에게 전투 배치 명령을 내릴 권한이 있었다. 미군 병력은 일본에 주둔함으로써 잠재 적국(가장 강력한 후보는 북한과 중국이다)이 제멋대로 행동하지 못하도록 경계해왔다. 그리고 이에 대한 타당성을 부여하기 위해 하와이 해군 본부에서는 일본의 번영과 주변 동맹국들의 발전과 존속, 안보에 미국이 방어 목적으로 일본에 배치한 군함이 큰 역할을 했다는 사실은 부인할 수 없다는 메시지를 여러 차례 전달했다.

화물선이 높은 파도에 굴하지 않고 포말과 물방울 사이를 오갔다. 멀리 북쪽을 바라보면 도쿄의 고층 건물들이 우뚝 서 있었다. 요코하마 타워가 바다 건너 바로 정면에 보였다. 지바, 가와사키, 세타가야, 이치하라의 넓은 범위에 걸쳐 공장의 굴뚝이 연기를 뿜어내고 있었다. 그러니까 이렇듯 일본이 안전하게 거대한 공장을 가동하고 상업을 번창할 수 있는 것이 가끔씩 불쑥 나타나 존재감을 뽐내며 주변국에 경고를 보내는 미국 군함 덕분이라는 믿음을 심으려는 것이었다.

그 후 거의 35년이 지난 2014년 여름에야 나는 도쿄만을 다시 찾았다. 이번에는 여객선을 타고 들어왔다. 러시아에서 출발해 쿠릴 열도를 지나 구불구불한 혼슈 해안을 따라 남쪽으로 이틀을 항해했다. 뭐가 그리 불안했는지 선장은 사고가 발생했던 후쿠시마 원전 근처에서는 해안과 상당한 거리를 뒀다. 선장이 나중에 말하길 배에 탑승하고 있던 미국인 변호사들이 혹시라도 탑승객이 건강상 문제가 생겼을 때 방사능을 운운하며 책임을 물을 수도 있으니 사고 현장과 거리를 두라며 주의를 줬다고 했다. 그는 냉소적으로 말했다. "변호사 양반들이란."

다이센 산등성이 아래에서 배가 멈췄고 커다란 여객선을 감당하기엔 너무 어려 보이는 수로안내인이 선상에 올랐다. 우현으로 배를 돌려 북쪽의 도쿄만으로 들어서자 다리 위의 수많은 레이더가 작동했고 항로에는 도쿄만으로 향하는 온갖 배가 엉켜 제각각의 속도로 움직였다. 느릿느릿한 화물선과 커다란 돛이 달린 요트, 원유 수송선과 철광석 운반선, 중국과 한국, 타이완의 컨테이너선이 조류를 뚫고 들어왔다.

우리가 타고 있던 여객선도 이 무리에 합류했다. 규정을 준수해 항속을 12노트로 줄이고 항로 입구를 표시하는 부표를 지나 도쿄에 접근했다. 도쿄만으로 들어가는 항로는 레인이 구분돼 있는데 비교적 속도가 빨랐던 여객선은 육중한 선박과 크기가 작은 배, 동력이 부족했던 배를 추월할 수 있었다. 우리는 둥근 탱크 세 개에 홋카이도 북쪽 러시아 연안에서 채굴한 가연성가스를 가득 채운 액화천연가스 수송선을 위험할 정도로 가까이 지났다.

반면에 그 더운 여름날 아침(공기가 탁해 후지산은 보이지 않았고, 잔잔한 바다에는 기름이 낀 듯했으며, 뜨거운 갈색 연무가 피어올라 도쿄 시내는 흐릿해 보였다)에 도쿄만을 떠나는 항로는 썰렁했다. 물론 지나가는 배가 있긴 했지만 우리가 부둣가의 정박지에 다다르기까지 두 시간이 흐르는 동안 컨테이너선은 단 한 척도 보지 못했다. 컨테이너선은 모두 요코하마를 향해 도쿄만으로 들어오고 있었다.

통계를 통해 현상을 파악할 수 있다. 지난 몇 년간 컨테이너 화물 수출 허브로서 도쿄만의 지위는 점점 떨어졌다. 마지막으로 조사된 통계에 의하면 도쿄는 콜롬보에 이어 32위를 차지했고, 도쿄의 뒤를 이어 뭄바이가 33위를 차지했다. 요코하마는 세계 항구 순위 40위에 올랐는데, 도쿄항을 제외하고 도쿄만에 자리한 항구 중에는 유일하게 50위권 내에 속한 항구였다. 그 밖에 다른 통계들을 적용해보면 그 여름날 컨테이너선이 왜 모두 도쿄로 들어오고 있었는지, 수출을 위해 떠나던 컨테이너선은 왜 없었던 건지 이유를 짐작할 수 있다. 수입품은 대부분 텔레비전과 노트북이었다. 일본은 40년 전 이 산업을 개척하고 오랫동안 독보적인 우위를 점하고 있었는데, 2014년부터 해당 산업의 수입량이 수출량을 넘어섰다.

수입품의 대부분은 중국산이었는데, 일본이 한때 우위를 점했던 소비자 가전 산업의 중심이 이제는 중국으로 넘어갔기 때문이다. 그에 앞서 산업의 중심은 서쪽 바다 건너 한국으로 넘어갔는데(이때 많은 일본인 엔지니어들이 취업 비자를 받아 한국으로 넘어갔다), 반세기가 넘도록 일본과 한국은 이 바다의 명칭에 대해 합의점을 찾지 못하고 있다(한국에서는 동해, 일본에서는 일본해라고 명명하길 바라는데 양측 모두 조금도 양보할 생각이 없다). 그러고 나서 산업의 중심은 다시 한 번 바다를 건너 중국으로 넘어갔다. 이 바다의 명칭은 논란의 여지가 없이 동중국해다. 현재 다롄에서 홍콩까지, 중국 동부 해안에 포진한 수많은 공장에서 제품이 생산되고 있다. 그 결과 오늘날 세계에서 가장 큰 컨테이너 수출항은 중국에 있으며, 그 규모는 일본 수출항과 비교가 되지 않는다.

세계에서 가장 큰 수출 허브는 상하이로, 규모는 도쿄의 여덟 배에 달한다. 현재 세계 항구 순위 10위 안에 속하는 항구 중 일곱 군데가 중국에 있다. 거대한 컨테이너에 담긴 중국산 상품들은 매일, 매시간 태평양 반대편으로 향한다(앞서 살펴봤듯 일부는 일본 도쿄만으로 향하기도 한다). 이부카 마사루의 발명으로 시작된 태평양 횡단은 아직도 계속되고 있다. 상하이와 샌프란시스코, 홍콩과 로스앤젤레스, 선전과 시애틀같이 중국과 미국의 항구를 오가며 태평양 횡단에는 가속도가 붙고 있다.

이러한 변화 속에 역설적인 상황이 생겨났다. 미국과 일본이 상업적으로 활발한 교류를 시작할 무렵 두 국가는 적대적인 관계였지만, 시간이 지나며 동맹국이 되었다. 중국의 경우는 이와 반대다. 한때 미국은 중국과 호의적인 관계를 유지했지만 오늘날 중국은 미국의 잠재 적국이며, 미국은 의심과 경계심, 공포, 불안감을 품고서 중국을 대하고 있다.

여기서 우리는 요코스카 해군기지 근처를 지날 때 미국 전함을 단 한 척도 보지 못했던 이유를 알 수 있다. 멀리에 구축함이 하나 보이긴 했지만 이는 일본 자위대가 최근에 새로 도입한 군함이었던 걸로 밝혀졌다. 제7함대 항모 전대를 비롯한 미 해군 선박들은 모두 기지를 떠나 먼바다로 나가 있었다.

이들은 어디에 있었을까? 군 당국에서 직접적으로 밝힌 바는 없지만 아마 군함들은 중국 연안에 가까이 접근해 순찰을 돌고 있었을 가능성이 높다.

미 해군은 이부카 마사루가 소형 라디오 판매를 시작한 1955년 8월 이후 경제 강국으로 급부상하는 아시아에 여전히 꾸준한 관심을 보이고 있다. 하지만 국방부가 한때 예의 주시했던 일본과 한국, 타이완, 필리핀은 더 이상 주된 관심국이 아니다. 오늘날 미국은 거의 강박적으로 중국의 동태를 살피고 있다.

제3장

# 서핑, 파도가 주는 선물

1958년 1월 1일, 호버트 알터의 폴리우레탄 서핑보드가 시장에 출시되다.

1958년 5월 19일, 영화 〈남태평양〉 사운드 트랙이 판매되다.

## 1959년 4월 10일, 서핑 영화 〈기젯〉이 상영관에 오르다.

1959년 8월 21일, 하와이가 미국의 50번째 주로 편입되다.

1963년 3월 25일, 비치보이스가 '서핑 유에스에이(Surfin' USA)'를 발표하다.

1964년 10월 10일, 도쿄 하계 올림픽이 개최되다.

PACIFIC

그는 수성Mercury, 구릿빛 수성이다.

그의 발뒤꿈치에는 파도로 만든 날개가 달려 있다.

– 잭 런던, '상류층의 스포츠, 남쪽 바다의 파도를 즐기다', 「우먼스 홈 컴패니언」, 1907.

태평양의 따뜻한 군청색 바다는 끊임없이 파도치며 사람들을 유혹한
다. 태평양의 수많은 열대 섬에 사는 원주민들은 오랜 시간 동안 파도
치는 바다를 이용해 지구상에서 가장 순수한 유흥을 즐겨왔다. 그들은
기다란 나무판자에 올라 바다 위에 둥둥 떠 있다가 파도가 밀려오면
발가락으로 판자 가장자리를 잡고 몸을 일으켰다. 그리고 파도의 꼭대
기에서부터 판자를 타고 해변까지 쭉 미끄러져 들어왔다.

이 놀이를 처음 목격한 사람들은 여기에 '파도타기Wave riding'라는 명
칭을 붙였다. 수영과 다이빙, 뱃놀이를 즐기는 사람들은 어느 대양에서
나 찾아볼 수 있었지만, 파도타기는 태평양의 전유물이었다.

19세기 말에는 유럽인들이 휴양을 즐기기 위해 태평양을 찾아오는 경우가 빈번했다. 그중에서도 하와이는 특히 인기 있는 여행지였다. 유럽인들은 하와이 사람들이 파도타기를 즐기는 광경을 흥미롭게 구경했다. 파도를 타는 원주민을 보고 충격을 받은 사람도 있었다. 이들의 눈에 파도타기는 낯설고 이상한 놀이였다. 일부 호기심 강한 유럽인들은 새로운 놀이문화에 도전해보기도 했다. 캘리포니아, 오스트레일리아, 남아프리카 해변에는 원주민들이 사용하던 판자와 얼추 비슷한 모양의 나무판자를 이용해 파도타기를 즐기는 사람들이 생겨났다.

### 〈기젯〉의 열풍이
### 파도를 몰고 오다

50년이 넘도록 오직 소수만이 파도 위를 미끄러지는 이상한 놀이를 즐겼다. 하지만 1959년 늦봄에 커다란 변화가 일어났다. 이상하다고 여겨지던 파도타기가 전 세계인의 사랑을 받는 스포츠로 거듭난 것이다. 할리우드 특유의 쾌활함이 느껴지는 영화, 〈기젯Gidget〉 덕분이었다.

이 보잘것없는 영화가 흥행을 거둘 것이라 생각한 사람은 없었다. 심지어 제작자조차 본인의 영화에 확신이 없었다. 배급사인 콜럼비아 픽처스는 〈기젯〉을 미국의 주요 도시를 제외한 외곽의 소도시에서만 개봉했다. 그렇게 〈기젯〉은 1959년 여름의 시작을 알리며 막을 올렸다.

영화 〈기젯〉의 실제 주인공은 캐시 코너(Kathy Kohner) 다. 캐시의 아버지는 캐시가 10대 시절을 말리부에서 보내며 겪은 경험들을 바탕으로 소설을 썼고 큰 성공을 거뒀다. 소설을 원작으로 샌드라 디(Sandra Dee)와 샐리 필드(Sally Field)가 주연을 맡은 영화가 개봉하면서 서핑은 전 세계적인 인기를 누렸다.

당연히 흥행에 대한 기대도 없었다. 그런데 생각지도 못하게 영화를 관람한 「뉴욕타임스」 비평가 하워드 톰프슨Howard Thompson이 긍정적인 반응을 보이며 예상치 못한 결과가 나타났다. 1959년 4월 23일 목요일, 미국 동부 해안가 사람들이 가장 많이 구독하는 신문인 「뉴욕타임스」에 톰프슨 특유의 짧고 톡톡 쏘는 비평이 게재됐다.

톰프슨은 영화를 무척 좋게 봤고, 「뉴욕타임스」에 실린 비평에 영화 관계자들은 놀라움과 기쁨으로 어안이 벙벙해졌다. 게다가 보통 근엄하고 진지하게 이어지기 마련인 「뉴욕타임스」의 비평란에 톰슨이 기고한 비평의 내용은 열광적이라고 할 수 있었다. 그는 "〈기젯〉을 본 사람이라면 누구나 롱아일랜드 해협으로 달려가게 될 것"이라고 했다. 영화에 등장한 새로운 활동이 '바다를 즐기기에 가장 이상적인 방법'이라며, 푹푹 찌는 도시에서 벗어나 넓은 바다로 나가라고 독자들을 부추겼다.

톰프슨을 열광시킨 이 영화의 내용은 단순했다. 결코 〈시민 케인 Citizen Kane〉처럼 위대한 영화라고는 생각되지는 않았지만 색감이 다채로운 데다 커다란 화면을 가득 채우는 멋진 장면들이 많았다. 〈기젯〉은 1950년대 미국의 윤리의식에 어긋나지 않도록 자극적인 장면을 제한한 허황된 로맨스 영화였다. 아름답고 잘생긴 배우들이 영화가 상영되는 내내 수영복을 입고 등장했지만, 여배우들이 입은 수영복은 배꼽을 완벽히 가리는 모양이었다. 거의 모두가 30세 미만의 젊은 나이였다. 당돌하고 건강한 10대 신인 배우 샌드라 디가 주인공 역할을 맡았다.

오늘날 영화 평론가들은 〈기젯〉이 완성도가 높은 영화는 아니지만, 스크린을 통해 사회에 미친 영향력을 고려했을 때 이는 크게 중요하지 않다고 말한다. 예로부터 태평양에서 전해진 숭고한 놀이인 서핑을 미국에서 대중화한 데 가장 큰 영향력을 미친 매체가 바로 영화 〈기젯〉이라고 평론가들은 입을 모아 말한다.

수백만 명이 투지와 용기, 모험심 넘치는 귀여운 소녀가 서핑을 배우는 과정을 지켜봤다. 그들은 주인공인 기젯이 자기 몸만 한 서핑 보드를 들고 바다로 나가 파도 위에서 균형을 잡고 일어서기까지 모든 과정을 함께했다. 관객들은 기젯과 함께 서핑을 배운 것이다. 서핑을 하기에 적합한 파도를 고르는 방법, 서핑 보드 위에서 일어서는 요령, 초보자들은 대개 일어서다가 서핑 보드 위에서 중심을 잡지 못하고 흔들리다 넘어지는 경우가 많다는 사실, 서핑 보드 위에서 몸을 똑바로 세우고 중심을 잡는 방법, 날개를 활짝 편 독수리처럼 팔을 쭉 뻗은 상태에서 몸을 기울이면 방향이 바뀐다는 것과 뒤에서 부드럽게 밀려오는 파도를 타고 해변으로 향할 때면 벅차오르는 행복을 느낄 수 있다는 점까지, 모두 영화를 통해 배울 수 있었다. 기젯은 서핑 보드 위에서 파도와 함께 둥실 떠올랐다가 꼭대기에서 파도가 부서지면▪ 마치 바다와 한 몸이 된 것처럼 파도를 타고 해변으로 미끄러져 내려왔다. 속도는 점점 빨라졌다. 그녀는 파도를 타며 그때까지 어떤 행위로도 경험할 수 없었던 매력을 느꼈다. 파도가 해변의 하얀 거품으로 사라지며 파도타기는 끝이 났다.

물론 영화는 계속됐다. 기젯은 일어나서 숨을 고르고 뒤돌아서 다시 한 번 바다를 향해 행복하게 패들링을 했다. 기젯과 서퍼들은 차가운 바다 위에 둥둥 떠서 수평선을 바라보며 이전보다 더 좋은 파도가 밀려오기를 기다렸다. 실제 우리가 살아가는 현실과 마찬가지로 영화에도 수없이 많은 '다음 기회'가 있었다. 더 좋은 파도가 더 큰 매력을 선사했고, 기젯은 한층 더 빠르게 해변을 향해 미끄러졌다.

〈기젯〉의 귀여운 히로인이 순수하고 떨리는 풋사랑을 경험하고, 서핑을 즐기는 모습은 큰 인기를 끌었다. 영화가 개봉하고 몇 주가 지나지 않아 수천, 수만 명이 영화 속에서 기젯이 그랬듯 파도를 타고 올라가 미끄러져 내려오는 단순하고 **공정한** 스포츠에 매료됐다. 서핑은 누구에게나 공정하다는 사실이 대중에게 아주 매력적으로 느껴졌다. 바닷물과 파도

---

▪ 물의 깊이가 물마루에서 해안까지의 거리의 7분의 1이 되면 파도는 부서진다. 파도의 아랫부분은 수심이 얕아지며 이동속도가 줄어드는 반면, 윗부분은 같은 속도로 계속 이동하면서 파도의 중간이 비게 된다. 그 결과 윗부분의 파도가 나선을 그리며 무너지고, 하얀 거품으로 사라진다. 오늘날 파도를 의미하는 서프(surf)라는 단어는 고대영어로 해안을 향해 밀려오는 물살이라는 뜻의 서프(suff)에서 유래됐다.

를 이용하는 데는 어떤 대가도 필요 없었고, 바다는 항상 같은 장소에서
이들을 기다렸으며, 누구나 제약 없이 이용할 수 있었다.


## 서핑의 고향,
## 하와이

　　　　　발사나무로 만든 뗏목인 콘티키호를 타고 항해를
떠나며 유명세를 얻은 토르 헤위에르달Thor Heyerdahl의 학설 •이 과학적
으로 타당하다면 서핑이 페루에서 기원해 후에 서쪽의 태평양으로 전
해졌다는 주장도 마찬가지로 타당성을 가진다.

　페루에서 서핑 보드와 흡사한 모양의 공예품이 발견된 것은 사실이
다. 그림같이 예쁜 우앙차코의 해안 마을에서 안초비(멸치과의 바닷물고
기-옮긴이) 조업을 하는 어부들은 평범한 어선 대신 카발리토스 데 토
토라caballitos de totora라는 뗏목을 타고 매일 아침 안개 속으로 그물을 확
인하러 간다. 카발리토스 데 토토라는 두 다리를 벌려 걸터앉는 형태
의 일인용 뗏목으로, 대나무로 만든 노를 저어 추진력을 얻는다. 갈대
줄기 수백 개를 손으로 일일이 엮어서 만든 이 공예품을 아주 유심히
살펴보면 구식 서핑 보드와 언뜻 비슷해 보이기도 한다. 현지인들의 주
장에 따르면 가볍고, 물에 뜨고, 가동성 좋은 이 뗏목은 3,000년도 전에

---

• 헤위에르달은 남아메리카 잉카문명에서 표류했던 이들이 조류에 휩쓸려 태평양에 정착하면서 폴리네
시아 문화가 유래됐다고 주장했다. 훗날 연구를 통해 폴리네시아인들이 특별한 도구 없이도 항해할 수 있
음이 밝혀졌고, 오랜 시간 동안 거리가 꽤 먼 태평양 섬 사이를 오갔다는 사실이 밝혀졌다. 그뿐만 아니
라, DNA를 분석한 결과 헤위에르달의 이론이 틀렸음이 판명 났다. 태평양 서쪽의 아시아인이 폴리네시아
인의 조상이었다. 오늘날, 1947년 헤위에르달이 떠난 탐험은 무모하고 흥미로운 이야기 정도로 여겨진다.

우앙차코에서 발명된 것이라고 한다. 만약 이들의 주장이 사실이라면 이 뗏목은 고대 나일강에서 발명된 파피루스 줄기를 엮어 만든 뗏목과 비슷한 시기에 발명된 잉카문명의 산물이라고 볼 수 있다.

하지만 과거 타이완 원주민들이 파푸아뉴기니의 비스마르크 군도로 이동하는 과정에서 폴리네시아 문화가 형성됐다는 사실이 입증되면서 폴리네시아 문화가 동쪽의 페루에서 파생됐다는 헤위에르달의 학설은 뒤집혔다. 서핑의 기원이 페루라는 주장 역시 논리를 잃었다. 또한 페루인은 북극에서 베링육교를 건너온 아메리카 원주민의 후예라는 사실이 밝혀졌으며, 페루인과 폴리네시아인 사이에는 유전학적으로나 문화적으로나 어떠한 연관성도 없는 것으로 판명됐다.

오랫동안 서핑에 대한 자긍심을 가지고 있던 페루의 가난한 어부들에게는 안 된 일이었다. 이들은 지금껏 해오던 고기잡이로 충분한 소득을 얻지 못하자 어업을 계속하겠다는 의지가 꺾였고, 페루에서는 안초비잡이 어부들이 빠르게 사라지고 있다. 요즘 우앙차코에서는 가슴 아픈 광경이 자주 목격된다. 바닷가에 서늘한 공기가 감도는 아침에 나이 지긋한 어부가 그물을 확인하고는 뗏목에서 반쯤 일어난 채로 파도를 즐기며 느릿느릿 집으로 향한다. 늙은 어부의 옆으로는 학교에 가기 전에 잠깐 서핑을 즐기러 나온 젊은이들이 신형 폴리네시아식 서핑 보드에 올라 파도를 타고 빠르게 미끄러져 지나간다. 이들은 낡은 뗏목으로는 도저히 따라갈 수 없는 속도와 묘기를 자랑하며 유유히 사라진다.

서핑의 고향은 페루가 아니다. 서핑 보드는 폴리네시아 문화의 독창적인 공예품이며, 서핑은 폴리네시아 남부에서 기원한 스포츠다. 타히티나 어쩌면 이보다 더 남쪽에 자리한 뉴질랜드가 서핑의 근원지일지도 모른다. 이와 관련된 자세한 기록이 없으니 정확한 사실관계를 확인하기는 어렵다. 다만 폴리네시아어로 '파도타기'라는 뜻을 가진 히날루he'e nalu라는 단어는 4,000년도 전에 폴리네시아 문화권에 속하는 어린아이들이 처음 사용했다고 한다. 이들이 1,200년 전 북쪽의 하와이섬으로 이주하면서 태평양 전역에서 파도타기를 즐기기 시작했다. 파도타기는 기다란 카누를 타고 망망대해를 건너온 이주민들이 머나먼 정착지에 가져온 기술과 도구와 필수품 중 하나였다.

하와이에 서핑이 전해진 뒤 얼마 지나지 않아 하와이에서 서핑은 큰 인기를 끌었다. 하와이의 위도와 날씨와 지형이 적절하게 어우러져 서핑하기에 완벽한 환경을 형성했고, 곧 서핑은 섬 주민들에게 가장 큰 낙이 됐다. 부드럽게 불어오는 북동무역풍은 서핑을 즐기기에 완벽한 파도를 끊임없이 만들어냈다. 근처에 자리한 산호초의 크기나, 바다의 깊이, 바위, 모래톱, 곶 등 화산활동으로 형성된 지리적 특성이 변수로 작용했다. 하와이의 파도는 클 때도, 작을 때도, 거칠 때도, 목숨을 앗을 만큼 위험할 때도 있었다. 먼바다에서부터 부드럽게 밀려들어오다가, 배를 좌초시킬 것처럼 사납게 날뛰었다. 거대한 벽을 만들었다가 산산이 부서지기도 했고, 어마어마한 양의 바닷물을 끌어들여 속이 빈 원기둥을 그리기도 했다. 태풍이 부는 시기(특히 1월과 2월)에는 거친 파도가 끊임없이 밀려들어와 해변에 다다르면 하얀 거품과 포말로 폭발하듯 부서졌다. 이것이 바로 태평양 바다의 참모습이다.

하와이의 전통 신앙은 샤머니즘에 기원을 두고 있다. 이들은 요동치는 바다가 신의 놀이터라 여겼으며, 물결이 잔잔한 날이면 신들이 자신의 놀이터를 양보해 인간이 파도를 탈 수 있도록 자비를 베푼 것이라 생각했다. 하지만 파도타기를 하려면 상당히 복잡하고 까다로운 절차를 거쳐야 했다.

하와이는 머나먼 과거부터 의식과 절차를 중요시하는 엄격한 계급 사회였다. 서핑을 하는데도 이러한 전통이 적용됐다. 서핑 보드를 만들기에 적합한 나무를 고르고 도끼질을 하면서 하와이 사람들은 엄격한 의식을 행해야 했다. 나무가 넘어가면 이들은 신에게 붉은 생선을 제물로 바쳤다. 서핑 보드의 모양이 형성되면 축복을 내리는 의식을 치렀고, 보드를 보관하거나 코코넛 오일을 바르거나 타파 천(빵나무의 안쪽 껍질 등을 물에 적시고 두들겨서 만든 천으로 남태평양의 섬에서 주로 사용한 천 - 옮긴이)으로 감싸는 간단한 행동을 할 때조차 일일이 의식을 치렀다. 일어서서 타거나 혹은 배를 바닥에 대고 엎드려서 타거나 옷을 입고 타거나 혹은 벗고 타거나, 침묵을 지키며 타거나 성가를 읊조리면서 타거나 크게 소리치면서 타는 등 서핑을 하는 방식도 나이와 계급에 따라 달라졌다. 또 계급에 따라 사용하는 보드의 종류와 크기에도 차이가 있었으며, 서핑을 할 수 있는 구역도 나뉘었다. 어떤 해변에서는 평민들도 서핑을 즐길 수 있었지만 가장 위치가 좋은 해변에는 귀족과 지배계급만이 출입할 수 있었다.

하와이의 지배계급에게는 '세 손가락 포이(포이란 토란으로 만든 죽으로, 하와이 사람들의 주식이다. 죽의 농도에 따라 떠먹는 데 필요한 손가락의 수가 다르다 하여 세 손가락 포이, 두 손가락 포이, 한 손가락 포이로 구분해 부른다 - 옮긴이)'라는 별명이 붙었는데, 이는 지배계급이 보통 토란죽을 먹고 몸집을 거대하게 키운 남성이었기 때문이다. 이들은 전통적으로 알몸으로 서핑을 즐겼으며, 올로olo라는 기다란 서핑 보드를 사용했다. 빅토리아시대의 가장 위대한 방랑자로 알려진 영국인 모험가 이저벨라 버드 비숍Isabella Bird Bishop은 19세기에 하와이를 지날 때 다음과 같은 말을 남겼다. "머리가 하얗게 센 뚱뚱한 남자가 어린아이처럼 밝게 웃으며 파도 타는 모습을 봤다."

올로는 너비가 60센티미터에 길이는 무려 6미터에 이르렀다. 카누를 만드는 데 쓰이는 가벼운 윌리윌리나무로 만들어졌음에도 불구하고, 올로는 건장한 성인 남성만큼이나 무거웠다. 이 터무니없이 커다란 널빤지를 타고 파도 위를 미끄러지는 하와이 귀족(스모 선수 같은 체형에 황소처럼 힘이 셌다)의 모습은 마치 대포알이 날아가는 것처럼 보였다. 올로에는 핀이 없어서 다루기가 어렵고 위험했지만 그만큼 짜릿하기도 했다. 오늘날, 상징적인 의미를 가진 올로는 굉장히 귀중하게 다루어진다. 이와 비슷한 모양의 서핑 보드도 생겨났다. 서핑 마니아들은 기쁜 마음으로 비싼 값을 치르고 하와이안 셔츠에 그려진 서핑 보드와 비슷하게 생긴 보드를 구매하기도 한다.

평민들은 이보다 다루기 쉬운 보드를 타고 열정적으로 서핑을 즐겼다. 한 스포츠 역사학자의 말에 따르면 '농부, 전사, 베 짜는 사람, 치료사, 어부, 어린아이, 노인, 족장' 등 하와이 구성원 전체가 서핑을 즐겼다고 한다. 이들은 빵나무로 만들어진 서핑 보드인 알라이아alaias를 사용했는데 알라이아의 길이는 3미터 정도로, 오늘날 쉽게 찾아볼 수 있는 대부분의 서핑 보드는 알라이아의 모양을 본떠 만들었다. 어린아이들은 작고 앞코가 둥근 파이포paipos를 사용했다. 파이포는 보통 어린아이의 키보다 조금 긴 정도였는데, 이는 어린아이들이 물 위에서 서핑을 즐기기에 충분한 크기였다.

흥미진진한 모험 이야기로 유명세를 얻은 작가 잭 런던Jack London은 1907년 뜨거운 여름날 와이키키 해변에서 성가실 만큼 활발한 하와이의 꼬마 서퍼들과 처음으로 맞닥뜨렸다. 이때 런던은 해안가에서 홀로 평화를 즐기며 헤엄을 치고 있었다. 갑자기 그의 옆으로 어린이 서퍼 한 무리가 와자지껄하게 등장하더니 파도를 타기 시작했다. 깜짝 놀란 런던은 해변으로 올라갔다. 그리고 남자아이 한 명에게 파이포를 빌려서 서핑에 도전했다. 수차례 거듭 시도해봤지만, 런던의 첫 도전이 성공적이었다고는 할 수 없었다. "파도가 밀려들면 우리는 다 같이 보드 위로 뛰어올랐다. 내 다리는 수명이 다 된 낡은 바퀴처럼 후들거렸고, 창피하게도 꼬마들은 나를 제치고 앞으로 나아갔다."

물론 「불을 지피다To Build a Fire」를 비롯해 「하얀 송곳니White Fang」 「야성의 부름The Call of the Wild」과 같은 수많은 단편이야 말로 런던이 남긴 가장 큰 유산임은 사실이다. 하지만 런던이 하와이에서 서핑의 즐거움을 발견하고, 이제는 반쯤 잊힌 두 인물의 도움을 받아 사라져가던 서핑을 부활시킨 덕분에 100년이 지난 오늘날까지 우리가 서핑을 즐길 수 있다는 사실도 결코 간과해서는 안 된다.

**하와이에서**

**로스앤젤레스로**

　　　　잭 런던이 길이 14미터의 범선 스나크를 타고 하와이에 도착했을 당시, 서핑은 설 자리를 잃어가고 있었다. 여기에는 두 가지 이유가 있다. 하와이에 외국인들이 유입되며 전염병이 돌았고, 그래서 19세기 하와이 인구는 쿡이 하와이를 발견하기 전인 18세기의 10퍼센트 남짓으로 줄어든 상태였다. 살아남은 원주민들에게 바닷가에서 한가로이 취미생활을 즐길 겨를은 없었다. 게다가 위선적인 개신교 선교사들은 이들에게 어떤 경우에도 공공장소에서 맨몸을 드러내지 말라고 경고했다. 거의 알몸으로 생활하던 하와이 사람들은 이제 수수한 머더 허버드 원피스를 입어서 몸을 완전히 감싸야 했고, 더 이상 홀라 댄스를 추거나 전통의식을 치러서도 안 됐다. 이들은 바닷물에 몸을 담글 때조차 거친 천으로 만든 옷을 입고 인간의 존엄성을 지켜야 했다. 서핑을 즐기기에는 힘든 조건이었기에, 바닷가에서 서핑을 즐기는 사람들을 찾기가 점점 어려워졌다. 과거에 하와이를 방문한 하이럼 빙엄Hiram Bingham■이 남긴 안타까운 흔적이었다. 빙엄은 본인이 하와이의 원시적인 사람들에게 기독교 문명을 전파했다고 생각했다.

"이들을 어찌 사람이라고 할 수 있겠는가?" 하와이를 처음 방문했을 때 배 주변에서 헤엄치거나, 서핑을 하거나, 카누를 타는 하와이 사람들을 보고 빙엄은 이렇게 말했다. "궁핍하고 열등하고 원시적이다. 발가벗고 떠들어대는 원시인들은 끔찍했다. 우리 중에는 눈물을 쏟으며 무시무시한 광경으로부터 눈을 돌리는 이도 있었다." 칼뱅주의자들에게 서핑은 부도덕하고 신앙에 위배되는 죄악에 가까운 행위였다. "서핑을 하면 영원한 지옥불이 기다릴지니." 그들은 설교했다.

---

■ 하이럼 빙엄 3세는 페루의 안데스산맥에서 잉카문명 최후의 요새인 마추픽추 유적지를 발견했다.

하지만 잭 런던은 서핑을 즐기는 카나카(현지인이라는 뜻으로, 폴리네시아 사람을 통틀어 호칭하는 단어다)의 삶에서 깊은 감명을 받았다. 그는 로스앤젤레스의 한 신문에서 어떤 의미로 "하와이의 아름다운 바다는 즐거움에 펄떡대는 듯하다."는 표현을 사용했는지 깨달았다. 런던은 서핑을 배우기로 마음먹었다. '파도로 발뒤꿈치에 날개를 달기 전까지 스나크호는 호놀룰루를 떠나지 않을 것이다.' 그의 결심은 굳건했다. 부서져가는 파이포를 타고 바다 위를 누비던 건방진 꼬마 녀석들을 제치고 파도를 탈 수 있을 만큼 어느 정도 서핑에 능숙해지면 글을 써야겠다고 런던은 다짐했다.

런던이 목표를 달성하는 데는 두 인물의 도움이 있었다.

첫 번째 인물은 런던의 서핑 스승, 돈 많은 한량 알렉산더 흄 포드 Alexander Hume Ford였다. 포드는 호놀룰루 사교계의 제왕으로, 아시아로 향하는 길에 하와이에 자리를 잡은 미국 동부 출신 플랜테이션 농장주의 아들이었다. 그는 서른아홉 살에 서핑을 발견하고 자신이 서핑에 재능이 있다는 사실을 깨닫고는 서핑의 매력에 푹 빠져들었다. 포드는 하와이 홍보대사를 자처했다. 그는 하와이의 아름다움을 전 세계에 알리고 싶었고, 서핑은 목표를 이루기 위한 좋은 수단이라고 생각했다. 잭 런던의 아내였던 차미언Charmian은 "포드는 이 섬에서 오랫동안 전해져 내려온 취미생활을 전 세계에서 가장 인기 있는 스포츠로 만들 것이라고 다짐했다."고 말했다.

포드는 햇볕에 그을린 갈색 피부를 가진 근육질은 아니었다. 전형적인 서퍼와는 거리가 멀었던 셈이다. 오히려 그는 작고 마른 체구에 안경을 쓴 데다가 염소수염과 콧수염을 잘 다듬어놓아서 학자 같은 모습이었다. 게다가 창백한 피부는 자외선에 민감한 반응을 보이기까지 했다. 하지만 그가 체득한 서핑 기술은 후에 잭 런던에게 계승돼 수백만 명의 독자에게 알려졌다. 서핑은 곧 인종의 벽을 허물고 많은 사람에게 사랑받는 스포츠가 됐다.

1906년까지만 해도 서핑은 폴리네시아 사람들만이 가진 특성으로 여겨졌다. 이전까지 서핑은 태평양 인종이 가진 특유의 기술이기 때문에 백인은 익힐 수 없다는 인식이 널리 퍼져 있었다. 1866년 하와이를 방문한 마크 트웨인Mark Twain은 서핑을 "원주민 외에는 익힐 수 없는 기술"이라고 설명했다. 하지만 허약한 백인의 표본인 포드는 서핑을 완전히 정복했다. 그는 매일 네 시간을 바다에서 보내며 보드 위에 우뚝 서서 해안까지 미끄러질 수 있도록 연습에 연습을 거듭했다. 3개월 동안 하루도 빠지지 않고 바다에 나갔고, 마침내 완벽히 서핑을 즐길 수 있게 됐다. 그리고 포드에게 서핑을 가르친 스승이 바로 런던이 서핑 챔피언이 될 수 있도록 도움을 준 두 번째 인물이다.

포드의 스승은 아일랜드인 조부를 둔 하와이 혼혈 조지 프리스George Freeth였다.▪ 수영 실력이 기가 막혔던 프리스는 와이키키 해변에서 안전 요원으로 근무했다. 그는 서핑계의 대부로, 보드 위에 일어선 채 파도를 타는 기술을 부활시킨 장본인이기도 하다. 질병과 종교적 맹신이 하와이를 휩쓸고 지나간 19세기 말에 보드에서 일어선 채 파도를 타는

---

▪ 아일랜드에서는 조지 프리스가 아일랜드 출신이라는 주장의 타당성을 입증하기 위해 애썼지만, 결과는 성공적이지 못했다. 2008년 아일랜드 영화 〈파도를 타는 사나이(Waveriders)〉가 개봉했고, 슬라이고주의 물라그모어(Mullaghmoare)를 비롯한 아일랜드 서부 해안가는 관객들의 마음을 사로잡았다. 이후 아일랜드는 세계 서핑 중심지로 급부상했다.

기술은 자취를 감춘 상태였다. 이때 얼마 남지 않은 하와이의 서퍼들은 보드 위에 배를 깔고 엎드린 채 파도에 쓸려 해변으로 들어오는 방식으로 서핑을 즐기고 있었다. 100년 전 섬을 찾은 첫 방문객들이 충격에 넋을 잃게 만든 색정적인 우아함은 사라진 지 오래였다. 하지만 프리스가 서핑에 새로운 생명을 불어넣었다. 프리스가 파도 위에서 몸을 일으키는 모습을 본 사람들은 하나같이 놀라움을 금치 못했다. 런던은 그 장면을 다음과 같이 묘사했다. "햇볕에 그을린 구릿빛 피부에 보드 위에 균형을 잡고 우뚝 선 그의 모습은 마치 젊은 신 같았다." 프리스는 19세의 젊은 나이에 서핑의 일인자 자리를 차지했다.

프리스가 포드에게 비법을 전수했고, 포드는 런던에게 비법을 전수했으며, 런던은 전 세계에 비법을 전수했다. 세 사람이 서핑을 승계하는 과정은 마치 서핑이 인종의 벽을 뛰어넘는 과정을 보여주는 것 같다. 프리스는 구릿빛 피부의 하와이 혼혈이었고, 포드는 부유한 백인이었으며, 런던은 평범하기 그지없는 백인의 전형이었다. 사실, 런던은 다분히 인종차별주의적인 면모를 보였다. "백인은 패할 수 없다." 흑인 복서가 헤비급 챔피언 자리에 오르자 그 치욕을 씻기 위해, 은퇴한 백인 복서가 결정을 번복하고서 챔피언벨트를 탈환해야 한다며 런던이 쓴 문장이다.

런던은 처음으로 서핑에 성공하고 이런 기록을 남겼다. "아, 파도가 나를 쥐고 흔들던 그 달콤함을 잊을 수 없다. 나는 바다 위에서 45미터를 미끄러져서 파도와 함께 해안의 모래에 다다랐다. 그 순간 나는 한계를 벗어났다."

런던은 당시 선풍적인 인기를 끌던 월간지 「우먼스 홈 컴패니언

Woman's Home Companion」1907년 10월호에 스나크호를 타고 떠난 항해를 주제로 글을 기고했다. 제목은 '상류층의 스포츠, 남쪽 바다의 파도를 즐기다'였다. 그의 글은 큰 반향을 일으켰고, 이후 살짝 개정된 뒤 '파도타기의 즐거움'이란 제목을 달고 영국의 「폴 몰 매거진Pall Mall Magazine」에 실렸다. 런던은 이 글에 살을 붙여서 오랜 시간 준비해온 책인 『스나크호의 항해The Cruise of the Snark』에 포함시켰다. 비주류 스포츠를 주제로 그토록 긴 글이 출간되기는 처음이었다. 책에서 런던은 누구나 부담 없이 즐길 수 있는 스포츠인 서핑을 '백인을 위한 완벽한 스포츠'라고 묘사하며 자신의 피부색에 깊은 자부심을 드러냈다.

그의 책에서 프리스는 런던이 글을 쓰는 데 큰 영감을 준 '구릿빛 샛별'로 묘사됐다. 프리스는 유명한 잡지에 자신이 온갖 근사한 단어로 언급된 사실에 크게 기뻐했고 미국에서 자신이 가진 기량(서핑 기술밖에 없었지만)을 펼칠 수 있도록 런던에게 소개장을 써 달라고 부탁했다. 런던은 기꺼이 부탁을 들어줬다. 프리스는 비옥한 토지에 서핑의 씨앗을 심기 위해 곧장 캘리포니아로 향했다. 티켓은 편도였다.


## 서핑의
## 영웅들

1907년 로스앤젤레스는 전체 인구 27만 5,000명 중에 3분의 2가 이주민으로 구성된 중소도시였다. 당시 로스앤젤레스는 독특함과 풍요로움의 상징이었다. 아직 건설 중인 대저택과 이민자들이 지은 소박한 주택이 도로에 늘어서 있었다. 도시 곳곳에는 온갖 종교를 기리는 사원과 요양원과 정신병원이 흩어져 있었다. 한쪽으로는 오렌지 과수원이 끝없이 펼쳐져 있었고, 다른 한쪽으로는 오일 붐의 영향으로 착암기와 기중기가 보였다. 작은 공장과 가게와 영화 촬영 현장도 심심찮게 찾아볼 수 있었다. 도시 외곽으로는 바람받이 역할을 하는 거대한 모래해변이 자리했다. 하지만 로스앤젤레스 사람들에게 해변은 매력적인 장소가 아니었다. 이들은 삶을 즐기기 위해 도시 안쪽으로 향했다. 사람을 갈가리 찢어놓을 듯 거대한 파도가 밀려들어오는 위험한 바다는 여가를 즐길 만한 장소가 아니었다. 모래사장으로 향하는 길이 험한 데다가 해변에는 머물 만한 공간도 없었기에 바닷가에서 즐길 거리를 찾기는 쉽지 않았다.

하지만 로스앤젤레스의 거물이 가진 자본으로는 안 될 일이 없었다. 시내 전차 노선을 운영하던 헨리 헌팅턴Henry Huntington과 담배 회사로 막대한 수익을 올린 애벗 키니Abbott Kinney는 바닷가에 새로운 문화를 형성하기로 결심했다.∎ 그래서 구역을 나누고 각각 해안선 개발계획을 세웠다. 두 거물은 경쟁을 즐기며 새로운 놀이문화를 만들어내기 위해 노력했다.

북쪽 샌타모니카산맥의 단층에서 남쪽 팔로스베르데스반도의 기괴 암석까지, 인간의 손길이 닿지 않은 야생 해변이 30킬로미터가량 이어졌다. 키니는 샌타모니카시에서 3킬로미터 떨어진 북쪽 해변에 막대

---

∎ 키니가 운영하던 담배 회사의 대표적인 상품으로는 스위트 캐퍼럴(Sweet Caporal)이 있다. 1892년 뉴욕 첼시에 자리한 공장에서 화재가 발생해 보관 중이던 재고가 몽땅 불타버리기 전에는 이곳에서 매주 제품을 1,800만 개씩 찍어냈다. 엄청난 재산을 자랑하던 키니는 천식을 앓고 있었고, 훗날 맑은 공기를 찾아 캘리포니아 남부로 이주했다.

한 비용을 투자해 이국적인 운하를 건설했다. 운하에는 가스등을 밝힌 곤돌라가 떠다녔고 해안가 바로 옆 담수 저수지 너머로는 아치형 다리가 놓여 있었다. 키니는 운하 양옆으로 고풍스러운 상점들을 배치했다. 수이성을 따진 것이 아니라 순전히 아름다움을 추구하기 위해 내린 결정이었다. 이탈리아에 대한 환상을 품었던 사업가는 이 운하에 베니스라는 이름을 붙였다. 후에 운하는 매립되고 그 위에 도로가 놓였지만 베니스 비치는 오늘날까지도 여전히 남아 있다.

대륙횡단철도 건설 사업 후원자의 조카인 헨리 헌팅턴은 당시 로스앤젤레스까지 철도를 확장하는 사업을 차지하기 위해 삼촌과 경쟁하고 있었다. 그가 개발에 나선 남쪽 해안은 키니의 운하에 비하면 평범한 모습이었다. 헌팅턴은 자신의 퍼시픽 일렉트릭Pacific Electric 철도회사에서 운행하는 전차 노선을 바닷가 앞쪽까지 연장했다. 붉은 전차는 승객을 싣고 도시를 떠나 바다로 향했다. 헌팅턴은 승객들이 전차에서 내려 시간을 보낼 만한 장소를 마련하기 위해 수영장과 모로코 스타일 연회장과 수많은 레스토랑을 갖춘 거대한 호텔을 건설했다. 그는 자신이 개발에 나선 해안선의 이름을 따 호텔의 이름을 지었다. 그렇게 레돈도 비치에 레돈도 호텔이 탄생했다.

도시를 떠나 바닷가를 찾아오는 사람들이 점점 많아졌다. 그들은 레돈도 호텔의 커다란 아치창 옆에 앉아 휴식을 취하거나, 키니의 베니스에 자리한 이탈리아풍의 세련된 카페 창가 테이블에 앉아 휴식을 즐겼다. 이들은 서쪽으로 끝없이 펼쳐진 태평양을 바라보며 아름다운 광경에 시간 가는 줄 몰랐다.

1907년 어느 늦여름, 베니스 비치의 파도 사이로 한 남자가 모습을 드러냈다. 휴식을 즐기던 로스앤젤레스 사람들은 그 광경을 두 눈으로 보고도 도저히 믿지 못했다. **그는 물 위를 걷고 있었다.**

아니, 파도를 탄 그가 놀란 사람들 바로 앞 모래사장에 발을 딛기 전까지 **물 위를 걷는 것처럼** 보였다. 단단한 근육을 자랑하는 남성은 부서지는 파도 위에서 기다란 판자를 타고 해안으로 부드럽게 밀려들어와 가볍게 착지했다. 그는 사람들에게 쾌활하게 손을 흔들고는 붉은 나무 판자를 주워 들고 다시 바다로 나갔다. 남자는 보드 위로 뛰어오르더니 손을 저어 파도가 밀려오는 수평선으로 향했다. 그러고는 몸을 일으켜서 다시 파도 꼭대기에서부터 해안으로 빠르게 밀려들어왔다. 상상할 수 없을 만큼 우아하고 세련된 동작이었다. 그는 똑같은 행동을 몇 번이고 반복했다.

그 남성은 와이키키의 구릿빛 샛별, 조지 프리스였다. 우연히 놀라운 광경을 목격한 기자들은 주저 없이 기사를 써내려갔다. 1907년 7월 22일 한 신문에 기고된 기사인 '파도를 타는 남자, 이목을 집중시키다'를 읽은 헨리 헌팅턴은 천재적인 사업을 구상해낸다. 수많은 관광객이 전차를 타고 레돈도 비치와 레돈도 호텔로 찾아오도록 만들 만한 획기적인 아이디어를 떠올린 것이다.

그해 말, 프리스는 퍼시픽 일렉트릭 철도회사의 직원으로 고용돼 누구나 부러워할 만한 조건으로 근무를 시작했다. 매 주말에 두 번씩, 오후 2시와 4시에 레돈도 호텔에서 확성기로 우렁차게 쇼의 시작을 알리면 몸에 딱 붙는 의상을 입고 바다로 나가 보드 위에 일어서서 파도를 타고 해변으로 돌아오는 것이 그의 업무였다.

지금은 사람들의 기억 속에서 거의 잊혔지만, 미국의 서퍼들에게 조지 프리스는 대부와도 같은 존재라고 할 수 있다. 하지만 그는 조용하고, 인내심 많고, 과묵한 평범한 사내였다. 사진 속의 프리스는 대개 우울한 표정을 짓고 있다. 이 사진을 보고 잭 런던의 글에 등장하는 구릿빛 샛별을 떠올리기란 쉽지 않을 것이다. 프리스는 수천 명 앞에서 파도 타는 모습을 보여줬고, 현지 젊은이들에게 서핑을 전파했다. 그는 안전요원으로 근무하며 빠르게 출동하기 위해 오토바이를 타고 다녔다. 또 부판을 발명해 물에 빠져 괴로워하는 사람들의 고통을 덜어주기도 했다.

프리스는 결혼도 하지 않고 친구도 없이 홀로 검소한 삶을 살았다. 그러다가 1918년 유행성 독감에 걸려 외로이 사망했다. 사망 당시 프리스는 35세에 불과했다. 레돈도 비치 옆 산책로에는 프리스를 기리는 청동 흉상이 세워졌다. 동상은 바다를 등지고 주차 타워를 멍하니 바라보고 있는데, 명판에는 '**미합중국 최초의 서퍼**'라고 기록돼 있다(처음 세운 동상은 도둑맞아서 현재는 새로운 동상으로 교체됐다). 하지만 아름다운 해변을 지나는 사람들 중 그의 이름을 기억하는 사람은 거의 없다. 아마 그의 이름은 미국보다 아일랜드에 더 잘 알려졌을 것이다.


이제 미국 해안가에 나타나 서핑 역사에 위대한 업적을 남긴 마지막 영웅이 등장한다. 프리스가 침착하고 평범했던 반면, 이 영웅은 카리스마 넘치고 위풍당당했다. 그는 본토박이 하와이 사람으로 완벽한 구릿빛을 뽐냈다. 이야기의 주인공은 바로 듀크 카하나모쿠<sup>Duke Kahanamoku</sup>다. 듀크는 최고의 수영 선수이자 서핑의 제왕으로 서핑의 아버지, 혹은 서핑의 상징 같은 존재라고 할 수 있다. 그는 미국뿐 아니라 전 세계에 서핑을 알리는 데 아주 큰 역할을 했다.

그의 아버지는 호놀룰루 경찰국 사무원으로, 영국 해군과 빅토리아 Victoria 여왕의 아들 에든버러 공작Duke of Edinburgh에게 경의를 표하는 듀크라는 이름을 갖고 있었다.▪ 그는 아홉 명의 자식 중 장남에게 자신의 이름을 물려줬다. 장남은 귀족적인 이름에 걸맞게 훌륭히 자라줬다. 마치 왕족처럼 키가 크고 매력적이었으며, 예의 바른 데다가 잘생기기까지 해서 그를 선망하는 무리가 항상 주변을 맴돌았다. "듀크는 신이 빚은 가장 아름다운 남성"이라고 그의 열성팬 중 한 명은 말했다. 바다가 너무 좋았던 듀크는 학교를 중도에 그만뒀다. 그에게는 한없이 헤엄치고, 비치발리볼과 수구를 즐기고, 서핑을 발전시키겠다는 목표가 있었다.

듀크는 뛰어난 수영 실력 덕분에 하와이 대표로 올림픽에 참가해 메달을 따면서 전 세계적으로 유명해졌다. 그는 1912년 스톡홀름에서 금메달과 은메달을 각각 하나씩 획득했고, 1920년 안트베르펜에서는 금메달 두 개를, 1924년 파리에서는 은메달 하나를 획득했다(듀크의 남동생 샘Sam이 동메달을, 후에 영화〈타잔Tarzan〉의 주인공을 연기한 배우 조니 와이즈뮬러Johnny Weissmuller가 금메달을 땄다). 수영은 그를 넓은 세계로 인도했다. 듀크 카하나모쿠는 전 세계를 누비며 서핑을 전도하기 위해 애썼다.

---

▪ 앨프리드(Alfred) 왕자의 어머니인 빅토리아 여왕이 그에게 에든버러의 공작 지위를 수여했다. 에든버러 공작의 일생은 파란만장했다. 그는 하와이로 향하는 도중 시드니에서 등에 총을 맞아 암살당할 뻔했다(범인은 체포돼서 교수형에 처해졌다). 또한 그의 아들 중 한 명은 공작의 결혼 25주년 기념행사에서 총에 맞았다. 남대서양에 자리한 자그마한 트리스탄다쿠냐섬은 과거에 영국의 식민 통치를 받았는데, 수도에는 여행을 즐기던 영국 귀족을 기리는 의미에서 에든버러라는 이름이 붙었다.

에든버러 공작을 기린 경찰관 아버지의 이름을 물려받은 하와이 대표 올림픽 수영 선수 듀크 카하나모쿠는 세계 최초의 서핑 외교관으로, 세계를 돌아다니며 우아한 파도타기를 선보였다.

　예를 들어, 스톡홀름에서 집으로 돌아오기 전에 이 덩치 좋은 신사는 애틀랜틱시티와 로커웨이 비치, 맨해튼 끄트머리에 자리한 코니아 일랜드의 시게이트에 들러 파도타기를 선보였다. 그는 캘리포니아의 롱비치까지 가서 서핑을 보여주고 나서야(프리스의 노력으로 캘리포니아에서는 이미 서핑의 바람이 불고 있었다) 태평양을 건너 하와이로 돌아올 준비를 했다.

　2년 후에 듀크는 오스트레일리아로 가서 그의 기량을 뽐냈다. 최고의 100미터 수영 선수로서 전 세계적으로 명성을 날린 올림픽 메달리스트는 시드니 프레시워터 비치의 수천 명 앞에서 몇 시간이나 지치지 않고 편하게 파도를 타며 솜씨를 자랑했다. 그는 이때 근처의 목재 집하장에서 대충 베어낸 나무를 판판하게 깎아 과거 하와이 귀족층의 전유물이던 올로를 흉내 내 5미터 길이의 거대한 보드를 만들었다. 거의 항공모함만 한 서핑 보드에는 한 사람 이상 올라탈 공간이 충분했다. 그래서 듀크는 이저벨 레섬Isabel Letham이라는 열다섯 살짜리 소녀를 서핑 보드에 태우고 파도 위에서 방향을 바구고, 비틀고, 날고, 돌며 서핑의 제왕다운 면모를 뽐냈다. 그 와중에도 소녀가 균형을 잃거나 비틀거릴 때마다 뒤에서 잡아주는 여유를 보였고, 이저벨을 해변으로 안전하게 데려다주며 관객들의 혼을 쏙 빼놨다. 이저벨 레섬은 후에 캘리포니아 북부로 이주해 수영 강사로 일하며 95세까지 미국에서 살았다. 그녀는 나이가 들어서도 서핑을 즐겼고, 오스트레일리아 스포츠계를 대표하는 여성으로 역사에 이름을 남겼다.

**파도**
**속으로**

제1차 세계대전이 끝날 즈음에 서핑은 정식 스포츠로 자리 잡았다. 명성도, 상업성도 없는 상태에서 천천히 힘겹게 전 세계로 퍼져나가다 보니 서핑 규칙과 표준이 제정됐고 각종 경기와 선수권대회도 생겨났다. 서핑 경기를 정기적으로 개최한 첫 국가는 오스트레일리아였다. 파도구명협회Surf Life Saving Association에서 주최한 이 시합의 목적은 서핑 보드를 탄 요원이 위험에 처한 사람을 얼마나 빨리 구할 수 있는지를 겨루는 데 있었다. 공공의 선을 위해 널찍한 판자가 어떤 역할을 하는지를 보여주기 위함이었다. 이는 하와이에서 오직 즐거움만을 위해 파도를 타던 행위와는 거리가 멀었다.

제대로 된 서핑 대회는 1928년 캘리포니아 남부에서 처음으로 개최됐다. 재즈 시대의 서막을 알리는 화려한 파티에 들뜬 (한때는 자동차에 미쳐 있던) 젊은이들이 좋은 파도를 차지하기 위해 온 해안선을 장악했다. 서핑이 캘리포니아에 소개된 지 얼마 안 됐을 때는 레돈도 비치와 베니스 비치가 인기 있는 장소였지만 이제는 로스앤젤레스 남쪽 샌디에이고와 뉴멕시코로 가는 길목의 코로나 델 마르가 서핑의 새로운 성지로 자리 잡았다. 시작을 알리는 폭죽이 터지면서 태평양 해안 파도타기 챔피언십Pacific Coast Surf Riding Championship의 막이 올랐다. '거친 바다에서 개최되는 짜릿한 서핑 대회'는 당시 수상 스포츠 경기 중 최고의 인기를 누리고 있었다. 가장 뛰어난 기량을 가진 서퍼가 누구인지를 판가름하기 위해 복잡한 심사 기준이 세워지기 시작했다.

서핑 실력을 객관적으로 심사하기는 굉장히 어려웠다. 이는 지금도 마찬가지다. 변덕스러운 바람과 바다는 시시각각 달라졌고, 빠르게 파도를 타는 사람에게 높은 점수를 줘야 할지, 혹은 우아한 자세로 파도를 타는 사람에게 높은 점수를 줘야 할지 의견이 분분했다. 서핑에 점수를 매기는 체계가 정립되기까지는 오랜 시간이 걸렸다. 하지만 이 대회의 규칙은 잘 정리돼 있었고, 코로나 델 마르가 자체적으로 구성한 협회에서 결정한 점수 합산 방식에 따라 승자를 가리기로 했다. 대회를 개최한다는 소식이 전해지자 페루, 프랑스, 스페인 등 전 세계 각국에서 최고의 서퍼 자리를 노리는 선수들이 캘리포니아로 모여들었다. 이후 미국의 서부 해안은 국제적인 서핑의 중심지로 성장했다. 현재 서핑 규칙 제정 본부가 이곳에 자리 잡았으며, 엄청난 인기를 누리며 빠르게 성장하는 서핑 산업에 관한 최종 결정 역시 캘리포니아에서 내려진다.

대회 개최 초기에는 핫도그 가판대, 맥주 행상, 선탠오일과 수영복 판매점 등 소상인들의 주머니에서 시합에 필요한 비용이 조달됐다. 곧 홍보 산업이 탄생했고, 치열한 홍보 경쟁이 벌어졌으며, 기술 후원은 꾸준히 발전했다. 여기서 기술이란 선수들이 물 위에서 더 빠르고, 더 우아하게 움직일 수 있도록 도움을 줘서 우승 가능성을 높여주는 기술을 말했다.

홍보 산업과 기술의 발전은 한 세기가 넘도록 이어졌다. 1930년대 중반에 접어들면서 서핑 보드에 관한 고찰이 시작됐다. 어떻게 하면 서핑 보드를 지금보다 더 가볍고, 튼튼하고, 부드럽게 만들 수 있을까? 부력을 가진 천연 소재인 나무 말고 다른 새로운 물질로 보드를 만들 수는 없을까? 1935년, 「파퓰러사이언스Popular Science」에서는 이상적인 서핑 보드를 만드는 방법을 담은 도표를 제작했다. 이들은 나무만을 사용해 서핑 보드를 제작했다. 길이는 3.4미터, 가장 넓은 부분의 폭은 0.6미터라고 표기되어 있었다. 주재료는 가벼운 발사나무였지만, 전나무로 뼈대를 세웠고, 이음매와 못을 만드는 데는 미국삼나무가 사용됐다.

이렇게 기본 틀이 세워졌고 경우에 따라 개량도 가능했다. 각각 보드의 앞뒤를 구성하는 노즈와 테일의 모양을 바꾸고 핀과 킬의 위치를 손보거나 보드의 굽음 정도와 뾰족함의 정도를 조절할 수 있었다. 마호가니나무에 섬세한 세공이 새겨진 화려한 서핑 보드도 등장했다. 신기하게도 보드의 속은 비어 있었다. 시간이 지나고 합성수지와 유리섬유, 베이클라이트를 주재료로 사용한 서핑 보드가 등장했다. 합성수지로 본체를 구성하고, 뜨거운 햇볕은 물론 보드가 모래사장에 부딪치면서 생길 수 있는 손상을 방지하기 위해 노즈와 테일에 유리섬유를 덮은 서핑 보드가 전통적인 나무 보드를 대체했다.

말리부의 작은 마을에서 기존의 서핑 보드보다 작고 가벼운 여성용 보드(오늘날에는 더 이상 이러한 용어가 사용되지 않는다)가 등장하면서 서핑은 여성들 사이에서도 큰 인기를 끌었다. 오늘날까지도 말리부에는 젊고 재능 있는 여성 서퍼(예쁜 모습으로 남성 서퍼 옆에서 응원해주던 역할은 사라졌다)가 가진 특유의 묘한 분위기와 에너지가 가득하다. 여성 서퍼와의 경쟁이 남성 서퍼들의 서핑 스타일에 영향을 줬으며 그 덕분에 전반적인 실력이 향상되고 장비의 수준 또한 높아졌다.

1950년대에 들어서면서 서핑 보드 업계에는 큰 변화가 일어났다. 갑자기 모두 새털같이 가벼운 보드를 찾기 시작했다. 기술이 발전하면서 채 10킬로그램이 안 되는 보드도 출시됐는데, 무게감이 너무 없는 탓에 서퍼들이 파도 위에서 힘없이 튕겨나가는 위험한 상황에 처하는 경우도 있었다. 아마도 이런 이유 때문에, 사람들은 다시 점점 무거운 보드를 찾기 시작했다. 캘리포니아의 서퍼들은 거대한 파도를 견딜 더 견고하고, 묵직한 보드를 요구했다.

다른 모든 스포츠와 마찬가지로 더 큰 짜릿함을 느끼고 싶어 하던 미국인들은 서핑을 한계까지 끌고 나갔다. 하와이 사람들이 여러 세기 동안 즐기던 잔잔한 파도타기는 이제 미국인에게 너무 시시하게 느껴졌고, 스릴을 원하는 이들이 온갖 다양한 기술을 만들어냈다. 미국인들이 서핑을 발전시켰는지, 서핑의 본질을 망쳐버렸는지에 대해서는 아직까지도 의견이 분분하다.

호비 알터Hobie Alter는 이 논란에 조금도 고민하지 않고 대답을 내놨을 것이다. 부유한 오렌지 농장에서 태어난 조용하고 침착한 이 캘리포니아 젊은이는 서핑을 발전시키기 위해 평생을 바쳤다. 호비는 10대에 보드를 만드는 셰이퍼(순수한 서퍼가 아니었다)로서 서핑 산업에 뛰어들었다. 그는 아버지가 자본금을 투자한 바닷가의 조그마한 가게에서 일하며 에콰도르에서 수입한 발사나무로 맨해튼 비치의 파도에 적합한 보드를 제작했다. 이후에 호비는 이로부터 남쪽으로 1.5킬로미터가량 떨어진 장소에 본인의 이름을 건 '호비 서핑 보드Hobie Surfboards'라는 가게를 열고 제작 사업에 본격적으로 뛰어들었다. 50년 전 조지 프리스가 솜씨를 뽐내던 바로 그 장소였다. 수많은 서퍼가 호비의 가게 앞 해안을 찾았고, 스물한 살 청년이 꼼꼼하게 경영하던 서핑 보드 가게는 나쁘지 않은 수익을 거뒀다.

1957년에 한 세일즈맨이 새로 발명된 석유 부산물을 가지고 호비의 가게를 방문했다. 폴리우레탄이었다. 독일의 화학 공장에서 처음 발명된 이 마법같이 가벼운 플라스틱은 나무와 재질이 상당히 비슷했다. 폴리우레탄을 이용하면 다양한 크기로 서핑 보드를 제작할 수 있을 뿐만 아니라 자르고 갈아서 원하는 모양으로 만드는 것도 가능했다. 알터는 이 신소재를 보자마자 폴리우레탄이 서핑 보드의 미래를 책임질 것임을 깨달았다. 호비 서핑 보드에 근무하던 직원 중에는 조지 클라크George Clark(서핑에 푹 빠져서 며칠씩 씻지도 않고 파도를 타 더럽다는 뜻의 그러비grubby 클라크라는 별명이 붙었다)라는 기술자가 있었다. 클라크는 이전에 유전에서 일하며 군인으로 복무하다가 노선을 선회해서 서핑 보드 제작 업계로 뛰어든 사내인데, 호비는 그와 함께 폴리우레탄 소재의 서핑 보드를 만드는 실험에 곧장 돌입했다.

클라크는 실험이 "더럽고, 지저분하고, 냄새도 고약했다. 근사한 작업은 절대 아니었다."고 얘기했다. 개발 초기 단계에는 거무죽죽하고 미끄덩한 물질인 톨루엔 디소시아네이트TDI와 폴리올과 발포제를 섞

저렴한 초심자용 요트 호비캣(Hobie Cat)의 제작자 호버트 '호비' 알터는 한때 그의 친구였던 조지 '그러비' 클라크와 함께 폴리우레탄 서핑 보드를 발명했는데, 이로써 서핑은 보편적인 스포츠로 거듭났다.

는 작업이 주를 이뤘다. 이 물질들은 순식간에 융합하며 액체 상태일 때보다 25배 더 부풀었고, 곧 딱딱하게 굳었다. 알터와 클라크(서핑 보드 시장을 거의 독점하자 서핑 업계에서는 이들을 호비와 그러비라고 불렀다)가 신소재에서 기포나 뒤틀림을 유발할 만한 이물질을 완벽히 제거해서 서핑 보드 제작 틀에 넣는 방법을 찾기까지는 꼬박 2년이 걸렸다. 1959년 겨울, 폴리우레탄 보드가 생산에 들어갔고, 「로스앤젤레스 타임스Los Angeles Times」에 광고가 올라가자 그들의 작품은 불티나 듯 팔리며 엄청난 수익을 올리기 시작했다.

영화 〈기젯〉 덕분에 서핑이 인기를 얻은 지 겨우 8개월 만에 이토록 커다란 변화가 일어난 것이었다. 5인조 남성 그룹 비치보이스는 서핑을 주제로 한 신나는 음악을 선보였다. 서핑과 관련된 영화들도 잇따라 개봉했는데, 브루스 브라운Bruce Brown 감독이 1960년대에 발표한 〈파도

속으로The Endless Summer〉가 그중 가장 유명하다. 1920년대부터 조금씩 인기를 끌던 서핑의 전성기는 갑자기 찾아왔다. 서핑은 하나의 산업을 구성했고, 투자자들이 줄을 섰으며, 세력 다툼이 일어났다. 수백만 명이 미국식으로 독특하게 개량된 이 스포츠를 즐겼다. 미국을 대표하는 다른 스포츠인 야구나 미식축구와 달리 서핑은 바다만 있다면 어디서나 즐길 수 있었다. 서퍼들에게 따뜻한 물과 커다란 파도와 하얀 모래사장은 고갈되지 않는 거대한 놀이터였다.

## 폴리네시아 문화가 준
## 아름다운 선물

호비 알터가 80세의 나이로 세상을 떠난 2014년 이른 봄날, 나는 하와이에 있었다. 하와이 공영 라디오 방송에서는 알터에 대한 찬사를 끊임없이 늘어놨다. 알터는 서핑 보드뿐만 아니라 스케이트보드와 저렴한 초심자용 요트를 만들었고, 많은 사람이 호비가 제작한 요트를 호비캣이라 부르며 존경하는 마음을 나타냈다. 그때 나는 라디오를 들으며 서퍼들의 천국이라는 반자이 파이프라인이 자리한 오아후 북부의 푸푸케아 해안가를 따라 드라이브를 즐기는 중이었다.

날씨는 더할 나위 없이 따뜻했고, 바닷가에서는 강렬한 물결이 길게 밀려들어와 해안에 있는 암초에 부딪쳐 부서졌으며, 부드럽게 불어오는 무역풍 아래 파도가 둥글게 말리며 파도타기에 완벽한 모양을 그려냈다. 서핑을 즐기기 위해 바다를 찾은 사람들은 남녀노소 할 것 없이 여기저기 둥둥 떠서 어깨너머로 멀리 푸른 바다를 바라보며 파도를 기다리고 있었다. 호비를 기리는 방송을 듣기 위해 나는 시동을 켜둔 채 차에서 내렸다. "전설" "문화의 창시자" 혹은 "언제나 서핑을 즐길 준비가 돼 있었으며 미국 서해안을 떠나는 경우가 없었다."는 등 호비를 기리는 말들이 스피커에서 흘러나왔다.

그가 남긴 유산이 내 눈앞의 광활한 해안에 펼쳐져 있었다. 호비의 폴리우레탄 서핑 보드가 바다 위에 수도 없이 떠 있었다. 온갖 색깔의 보드가 해안에 줄지어 서 있었고, 몇 시간 동안 파도를 타느라 지친 사람들은 행복한 얼굴로 보드를 팔에 낀 채 모래사장으로 돌아왔다. 여전히 바다에서 파도를 기다리는 보드도 있었으며, 쉴 새 없이 밀려오는 반자이의 커다란 푸른 파도 위에서 날고, 뛰고, 미끄러지며 태양 아래 그 광경을 지켜보는 이들에게 짜릿함을 선사하는 보드도 있었다. 무엇과도 비견할 수 없이 오롯이 인간의 유흥만을 위해 만들어진 태평양 고대 폴리네시아 전통문화는 호비 알터를 비롯한 여러 발명가 덕분에 오늘날 전 세계적인 스포츠로 거듭났다.

하지만 조지 클라크의 서핑 보드는 이제 더 이상 찾아볼 수 없다. 클라크는 호비 알터의 서핑 보드 회사가 성공하고 얼마 안 돼 독립해 나와 자신의 회사를 설립했다. 그의 회사 클라크 폼Clark Foam은 원하는 대로 모양을 잡을 수 있도록 아무런 무늬나 장식이 없는 하얀 폴리우레탄 서핑 보드인 블랭크를 제작했다. 클라크는 뛰어난 사업가였다. 새로운 밀레니엄이 밝아올 때쯤 클라크 폼은 미국 서핑 보드 시장의 90퍼센트, 전 세계 서핑 보드 시장의 60퍼센트를 점유하고 있었다. 이는 산업을 독식하는 수준이었다. 2005년에 전 세계에서 서핑을 즐기는 인구는 2,000만 명에 달했다. 클라크와 그의 회사는 전 세계에 엄청난 영향력을 행사하고 있었다. 그러나 클라크는 냉혈한으로 악명을 떨쳤다. 그가 언론과 접촉하는 일은 거의 없었으며, 서핑과 세상에서 벗어나 수도원처럼 고립된 장소에서 조용히 살아갔다. 클라크는 본인의 능력과 전문성을 활용해 서핑 업계에서는 큰 성공을 거뒀지만, 평화로운 스포츠의 본질과는 어울리지 않는 평판을 가지고 있었다. 호비 알터와 달리 조지 클라크는 대중에게 사랑받지 못했다.

그러던 중 클라크는 2005년 12월 5일, 급작스럽게 클라크 폼을 폐쇄했다. 클라크는 서핑 보드와, 서핑 보드를 제작하는 데 사용하던 틀을 모두 폐기해서 클라크 폼의 서핑 보드 제조 비법을 영원히 없애버렸다. 그가 40년간 쌓아온 방대한 기술적 지식과 전문성은 누구에게도 알려지지 않고 세상에서 사라졌다.

서핑 산업은 공황상태에 빠졌다. 클라크가 사업을 접을 만한 원인을 도저히 가늠할 수 없었다. 정신이 이상해졌다고 말하는 사람도 있었고, 순전히 못된 성격 탓이라고 말하는 사람도 있었다. 클라크는 거래 중이던 서핑 보드 대리점들에 장황한 팩스를 보내 상황을 설명했지만, 설득력은 떨어졌다. 그가 제조 과정에서 사용 중인 경화제 중 하나에서 발암물질이 발견돼 소송이 진행 중이라는 내용이었다. 하지만 고소장은 고사하고 그가 사용한 화학물질에 의문을 품은 사람조차 찾을 수 없었다.

서퍼들은 클라크 폼이 폐업한 충격적인 날을 '블랭크 먼데이(텅 비었다는 뜻과 동시에 클라크가 제조하던 서핑 보드의 이름을 가리키는 중의적인 의미가 있다 – 옮긴이)'라고 불렀다. 서핑 장면만을 촬영하던 사진사인 제프 디바인Jeff Divine은 그가 항상 찾던 푸른 파도와 밝은 햇살을 뒤로하고 구름 낀 내륙의 산업 지대에서 우울한 광경을 카메라에 담았다. 한 남자가 암담한 콘크리트 재활용품 처리장에서 녹슨 고철과 시멘트 먼지가 뒤섞인 쓰레기 더미 사이에 버려진 조지 클라크의 서핑 보드를 내려다보는 장면이었다.

업계는 잠시 숨을 고르고 힘겹게 앞으로 나아갔다. 당시 왜 그토록 수많은 서핑 보드 제작자가 한 공급자에게만 의존했는지는 알 수 없다. 다른 제작자들이 서핑 보드 틀을 새로 만들어내고, 거래 기술을 익혀서 업계가 정상궤도에 오르는 데는 몇 개월이 걸렸다. 그때까지 클라크는 입을 꾹 다물고 있었다. 그는 세간에 수많은 소문과 궁금증을 남기고 80대의 나이에 황망히 오리건주의 거대한 목장으로 이주했다.

서핑은 더 이상 단순한 스포츠나 취미, 고대 하와이 전통문화에 국한되지 않았다. 서핑 산업은 점점 발전했다. 규모가 커지고, 따라서 세계경제에 미치는 영향력도 덩달아 커졌다. 오직 서핑과 관련된 요소만을 다루는 거대 사업체도 생겨났다. 한때는 더없이 순수했던 서핑은 텔레비전 프로그램과, 잡지 광고, 스폰서 등 이윤을 취하려는 수많은 상업적 욕심으로 지저분하게 얼룩졌다. 조지 프리스와 듀크 카하나모쿠, 알렉산더 흄 포드, 심지어는 잭 런던까지도 이러한 세태를 목격했다면 몹시 안타까워했을 것이다.

영화 〈기젯〉의 주인공 역할을 맡은 샌드라 디 덕분에 한결 깜찍한 이미지를 얻은 캐시 코너 역시 오늘날의 서핑 산업이 어떤 형태를 취하고 있는지 봤더라면 눈썹을 찡그리며 불만을 표했을 것이다.

그들이 사랑하던 서핑은 현대사회에서 거대하게 변모한 서핑 산업과는 거리가 멀었다. 하지만 어지러운 세상을 벗어나 편안한 마음으로 느긋하게 햇볕과, 바다, 모래, 순수한 기쁨을 누리는 서핑 정신을 생각지도 못한 분야에서 찾아볼 수 있다.

그중에서도 기업체에 깃든 서핑 정신이 가장 놀라웠다. 많은 사업자가 미국 서부 해안가 가까이에 기업을 설립하면서(휴식 시간에 해변으로 나갈 수 있을 만큼 바다와 가까웠다) 서핑을 즐기는 사람을 고용했다. 기업에서는 직원들의 성향에 맞게 독특한 근무 환경을 조성해줬고, 그 대가로 회사를 위해 최선을 다해줄 것을 기대했다.

이본 취나드Yvon Chouinard가 이런 관행을 업계 최초로 도입했다. 그는 프랑스계 캐나디안 배관공의 아들로 태어나 성장한 후에는 환경운동가로 활동했다. 취미는 암벽등반과 서핑이었다. 1957년 취나드는 금속 가공 기술을 배워 암벽등반에 사용할 장비들을 직접 제작하기 시작했는데, 미국산 피톤과 아이젠이 도무지 성에 차지 않았기 때문이다. 또한 취나드는 미국에서 생산하는 아웃도어 의류가 야외활동을 즐기는 사람들을 거친 기상환경으로부터 보호해주기에 적합하지 않다고 생각하고는 직접 아웃도어 의류를 생산하기로 마음먹었다. 그래서 그는 1970년에 파타고니아를 설립했다. 이본 취나드는 최초로 사업에 윤리경영을 도입했다. 취나드는 그가 서핑에 가진 열정이 사업을 경영하는 방식에 어떤 영향을 끼쳤는지 나에게 설명해줬다.

**과거에는 날씨와 파도가 어떻게 변화할지 예측하기가 어려웠기 때문**
**에 서핑을 즐기는 사람들은 날씨가 좋으면 언제든지 바다로 나갈 수**

있는 직업과 생활방식을 추구했습니다. '다음 주 목요일 오후 3시에 서 핑을 하겠다.'는 계획을 세우는 것 자체가 애초에 불가능하기 때문이 죠. 서핑은 1950년대 중반에서 1960년대 중반에 걸쳐 선풍적인 인 기를 끌었는데, 개인적으로는 이때가 파티 문화의 절정에 달한 시기 가 아니었나 싶습니다. 25센트면 가솔린 한 통을 샀고, 20달러면 중 고차 한 대를 구할 수 있었으니 젊은이들도 쉽게 즐길 거리를 찾을 수 있었습니다. 돈 한 푼 없이 캠핑을 즐길 수 있었고, 아르바이트를 찾 기도 어렵지 않았으니까요. 넘치는 게 땅이니 당시 캠핑이 크게 유행 한 것도 전혀 놀랍지 않은 현상이었죠.

내가 가진 파타고니아 사업 철학은 '직원들이 서핑을 할 수 있는 회 사'입니다. 우리 회사가 도입한 유연근무제를 설명하고자 이런 표현 을 사용해봤습니다. 나부터가 평범한 회사에 들어가서 전형적인 회 사원처럼 살기를 꿈꾸지 않았기에 자발적이고 독립적인 친구들을 직 원으로 고용하기로 했습니다. 바로 서퍼와 암벽등반가입니다. 우리 회사 직원들은 원하는 시간에 원하는 방식으로 주어진 업무를 처리하 면 됩니다. 이 방식이 아직까지는 아주 좋은 효과를 내고 있습니다.


그 후 서부 해안가의 많은 기업이 파타고니아를 따라 유연근무제를 채택했다. 파타고니아는 자유로운 시간 활용과 복장의 자유 등 야외활 동을 즐기는 사람들이 꿈꾸던 근무 환경을 도입했고, 이러한 아이디어 와 경영 기법은 구글, 페이스북, 트위터, 애플과 같이 성공한 기업들에 상당한 영감을 줬다.

파타고니아의 기업 경영 방식은 캘리포니아를 넘어서 미국 전역으로 확산되고 있다. 하지만 이런 문화는 서핑의 중심지인 미국 서부 해안가에서 가장 뚜렷이 나타난다. 고대 하와이 귀족들이 즐기던 우아한 폴리네시아 고유문화가 세상에 준 가장 아름다운 선물 덕분이다.

# 제4장

# 럭비공 같은 나라, 북한

1966년 4월 13일, 팬암에서 최초로 보잉747기를 인수하다.

1966년 7월 2일,
프랑스가 무루로아 환초에서 원자폭탄 실험을 실시하다.

**1968년 1월 23일,
푸에블로호, 북한에 나포되다.**

1968년 3월 16일, 베트남 밀라이 학살이 벌어지다.

1968년 6월 6일, 로스앤젤레스에서 로버트 케네디가 암살당하다.

1970년 1월 12일, 보잉 747기가 처녀비행에 나서다.

PACIFIC

오 자물쇠를 부수고 문을 열어젖혔네.

오 현관 앞을 빙빙 돌고 있구나.

커다란 군화가 바닥을 두드리고

눈빛은 이글이글 불타오르는구나.

– 위스턴 휴 오든, '오 이게 무슨 소리지?'

1968년 맑은 겨울날, 눈빛을 번득이는 깡마른 군인들이 미국의 소형 비무장 군함에 기관총 사격을 가했다. 북한의 미국에 대한 도발이었다. 사건 소식을 접한 미국 정부는 경악했다.

사건은 1월 23일 화요일 정오 무렵에 발생했는데, 북한군은 총격과 함께 355톤급의 미국 정보 수집 군함을 나포해 북한으로 끌고 가버렸다. 북한이 군함을 나포하자 미국 정부는 무척 당황했다. 150여 년 전인 1815년에 영국이 뉴욕 공해상에서 프레지던트호를 나포한 이래 처음 일어난 일이었다. 프레지던트호 선원들은 버뮤다에 억류되었다가 금세 풀려났지만, 북한군의 포로가 된 미군을 송환하기 위해 미국은 비굴할 정도로 저자세를 취해야 했다. 그러는 동안 푸에블로호 선원들은 제대로 된 식사조차 제공받지 못하고 모진 고문에 시달리며 1년 가까이 억류되어 있었다.

미국은 푸에블로호 사건으로 큰 망신을 당하고 말았다. 이 사건은 북한이 오랫동안 미국과 동맹국 한국에 보여준 적대감에서 비롯됐다. 푸에블로호 사건은 1953년 7월 휴전협정으로 한국전쟁이 중단된 이후에 발생한 수많은 사건 중 하나였다. 그중에는 희생자를 낳은 다소 심각한 사건들도 있었지만, 대부분은 북한의 과장된 위협에 머무는 경우가 많았다. 3년간의 참혹한 전쟁 끝에 맺어진 휴전협정은 평화조약이 아니었다. 1953년의 휴전협정에는 단지 무력에 의한 분쟁을 중단한다는 내용만 포함돼 있을 뿐이었다. 하지만 현재 북한이 핵을 보유한 상황을 고려한다면 이런 종류의 도발도 더 이상은 무시할 수 없다.


## 지도 위에
## 그어진 선

이 골칫거리(태평양에서 북한이 차지하는 군사적 위치와 핵무기를 보유한 상황을 고려해서 철저히 고립된 북한 사회를 묘사하는 데 이보다 훨씬 격한 용어가 사용되기도 하지만, 북한에 대한 기본적인 인식은 성가신 말썽꾼에 가깝다)의 근원은 1953년 휴전협정이 체결되기 이전으로 거슬러 올라간다. 한 미국인 남자가 지도를 앞에 두고 한반도 분단에 대해 성급하게 내린 결정이 세계의 골칫거리를 탄생시켰다.

미국지리학협회에서 발행한 이 거대한 소축척(1센티미터에 350킬로미터가 표시됐다) 벽걸이 지도에는 태평양이 그려져 있었다. 이는 업계의 전설적인 지도 제작자 앨버트 범스테드Albert Bumstead가 디자인하고 전설적인 식자공 찰스 리디포드Charles Riddiford가 사진식자를 삽입한 것이었다. 이 지도는 당시 육군참모총장이었던 조지 마셜George Marshall의 국방성 사무실에 붙어 있었는데, 그는 이 지도를 보며 태평양에서 미국 육군을 어떻게 배치할지 계획을 세우곤 했다.

1945년 8월 14일 워싱턴은 끔찍한 소식을 접했다. 이로부터 5일 전 미국이 나가사키에 두 번째 원자폭탄을 투하해 도시가 완파됐고, 히로히토迪宮裕仁 일왕은 그때까지 단 한 번도 공개한 적 없는 가늘고 높은 목소리로 라디오를 통해 국민들에게 직접 일본의 패망과 태평양 전쟁의 종결을 알렸다.

미 국방성은 방송을 듣고 만족감에 고개를 끄덕였지만, 얼마 지나지 않아 동맹국이었던 소련이 맹렬한 기세로 만주와 사할린섬의 일본군 부대를 격파하고 빠르게 한국으로 내려가고 있다는 사실을 알아챘다. 소련 공산주의자들이 혼란을 틈타 영역을 확장하고 있는 것이었다. 소련의 영토 확장이 장기화될 조짐에 불안감을 느낀 미 국방성은 승리의 기쁨을 느낄 여유조차 없었다.

아직 냉전 시대는 시작되지도 않았건만,▪ 소련은 넓은 태평양을 공

---

▪ 이로부터 8주 뒤, 조지 오웰(George Orwell)은 『트리뷴(Tribune)』지에 기고한 글에서 처음으로 '냉전'이라는 용어를 사용했다.

산화하려는 야심을 드러냈고, 미국 정부에서는 신경을 곤두세웠다.

마셜은 소련의 진출을 막기 위한 즉각적인 대책이 필요하다는 결론을 내렸다. 그는 그날 밤 바로 참모 본부를 소집했다. 참모 본부에서는 소련의 급격한 확장을 저지하기 위해 여러 지역에 검문소를 세우기로 했다. 그러던 중 젊은 장교 한 명이 벽에 걸린 지도 앞으로 걸어 나가더니, 일본의 식민 통치를 받고 있던 한국을 공략해야 한다는 전략을 내놨다.

이 젊은 장교는 당시 36세이던 찰스 하트웰 본스틸 3세Charles Hartwell Bonesteel III였다. 군인 가문에서 태어나 할아버지와 아버지의 뒤를 이어 3대째 군인으로 복무 중이던 본스틸은 웨스트포인트 사관학교를 졸업하고 로즈 장학생(영국 옥스퍼드 대학교의 장학제도로, 세계적으로 손꼽히는 장학제도 중 하나다 – 옮긴이)으로 선정된 엘리트였다. 그는 커다란 미국 지리학협회 지도 앞에 서서 동쪽에서 서쪽으로, 샌프란시스코에서 한국의 수도 서울까지 태평양을 가로지르는 선을 손가락으로 죽 그어 보였다. 본스틸은 두 도시가 모두 적도에서부터 37.5도가량 북쪽으로 떨어져 있다는 묘한 공통점을 발견했다.

그는 한국의 수도인 서울을 미국의 영향력 아래 두어야 한다는 주장을 펼쳤다. 그는 자신의 사무실에 있던 동료 두 명(둘 중에 한 사람, 딘 러스크Dean Rusk는 후에 존 F. 케네디John Fitzgerald Kennedy 대통령 재임 당시 국무장관으로 임명됐다)과 의견을 공유했다. 본스틸은 소련에 한국의 수도인 서울 바로 위쪽에서 확장을 멈추어줄 것을 요구해야 한다고 주장했다. 서울이 북위 37.5도에 위치해 있으니까, "북위 38도를 기준으로 삼으면 되겠다."고 본스틸은 자연스럽게 말을 꺼냈다. 그러고는 지체 없이

미국의 군인 가문 출신인 찰스 본스틸(사진은 안과 수술을 받은 직후의 모습이다)은 1945년 8월 한반도를 둘로 나누는 유명한 38선을 그음으로써 북한의 탄생에 기여했다.

연필을 들고 북위 38도에 아시아에서 캘리포니아까지 관통하는 직선을 그렸다. 이들은 마셜 장군에게 이 내용을 보고했다.

마셜은 그의 이론이 굉장히 합리적이고, 논리적이라고 생각했다. 미국은 외교부를 통해 소련에 의견을 전달했고, 놀랍게도 몇 시간이 채 지나지 않아 소련 정부에서는 미국의 제안에 동의한다는 전보를 보내왔다. 공산군은 한반도까지 계속 진출해서 38선 이북에서 일본군을 몰아낼 생각이며, 38선 남쪽에서는 미군의 어떠한 행동에도 관여하지 않겠다는 내용이었다.

이는 곧장 일본에 투항을 명령하는 사령 본부 일반명령 제1호에 기록됐고, 다음 날 일본에 전달됐다. 이 역사적인 문서의 2항(만주, 북위 38도 이북의 조선 및 사할린에 있는 일본의 선임지휘관과 모든 육·해·공 및 보조 부대는 소비에트 극동군 최고사령관에 항복할 것)과 5항(일본 본토의 총사령부와 북위 38도 이남의 조선, 필리핀에 있는 일본의 선임지휘관과 모든 육·해·공 및 보조 부대는 미합중국 태평양 육군 부대 최고사령관에게 항복할 것)에 38선과 관련된 내용이 포함돼 있다.

이렇게 한반도는 상반되는 두 체제 아래 놓이게 됐다. 미국이 38선 남쪽을 점령했고, 남한이 탄생했다. 반면 소련이 38선 북쪽을 점령했고, 북한이 탄생했다. 이후 소련이 멸망하자 북한은 중국의 영향력 아래로 들어갔다.

38선 이북에서는 모순적이게도 조선민주주의인민공화국이라는 국가명을 앞세웠다. 이로부터 5년 만에 서로에게 적대적인 두 국가 사이에 충돌이 발생하고 끔찍한 3년간의 전쟁이 시작됐다. 1953년, 이 전쟁의 결과로 남한과 북한은 지구상에서 가장 삼엄하게 무장된 경계를 사이에 두고 분단의 길로 들어섰다.

애초 제기된 의견처럼 제2차 세계대전이 끝나고 한반도를 네 구역으로 나눠 미국, 소련, 중국, 영국이 각각 신탁통치에 나섰다면 세상은 지금보다 훨씬 안정적일 것이라고 많은 군사전략가는 추측한다. 국제사회의 개입 없이 소련이 한반도 전체에 지배권을 행사했더라도 오늘날과 같이 살벌한 상황이 연출되지는 않았을 것이다. 한반도에서 전쟁이 발발하는 일도 없었을 것이고, 한국은 다른 소련의 위성국가와 마찬가지로 소련이 약해지면서 자연스럽게 독립을 이루어냈을 가능성이 높다.

하지만, 어린 시절부터 틱이란 별명으로 불리던 찰스 하트웰 본스틸 3세가 별생각 없이 지도에 선 하나를 그으며 태평양에 갈등의 불씨를 지폈다. 이렇듯 외부에서 임의로 형성한 다른 모든 국경선(인도-파키스탄 국경지대가 대표적이다)과 마찬가지로, 본스틸의 손에서 탄생한 38선도 생각지도 못한, 아니 상상조차 할 수 없었던 결과를 가져왔다. 1977년 본스틸이 사망하기 전까지 그는 자신이 지리협회 지도에 가볍게 쓱 그은 선 하나가 야기한 온갖 위험한 상황을 수도 없이 목격했다. 38선을 제정하고 5년 후 발발한 참혹한 전쟁을 비롯해 국경지대에서는 수천 번이 넘는 총격전이 발생했고, 한반도에서는 납치, 습격, 땅굴 파기 등 별별 사건이 일어났다. 그중 하나가 1968년 발생한 푸에블로호 사건이다.

## 푸에블로호의
## 임무

　　　　　푸에블로호는 콘스티튜션호보다는 케인호와 비슷한 외양을 가진 낡고 조그마한 배였다. 푸에블로호는 금방이라도 녹여서 재활용한다고 해도 놀랍지 않을 정도로 낡은 상태였다. 1950년대 미 해군에서 극비리에 진행한 첩보 작전인 클릭비틀 작전에 이 낡은 배가 투입됐다. 원래 미국 정부에서는 클릭비틀 작전에 선박 70척을 투입하려고 했다. 상대국에서 경계하지 않도록 푸에블로호만큼 낡은 배를 적국 해안선에 침투시켜서 안테나를 접고 무선통신 내용을 도청하려는 계획을 세웠다. 하지만 터무니없이 부족한 예산 때문에 최종적으로는 팜비치호, 배너호, 푸에블로호 세 척만이 첩보 작전에 투입됐다.

작전에 투입된 함선 세 척은 모두 고철 덩어리에 가까웠다. 그중에서도 푸에블로호는 특히 작고 낡아서 볼품이 없었다. 그래서인지 국방성은 푸에블로호에 가장 까다로운 임무를 부여했다. 이제 푸에블로호는 세계에서 가장 은밀한 정보 수집 기관 중 하나인 미국 국가

안전보장국National Security Agency, NSA의 눈과 귀가 되어 작전을 펼칠 예정이었다.

온갖 첨단 기술을 도입해 첩보 행위를 펼치는 오늘날과는 비교 자체가 안 되겠지만, 1968년에도 NSA는 막강한 자본을 갖춘 거대하고 강력한 정보 수집기관이었다. 나는 아직까지도 메릴랜드 포트미드에 자리한 NSA 본부를 둘러싼 삼중 펜스 근처로 차를 타고 접근했다가 보초한테 쫓겨났던 상황을 생생히 기억한다. NSA는 정보 수집 활동을 위해 영국, 홍콩, 남대서양 어센션섬, 지브롤터, 하와이, 디에고가르시아섬 등 전 세계에 거점을 마련해뒀는데, 나는 여러 차례 방문을 시도했지만 번번이 쫓겨나곤 했다. NSA에서는 대형 항공기와 선박, 잠수함을 이용해 여기저기로 이동하며 정보 수집 활동을 펼치기도 한다. 하지만 클릭비틀 작전에 투입된 낡은 배 세 척과 같이 비밀리에 따로 예산을 배정받아 표면적으로는 다른 목적을 내걸고 전 세계 바다를 떠다니며 첩보 활동을 수행하는 배들도 있다. 겉으로 드러나지는 않지만, 이런 작고 평범한 배들은 정보 수집 산업이 발전하는 데 큰 기여를 했다.

푸에블로호 갑판에는 총구를 아래로 향한 기관총 두어 자루가 설치돼 있었는데, 방수포를 덮어놓은 데다가 위에는 캔버스 천으로 제작된 차양까지 쳐져 있어서 푸에블로호는 전함보다는 태평양을 떠돌아다니는 화물선에 가까워 보였다. 표면상 푸에블로호는 해양학 연구용 선박이라고 알려져 있었다. 워싱턴 브레머턴 항구에서 거행한 임관식에서는 영양학 교수가 등장해 이와 관련된 인터뷰까지 했다. 교수는 기자들에게 첨단 기술을 도입해 푸에블로호가 태평양에서 새로

1944년 미시간호에서 군용 수송함으로 건조돼 후에 미 해군의 해양조사선으로 사용되던 푸에블로호는 1968년 첩보 활동을 펼치던 중 북한군에게 나포됐다. 선체는 여전히 북한에 전시되어 있다.

운 영양소를 추출할 예정이라며 믿으려야 믿을 수 없는 허황된 이야기를 늘어놓았다. 이 모든 것이 위장의 일환이었다. 하지만 저녁식사를 하며 TV를 시청하던 사람들은 이 터무니없는 이야기를 순순히 받아들였다.

푸에블로호의 선장인 로이드 버처Lloyd Bucher는 말술에, 목소리가 쩌렁쩌렁한 근육질이었다. 체스를 즐기고, 셰익스피어William Shakespeare의 작품에 푹 빠져 있던 버처는 과거에 잠수함에서 승무원으로 근무한 경력이 있었다. 친구들은 버처를 피트Pete라고 불렀다. 처음에 버처는 자신이 보잘것없는 배의 선장으로 임명됐다는 사실에 크게 실망했다. 하지만 열흘간 국방성과 포트미드에서 임무의 개요에 관한 교육을 받고서는 기분이 좋아졌다. 일본에 거점을 둔 초라한 군함이 작전을 수행할 지역이 경비가 삼엄한 소련과 중국 연안이 아니라는 사실을 전해 들었기 때문이다. 그 대신에 푸에블로호는 일본에서 동해를 건너 북서쪽으로 960킬로미터를 이동해 북한 연안을 순찰할 예정이었다. 당시 공산국가의 영해는 통상적으로 해안선으로부터 약 20킬로미터까지였고, 푸에블로호는 21킬로미터 밖에서 작전을 수행하도록 돼 있었다. 푸에블로호에는 극비리에 송신되는 북한의 통신을 중간에서 가로채 암호를 판독하는 임무가 내려졌다.

이는 당시 정부에서 큰 관심을 갖던 임무였고, 작전과 관련된 사항은 모두 비밀리에 진행됐다. 북한 연안에서 이루어지는 첩보 업무의 모든 권한은 버처에게 있었다. 어떠한 문제가 발생하더라도 미 해군에서 자신에게 책임을 물을 수 없다는 사실에 이 젊은 선장은 흥분했다. 애초에 버처는 모험이라면 사족을 못 쓰는 데다가, 허세를 부리면서 나서기를 좋아하는 성격이었다.

냉전 시대에는 첩보선 사이에 통용되는 암묵적 규칙이 있었다. 국적을 떠나 해군 사이에는 바다만이 진정한 적수이고, 인간 사회에서의 갈등은 대자연 앞에 하잘것없다는 신념이 바탕에 깔려 있기 때문이다. 그랬기에 냉전 당시에 미국과 소련은 첩보 행위가 필요악이라는 사실을 받아들였으며, 상대국 해군에서 정보를 빼돌리기 위해 투입한 배를 발견하더라도 상황이 심각하지 않은 이상 서로 모른 척 넘어가주기로 일종의 신사협정이 체결돼 있었다. 하지만 버처는 이와 관련된 배경지식이 전무했고, 무엇보다 북한과 미국 사이에는 첩보 행위에 관한 얘기가 전혀 오가지 않은 상태였다. 미국에 북한은 전혀 위협적인 존재가 아니었다. 해군의 규모가 작고, 연안에 배치된 군함의 수도 많지 않았으며, 몇 안 되는 군함은 소련 군함과는 달리 초라한 모습이었다. 하지만 북한군은 최소한의 상식조차 지키지 않은 채 무분별하고 거침없는 행동을 보여주곤 했다. 위험을 즐기던 버처는 이런 사실조차 짜릿함을 더해준다고 생각했다. 버처는 들뜬 마음으로 임무를 수행하기 위해 푸에블로호가 출항 준비에 한창이던 워싱턴주로 향했다.

브레머턴에서 NSA 소속의 엔지니어들과 기술자들은 이미 테스트를 여러 번 거친 극도로 섬세한 도청 장치를 푸에블로호에 설치했다. 머지않아 푸에블로호의 비밀 선실에서 도청 장치를 이용한 첩보 행위가 시작될 예정이었다. 푸에블로호의 돛대에는 무선통신 신호를 수신하고 전파를 탐지하기 위해 온갖 모양을 한 안테나가 수십 개 설치됐다. 주변에서 쉽게 접할 수 있는 친숙한 모양도 있었고, 도저히 용도를 가늠할 수 없는 이상한 모양도 있었다. 설치 작업이 끝나자 상부에서 첨단 장비로 뒤덮인 작은 배를 타고 하와이로 향하라는 명령이 내려왔다. 이 작은 배는 거대한 바다에서 밀려드는 파도에 속절없이 흔들렸고, 선원들은 멀미에 시달렸다. 버처는 돛대에 달린 수많은 장비 때문에 배의 무게중심이 흔들려 위험하지는 않을까 걱정했지만, 걱정이 무색하게 푸에블로호는 무사히 하와이에 당도했다. 하와이에서 버처는 태평양 함대 함장에게 그가 수행할 임무에 관한 자세한 내용과 기밀 사항을 전달받았다. 1967년 말, 푸에블로호는 마침내 일본 도쿄만 서쪽 요코하마항에 자리한 해군기지로 출발했다. 요코하마항을 본거지로 삼아 작전을 개시할 예정이었다.

푸에블로호는 요코하마항에서 1967년 크리스마스를 보냈다. 1968년 1월 5일, 이 조그만 선박은 마침내 작전에 투입됐다. 일기예보에서는 낮은 기온을 제외하고는 전혀 주목할 만한 사항이 없다고 했다. 푸에블로호가 앞으로 순찰을 돌 지역에 북한 트롤선 몇 대가 돌아다니고 있다는 제보가 들어왔지만 사령관은 버처에게 북한에서 미국 국적 민간 선박을 귀찮게 하는 일은 없을 거라고 신경 쓰지 않아도 된다는 말만 할 뿐이었다.

항해에 들어가기 전 푸에블로호에 자세한 지령이 내려왔다. 푸에블로호는 앞으로 2주간 소련 국경과 DMZ 사이 바다를 오가며 임무를 수행할 예정이었다. 미국이 입수한 정보에 따르면 북한이 얼마 전 해안가에 대공 포화를 설치했고, 모스크바에서 북한 해군에 잠수함 네 대를 지원해줬으니 이를 조심하라는 내용도 지령에 포함돼 있었다. 2주 동안 첩보 활동을 완수하고 뱃머리를 돌려 일본으로 귀항하는 것이 당초 계획이었다. 요코하마항을 출항해서 돌아올 때까지, 심각한 비상 사태가 아니면 무선 신호를 보내 교신을 시도하는 행동은 철저히 금지되었다.

버처는 상부에서 내려온 지시를 따르며 즐거운 시간을 보냈다. 부두를 떠나 남쪽 항로로 들어서는 동안 버처는 푸에블로호의 최상층 선교에 여봐란듯이 서 있었다. 그는 기분이 몹시 좋았다. 선원들이 선장을 위해 건배를 했고, 선장은 이들을 위해 한 곡조 뽑아 올리기로 했다. 버처는 근처를 지나가던 일본 어선에도 자신의 목청을 뽑내서 일본 선원들을 어리둥절하게 했다. 당시 인기 있던 재즈 음악인 '더 론리 불The Lonely Bull'이 바다에 울려 퍼졌다. 아주 딱 맞는 선곡이었다.

항해 초반에 태풍을 맞닥뜨린 일을 제외하고 푸에블로호가 1월 13일 북한 원산항 연안에 도착하기까지 별다른 일은 발생하지 않았다.▪ 푸에블로호는 지시받은 대로 해안선에서 어느 정도 거리를 두고 북한군에 포착되는 일이 없도록 최대한 비밀스럽게 움직였다. 밤에는 희미한 불빛만 남겨두거나 아예 배 전체를 소등한 채 항해를 계속했다. 당부 대로 푸에블로호는 어떠한 상황에도 무선 침묵을 지켰다. 심지어 선박 의 위치를 알리기 위해 모든 미 전함이 매일 예외 없이 태평양 함대에 송신하는 암호화된 메시지조차 전송하지 않았다.

상부의 간섭에서 벗어난 선원들은 곧 반복되는 정찰 업무에 익숙 해졌다. 푸에블로호는 해안선을 따라 천천히 오르내리며 안테나에 잡히는 모든 무선전파를 수집했고, 선원들은 혹시라도 평소와 다른 점은 없는지 주변을 면밀히 살폈다. 이를 제외한 시간에는 하루 세끼 식사를 꼬박꼬박 챙겨 먹으면서 해먹에서 휴식을 취하거나, 〈12명의 성난 사람들Twelve Angry Men〉〈전격 후린트 특공작전In Like Flint〉같은 영화 를 감상하며 시간을 보냈다. 물론 이 와중에도 암호 해독과 모니터링 을 담당하는 선원들은 폭발에도 끄떡없는 단단한 철문 뒤에서 첨단 장비와 씨름하고 있었다. 선체에 언 얼음을 깨뜨릴 때를 제외하고 몸 을 움직일 일이라곤 전혀 없었다. 버처는 안테나 등 수많은 교신 장 비 때문에 배가 이미 불안정한 상태에서 얼음까지 두껍게 얼어붙으 면 침몰하지 않을까 우려했다. 하지만 얼음 깨기는 수병 모두가 꺼리 는 일이었다.

---

■ 푸에블로호는 출항 첫날 어마어마한 태풍과 맞닥뜨렸고, 한 치 앞도 보이지 않는 상황에서 암초와 충돌 할 뻔했다. 푸에블로호는 일본 사세보의 미군기지에서 이틀간 보수 작업을 거치고 다시 임무에 투입됐다.

## 나포된

## 푸에블로호

　　냉랭한 한반도 앞바다를 오르내린 지 9일째 되던 날인 1월 22일 월요일, 푸에블로호는 원산항 연안으로 되돌아왔다. 버처와 선원들은 당연히 그날도, 그다음 날도 지난 아흐레와 같이 평범한 일상이 반복될 것이라도 생각했다. 하지만 외부와의 접촉이 완전히 차단된 탓에 이들은 중대한 사실을 놓치고 있었다. 지난 주말 동안 한반도에서 발생한 사건 때문에 경계가 삼엄해져 육지와 거리가 가까워지면 특히 위험할 수 있다는 사실을 푸에블로호에서는 전혀 몰랐던 것이다.

　　이로부터 일주일 전, 중무장한 북한 특공대가 국경을 넘어 남한에 침투했다. 서울의 청와대를 습격해 박정희 대통령과 그 가족, 측근을 피살하라는 상부의 명령을 수행하기 위해서였다. 특공대원들은 임무가 끝나면 청와대에서 도망쳐 북한으로 되돌아갈 예정이었다. 북한 정찰국 소속 124부대 대원 31명이 철조망을 넘어 남한에 침투했고, 청와대에서 채 1킬로미터도 떨어지지 않은 지척까지 접근했으나 결국 정체를 들키고 말았다.

　　서울 한복판에서 총격전이 벌어졌다. 경악한 시민들은 공포에 떨며 그 광경을 지켜봤다. 총격전에서 살아남은 공작원들은 근처의 야산으로 도주했으나 남한에서는 이들을 잡기 위해 병력 6,000명을 투입했고, 무장공비들은 하나하나 붙잡혔다. 사건이 일어난 지 딱 일주일 만에 공작원 31명 중 한 명이 체포되고 29명이 사살되면서 사건이 종결됐다. 남한 땅을 무사히 벗어난 공작원은 단 한 명에 불과했다. 하지만 사건의 여파로 한반도의 분위기는 뒤숭숭해졌고, 북한군은 잔뜩 날을 세우고 있었다. 평소보다 북한과 거리를 둘 필요가 있었다. 그러나 태평양 함대 본부에서는 이런 위험한 상황에 대해 일언반구도 언급하지 않았다. 어째서 간단한 경고조차 하지 않았는지 알수 없는 일이다.

월요일 오전은 특별한 일 없이 평화롭게 지나갔다. 하지만 점심 무렵 보초를 서던 선원의 연락을 받은 버처 선장은 선교로 급하게 뛰어나갔다. 북한 트롤선 두 척이 푸에블로호를 향해 빠르게 다가오고 있었다. 이들은 푸에블로호에서 채 25미터도 떨어지지 않은 거리에 멈춰 섰다. 트롤선의 선원들은 도저히 평범한 어부들의 것으로는 보이지 않는 거대한 카메라를 꺼내 들고 푸에블로호 사진을 수십 장 찍었다. 북한 선원들의 표정은 무시무시했다. 푸에블로호에 승선했던 병사 한 명은 "그들은 마치 우리 간을 빼 먹고 싶어 하는 것처럼 보였다."고 말했다.

위기감을 느낌 버처는 무선 침묵을 깨고 일본 HQ 함대에 신원이 발각된 것 같다는 통신을 보내기로 결정을 내렸다. 이 단순한 내용을 복잡한 암호문으로 변환해서 비밀 루트로 송신하는 데만 반나절이 넘게 걸렸다.

다행히 트롤선 두 척이 북한 해안으로 돌아간 후에는 별다른 징조가 없었다. 다음 날 아침, 비정상적으로 활성화된 북한의 무선통신망이 뭔가 꺼림칙한 느낌을 줬다. 전날인 월요일과 마찬가지로 바다는 텅 비어 있었다. 해안선에서 24킬로미터 거리에 떠 있는 푸에블로호만이 바다에 나와 있는 유일한 선박인 듯 보였다. 하지만 정오 무렵 단단히 무장한 북한 해군 구잠정 한 척이 갑자기 나타났다. 구잠정은 푸에블로호를 향해 전속력으로 다가오고 있었다. 헬멧을 쓰고 있던 북한군은 신호기를 올렸다. "국적이 어디인가?", "배를 멈추지 않으면 발포하겠다."

그리고 다가오던 구잠정은 수평선 너머에서부터 빠르게 접근하는 순찰 함대에 무선통신을 쳤다. "미국 선박이다. 들리는가? 무장해 있으며 레이더가 달려 있다. 무선안테나도 달려 있다. 안테나가 아주 많다. 주파수 측정 결과 우리를 염탐 중인 것 같다." 북한군은 명석하게도 푸에블로호의 의도를 곧바로 눈치챘다. 푸에블로호에서는 통신 내용을 듣지 못했지만, 3일 전 청와대 습격 작전이 실패로 돌아간 후 북한 상공에서 정찰 임무를 수행 중이던 미국의 C-130 허큘리스 수송기가 우연히 통신을 도청했다. 아래쪽에서 미국 선박을 둘러싸고 전개되는 급작스러운 상황에 수송기에 타고 있던 통신장교는 곧장 일본에 연락을 취했다. 푸에블로호 선장에게 현 상황을 경고해주라는 것이었다.

하지만 그때 일본 본부에서 푸에블로호에 경고를 보냈더라도, 푸에블로호에서는 내용을 듣지 못했을 것이다. 북한 군함 여섯 척이 구잠정에서 보낸 메시지를 받고 푸에블로호를 포위하기 위해 빠르게 다가오고 있었기 때문이다. 구잠정이 나타난 지 채 20분이 지나지 않아 중무장한 적선이 사방에 자리 잡았다. 북한군의 목적은 분명했다. 미국 적선의 통신을 끊고, 배에 타고 있는 선원들을 결박한 뒤, 원산항으로 예인하는 것이었다. 추적에 나선 북한 전함이 다른 전함에 알렸다. "승선을 위해 접근 중이다."

한편, 주변에 북한 선박들이 다가오고 있다는 단편적인 상황만 파악한 버처는 주어진 선택지를 빠르게 확인했다. 추격자들을 따돌리고 달아나거나, 푸에블로호를 침몰시켜 기밀문서를 파기할 수도 있었다. 푸에블로호 선체 위로 미그기가 낮게 비행하면서 긴장감이 한층 고조됐다.

버처는 북한군의 요구에 순순히 따를 생각이 없었다. 그는 먼저 신호기를 올려 푸에블로호가 도주할 의지가 없음을 알렸다. 이쨌거나 대외적으로 푸에블로호는 바닷물 샘플을 채취 중인 해양조사선이었고, 북한군의 공격을 받을 만한 움직임을 보인 적이 없었다. 하지만 곧 북한 선원들이 구잠정 갑판에 모습을 드러냈다. 이들은 소총으로 무장한 상태였으며, 푸에블로호 선상에 오르려는 움직임을 보였다. 손에 땀을 쥐게 하는 상황이었다. 버처는 통신 대원에게 신호기 하나를 더 올리라는 명령을 내렸다. 이전보다 한층 부드러워진 내용을 담고 있었다. "조언해줘서 고맙다. 바로 떠나겠다." 선장은 뱃머리를 동쪽으로 돌렸다. 푸에블로호는 전속력으로 항해를 시작했다. 당시 위엄을 잃지 않은 채 위기를 모면하려 했다고 버처 선장은 훗날 말했다.

상공에서 상황을 관찰하던 미국 수송기는 북한 구잠정에서 송신한 무선통신을 도청했다. "미국 선박이 도주하고 있다. 격추해도 되겠나?" 해안에 자리한 통제실에서 허가가 내려왔음이 틀림없었다. 바로 뒤까지 추격해온 북한 선박에 신호기가 한 번 더 올라왔기 때문이다. 내용은 이전과 같았다. "배를 멈추지 않으면 발포하겠다." 버처는 신호기를 봤지만 계속해서 도주하기로 했다. 그는 선원들에게 도청 장치를 부수고 문서를 불에 태워서 임무와 관련된 일체를 최대한 많이 파기하라고 명령했다.

바로 위에서 제트기 소리가 다시 한 번 들려왔다. 무시무시하리만치 큰 소리였다. 이번에는 선체에 더 가깝게 접근한 듯했다. 푸에블로호를 쫓아오던 작은 선박 한 척이 방향을 바꿔서 옆으로 이동했다. 이제 푸에블로호와 북한 주력함 사이에는 어떤 방해물도 없었다. 총탄이 빗발치는 소리가 들려오고, 연기가 피어올랐으며, 여기저기 탄피가 날아다녔다. 북한 해군이 도주 중인 미국 군함에 마침내 공격을 가한 것이다. 단순한 약탈 행위로 끝날지, 전쟁이 발발할지, 도저히 결과를 예측할 수 없었다. 상황은 점점 심각해져갔다.

배의 위쪽에서 선원들이 쏟아지는 총격을 피하기 위해 혼신의 힘을 다했지만, 파편은 사방으로 튀었다. 배의 여기저기에서 화재가 발생했고, 유리는 산산조각이 났으며, 날아온 총알에 선체와 굴뚝, 갑판에 구멍이 뚫렸다. 부상을 입은 이도 여럿 있었다. 기관사였던 두에인 호지스Duane Hodges는 복부와 다리에 총상을 입고 과다출혈로 목숨을 잃었다.

선체 아래쪽의 파손 상황은 더 심각했다. 임무를 수행하면서 분류해 놓은 자료들을 어떤 방식으로든 훼손해서 쓸모없는 종잇조각으로 만들어야 했기에 선원들은 온갖 도구를 총동원했다. 기술자들은 도청 장치에 도끼와 커다란 망치를 휘둘렀다. 하지만 내구성이 어찌나 좋았던지 힘 좋은 장정이 몇 번이고 무기로 내리쩍어도 기계를 완파할 수 없었다. 태우거나 파쇄해야 할 종이도 끝이 없었는데, 배에는 한 번에 한 장씩만 분쇄할 수 있는 성능이 떨어지는 파쇄기 한 대밖에 없었다. 그래서 이들은 불을 질러서 문서를 태웠고, 곧 연기가 기계실을 가득 채

왔다. 도끼를 휘두르던 기술자들은 호흡곤란을 호소하며 밖으로 뛰쳐나왔다. 하지만 쏟아지는 북한군의 총격에 다시 불구덩이 속으로 뛰어들어야 했다.

무선통신사는 일본의 해군 작전 본부와 통신을 접속시켰고, 푸에블로호의 상황은 생중계됐다. 북한의 일방적인 총격에 꼼짝 못 하고 당하는 끔찍한 소리를 들은 일본 작전 본부의 통신원들은 경악을 금치 못했다. 버처는 여전히 동쪽으로 도주하려고 했으나, 엔진의 출력을 최대한 높여도 푸에블로호의 속도는 13노트에 불과했다. 이제 바로 옆까지 적선이 쫓아왔다. 푸에블로호에는 총탄이 비가 내리듯 쏟아졌다. 더 이상 희망이 없다고 생각한 기관장은 선장의 지시에 반대되는 행동을 보였다. 버처 선장이 갈피를 못 잡고 머뭇거리는 모습을 보고 조타실에서 배의 엔진을 꺼버린 것이다. 북한군과 맞닥뜨린 지 불과 한 시간 만에 일어난 일이다.

속도가 점점 줄어들더니 푸에블로호는 마침내 출렁이는 물결 위에 멈추어 섰다. 검은 연기가 창문과 환기구의 구멍마다 뿜어져 나왔다. 어떻게든 기밀문서를 파기하려고 피운 불 때문이었다.

총성이 멎고, 침묵이 내려앉았다. 차가운 파도가 선박에 부딪쳐 철썩이는 소리 외에는 그 어떤 소리도 들리지 않았다. 당시 푸에블로호를 쫓아오던 북한군 중 영어를 할 줄 아는 이는 한 명도 없었다. 북한군은 신호기를 들어 올려 푸에블로호에 승선해 있는 미국인들에게 지시를 내렸다. "따라오라." 버처는 이를 무시했다. 그러자 화가 난 북한군은 흔들리는 깃발을 다시 한 번 가리켜 보이며 뱃머리를 돌리고 지시에 따를 것을 명했다. 북한군이 말하고자 하는 바를 이해하기 위해 따로 외국어 지식이 필요하지는 않았다. 북한군은 어깨높이로 AK-47 소총을 겨누고서 방아쇠에 손가락을 걸었고, 갑판에 배치된 대포는 이미 발포 준비가 완료된 상태였다. 이들은 지척에 무기력하게 서 있는 미국인들을 전멸시키라는 명령을 기다리고 있었다.

버처는 전 세계 해군에게 통용되는 가장 기본적인 규칙을 따르지 않았다. 투쟁 없이 배를 포기해서는 안 된다는 규칙이었다. 제임스 로런스James Lawrence가 죽기 전 전투에서 남긴 마지막 명령인 "배를 포기하지 마라."는 모든 미국 해군에게 절대적인 규칙이었다. 하지만 버처가 이날 보여준 행동은 로런스의 유언과는 대조적이었다. 버처 선장은 이후 수년간 비난을 받아야 했다. 그는 푸에블로호의 기밀문서들과 장비들을 파괴하는 데 실패했을 뿐만 아니라, 적국에 배를 너무나도 순순히 넘겨버렸다.

미국에서는 버처 선장의 행동을 용납할 수 없다는 비난의 목소리가 커져갔다. 이들은 존 폴 존스John Paul Jones나 데이비드 패러컷David Farragut, 혹은 넬슨Horatio Nelson이나 로드니Baron Rodney 장군이라면 같은 상황에 처했더라도 그런 행동을 보이지는 않았을 것이라고 버처를 비난했다. 그들은 총격에는 총격으로, 포탄에는 포탄으로 맞서며 전장에서 목숨을 잃고 배가 침몰당해 바다에 해군을 상징하는 모자만이 둥둥 떠 있게 되더라도 싸웠을 것이다. 그게 해군의 방식이었다. 그런 점에서 푸에블로호는 미국 해군의 명예를 실추시켰다.

**잔혹했던**

**시간들**

　　　　　로이드 버처와 푸에블로호는 북한군의 손에 넘어
갔다. 아이다호에서 태어나 네브래스카 평야 한복판의 고아원에서 성
장해 미식축구 특기생으로 장학금을 받고 대학에 간 41세의 탕아는
본인의 혈관 속에 피 대신 바닷물이 흐른다고 공공연히 떠들고 다녔
지만, 북한 앞바다에서 그가 보여준 행동에서는 결코 진정한 선원의
모습은 찾을 수 없었다. 그는 푸에블로호의 조타수에게 육지로 키를
돌리라고 명했다. 첩보 활동의 증거를 조금이라도 더 인멸하기 위해
서 배는 4노트의 속도로 아주 천천히 항해했다. 북한군의 지시에 따
라 적진으로 향하는 낡고 초라한 푸에블로호는 침울한 느낌을 줬다.
푸에블로호는 미국 해군의 수치이자 망신거리였다.

　북한으로 향하는 동안 푸에블로호의 선내에는 다음과 같은 내용이
방송됐다. "잘 들어라! 앞으로 우리는 어떤 일이 있어도 행동강령에 따
른다. 이름과 계급, 군번을 제외하고는 적군에게 그 어떤 정보도 발설
해서는 안 된다!" 방송이 끝나자마자 푸에블로호의 갑판에는 무거운
발걸음 소리가 울려 퍼졌다. 북한군이 자동소총과 칼로 무장한 채 배에
오른 것이었다. 푸에블로호의 첫 첩보 작전은 이렇게 공식적으로 막을
내렸다. 작전에 투입된 지 2주가 조금 넘었을 뿐인데 푸에블로호의 선
장과 선원은 전원 나포됐다.

　북한에 수감된 11개월 동안 푸에블로호의 선원들은 끊임없는 구타
와 심문에 시달리며 제대로 된 식사조차 제공받지 못했다. 북한군은 이
들의 모습을 흑백사진으로 남겨놓았다. 첫 번째로 촬영된 사진에는 검

로이드 버처 선장과 선원 81명은 북한에서 11개월 동안의 수감생활을 끝내고 1968년 크리스마스에 자유를 되찾았다. 송환되는 날 찰스 본스틸 장군이 DMZ에서 이들을 맞이했다.

은 가죽 재킷을 입고 해군 모자를 쓴 버처 선장을 비롯한 해군들과 작업복 차림에 털모자를 뒤집어쓴 사병들이 한 줄로 늘어서서 양손을 높이 든 채 비굴하게 패배를 인정하는 모습이 찍혀 있다. 북한에서는 이들을 수감한 뒤 또 한 장 사진을 찍었다. 감옥에는 아늑함을 강조하기 위한 화분이 소품으로 비치되어 있었다.▪ 수감된 이들 중 몇몇은 카메라를 향해 중지를 쭉 펼쳐 들고 있었는데, 북한군에는 이 제스처가 하와이식 인사법이라고 설명했다. 후에 「타임」지를 읽다가 제스처의 진짜 의미를 알아챈 북한군은 이들을 흠씬 두들겨 팼다. 푸에블로호 승무원 중 한 명이었던 스티븐 우엘크Stephen Woelk가 마취 없이 수술을 받

---

▪ 사진을 찍고 나서 북한군은 화분을 치웠다. 다음번 찍힐 사진에는 시들시들한 모습이길 바라며, 유치장에 남아 있던 화분에는 푸에블로호 선원들이 오줌을 눴다.

은 뒤 회복실에서 살아남았다는 안도감에 희미하게 웃는 모습이 찍힌 사진도 있다. 사진보다는 그가 직접 남긴 진술이 당시의 상황을 훨씬 생생하게 전달한다.

북한군에 붙잡힌 지 열흘째 되는 날 저녁이었던 것으로 기억한다. 나는 수감 중이던 감방에서 나와 복도 끝에 의무실 같은 공간으로 옮겨졌다. 그때까지 부상을 치료하기 위해 북한 측에서 이렇다 할 조치를 취한 적은 없었다. 그들은 의무실에 놓인 철제 침대에 나를 눕혔다. 그러고는 움직이지 못하도록 양손과 양발을 침대 귀퉁이에 묶었다. 그렇게 나는 다리를 벌린 채 결박당했고, 북한 의사들은 마취나, 고통을 덜어줄 만한 어떤 사전 준비도 없이 수술에 들어갔다. 나는 아직도 가위가 서걱대며 생살을 찢고, 연날리기에나 쓰일 법한 두꺼운 실로 살을 꿰매던 느낌을 기억한다. 내 몸에서는 총알 파편이 한 줌이나 나왔다. 수술 시간은 영원같이 길게 느껴졌는데, 실제로는 길어봐야 30분 정도였을 것이다. 나중에 듣기로는 내 비명소리가 온 건물에 울려 퍼졌고, 그 소리가 얼마나 끔찍했던지 동료들은 누군가가 고문을 당하고 있다고 생각했을 정도라고 했다. 수술이 끝나고 나는 다시 동료들이 있는 감방으로 돌아왔다.

총격으로 목숨을 잃은 기관사 두에인 호지스를 제외하고, 우엘크를 비롯해 북한군이 푸에블로호를 습격하는 과정에서 부상을 입은 이들은 몇 개월간 이어지는 긴 수감생활을 버텨냈다. 도저히 납득하기 힘든 의료 행위에도 불구하고 우엘크는 마침내 건강을 회복했다.

의사는 기다란 거즈에 연고인지 뭔지 모를 약품을 바른 후 벌어진 상처에 마구 쑤셔 넣었다. 거즈는 집게가 더 들어가지 않을 정도로 깊이 들어갔다. 하루하루 지나고 살이 아물면서 거즈가 들어가는 깊이도 점점 얕아졌다. 어느 날은 상처에서 거즈와 함께 뭔가가 튀어나왔다. 의사와 의료진도 그 장면을 목격했다. 따뜻한 피난처를 찾아 내 몸속을 파고 들어온 빈대였다. 의료진은 빈대가 상처에서 튀어나오는 일에 별 감흥이 없는 듯했다. 조선민주주의인민공화국에서는 빈대가 상처에 자리 잡는 일이 흔하게 일어나는 것 같았다. 이들은 매일 내 다리에 별별 주사와 투명한 수액을 놨다. 다리가 평소의 두 배만큼 붓긴 했지만, 점점 회복되는 걸 보니 어떤 약을 썼는지는 몰라도 효과는 있었던 것 같다.

건강한 사람이고 부상당한 사람이고, 장교고 병사고 할 것 없이 수감생활을 하던 모든 이에게는 나름의 사연이 있었다. 북한에서의 생활은 잔혹하고, 쓸쓸하고, 배고프고, 고통스러웠다. 그들은 본인들을 석방시키기 위해 워싱턴과 평양 사이에서 어떤 협상안이 오가고 있는지 알 수 없었다. 북한에서는 시종일관 비협조적인 태도를 보이고 있었다. 거래가 성립되기까지는 6개월이 넘는 시간이 걸렸다.

푸에블로호에 관련된 협상은 DMZ 내에 자리한 판문점에서 이루어졌다. 15년 전 휴전협정을 맺으며 한국전쟁이 종결된 바로 그 장소였다. 미국과 북한은 초록색 천이 덮인 탁자를 사이에 두고 의견을 주고받았다. 북한과의 교섭이 으레 그렇듯 이들의 의견 차이는 좀처럼 좁혀지지 않았다. 동화책『이상한 나라의 앨리스』의 이상한 나라에 온 것만 같은 광경이 펼쳐졌다. 탁자 사이로 고성이 오가고, 협상에 참석한 사람들은 식식대면서 주먹을 휘둘렀으며, 논리적이고 합리적인 대화는 찾을 수 없었다. 제261차 군사정전위원회에 푸에블로호 사건이 공식적으로 언급됐다. 북한 측 협상대표인 박중국 장군이 무표정한 얼굴로 싸늘하게 입을 떼며 협상이 시작됐다. 북한은 미국에 다음과 같이 말했다.

우리말에 "달밤에 개 짖는 소리."라는 속담이 있다. 전쟁광 존슨(린던 존슨 대통령을 의미했다)의 명령에 따라 나이 들어 그 계급을 달 때까지 깡패 같은 짓을 해서라도 돈을 벌어먹고 살아보려는 당신들이 불쌍하다. 당신들은 아마 이미 지옥에 떨어진 케네디 밑에서도 목숨을 부지하려고 똑같이 행동했을 것이다. 썩어빠진 송장이 된 케네디와 같은 꼴이 되고 싶지 않으면 그 입을 조심해라. 1월 23일 12시 15분경에 미국은 북한의 영해에 조잡한 정찰선을 불법 침투시켰다. 제국주의에 찌든 미국 해군 정찰선에서 온갖 종류의 무기와 첩보 도구가 발견됐다. 우리 해군은 해적질을 하는 정찰선에 대응하기 위해 발포했을 뿐이다. 나흘 전 개최된 제260차 군사정전위원회에서 나는 미국이 우리 영해에 무장된 정찰선을 수도 없이 침투시키는 사실에 강하게 반발했고, 미국 제국주의자들에게 이렇듯 공공연하게 공격성을 드러내며 전쟁을 유발하는 범죄행위를 당장 멈추라고 요구했다. 미국은 푸에블로호가 북한 영해를 침범한 사실을 인정하고, 자신의 행동에 사죄하고, 두 번 다시 이런 일이 발생하지 않을 것이라고 조선민주주의 인민공화국에 확약하라.

별다른 방법이 없었기에, 결국 미국은 북한의 요구사항을 들어줬다. 미국 협상단은 북측이 요구했던 3A에 마지못해 동의했다. 이들은 푸에블로호의 영해 침범 행위를 인정Admission하고, 사과Apology하고, 재발 방지를 확약Assurance했지만, 문서에 서명하고 얼마 안 가 모든 사실을 부인했다. 북한은 한국전쟁이 끝나고 60년간 판문점에서 회담이 열리면 대부분의 경우에 이렇듯 말도 안 되는 요구와 협박을 해서 온갖 논란을 일으키곤 했다.

## 크리스마스
## 선물

협상이 끝나고 포로로 붙잡혀 있던 미국인 82명은 자유를 되찾았다. 안타깝게도 두에인 호지스는 주검이 되어 가족의 품으로 돌아왔다. 린던 존슨의 바람대로 이들은 1968년 크리스마스에 맞춰 송환됐다. 이들은 버스를 타고 남한과 북한 사이를 가로지르는 선 위에 자리한 공동경비구역JSA으로 이동했다. JSA는 희망과 공포가 공존하는 완충지대다. 군사분계선이 지나가는 완충지대 한쪽에는 북한에서 세운 건물들이, 반대쪽에는 남한에서 세운 건물들이 있으며, 군사분계선 바로 위로는 경비가 삼엄한 건물 몇 개가 자리하고 있다. 건물 내에는 군사분계선이 정중앙을 지나가는 테이블이 하나 있는데, 일반적으로 이 테이블을 마주하고 북한과의 협상이 이루어진다.

JSA 서쪽으로는 얕고 탁한 강이 하나 흐르고 있다. 사천이다. 군사분계선이 사천의 한가운데를 지나가기에, 강에 놓인 어떤 다리를 건너더라도 군사분계선을 넘어가게 된다. 사천에는 길이가 76미터정도 되는 투박한 콘크리트 다리가 하나 있다. 다리의 서쪽 끝에는 북한군 위병소가, 반대쪽 끝에는 한국군 위병소가 있다. 이 다리는 '돌아올 수 없는 다리'라고 불리는데, 한국전쟁이 끝나고 이 다리를 건너 반대편으로 넘어간 이들은 두 번 다시 이 다리를 건너 되돌아오지 못했기 때문이다. 버처 선장과 푸에블로호에 타고 있던 선원들은 12월 23일 화요일 쌀쌀한 아침에 다리 서쪽 끝에 있는 위병소로 옮겨졌다. 오전 9시에 이들은 다리 앞에 도착했다. 아침식사로는 순무를 먹었다. 눈발이 흩날리고 있었다.

이때 근처의 건물에서는 협상단이 의미 없는 문서 더미에 서명을 하고 있었다. 북측에서는 마지막 문서에 서명이 끝나고 두 시간 뒤에 미국인 포로들을 풀어주는 데 동의했다. 하지만 최후의 순간에, 이유없이 심술을 부려 포로들을 30분 더 붙들어두었다. 버스에 있던 당사자들은 상황이 어떻게 진행되는지 전혀 몰랐기에 별다른 반응을 보이지 않았다. 하지만 협상단을 비롯해 서울과 워싱턴에서 이들이 송환되기를 기다리는 사람들에게는 이 30분이 억겁처럼 느껴졌을 것이다.

마침내 평양에서 모든 절차가 승인됐다는 전화 한 통이 걸려왔다. 버처 선장은 밖으로 나와 준비하라는 명령을 받았다. 버스에서 내린 버처는 먼저 앰뷸런스로 가서 호지스 기관사의 시신을 확인했다. 관에 담긴 호지스의 시신은 11개월이 지나 이미 미라처럼 변해 있었다. 시신 확인까지 마친 버처는 내리는 눈을 맞으며 20분간 박중국 장군이 늘어놓는 장광설을 듣고 서 있어야 했다. 6개월 전 판문점에서 북한의 협상

대표로 앉아 있던 장군은 수염 자국이 거뭇거뭇한 턱을 주억거리며 본인의 파란만장한 인생사를 늘어놨다. 버처는 상당한 인내심을 가지고 장군의 이야기를 끝까지 들었다.

장군의 일장연설이 끝나고, 감옥을 감시하던 경비병이 다가왔다. 푸에블로호 포로들은 후천적으로 학습된 잔혹성을 내보이는 이 남자를 '잡부'라 부르며 혐오감을 드러내곤 했다. 그는 돌아올 수 없는 다리의 입구를 가리키며 부처 선장에게 마지막 말을 남겼다. "다리를 건너가라, 선장. 중간에 멈추지 마라. 뒤돌아보지도 마라. 수상한 행동도 하지 마라. 그냥 똑바로 걸어가라. 출발해라."

다리 입구를 막고 있던 막대기가 올라갔다. 선장은 다리에 올라 걷기 시작했다. 걸음걸이가 초조해 보였다. 얼음이 언 강물 위에 다리를 받치기 위해 세워진 아치형 시멘트 지지대 10개를 하나하나 지났다. 다리 반대쪽에는 친숙한 얼굴의 대표단이 함박웃음을 지으며 선장을 기다리고 있었다. 미국인들이었다.

버처 선장이 다리를 거의 건넜을 쯤 미국 대표단은 선장의 사진을 한 장 찍었다. 송환 직전에 찍힌 사진 속의 로이드 버처는 임무에 투입되기 전보다 훨씬 늙고, 야윈 모습이었다. 그는 카메라를 향해 입꼬리를 일그러뜨리며 희미한 미소를 지어 보였다. 왼손에는 배급받은 공산당 모자를 움켜잡고 있었다. 그는 짙은 색깔의 우비를 입고 있었는데, 매서운 바람을 막기 위해 허리끈으로 옷을 동여매고, 깃을 올린 채였다. 짤막한 바지 아래로는 발목이 훤히 드러났다. 우비와 마찬가지로 짙은 색 신발에는 흰색 끈이 꿰어져 있었다.

호지스의 시신을 이송하는 앰뷸런스가 선장을 뒤따랐다. 강 건너편에서는 아직 풀려나지 못한 포로들이 서성대고 있었다. 이들은 선장을 따라 한 명씩 차례대로 다리를 건너 자유를 되찾았다. 경비병은 이들 사이의 간격이 20걸음 정도로 유지되도록 엄격히 조절했다. 이들은 절대로 뛰어서는 안 되고, 일정한 속도로 걸어가야 했다. 북한군을 뒤돌아봐서도 안 됐다. 또한 가운데 손가락을 들어 올리는 '하와이식 인사' 역시 금지됐다. 이들은 마지막 인사를 남기고 싶었지만 목숨이 아까웠던 탓에 손가락을 고이 접고서 북한을 떠났다.

마치 모래시계의 모래가 떨어지는 것 같은 모양이었다. 다리가 시작되는 지점인 북한 위병소에 모여 있던 미국인 포로가 한 줄로 천천히 좁은 다리를 건너오면서 한쪽에 있던 무리는 점점 줄어들고, 다른 쪽에 있던 무리는 점점 늘어났다. 포로의 절반가량이 다리를 건너자 양쪽은 거의 완벽히 대칭을 이뤘다. 하지만 다리를 건너온 이들과 건너지 못한 이들 사이에는 확연한 차이가 있었다. 다리를 건넌 이들은 마침내 자유를 되찾았다.

미군 보초병은 초소에서 모든 장면을 내려다보고 있었다. 다리 반대편에서는 초록색 군복을 입은 무표정한 북한군이 이 감동적인 장면을 피곤하다는 듯 응시하고 있었다. 북한 측에서는 나포한 포로들을 송환하는 조건으로 더 큰 보상을 받기를 원했다. 하지만 미국과 북한 양측 누구도 만족하지 못한 채 푸에블로호 사건은 이렇게 종결됐다. 마지막 포로까지 다리를 건너가자 북한군은 지체 없이 뒤돌아서 버스에 탑승했다. 이들은 막사로 돌아가 김치를 안주 삼아 값싼 소주를 마시고, 늘 그랬듯 끊임없는 정신교육을 받을 터였다. 자유를 되찾은 미국인들은 개운하게 샤워를 하고 스테이크와 오렌지 주스로 배를 채운 후 여기저기에 전화를 걸고 고향으로 날아가 사랑하는 사람들과 재회했다. 북한에서 살아남아 고향으로 돌아온 이들을 축하하기 위한 퍼레이드가 열렸고, 성대한 음악 소리가 울려 퍼졌다. 임무를 마친 우주 비행사들과 올림픽에서 활약을 펼친 선수들과 마찬가지로 푸에블로호 선원들은 잠시나마 미국인들의 존경을 한 몸에 받는 영웅이 돼 있었다. 머지않아 법원에 출두해 조사에 응하고, 당시의 지옥 같던 상황을 떠올리며 언론과 인터뷰를 해야겠지만 이날만큼은 아니었다. 어쨌거나 모두가 행복해야 할 크리스마스 시즌이었다. 이들은 오랜만에 되찾은 자유를 즐길 권리가 있었다.

송환 당시에는 모르고 지나쳤지만, 송환 마지막 순간에 한 가지 역설적인 점이 있었다.

반짝이와 꼬마전구로 크리스마스 분위기를 살린 막사 안에서 유엔군 사령부 총사령관이자 미 육군 장군이 다리를 건너온 이들을 하나하나 맞이했다. 이때 이들을 맞이한 총사령관이 바로 찰스 하트웰 본스틸 3세였다. 25년 전에 국방성 벽에 걸려 있던 미국지리학협회 지도에 별생각 없이 선을 그으면서 "북위 38도를 기준으로 삼으면 되겠다."고 말함으로써 북한을 탄생시킨 장본인이었다.

1945년 어느 늦여름 밤에 본스틸이 연필을 들어 선을 긋지 않았더라면 푸에블로호 나포와 관련된 이 모든 사건이 애초에 발생하지조차 않았을 것이다.

## 판문점

## 도끼만행사건

　　　　　　　　수많은 미국인의 안타까움을 자아낸 푸에블로호▪ 납치사건 후에도 북한과의 갈등은 계속됐다. 북한은 오늘날까지 휴전협정이 체결된 지 60년이 넘도록 거의 매해 치명적이거나, 의도를 알 수 없거나, 위협을 느낄 만한 사건을 번갈아가며 일으켜왔다. 셋 모두 해당하는 경우도 종종 있었다. 그중에서 심각했던 사건 몇 가지만을 아주 간단히 요약해도 북한이 지금껏 얼마나 성가신 존재였는지를 쉽게 알 수 있다. 1958년, 북한은 남한 상공에서 비행하던 여객기를 평양으로 납치했다. 1965년에는 북한의 미그전투기 두 대가 연안에서 80킬로미터 떨어진 곳을 비행하던 미국 정찰기를 공격했으며 1969년에는 DMZ 남쪽 경계에서 매복해 있던 북한군에게 공격당해 미군 네 명이 목숨을 잃었다. 1974년 2월, 북한 정찰선이 남한의 어선 두 척을 침몰시켰다. 1974년 8월, 북한 공작원이 서울에서 박정희 대통령 영부인을 저격해 죽음에 이르게 했다(당시 한국 정부는 육영수 여사 피살 사건의 범인으로 재일한국인 문세광을 지목하고 그가 조총련계의 지령을 받았다고 발표했다. 하지만 이에 대한 사실 여부와 논란은 당시뿐 아니라 최근까지 계속되고 있다. – 편집자). 1978년, 홍콩에서 남한의 여배우와 남편을 평양으로 납치해갔다. 1983년, 미얀마의 조선민주주의인민공화

---

▪ 새로 깔끔하게 도색된 푸에블로호는 평양 한복판을 지나가는 보통강에 전시돼 관광객들의 이목을 끌고 있다. 북한은 때때로 어마어마한 정치적·경제적 특혜를 조건으로 내세우며 선박을 반환할 의지를 모호하게 내비치기도 했다. 오늘날까지도 푸에블로호는 임무를 위해 처음으로 출항하는 미 해군 선박에 중요한 본보기로 언급되고 있다.

국 대사관을 통해 침투한 북한 비밀요원이 수도 랑군(양곤의 전 이름으로, 2005년까지 미얀마의 수도였다-옮긴이)에 폭탄을 설치했고 그 사건으로 21명이 목숨을 잃었다. 그중에는 한국인 장관 4명과 외교단 13명이 포함돼 있었다.

1976년 8월 18일, 공동경비구역에서 악명 높은 사건이 일어났다. 이날 미군 병사들은 부처 선장이 자유를 찾아 건너왔던 돌아올 수 없는 다리 근처에 뿌리를 내린 미루나무를 손질하려고 했다. 무성한 나무가 시야를 가려 다리의 반대쪽 끝에 자리한 북한군 초소가 잘 보이지 않았기 때문이다. 북한군은 '위대한 수령' 김일성 동지가 심은 나무를 훼손해서는 안 된다며 터무니없는 주장을 펼쳤다. 미군은 아랑곳하지 않고 가지를 쳐냈고, 북한군은 도끼와 쇠지레를 들고 달려와서는 마구잡이로 무기를 휘둘러 미군 장교 두 명을 때려 죽였다. 현장에 있던 미군 네 명과 남한 병사 다섯 명도 심각한 부상을 입었다.

미국 측에서는 이에 강경하게 대응했다. 사실 지나친 감도 있었다. 판문점 도끼 만행사건이 일어나고 사흘 후 미국에서는 상상을 초월하는 반응을 보여줬다. 미국 대통령 제럴드 포드Gerald Ford의 승인 아래 폴 버니언 작전이 펼쳐진 것이다. 전설적인 나무꾼 폴 버니언Paul Bunyan의 정신을 이어받아 사건 발생 지점 근처의 나무를 싹 다 베어버리라는 임무가 내려왔다. 이는 실소가 나올 만큼 사소하고, 단순한 임무인 듯 보였다. 푸에블로호 사건을 상징하는 장소의 나무를 다 베어버림으로써 당시의 치욕감을 조금 씻어낼 수도 있는 기회였다.

하지만 실상은 이렇게 단순하지만은 않았다. 미국에서는 미루나무를 베어버리면서 북한에 다음과 같은 메시지를 전달하고자 했다. "미국 정부를 상대로 허튼수작 부릴 생각하지 마라." 백악관에서는 절대로 단순한 벌목 작업이라고는 보이지 않을 만큼 거대한 규모의 병력을 투입했다. 북한군이 감히 앙갚음할 생각조차 못 할 정도였다. 현장에는 차량 23대와 토목 회사 두 곳, 미국인 작업반 60명과 남한 특전사 64명, 돌아올 수 없는 다리를 산산조각 낼 만큼 강력한 곡사포가 동원됐다. 나무를 베어내는 미국인들의 모습은 마치 이렇게 말하는 듯했다. "이거나 먹어라, 위대한 수령 동지."

토벌 작업이 진행될 때, 근처에는 전시에서도 보기 힘들 정도로 중무장한 군부대가 대기하고 있었다. 미국 정부는 돌발 상황이 발생할 경우에 바로 움직일 수 있도록 DMZ 바깥쪽에 미군 보병 중대와 이들을 실어 나를 헬리콥터 30대를 배치했다. 괌에서는 B-52 전폭기가, 주변 기지에서는 F-4 팬텀 전폭기가, 머나먼 아이다호에서는 F-111 전폭기가 날아왔다. 호크 미사일은 이미 발사 준비를 마친 상태였다. 미드웨이호 항모 전대가 연안으로 이동해왔고, 하늘에는 핵무기 탑재가 가능한 폭격기가 날아다니고 있었으며, 육군 병력 1만 2,000명과 해군 병력 1,800명이 한반도로 넘어올 준비를 하고 있었다.

미루나무 벌목 작업을 끝내고 사흘 전 희생당한 장교들을 애도하는 의미로 남겨놓은 나무 몇 그루를 손질하는 데 걸린 시간은 43분에 불과했다. 무더웠던 한여름의 하루가 끝날 즈음에 병력은 해산하고, 정찰기는 일상적인 정찰 업무를 수행했으며, 전폭기는 원래 속해 있던 일본과 필리핀과 머나먼 아이다호 기지로 돌아갔다. 미국은 놀라운 행동력으로 사태 수습에 나섰고, 이번만큼은 북한이 충격을 받은 것 같았다.

## 유연함이 없는
## 북한 사회

하지만 그 효과가 오래가지는 않았다. 군부 출신으로 북한에서는 거의 신적인 존재로 추앙받는 김일성이 설립한 북한 정부는 나날이 잔혹하고 포악해졌다. 북한이 나라 안팎으로 보여주는 행태는 일반적으로 통용되는 상식의 범위에서 한참 벗어나 있었다. 전 세계를 통틀어도 북한과 비견할 만한 경우를 찾기는 어려웠다. 캄보디아의 폴 포트Pol Pot, 알바니아의 엔베르 호자Enver Hoxha, 우간다의 이디 아민Idi Amin 집권 당시 가장 끔찍했던 몇몇 사건이 그나마 북한 정부의 비상식적인 행동과 유사하다.

북한에서는 김일성이 아주 어린 시절에 자립주의와 극단적 민족주의를 표방한 북한의 주체사상을 생각해냈다고 주장한다. 심지어는 김일성이 주체사상을 처음 떠올렸을 때 고작 열 살에 불과했다고 말하는 이들도 있다. 이후 김일성의 아들과 손자로 권력이 세습되면서 주체사상은 점차 변질됐다. 북한의 자립주의가 나쁘지만은 않다고 생각되던 시절도 있었다. 인도에서 이와 비슷하게 외래품을 철저히 배척하는 스와데시운동을 펼쳤고, 얼마간 이는 긍정적인 효과를 냈기 때문이다. 게다가, 빠르게 서구화·상업화되는 남한과 달리 북한은 김일성이 내세운 주체사상 덕분에 한국의 고유문화를 보존할 수 있었다.

하지만 주체사상은 점차 극단적으로 변질되어갔다. 레닌Vladimir Lenin, 마르크스Karl Marx, 엥겔스Friedrich Engels, 트로츠키Leon Trotsky와 같이 과거 소련의 정책에 큰 영향을 미친 공산주의자들은 북한이 스스로 자립경

북한 고유문화 중의 하나인 매스게임에서 수천 명의 젊은이들은 마치 최면에 걸린 사람처럼 한 치의 오차도 없이 일사불란한 동작을 보여준다. 공연 도중에 조금이라도 실수를 하면 처벌을 받는다고 한다.

제정책이라고 주장하는 정책을 도입해서 시장을 통제하려다가 오늘날과 같이 심각한 빈곤에 허덕이게 되리라고는 생각조차 못 했을 것이다. 북한이 공화국 건립 초기의 사상을 고수했더라면, 고귀한 사명을 가지고 국가를 설립했으나 사회주의에 실패한 본보기, 혹은 잘못된 정책을 펼쳐서 실패한 사례라는 평판을 들을 수도 있었을 것이다. 하지만 북한은 사회주의사상을 고수하는 대신 시도 때도 없이 터무니없는 도발 행위를 저질렀고, 언제 어떻게 터질지 가늠할 수 없는 지뢰 같은 존재가 되고 말았다.

현재 북한 주민들은 전 세계 어디에서도 찾아볼 수 없는 심각한 기아와 궁핍에 시달리고 있다. 개인에게 자유가 전혀 주어지지 않으며, 조금이라도 국가와 국가원수의 존엄성을 해치거나 사상에 어긋나는 행동이나 발언을 하면 무자비한 처벌을 받게 된다. 북한에서 한 고위급 군인이 각료 회의에서 잠깐 졸았다는 죄목으로 방공포에 맞아 뼛조각 하나 남기지 못하고 목숨을 잃었다. 또한 남한 언론에 따르면 북한 수령이 본인의 숙부를 들개가 가득한 우리에 집어넣어 갈가리 찢어 죽이는 형벌을 내렸다고도 한다. 친족에게조차 자비를 베풀지 않는 것이다. 황량한 북한 땅 여기저기에는 거대한 포로수용소가 수도 없이 세워져 있고, 수감자들은 오웰과 카프카Franz Kafka의 작품 속에서도 보기 어려울 만큼 암울한 환경에서 생활하고 있다고 전해진다. 이 중에는 연좌제가 적용돼 3대가 같이 수용된 경우도 있다. 혹시라도 가족의 무고를 주장하며 정권에 반기를 들 가능성을 애초에 뿌리 뽑으려는 목적이다.

나는 1990년대 중반 북한을 방문하던 중 일어난 사건을 잊을 수 없다. 혹여나 누군가 불이익을 당했다면, 그는 모두 내 불찰로 인한 결과일 것이다. 어느 날 오후 나는 판문점을 방문했다. 여느 때와 마찬가지로 북한 정부에서는 내게 수행 경호원을 붙였다. 그는 쾌활한 사람이었는데, 북한에서의 생활이 얼마나 행복하고 즐거운지 조심스레 말을 꺼내는가 하면 한편으로는 남한이 얼마나 부패하고 타락했는지 신이나서 늘어놓고는 했다.

그날 오후 우리를 판문점으로 데려간 운전기사는 영어는 한마디도할 줄 몰랐고, 끊임없이 줄담배를 피워댔다. 그는 라디오를 들으며 묵묵히 차를 몰았다. 다른 모든 북한 주민과 마찬가지로 그에게 채널 선택권은 없었다. 북한의 유일한 국영 라디오 방송국에서는 사상을 주입하기 위한 대사를 엄청나게 쏟아내거나, 애국심을 고취시키는 가사가붙은 감정적인 음악을 내보내고 있었다. 그래서 경호원이 잠시 차에서 떨어진 틈을 타 운전기사에게 친절을 베풀기로 했다. 나는 주머니에서 소니의 조그만 트랜지스터라디오를 꺼내 미군 라디오 방송 채널을 틀어줬다. 국경에서 채 2킬로미터도 떨어져 있지 않은 거리로 라디오 송신안테나가 육안으로 보였기에 방송 신호를 잡는 것은 어렵지 않았다.

운전기사는 신세계를 경험했다. 그는 그토록 흥겨운 방송은 한 번도 들어본 적이 없었던 것이다. 이후로 10분가량 이어지는 음악과 진행자의 목소리는 운전기사의 성격 자체를 완전히 바꿔놓았다. 그는 계기판을 손가락으로 가볍게 두드리며 환한 미소를 지었고, 나한테 담배를 권하기도 했다. 조금 전까지 무기력하게 차를 몰던 사람이라고는 생각하기 어려울 정도였다. 그는 진심으로 **행복**해 보였다. 그러던 중 갑자기 경호원이 차 문을 벌컥 열었다. 라디오에서는 미군 방송이 흘러나오고 있었다. 경호원은 운전기사에게 불같이 화를 내며 질문을 쏟아냈다. 웃음기가 싹 가신 운전기사는 경호원의 질문에 주눅이 든 목소리로 짤막하게 대답했다. 경호원은 그날 저녁 평양으로 돌아가는 차 안에서 단 한마디도 하지 않고 무시무시하게 나를 노려보았다. 그날 이후 그 운전기사를 두 번 다시 볼 수 없었다. 운전기사에게 어떤 조치가 취해졌는지 알려주는 사람도 없었다. 여기저기 수소문해봤지만 그의 생존 여부를 알려주는 사람조차 없었다.

북한이 권력을 남용해 무자비한 처벌을 일삼는 경찰국가임은 명백한 사실이다.[■] 그러나 북한에서는 주민들이 이러한 인식조차 가지지 못하도록 김일성 일가의 위대함과 선행을 온갖 방법을 동원해 끝없이 선전하고 있다. 북한 사회 곳곳에서 그 흔적을 볼 수 있다. 대를 이어 국가원수 자리에 앉은 위대한 지도자 김일성, 김정일, 김정은은 북한에서 신격화된 존재로, 새로 태어난 아이에게 이들의 이름을 붙이는 행위는 엄격히 금지돼 있으며, 이미 같은 이름을 가진 사람들은 개명을 해야 했다. 북한의 건물에는 어느 한 곳도 빠짐없이 이들의 사진이 걸려 있고, 공공장소에는 이들의 조각상이 수도 없이 세워져 있다. 또한 조선노동당 당원들은 위대한 지도자의 얼굴이 그려진 에나멜 브로치를 차야 한다.

북한은 김일성의 출생 연도인 1912년을 주체 1년으로 산정한 연도 표기법을 사용하고 있다. 2017년은 북한에서 주체 105년인 셈이다. 북한에서는 위대한 지도자인 김일성의 생일을 기념하기 위해 매년 4월 매스게임을 개최한다. 이 매스게임에는 수천 명이 동원되는데, 이들은 한 치의 오차도 없는 움직임으로 완벽한 공연을 선보인다. 또한 국가에서 통제하는 텔레비전을 통해 공연은 전국에 방송된다. 북한에서 매스게임은 공연을 시청하는 대중들을 현혹하기 위한 하나의 수단으로 사용된다. 김일성의 생일뿐 아니라 온갖 국경일을 기념하기 위해 1년에 10번도 넘는 매스게임 공연이 펼쳐지며, 중요한 행사에는 군대가 동원되기도 한다. 이때는 다리를 곧게 뻗으며 행진하는 보병, 미사일, 탱크, 장갑차의 행렬이 8킬로미터 가까이 이어진다. 이 모두는 이목을 끌기위해 잘 짜인 쇼에 불과하다.

북한군은 어마어마한 규모를 자랑한다. 병력이 거의 100만에 달하

---

■ 2014년 유엔 북한인권조사위원회에서 작성한 보고서에는 북한 정권의 끔찍한 잔혹행위가 기록돼 있는데, 1년 뒤 보고서 작성에 중대한 역할을 한 증인 신동혁 본인의 진술에 거짓이 있었음을 밝히면서 보고서의 신빙성이 떨어졌다. 하지만, 북한인권조사위원회 회장은 신동혁의 진술과 관계없이 보고서의 본질은 변하지 않으며, 북한 정권에 지나친 가혹행위에 대한 책임을 물어야 한다고 주장했다.

는데, 이는 중국을 제외하고 세계 최고 수준이다. 2009년 북한의 개정 헌법에는 국가의 지도이념인 주체사상과 더불어 국가기관 중 군대를 가장 우선시한다는 선군사상이 추가됐고 이로써 군부는 절대적인 권력을 손에 쥐었다. 무슨 이유 때문인지 조선민주주의인민공화국을 대표하는 주요 이념으로 공산주의라는 단어는 제외됐다.

북한의 군사력이 점점 강해지면서, 세계의 걱정도 점점 더해갔다. 오늘날 북한은 어설프게나마 핵으로 무장한 상태고, 핵미사일을 나라 밖으로 발사할 부수적인 장비까지 갖췄다. 정권이 무시당하거나, 심사가 뒤틀릴 경우에 북한이 핵무기를 실제로 터뜨릴 수도 있다는 사실은 상당히 위협적이다. 북한이 아직까지는 전 세계적인 골칫거리일 뿐이지만, 시간이 지나면 이 골칫거리가 피바람을 몰고 올 수도 있는 일이다. 애석하게도 북한을 막을 만한 능력과 힘을 가진 국가는 없다.


## 비무장지대에서의
### 오찬

이 모든 악몽의 중심인 한국의 DMZ는 기묘하고 위험한 장소다. 이곳에서는 탐조등이 빛나고, 요새와 초소가 서 있으며, 곳곳에 지뢰가 매립되어 있고 곡사포와 탱크가 자리를 지키고 있다. DMZ의 양쪽에는 수없이 많은 군인이 당장이라도 전투에 투입될 수 있도록 중무장한 채 딱딱하게 굳은 표정으로 대기하고 있다. 여기에서는 이상하고 위험한 사건들이 일어난다. 총격과 칼부림이 나기도

하고 전단과 독극물을 담은 풍선이 날아다니며 무신론자들에게 전도하기 위해 걸어놓은 거대한 십자가가 불을 밝히고 있다. 남쪽을 향하고 있는 확성기에서는 위대한 수령의 은혜로운 말씀이 울려 퍼진다.

나는 3개월에 걸쳐 남한을 종단해 돌아올 수 없는 다리 앞까지 다다른 적이 있다. 북한의 확성기에서는 영어가 흘러나오고 있었다. 확성기는 나를 반겨주며, 기왕 걸은 김에 조금 더 걸어 다리 건너의 조선민주주의인민공화국으로 넘어오라고 설득했다. 괜찮은 아이디어였다. 하지만 공동경비구역까지 나를 안내해준 미국 해병대의 생각은 다른 것 같았다. "다리를 넘어가면 안 될까요?" 내가 물었다. "결단코 안 됩니다." 그들은 대답했다. "그냥 무시하고 걸어가면 어떻게 할 건가요?" 내 질문에 그들은 어깨를 쭉 펴고 위압적인 태도를 보이며 대답했다. "당신의 망할 두 다리를 '결단코' 부러뜨려 놓을 겁니다." 무시무시하도록 단호했다.

하지만 DMZ가 위험하기만 한 장소는 아니다. 인간에게는 낯설고 위험한 공간일지 몰라도, 시베리아 흰두루미와 불곰과 사향노루와 산양에게는 이만한 보금자리가 없다. 높은 철조망 사이에 문명과 인간으로부터 자유로운 너비 4킬로미터의 비무장지대는 야생동물이 살아가기에 최적의 환경을 제공한다. 방문자가 적으니 인간의 손이 닿을 일도 거의 없다. 이곳에 터전을 잡은 야생동물의 개체 역시 제대로 측정되지 않았다. 하지만 이들은 보금자리를 둘러싼 분노에 찬 눈빛과 이념 갈등과는 상관없이 열매를 오도독오도독 씹어 먹고, 날개를 펄럭이고, 털을 고르며 살아가고 있다.

그리고 아주 가끔이지만 DMZ의 안팎에서 매력적인 사건이 벌어지기도 한다. 1990년대 말에 좋은 기회가 생겼다. 한 요란스러운 미국 잡지사가 한국에서 오찬을 열 수 있을지 문의를 한 것이다. 발행인의 말을 빌리자면, "DMZ 한복판이라던가, 어쨌든 흥미로운 장소가 좋을 것 같다."고 했다.

처음에는 절대 실현 불가능한 아이디어라고 생각했다. 앞서 언급했듯, DMZ에 살아가는 생물체라곤 두루미나 곰, 산양밖에 없었기 때문이다. 적어도 내 생각에는 그랬다. 세계에서 가장 아름다운 절인 해인사도 후보에 올라 있었다. 해인사의 주지승은 오찬 모임을 위해 복도 한편을 내줄 수 있다고 했다. 장소 물색을 위해 서울을 방문했을 때, 나는 외교관 친구에게 DMZ에서 식사하는 것은 불가능하지 않겠냐고 말을 꺼내봤다. "방법은 있을 텐데. 스위스에는 연락해보았는가?" 하고 그가 물었다.

스위스는 생각조차 못 했다. 1953년 휴전협정이 체결되고, 한반도 정전협정 준수 여부를 감시하기 위해 네 중립국으로 구성된 단체가 형성됐다. 북측에서 추천한 폴란드와 체코슬로바키아, 남측에서 추천한 스웨덴과 스위스가 참여했다. 나는 상세한 내용을 문의하기 위해 스위스 대사관에 전화를 걸었고, 스위스 육군 소장의 연락처를 받았다. 그는 5년간 판문점 공동경비구역 바로 위에 설치된 중립국휴전감시위원단 본부 책임자로 근무하고 있었다. 그간 외부인을 만날 기회가 거의 없었던 소장은 기쁜 마음으로 제안에 응했다. "찾아오는 사람이라곤 미군들밖에 없었소. 그 친구들 성격 알잖소."

위원단 본부는 DMZ 공동경비구역에서 살짝 벗어난 작은 방적공장 안에 자리하고 있었다. 나는 DMZ 바깥의 미군기지까지 차를 몰고 가서 스위스인 보초를 기다렸다. 보초는 흰색 메르세데스 자동차를 타고 나타났다. 자동차는 비포장도로를 달려 경비가 삼엄한 출입구와 철조망을 지나 본부에 도착했다. 본부 건물은 작지만 아늑했다. 널따란 거실과 침실이 있었는데, 스위스 베른에서 평화를 수호하기 위해 파견한 군인 10명가량이 함께 생활하고 있었다.

소장은 친절한 중년 남성이었다. 남한과 북한 사이에 끼어 지칠 대로 지친 소장은 샌프란시스코에서 근무하던 스위스 영사에게 곧 자리를 넘기기로 되어 있었다. 그는 한반도를 떠날 준비를 하는 중이었다. 소장은 온갖 잡일까지 다 처리하느라 쉴 틈이 없다고 말했다. 스위스 병사들의 식사 준비를 하느라 이젠 요리사가 다 됐다며 DMZ에 들어와서 파티를 열어본 적은 없지만, 아주 즐거울 것 같다고도 했다.

'터무니없이 부조리한' 상황에 처한 소장의 입장에서는 한반도를 떠나는 게 아주 잘된 일이었다. 1991년 소련이 무너지고, 북한에서 추천한 중립국이었던 폴란드와 체코슬로바키아가 사회주의를 버렸다. 게다가 체코슬로바키아는 체코와 슬로바키아로 분리되면서 완전한 자본주의국가로 탈바꿈하기까지 했다. 그러자 북한에서는 감시 업무를 수행하던 변절자들을 한반도에서 쫓아냈고, 스웨덴과 스위스만 남아서 감시위원단 일을 계속했다. 폴란드 정부에서는 대표를 한 명이라도 파견해서 3국 체제로나마 위원단을 유지하려고 했다. 그러나 애초부터 중립국휴전감시위원단이 탐탁잖던 북한은 이들이 '미국의 종노릇을 하는 역사에서 잊힌 존재'라며 맹렬한 비난을 쏟아냈다.

그럼에도 불구하고 매주 화요일 중립국 대표들이 모여 공식 회의를 개최했다. 회의는 1953년 휴전협정이 체결되고 3,500번가량 개최됐다. 회의에서는 협정에 위배되는 사항에 대한 이의제기나, 땅굴 파는 소리를 들었다든가, 철조망이 끊겨 있었다는 등 남북한 사이에 일어나는 사건들을 토의하고 보고서를 작성했다. 보고서는 조선인민군 우편함을 통해 북한에 전달됐다. 하지만 1995년 이후 북측에서는 단 한 번도 보고서를 검토한 적이 없으며, 위원단에서는 6개월마다 꽉 찬 우편함에서 보고서를 꺼내 서류 캐비닛에 따로 보관해오고 있다. 북한 정부에서 보고서를 확인하겠다고 할 수도 있었기 때문이다.

한번은 소장이 캐비닛에서 보고서를 꺼내 들고 북한으로 연결된 위원회 건물 출입구를 열어서 몇 미터 떨어진 곳에서 보초를 서고 있던 북한군에게 서류를 흔들어 보인 적이 있다. 북한군은 매정하게 뒤돌아서서 소장을 무시했다. 이들은 보고서를 회수하러 올 생각조차 하지 않았다. 후에 북한군은 소장이 서류를 흔들어 보이는 행위에 위협을 느꼈다며 위원회에 불평을 늘어놨다. 이들의 반응에 당황한 소장이 출입구를 여는 일은 두 번 다시 없었다. 예의에 어긋나는 행동으로 북한군을 도발하고 싶지는 않았기 때문이다. 한국에서 AK-47 소총에 맞아 생을 마감할 생각은 더더욱 없었다.

이런 근무환경에서 민간인과 파티라니, 소장은 매우 기뻐했다. "손님은 얼마나 올 예정이오?"

당시 내가 글을 기고하던 잡지사는 매달 광고란을 채워주는 광고주들에게 깊은 인상을 심어주기 위해 온갖 행사를 기획하고 있었다. 약속된 날짜, 약속된 시간에 광고계의 유명인사 40명이 서울 한복판의 미군기지에 도착했다. 우리는 북한군에게 손가락질을 하거나, 급작스러운 행동을 보이거나, 큰 소리를 내서는 안 된다는 등의 주의사항을 들고, '만일의 상황에 대비해' 방탄조끼와 철모를 착용했다. 우리는 두 그룹으로 나뉘어 30분간 커다란 치누크 헬리콥터를 타고 산을 넘고 논과 무너진 다리를 지나 미군 전진작전기지 착륙장에 도착했다. 착륙장 옆에는 스위스에서 파견한 차량이 줄지어 기다리고 있었다. 소장은 깃발과 휘장을 둘러 치장한 선두차량에서 내려 손님을 맞이했다. 차량은 거대한 철망을 지나 그저 평화로워 보이는 수풀 지대 중간에 자리한 본부에 멈춰 섰다.

우리는 세 시간 동안 담소를 나누며 뢰스티(익힌 감자를 갈거나 얇게 썰어 바삭하게 부친 스위스 대표적인 음식 – 옮긴이)와 라클렛(라클렛 치즈를 녹여 감자나 피클 위에 올려 먹는 스위스 전통요리 – 옮긴이), 초콜릿 퐁뒤를 즐겼다. 한쪽 창문 너머 먼발치에서는 미군이 훈련을 받고, 무기를 손질하고, 당직을 교대하고, 조깅을 하는 모습이 보였다. 북쪽의 썰렁한 산지로 난 다른 창문 너머에는 북한군의 대포, 장갑차, 막사가 있었고, 미군과 마찬가지로 이런저런 임무를 수행하는 군인들의 모습을 볼 수 있었다. 양쪽의 거대한 철조망과 지뢰밭과 그 사이에 야생동물이 뛰노는 너비 4킬로미터의 수풀지대가 이들을 갈라놨다.

우리가 식사를 하는 내내 북한의 확성기에서는 김일성의 업적을 치하하는 단조로운 목소리가 끊임없이 흘러나왔다. 방송에서는 무지몽매함을 깨우쳐준 초대 지도자 김일성과, 지도자 자리를 이어받아 위험하고 사악한 행위를 계속해온 김일성의 후손을 추앙하는 내용이 이어졌다. 오찬 중 가장 인상 깊은 대목이 바로 이 확성기 방송이 아니었을까 싶다.

이 모든 사건의 발단이 되는 선이 우리가 오찬을 즐긴 판문점 식탁을 가로지르고 있었다. 찰스 본스틸 3세는 '돌아올 수 없는 다리'를 건너온 푸에블로호의 선장과 선원을 맞이하면서 1945년 여름 본인이 무심하게 그은 선 하나가 어떤 파장을 일으켰는지 어렴풋하게나마 깨달았다. 미국 육군사관학교와 옥스퍼드 대학교에서 공부하고, 3대째 군인 가문을 이어오던 찰스 본스틸 3세는 오래전 세상을 떠나 지금은 알링턴 국립묘지에 잠들어 있다. 그가 오늘날의 북한을 봤더라면, 오랜 세월을 버티며 더욱 강력하고 뻔뻔해진 모습에 깜짝 놀랐을 것이다. 고의는 아니었지만, 대령은 세상에 어마어마한 골칫거리를 남겼다. 70년이 지난 오늘까지도 도저히 예측 불가능한 이 골칫거리 국가는 온갖 고약하고 위험한 행위를 일삼고 있다.

# 태평양 식민 시대의 종식

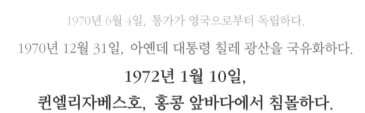

1970년 6월 4일, 통가가 영국으로부터 독립하다.

1970년 12월 31일, 아옌데 대통령 칠레 광산을 국유화하다.

**1972년 1월 10일,
퀸엘리자베스호, 홍콩 앞바다에서 침몰하다.**

1972년 2월 21일, 닉슨 대통령과 마오쩌둥 주석의 만남이 이루어지다.

1973년 1월 27일, 베트남 평화협정이 체결되다.

1975년 4월 4일, 시애틀에서 마이크로소프트가 문을 열다.

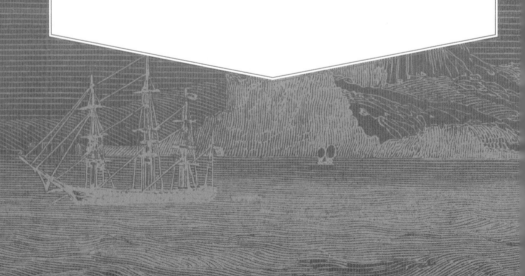

PACIFIC

적군에게 완전히 장악당했다. 우리는 모든 것을 폭파하고 있다.

프랑스 만세!

— 프랑스군 통신병이 남긴 마지막 말, 1754년 5월 7일 인도차이나반도 디엔비엔푸 전투에서


행정권 일체를 중국에 넘겨줬습니다.

신이여 여왕을 지켜주소서.

— 홍콩 총독 크리스 패튼, 1997년 6월 30일 자정 런던으로 보낸 마지막 전보


퀸엘리자베스호는 장인정신이 깃든 8만 3,000톤급의 우아하고 위풍당당한 여객선이다. 많은 사람이 이 호화 여객선에 한 번쯤 타볼 수 있기를 바랐다. 우아한 식당에서는 먹음직스러운 음식이 줄지어 나왔고, 달빛이 빛나는 난간에서는 연인들이 사랑을 속삭였으며, 화려한 대연회장에서 춤을 추던 사람들 사이에서는 로맨스가 싹트곤 했다. 하지만

고향인 스코틀랜드를 떠나 지구 반대편의 홍콩에 도착한 거대한 여객선은 불길에 휩싸였고, 선체에 손상이 가면서 우현으로 기울고 말았다. 기름이 떠다니는 부둣가에서 배회하다 가라앉은 여객선은 두 번 다시 떠오르지 못했다. 어느 겨울날 월요일, 정오를 막 넘긴 시간이었다.

영국에서 우편물 수송을 위해 건조한 두 자매선 중 하나인 퀸엘리자베스호는 수십 년간 우아함과 사치스러움을 뽐내며 대서양을 누볐다. 하지만 거대한 선박의 최후는 아름다웠던 여정과는 어울리지 않게 볼품없었다.

이런 볼품없는 최후는 현대 태평양 역사에 심심찮게 등장한다. 그중에서 퀸엘리자베스호와 연관이 있는 이야기만 해도 한두 가지가 아니다. 퀸엘리자베스호를 건조한 클라이드뱅크의 존 브라운John Brown 조선소는 재정이 악화되면서 문을 닫았다. 운항을 책임지던 영국 기업인 큐나드 라인은 거대 기업의 자회사로 합병돼 현재는 단 세 척만 운항하고 있다. 한때 퀸엘리자베스호를 비롯한 큐나드 라인의 여객선 6,000척이 바다를 누비던 시절과는 비교할 수 없을 정도로 규모가 축소된 것이다. 퀸엘리자베스호가 침몰한 홍콩 앞바다는 한때 영국의 식민지로 상인들에게 부귀영화를 안겨줬지만, 1997년 영국의 지배에서 벗어나 현재는 중국의 특별행정구로 지정됐다.

16세기에 들어 유럽인이 최초로 태평양 횡단에 성공했고, 이후 태평양은 외부인(주로 유럽인)의 거대한 놀이터가 됐다. 이들은 자원을 착취하거나 단순히 영토를 넓히기 위한 목적으로 태평양 구석구석에 진출했다. 포르투갈을 선두로 네덜란드, 스페인, 영국, 러시아, 독일, 프랑스, 일본, 미국, 뉴질랜드, 심지어 노르웨이까지 태평양 식민

큐나드 라인의 우아한 퀸엘리자베스호가 35년간의 전성기를 뒤로하고 홍콩에서 최후를 맞이한 사건은 대영제국의 몰락을 상징한다.

**제5장** 태평양 식민 시대의 종식

지화에 나섰다. 이후 3세기 동안 태평양에는 제국주의적 야욕이 끊이지 않았다.


## 퀸엘리자베스호

　　　　영광스럽게 태평양에 진출한 나라들은 수치스럽게 태평양을 떠났다. 한때 세계를 제패하던 서구 열강이 태평양에서 물러났고, 현재는 대부분의 국가가 주권을 되찾았다.

　1950년대 중반, 프랑스가 더 이상의 식민 지배는 불가능하다는 현실을 깨닫고 자국의 자랑거리였던 동남아시아의 인도차이나반도를 반환한 것을 시작으로 침입자들은 태평양을 떠나기 시작했다. 이후 40년 동안, 태평양에서는 거의 매달 고별식이 열렸다. 거대한 푸른 바다 곳곳에 걸려 있던 이국의 깃발이 내려가고, 군수품을 가득 실은 배가 런던, 리스본, 파리, 헤이그, 워싱턴으로 돌아갔다. 홍콩은 태평양에 남은 마지막 유럽 식민지였다. 프랑스가 하노이에서 삼색기를 내리고 반세기가 지나서야 영국은 으리으리한 고별식을 치르고 홍콩을 중국에 반환했다.

　홍콩이 중국에 반환되기 25년 전에 일어난 퀸엘리자베스호 침몰사건은 하노이와 홍콩 독립의 중간쯤에 자리한다고 할 수 있다. 퀸엘리자베스호의 침몰은 제국의 몰락을 상징한다. 열강이 태평양을 호령하던 위풍당당한 제국 시대는 짧은 역사를 뒤로하고 막을 내리고 있었다. 서구의 뛰어난 기술력을 자랑하던 여객선이 태평양 앞바다에서 생각지도 못한 최후를 맞이했다는 점은 사건이 가진 상징성을 한층 더 강화했다.

큐나드 라인은 1967년 퀸 시리즈 두 자매선 퀸 메리호와 퀸엘리자베스호 중 하나를 매각했다. 제2차 세계대전이 끝나고 얼마간 거대한 두 자매선은 매주 선체가 가득 차도록 2,000명이 넘는 승객을 싣고 대서양을 누볐다. 하지만 태평양에서 새로운 발명품이 등장하면서 퇴물 신세가 되고 말았다. 시애틀에서 탄생한 제트여객기 보잉 707에 밀려난 것이다.

1950년대 후반, 런던 히스로 공항과 뉴욕 아이들와일드 공항을 오가는 항공편을 매일 운항하는 항공사가 세 군데나 나타났고, 배를 타고 대양을 횡단하는 사람들은 비효율적인 옛날 방식을 고수한다며 구닥다리 취급을 받았다. 큐나드 라인의 슬로건인 "여행의 재미는 목적지를 향하는 여정에 있다."는 문구 역시 대중의 공감을 사지 못했다. 여행객 대부분은 배로 이동하는 데 시간을 보내느니 목적지에 빨리 도착하는 게 합리적이라고 생각했다. 한때 부두를 가득 채웠던 승객들은 이제 공항으로 향했고, 여객선은 거의 텅 비다시피 했다.

"승객이 배치된 선실이 많지 않다." 1965년 큐나드 라인 임원이 작성한 내부 자료에 기록된 내용이다. 당시 고급형 개인 선실과 저렴한 단체 선실에 빈자리가 늘어나면서 큐나드 라인의 수익은 점차 떨어졌고, 브리타니아 라운지에서 간식으로 제공되는 샌드위치의 오이도 따라서 얇아졌다. 큐나드 라인에서는 300만 달러를 들여 야외 수영장과 모래를 깐 갑판을 비롯해 휴양객들이 좋아할 만한 시설을 추가로 설치하고 겨울에는 바하마로 떠나는 크루즈 여행을 기획하는 등 분위기 반전을 꾀했다. 하지만 하락 추세는 계속됐다. 여객선 운항의 채산성이 낮아지자 주판을 두드리던 회계 부서에서는 두 자매선에 사형선고를 내릴 수밖에 없었다. 1967년 8월, 퀸메리호가 먼저 매각됐다. 10월 31일 할로윈데이에 퀸메리호는 혼곳을 거쳐 롱비치로 옮겨졌다. 한때 드넓은 바다에서 수많은 승객을 실어 나르던 퀸메리호는 오늘날 호텔과 박물관으로 탈바꿈해 롱비치 앞바다를 대표하는 랜드마크로 새롭게 태어났다.

퀸엘리자베스호는 안타깝게도 이보다 훨씬 복잡한 사정을 거쳐 보잘것없는 운명을 맞이했다. 큐나드 라인이 퀸엘리자베스호를 경매시장에 내놓자 세간의 이목이 집중됐다. 하지만 곧 관심은 시들해졌다. 브라질과 일본 기업에서 두루뭉술하게 매입 의도를 내보인 적도 있지만 그 이후로 별다른 진전이 없어 거래는 불발됐고, 다른 수백 개 업체들도 간만 보고 여객선을 매입하지는 않았다. 마침내 필라델피아의 미국인 투자자들이 퀸엘리자베스호를 매입하기로 했다. 이들은 자매선인 퀸메리호와 마찬가지로 퀸엘리자베스호를 델라웨어강으로 끌고 가 호텔로 사용하려고 했다. 하지만 투자자들은 여객선을 매입하기 전에 강폭이 너무 좁지는 않을지(좁았다), 이용객들이 호텔에 어떻게 접근할지(고속도로를 새로 뚫어야 했다) 사전조사조차 하지 않은 상태였다.

하지만 우여곡절 끝에 거래는 성사됐고, 큐나드 라인의 사장은 이 미

---

■ 큐나드 라인의 여객선에는 냉난방 장치가 없었다. 큐나드 라인 측에서는 퀸엘리자베스호에 '공기 냉각' 시스템이 가동 중이라고 반박했지만, 두 자매선을 타고 열대기후를 즐기기가 '완벽하게 편안하지는 않다'고 인정했다. 영국 특유의 우회적인 화법이 돋보이는 발언이었다. 게다가 두 자매선의 폭이 너무 넓은 탓에 파나마운하를 지날 수 없었기에 목적지는 몇 군데로 제한될 수밖에 없었다.

국인 투자자들에게 여객선을 팔아넘겼다. 퀸엘리자베스호는 델라웨어강 대신 플로리다의 열대 해변에서 멋진 호텔로 다시 태어날 예정이었다. 여객선의 진수식에 참석했던 엘리자베스 2세<sub>Elizabeth II</sub> 여왕은 30년이 지나고 고별식에도 모습을 드러냈다. 공식적인 고별식이 끝나고, 1968년 11월 마지막 날 퀸엘리자베스호는 아름다운 호텔로 탈바꿈하기 위해 사우샘프턴을 떠났다.

하지만 일이 꼬이기 시작했다. 투자자들은 퀸엘리자베스호를 선체가 거의 바닥에 닿을 만큼 얕은 플로리다의 항구로 옮겨서 용접토치로 퀸이라는 글자를 지워버렸다. 얼마 지나지 않아 퀸엘리자베스호에 화재의 위험이 있다는 진단이 내려졌고, 습한 플로리다 날씨에 선체가 부식되기까지 했다. 퀸엘리자베스호 매입에 관여한 사람들은 마피아의 총에 맞아 죽거나, 공갈 혐의로 수감되거나, 파산했다. 큐나드 라인의 임원들은 영문도 모른 채 불운한 사건들의 증인 신분으로 머나먼 미국의 법원에 출두해야 했다.

퀸엘리자베스호를 매입한 투자자 중 두 명이 수감되자, 큐나드 라인은 여객선을 다시 경매에 부쳤다. 1970년 9월, 상하이 출신 둥하오윈<sub>董浩雲</sub>은 300만 달러를 들여 퀸엘리자베스호를 사들였다. 그는 퀸엘리자베스호를 홍콩으로 가져가 시와이즈 대학교<sub>Seawise University</sub>라고 이름 붙여서 바다에 떠 있는 학문과 지식의 장으로 재탄생시켜 과거의 영광을 재현하겠다고 했다. 일등석 승객 800명이 앉았던 자리에 이제 학생 800명이 앉아 강의를 들을 것이었다. "그 어느 때보다 아름다운 모습으로 재탄생시키겠다." 둥하오윈은 장담했다.

여객선이 바다로 나가 항해를 할 만한 상태로 만드는 데만 거의

100만 달러가 들었다. 그러나 홍콩으로 향하는 여정조차 호락호락하지 않았다. 기관에 말썽이 생겨 동력이 차단되는 바람에 퀸엘리자베스호는 몇 시간 동안 쿠바에서 표류했다. 며칠 동안 물이 끊겼다. 용접공은 갑판 바깥쪽에 구멍을 뚫어 세 칸짜리 화장실을 만들었다. 볼일을 보고 싶은 승객들은 갑판에 설치한 화장실을 이용했는데, 따로 물을 내릴 필요는 없었다. 중력이 뒤처리를 해줬기 때문이다. 아루바 섬으로 견인된 퀸엘리자베스호는 3개월 동안 엔진 수리 작업을 거쳤다. 수리 작업이 끝나자 퀸엘리자베스호는 싱가포르로 옮겨져 예인선에 연결됐다. 영국 공군에서는 이를 축하하는 의미로 제트기를 띄웠다. 이로부터 2주 뒤인 1971년 7월, 퀸엘리자베스호는 마침내 홍콩에 도착했다. 사실 홍콩 앞바다에는 전날 들어왔지만, 퀸엘리자베스호는 무대공포증에 걸린 여배우가 어쩔 줄 몰라 하며 커튼콜을 기다리는 것처럼 하루 동안 바다를 왔다 갔다 하고 있었다. 다른 화물선이 6주면 도착하는 거리를, 퀸엘리자베스호는 5개월이 걸려 도착한 것이다. 중간에 들어간 비용도 어마어마했다. 배를 홍콩에 옮겨놓는 데만 이미 1,200만 달러의 적자를 냈다.


## 사고인가,
## 방화인가

퀸엘리자베스호가 홍콩 앞바다에 들어올 때, 소방선은 환영의 의미로 주변에 물을 뿌렸다. 앞으로 일어날 사건을 예견하는 듯했다. 퀸엘리자베스호는 홍콩에 닻을 내린 후 페인트칠을 하고, 선실을 꾸미고, 기관을 고치는 등 새 단장에 돌입했다. 그러던 중, 깊은 바다를 항해하는 선박들이 가장 경계하는 불운한 사건이 발생했다. 선체가 불길에 휩싸인 것이다.

선박에서 발생하는 화재 사건은 굉장히 위험하다. 선체에는 보통 엄청난 양의 연료와 가연성 물질이 실리고, 수많은 승객과 승무원이 탑승하고 있는 경우가 대부분이기 때문이다. 게다가 선박에 붙은 불은 무척이나 끄기 어렵다. 일단 육지에서 멀리 떨어져 있어서 진화 작업이 쉽지 않고, 그마저도 기상 상황이 악화되는 경우에는 불을 끄려는 노력이 무용지물이 돼버린다. 그뿐만 아니라, 불길을 잡겠다고 무턱대고 물을 끼얹었다간 배가 가라앉을 수도 있다. "화재 진화 작업을 위해 무분별하게 많은 양의 물을 사용하면 부력이 부족해진 배가 가라앉을 수도 있다." 선박에서 발생하는 화재 사건과 관련된 매뉴얼에 나오는 내용이다.

홍콩 정부 관계자들은 배에 화재 예방과 진화를 위한 시설이 일절 없다는 사실에 경악을 금치 못했다. 스프링클러는 작동하지 않았고, 낡은 화재 감지 시스템은 화재를 감지하지 못했으며, 소방 호스는 고장이 났고, 소방 호스를 연결하는 관은 군데군데 금이 가거나 막힌 상태인 데다가, 승무원들은 불길을 진화할 방법을 전혀 몰라 우왕좌왕했다. 정부는 퀸엘리자베스호가 화재로 심각한 자산과 인명 피해를 가져올 수 있다며 곧장 화재 시설 21가지를 재정비하라는 지시를 내렸다.

퀸엘리자베스호의 화재는 단순한 사고가 아니었다. 자본주의에 앙심을 품은 사회주의자가 일으킨 범죄였다. 오래전에 둥하오윈은 중국에서 자칫 변절자라며 손가락질받을 수도 있는 행동을 저질렀다. 중화인민공화국에 등을 돌린 것이다. 그 세대를 살아가던 많은 사람들이 그랬듯, 둥하오윈은 타이완을 거쳐 영국 식민지였던 홍콩으로 들어와 기업 활동을 통해 막대한 부를 축적하고 자유를 누렸다. 이렇듯 평범하지 않은 삶을 선택한 둥하오윈은 사회주의와, 사회주의를 표방하던 홍콩의 노동자 수백만 명의 사상과는 반대되는 인생을 살았다.

1970년대 홍콩에서는 이데올로기 갈등이 극에 달해 있었다. 중국 본토에서 일어난 문화혁명의 열기는 수그러들고 있었다. 하지만 홍위병의 폭동은 계속됐고, 1966년 시작된 극좌 사회주의 운동은 영국 식민지였던 홍콩까지 내려오기에 이르렀다. 현지 경찰과 민병대가 감당하기 어려울 정도로 격렬한 시위와 폭동이 일어났다.

노동자들의 파업과 의도적인 생산성 저하는 끊임없는 위험요소였다. 1970년대에 들어 이런 혼란스러운 상황이 꽤 완화되긴 했지만, 활발한 노동운동을 펼치는 무리들은 여전히 많았다. 그중 대부분이 노조에 속한 사람들이었다. 무엇보다 한때 영국 제국주의자들이 소유했던 둥하오윈의 거대한 흰 고래(노동자들은 퀸엘리자베스호를 이렇게 불렀다)를 매일 망치질하고, 깎아내고, 용접하고, 페인트칠하던 노동자 중에도 노동운동에 혈안이 된 이들이 있다는 사실이 가장 골치 아팠다.

게다가, 퀸엘리자베스호에는 공산주의를 표방하는 노동자들을 자극할 만한 새로운 상징이 그려져 있었다. 둥하오윈은 매화를 회사의 상징으로 삼고, 선박의 양쪽 굴뚝에 매화 그림을 새겨 넣었다. 문제는 매화가 타이완의 국화라는 점이었다. 타이완은 중화인민공화국에서 독립해 나와 독자적인 섬나라를 세웠는데, 중국인들은 타이완이라면 치를 떨었다.

하지만 노동자가 상사라면 질색을 하듯, 경영진도 노동자들이 마음에 들지 않기는 마찬가지였다. 예를 들어, 임원진이 노동자들의 사기를 진작시키기 위해 퀸엘리자베스호의 연회장에서 경극 공연을 개최하자는 제안을 한 적이 있다. 노동자들은 이 희한한 제안을 거절하고 해안으로 나가 점심식사를 즐겼다. 임원들은 이들의 태도가 못마땅했다. 페인트공들과 청소부들은 갑판에 둘러앉아 도박판을 벌여 포커와 마작을 하며 휴식을 즐겼고, 언제 어디서고 담배를 피워댔다.

게다가 노동자의 상당수가 현지 폭력조직인 삼합회에 속해 있다는 소문도 돌았다. 삼합회는 크고 작은 사건을 일으키고 다니면서 홍콩을 벌집 쑤셔놓은 꼴로 만들었는데, 뒷돈을 받은 경찰은 이들 삼합회의 범죄행위를 은근히 눈감고 넘어가는 경우가 많았다. 노동자들이 담배를 피우고, 도박을 하고, 아무 데서나 식사를 하는 행동에 반기를 들었다가는 쥐도 새도 모르게 삼합회 청부살인업자의 손에 토막 난 고기 꼴이 될 수도 있었다.

이 모든 악조건에도 불구하고, 둥하오윈은 시와이즈 대학교 프로젝트가 성공할 거라는 자신감을 가지고 있었다. 1월 9일 일요일 오전 11시가 살짝 지난 시각에 배에서 연기가 피어오르기 전까진 말이다. 홍콩의 겨울은 대개 날씨가 맑고 온화하다. 그날 오전, 홍콩 서쪽 끝에 자리한 빅토리아 피크의 산 중턱에서는 바비큐 준비가 한창이었다. 삼삼오오 모여 식사 준비를 하던 홍콩 시민들은 진토닉을 홀짝이며 남쪽 해안을 바라봤다. 하얀 페인트를 칠해 깔끔하게 변신한 커다란 여객선이 햇살 아래 환하게 빛나고 있었다.

그런데 갑자기 여객선 창문에서 연기가 흘러나왔다. 배의 꼭대기에서 바닥까지, 뱃머리에서 선미까지, 퀸엘리자베스호에서 뿜어져 나온 검은 연기가 홍콩의 맑은 겨울 하늘을 뒤덮었다. 연기가 바람을 타고 도시로 유입됐다. 점심식사 준비에 한창이던 수백 명의 사람들은 화학 물질과 기름이 뒤섞여 타는 듯 매캐한 냄새를 맡았다.

깊은 역사를 자랑하던 대영제국의 호화 여객선이 불길에 휩싸인 것이다.

그날 오전, 현지인 회계사 한 명이 영국인 약혼녀의 부모를 초청해 보트를 타고 홍콩 부둣가를 둘러보고 있었다. 그러던 중 화재 사건이 발생했고, 이들은 세 시간 동안 부두에 갇혀 있어야 했다. 한 시간이 지나도록 구조대원은 나타나지 않았고, 이들은 거대한 불길이 치솟는 장면을 겁에 질려 바라보고 있었다. 불길은 점차 거세졌고, 폭발이 일어나며 선체가 파손되기 시작했다. 이미 통제가 불가능한 상황이었다. 곧 이 거대한 여객선은 바다에 가라앉아 불행한 최후를 맞이할 것이었다. 배가 침몰하기 전에 승선한 사람들을 구출해내야만 했다.

한 시간이 다 돼서야 소방선이 도착했다. 그중에는 퀸엘리자베스호의 홍콩 입성을 환영하며 알록달록한 물을 내뿜던 빨간 알렉산더그랜섬호도 있었다. 6개월 전 환영의 물줄기를 내뿜던 소방선은 이제 인명 구조를 위해 선상에 오른 경찰과 구급대원을 보호하려고 엄청난 양의 바닷물을 선체에 끼얹고 있었다. 이 같은 노력 덕분에 인명 피해는 발생하지 않았다. 이들은 노동자뿐 아니라 노동자의 아이(원칙대로라면 여객선에 들어오면 안 됐다)까지 구출해냈다. 아이의 몸에 끈을 매달아 여객선 근처에서 대기하던 예인선으로 내려보냈다. 그날은 주말을 맞아 둥하오윈의 아들 둥젠화董建華도 배에 올라 있었는데, 다행히 안전하게 구조됐다.

화재 사건이 발생한 일요일, 사망자는 단 한 사람도 나오지 않았다. 창문을 통해 해경선으로 뛰어내리다가 한쪽 다리가 부러진 남자를 제외하고는 심각한 부상자도 발생하지 않았다. 다음 날 아침이 되어서야 진화가 끝났고, 화재에 새까맣게 타버린 선체가 우현으로 기울며 가라앉기 시작했다.

퀸엘리자베스호는 천천히 수면 아래로 모습을 감췄다. 월요일 정오에 퀸엘리자베스호는 바다 아래 질척이는 진흙 바닥으로 완전히 침몰했다. 배가 침몰하면서 좌현에 붙은 불이 폭발을 일으켰고, 선체 깊숙한 곳에 자리한 석탄 저장고에서는 둔탁한 폭발음이 들려왔다.

파리에 있던 둥하오윈은 비보를 듣고 비통해하며 눈물을 흘렸다. 보험회사에서는 둥하오윈이 여객선 매입에 지불한 금액의 두 배가 넘는 800만 달러를 보험금으로 지불했다. 하지만 플로리다에서 홍콩으로 옮겨 정비를 거치는 비용까지 포함하면 적자를 본 셈이었다. 게다가 보험금 액수에 석연찮은 구석이 있었다. 삼합회 회원이 화재 현장에 있었을 가능성 역시 의문을 더했다. 사회에 불만을 가지고 노조에 속해 활동하던 노동자가 퀸엘리자베스호 보수 작업에 참여했다는 사실도 뭔가 수상쩍었다. 그러나 당시 홍콩 사회에는 부패가 만연해 있었고, 누가, 어떤 이유로 방화를 저질렀는지가 명명백백히 밝혀지리라 생각하는 사람은 거의 없었다.

이 화재 사건은 거의 40년이 지난 오늘날까지도 무엇 하나 제대로 밝혀지지 않은 채 미제 사건으로 남았다. 조사 결과 선체 아홉 군데에서 동시에 화재가 발생했으며, 누군가 고의적으로 방화를 저질렀다는 사실은 확실했다. 하지만 사건 보고서에서는 방화 용의자와 관련된 내용을 전혀 찾아볼 수 없었다.■ 법원에서는 방화의 원인과 범인을 가려내지 않았다. 사건과 관련된 홍콩 경시청 기밀문서는 아직까지 공개되지 않고 있다. 큐나드 라인 임원들 대부분은 정치적인 이유로 앙심을 품은 자들이 여객선 방화 사건을 저질렀다고 생각했지만, 둥하오윈의 후손들은 아직까지 이를 부정하고 있다.

여객선이 가라앉은 바닷속에서 분해 작업이 이루어지면서 침몰선의 약 75퍼센트에 이르는 강철이 인양됐다. 한국 기업에서 고용한 잠수들이 아세틸렌 용접기 등으로 퀸엘리자베스호를 작게 조각냈고, 그렇게 인양된 철은 제련을 거쳐 홍콩에 새로 올라가는 주택의 기둥으로 재탄생했다. 필기구 제조 회사인 '파커'에서 나사를 비롯해 놋쇠로 만들어진 부품을 구매했고, 부품을 녹여 'QE75' 볼펜 5,000자루의 펜대와 펜촉을 제작했다. 볼펜에는 퀸엘리자베스호의 부품으로 만들어졌다는 문구가 새겨져 있었다.

인양 작업은 시간이 갈수록 어려워졌다. 잠수부들이 점점 더 깊이 들어가야 했기 때문이다. 그러던 중 젤리그나이트 폭약이 터지는 사고가 발생하면서 잠수부 중 한 명이 목숨을 잃었고, 1978년 3월 인양

---

■ 홍콩 식민 지배 시절에 내려진 판결 중에는 도무지 이해하기 힘든 내용이 종종 있다. 1980년 발생한 29세 동성애자 경찰관 사망 사건이 대표적인 사례다. 당시 홍콩 사회에서는 동성연애가 불법이었다(1991년 합법화됐다). 사망자의 가슴에 총상이 다섯 군데나 남아 있었음에도 불구하고, 이 사건은 단순 자살로 판명 났다. 다섯 번은 고사하고, 자신의 신체에 총을 한 발 이상 쏘는 것도 불가능하다는 의견이 일반적이다. 하지만 법원에서는 생명에 지장이 갈 만한 부위에서 발견된 총알은 다섯 발 중 한 발밖에 없었고, 사망자의 머리와 심장에 총상이 없는 점을 고려했을 때 스스로 목숨을 끊는 과정이 고통스러웠을 수는 있으나 불가능하지는 않다고 설명했다.

작업은 중지됐다. 홍콩 남쪽 바다 밑에는 아직까지도 2,000톤에 달하는 잔해가 가라앉아 있다. 그중에는 존 브라운 조선소에서 제작한 가장 거대한 여객선인 퀸엘리자베스호를 떠받치던 제552호 용골이 포함돼 있다.

수년간 항해도에는 퀸엘리자베스호가 침몰한 자리에 난파선을 의미하는 초록색 기호가 표시돼 있었다. 사고 지점에는 부표가 떠 있었고, 주변을 지나가는 선원들에게는 침몰 장소에 너무 가까이 다가가면 안 된다는 주의사항이 내려왔다. 시간이 지나 홍콩은 간척 사업을 통해 국토 면적을 넓혔다. 이제 그 자리 옆으로 컨테이너 항구가 들어섰고, 퀸엘리자베스호의 잔해 위에는 부두와 도보와 차도가 지나가고 있다.


### 개인의 권리보다 앞서는
### 집단의 질서

1982년 둥하오윈 사망 후에 이어지는 이야기는 꽤나 흥미롭다. 둥하오윈은 놀라운 혜안으로 앞으로 태평양에서 컨테이너 수송 사업이 경쟁력을 가질 것임을 내다봤고, 동방해외컨테이너라인Orient Overseas Container Line, OOCL을 설립했다. 둥하오윈이 사망한 뒤 아들인 둥젠화가 회사를 물려받았다. 하지만 기존에 운영하던 사업과는 전혀 다른 분야인 탓에 회사 경영이 쉽지 않았다. 얼마 지나지 않아 OOCL은 위기에 맞닥뜨렸고, 급하게 자금을 조달해야 했다. 모순적이게도, 둥젠화에게 도움의 손길을 내민 나라는 타이완이 아니라 중국이었다. 중국 은행은 둥젠화에게 1억 2,000만 달러를 빌려줬다. 홍콩의 한 냉소적인 공무원이 말하길, 그 순간부터 둥젠화가 중국 정부에 입안의 혀처럼 굴었다고 한다.

얼마 지나지 않아 그는 중국 정부의 공무원 자리까지 올랐다. 1997년 6월 30일 자정을 기준으로, 150년간의 대영제국의 통치를 받던 홍콩은 중국으로 반환됐다. 중국에서는 홍콩특별행정구의 초대 지도자 자리에 둥젠화를 앉히기로 했다. 둥젠화는 나라를 다스리는 데 필요한 지식이라곤 아예 없는 컨테이너 회사 사장일 뿐이었다. 하지만 이는 중요하지 않았다. 중국 정부에서 둥젠화의 회사를 구제해줬고, 중국에 빚을 진 순간부터 둥젠화는 충성을 맹세했다.

통치권이 중국으로 넘어오기 한 달 전, 둥젠화의 연설문에서 그의 충성심을 엿볼 수 있다. 연설문의 내용은 충격적이었다. 일부를 발췌하면 아래와 같다. "자유가 중요하지 않은 것은 아니다. 하지만 서구 국가는 중국 문화를 제대로 이해하지 못하고 있다. **우리 사회에서는 개인의 권리보다 집단의 질서가 우선시돼야 한다.** 이것이 바로 중국의 문화적 특성이다."

태평양은 점차 변화하고 있었다. 태평양의 통치권을 손에 쥐고 권력을 행사하던 유럽 국가들은 서서히 안녕을 고하며 식민지를 떠나가고 있었다. 태평양에는 새로운 질서가 자리 잡았다. 제2차 세계대전이 끝나고, 국제연합에서는 탈식민지화의 이점을 열렬히 늘어놨다. 당시 전 세계에서 7억 5,000만 명의 인구가 외부의 통치를 받고 있었다. 1970년대에 들어 서구 열강의 식민 지배 아래에 놓인 영토는 불 앞에서 얼음이 녹듯 빠르게 줄어들었다. 독립을 찾은 이들은 저마다의 방식으로 나라를 다스리기 시작했다. 새로운 지도자들은 급변한 현실에 걱정과 기쁨이 공존하는 마음으로 조심스럽게 나라가 나아갈 방향을 제시했다. 거대한 배 위, 작은 섬, 또는 이국적인 해안가 등 태평양 어디에서나 독립의 환호성이 울려 퍼졌다.


## 더글러스 그레이시와
### 베트남

        열강이 태평양을 떠나는 과정에서 안타까운 유혈 사태가 발생하기도 했다. 홍콩 앞바다에서 거대한 영국 여객선이 불길에 휩싸여 침몰하고, 이 화재 사건에서 목숨을 건진 남성이 훗날 홍콩의 지도자가 됐다는 이야기는 상당히 상징적이다. 하지만 이는 단순한 상징일 뿐이다. 실질적으로 열강이 태평양을 떠나는 과정에는 이보다 훨씬 격렬한 충돌이 있었다.

  1975년 봄, 베트남은 독립을 이뤄내기 위해 미국을 상대로 격렬한 투쟁을 했고, 큰 대가를 치르고 나서야 목적을 이룰 수 있었다. 한 세기가 넘도록 서구 열강의 식민 통치를 받던 인도차이나의 수많은 국가는 그제서야 비로소 주권을 되찾았다.▪ 동남아시아 인도차이나반도의 근현대사는 식민 통치 역사의 축소판이라고 봐도 무방하다. 하지만 베트남, 라오스, 캄보디아를 비롯한 인도차이나반도 국가들이 독립을 이뤄

---

▪ 당시 타이는 강력한 지도자들의 뛰어난 외교 능력으로 인도차이나에서 유일하게 자주국 자리를 유지하고 있었다. 이웃 나라들이 식민 지배를 받던 긴 시간 동안 타이는 동쪽을 차지한 프랑스에도, 서쪽을 차지한 영국에도 고개를 숙이지 않았다.

내기까지는 수많은 희생이 수반됐다. 미국이 베트남 독립에 개입하는 9년 동안, 5만 8,000명의 젊은 남녀가 목숨을 잃었으며, 독립을 요구하는 인구는 200만 명을 넘겼다.

프랑스는 1859년 사이공(호찌민의 전 이름 – 옮긴이)을 손에 넣은 것을 시작으로 마침내 인도차이나 전체를 지배했다(지배를 받던 입장에서는 지배가 아닌 억압이라고 주장했다). 식민 지배를 하던 다른 모든 제국과 마찬가지로 프랑스도 인도차이나 주민들을 억압했다. 하지만 오늘날의 대중들은 식민지에서 이익만을 취한 네덜란드나 영국과 달리, 프랑스가 인도차이나를 지배하던 방식은 훨씬 점잖았으며, 거리의 빵집이나 하노이에서 루앙프라방, 콤퐁솜, 후에 등의 도시에서 들려오는 서툰 프랑스어같이 프랑스의 식민 지배가 남긴 문화가 인도차이나 특유의 이국적인 느낌과 매력을 더해줬다고 생각한다. 하지만 통치 방식이 점잖았든 야만적이었든, 열강은 태평양에서 물러나야만 했고, 제2차 세계대전이 끝난 지 얼마 되지 않아, 프랑스 역시 동남아시아에서 영향력을 거둬들였다.

프랑스가 베트남 북부의 디엔비엔푸 전투에서 굴욕적인 패배를 당한 뒤 서태평양에서 철수하기 시작했다고 보는 시각이 일반적이다. 하지만 이제는 거의 잊힌 한 사건이 이 모든 혼돈의 근원이었다. 그리고 디엔비엔푸 전투는 그 연장선일 뿐이다. 1945년에 발생한 이 사건의 중심에는 대영제국 인도군의 사령관이었던 더글러스 데이비드 그레이시Douglas David Gracey가 있다. 그를 둘러싸고 일어난 일련의 일은 이후 몇 년간 뒤따라 발생하는 사건을 이해하는 데 큰 도움이 된다.

태평양전쟁이 끝날 무렵, 그레이시 육군 소장은 프랑스령 인도차이나 상륙군 사령관으로 임명됐다. 이는 매우 드문 경우였다. 영국에서는 인도에서 복무하던 그레이시 사령관을 사이공으로 파견했다. 당시 일본은 패전을 선언했음에도 여전히 베트남을 점거하고 있었고, 그레이시 사령관에게는 전쟁도 끝났으니 일본군을 베트남에서 몰아내라는 임무가 내려왔다. 그레이시 사령관은 사안의 민감성을 잘 이해하고 있었다. 이후 그는 6개월 동안 급하게 지어진 남베트남의 작전 본부에서 군인 2만 명을 이끌고 작전을 지휘했다. 당시 윈스턴 처칠은 유럽의 제국들이 이전의 영광을 되찾아야 한다며 열을 올리고 있었고, 프랑스가 인도차이나의 통치권을 되찾도록 하는 것이 영국군의 분명한 목표였다. 사령관은 마스터돔 작전에 착수했다. 이 6개월이 현대 인도차이나 역사상 가장 혼란스러웠던 시기라고 할 수 있을 것이다.

태평양전쟁에서 연합국의 승리가 거의 확실시되자, 1945년 포츠담에서 연합국 사이에 회담이 열렸다. 연합국은 베트남을 장악하고 있던 일본군이 다른 태평양 국가에서와 마찬가지로 베트남에서도 무장을 해제하고 고향으로 돌아가야 한다는 결론을 내렸다. 그레이시 사령관과 그의 군대가 사이공으로 오게 된 원인이 바로 여기에 있었다.

하지만 그레이시 장군은 생각지도 못한 장애물을 맞닥뜨렸다. 사이공에서 베트민에 속해 독립 운동을 하는 이들의 거센 반발이 있었던 것이다. 그가 일본 패잔병을 몰아내기 위해 사이공에 입성했다는 사실은 중요하지 않았다.*1945년 사이공에 도착한 그레이시 사령관은 사이공 공항에서부터 이어지는 긴 행렬을 목격했다. 그들은 베트민 깃발과 포스터를 흔들고 있었다. 처음에 사령관은 이들이 자신의 군대를 마중 나온 환영 인파라고 생각했지만, 사실 이들은 프랑스 철수를 요구하고 있었다. 영국의 정책(처칠의 정책)과 상충하는 베트남 국민들의 요구에, 사령관은 이번 작전이 쉽지 않을 것임을 감지했다.

그레이시 사령관은 일본군을 몰아내기 위해 힘을 합치자는 베트민의 제의를 단칼에 거절했다. 전쟁 포로로 붙잡힌 연합군을 구출해 일본군을 인도차이나에서 몰아내고, 프랑스의 통치권을 되찾아주는 데 베트민의 도움은 필요 없다고 생각했기 때문이다. 사령관의 냉담한 반응에 베트민은 분노했다. 이들은 파업을 선언하고 사이공 시장의 영업을 중지했다. 그레이시 사령관은 이에 앙갚음하기 위해 신문 인쇄를 멈추고, 계엄령을 선포했다. 그레이시 사령관의 도움으로 자유를 되찾은 프랑스군 포로들은 베트남 지배권을 되찾기 위해 단단히 무장했다. 이들은 도시를 휩쓸며 앞길을 막는 자들을 가차 없이 처단했다. 복수심에 불타던 프랑스군은 베트민 독립 운동가들에게 유독 거친 모습을 보여줬다.

사방에서 충돌이 일어났다. 그레이시와 그가 이끄는 보병들과, 쿠크리 칼을 휘두르는 네팔의 구르카족 용병들은 호승심에 불타올랐다. 싱가포르 영국군기지에서 전투를 멈추라는 명령이 내려왔다. 영국 정부는 영국군이 베트남에서 일어나는 전투에까지 개입할 필요는 없다는

---

■ 베트민 지도자였던 호찌민은 이로부터 2주일 전에 베트남 독립 선언문을 발표했다. 베트남 독립 선언문은 미국의 유명한 독립 선언문을 인용하면서 시작된다. "'모든 사람은 평등하게 태어났고, 조물주는 몇 개의 양도할 수 없는 권리를 부여하였으며, 그 권리 중에는 생명과 자유와 행복의 추구가 있다.' (중략) 이는 틀림없는 사실이다. (중략) 하지만, 지난 80년이 넘는 세월 동안 프랑스 제국주의자들은 자유, 평등, 박애 정신을 악용하여 우리의 조국과 국민을 억압해왔다."

입장을 고수했다. 하지만 수차례 이어진 공격(베트남군은 소총, 창, 독화살을 이용해 기습을 강행했다)에 영국군이 피해를 입자, 그레이시 사령관은 베트남에서 군대를 통솔하는 전권을 위임받았고, 해당 지역의 '평화'를 되찾으라는 새로운 임무를 부여받았다.

수천 명에 달하는 무장해제된 일본군을 베트남에서 내보낼 시간이 부족하다는 사실을 깨달은 그레이시 사령관은 도무지 이해하기 힘든 결정을 내렸다. 도시의 지리와 특성을 잘 파악하고 있는 일본군에게 총을 쥐여주며 영국군과 함께 베트민 독립 운동가들을 무찌르자고 제안한 것이다.

전쟁 도중에는 말도 안 되는 일이 많이 일어나지만, 그레이시 사령관이 왜 이런 결정을 내렸는지는 상식적으로 이해가 불가능했다. 얼마 전에 영국군에게 격파당한 일본군이 프랑스의 식민지 점령을 돕기 위해 영국인 사령관의 지휘에 따라 네팔 용병들과 함께 독립 운동을 하는 베트남 군인과 맞서 싸운다는 상황 자체가 납득하기 어려웠다.

어쨌거나 그런 상황이었다. 일본군의 도움으로, 마침내 영국군은 남베트남의 평화를 되찾았다. 구르카족 장교 한 명이 당시의 상황을 회상하길, "일본군 덕분에 전투의 효율이 높아졌다. 우리 부대의 사기 진작에도 큰 도움이 됐다."고 했다.

10월이 지나기 전에, 처칠의 바람대로 프랑스가 복귀할 수 있을 만큼 상황이 정리됐다. 프랑스의 필리프 르클레르 드 오트클로크Philippe Leclerc de Hauteclocque 장군은 사이공의 통제권을 되찾았다고 생각했고, 영국군에는 베트남에서 철수하라는 명령이 내려왔다. 1946년 그레이시 사령관은 인도의 평화로운 삶으로 돌아갔다.▪

의도한 바는 아니었지만, 그레이시 장군의 고압적인 태도와 거친 탄압이 의도치 않게 베트민을 자극하면서 상황이 악화됐다고 주장하는 사람도 있다. 잔뜩 약이 오른 호찌민은 서구 열강과, 열강의 베트남 지배에 이전보다 강하게 반발했다. 그때부터 호찌민은 인도차이나반도에 어떤 형태로든 개입하는 외부 세력에 강한 적개심을 드러냈다. 그레이시 장군은 좀 더 평화로운 방법으로 목적을 달성할 수 있었음에도 불구하고, 무자비하고 과하게 정치적으로 베트남을 탄압했다며 긴 세월 동안 많은 비난을 받았다.

### 인도차이나전쟁

베트남이 유럽의 지배에서 벗어나 독립을 이뤄내기까지 긴 시간 동안 수많은 희생이 있었다. 30년 넘게 이어진 제1차, 제2차 인도차이나전쟁으로 수많은 사람이 목숨을 잃었다. 제1차 인도차이나전쟁은 베트민과 프랑스의 충돌로 발발했고, 제2차 인도차이나전쟁은 베트남의 공산화를 경계하던 미국이 베트남 사회에 깊숙이 개입하면서 북베트남과 남베트남이 충돌하며 발발했다. 제1차 인도차이나전쟁에서 베트남군 50만 명과 프랑스군 9만 명이 목숨을 잃었고, 제2차 인도차이나전쟁에서는 북베트남군 100만 명과 남베트남군 20만 명, 미군 5만 8,000명, 이외의 나라(오스트레일리아, 한국, 타이)

---

■ 그레이시 사령관은 후에 파키스탄에 파견됐고, 파키스탄은 1957년 독립했다. 그는 능력을 인정받아 육군 대장 자리에까지 오르는 영광을 누렸고, KCB, KCIE, CBE 훈장과 제차 세계대전에서 보여준 용맹함을 기리는 전공 십자훈장 두 개를 수여받으며 1964년 은퇴했다.

에서 파병된 군인 5,000명이 목숨을 잃었다. 두 전쟁을 통틀어 발생한 베트남군 사망자 수는 150만 명을 넘겼고, 유럽과 미국인 사망자 수는 16만 명을 넘긴 것이다. 전쟁이 끝나고, 인도차이나는 마침내 자주권을 되찾았다.

세월이 흐르며 치열했던 두 전쟁은 사람들의 머릿속에서 빠르게 잊혔다. 한때 유명했던 전투와 명성을 떨쳤던 이들의 이름은 역사 속에 희미해졌다. 호사를 누리던 응우옌왕조의 마지막 왕으로 프랑스의 허수아비 노릇을 하다가 베트남 제국을 수립했지만 메콩강과 송꼬이강보다는 몬테카를로에서 더 잘 알려진 바오다이保大를 기억하는 사람이 오늘날 몇이나 되겠는가? 1953년, 프랑스는 베트남 지배권을 되찾기 위해 나바르 작전을 개시했다. 게릴라전을 펼치던 베트민을 섬멸한다는 목적을 가진 나바르 작전이 하와이에 자리한 미군 본부의 사전 승인을 받았다는 사실을 아는 사람은 몇이나 될까? 프랜시스 브링크Francis Brink 장군은 코넬 대학교 출신 엘리트로, 1950년 8월 지어진 사이공 미군 작전 본부의 첫 총사령관으로 임명됐다. 이후 그는 미 국방성 사무실에서 자신의 가슴에 총알을 세 발 박아 넣어 목숨을 끊었다. 군부에서는 장군이 우울증을 앓았다고 설명했다. 독자 중 이 사건을 기억하는 사람이 있는가? 장군이 스스로 목숨을 끊은 이유와, 어떻게 본인의 몸에 총알을 세 발이나 발사할 수 있었는지는 예나 지금이나 의문으로 남아 있다. 하지만 브링크 장군의 의료 기록은 화재 사고로 인해 소실됐으며, 공금을 횡령했다든가, 마약을 복용했다든가, 누군가 장군의 입을 막기 위해 자살로 위장했다든가 하는 식의 소문은 베트남전에 참전했던 다른 모든 이가 잊혔듯 조용히 수면 아래로 가라앉았다.

하지만 디엔비엔푸 전투의 명성만은 여전히 건재하다. 1953년 11월, 프랑스에서는 라오스 국경 근처의 기다란 골짜기에 요새를 구축하기 위해 낙하산을 이용해 3개 대대를 투입했다. 채 몇 주가 지나지 않아 높은 산들에 둘러싸인 천연 방어 요새는 그럴싸한 군사기지로 변모했다. 가설 이착륙장 두 곳이 건설된 기지에 수많은 대포와 전차를 실어 날랐다. 골짜기 주변에 자리한 산등성이에는 작은 요새들이 세워졌다. 긴 전쟁에 지친 프랑스 국민들의 지지를 얻기 위해 이 요새들에 베아트리체, 위게트, 가브리엘, 클로딘, 엘리안과 같은 여성 이름을 붙였으나, 오히려 반감만 샀을 뿐이다.

호찌민은 프랑스가 터를 잡은 이 골짜기의 지리를 훤히 꿰고 있었다. 한번은 호찌민이 쓰고 있던 방탄모를 벗어들고 주먹을 넣어 보이며 말했다. "프랑스군은 이 안에 있다." 그러고는 음흉하게 웃으며 방탄모 가장자리를 손가락으로 쓸어 보였다. "그리고 우리는 이들을 완전히 포위했다."

베트남군 지휘자였던 보응우옌잡武元甲 장군은 프랑스군의 전략을 간파하고 이미 철저한 준비를 마친 뒤였다. 보응우옌잡 장군은 무성한 밀림을 뚫고 대포, 화살, 총열 등 온갖 무기를 운반했다. 군사들은 프랑스군기지 1킬로미터 거리의 산등성이에 쥐도 새도 모르게 땅굴을 파고, 곡사포를 설치했다. 모든 준비가 완료됐다. 1954년 3월 13일, 동양 전쟁사에서 가장 큰 승전보를 울릴 전투의 막이 올랐다.

보응우옌잡 장군의 신호가 떨어지자 디엔비엔푸를 둘러싼 산등성이에서 대포 세례가 쏟아졌다. 베트민군의 거센 공격이 54일간 끊이지 않고 이어졌고, 프랑스군은 열세에 몰렸다. 베트민의 습격에 고기 분쇄기의 칼날에 고기가 썰려나가듯 프랑스군은 끔찍하게 죽어나갔다. 프랑스군은 태세를 가다듬고 반격하려고 했으나, 이미 희망이 없는 상황이었다. 프랑스군은 완전히 포위당했고, 승산은 전혀 없었다.

프랑스군 포병 사령관은 국가에 불명예를 안겨줬다는 사실에 죄책감을 이기지 못하고 수류탄을 터뜨려 자살했다. 벙커에 몸을 숨기고 있던 프랑스군 최고사령관은 베트민에게 생포당했다. 생각지도 못한 일이었다. 걷잡을 수 없는 상황에 다급해진 프랑스는 원자폭탄을 투하해 베트민의 공격을 멈춰달라고 미국에 부탁하기까지 했다.

원자폭탄이 투하되는 일은 없었다. 더 이상 물러날 곳이 없던 프랑스군은 목숨을 잃을 각오로 전투에 임했다. 하지만 최후의 보루까지 베트민의 손에 넘어가자 1954년 5월 7일 금요일 오후 5시 30분, 프랑스군은 마침내 투항했다. 프랑스가 패전을 선언한 바로 다음 날 열린 제네바협약에 한국전쟁과 더불어 인도차이나 독립이 의제로 선정됐다. 마침내 프랑스는 인도차이나에서 철수하겠다고 공식적으로 발표했다. 프랑스는 패배했고, 쫓겨났다.

하지만 불행히도, 제네바협약에 따라 베트남은 북위 17도를 기준으로 두 국가로 분리되고 만다. 북쪽으로는 호찌민과 보응우옌잡이 소련과 중국을 등에 업고 베트남민주공화국을 설립했다. 남쪽으로는 바오다이가 통치하는 베트남국이 설립됐지만, 바오다이는 허수아비에 불과했고 사실상 남베트남은 미국의 신탁통치 아래 있었다. 적개심을 품은 두 나라 사이의 갈등은 점차 심화됐다. 반체제 운동과 폭동이 곳곳에서 일어났고, 종교적인 충돌도 발생했다. 하지만 존 F. 케네디 대통령은 미국의 직접 개입을 피하며 지원을 통해 남베트남의 고문단 역할 정도만 하고자 했다. 프랑스 정부에서 케네디 대통령에게 미국은 현재 프랑스의 자리를 대체했을 뿐이며, 괜히 나섰다간 프랑스처럼 큰 피해를 입고 베트남에서 물러나게 될 것이라고 경고했기 때문이었다.

하지만 케네디의 뒤를 이어받은 린던 존슨은 이 경고를 무시했다. 1964년 여름, 속이 뻔히 보이는 핑계를 대고 국회의 승인을 얻어낸 린던 존슨은 전쟁을 선포하지도 않고 베트남에 군인을 투입했다. 제2차 인도차이나전쟁에 미국이 깊숙이 개입하며 갈등은 빠르게 극으로 치달았다. 그리고 프랑스가 경고했듯, 미국은 패배를 선언하고 수치스럽게 베트남에서 철수했다.

제2차 인도차이나전쟁과 관련된 사건과 인물들은 전 세계적으로 잘 알려져 있다. 호찌민루트, 롤링선더 작전, 밀라이 학살, 에이전트 오렌지, 케산 전투, 후에 포위 사건, 구정 대공세, 햄버거 힐, 다 트랑, 윌리엄 웨스트모얼랜드, 하노이 제인, 레 둑 토, 라인배커 작전, 캄보디아에서 일어난 구출 작전인 이글 풀과, 사이공에서 일어난 구출 작전인 프리퀀트 윈드 작전까지 온갖 명칭이 다 생겨났다. 하지만 위에 언급된 인물과, 장소와, 사건의 대부분은 이제 사람들의 관심 밖이다. 시간이 지나고 세대가 교체되면서, 제2차 인도차이나전쟁을 기억하는 이는 줄어들었고, 반면에 인도차이나전쟁에 관련된 지식이라곤 하나도 없는 이들이 점점 늘어났다. 오늘날 미국인의 60퍼센트는 제2차 인도차이나전쟁이 종결된 이후에 태어났다. 늦은 밤 텔레비전 코미디 프로그램에서는 우스갯소리로 엄청나게 많은 미국 고등학생이 베트남전쟁이 미국과 독일 사이에서 일어난 전쟁이라고 알고 있다는 농담을 던졌는데,

나는 이를 도저히 농담으로 받아들일 수 없었다.

베트남전에 관련된 미국인의 수는 900만 명에 달했다. 베트남전쟁이 한창이던 1968년, 미국이 베트남에 파병한 지상군 수는 50만 명을 넘겼다. 그때부터 미국 여론은 베트남전쟁에 불만을 토로했고, 베트남에 파병된 미군 숫자도 줄어들기 시작했다. 매년 수만 명의 미군이 베트남에서 철수했고, 1974년 말에 이르자 베트남에 남은 군인의 숫자는 육군과 해군을 통틀어 50명 남짓에 불과했다. 1975년 4월 마지막 날, 남은 병력 50명을 비롯해 사이공에 거주하던 미국인을 탈출시킨 프리퀀트 윈드 작전이 마침내 실시됐다. 이로써 미국은 인도차이나에서 완전히 철수했다.

1975년 미국이 철수하기 직전 사이공은 쑥대밭이 돼 있었다. 마지막까지 희망의 끈을 놓지 않고 있던 사람들까지도 베트콩이 이미 사이공을 완전히 포위했으며, 머지않아 그들의 수도를 함락할 것이라는 사실을 깨달았다. 미국에서는 '위험을 무릅쓰고' 사이공에 체류하던 미국인과 그들의 친구와 외국인 기자를 구출하기 위해 치밀하게 계획을 세우고 헬리콥터를 투입하기로 했다. 계획을 설명해놓은 책자가 비밀리에 보급됐다. 라디오에서 "사이공의 현재 온도는 섭씨 50도이며, 점차 상승할 것으로 예상된다."는 구절로 방송을 시작해서 30초간 빙 크로즈비Bing Crosby가 부르는 '화이트 크리스마스'■가 흘러나오면 때가 됐다는 뜻이었다. 방송을 들은 이들은 미리 정해진 장소로 이

---

■ 일본인 기자들은 낯선 서양 노래를 익히기 위해 미국인 동료에게 이 노래를 반복해서 불러달라고 요구했다.

사이공 탈출 작전에 투입된 마지막 헬리콥터가 태평양 바다 쪽으로 기울어진 장면. 제국 시대의 끝 무렵에 미국은 잘못된 선택을 내려 베트남전쟁에 개입함으로써 국력을 낭비했다.

동해 대기하고 있던 미 해병대와 공군이 보낸 헬리콥터에 탑승하기로 돼 있었다.

하지만 사이공 거리를 가득 메운 폭발음과 혼란에 빠진 사람들이 내지르는 비명소리에 방송을 들은 이는 많지 않았다. 방송을 들었다고 하더라도, 작전 개시를 알리는 신호라는 사실을 알아채지 못한 사람이 많았다. 다행히 소문은 빠르게 퍼졌고, 계획된 장소로 수천 명의 인파가 몰렸다. 이들은 공포감에 질려 필사적으로 탈출구를 찾고 있었다. 하지만 계획에 차질이 생겼다. 헬리콥터가 착륙하기로 예정된 장소에 불이 난 것이다. 빠른 시간 내에 새로운 착륙지를 찾아야 했다. 미 해병대는 급하게 타마린드나무를 베어내고 거대한 헬리콥터가 착륙할 만한 공간을 만들었다. 헬리콥터는 베트남에서 30킬로미터가량 떨어진 태평양에 세워둔 수송선과 사이공을 오가며 사람들을 실어 날랐다. 4월 30일 수요일 오전 5시, 미국인 대사를 마지막으로 탈출시키면서 작전은 막을 내렸다. "호랑이가 빠져나왔다."는 암호를 끝으로 모든 미국인이 베트남을 벗어나는 듯했다.

하지만 아니었다. 누군가의 실수로 구조 명단에서 해군 경호원 10명이 누락됐고, 이들을 구출하기 위해 마지막 헬리콥터 한 대가 투입됐다. 오전 7시 53분 마지막 헬리콥터가 이륙했다. 그리고 8시 30분에 구출에 성공한 헬리콥터가 강습상륙함인 오키나와호에 착륙했다.

마지막 헬리콥터까지 사이공을 빠져나간 지 겨우 세 시간이 지났을 때, 북베트남은 탱크로 대통령궁 대문을 밀고 들어와 베트콩 깃발을 꽂았다.

서구 열강에서 태평양 건너 서쪽 머나먼 아시아의 해안선을 점령한 지 175년이 지나고서야 모든 것이 끝났다. 이후 초대받지 않은 외국인이 인도차이나에 발을 들여놓는 일은 불가능해졌고, 입국을 위해서는 정식으로 허가를 받아야 했다.


## 태평양의
### 영국 식민지들

이와는 대조적으로, 영국의 통치를 받던 태평양 국가들은 별다른 충돌 없이 독립을 이루어냈다. 별별 일을 다 겪고 동남아시아에서 쫓겨난 미국(프랑스, 독일, 일본도 마찬가지였다)과 달리, 이웃집을 방문했다가 집사의 헛기침 소리에 시간이 늦었다는 사실을 깨닫고 급하게 떠나는 손님처럼 영국은 태평양에서 떠나갔다. 당황하는 바람에 나가는 길에 소지품을 떨어뜨리고, 신발 끈에 걸려 발을 헛디

디고, 급하게 문을 닫다 손가락이 끼이고, 웃으며 마중을 나온 집주인에게 쓸데없이 긴 작별인사를 늘어놓는 손님처럼, 영국은 식민지에서 후다닥 발을 뺐다.

1970년대까지 다른 지역 지도와 마찬가지로 태평양 지도는 대영제국 영토임을 표시하는 핑크색으로 넘쳐났다. 당시 제임스 쿡과 스탬퍼드 래플스Stamford Raffles의 뒤를 이은 대사들이 날짜변경선 서쪽의 자그마한 요충지를 다스리고 있었다. 이는 영국에서 파견한 공무원이 인구가 정확히 파악되지 않은 가무잡잡한 현지인들을 지배하고 있다는 뜻이었다. 조지프 키플링Joseph Kipling의 말처럼 "법 없이 살아가는 사람들이 줄어들고" 있었다. 영국이 태평양 섬들의 통치를 포기하고 돌아서는 일은 절대 없을 것 같았다. 존 밀턴John Milton이 얘기했듯 "우선 어떻게 살아야 할지"부터 시작해 가르쳐야 할 게 산더미였기 때문이다. 영국의 이러한 신념은 1950년대에 유행하던 우스갯소리를 떠올리게 한다. 몸이 성치 못한 자식을 둔 한 어머니가 아이에게 말린 자두를 먹였는데, 말린 자두와 영국 선교사에게는 '깊고 어두운 곳에서 좋은 작용을 한다'는 공통점이 있었기 때문이다.

서태평양의 말라야, 싱가포르, 파푸아뉴기니,■ 브루나이, 사라왁, 북보르네오는 영국의 요새 역할을 했다. 여기서 동쪽으로 조금 더 이동

---

■ 848개 국어를 사용하는 나라라는 명성에 걸맞게, 파푸아뉴기니의 역사는 굉장히 복잡하다. 파푸아뉴기니의 남동부(서부는 네덜란드에 속했다)는 퀸즐랜드 출신 경찰관에 의해 오스트레일리아에 흡수됐고, 독일의 소유 아래 있던 북동부 또한 제1차 세계대전이 치러지는 동안 오스트레일리아에 흡수됐다. 1919년 베르사유조약을 통해 이는 법제화됐다. 그렇게 파푸아뉴기니 동부는 영국 해외 영토에 속하지만 오스트레일리아에 의해 통치됐는데, 1975년 영국의 찰스 왕자(Charles Windsor)가 독립 기념식을 거행하며 주권을 되찾았다.

하면 포스터 단골 모델로 등장하던 아름다운 영국 식민지들이 나타난다. 길버트제도, 엘리스제도, 솔로몬제도, 뉴헤브리디스제도, 오션섬이 그 주인공이다. 머나먼 피지, 통가, 핏케언섬 역시 영국의 식민 통치를 받고 있었다. 그리고 태평양의 영국 식민지 중 가장 북쪽에 자리한 홍콩이 있다. 중국 대륙 아래서 홀로 당당하게 위용을 뽐내던 홍콩은 다른 영국령에서 뚝 떨어져 나와 있었던 데다가 문화권도 달랐기에 여기에서 영국의 식민 통치가 지속될 수 있을지 의문이 들게 했다. 하지만 1970년대 당시, 영국이 그토록 빨리 태평양에서 철수할 것이라 예상한 사람은 거의 없었다.

기나긴 식민 지배의 세월이 지났고, 작별의 시간이 다가오고 있었다. 여기에는 중대한 원인 세 가지가 있었다. 먼저, 제2차 세계대전이 끝난 후 영국의 국고가 바닥을 드러냈고, 단지 국력을 과시하기 위해 식민 통치를 유지하기엔 비용을 감당할 수 없었다. 게다가 전쟁이 끝나고 사회 분위기가 변화하면서 열강들이 식민지에 보이는 처사가 불공정하고, 비도덕적이며, 시대에 뒤떨어졌다는 인식이 만연해졌다. 식민지에서는 통치 국가에 강한 반감을 보이기 시작했다. 영국은 이제 그만 식민 지배를 끝내고 태평양을 떠나야 할 때라는 사실을 깨달았다.

말라야가 처음으로 영국으로부터 독립을 이뤄냈다. 글로스터 공작 Duke of Gloucester이 직접 말라야를 방문해 조카인 엘리자베스 2세 여왕이 보낸 전갈을 낭독했다. 말라야의 미래에 행운이 가득하길 바란다는 내용이었다. 이로부터 6년 후, 영국은 북보르네오에서도 통치권을 거뒀다. 영국의 통치를 받던 드넓은 서태평양 650만 제곱킬로미터(육지 면적은 약 2만 6,000제곱킬로미터였다)에 퍼져 있던 수많은 식민지가 마침내 독립국으로 다시 태어났다.

1900년부터 영국의 보호 아래 있던 통가왕국은 1970년에 독립했다. 같은 해에 피지섬 역시 영국으로부터 벗어났다. 영국에서 왕실 비행기가 고장 나는 바람에 약속된 시간을 네 시간이나 넘기기는 했지만, 어쨌든 찰스 왕자는 독립을 선포하기 위해 피지섬으로 갔다. 왕자는 이때 거북이 열두 마리와 금으로 만든 커프스단추 한 세트를 선물로 받았다. 찰스 왕자는 은으로 만든 식기는 태어났을 때부터 왕실에서 질리도록 사용했다며, 선물이 은으로 만든 스푼이 아니어서 기쁘다고 말했다. 평화로운 독립을 이루어낸 피지는 공교롭게도 식민 지배가 끝나고 체제 갈등 때문에 쿠데타가 일어나면서 오랜 시간 동안 명성을 떨친 잔인성(베이커Baker 목사를 먹는 데 사용된 포크는 여전히 피지 박물관에 잘 보관돼 있다)을 드러냈다.

서태평양 영국 식민 제국의 반짝이는 보석이었던 길버트제도와 엘리스제도는 1976년 독립했다. 이 두 제도는 500만 제곱킬로미터에 달하는 어마어마한 면적을 자랑했다. 영국에서 이곳으로 파견한 공무원 아서 그림블이 1932년, 본인의 경험을 바탕으로 쓴 책 『섬에서의 일상 A Pattern of Islands』을 선보이면서 길버트제도와 엘리스제도는 바깥세상에 처음으로 이름을 알렸다. 책에는 그가 식민지를 다스리면서 겪은 일들이 서술돼 있다. 1950년대에 영국에서 교육과정을 밟은 이들이라면 누구나 한 번쯤 이 책을 읽어봤을 것이다. 길버트제도는 대부분 미크로네시아인으로 구성됐고, 반면 엘리스제도는 대부분 폴리네시아인으로 구성돼 있다. 그랬으니, 두 제도 사람들 사이에 소속감이라곤 조금도 없었다. 하지만 영국은 편리하게 지배력을 행사하기 위해 두 제도를 뭉뚱그려 하나의 식민지로 만들어버렸다. 영국의 식민 통치에서 벗어나면서 이들에게는 선택권이 주어졌고, 투표 결과에 따라 식민지는 둘로 쪼개졌다. 그 결과 길버트제도에는 키리바시공화국이, 엘리스제도에는 투발루공화국이 세워졌다.

영국 보호령이던 솔로몬제도는 1978년에 독립했다(한때 남태평양에서 해병대로 복무했던 미국인 우주 비행사 존 글렌John Glen이 기념 행사에 참석했다). 솔로몬제도는 두 가지 사건으로 미국에서 유명세를 얻었다. 하나는 치열했던 과달카날전투였고, 다른 하나는 일본이 솔로몬제도를 점령했을 당시 장교로 복무 중이던 존 F. 케네디가 코코넛 껍데기에 쓴 구조 편지로 무사히 빠져나온 사건이었다.

뉴헤브리디스제도는 솔로몬제도가 독립하고 2년 후 통치권을 되찾았다. 뉴헤브리디스는 복잡한 사정으로 1906년부터 영국과 프랑스의 공동관리 아래 들어갔고, 정확히 똑같은 관료 체계 두 개가 세워졌다. 예를 들자면, 포트빌라의 수도 시설 관리를 담당하는 프랑스인 공무원과, 똑같이 포트빌라의 수도 시설 관리를 담당하는 영국인 공무원이 각각 있었던 것이다.

뉴헤브리디스제도 운영과 관련된 문서는 캐나다에서처럼 영어와 프랑스어, 두 가지 언어로 기록됐다. 세 언어로 기록할 때도 있었다. 나머지 한 언어는 뉴헤브리디스제도의 현지어인 비슬라마어였는데, 현지어를 사용하는 뉴헤브리디스제도의 원주민들이 중요한 법률 문서를 열람해야 할 때도 있었기 때문이다. 뉴헤브리디스제도의 법체계는 엉망이었다. 프랑스 국법에 따라 심판을 받을 수도, 영국 국법에 따라 심판을 받을 수도, 심지어는 현지 법정에서 멜라네시아 법에 따라 심판을 받을 수도 있었는데, 셋 중 어떤 법을 따르든지 수석재판관은 중립을 지키던 스페인 국왕이 지정하는 경우가 일반적이었다.

경찰 집단도 둘로 나뉘었다. 서로 다른 제복을 갖춰 입은 두 경찰 집단은, 사회의 질서를 유지하기 위해 매일 본인의 의무를 다했다. 둘 중 어떤 집단이 더 관대한 모습을 보였는지는 역사에 기록되어 있지 않다. 물론, 화폐도 통일되지 않았다. 프랑스 프랑과 영국 파운드가 모두 통용됐고, 오스트레일리아 달러와 파리에 본사를 둔 인도차이나 은행에서 발행한 지폐도 사용됐다. 프랑스와 영국 국경일 모두 공휴일로 지정됐다. 1년 내내 푹푹 찌는 날씨 탓에 공휴일이 아니더라도 열심히 노동하는 사람이 많지는 않았지만 말이다. 혼란스러운 체제 아래 얼마간 시간이 지나자 이렇듯 복잡한 상황에 뉴헤브리디스제도 사람들은 남녀노소 불구하고 모두 지쳐버렸고, 공동관리 체계가 붕괴되면서 마침내 바누아투공화국이 수립됐다. 바누아투공화국이 독립을 선포하자, 뉴헤브리디스제도에서 발을 빼고 싶지 않았던 프랑스는 심술을 부렸다. 파견돼 있던 공무원이 철수하면서 섬에 있던 전화기와 라디오, 냉난방 장치를 몽땅 챙겨서 고향으로 돌아가버린 것이다.＊ 식민지에서 이렇게까지 바리바리 짐을 싸들고 떠나는 경우는 매우 드물었다.

_____

＊ 프랑스는 인도차이나와 뉴헤브리디스에서는 식민 지배를 철수했지만 프랑스령 폴리네시아와 월리스 푸투나제도는 여전히 프랑스의 지배 아래에 두고 있다. 또, 뉴칼레도니아의 경우 수많은 프랑스인 이주민이 살고 있지만 2018년 프랑스에서 완전히 독립할 예정인데, 이는 정치적으로 아주 민감하게 다뤄지고 있다. 멕시코 연안에 자리한 미스터리한 무인도인 클리퍼턴섬 역시 프랑스령에 속한다.

## 인구 60명의

## 핏케언제도

1970년대부터 태평양의 여러 국가에서는 민족자 결주의를 내세웠고, 20년이 지난 1990년대 이후에는 태평양에 남은 식민지는 단 두 군데밖에 없었다. 둘 다 영국 통치 아래에 있었는데, 기막힌 우연의 일치로 두 식민지는 지구의 정반대에 자리하고 있었다.

그 둘 중 하나는 홍콩이었다. 홍콩은 인구가 많고, 경제적으로 풍족했으며, 세계적으로 잘 알려져 있었다. 면적은 약 1,000제곱킬로미터였고, 인구는 600만 명에 달했다. 홍콩에 거주하는 인구의 대부분은 광둥어를 사용하는 중국인이었다. 이들은 19세기 중반부터 영국에서 파견된 외교관과 공무원, 정치인의 통치를 받으며 살아왔다.

지구 반대편에 남은 다른 영국 식민지는 핏케언제도다. 1838년부터 영국의 지배를 받던 핏케언제도는 면적이 5제곱킬로미터에, 인구는 채 60명이 안 된다. 핏케언제도는 아직까지도 영국의 통치를 받고있다. 1789년 바운티호의 선원이었던 플레처 크리스천Fletcher Christian이 블라이Bligh 선장을 상대로 반란을 일으켜서 선장을 쫓아냈고, 크리스천을 비롯한 선원 아홉 명은 핏케언제도에 정착했다. 이들의 후손이 핏케언제도에 남아 삶을 이어나간다는 이야기는 어떻게 보면 낭만적이기까지 하다. 하지만 오늘날의 핏케언제도는 추문으로 얼룩져 있다.

나는 1992년 처음으로 핏케언제도를 방문할 수 있었다. 뉴질랜드 다목적함인 캔터베리호의 선장이 엘리자베스 2세 여왕 즉위 40주년 기념식에 참석하기 위해 오클랜드에서 리버풀로 가는 길에 나를 핏케언제도에 내려준 덕분이었다.

우리는 열흘간 항해해서 핏케언제도에 도착했다. 핏케언제도는 핏케언섬과 헨더슨섬, 그리고 산호섬인 듀시섬, 오에노섬 네 곳으로 이루어져 있는데, 네 섬은 서로 160킬로미터 정도 떨어져 있다. 우리가 외진 핏케언제도를 향해 동쪽으로 항해하는 길에 마주친 배는 딱 한 척뿐이었다.

망망대해 한복판에 나지막한 초록빛 화산이 솟아올라 있었다. 마침내 핏케언제도가 지적에 모습을 드러냈고 대형보트 한 무리가 우리를 마중 나왔다. 핏케언섬 사람들은 혹시 섬을 방문하는 배가 있을지도 모른다는 생각에 언제나 수평선에서 눈을 떼지 않고 있었다. 그들은 우리를 발견하자마자 가까이에서 최신식 군함을 구경하기 위해 수십 킬로미터 밖에서부터 섬에 있는 배를 몽땅 끌고 나온 것이었다. 이들의 근원이라고도 볼 수 있는, 불에 거의 다 타버려 이제는 파편만이 남은 유명한 바운티호도 당시에는 최신식 군함이었다.

우리는 힘겹게 작은 콘크리트 부두에 배를 정박했다. 그러고 나서 수도인 애덤스타운으로 가는 유일한 길인 '고난의 언덕'을 올랐다. 섬의 분위기는 따뜻하고, 나른하고, 정겨웠다. 초록색 산등성이와, 산등성이에 난 붉은 길을 제외하고 주변은 온통 파란색이었다. 구름 한 점 없이 파란 하늘과, 지나가는 배 한 척 없이 파란 바다가 시야를 가득 채웠다. 가파른 언덕에 숨이 턱 끝까지 차올랐지만, 땀에 흠뻑 젖은 채 외로이 지친 발걸음을 옮길 수밖에 없었다. 길을 안내해주는 표지판은 눈을 씻고 찾아봐도 없었다.

표지판 대신 나름의 사연을 가진 남자와 맞닥뜨렸다. 나는 산꼭대기에서 커다란 라디오송신기를 끼고 텐트에서 생활하는 일본인 남자를 만났다. 그는 라디오방송을 하기 위해 핏케언섬을 찾은 아마추어 무선통신사로, 그와 교신에 성공한 사람들은 방송에 대한 보답으로 '내가 당신의 통신을 수신했다'는 의미를 담은 교신 기념 카드인 QSL 카드와 함께 1달러를 보내줬다. 그렇게 모은 돈이 1만 달러였고, 그는 이제 집에 돌아가고 싶다고 말했다. 이 일본인을 파나마로 데려다주면 안 되겠냐고 선장에게 부탁해봤지만, 선장은 거절했다. 실망한 일본인 남자는 다시 텐트로 기어들어가 독서를 즐겼다. 한 달쯤 지나면 다른 배가 지나갈 거라고, 그때 다시 부탁해보겠노라고 일본인 남자는 말했다.

　인근의 널따란 목초지에서는 파인애플 재배가 한창이었다. 진공포장 작업에 열을 올리던 핏케언섬 사람들 몇 명이 이야기보따리를 풀어놨다. 예전에 그들은 파인애플을 말려 수출하려고 했다. 그러던 중 프랑스가 960킬로미터 서쪽으로 떨어진 무루로아 환초에서 핵실험을 실시했다. 실험 당일 풍향을 따져보면 핏케언섬에 방사능 피해가 있을 확률은 극히 낮았음에도 불구하고, 핏케언섬에서 파인애플을 수입하려던 업자들이 방사능오염 위험이 없는 에콰도르와 필리핀에서 재배한 파인애플을 수입하기로 결정했다. 파인애플 수출 사업에 실패한 핏케언제도는 뉴질랜드에서 양봉가를 초청해 꿀을 생산하기로 했다. 결과는 성공적이었다. 오늘날 런던의 고급 식료품점에서는 핏케언제도에서 수입한 바운티 꿀을 판매하고 있다. 꿀 수출마저 실패했다면, 오늘날 핏케언제도의 수입원이라고는 우표와 헨더슨섬*의 단단한 나무로 만든 공예품밖에 없었을 것이다. 또 핏케언제도 정부에서는 섬에 외국인을 유입시켜 거주 인구를 늘리려는 정책을 펼쳤지만, 효과는 미미했다.

여기에는 1999년에 터진 추문 탓도 있다. 당시 영국에서는 핏케언섬으로 한 젊은 여경을 6개월간 훈련 보냈다(핏케언섬에는 경찰이 없다). 이 젊은 여경은 섬에서 어린아이를 성적으로 학대한다는 사실을 발견하고, 영국에 이를 보고했다. 핏케언섬의 남성은 열 살 정도밖에 안 된 어린 여자아이와 주기적으로 성관계를 맺었고, 여자아이는 열두 살 무렵에 원치 않게 임신을 하기도 했다. 섬 주민들은 본인들의 행동이 잘못됐다고 생각하지 않는다며, 폴리네시아 문화의 관습일 뿐이라고 주장했다. 하지만 1789년 바운티호 선원들이 타히티섬 여성들을 아내로 맞이하며 앵글로·색슨 문화와 폴리네시아 문화가 혼합돼 핏케언섬의 문화가 형성됐으니 그들의 주장은 사실이 아니었다.

영국의 법원에서는 여경의 보고를 받고 수사에 돌입했다. 핏케언섬에 형사와 변호사가 들이닥쳤고, 5년간의 긴 공방전이 시작됐다. 섬에 파견된 변호사 일부는 후에 핏케언제도는 영국의 주권 아래 있지 않고, 핏케언제도 주민들은 영국 시민권을 가지지 않으며, 영국의 사법권이 핏케언제도에 적용되어서는 안 된다는 주장을 펼쳤다.

피해자가 나타났고, 증인도 확보했다. 이제 가해자만 찾아 죄를 물

---

■ 1980년대에 웨스트버지니아 탄광업계의 거물이었던 스마일리 래틀리프(Smiley Ratliff)는 헨더슨섬을 장기 대여해 바다 한복판에 식민지를 건설하려고 했다. 그는 섬에 활주로를 닦고, 외부와의 교류를 위해 핏케언섬을 오가는 선박을 운항하겠다고 약속했다. 영국 정부에서는 래틀리프의 계획을 진지하게 검토해봤으나, 비행 능력이 없는 헨더슨흰눈썹뜸부기와 과일을 주식으로 섭취하는 핸더슨비둘기와 잉꼬새의 서식지를 보호하기 위해 래틀리프의 제안을 거절해, 핏케언제도 거주민들의 원성을 사기도 했다. 현재 영국 정부에서는 핏케언제도에 거주하는 사람들이 공항을 이용할 수 있도록 프랑스령 갬비어제도를 오가는 여객선을 운항하고 있다.

으면 됐다. 스티브 크리스천Steve Christian을 비롯한 남성 일곱 명이 체포됐다. 스티브 크리스천은 플레처 크리스천의 직계 후손으로, 당시 섬의 시장이자 대형보트의 키잡이로 실세를 쥐고 있었다. 처음에는 재판 장소로 뉴질랜드도 언급됐지만, 법원에서는 핏케언섬 현지에서 재판을 열어야 한다고 결론을 내렸다. 핏케언제도의 인구보다도 많은 판사와 변호사와 증인과 기자가 재판을 위해 애덤스타운에 도착했다. 사건의 피해자였던 여성들은 재판 당시 모두 섬을 떠난 상태였다. 이들의 증언을 확보하기 위해 애덤스타운에는 위성 시스템까지 설치됐다. 의견을 달리하는 주민들은 격심하게 대립하고 있었고, 만일의 경우를 대비해 법원에서는 섬에 있는 총기류를 모두 압수했다.

40일간 지속된 재판에 들어간 비용만 총 2,000만 달러가 넘었다. 피고인들은 당시 최고 권력기구이던 버킹엄궁전 추밀원에 영국 법이 본인들에게는 적용되지 않는다며 여러 차례 반박했지만, 각하됐다. 체포된 일곱 명 중 여섯 명이 실형을 선고받았다. 이들을 수감하기 위해 핏케언섬에 교도소가 세워졌다.

애덤스타운에는 재판을 비롯한 이 모든 일련의 사건이 영국이 애물단지인 핏케언제도를 내치기 위한 계획의 일부라는 흉흉한 소문이 돌았다. 건장한 남성 여섯 명이 수감되면서 보급선에서 섬으로 물건을 실어 나를 대형보트 키잡이가 사라졌다. 핏케언섬 주민들이 보급품 없이 생활을 이어나가기란 불가능했다. 굶어 죽거나, 이전에 발생한 재해 (1856년 인구과잉으로 기근이 발생했었다)를 피해 떠난 주민들처럼 서쪽으로 갈 수밖에 없었다. 이들은 과거 죄수 유형지였던 퀸즐랜드 해안 근처의 노퍽섬에 살고 있었다.

하지만 굶어 죽는 사람도, 섬을 떠나는 사람도 없었다. 유죄를 선고받은 남성들은 자신들이 직접 세운 감옥에 갇혀 있었다. 영국에서 거의 완성해서 보낸 건물을 조립만 하면 됐으니, 크게 어려운 일은 아니었다. 보급품을 실은 배가 핏케언섬을 방문할 때마다 죄수들은 임시로 석방됐고, 이들은 교도관의 감시하에 대형보트를 타고 나가 부둣가로 보급품을 조달했다. 임무가 끝나면 죄수들은 고난의 언덕을 올라 감방에 복귀해 다음 보급선이 수평선 너머로 나타나기를 기다렸다.

마침내 이들은 형량을 채우고 자유를 되찾았다. 이들이 석방됐을 당시 섬에 남은 가임기 여성은 단 한 명뿐이었고, 생식능력을 가진 남성 여섯 명은 보호관찰 중이었으니, 얼마 지나지 않아 핏케언제도의 역사는 막을 내리게 될 것이다.

인구 통계학자들은 이 시기가 2030년쯤이 될 것이라고 예상한다. 그때까지 관광객 몇 명쯤은 핏케언섬을 찾아올지도 모른다. 그들은 바운티호의 잔해를 둘러보고, 현지 양봉 체험을 하고, 단단한 나무로 만든 공예품과 엽서, 우표를 구매할 것이다. 아마 이들은 지어진 지 얼마 안 된 텅 빈 감옥에서 숙박을 해결할 터인데, 섬에서 제대로 된 수도 시설을 갖춘 몇 안 되는 건물 중 그나마 게스트하우스로 사용할 만한 장소가 감옥뿐이기 때문이다. 한때는 영광스러웠던 대영제국의 식민지를 방문한 이들은 태평양 외딴곳에 자리한 섬의 기구한 운명을 되돌아볼 것이다. 무법지대에서 불명예스러운 사건을 발단으로 탄생한 섬이, 결국 법의 부재 때문에 천박한 스캔들만 남기고 불명예스러운 종말을 맞이할 예정이니 말이다.

핏케언섬에서부터 북서쪽으로 약 1만 3,000킬로미터 떨어진 홍콩이 중국에 반환되던 날짜는 역사에 길이 남았으나, 영국의 마지막 남은 태평양 식민지인 핏케언제도는 역사에서 조용히 사라질 것이다.


**홍콩의**

**반환**

영국의 태평양 식민지가 거의 남지 않을 지경에 이르자, 북태평양에 남아 있던 마지막 식민지인 홍콩에서는 사람들이 미래를 걱정하기 시작했다. 돈을 빌려주고 저당권을 담보로 잡은 홍콩의 은행들은 특히 전전긍긍했다. 홍콩에서는 15년짜리 담보대출이 일반적이었는데, 미래가 불확실해지자 은행권에서는 한 가지 의문을 품게 됐다. 15년이 지나고 만약 자본주의를 추구하는 영국이 홍콩을 떠나고, 사회주의를 진리로 여기는 중국이 홍콩을 통치한다면, 그때는 은행이 잡고 있는 저당권이 유효할까?

1979년 봄부터 은행권의 불안감은 커져갔다. 그간 반쯤 잊고 지냈었는데, 영국과 중국이 1898년 체결한 조약에 조그만 글씨로 명시된 영국의 홍콩 할양 만료 시점이 어느새 훌쩍 다가왔기 때문이다. 조약에 따르면 홍콩 할양 기간은 99년이었다. 많은 사람이 1997년 6월 30일 자정을 기점으로 홍콩이 영국의 통치를 벗어나게 된다는 사실을 잊고 있었지만, 은행원들에게 이는 쉽사리 잊고 지나칠 만한 문제가 아니었다.

중국 정부에서 조약에 명시된 날짜에 홍콩의 통치권을 회수하지 않고 할양 기간을 무기한 연장할 의사가 있는지, 은행원들은 확실한 답변이 필요했다.

그래서 홍콩의 은행들은 당시 홍콩 총독이었던 머리 매클리호스 Murray MacLehose를 찾아가 답변을 요구했다. 총독은 이들의 질문에 답을 주기 위해 중국 본토로 떠났다. 중국은 연회를 베풀고, 만리장성과 고궁, 자금성을 선보이는 등 격식을 갖춰 총독을 맞이했다. 하지만 당시 중국의 지도자였던 덩샤오핑鄧小平은 총독과 은행원, 홍콩 주민이 원하던 답변을 내놓지는 않았다.

작달막한 중국의 지도자는 어떤 경우에도 홍콩의 할양 기간을 연장할 생각은 없다고 못을 박았다. 홍콩은 조약에 명시된 날짜에 중국으로 반환될 것이었다. 중국은 빼앗긴 영토를 되찾고자 했다. 중국은 주룽반도를 손에 넣고 싶어 했으며, 홍콩의 통치권을 원했다. 요약하자면, 홍콩과 관련된 일체를 원했던 것이다. 영국인 변호사들이 빅토리아시대에 체결한 조약 세 개를 언급하며 일부 지역은 **영국에 귀속됐음**을 주장했으나 소용이 없었다. 덩샤오핑은 그 조약들은 불평등조약이었고, 현대사회에서는 법적 효력이 없다며, 찢어버리면 그만인 종잇조각에 불과하다고 했다. 덩샤오핑은 홍콩이 영국의 통치에서 벗어날 날이 머지않았다는 것은 온 세상에 명백히 알려진 사실이라고 주장했다. 그는 1997년 6월 30일을 기준으로 홍콩을 돌려받겠다고, 본인의 의사를 확실히 표현했다. 시간이 얼마 남지 않았다. 수 년 안에 홍콩 반환과 관련된 사항들을 정리해야 했다.

매클리호스 총독이 홍콩으로 떠나기 직전 덩샤오핑과 작별인사를 나눌 때, 덩샤오핑은 총독에게 안심하라며, 홍콩 시민들에게 말 한마

디만 전달해달라고 부탁했다. 어두운 중국 대륙을 지나 아름답게 반짝이는 홍콩으로 돌아간 총독은 불안해하며 중국 정부의 답변을 기다리던 수백만 시민들에게 덩샤오핑의 말을 전했다. "너무 불안해하지 않아도 된다." 총독은 이 문장을 수없이 반복했다. "너무 불안해하지 않아도 된다."

하지만 홍콩 시민들은 불안감을 숨길 수 없었다. 홍콩이 중국에 반환되면, 수년간 홍콩은 엄청난 혼란에 휩싸일 터였다. 영국과 중국 사이에 협상을 위한 대화가 오가긴 했지만, 영국에서 원하던 반응은 이끌어낼 수 없었다. 나는 양국이 협상을 시작한 지 얼마 되지 않았을 때 중국에서 이 상황을 직접 목격했다. 당시 중국에서는 다음 해에 마거릿 대처Margaret Thatcher 총리와 영국 사절단이 베이징을 방문할 때 머무를 나지막한 건물을 올리고 있었다. 보통 협상을 위해 다른 나라를 방문하면 도시의 분위기에는 활기와 유쾌함이 더해지고, 자신감에 찬 사람들이 목적성을 가지고 당당하게 행동하는 모습을 볼 수 있다. 하지만 칼바람이 불던 그해 겨울, 중국 북부에 자리한 베이징은 내가 보기에는 마치 근엄한 장송곡이 배경음악으로 흘러나올 것만 같은 회색의 칙칙한 도시였다.

베이징은 무채색의 음울한 도시였다. 날씨는 춥고, 공기는 탁한 데다가, 마치 사람들이 일부러 몸을 숨기고서 들킬까 봐 속삭이는 것처럼 비정상적으로 고요했다. 1981년 중국은 오늘날과 달리 황폐하고, 보잘것없는 사회주의국가였다. 자전거를 탄 군인이 사방을 순찰하며 돌아다니고 있었다. 곳곳에서 추위를 피해 골목 어귀로 모인 군인들이 코크스 난로를 쬐는 모습을 볼 수 있었다. 후통 빈민가에서는 똑같은 회색과 짙은 푸른색 인민복을 입은 노동자들이 복작대며 살아갔다. 도시 어디를 가나 사회주의 구호가 걸려 있었다.

영국에서 파견된 협상단 역시 대부분 비슷비슷한 회색 정장을 입고 있었다(줄무늬가 들어간 정장을 입은 사람도 있었다). 이들은 매일 날카로운 얼굴의 중국 정부 관계자를 만나 대화를 나눈 후 저녁이면 톈안먼 광장 바로 옆에 있는 회색 호텔의 회색 방으로 돌아갔다. 저녁마다 이들은 지친 기색이 역력했다. 조금도 타협이나 양보할 생각이 없는 중국의 단호한 태도에 실망을 표시하는 것이었다.

대처 총리라고 예외는 아니었다. 중국은 대처가 감당하기에는 버거운 상대였다. 덩샤오핑은 본인이 원하면 언제고 홍콩으로 돌격해 반나절도 안 돼 도시를 탈환할 수 있지만, 넓은 아량으로 참고 있노라고 얘기했다. 마거릿 대처는 덩샤오핑의 직설적인 발언에 눈에 띄게 당황했다. 총리가 여기에 뭐라 반박했는지는 모르겠지만, 꽤 큰 정신적 타격을 입었음은 분명하다. 이날 회의가 끝나고 인민대회당을 나서던 마거릿 대처는 계단을 내려가다 발을 헛디뎌 넘어지고 말았다. 옷은 엉망이 된 데다 머리는 헝클어진 채 주변의 도움을 받아 일어나는 대처의 모습이 너무나 유약해 보였다.

아르헨티나 침략자로부터 포클랜드제도를 탈환해낸 마거릿 대처는 당시 영국에서 영웅적인 존재였다. 하지만 이는 덩샤오핑이 알 바가 아니었다. 마거릿 대처가 어디를 탈환했건, 이는 조금도 중요하지 않았다. 덩샤오핑은 어떤 일이 있어도 영국에 홍콩을 내줄 마음이 없었다.

1984년 크리스마스 직전에 양국 정부는 홍콩의 반환을 공식 선언했다. 누구나 예상하고 있던 바임에도 불구하고, 일부 홍콩 정부 관계자는 소식을 듣고 오열했다. 평생 일궈온 그들의 삶이 곧 완전히 뒤바뀔 것이었다. 중국 정부는 절충안을 내놓으면서 **변하는 것은 아무것도 없다**고 했지만, 시간이 좀 걸릴 수는 있어도 결국에는 **모든 것이 변한다**는 사실을 누구나 알고 있었다.

반환이 확실시되자 홍콩은 깊은 우울감에 빠졌다. 게다가 1989년 톈안먼 사태를 해산하는 과정에서 수많은 시위자가 목숨을 잃자 홍콩 시민들은 전체주의의 공포에 몸을 떨었다. 반환이 확실시되면서 수년 간 수천 명의 시민들이 홍콩을 벗어나려고 발버둥 쳤다. 이들은 캐나다, 오스트레일리아, 미국, 그리고 유색인종 식민지 국민에게는 유독 문이 좁았던 영국에 자리를 잡기 위해 애썼다.■

## 태평양 제국의
## 종식

홍콩 대사관과 영사관 앞에는 비자를 발급받기 위해 찾아온 사람들이 인산인해를 이뤘다. 미국 대사관 바깥 언덕으로는 기다란 줄이 수백 미터가 넘도록 구불구불 이어졌다. 1992년에만 6만 명이 홍콩을 떠났다. 캐나다 밴쿠버의 어떤 마을은 하룻밤 새에

---

■ 오랫동안 포클랜드섬과 버뮤다, 지브롤터 식민지 국민들은 어렵지 않게 영국의 시민권을 취득할 수 있었다. 하지만 앵귈라, 영국령 버진아일랜드, 세인트헬레나섬, 케이맨제도, 홍콩 식민지 국민들에게 영국 이민의 벽은 콩고나 브라질에서 영국으로 이민을 하는 것만큼이나 높았다. 홍콩이 중국에 반환되긴 했지만 다행히 자유 정책이 적용된 덕분에 런던 공항이 홍콩 사람들로 미어터지는 일은 발생하지 않았다.

못 알아보게 모습이 바뀌기도 했다. 밴쿠버 공항에서 머지않은 곳에 턴브리지 웰스를 그대로 옮겨놓은 것같이 조용한 마을이 있었다. 홍콩 이민자들은 비싼 값에 이곳의 전원주택을 사들여서 원래 있던 건물을 허물고 그 자리에 대리석과 오닉스가 깔린 거대한 맨션을 세웠다. 으리으리한 새 집에 나지막한 울타리가 쳐진 아기자기한 꽃밭은 없었다.

1997년이 다가오자, 톈안먼 광장에는 홍콩을 '넘겨받는' 날(영국에서는 공식적으로 '반환'이라고 칭했다)까지 남은 일수와 시간을 표시하는 커다란 디지털시계가 설치됐다. 불꽃놀이가 준비됐고, 베이징 주민들은 홍콩이 150년 만에 모국의 품으로 돌아오는 역사적인 날을 기념하기 위해 광장으로 쏟아져 나왔다. 중국인들은 기쁨에 취해 있었다. 과거 청나라가 무기력해진 틈을 타 영국이 인도산 싸구려 마약을 청나라에 수출해 온 나라를 아편에 중독시키고는, 황제가 무역을 금지시키자 영국의 권리를 침해한다며 어마어마한 군사력을 이끌고 와 아편전쟁을 일으켰다. 그리고 어쨌거나 홍콩은 아편전쟁의 가장 큰 피해자였다.

본토 분위기와는 대조적으로, 홍콩 사람들은 '운명과의 밀회(반세기 전 인도가 영국으로부터 독립할 때 자와할랄 네루가 사용한 표현이다)'에 깊은 좌절감을 느꼈다. 디지털시계에 표시된 날짜가 줄어들자 이들은 평정심을 잃어갔다. 따뜻했던 4월에서 무더운 5월이 되고, 푹푹 찌는 6월이 되자, 정확히 무엇 때문이라고 꼬집어 말하기는 힘들지만 디데이에 뭔가 일이 터질 것 같다는 불안감이 홍콩을 엄습했다. 전 세계 방송국에서 홍콩에 기자를 파견했다. 그중에는 홍콩이 중국에 반환되자마자 중무장한 군인이 도시로 쳐들어오면서 8년 전 톈안먼 사태와 흡사한 풍경이 펼쳐질 것이라고 유언비어를 퍼뜨리는 사람들도 있었다.

영국이 짐을 싸서 홍콩에서 발을 빼기까지는 수개월이 걸렸다. 나는 꽤나 자세하게 이 과정을 살펴봤다. 특히, 나라를 유지하는 데 매우 중요한 요소 중 하나인 군대가 철수하는 과정을 면밀히 관찰했다. 이들은 스톤커터스섬에 보관해놨던 수천 톤의 탄약과 포탄, 어뢰를 배에 싣고 영국으로 돌아갔다. 수 세대에 걸쳐 탄약고를 지키던 시크교도 경비(교리에서 흡연을 철저하게 금지시켜서 폭발 사고가 일어날 위험이 적었다)는 호텔 문지기라는 새로운 직업을 찾았다(머리에 쓴 거대한 터번이 호텔 이용객의 시선을 사로잡았다).

구르카족 용병 수천 명으로 구성돼 있던 군부대도 해산했다. 영토 반환 후 고향인 네팔로 돌아가지 않고 홍콩에 남기로 한 구르카 군인 대부분은 영국 기업에 경비원으로 취직했다. 대영제국의 공무를 집행하는 '지구대'를 태우고 물고기가 모여 있는 작은 바위섬을 순찰하며 용맹함을 뽐내던 자그마한 모터 요트에서 펄럭이던 영국 국기의 자리를 삼각기가 대체했다. 삼각기에는 난초와 생김새가 비슷한 바우히니아 꽃 모양 휘장이 붙어 있었다.

와글란섬의 마지막 등대지기가 은퇴하고 기계가 그의 역할을 대체했다. 등대지기에게는 안된 일이지만, 홍콩 동쪽 끝의 등대에서 '대영제국 끝자락을 밝히는 빛줄기'는 주인이 떠나간 뒤에도 항구를 바쁘게 오가는 선박들을 안내하며, 오랫동안 빛을 밝힐 것이다.

1945년부터 영국군 부대 막사 스튜디오에서 영국군을 위해 방송을 내보내던 라디오송신기는 대기 중이던 구축함으로 옮겨졌다. 라디오송신기는 배 위에서 평소처럼 방송을 내보내다가, 마지막 날 밤 구축함이 홍콩에서 멀어질 때 작별을 기념하는 곡(영국 국가나, 베라 린Vera Lynn의 '도버의 흰 안벽')을 희미하게 창공에 울리며 홍콩을 떠날 예정이었다.

영국의 식민 지배가 끝나기 며칠 전, 마지막 기념식에 참석한 찰스 왕자와 영국인 총독, 외교관, 공무원 들을 고향으로 싣고 갈 왕실 전용선인 브리타니아호가 홍콩 부두에 도착했다. 6월 30일 저녁의 날씨는 몹시 거칠었다. 쏟아지는 비와 거센 바람 때문에 마지막 날 석양 아래 진행된 영국군의 행진은 엉망이 됐다. 하지만 그 나름대로 상징성이 있었다. 하늘이 영국이 떠나감을 슬퍼하며 눈물을 흘리고, 분노하며 마지막 행진을 저지했다는 것이다.

6월 30일 늦은 밤, 초 단위로 기획된 홍콩 반환 기념식이 시작됐다. 기념식은 무척이나 인상 깊었다. 중국 수뇌부는 보잉 747을 타고 홍콩으로 왔다. 식이 시작되기 세 시간 전, 거의 500명 가까이 되는 중국 군인이 트럭을 타고 국경을 넘었다. 그중 가장 키가 크고 잘 차려입은 군인이 행진을 주도했다. 이들은 다리를 높게 들어 올리며 위풍당당하게 기념식장을 누볐는데, 한 치의 오차도 없이 장엄하게 행진하는 군인들의 모습을 보니 한편으로는 소름이 오싹 돋았다. 행진을 마친 이들이 중국 국기를 올리는 모습이 수천 킬로미터 밖에 떨어진 톈안먼 광장에서 생중계됐다. 자의로든 타의로든 광장에 나와 있던 사람들은 일제히 환호성을 내질렀고, 홍콩 반환을 축하하는 불꽃이 베이징의 하늘을 수놓았다. 자정이 되기 직전에 국기를 내리는 영국 군인의 모습은 이와는 너무나도 대조적이었다. 폭풍우에 제복이 쫄딱 젖은 채 기념식을 진행하는 영국군은 무척 지쳐 보였다. 누군가는 이 퍼포먼스를 보고 우수

1997년 6월의 마지막 날 밤, 오랜 기다림 끝에 홍콩이 중국으로 반환되는 것을 기념하는 반환 기념식이 열렸다. 하필이면 비가 오는 바람에 기념식에 참여한 사람들은 쫄딱 젖었고, 마침내 북태평양을 떠나는 영국의 작별인사는 엉망이 되고 말았다.

에 찬 영국군이 무척이나 매력적이라 느꼈을 것이고, 누군가는 이들의 행색이 초라하다고 느꼈을 것이다.

홍콩에서 영국 국기 유니언잭이 내려졌다. 홍콩은 더 이상 영국의 식민지가 아니었다. 총독은 여왕에게 식민지 양도 절차가 끝났고 반환이 완료됐으며, 아편전쟁의 영광은 이제 막을 내렸다는 공식 전보를 보냈다.

직접적인 유감을 표시하는 사람은 없었다. 작별인사를 건네고, 축복을 하고, 행운을 기원하는 말만이 오갔다. 찰스 왕자는 고개를 숙이는 중국식 인사를 생략하고 곧장 브리타니아호에 올랐다. 출항 준비가 완료되자마자 브리타니아호는 홍콩을 떠났다(소형 구축함인 채텀호가 호위를 맡았다). 중국 군함은 사소한 움직임까지도 놓치지 않겠다는 듯 영국 선박을 예의 주시했다. 찰스 왕자는 필리핀을 거쳐 영국으로 향할 예정이었다.

제국 시대가 막을 내린 그날 밤, 찰스 왕자는 일기를 썼다. 어쩌다 보니 이날의 일기가 만천하에 공개됐는데, 여기에는 왕자가 기념식 내내 굉장히 불쾌했다는 사실이 분명히 드러나 있었다. 왕자는 그날의 경험을 이렇게 기록했다. "내가 연설을 끝내자 (중국) 국가주석이 그가 대동한 늙은 꼭두각시 사이에서 걸어 나오더니 무대에 섰다. 그러도는 '사상 주입' 연설 비슷한 걸 했다. 꼭두각시들은 연설 중간중간에 적절한 반응을 하며 충성심을 내보였다." 우스꽝스러운 중국군의 행진은 도대체 이해할 수 없다고도 기록했다.

영국 선박은 어둠을 헤치고 거센 바람이 부는 바다로 나갔다. 반짝이는 홍콩을 출발해, 오른편의 주룽반도와 신계의 푸른 언덕을 지났다. 멀리에는 16세기부터 포르투갈의 통치를 받던 마카오에서 흘러 나오는 빛이 보였다. 포르투갈은 1999년 마카오를 중국에 반환했다.

홍콩을 떠난 배는 부두를 출발해 앞바다를 15분쯤 항해한 뒤, 천천히 키를 돌려 거센 파도가 몰아치는 남중국해로 통하는 항로로 들어섰다. 항로에 들어가기 직전에는 각별히 주의해서 키를 조작해야 한다. 6월의 마지막 날, 아니, 홍콩에 새 시대가 열린 7월의 첫날, 칠흑같이 어두운 바다에서 브리타니아호와 호위함의 선장은 바다 밑에 가라앉은 장애물을 피하기 위해 섬세하게 방향을 틀었다.

그 유명한 장애물이 바로 퀸엘리자베스호다. 25년 전 방화 사건으로 9미터 깊이에 가라앉아 미처 인양되지 못한 배의 잔해가 남아 있는 것이었다. 당대 최고의 여객선으로 불리던 영국의 걸작은, 바다 밑의 난파선이 되어 태평양 제국 시대의 끝을 알리는 상징물 역할을 충실히 수행하고 있었다.

그날 밤 영국의 군함과 호위선은 퀸엘리자베스호를 무심하게 지나쳤다. 바닷속에 가라앉은 상징물을 뒤로한 채, 이들은 속력을 올려 홍콩에서 멀어져갔다. 자랑스러웠던 태평양 제국과의 영원한 안녕이었다.

# 제6장

# 기후이변,
# 태평양에 위기가 닥치다

1970년 2월 11일, 일본 최초의 인공위성이 궤도에 안착하다.

1970년 9월 12일, 티모시 리어리, 캘리포니아 감옥에서 탈옥하다.

1973년 2월 27일,
미국 원주민이 사우스다코타 운디드니 마을을 점거하다.

**1974년 크리스마스,
슈퍼 태풍 트레이시가 오스트레일리아에 상륙하다.**

1976년 4월 26일, 팬암이 뉴욕과 도쿄를 잇는 정기 항공편을 개설하다.

1976년 9월 9일, 베이징에서 마오쩌둥 주석 사망하다.

1979년 11월 8일, 칠레 공산당이 창립하다.

PACIFIC

나는 바람을 타고 다니며

폭풍을 일으킨다.

– 조지 고든 바이런, 『만프레드』, 1817

다윈은 조그맣고 투박한 오스트레일리아의 국경도시다. 이곳 사람들은 술을 엄청나게 마셔댔고, 몸싸움도 마다하지 않았다. 수년간 온갖 역경을 겪은 탓에, 다윈 주민들은 웬만한 일에는 눈 하나 깜짝하지 않았다. 전쟁 중에 다윈에는 일본이 터뜨린 폭탄이 하늘에서 비처럼 쏟아졌는데, 그 수가 진주만에 터진 폭탄 수보다도 많았다. 일본의 공습에도 불구하고 전쟁이 끝난 후 다윈은 빠르게 원래의 모습을 되찾았고, 오늘날까지 오스트레일리아의 북부에서 '톱엔드top end'의 칭호를 당당하게 차지하고 있다.

　인간뿐 아니라 자연도 다윈을 가만 내버려두지 않았다. 다윈의 날씨는 1년 내내 덥고 습했다. 게다가 여름의 장마철이 되면 열대지방의 거대한 태풍이 다윈을 갈가리 발겨놓았다.


## 태풍

### 트레이시의 상륙

1974년 크리스마스가 코앞으로 다가왔을 때, 다윈 주민들은 아라푸라해에서 태풍이 형성되고 있다는 사실을 발견했다. 매해 한여름이면 사이클론이 기승을 부렸기에, 대수롭지 않은 일이라 생각했다. 다윈에 해저케이블이 설치되면서 인도네시아 자바를 비롯한 오스트레일리아의 외부와 연결됐는데, 당시 다윈 케이블은 개통 100주년을 코앞에 두고 있었다. 100명 남짓한 인구가 영성한 정부 관사에 살던 때부터, 4만 명이 넘는 사람들이 양철 지붕 밑에서 일상을 보내는 오늘날까지, 긴 시간 동안 북쪽 바다에서 형성된 사이클론은 다윈의 연례행사였다. 오래전부터 다윈에 살고 있던 나이 지긋한 노인들은, 사이클론이 다윈을 덮칠 때면 들리던 끽끽거리던 지붕이 길가를 나뒹굴던 소리와 창문이 와장창 부서지는 소리, 끊임없이 이어지는 거센 바람소리, 쏟아지는 빗소리가 마치 날뛰는 바다가 연주하는 바소 콘티누오(통주저음을 일컫는 말로, 주어진 저음 위에 즉흥적으로 화음을 보충하는 연주기법 – 옮긴이)저음 같았다고 얘기했다.

하지만 이번에는 그런 조짐이 보이지 않았다. 1974년 크리스마스는 덥고 습하지만 평화롭게 지나갈 것 같았다. 바다 멀리 형성된 태풍은 규모가 작은 데다가, 다윈을 향하고 있지도 않았다. 관측대로라면 이 태풍은 다윈을 빗겨가 남쪽의 조제프보너파트만을 지나 킴벌리에서 소멸할 것이었다. 도시 서쪽 외곽으로는 비가 뿌리고 천둥이 칠 가능성도 있었다. 하지만 이 시기 다윈에 비와 천둥은 일상적인 기상 현상이었다. 매해 우기에는 태풍을 알리는 사이렌 소리가 열두 번도 넘게 울렸고, 그때마다 ABC 방송국에서는 물건이 날아가지 않도록 잘 묶고, 비상시에 대비해 욕조에 물을 받아놓으라는 아나운서의 목소리가 흘러나왔다. 라디오 방송을 듣고 안내에 따르는 사람은 거의 없었다. 다윈 주민들은 방송국이 괜한 호들갑을 떤다며 툴툴댔다.

기상청에서 관측한 이동 경로에 따르면 태풍은 천천히 배서스트섬 서쪽을 지나 남쪽으로 내려가고 있었다. 태풍 피해를 걱정하는 사람은 거의 없었다. 다윈 주민들은 여느 크리스마스이브처럼 교회에 가고, 선물을 포장하고, 트리를 꾸미고, 아이들을 재우려고 애썼다.

극히 드물긴 했지만, 평소와는 다른 공기에 뭔가 일이 터질 것 같다며 불안해하는 사람도 있었다. 다윈에서 가게를 운영하던 중국인은 "분위기가 수상쩍었다."고 묘사했다. 도시에서는 새의 지저귐이 뚝 끊겼고, 도시 바깥의 무성한 수풀 사이에서 야영을 즐기던 라라키아 원주민들은 야영장에서 쉽게 찾아볼 수 있던 개미가 그날엔 한 마리도 없었다고 했다. "끔찍한 재앙이 닥칠 것이다." 새우잡이 조업 회사에서 일하던 아이다 비숍Ida Bishop은 어선의 총책임자에게 이렇게 말했다. 불길한 징조가 하나둘 눈에 띄었다. 이상한 모양의 구름이 평소보다 너무 높이 떠 있었다. 구름은 보라색, 초록색 등 이상한 색깔을 띠고 있었다. 바다 위에 높이 뜬 거대한 검은 먹구름이 꿈틀대면서 하늘을 뒤덮으며 태양을 가렸다고 제보하는 사람도 있었다.

태풍이 갑자기 동쪽으로 방향을 틀었다. 예상 경로에서 상당히 벗어난 방향이었다. 방향이 변하는 동시에 빠르게 수축하더니, 정확히 다윈의 중심부로 돌진하기 시작했다. 다윈 주민들의 불안감은 커져만 갔다.

오스트레일리아 역사상 가장 끔찍한 자연재해로 기록된 태풍 트레이시가 다윈을 향하고 있었다. 기상청에서 태풍이 다윈을 향하고 있다는 사실을 감지했고, ABC 라디오 방송국에서는 곧장 사이렌을 울렸다. 당시 깊고 자신감 넘치는 목소리로 유명했던 방송국의 수석 아나운서 돈 샌더스Don Sanders가 거대한 태풍이 다가오고 있다며 위험을 알렸다. 방송 덕분에 목숨을 구한 사람도 있었을 것이다. 하지만 방송이 마을 전체를 구하지는 못했다.

자정을 살짝 넘긴 시각 태풍이 해안에 다다랐고, 태풍이 지나간 자리에는 수많은 건물이 무너져 내렸다. 마치 거대한 손이 건물을 으스러뜨린 듯 형체를 알아보기조차 힘들었다. 주택 1만 채가 완전히 파괴됐다. 이는 다윈에 세워진 건축물의 80퍼센트에 달하는 수치였다. 태풍이 닿기가 무섭게 건물은 부서졌고, 건물이 서 있던 자리에는 성냥개비만 한 나무토막과 콘크리트 가루만이 남았다. 반짝이는 크리스마스 장식으로 뒤덮인 주택들이 차례대로 사라졌다. 건물이 무너지는 과정은 똑같았다. 먼저, 비바람이 몰아치는 어둠 속으로 지붕이 날아갔다. 그러고는 창문이 산산조각 나면서 유리 조각이 피부를 벴다. 그 뒤로 벽이 하나하나 무너졌다. 어둠 속에서 극심한 공포에 휩싸인 사람들이 이 방 저 방 뛰어다니다가 그나마 작은 방이 제일 안전할 거라고 생각하며 화장실로 들어가 문을 닫고 몸을 숙였다. 하지만 온 건물이 태풍에 무너졌고, 어둠 속에서 미친 듯이 몰아치는 비바람이 이들의 따귀를 때렸다.

도시는 완전히 허물어졌다. 아무것도 남은 게 없었다. 전화는 먹통이었고, 도시 전체가 정전됐으며, 안테나는 찌그러졌다. 비행기는 바람에 홀씨처럼 휩쓸려 날아가 형체를 알 수 없게 파손됐다. 부둣가에 정박해 있던 선박들은 침몰하거나, 바다 멀리 떠내려갔다. 사태 수습에 도움이 될 만한 사람들은 대부분 크리스마스를 맞아 도시를 떠나 있었다. ABC 방송국 다윈 지사에 직원이 몇 명 남아 있긴 했지만 수도와 전기가 끊긴 상황에서 어떻게 할 도리가 없어 보였다. 다행히 직원 중 한 명이 발전기를 가지고 있었고, 퀸즐랜드 지사에 메시지를 전송하는 데 성공했다. 재앙이 도시를 덮친 뒤 3일간 외부와 접촉할 수 있는 유일한 수단이었다.

크리스마스 늦은 오후에 메시지가 전달됐다. 오스트레일리아 북부의 주요 도시가 강력한 태풍에 초토화됐다는 사실이 전역에 알려졌다. 칠면조와 민스파이를 먹으며 크리스마스 만찬을 즐기던 캔버라와 시드니, 멜버른, 브리즈번의 장관에게 수천 킬로미터 북쪽으로 떨어진 도시가 완전히 파괴됐다는 소식이 전해졌다.

첫 구조대가 다윈에 도착했을 때, 이들은 엉망이 된 도시를 보고 너나 할 것 없이 히로시마와 나가사키를 떠올렸다. 물론 인명 피해만 본다면 다윈은 히로시마와 나가사키에 비할 바는 아니었다. 다윈에서 태풍 피해로 목숨을 잃은 사람은 71명으로, 일본 원폭 사망자의 채 10퍼센트도 안 되는 숫자였다. 하지만 물리적인 피해 상황만 놓고 보면 다윈의 상태는 원자폭탄이 떨어진 두 도시와 별다를 바가 없었다. 태풍

크리스마스에 들이닥쳐 사람들에게 엄청난 충격을 안겨준 사이클론 트레이시에 의해 거의 완파된 다윈 도심의 모습이다. 태평양 안팎으로 트레이시에 버금가는 규모와 파괴력을 가진 태풍의 발생 빈도와 그 맹렬함은 점점 상승하는 추세다.

에 완전히 엉망이 된 도시는 핵폭탄이 터진 뒤의 히로시마와 나가사키를 떠올리게 했다. 도로가 있던 자리 양옆으로는 부서져 나온 돌무더기와 동강 난 목재가 넓은 면적에 걸쳐 쌓여 있었다. 사람들은 어쩔 줄 몰라 하며 혼이 나간 얼굴로 무너진 도시를 방황했다. 굶주린 개 수백 마리가 먹이를 찾아 잔해를 뒤지고 있었다. 구조대가 나타나자 개들은 낯선 이를 향해 이를 드러내며 으르렁거렸고, 도시에 음산한 분위기가 한층 더해졌다. 장티푸스와 콜레라가 퍼질 수도 있었다. 경찰은 혼란을 틈타 약탈을 일삼는 강도를 상대하기 위해 잔해에서 총기(주로 근처 목장에서 사용하던 엽총)를 찾아나섰다.

결국, 도시 전체 인구 4만 7,000명 중 4만 1,000명이 다윈을 떠나 대피소로 향했다. 이들에게는 집도, 음식도, 물도, 의약품도 없었다. 심지어는 오가는 대화도 없었다. 정부에서는 항공기를 배치해 이들을 대피시켰다. 공항까지 태풍으로 무너지는 바람에 90분에 한 대씩

만 이륙할 수 있었기에, 갈 곳을 잃은 주민들을 대피시키는 데는 시간
이 꽤 걸렸다. 닷새 만에 3만 5,000명이 넘는 사람들이 비행기나 자
동차를 타고 도시에서 빠져나갔다. 다윈은 도시가 텅 빈 채로 새해를
맞이했다. 그리고 이때 다윈을 떠난 사람 중 절반 이상이 영영 되돌아
오지 않았다.

오늘날 다윈은 완전히 재개발돼서 현대적인 모습을 뽐내고 있다. 일
반적으로 도심에 은행과 보험회사가 있는 다른 도시와 달리, 다윈 도
심에는 고층 아파트가 들어섰다. 다윈의 모든 건물은 태풍에도 무너지
지 않도록 설계됐다. 다른 사람이라면 몰라도 오스트레일리아 최북단
다윈에 터를 잡은 이들은 1970년 태풍을 경험하면서 태평양 날씨가
엄청나게 위험할 수 있다는 사실을 배웠기 때문이다.

이뿐만이 아니다. 대양 한가운데서 형성된 돌풍은 전 세계에 기상
변화가 나타날 조짐으로 받아들여진다. 이는 조만간 바람이 소용돌이
치고, 기압이 떨어지고, 습도가 올라가면서 폭풍이 발생해서 서에서
동으로 자전하는 지구를 휩쓸 것임을 암시한다. 어쩌면, 이 돌풍이 모
든 기상 현상이 발생하는 근원일 수도 있다. 지구온난화가 진행됨에
따라 수온이 상승하면서 기후가 변화하고, 수면이 높아졌다. 게다가
이 때문에 저기압성 돌풍▪은 점점 더 강력해지고 있다는 사실이 입
증됐다. 이러한 현상이 계속된다면 훗날 전 세계에 엄청난 재앙이 닥
칠 수도 있다.

---

▪ 남반구에서 시계 방향으로 회전하는 돌풍은 사이클론. 북반구에서 반시계 방향으로 회전하는 돌풍은
타이푼(한자어로 '큰 바람'이라는 뜻의 태풍이다)이라고 불린다. 사이클론과 타이푼은 크게 토네이도와 용오름,
그리고 미 대륙에서 발생하는 허리케인과 같은 분류에 속한다.

발생 당시에는 비극적이었던 사건도 시간이 지나면 역사에는 하나의 기록으로 남는다. 강력한 태풍과 지진, 화산 폭발은 잠시 동안 피해 지역에 끔찍한 고통을 주지만, 기록에서는 높은 수치상으로만 강력함을 뽐낼 뿐이다. 다 부서진 집에서 태풍을 피해 욕조 뒤에 몸을 숨겼던 다윈 주민들과, 굶어 죽지 않기 위해 잔해를 뒤지던 개들의 생각은 다를 수도 있지만 말이다. 사실 다윈이 태풍으로 입은 피해는 역사에 기록된 태풍 피해 중 미미한 편에 속한다.

트레이시는 태풍의 눈을 가로지르는 직경이 40킬로미터가 채 안 되는 아주 작은 태풍이었다. 2005년 뉴올리언스를 덮친 직경 640킬로미터의 거대한 허리케인 카타리나와 비교해보면 태풍 트레이시는 앙증맞은 수준이었다는 것을 알 수 있다. 현재까지 기록된 태풍 중 규모가 가장 큰 태풍은 1979년 태평양을 휩쓴 태풍 팁이다. 태풍 팁은 직경이 2,200킬로미터를 넘어섰는데, 태풍의 눈만 해도 태풍 트레이시를 가볍게 집어삼킬 만한 어마어마한 크기다.


**초강력 태풍**

**하이옌**

1974년 발생한 태풍 트레이시를 시작으로, 태평양에서 형성되는 태풍의 규모는 최근 들어 점점 커지고 있다. 2013년 11월 필리핀을 강타한 태풍 하이옌은 태풍이 어느 정도까지 끔찍한 결과를 가져올 수 있는지 알려주는 듯했다. 두 태풍을 비교하면 태풍의 성질이 그간 어떻게 변화했는지를 알 수 있다. 40년 사이에 태풍의 크기는 더 커졌고, 태풍에 따른 피해도 더 심각해졌다. 반면에 좀 더 정확하게 태풍의 상륙 예상 지점을 예측할 수 있게 되었다. 더욱 강력해진 태풍은 더 많은 사람의 목숨을 위협했지만, 과학기술의 발전 덕분에 더 많은 사람의 목숨을 구할 수 있었다.

태풍 하이엔이 이를 명확하게 보여준다. 태풍은 피해 지점에서 멀리 떨어진 하와이에서 처음으로 관측됐다. 2013년 11월 1일 금요일 이른 저녁, 야간 근무를 서기 위해 진주만에 있는 허름한 미국 합동 태풍경보센터 건물에 도착한 당직 장교 네 명이 뭔가를 발견했다. 이들은 매일 하던 대로 모니터에 뜬 서태평양(시차 때문에 서태평양 지역은 이미 토요일 오후였다)의 위성 영상을 훑어봤다. 당시 태평양 대부분의 지역은 잔잔했고, 아직 이름이 붙여지지 않은 조그만 열대성 소용돌이 하나가 여기저기 불규칙적인 돌풍을 일으키며 서쪽의 민다나오로 향하고 있었다. 대양 한복판에 새로운 구름 패턴이 형성된 것은 불길한 징조였다.

이전에 당직을 서던 장교가 여섯 시간 전 수신된 위성사진과 관련된 보고를 하지 않았던 점을 미루어봤을 때, 이 소형 사이클론은 몇 시간 만에 빠르게 커진 것이 틀림없었다. 미크로네시아에 자리한 조그만 폰페이섬에서 동남쪽으로 약 400킬로미터 떨어진 지점에서 구름 조각들이 뭉치며 특정한 패턴을 형성했고, 그 모양은 빠르게 변화하고 있었다. 실시간으로 수신되는 위성사진에 나타난 사이클론과 비슷한 형태의 희미한 소용돌이는 위험신호였다. 갑작스럽게 형성된 나선 모양 구름 띠 아래에서는 기압이 빠르게 떨어지고 있었다. 만약 당직을 서던 이들이 기상 분석가였다면 이러한 현상을 면밀히 확인해봤을 것이었다. 하지만 장교들은 기상 분석가가 아니었다.

미 해군 소속 선박이 비바람에 입을 피해를 예방하기 위해, 당직을 서던 장교들은 매일 기상 상황을 상부에 보고하고 있었다. 이들은 길 건너에 있는 태평양 함대 본부에 여느 때와 마찬가지로 메시지를 보냈다. "이상 없음." 그때까지는 이상이 없었다.

11월 3일, 도쿄 외곽에 자리한 일본 기상청에서는 이 소용돌이에 지정번호 31W를 붙였다. 다음 날, 기상청에서는 하루 만에 소용돌이가 엄청나게 커져 있는 것을 발견했다. 폭풍우는 태풍이 돼 있었다. 태풍은 빠르게 덩치를 키우며 서쪽의 필리핀을 향하는 듯했다. 태풍에는 중국어로 '바다제비'를 뜻하는 하이엔이라는 이름이 붙여졌는데, 해병대에서 악천후를 바다제비라고 표현하곤 했기 때문이다. 태풍의 상륙 예정지인 필리핀의 현지 기상청에서는 국제적으로 통용되는 규칙을 따르지 않고 이 태풍에 독자적인 이름을 붙였다. 이들은 태풍을 '욜란다'라고 부르기로 했다.

상황은 점점 급박해졌다. 미국, 일본, 중국, 홍콩에서 레이더를 관찰하던 기상 관측가들은 태풍의 위력이 무시무시할 것이라는 사실을 알아채고 필리핀 남부의 민방위청에 경고를 보내기 시작했다. 각국의 기상청에서 미리 경고해준 덕분에 필리핀 정부는 며칠간 태풍에 대비할 시간을 벌 수 있었다. 관측에 의하면 태풍 하이엔은 전례를 찾아보기 힘들 정도로 엄청나게 강력할 터였고, 이 정도로 거대한 규모의 태풍이 필리핀을 강타한 적은 단 한 번도 없었다. 대피 명령이 떨어졌고, 사람들은 태풍 예상 상륙 지점이었던 필리핀 동남부 해안을 빠르게 벗어났다.

예상은 거의 분 단위로 맞아떨어졌다. 11월 8일 금요일 오전 9시경, 태풍 하이옌은 필리핀 동부의 사마르섬과 레이테섬을 정면으로 강타했다. 태풍 하이옌은 바다를 건너며 덩치를 엄청나게 키웠고, 육지에 상륙했을 무렵에는 역사상 가장 사나운 태풍으로 기록될 만큼 강력해져 있었다. 태풍이 구이우안 마을을 덮쳤을 때 중심부의 풍속은 시속 315킬로미터를 넘어가고 있었다. 이는 풍속계가 측정 가능한 범위를 이미 한참 벗어난 수치였던 동시에, 이전에 발생한 어떤 태풍보다도 높은 수치였다.

태풍이 상륙하기 전에 미리 위험성을 파악해 어느 정도 대비를 해놓은 상황임에도 불구하고 필리핀이 입은 물리적 피해와 인명 피해는 엄청났다. 태풍 하이옌으로 6,500명이 사망하고 2만 7,000명이 부상을 당했으며, 1,000명이 넘는 실종자가 발생했다. 그나마도 사전에 대피가 이루어졌기에 인명 피해가 이 정도에서 그친 것이다. 40년 전 태풍 트레이시가 다윈을 강타했을 때와 마찬가지로 도시 전체가 폭삭 무너져 내렸다. 강력한 지진이나 원자폭탄의 공격을 받은 듯, 원래 건물이 서 있던 자리에는 잔재만이 남았을 뿐이었다. 태풍의 영향권 아래 들어갔던 지역 중 가장 큰 도시였던 타클로반이 입은 피해는 끔찍했다. 태풍이 휩쓸고 지나가며 도시는 형체를 알아볼 수 없을 만큼 무너졌다. 게다가 태풍의 여파로 발생한 해일이 도시를 덮치며 부식성 강한 바닷물에 잠기기까지 했다.

필리핀 사람들은 여기에서 묘한 우연을 발견했다. 2013년 태풍 하이옌이 역사상 가장 끔찍한 피해를 가져온 장소는 1944년 역사상 가장 끔찍했던 결과를 낳은 해군 전투가 일어난 레이테만이었다. 레이테

2013년 말, 태풍 하이옌이 필리핀 남동부 레이테 만 근처를 강타하자 전 세계에서 원조가 이어졌다. 특히, 미국에서는 군부대를 파견해 '소프트 파워'를 강조했다.

만에는 전투를 승리로 이끌었던 영웅인 더글러스 맥아더Douglas MacArthur 장군의 이름을 딴 마을이 두 군데나 있다. 필리핀에서 철수하면서 맥아더 장군은 "나는 반드시 돌아오겠다."는 명언을 남겼고, 필리핀에서는 장군의 업적을 기리는 동상을 세웠다. 동상은 맥아더 장군과 그의 군인들이 필리핀을 탈환하기 위해 발목까지 차오른 물을 헤치며 성큼성큼 걷는 모습을 형상화했다. 동상은 전투가 일어났던 팔로 해변에 자리하고 있다. 그리고 팔로 해변과 두 맥아더 마을 모두 태풍 하이옌에 초토화됐다.

레이테만 전투가 일어난 지 거의 70년이 지난 2013년, 미국에서는 태풍 복구 작업을 돕기 위해 필리핀에 군인을 파견했다. 태풍 상륙 시점을 정확하게 예측한 덕에 태풍이 필리핀을 습격했을 당시 미국 해군 함정들은 이미 일본의 오키나와에서 출항 대기를 하고 있거나, 근처 바다에서 명령을 기다리고 있는 상태였다. 마닐라에서 보낸 구호 요청을 승낙했다는 국무부의 신호가 떨어지자마자 미국은 만반의 준비를 갖춘 배를 이끌고 구조 작전에 돌입했다.

다음 날 아침인 11월 9일 토요일, 2,100만 달러를 들인 다마얀 작전이 공식적으로 개시됐고, 미국에서는 빠르게 구호 작업에 나섰다. 하지만 작전이 개시되기 전날 밤, 태풍 하이옌이 어마어마한 위력으로 타클로반을 발겨놓고 있을 때, 미국은 재빠르게 헬리콥터로 필리핀에 주둔 중이던 특수부대를 사건 현장에 비밀스럽게 투입했다. 이들은 오랜 기간 지속되던 필리핀 내란을 진압하기 위해 파견된 병력이었다.▪ 특수부대는 라디오를 설치하고 밀물처럼 들어오는 선박과 해병에 통신을 보냈다. 70년 전 전설적인 해전이 일어났을 당시와 같이, 수많은 미군 선박이 곧 레이테만을 가득 채울 터였다.

토요일 오후를 채 넘기기도 전에 오키나와의 제3원정 수송여단에서 파견한 800명이 넘는 미 해군 병력이 필리핀에 상륙했다. 다음 날에는 이미 레이테만에 파견돼 있던 관측선이 작전에 합류했고, 잠수모함은 구호 물품과 식수를 조달했다. 목요일에 거대한 원자력항공모함인 조지워싱턴호가 수많은 구축함과 호위함을 이끌고 레이테만에 등장하면서 극적인 효과가 절정에 달했다. 레이테만에 정박한 조지워싱턴호는 이후 8일간 구조 활동 작전기지 역할을 수행했다. 구조 활동에는 병력 2,200명과 군함 13척과 헬리콥터 21대가 투입됐고, 미국은 2,000톤에 달하는 음식과 담요, 텐트, 발전기 등 비상사태에 필요할 만한 온갖 종

---

▪ 필리핀 남부 민다나오에서는 이슬람 신앙을 가진 모로인들이 오랜 시간 동안 필리핀 정부를 상대로 독립을 요구하며 무력 분쟁을 일으키고 있다. 다양한 이유로(모로족 지배층과 중국의 동맹이 가장 큰 이유였다) 미국에서는 필리핀 정부에 군사원조를 제안했고, 현재 민다나오섬에는 미군이 상주하고 있다.

류의 구호품을 배급했다.

수많은 배(영국 국적 구축함 한 척과 수송선 한 척이 포함돼 있었다)가 거대한 군함 주변을 둘러싸고 있는 위풍당당하고 믿음직스러운 모습은 사람들에게 안정감을 느끼게 했다. 미국은 필리핀에 엄청난 원조를 함으로써 미국의 군사력이 전쟁과 같은 하드 파워뿐 아니라 소프트 파워로써도 상당한 영향력을 가졌다는 사실을 입증했다. 그리고 이를 계기로 미국은 중국과의 선전전에서 우위를 차지할 수 있었다. 태풍에 엉망이 됐던 필리핀 상황이 얼추 정리되자 조지워싱턴호는 닻을 올리고 기존에 수행하던 임무를 계속하기 위해 중국해로 떠났다. 미국은 중국의 지원금이 보잘것없다는 사실을 공개적으로 비난했다. 중국이 필리핀에 보낸 지원금은 고작 10만 달러에 불과했다. 중국의 인색함에 전 세계에서 야유가 쏟아졌고, 그제야 중국은 지원금의 규모를 160만 달러로 상향 조정했다. 상하이에서는 새로 건조한 병원선이 구호 활동을 위해 필리핀으로 향했지만, 태풍이 필리핀에 상륙하고 이미 시간이 꽤 지났기에 별 도움은 되지 않았다.


**세계 최악의**

**태풍**

태풍은 큰 피해를 야기하지만, 한편으로는 기후 변화를 연구하는 데 중요한 자료가 된다. 태풍을 비롯한 다양한 기상 현상을 통해 우리는 많은 사실을 발견할 수 있다. 최근 들어 지구의 대기 환경이 빠르게 변화하고 있는데, 학계에서는 과거에 발생한 태풍을 분석함으로써 그 원인을 파악할 수 있었다. 또한 태풍은 오랫동안 증명되지 않은 가설을 확증하는 데 중요한 역할을 했다. 그 가설은 바로 태평양이 전 세계에서 발생하는 기상 현상 대부분의 근원지라는 것이다.

태풍 트레이시와 하이옌을 비극적인 재앙을 몰고 온 단편적인 사건으로 치부해서는 안 된다. 두 태풍은 태평양에서 발생하는 대기 현상의 규모가 최근 들어 꾸준히 커지고 있다는 사실을 뒷받침해주는 근거다. 그리고 누군가는 두 태풍을 관찰하고 더 큰 그림을 그려서 앞으로 지구에 닥칠 위험을 예고했다.

태풍 하이옌이 필리핀을 강타하기 6개월 전인 2013년 3월, 태평양에 배치된 미군 병력(30만 명에 이르는 육군, 해군, 공군이 전 세계의 절반이 넘는 면적에 배치되어 있었다)을 총괄하던 4성 장군 새뮤얼 로클리어 3세 Samuel Locklear III가 태평양에서 발생하는 태풍의 주기와 규모가 어떤 변화 양상을 띠는지를 발견했고, 이를 바탕으로 예측을 내놨다. 보스턴에서 열린 회의에서 그는 자신의 관찰 결과를 보고했다. 처음에는 로클리어의 발표 내용이 큰 관심을 끌지 못했다.

"기후변화 양상이 과거에 비해 상당히 심각한 수준이다. 일반적으로 서태평양에서 슈퍼 태풍이 연평균 17개가 발생하는데, 올해 들어서만 27~28번이 발생했다."

뒤이어 로클리어 장군은 전혀 예상치 못한 결론을 내렸다. 자신과 기상 분석가가 발견한 태풍 발생 횟수 증가 추세를 토대로 하면 오늘날 전 세계에서 가장 위협적인 것은 중국과 일본, 남한과 북한, 중국과 미국 사이의 갈등이 아니라, 태평양에서 일어나는 기후변화라는 것이다.

"지구온난화로 발생하는 급격한 기후변화는 앞으로 큰 재앙을 불러올 것이고 (중략) 지구환경에 심각한 손상을 입힐 것이다. 우리가 지금껏 언급한 수많은 발생 가능한 위협보다 기후변화로 인한 재앙이 일어날 확률이 훨씬 높다." 장군의 주장에 회의장이 술렁였다. 하지만 정부와 국방부의 주요 인사 중 로클리어 장군의 견해에 토를 다는 사람은 아무도 없었다. 장군의 막강한 권위에 도전하고 싶지 않았기 때문이다.▪

그가 본인의 AOR(Area of Responsibility의 약자로 해군의 책임 지역을 의미한다 – 옮긴이)인 태평양에서 발생하는 태풍의 위험성만을 늘어놓았다고 해서 다른 대양에서 형성되는 기상 현상을 무시하려는 의도가 있었던 건 아니었다. 악명 높은 허리케인인 카트리나, 카미유, 앤드루, 아이크, 샌디, 휴고, 윌마, 리타와 1935년 발생한 레이버데이, 1928년 발생한 오키초비까지, 대서양에서 발생한 이 모든 자연재해는 역사에 길이 남을 만한 파괴력을 갖고 있었고, 강력한 바람이 도시를 덮치자 사람들은 공포감에 질렸다.

하지만 '파괴력'과 '공포감'은 태풍의 규모를 측정하는 정량적 수치가 될 수 없다. 자연재해로 발생한 금전적인 피해 역시 마찬가지다. 미국에서는 대서양에서 형성된 허리케인을 경제적으로 환산하는 경우를 쉽게 찾아볼 수 있다. 보험회사에서는 2005년 뉴올리언스를 강타한 허리케인 카트리나가 1,080억 달러의 손실을 초래했다고 발표했고, 어마

---

▪ 오클라호마 출신 공화당 상원 의원이었던 제임스 인호프(James Inhofe)는 로클리어 장군의 주장에 곧바로 반박을 제기했다. 그는 기후가 변화하는 현상은 신의 뜻이라고 주장했고, 일약 스타덤에 올랐다.

어마한 손실액에 사람들은 카트리나를 미국 역사상 최악의 허리케인이라고 생각했다. 그러나 보험회사에서 산출한 비용은 자연재해의 규모를 정의하는 중립적인 기준이 될 수 없다. 미국의 대도시를 강타한 허리케인은 당연히 엄청난 경제적 손실을 입힌다. 비싼 건물과 물품이 가득하기 때문이다. 반면에 필리핀 동부의 작은 마을을 강타한 태풍은 미국을 강타한 허리케인만큼이나 강한 파괴력을 가졌음에도 불구하고 경제적인 손실로 강도를 따진다면 형편없이 초라한 수준으로 전락하고 말 것이다. 물론 인명 피해를 기준으로 삼을 수도 있다. 하지만 이 역시 중립적이지 않기는 마찬가지다. 규모와 상관없이, 인구밀도가 높은 허름한 판자촌을 덮친 태풍이 대양 한복판에서 배를 침몰시키고 산호섬을 초토화시킨 태풍보다 큰 인명 피해를 가져오는 것은 너무도 당연한 사실이기 때문이다.

태풍의 강도를 측정하는 기준이 있긴 하지만, 이 역시 완벽하지 못하다. 일반적으로 태풍의 강도를 측정하는 데 사용되는 기준은 풍속인데, 거센 바람이 가장 큰 피해를 일으키기 때문이다. 풍속을 측정하면 바람으로 인해 태풍이 빠르게 회전하면서 발생하는 운동에너지를 추정할 수 있다는 주장도 이를 뒷받침하는 근거가 된다. 하지만 여기는 강우량, 태풍의 성장 속도, 태풍 해일 역시 고려해야 한다는 논리적인 비판이 따른다. 바람만을 기준으로 삼기에는 그 기준이 너무 제한적이라는 것이 이들의 주장이다. 단순히 TV 뉴스에서 태풍의 강도를 보도하기 위한 목적이라면 별 상관없겠지만 말이다.

TV 보도에서 이 수치가 언급되는 경우는 거의 없지만, 태풍의 눈에서 기압이 얼마나 낮게 내려가는지를 측정하면 태풍의 규모를 가장 이상적이고 중립적으로 나타낼 수 있다. 기압이 더 낮을수록, 태풍은 더 거세진다. 기압이 같은 지점을 연결한 선인 등압선이 많을수록, 그리고 더 빽빽하게 나타날수록, 그 아래의 날씨는 더 거칠어진다.

　최저중심기압을 이용하면 태풍의 규모를 훨씬 수월하게 비교할 수 있다. 인공위성과 태풍 속을 비행하는 항공기가 개발되기 전에는 이러한 수치를 구하기가 쉽지 않았다. 심지어 오늘날에도 투하존데 dropsonde(비행기에서 낙하산으로 투하되는 기상 관측용 라디오존데 - 옮긴이)를 태풍의 눈 안으로 떨어뜨리기는 상당히 까다롭다. 하지만 최저중심기압 측정이 가능해지면서, 서로 다른 대양에서 발생하는 태풍의 강도를 비교할 수 있게 됐다. 이뿐 아니라, 같은 장소에서 전년도에 발생한 태풍과 비교했을 때 올해 발생한 태풍의 규모가 어떻게 변화했는지, 혹은 최근 10년간 발생한 태풍이 지난 10년간 발생한 태풍과 비교했을 때 어떻게 변화했는지도 확인 가능하다. 무엇보다, 이는 기상학자들이 지구의 날씨가 실제 변화하는 동향을 밝혀내는 데 큰 도움이 된다.

　과학자들은 태풍의 최저중심기압을 측정하고 등압선의 밀도를 비교함으로써 태풍의 규모가 점점 커지고, 따라서 피해 역시 심각해지고 있다는 사실을 확인할 수 있었다. 마찬가지로 이 방법을 도입하면 한 대양과 다른 대양을 비교하는 것도 가능하다. 최저중심기압을 이용한 최근의 연구 결과에 따르면, 태풍 트레이시와 하이옌처럼 태평양을 휩쓰는 거대한 태풍의 강도와 파괴력이 대서양에서 형성되는 대부분의 허리케인을 압도한다.

　세계기상기구World Meteorological Organization에서는 925헥토파스칼, 즉

925밀리바를 기준으로 태풍을 분류하기로 했다. 태풍의 최저중심기압이 925밀리바를 하회한다면 그 태풍은 엄청나게 강력하고, 따로 기록을 남길 만한 가치가 있다는 뜻이었다.* 최저중심기압을 유일한 기준으로 삼아 태평양의 기상 현상을 관찰하면, 이 엄청난 크기의 대양에서 발생하는 엄청난 규모의 열대성 태풍이 다른 대양에서 발생하는 태풍과는 비교할 수 없을 만큼 강력하다는 사실을 어렵지 않게 발견할 수 있다.

수치가 이를 증명한다. 1924년 이후 대서양에서 최저중심기압이 925밀리바를 하회하는 허리케인의 발생 횟수는 19번에 불과하다. 이 중 기압이 900밀리바 아래로 떨어진 초강력 허리케인은 다섯 개뿐이다(1935년 레이버데이, 앨런, 길버트, 리타, 윌마). 엄청난 피해를 가져온 카미유와 카트리나의 최저중심기압은 900밀리바보다 높았다. 심지어 뉴욕과 뉴저지를 휩쓴 허리케인 샌디의 최저중심기압은 세계기상기구의 기준보다 훨씬 높은 940밀리바였는데, 이는 비교적 약한 허리케인으로 분류된다.

하지만 북태평양 서부에서는 최저중심기압이 세계기상기구에서 정해놓은 기준보다 낮게 떨어지는 태풍이 형성되는 경우가 대서양보다 훨씬 많았고, 강력한 태풍이 발생하는 주기도 훨씬 잦았다. 1950년 이후로 태평양 북반구에서는 완벽하게 형태를 갖춘 태풍이 59번 발생했고, 1975년 이후 오스트레일리아를 비롯한 남반구에서는 그와 비슷한

---

■ 해수면의 기압은 일반적으로 1,013.25밀리바를 유지한다. 혹은, 진공관에 수은을 채운 구식 수은기압계를 사용하면, 수은 기둥은 해수면에서 76센티미터 높이를 유지한다. 일반적으로 시베리아의 기압이 1,060밀리바 정도로 가장 높고, 열대 돌풍이 발생하면 그 눈 부근의 기압이 가장 낮게 나타난다.

규모의 사이클론이 25번 발생했다. 대서양에서는 평균적으로 5년에 한 번 꼴로 최저중심기압이 925밀리바보다 낮은 태풍이 발생하는 반면에, 서태평양에서는 거의 1년에 한 번씩 슈퍼 태풍이 발생하고 있다.

게다가 거대한 규모를 자랑하며 사방으로 뻗어나가는 초저기압 슈퍼 태풍이 태평양에서 발생하는 빈도는 전 세계 평균의 다섯 배에 달한다. 빈도가 높을 뿐만 아니라, 태평양에서 발생한 태풍의 강도 역시 다른 지역에서 발생한 태풍보다 훨씬 강력했다. 1950년 이후 발생한 태풍 59개 중 37개는 최저중심기압이 900밀리바보다 낮게 떨어졌다. 그중 태풍 팁은 최저중심기압이 870밀리바까지 내려가며 열대성 태풍의 역사를 뒤엎었고, 어마어마한 규모와 강도로 끔찍한 피해를 낳았다. 태풍 팁의 직경은 1,900킬로미터에 이르렀는데, 이는 태풍의 눈이 미국 덴버의 바로 위에 있다고 가정했을 때 세로로는 멕시코 국경에서 캐나다 국경까지, 가로로는 요세미티 국립공원에서 미시시피강까지 이를 정도의 크기였다.▪

태평양에서 더 자주, 더 강력한 태풍이 발생하는 원인은 크게 두 가지로 볼 수 있다. 첫째는 태평양의 면적이 워낙 넓기 때문이고, 둘째는 태양으로부터 태평양이 받는 열에너지가 상상이 안 될 만큼 어마어마하기 때문이다. 그리고 이는 모든 대기 현상과 기상 현상의 핵심인 듯 보였다. 만약 태평양에서 전 세계의 주요한 기상 현상의 대부분이 형

---

▪ 태풍 팁이 형성되고 소멸되기까지 2주 동안 대부분 공해상에서 이동했기에, 다행히 피해 규모가 크지는 않았다. 하지만 이차적인 피해는 상당히 많이 발생했다. 거센 바람에 도쿄 근처에 자리한 미 해군 기지의 벽이 무너져 내리면서 가솔린 탱크에 연결된 파이프가 어긋났다. 엄청난 양의 가솔린이 언덕을 따라 생활관까지 흘러내렸고 히터에 불이 붙으며 폭발이 일어났다. 이 사고로 복역 중인 군인 13명이 목숨을 잃었다.

성된다면, 이는 태양에서 방출되는 어마어마한 양의 열이 태평양에 흡수되면서 에너지원으로 변환돼 거대한 기상 현상을 일으키기 때문이다. 이러한 변화들이 지속되며 단기적으로는 날씨 변화를 만들어내고, 장기적으로는 기후를 형성했다.

## 태평양에서의
## 기상이변

태평양은 계절과 관계없이 항상 태양열을 흡수하고 있다. 지구는 수직에서 23.5도 기울어진 채 공전하고 있기 때문에 태평양 북부는 북반구가 여름에 해당할 때, 태평양 남부는 남반구가 여름에 해당할 때 뜨거운 햇볕에 노출된다. 게다가 북회귀선과 남회귀선 사이에 자리하는 거대한 바다는 1년 내내 달아오르고 있다.

태양에서 지구로 끊임없이 쏟아지는 열에너지가 전달되는 물체가 고체인지 액체인지에 따라 나타나는 현상은 상이하다. 강렬한 햇빛이 고체인 육지에 전달되면, 육지에 있던 돌과 바위는 매우 빠르게 달아오른다. 하지만 절대적인 물리법칙에 따라 고체는 열에너지를 흡수할 때와 마찬가지로 대기 중으로 열에너지를 빠르게 방출하고, 바위에는 소량의 열에너지가 남을 뿐이다. 그렇기 때문에 사막의 바위는 한낮에는 녹아내릴 듯 뜨겁다가도 밤이 되면 차갑게 식는다.

하지만 똑같은 양의 열에너지가 바다에 전달될 때 나타나는 결과는 판이하다. 액체가 달아오르기까지는 오랜 시간이 걸리지만, 한번 열을 흡수하면 마찬가지로 오랜 시간 동안 열을 방출하지 않고 보관한다. 액체는 유동성을 가졌기에, 조류와 해수면에서 부는 바람의 영향으로 바다는 열을 흡수한 채 서쪽에서 동쪽으로, 북쪽에서 남쪽으로 이동한다. 혹은 열을 흡수한 표면의 해수가 바다 밑으로 가라앉으면서 심층 순환하는 형태를 띠는 열 염분 순환을 보인다. 세상에서 가장 넓고 깊은 대양인 태평양은 엄청난 양의 태양열 에너지를 포함하고 있다.

지구상의 바다에는 측정이 불가능할 만큼 어마어마한 양의 열에너지가 저장되어 있는데, 당연히 전체 해수면의 3분의 1을 차지하는 태평양에 저장된 열에너지가 가장 크다. 태평양이 흡수한 열에너지는 바다 위쪽의 대기를 데운다. 계절에 따라 그 범위가 남북으로 조금씩 이동하기는 하지만, 적도 주변 바다는 태양과의 거리가 가장 가까우니 흡수하는 열의 양도 가장 많고, 그 온도도 가장 높다.

강렬한 열기에 적도 부근의 해수가 증발하면서 해수면 근처의 뜨거운 공기가 상승하고, 상승한 공기의 부피가 팽창하며 거대한 구름이 형성된다. 이 과정에서 해수면의 뜨거운 공기가 빠져나간 빈 공간의 기압은 낮아지고, 북쪽과 남쪽의 차갑고 무거운 공기가 밀려들어와 저압대를 채우는데, 지구는 서쪽에서 동쪽으로 자전하고 있기 때문에 정도의 차이가 있긴 하지만 공기가 유입되는 방향은 완벽히 남북을 향하는 것이 아니라 서쪽으로 치우치게 된다. 정리하자면, 북쪽에서 유입되는 공기는 남서향으로, 남쪽에서 유입되는 공기는 북서향으로 이동하는 것이다. 바람은 불어오는 방향을 따서 이름을 붙이기에(이와 반대로 해류에는 흘러가는 방향을 따서 이름을 붙인다) 북반구에서 유입되는 바람에는 북동무역풍이라는 이름이, 적도 아래 남반구에서 유입되는 바람에는 남동무역풍이라는 이름이 붙었다.

바로 이 지역에서 무역풍을 비롯한 수많은 기상 현상이 발생한다. 열대수렴대Intertropical Convergence Zone라는 명칭이 붙은 이 지역은 평소에 덥고 습한 데다가 바람 한 점 불지 않아 범선을 타고 이동하는 상인들의 분통을 터뜨리기도 한다. 하지만 이와 대조적으로 맹렬한 사이클론과 태풍이 발생하고, 비가 억수같이 쏟아지기도 한다.

태평양 열대수렴대(태평양의 면적이 워낙 넓으니 열대수렴대에서 태평양이 차지하는 비중도 가장 높다)에서는 대기 현상과 해양 현상이 끊이지 않는데, 오늘날 이 지역은 일기 순환의 중심지로 여겨지고 있다. 이곳에서는 오랜 시간 동안 평소와 다른 이상 현상이 발생하곤 했다. 정확하지는 않지만 주기가 있었기에 이 현상의 발생 시기를 어느 정도 예측할 수 있었다. 사람들은 이러한 현상을 엘니뇨라고 지칭했다. 하지만 최근 들어서 엘니뇨 현상이 발생하는 빈도가 불규칙적으로 잦아졌다. 원인이 무엇이든 간에 지구의 기후가 지속적으로 변화하면서 덩달아 상승하는 태평양의 온도가 영향을 끼치는 듯했다.

어업에 종사하던 사람들이 이러한 이상 현상에 가장 먼저 영향을 받았다. 아주 오랜 과거부터 엘니뇨 현상에 관한 기록이 남아 있다. 16세기 말경, 페루 어부들이 에콰도르와 접하고 있는 툼베스에서 리마 근처의 침보테에 이르기까지 페루 북부 항구에서 조업을 하면서 현지에서 포획되는 어류의 개체군을 자세하게 기록해둔 내용을 확인해보면 이때도 엘니뇨 현상이 발생했다는 사실을 알 수 있다. 본인들의 생계가 달린 일이었으니 관찰에 열심일 수밖에 없었다.

침보테는 한때 세계 안초비잡이 중심지World Anchovy Capital로 큰 명성을 떨쳤다. 침보테에서 북쪽으로 30킬로미터가량 배를 몰고 나가면 톡

쏘는 맛을 내는 작은 은빛 물고기가 지천에 널려 있었다. 전 세계 어디를 가도 페루의 안초비만큼이나 개체 수가 풍부한 어종을 찾기는 힘들었다. 나라가 자리를 잡기 시작한 초창기부터 해안의 항구란 항구에서 우후죽순 조업이 성행했고, 수천 명에 이르는 어부들이 물고기를 낚기 위해 바다로 나섰다. 그 결과 안초비는 세상에서 가장 많이 포획되는 생선의 자리에 올랐다. 1971년 한 해 동안 그물에 끌려 올라온 안초비는 1,300만 톤에 달했다. 이 중 대부분은 말린 뒤 가루로 분쇄해 비료나 가축의 사료로 썼다.

하지만 침보테 어부들은 얼마 지나지 않아 안초비가 사라질 것이라는 사실을 아주 잘 알고 있었다. 약간의 오차는 있지만 5년이나 6년의 주기로 11월, 12월이 되면 바다에서 안초비가 자취를 감췄다. 전날만해도 바다를 가득 채우던 재빠른 은색 안초비 떼가 다음 날이 되면 어디론가 사라져 푸른 바다에는 침묵만이 감돌았다. 이상한 점은 이뿐만이 아니었다. 저녁이면 안개를 형성해 침보테와 같은 바닷가 근처 마을에 습기를 더해주던 연안의 차가운 바닷물은 신기하게도 안초비가 사라지는 시기에 맞춰 갑작스럽게 따뜻해지곤 했다. 당연히 안개도 걷혔고, 하늘은 놀라우리만치 맑아졌다.

안초비가 잡히지 않자 불만에 가득 찬 어부들은 빈 그물에다 대고 거친 욕설을 내뱉었다. 페루에서 안초비가 사라지자 이는 연쇄효과를 냈고, 먹이사슬의 꼭대기에까지 그 영향이 미쳤다. 안초비를 주식으로 삼던 부비새, 가마우지, 펠리컨은 굶어 죽거나, 둥지에서 기다리는 아기 새를 굶어 죽도록 버려두고 먹이를 찾아 멀리 떠났다. 오징어, 거북, 심지어는 작은 바다짐승까지 갑자기 상승한 수온에 적응을 못 하거나, 안초비가 사라지자 먹이가 부족해져서 목숨을 잃었다. 엄청난 양의 동물 사체가 바다로 떠올라서 해수면에 작은 섬을 이루고 부식되기 시작했다. 사체 더미에서는 끔찍한 악취와 더불어 산성을 띠는 가스가 방출됐는데, 가스가 얼마나 독했던지 어선의 페인트가 다 벗겨질 지경이었다.

안초비가 사라지자 나라 경제에도 어마어마한 타격이 왔다. 안초비가 자취를 감추고, 바다에 서식하던 온갖 새와 짐승이 죽음에 이르는 광경은 불길하고, 또 불결했다. 항상 크리스마스 무렵에 이런 현상이 발생했기에, 어부들은 여기에 엘 니뇨 드 나비다El Niño de Navidad, 즉 펠리스 나비다(메리 크리스마스)를 모방해서 이름을 붙여 쓸쓸하고도 냉소적인 심경을 나타냈다.


**길버트**

**워커**

영어권에서는 19세기 말에 엘니뇨라는 명칭이 처음으로 사용됐다. 어부들의 딱한 사정과는 별개로, 안초비가 사라지는 원인이 되는 해류 변화를 지칭하는 용어였다. 훔볼트해류는 남극에서 남아메리카 대륙 연안까지 북상한 뒤 적도 근처에서 서쪽으로 방향을 트는 태평양 순환의 일부인데, 훔볼트해류의 차가운 해수가 가끔씩 원인 불명의 방해물을 만나면서 엘니뇨 현상이 발생한 것이다. 적도 부근에서 따뜻한 해수가 아래로 내려오면서 훔볼트해류의 북상을 저지했고, 페루 연안의 수온이 올라갔다. 이 따뜻한 해수가 영양가가 풍부한 차가운 해수의 상승을 막자 먹이가 부족해진 안초비 떼는 페루 어부의 활동 영역을 떠나 다른 서식지를 찾아 나섰다. 이렇게 페루에서 안초비가 사라졌다.

가끔씩 이렇게 수온이 상승하는 현상에 '엘니뇨'라는 이름이 붙여졌다. 초기에 이는 단순히 해류가 변화하는 현상이라고 여겨졌지만, 20세기 중반에 해양학자와 기후학자가 페루에서 관찰되는 해류 변화가 거대하고 중대한 해양 현상의 일부분일 뿐이라는 사실을 발견했다. 엘니뇨를 시작으로 전 세계 바다에 변화가 나타났다.

이러한 사실이 확인되기까지는 수많은 학자의 연구가 있었다. 특히, 1924년 영국의 식민지였던 인도로 파견된 공무원 길버트 워커Gilbert Walker는 태평양의 자연현상을 분석하는 데 큰 기여를 했다.

1958년 그의 사망 기사 마지막 구절이 묘사하듯 길버트 워커는 "넓은 분야에 흥미를 보였던 겸손하고, 친절하며, 마음이 넓은 완벽한 신사"였다. 이런 성향을 가진 사람이 대개 그렇듯, 워커는 상당히 박학다식했다. 그는 케임브리지 대학교에서 가장 뛰어난 수학자였다. 1889년에 그는 시니어 랭글러Senior Wrangler로 선정됐는데, 이는 곧 길버트 워커가 그해에 나라에서 가장 뛰어난 학술적 성과를 거뒀음을 의미했다. 하지만 워커는 수학 외에도 여러 방면에 재능을 보였다. 플루트를 제작하고, 부메랑과 고대 켈트족의 창이 날아가는 궤도에 큰 관심을 보였으며, 조류의 날개에 작용되는 공기역학에도 상당한 지식을 가지고 있었고, 글라이딩과 스케이트의 열렬한 팬이자, 통계의 마술사, 구름 형성 과정 전문가였다.

워커는 인도와 히말라야에 무한한 애정을 품고 있었다. 그는 인도의 기상대장으로 근무하는 20년 동안 수식을 사용해서 우기의 강우량을 예측하기 위해 노력했다. 그는 1890년 인도에서 우기에 평년보다 비가 적게 내려 끔찍한 기근이 덮친 사건을 계기로 이 연구에 몰두하기 시작했다. 그러나 결국 워커는 이 질문의 답을 찾지 못했고, 기가 죽은 채 인도를 떠나 고향으로 돌아왔다. 하지만 인도에 머물 동안 연구에 몰두한 덕분에 은퇴 후 워커는 매우 중요한 사실을 발견했고, 전 세계적인 명성을 얻을 수 있었다.

워커는 평소에 기상 현상을 습관적으로 기록해뒀는데, 이는 후에 어마어마한 양의 기상학적 통계자료로 사용됐다. 그가 수십 년에 걸쳐 기록한 날씨를 자세하게 분석한 결과, 페루 연안에서 발생하는 엘니뇨 현상(이때쯤 어부들이 겪는 이상 현상은 전 세계 과학자들에게 잘 알려져 있었다) 이 태평양 전체에 걸쳐 나타나는 거대한 기후 패턴의 일부라는 사실이 명백히 밝혀졌다. 이 기후 패턴은 완벽한 대조를 이루고 있었다. 거대한 태평양의 어느 구석에서 어떤 기상 현상이 나타나면, 반대쪽 구석에서는 이와 완벽하게 상반되는 기상학적 징후가 나타났다. 어떤 계절에 이상 현상이 발견되면, 다른 계절에는 이와 상반되는 이상 현상이 나타났고, 특정 기간 동안 이상 현상이 나타나면, 다른 기간 동안 상반되는 이상 현상이 발생했다.

한쪽에서 수온이 상승하면 다른 쪽의 수온은 하강했다. 페루 연안의 온도가 상승하는 엘니뇨 현상이 일어나서 안초비의 씨가 마르면, 얼마간의 시간이 지나 이와 반대로 바닷물의 온도가 떨어지는 라니뇨 현상이 발생하면서 안초비 풍년을 맞았다. 한쪽 세계에서 홍수가 나면, 다른 쪽 세계에서는 가뭄이 일었다. 자연현상은 주기를 타는 양상을 보

인도에서 수십 년 동안 생활한 영국의 기상학자였던 길버트 워커는 그의 발견 중 하나였던 워커순환(Walker Circulation)으로 엄청난 명성을 얻었다. 워커순환은 엘니뇨 현상의 주기적인 발생 여부를 결정짓는 주된 대기 현상이다.

였고, 그에 따라 인류는 반응했다. 사이클론 발생 빈도가 평균을 웃도는 해가 있으면, 평균을 하회하는 해도 있었다. 어떤 해에는 우기임에도 불구하고 인도에 비가 내리지 않았고, 바싹 마른 땅 때문에 농작물을 거둘 수가 없었다면, 다른 해에는 하늘에 구멍이 뚫린 듯 비가 내려 땅을 흠뻑 적셔놓았다. 흉년일 때도 풍년일 때도 있었고, 건조한 여름이 있으면 풍성한 수확을 기다리는 가을이 있었다. 번성하는 해도 실망스러운 해도 있었으며, 평화로운 시기도 어지러운 시기도 있었다. 태평양의 범위 안에서, 아니 어쩌면 태평양을 넘어 전 세계에서 이런 흥미로운 현상이 벌어지고 있었다.

르네상스식 교양인이었던 길버트 워커는 본인이 가진 플루트와 새의 날갯짓, 스케이팅 기술 등을 총동원해 그때까지 주목받지 못한 자연현상이 그 원인이라는 사실을 밝혀냈다. 워커는 대기 중에서 반복해서 일어나는 어떤 메커니즘에 따라 태평양의 날씨가 주기적으로 변화한다고 주장했다. 그 메커니즘이 뭔지는 확실하지 않으나, 눈에 보이지 않는 대기 중의 바람과 공기의 흐름이 대양 중간에 균형점을 둔 시소처럼 작용하면서 이러한 현상이 발생한다는 것이었다.

오늘날 키리바시공화국이 자리하는 길버트제도와 피닉스제도의 작은 석회질 섬들 사이, 날짜변경선과 적도가 교차하는 지점 근처에 이 균형점이 있는 듯했다. 이 균형점을 기준으로 한쪽이 올라가면, 다른 쪽은 내려간다. 한쪽 날씨가 더워지면, 반대쪽 날씨는 추워진다. 어느 지점이 쫄딱 젖으면, 다른 지점은 바싹 마른다. 말 그대로 균형 잡힌 이 논리는 아름답기까지 했다. 수년간의 관측을 통해 마침내 워커는 이를 입증해냈다.


## 워커순환과
## 남방진동

워커가 발견한 태평양을 가로지르는 대기 패턴에는 그의 업적을 기리기 위해 후에 워커순환이라는 이름이 붙었다. 온갖 기후변화를 몰고 오는 동력인 이 대기 현상은 주로 열대 태평양에서 나타났는데, 이 사실을 발견했을 당시 길버트 워커는 이 현상을 남방진동Southern Oscillation이라고 불렀다.

ENSO(엘니뇨El Niño와 남방진동Southern Oscillation의 앞 글자를 결합해서 만든 용어로, 엘니뇨-남방진동이라고 표기하기도 한다 – 옮긴이)는 오늘날 지구상에서 가장 중요한 기후 현상임이 틀림없다. 태평양이 세계의 날씨를 생성하는 발전기라고 하면, ENSO는 동력을 주는 엔진에 해당한다. 그리고 워커순환은 엔진이 돌아갈 수 있도록 하는 시작점이다.

태평양의 대기압이 워커순환을 일으키는 기본 원리다. 일반적으로 동태평양의 기압은 높다. 이와 상반되게, 해양학자들과 기상학자들이 바다 대륙이라는 모순적인 명칭을 붙인 서태평양의 인도네시아와 필리핀 부근의 넓은 지역에는 일반적으로 저기압대가 형성된다. 물리학 법칙에 따라 태평양의 대기는 고기압에서 저기압으로, 즉 동쪽에서 서쪽으로 이동한다. 해수면에서 무역풍은 거의 예외 없이 동쪽에서 서쪽으로 부는데, 이는 고기압에서 저기압으로 공기가 순환하는 현상을 보여주는 아주 분명하고 친숙한 사례다.

바람이 부는 방향에 따라 그 아래 있는 열대성 바다도 같은 방향으로 흐르게 된다. 믿기 힘들겠지만, 바람이 불면서 바닷물이 서쪽으로 흐르는 동안 아주 천천히 조금씩 에너지가 쌓여서 해안에 다다를 때쯤엔 거대한 파도가 형성된다. 이런 원리 때문에, 서태평양의 수면이 동태평양의 수면보다 최고 60센티미터가량 높아질 때도 있다. 또한, 따뜻한 물이 증발하면서 태풍 트레이시나 하이옌같이 어마어마한 규모의 슈퍼 태풍을 형성하기도 한다. 이런 태풍 중 일부는 다시 바다로 떨어져서, 차갑게 식은 뒤, 깊은 해류를 타고 동쪽으로 되돌아간다. 별다른 일이 없는 한 이러한 과정이 끊임없이 반복된다. 위쪽의 대기에서는 워커순환이 일어난다. 아래쪽의 바다에서는 해수가 이동하고, 머나먼 서태평양에 다다르면 거대한 태풍이 형성된 뒤, 차갑게 식은 건조한 공기와 더불어 차가운 바닷물이 안초비 떼와 함께 동태평양으로 되돌아간다. 이는 안정적이고 평화로운 일상처럼 꾸준히 계속된다.

하지만 가끔씩, 여전히 밝혀지지 않은 어떤 원인 때문에 워커순환에 변화가 생기기도 한다. 무역풍이 약해지거나, 불안정해지거나, 심한 경우 반대 방향으로 불면서 엘니뇨 현상이 발생하고, 순환 체계가 전체적으로 무너지는 경우도 있다. 어떤 때는 무역풍이 이와 정반대로 작용하면서 라니냐 현상이 나타나기도 한다. 오늘날에는 전 세계적인 날씨를 예측하고 기후 모델을 구축하기 위해 엘니뇨와 라니냐 현상을 추적하고, 분석하는 것이 매우 중요하게 받아들여지고 있다. 지구의 기상 변화를 관측하기 위해 기상학자와 해양학자는 남방진동과 태평양의 움직임에 온 신경을 집중하고 있다. 태평양이 흔들릴 때면, 온 세계가 덩달아 흔들리기 때문이다.

오늘날에는 정해진 지역의 대기압과 해수의 온도 변화를 섬세하게 측정함으로써 길버트 워커의 남방진동 진행 방향을 짐작하고 있다. 기압은 타히티와 다윈, 두 군데에서 측정한다. 만약 타히티의 기압이 평소보다 눈에 띄게 낮아지고, 다윈의 기압이 평소보다 눈에 띄게 높아지면, 이는 곧 엘니뇨 현상이 발생할 것임을 의미한다. 미국과 영국의 기상청에서는 엘니뇨 현상의 중심이 되는 적도의 좁은 범위에 자리한 주요 지점의 해수 온도를 측정하는 방법을 사용한다. 만약 이 범위의 동쪽에 해당하는 지역(남아메리카 대륙의 해안선 가까이에 자리한 지점)의 온도가 섭씨 0.5도 이상 상승한 상태로 9개월 이상 지속되면, 영국 기상청의 규칙에 따라 엘니뇨 현상이 진행 중이라는 발표를 내놓는다.

일본 정부에서는 수백만 달러를 들여 독자적으로 엘니뇨 현상을 연구하고 있다. 오랜 시간 동안 일본에는 강력한 파괴력을 가진 지진과 쓰나미, 화산 폭발과 태풍으로 인한 피해가 유독 자주 발생했고, 그 결과 일본인들은 인내와 베풂이라는 민족성을 지니게 됐다. 이러한 자연

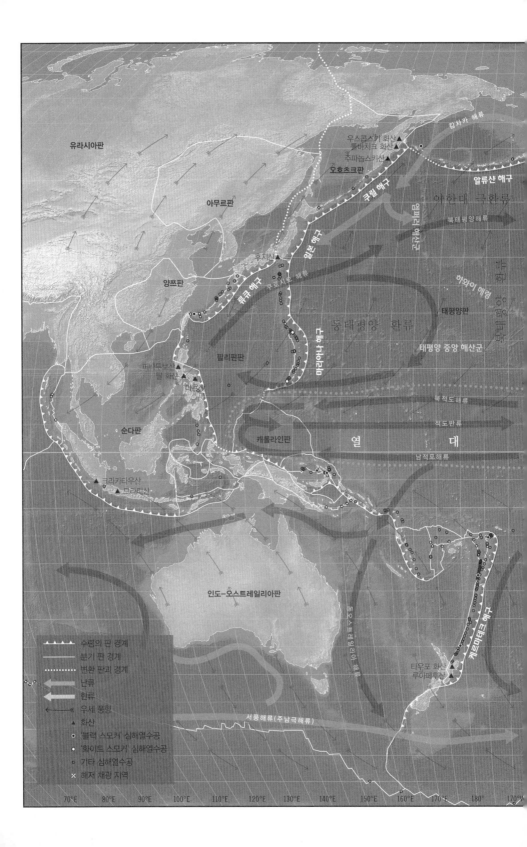

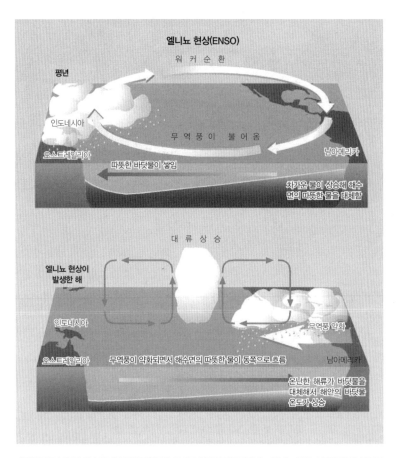

엘니뇨 현상(ENSO)

워 커 순 환

평년

인도네시아

무역풍이 불어옴

오스트레일리아

따뜻한 바닷물이 쌓임

남아메리카

차가운 물이 상승해 해수
면의 따뜻한 물을 대체함

대 류 상 승

엘니뇨 현상이
발생한 해

인도네시아

오스트레일리아

무역풍이 약화되면서 해수면의 따뜻한 물이 동쪽으로 흐름

무역풍 약화

남아메리카

온난한 해류가 바닷물을
대체해서 해안의 바닷물
온도가 상승

태평양 적도 남쪽의 해수와 바람이 불규칙적인 주기로 변화하면서 나타나는 엘니뇨 현상과 남방진동을 통틀어 부르는 ENSO는 세계의 주된 기후 패턴을 형성하는 데 중요한 요소다.

재해에 미리 대비할 수 있다면 국가 경제에도, 국민들의 불안감을 덜어주는 데도 큰 도움이 될 것이다. 최근 들어 화산 폭발을 예측하는 기술도 상당히 발전했지만, 아직 지진을 예측하는 기술을 쫓아가지는 못한다. 하지만 이를 보완하고자 일본에서는 장기적인 기후변화 예측의 정확성을 높이기 위해 상당한 노력을 쏟아붓고 있다. 그중에서도 특

히 엘니뇨 현상으로 인해 태풍이 발생하는 시점을 파악하는 데 주안
점을 두고 있다.

일본은 이를 위해 세상에서 가장 크고, 빠르고, 성능이 좋은 컴퓨터
를 도입했다. '지구 시뮬레이터 2'라고 불리는 이 컴퓨터는 도쿄 동쪽
에 자리한 도시인 요코하마 외각의 일본 해양연구개발기구Japan Agency
for Marine-Earth Science and Technology, JAMSTEC 사무실에 설치돼 있다.

지구 시뮬레이터 2는 얼마 전 중국에서 새로 개발한 초고속 컴퓨터
에 세계 최고의 슈퍼컴퓨터라는 타이틀을 빼앗기긴 했지만, 지속적인
개발과 업그레이드를 거치며 여전히 높은 성능을 뽐낸다. 오늘날 지
구 시뮬레이터는 122테라플롭(컴퓨터의 속도를 측정하는 단위로, 1테라플
롭은 1초에 1조 회 연산을 수행한다 – 옮긴이)에 달하는 처리 능력을 가지고
있다. 최근 일본 해양연구개발기구에서는 라이브 테스트를 진행했다.
건물 안에는 평소처럼 전자음이 울리고, 냉난방 시설이 돌아가는 소리
가 감돌고, 발광다이오드 수천 개가 반짝이고 있었으며, 실험을 진행
하는 요원들은 불안한 기색 없이 눈을 가늘게 뜨고 진행 상황을 지켜
보고 있었다. 테스트에서 지구 시뮬레이터 2는 엄청나게 복잡하고 상
세하게 세계의 기상 현상을 분석한 결과를 내놔 세상을 깜짝 놀라게
했다. 이 컴퓨터는 하루에도 몇 번씩 지구의 대기 현상을 표시한 3차
원 지도를 제작하고 있다. 수평으로 4.8킬로미터마다 해당 지역의 기
상 상태가 표시됐고, 수직으로는 100개가 넘는 구역으로 나뉘어 대기
상태를 보여줬다.

천문학적으로 비싼 데다가, 일본에 강한 지진이 워낙 자주 일어나기
에 지구 시뮬레이터 2는 명화 '모나리자'나 진귀한 보석 호프 다이아

몬드처럼 철저한 보안 아래 보관하고 있다. 만일의 상황을 대비해 컴퓨터를 보관 중인 보관함 아래에는 고무 받침대가 달린 수평 유지 장치가 설치돼 있고, 피뢰침 역할을 하는 철제 그물망으로 천장을 덮어 놓았으며, 자기장의 영향을 차단하기 위해 특수 제작된 금속 방어막까지 쳐놓았다.

극진한 보살핌 아래, 이 슈퍼컴퓨터는 열심히 임무를 수행하고 있다. 전 세계의 모든 기상학 연구실과 마찬가지로, 엘니뇨와 라니냐가 진행되기 전에 현상이 일어날 시점을 예측하는 것이 일본 해양연구개발기구 연구원들의 목표다. 하지만 날씨를 예측하듯 엘니뇨와 라니냐를 예측하는 것이 가능할까?

엘니뇨 현상 연구에 매진하던 일본 연구소는 최근 ENSO가 진행되며 따뜻한 물이 유입되기 전에 오스트레일리아 북부와 파푸아뉴기니 주변 바다에서 소형 태풍들이 동시다발적으로 형성된다는 사실을 발견했다. 태풍은 단순히 서쪽으로 부는 돌풍이라고 보일 만큼 규모가 작았고, 멀리 떨어진 대양에서 발생하는 현상과는 개연성이 없는 일련의 사건이라고 여겨졌다. 하지만 오늘날 과학자들은 이 돌풍과 엘니뇨 사이에 연관성이 있을지도 모른다고 생각하기 시작했다. 기상학계에서는 이 돌풍이 엘니뇨의 시작을 알리는 현상인지, 혹은 엘니뇨의 **결과**로 나타난 현상인지 열띤 토론을 벌이고 있다.

아직까지는 ENSO 현상 발생을 예측할 만한 방법이 발견되지 않았다. 하지만 기상 현상 변화에 세계의 이목이 집중되며 ENSO를 예측하는 것이 인류의 중요한 과제가 됐다. 이는 엘니뇨 현상으로 인한 피해가 확산되고 있기 때문이다.

엘니뇨가 발생하는 지역은 수백 년 전부터 이로 인한 피해를 입고 있었다. 동태평양에서 따뜻한 물이 흘러들어와 영양분을 풍부하게 머금은 차가운 바닷물이 상승하지 못하면, 페루에서 안초비 떼가 자취를 감추고, 해양 생물들이 죽음에 이르고, 수면에 떠오른 사체들이 유해 가스를 뿜어내고, 강한 산성에 어선이 부식된다. 이제는 너무 잘 알려진 이 일련의 과정이 오랜 시간 동안 되풀이됐다.

기상 현상은 상호 연관돼 있어서, 태평양에서 어떤 변화가 발생하면 연쇄반응을 일으켜 전 세계에 그 영향이 나타난다. 이쯤에서, 태양열을 흡수한 바닷물이 모든 기상 현상의 근원이라는 사실을 다시 한번 짚고 넘어가겠다.

엘니뇨 현상이 나타나면,* 따뜻한 해류 때문에 형성된 안개가 상승해 안데스산맥 위에서 구름으로 응집하고, 그 결과 비나 눈이 내리면서 남아메리카 대륙 서쪽 해안에서는 거대한 홍수가 일어날 수도 있다. 이 기간 동안, 브라질 북부에서는 가뭄이 일고 리우데자네이루 근처에서는 거센 폭풍우가 휘몰아칠 수도 있다. 일반적인 대기 순환이 일어날 때와 달리, ENSO 현상이 발생하면 사이클론과 태풍이 형성되는

---

■ 어떤 기상학자들은 엘니뇨 현상을 ENSO 온난 국면이라고 표현하고, 이와 반대되는 라니냐 현상을 ENSO 냉각 국면이라고 표현하기도 한다. 앞으로 몇 해 동안 현상을 정의하는 용어에서 야기되는 모호함과 혼란이 한층 심화될 것으로 보인다.

위치는 태평양 중앙으로 이동하는 경향이 있는데, 이 경우 돌풍이 따뜻한 바다를 건너 서쪽으로 이동하는 거리가 더 멀어지게 되기 때문에 더 크고, 더 빠르고, 더 강력하게 발달해 마침내 육지에 다다를 때쯤에는 엄청난 파괴력을 갖게 될 가능성이 높다.

1982년과 1983년에 걸쳐 사상 최악의 엘니뇨 현상이 발생했고, 엄청난 연쇄효과를 낳으며 그 악명을 더했다. 무역풍이 약해지고, 동태평양의 해수면이 상승하면서(에콰도르 해안의 해수면은 30센티미터가량 높아졌다) 동태평양의 해수면 온도 또한 훌쩍 높아졌다. 페루 해안가에는 물개와 바다사자 사체가 발견되기 시작했다. 남아메리카 대륙 동부의 사막은 이례적인 강우량을 기록했고, 습해진 날씨에 모기떼가 기승을 부리면서 말라리아가 창궐했다. 이와 대조적으로 자바는 바짝 가물었고, 건조한 날씨에 산불이 일어났다. 끔직한 태풍이 캘리포니아 해안을 강타했고, 미국 최남단에는 홍수가 일어났으며, 미국 북동부의 스키장은 기온이 상승하면서 재정난에 허덕였다. 미국 정부에서는 1983년 엘니뇨로 발생한 경제적 피해가 800억 달러에 이른다고 추산했다. 게다가 에콰도르에서 말라리아가 유행하고, 인도네시아의 술라웨시에서 화재가 발생하며 목숨을 잃은 수많은 사람을 생각하면 이는 거의 재앙에 가까웠다.

1982년, 1983년의 엘니뇨 현상은 극단적인 경우였다. 하지만 엘니뇨 현상이 발생하면 그 정도에는 차이가 있겠지만 전 세계적으로 이상기후가 나타난다는 사실은 변하지 않는다. 하와이에서는 가뭄 때문에 사탕수수 수확량이 뚝 떨어진다(2009년 돌Dole이 하와이에서 철수하기 전에는 파인애플 수확량도 마찬가지로 하락했다). 가문 날씨 탓에 보르네오섬에는 산불이 일어나고, 우기에 비가 내리지 않으니 인도의 농작물은 말라 죽어버린다. 캘리포니아 해안가에서는 바다사자와 물범 사체가 발견되고, 오리건과 브리티시컬럼비아 앞바다에서는 뜬금없는 어종과 오징어가 포획된다. 1877년 발생한 엘니뇨는 약한 편이었음에도 불구하고 그 여파로 극심한 가뭄이 중국을 덮치면서 900만 명이 식량 부족으로 목숨을 잃었다. 또, 북극에서 내려오는 차가운 제트기류가 평소보다 더 남쪽까지 영향을 미치며 캐나다의 겨울은 더욱 혹독해졌다. 미국의 강우량이 평년보다 높아지면서 기온이 떨어졌고, 플로리다의 오렌지 성장 시기는 짧아졌다. 유럽 북부는 춥고, 건조해졌다. 케냐는 습해지고, 보츠와나는 메말랐다. 이렇듯 평년과 비교했을 때 대조적인 기상 현상이 일어나는 등 엘니뇨로 인한 피해 사례는 광범위하다.

그리고 이 모든 사건의 근본적인 원인인 지구온난화는 심각한 문제로 대두되고 있다. 엘니뇨로 인한 기후의 변동 폭이 너무 커지자, 이를 통계의 기초 자료로 사용해 변화 추세와 현상들 사이의 연관성을 연구하던 학자들은 골머리를 썩었다. 예를 들어, 엘니뇨 현상에 적용되는 굉장히 복잡한 역학은 비교적 짧은 간격을 두고 나타난다. 역학을 나타내는 수식에서 가장 잘 알려진 변수인 워커순환과 ENSO는 3~5년의 주기로 발생한다.

엘니뇨뿐만이 아니라, 정확한 원인을 밝혀내기 어려운 수많은 대기 현상과 해양 현상이 진행 중이다. 켈빈파와 로스비파는 바닷물을 여기 저기로 이동시키며 따뜻한 해수와 차가운 해수를 구분 짓던 경계를 허물었다. 강우량을 증가시키는 대기 현상인 해들리순환과 그 사촌 격인 페렐순환은 서에서 동으로 자전하는 지구의 회전력 때문에 나선형을 띠고 있다. 빅토리아시대에 프랑스 과학자 귀스타브 가스파르 코리올리Gustave Gaspard Coriolis가 이를 발견했고, 오늘날 그의 이름을 따 코리올리힘이라고 불린다.

위에서 언급한 현상들은 시간 차가 거의 없이 빠른 속도로 진행된다. 태평양의 모든 기상 현상과 대기 현상의 바탕이 되는 매든-줄리언 진동Madden-Julian Oscillation 역시 예외는 아니다. 매든-줄리언 진동은 특이한 모습을 한 진행파로, 이동속도가 빠른 것으로 유명하다. 일반적으로 매든-줄리언 진동은 서태평양 열대지방에서 폭풍을 일으켜 30~60일 동안 뜨거운 바람과 세찬 비를 내리게 한다.

이에 반해, 지구온난화는 매우 더디게 진행된다. 대부분의 수학모델은 태평양 열대지방의 평균 온도가 21세기 말까지 섭씨 3도▪ 이상 상승하는 일은 없을 것이라 예측하고 있다. 기후변화에 관한 정부간 협의체Intergovernmental Panel on Climate Change의 발표에 따르면 평균 온도가 3도 가량 올라갔을 때, 해수면의 상승 높이는 30센티미터에서 1미터 사이일 것이라고 한다. 지구의 온도가 상승하면 엘니뇨 온난 국면은 어떤

---

▪ 2008년 이후 온도 상승은 눈에 띄게 둔화됐고, 기후변화에 호들갑을 떨 필요가 없다던 이들은 여봐란듯이 의기양양해했다. 기후 통계 전문가들은 지구온난화의 둔화가 주기적으로 일어나는 단순한 현상에 불과하다고 설명했고, 계속해서 화석연료를 무분별하게 사용한다면 온도 상승은 앞으로도 계속될 것이라고 주장했다.

영향을 받게 될까? 아니, 엘니뇨 온난 국면은 지구의 온도 상승에 어떤 영향을 미칠까? 지구에서 발생하는 모든 기상 현상은 엘니뇨와 밀접한 관계가 있기에 이러한 질문의 답을 찾는다면 앞으로의 변화를 예측하는 데 큰 도움이 될 것이다.

하지만 슈퍼컴퓨터가 쉼 없이 돌아가도 정확한 예측을 해내기란 어렵다. 최근 한 연구에서, 길버트 워커의 위대한 발견인 워커순환이 지난 60년간 약화되고 있다는 사실이 밝혀졌다. 게다가 관찰 결과 워커순환의 약화가 진행되면서 무역풍도 덩달아 약해졌고, 태평양 해수면의 온도는 꾸준히 상승하고 있었다. 워커순환이 약화되면서 엘니뇨 온난 국면이 시작된다는 점을 떠올렸을 때, 이런 추세가 유지된다면 엘니뇨는 이제 일시적인 이상 현상이 아니라 고착화된 기후 현상으로 자리 잡을 수도 있다.


## 태평양에 거는
### 기대

페루에서 안초비가 사라지는 차원을 넘어서서 서태평양과 북아메리카 대륙의 넓은 범위에 걸쳐 극적인 변화가 일어난다면, 인간의 행태 역시 거주지를 옮기고 생산하는 농작물의 종류를 바꾸는 등 그에 맞춰 필연적으로 변화할 수밖에 없다. 그러나 아직 확실한 것은 없다. 새로 개발된 고성능 컴퓨터와 태평양 기상 현상에 대한 높은 관심 덕분에 기후 예측은 과거에 비해 상당히 정확해졌다. 그러나 가늠하기 어려울 정도로 복잡한 작용이 일어나는 태평양은 여전히 미스터리한 존재로 남아 있다.

그럼에도 불구하고 한 가지에 관해서만은 의견 일치가 이루어지고 있다. 이 모든 현상이 태양에서 방출된 열복사 에너지와 그에 따른 지구의 반응 때문에 일어났다는 것이다. 지구 전체 면적의 절반 가까이를 뒤덮은 거대한 태평양은 태양 복사열과 더불어 과도한 탄소 배출로 인해 발생되는 열까지 흡수하며 지구의 온도가 올라가는 것을 지연시킴으로써 생태계 보존에 큰 도움이 되고 있다. 오늘날 수많은 기상학자들은 어마어마한 양의 열을 흡수하는 태평양이 지구상에 존재하는 모든 생물체를 구원해줄 것이라 생각한다.

물론, 태평양이 이렇듯 많은 양의 열을 흡수하면서 엄청난 변화가 생길 것이다. 로클리어 장군의 말대로, 더 크고 더 강력한 태풍이 형성될 수도 있다. 거대한 태풍 트레이시나 하이옌과 같이 끔찍한 피해를 가져오는 태풍이 더 많이, 더 자주 발생할 가능성도 높다. 어쩌면 우리의 예상보다 빠르게 섬들이 물에 잠기고 섬에 거주하던 사람들이 급하게 대피해야 할 수도 있다. 캐스케이드산맥과 시에라산맥에는 지금보다 더 많은 눈이 내릴 것이다. 페루에서 안초비 떼가 영영 자취를 감출지도 모른다. 또, 화재로 사라왁의 숲이 전소될 수도 있다.

기후변화가 일어난 지역에서는 일대 혼돈이 일겠지만, 전체적인 시각으로 본다면 이 같은 기후변화가 지구에 끔찍한 재앙을 초래했다고 단언하기는 힘들다. 지구는 항상 그랬듯 환경 변화에 적응할 것이다. 지구상의 생물체는 과거 수많은 지각변동과 재앙 속에서도 살아남아 생태계의 균형을 되찾았듯 이번에도 마찬가지로 혼란 속에서 살아남아 다시 균형을 찾을 것이다. 수많은 기상학자들은 훗날 이런 일이 발생했을 때 태평양이 우리가 살아가는 행성의 거대한 안전밸브 역할을 할 것이라 믿고 있다.

태양열로 인해 지구의 온도가 상승하면 무시무시할 정도로 넓은 태평양에서는 도저히 가늠할 수 없는 엄청난 변화가 일어날 것이고, 전 세계가 불안정하게 흔들릴 것이다. 하지만 불안정한 세계의 자이로스코프로 작용해 안정을 되찾고, 평온한 일상으로 되돌리는 역할 역시 태평양의 몫이다.

어떤 어려움이 닥쳐도 태평양이 우리의 태평한 삶을 되찾아줄 것이란 믿음은 어쩌면 과학적인 근거가 너무나도 부족한 맹신일지도 모른다. 하지만 오늘날 많은 사람이 이렇듯 밝은 희망을 품고 살아가고 있다. 그늘이 드리운 듯 어두운 우리의 현실에, 한 줄기 희망이라도 있다면 그것으로 충분하지 않겠는가.

# 제7장

# 오스트레일리아는
# 아시아의 일원이 될 수 있을까?

1973년 1월 27일, 미국이 베트남전쟁 종결을 발표하다.

1973년 10월 20일, 시드니 오페라하우스 개관하다.

**1975년 11월 11일,
고프 휘틀럼이 오스트레일리아 총리직에서 파면당하다.**

1976년 6월 4일,
하와이 전통 카누 호쿨레아호가 처녀항해를 성공리에 마치다.

1976년 9월 9일, 베이징에서 마오쩌둥 주석 사망하다.

1977년 1월 3일, 애플 컴퓨터가 설립되다.

PACIFIC

오스트레일리아! 이 태평양의 신성은 언젠가

남쪽 바다의 당당한 공주로 거듭나리라.

－찰스 다윈, 『비글호 항해』, 1836

오스트레일리아는 세상의 비주류들이 가진 운을 끌어모아

형성한 부유하고 행복한 나라다.

－도널드 혼, 『부유하고 행복한 나라』, 1964

1975년, 영국으로부터 1만 6,000킬로미터 떨어진 연방 국가인 오스트레일리아에서 여왕의 권한을 대행하던 총독이 오스트레일리아 총리를 해임했다. 봄기운이 완연하던 휴전 기념일에 일어난 이 사건은 퍼스에서 시드니까지, 호바트에서 다윈까지, 오스트레일리아 전역에 일대 파장을 일으켰으며, 오늘날까지도 종종 회자된다. 파면 절차는 너무나도 간단하게 진행됐다. 그리고 워터게이트 사건과 독일의 영국 대공습, 쓰나미와 마찬가지로 오스트레일리아 총리 파면 사건 역시 관련된 뒷얘기가 돌아다녔다.

그 누구도 예상하지 못한 총리 파면은 오스트레일리아 정치 역사상 가장 극적인 사건이었다. 당시 오스트레일리아 정계에서는 여야 간의 갈등이 고조되고 있었다. 불같은 성격에 거들먹거리기를 좋아하는 명예욕에 가득 찬 정치인들이 하루가 멀다 하고 목소리를 높여댔다. 정치적 교착상태는 총리가 해임되면서 와해됐다. 한바탕 진흙탕 싸움이 끝나고 사태는 어느 정도 진정됐지만 승리자는 없는 싸움이었다.

하지만 이 사건으로 오스트레일리아는 터닝 포인트를 맞이했다. 오스트레일리아 대륙 전체가 나라인 이 신흥국이 마침내 국제사회에서 위상을 높이기 시작한 것이다. 인구가 2,200만에 달하는 오스트레일리아는 총리 파면 사건을 기점으로 태평양의 강대국으로 떠올랐고, 지금까지 굳건히 그 자리를 지키고 있다. 1975년 11월 이후 영국이 과거 식민지였던 오스트레일리아에 미치는 영향력은 더 이상 예전과 같지 않았다.


**총리**

**고프 휘틀럼**

충격적인 파면 사건으로 고프 휘틀럼Gough Whitlam 은 역사에 길이 이름을 남겼다. 휘틀럼은 언제 어디서나 은발을 깔끔하게 빗어 넘기고 멀쑥한 옷차림을 유지했다. 언변이 좋고 매력적이라 누구에게나 호감을 샀으나 독선적이라는 비난을 받기도 했다. 휘틀럼이 재임하기 이전 25년간 오스트레일리아는 정치적으로 상당히 혼란스러운 상황이었다. 1972년 혼란 끝에 노동당 출신인 휘틀럼이 총리직에 올랐고, 1975년 파면당하기 전까지 3년 동안 그가 남긴 업적은 오스트레일리아에 어마어마한 변화를 가져왔다.■ 그가 총리로 선출되고 첫 열흘간, 휘틀럼과 그의 동료 한 명은 정부 부처의 모든 권력을 흡수했다(휘틀럼은 이를 '양두정치'라고 불렀다). 휘틀럼은 베트남에 파병된 군인들을 모조리 철수하고, 징병제를 철폐했으며, 병역기피죄로 수감된 이들을 석방했다. 그는 성별에 따라 급여를 차등 지급하는 경우를 없애기 위한 정책을 펼치고, 교육에 아낌없는 지원을 퍼붓고, 원주민들의 토지소유권을 보장했다.

또한 파푸아뉴기니를 독립시키고 당시 마오쩌둥이 통치하던 중국과 공식적인 외교 관계를 수립하기도 했다. 그는 이 외에도 오스트레일리아를 개혁하기 위해 국가 내부적으로 다양한 변화를 꾀했다. 휘틀럼이 정권을 잡은 시기에 오스트레일리아는 단일 의료보험제도를 도입하고, 대학 등록금을 철폐하고, 무책 합의이혼을 합법화하고, 선거에 참여할 수 있는 나이를 만 18세로 낮추고, 세법을 대폭 개혁했다.

이 당시 영국 군주가 영국뿐 아니라 오스트레일리아 시민에게도 기사 작위와 훈장을 수여하는 관습이 오랫동안 유지되고 있었다. 휘틀럼

---

■ 휘틀럼 이후 총리직을 맡은 인물 중 몇몇은 오늘날까지 사람들의 기억 속에 남아 있다. 로버트 멘지스(Robert Menzies)는 18년이라는 오랜 시간 동안 총리직을 연임한 것으로 유명하다. 1966년, 해럴드 홀트(Harold Holt)는 멜버른 바닷가에서 수영을 하던 중 실종됐지만, 시체는 발견되지 않았다. 결국 홀트 정부에서 사망을 선고하며 총리의 정치적 행보를 비극적 사건으로 마무리 지었다. 해럴드 홀트 총리는 오스트레일리아 역사상 가장 옷을 잘 차려입은 남성으로 기억된다.

은 평등 국가임을 자랑하는 오스트레일리아에 이렇듯 훈장을 수여하는 등 계층에 차별을 두는 영국식 관습이 못마땅했고, 곧장 이를 폐지했다(이 제도는 2014년 재도입됐다). 이뿐 아니라, 휘틀럼이 정권을 잡은 시기부터 오스트레일리아는 공식 석상에서 영국 국가인 '신이여 여왕을 구하소서God Save the Queen' 대신 하품이 날 만큼 따분한 곡인 '힘차게 전진하는 오스트레일리아Advance Australia Fair'를 제창했다. 개인적으로는 쾌활한 오스트레일리아 민요인 '왈칭 마틸다Waltzing Matilda'가 나을 뻔했다고 생각한다.

스스로를 '신의 자녀'라고 생각하며 만족스러운 삶을 누리던 오스트레일리아 국민들은 휘틀럼이 도입한 정책에 깊은 인상을 받았다. 휘틀럼은 선거운동 기간에 '개혁 또는 낙선'이라는 구호를 내세웠다. 총리직에 오른 휘틀럼은 그가 발표한 공약을 빠르게 실천했고, 총리로 선출된 지 채 몇 주도 지나지 않아 오스트레일리아에서는 많은 정책 변화가 있었다. 특히 수많은 오스트레일리아 '군인'과 배우자는 휘틀럼의 정책에 열광했다. 잠시 동안, 그는 역대 오스트레일리아 총리 중 최고라는 찬사를 받기도 했다.

하지만 이는 잠시 동안일 뿐이었다. 휘틀럼은 정책을 펼치는 데 들어가는 비용을 충당하기 위해 엄청난 세금을 거둬들이면서 앞으로 발생할 정치적 재앙의 씨앗을 심었다. 치솟는 인기에 정치인들의 행동은 점차 기고만장해졌고, 오래지 않아 재앙의 씨는 싹을 틔웠다. 문제의 근원은 돈이었다.

그러던 중 휘틀럼 내각이 급격히 신뢰를 잃은 사건이 발생했다.

오일쇼크로 일어난 경제위기의 여파가 채 가라앉기 전인 1974년 말, 휘틀럼은 자원 부족으로 발생할 수 있는 문제들을 예방하는 차원에서 오스트레일리아에 매장된 자원을 개발하기로 마음먹었다. 오스트레일리아에는 석탄을 비롯한 광물들이 풍부하게 매장돼 있었는데, 이를 캐내서 나라 구석구석에 공급하기 위해서는 새로이 탄광을 개발하고, 거대한 가스관을 설치하고, 남동부로 이어지는 철도를 건설하는 등 엄청난 공사가 필요했다. 여기에 드는 총비용이 무려 40억 달러에 달했다. 휘틀럼 정부에서 요구한 예산은 쉽게 납득할 수 없을 정도로 어마어마한 금액이었다.

휘틀럼이 총리로 재직하던 당시 오스트레일리아 자원부 장관은 중고차 딜러 출신으로, 금전적으로는 계산이 밝지 않은 사람이었다. 어느 날 밤 칵테일파티에 참석한 장관은 런던에 머물고 있는 파키스탄 석유 수출업자가 그만한 금액을 융통해줄 의사를 내비쳤다는 소문을 우연히 들었다. 게다가, 수출업자는 엄청나게 낮은 금리를 제시했고, 자신에게 수수료로 1억 달러만 지불하면 곧장 거래가 성립된다는 것이었다.

장관이 생각하기에 이는 굉장히 편리하고, **합리적**인 듯했다. 당시 석유수출국기구OPEC에서는 석유 가격 담합을 통해 원유 가격을 인상했고, 그 결과 전 세계 경제가 휘청했다. 장관은 파키스탄에서 자금을 끌어올 수 있다면 석유 가격이 폭등하며 서구(오스트레일리아는 스스로 서구 국가에 속한다고 여겼다)에서 석유 수출국에 지불했던 달러를 일시적이나마 회수해 경기를 회복할 수 있을 것이라 생각했다. 영국 측에서 장관에게 이 수출업자가 썩 믿음직한 사람은 아닌 것 같다는 조언을 해줬음에도 불구하고, 그는 수상한 낌새를 전혀 눈치채지 못했고, 파키스탄의 석유 수출업자가 사기꾼이라고는 상상도 하지 못했다. 그렇게 비밀리에 거래가 진행됐다.

하지만 세상에 비밀이란 없다. 장관은 부정부패를 쫓는 데는 지칠 줄 모르는 오스트레일리아 언론에 덜미를 잡혔다. 거래 내용이 만천하에 공개됐고, 야당에서는 이런 기회를 놓칠 리 없었다. 신문에는 중고차 딜러 출신 장관이 의회를 속이고 비밀리에 거래를 진행했다는 증거가 담긴 통신 내용이 게재됐다. 이와 같은 사실이 드러나자 장관은 바로 해임됐지만, 야당(옥스퍼드 대학교를 졸업하고 사건 발생 당시 상원 의원으로 재직 중이던 전도유망한 정치인 맬컴 프레이저Malcolm Fraser가 이끄는 반휘틀럼파를 가리킨다)은 휘틀럼을 추궁했다. 이들은 휘틀럼 정부에 총선거를 치를 것을 요구했다. 휘틀럼이 이길 가능성은 희박했다. 하지만 휘틀럼이 선거에 응하지 않으면, 앞으로 상원에서는 휘틀럼 정부가 요청하는 자금 운용 내역을 승인해주지 않을 터였다.

고집이 세고 자부심이 강하던 휘틀럼은 결국 야당의 요청을 거절했다. 이에 대한 반응으로 프레이저는 의회를 소집해 정부 예산을 줄이자는 제안을 내놨다. 간단하지만 확실한 보복이었다. 당시 오스트레일리아 정부는 영국식을 따르고 있었고, 이에 따라 문제를 해결하는 방식 역시 확실히 영국식이었다. 갈등을 해결하는 데 영국 여왕의 개입이 있었다. 여왕이 지구 반대편 왕좌에 앉아 있다는 사실은 전혀 문제가 되지 않았다. 여왕은 권력을 쥐고 있었고, 휘틀럼이 보여준 비협조적인 태도에 조치를 취해야 했다.

## 총독,
## 총리를 해임하다

　　　　　하지만 여왕이 직접 나서는 일은 없었다. 현지에서 여왕의 권한을 대신하는 총독이 있었기 때문이다. 시드니 출신 보일러 제작자의 아들인 존 커John Kerr가 당시 오스트레일리아 총독으로 재임하고 있었다. 그는 온화한 동시에 당당한 성품을 가진 인물로, 열심히 공부한 끝에 인권변호사로 이름을 알렸다. 역설적이게도, 오스트레일리아에서 영국 여왕을 대리하도록 커를 총독으로 임명한 이가 다른 누구도 아닌, 논란의 중심에 서 있는 고프 휘틀럼이었다.

　총독은 영국연방 중에서도 일부 나라에만 있는 특이한 직책이다. 제복을 잘 차려입은 총독은 가슴에 훈장을 여러 개 달고 있으며, 직책을 나타내는 고유의 깃발과 문장을 가지고 있다. 이뿐 아니라 이들은 번호판이 없는 대형 승용차를 타고 다니며, 전용 선박과 전용 비행기를 이용할 권한이 있고, 광이 나는 가구가 마련된 으리으리한 저택에서 풍요로운 생활을 영위한다. 오늘날 총독을 둔 나라는 모두 과거 영국령에 속했는데, 이들은 독립 후에도 법률상으로 영국 군주를 수장으로 두기로 결정했다. 이는 다시 말하면 공화국을 설립해 한 나라를 대표하는 지도자인 대통령을 국가 내에서 직접 선출하지 않겠다는 뜻이었다.

　이전 장에서 언급했듯, 오스트레일리아, 캐나다, 피지, 홍콩, 키리바시공화국, 나우루공화국, 뉴질랜드, 솔로몬제도, 통가, 투발루, 바누아투를 비롯해 수많은 태평양 국가가 과거 영국의 통치 아래 있었다. 이 중 오스트레일리아, 캐나다, 뉴질랜드, 솔로몬제도는 현재까지 영국 여왕을 헌법상 수장으로 삼고 현지에 여왕을 대리하는 총독을 두고 있다.

오스트레일리아에 총독으로 재임한 18명 중 자신이 가진 최종 권한을 휘두르는 과감함을 보여준 이는 단 한 명뿐이었다. 그는 1975년 공식적으로 AK, GCMG,■ GCVO, QC 작위를 수여받아 캔버라주 시드니의 총독 관저에서 훌륭한 업적을 보여주고 있는 명예로운 '존 로버트 커'였다. 그리고 존 커의 결정과 행동에 온 세상은 충격을 받았다.

일반적으로, 오스트레일리아의 총독(1965년 이전까지의 총독은 모두 영국 명문가 출신의 백인 남성이었고, 여성 총독은 쿠엔틴Quentin 단 한 명밖에 없었다. 오스트레일리아 원주민이 총독으로 임명된 경우는 아직까지 없다)은 화려한 제복을 갖춰 입고 여기저기를 돌아다니는 경우가 대부분이었다. 원칙적으로는 총독이 나라의 우두머리로서 나라를 대표하는 외교관이자, 군대를 지휘할 권한을 가진다.

어디까지나 원칙적으로 따지자면 그렇다는 말이다. 원칙적으로 총독은 영국 군주제를 대표하는 인물로 여왕의 뜻을 대리하고 있기에, 오스트레일리아에서도 막강한 권한을 가진다. 그 권한이 포함하는 범위는 상당했다. 헌법에 따르면 총독은 특정 상황이 성립하면 총리를 해임할 수도 있었다.

---

■ 성 마이클과 성 조지 대십자 훈장(Grand Cross of the Order of St. Michael and St. George)을 뜻하는 GCMG는 영국 공직자들에게 전통적으로 수여되는 기사 작위다. CMG, KCMG, GCMG 순으로 기사 작위의 계급이 매겨지는데, 여기에는 '내가 곧 신이다(Call Me God)', '나를 신이라고 불러라(Kindly Call Me God)', 그리고 '나는 신이 숭배하는 사나이다(God Calls Me God)'라는 우스갯소리가 있다.

그리고 존 커는 이를 실행에 옮겼다. 그는 자신을 총독으로 임명한 고프 휘틀럼을 해임하기로 했다. 1975년 11월 11일 화요일 점심 무렵 일어난 일이었다.

이 사건이 아니었다면 그날도 여느 때와 마찬가지로 평범한 일과가 반복된 바쁜 하루로 남았을 것이다. 11월 11일은 지구 반대편에 위치한 앙골라가 포르투갈로부터 독립한 날이자, 1880년 철갑을 두른 영웅이자 무법자인 네드 켈리Ned Kelly가 교수형에 처해진 사건을 기념하는 날이자, 나라를 위해 목숨을 바친 세계대전 전사자들을 기리는 의미로 수백만 명이 묵념을 하는 날이다. 11월의 11번째 날에는 이 모든 사건을 되새기며 하루를 보내자는 의미가 있었다.

하지만 당대를 살아가던 오스트레일리아인들의 머릿속에 11월 11일은 총리가 파면된 날로 기억됐다. 이런 벌어질 것이라고는 그 누구도 생각조차 하지 못했다.

휘틀럼과 프레이저는 정치적인 문제로 치열한 공방전을 펼치고 있었다. 그리고 11월 11일 오전, 마침내 휘틀럼은 계속해서 정부에 예산이 배정되지 않는다면 프레이저의 요구에 따라 선거를 공표하겠다는 결심을 내렸다. 휘틀럼은 존 커에게 자신의 결정을 알리는 공식적인 자리를 마련하고자 전화를 걸었다. 하지만 존 커는 휘틀럼이 영국의 버킹엄궁전에 전화를 걸어 총독 해임을 요청할 수도 있다는 걱정을 하고 있었다. 그렇기에 그는 만일의 사태를 대비해 휘틀럼이 영국에 기별을 넣기 전에 그를 총리 자리에서 끌어내리기로 했다. 다른 대안이 없었다. 총독은 먼저 야당 대표였던 프레이저에게 전화를 걸어 곧장 아무도 모르게 총독 관저로 향하라는 연락을 취했다. 인상적인 권모술수였다.

고프 휘틀럼 총리가 아무런 의심 없이 약속 시간보다 15분쯤 늦게 관저에 도착했을 때 프레이저는 이미 몰래 관저에 자리를 잡고 있었다. 서재에서 집무를 보던 총독을 찾은 휘틀럼은 오랜 시간 동안 논란이 되어온 선거 서류에 서명을 하려고 관저를 찾았다고 방문 목적을 밝혔다. 프레이저가 정부 예산을 배정하지 않는 한 선거가 치러질 일이 없으니 당연히 서류에는 서명을 하기 전이었고, 따라서 서류에는 어떠한 효력도 없었다. 총독은 서류를 검토하기에 앞서 확인하라며 편지를 한 통 건넸다. 휘틀럼은 의자에 편하게 등을 기대고 앉아 편지를 읽어 내려갔다. 네 문단에 불과한 짧은 편지에 담긴 내용에 휘틀럼은 경악을 금치 못했다.

편지는 다음과 같이 시작됐다. "친애하는 휘틀럼 씨 (중략) 헌법 64장에 따라," 온갖 미사여구를 다 갖다 붙였지만, 결국에는 총독의 권한으로 총리를 해임하겠다는 내용이었다. "총리 자리에서 당신을 파면하고 따라서 정부 내각의 권한도 무효화하겠습니다. (중략) 깊은 유감을 표하며……." 편지를 마무리 짓는 문장에 휘틀럼은 자신의 두 눈을 믿을 수 없었다. "선거를 통해 다음 정부가 구성되기까지 야당 대표가 총리의 권한을 대행하도록 결정했습니다."

오스트레일리아 정치 역사상 유례가 없는 일이었다. 오스트레일리아가 아니라 전 세계를 통틀어도 비슷한 사례를 찾기는 힘들었다. 사건의 전개가 몹시 빠르고 급작스러워 마치 한 편의 연극을 보는 듯했다.

휘틀럼은 분을 이기지 못하고 숨을 거칠게 몰아쉬었다. 그는 총독 해임을 요청하기 위해 버킹엄궁전에 전화를 걸었다. 하지만 그가 전화를 걸었을 시각에 런던은 새벽 2시였고, 당연히 전화 연결은 안 됐다. 휘틀럼은 분노에 몸을 떨며 총독 관저를 나섰다. 휘틀럼이 떠나자 옆방에서 조용히 대기하고 있던 프레이저는 총독의 집무실로 서둘러 들어와 자금줄을 풀었으니 어서 총리 자리에 자신을 앉혀달라고 재촉했다. 그날 점심시간이 얼마 지나지 않았을 무렵 선서까지 마친 프레이저는 총리로 취임했다.

**휘틀럼 파면이**
**가져온 결과**

소문은 빠르게 퍼졌다. 라디오에서는 정규방송 도중에 속보가 터져 나왔다. 집회가 열렸고, 모종의 거래가 있었다고 생각한 오스트레일리아 시민들은 멜버른에 있는 프레이저의 사무실 창문에 돌을 던졌다. 항만 근로자들은 곧장 파업을 선언했다. 오스트레일리아의 모든 항구가 파업에 돌입하며 수출입이 중단됐다. 오스트레일리아 국민들은 나라를 폐쇄했다. 이들은 쿠데타를 일으켜야 한다며 목소리를 높였다. 휘틀럼은 "분노를 참지 말라."며 지지자들을 부추기는 발언을 했다. 수도인 캔버라에서는 선거를 요구하고, 연설이 이어지는 등 상황이 정신없이 돌아가고 있었다. 하원에서는 프레이저의 총리 임명을 거부했다. 상원에서 권력의 이관을 인정하고 국가를 정상화하기 위해 통화량을 증가시키는 법안을 통과시킨 후에야 어지럽던 나라 분위기가 한결 차분해졌다.

의회 계단에서 총독의 대변인인 데이비드 스미스David Smith가 감정이

변호사 출신 정치가인 고프 휘틀럼이 여왕의 권한을 대행하는 총독에 의해 총리 자리에서 파면당하는 장면. 이 사건은 과거 영국 식민지였던 오스트레일리아 정치계의 분수령이 되었다.

라곤 하나도 섞여 있지 않은 차가운 목소리로 총독의 성명을 낭독했다. 구레나룻을 덥수룩하게 기른 기자들(1970년대 중반에 한창 유행하던 나팔바지 차림이었다)은 특종을 놓치지 않기 위해 벌 떼같이 몰려들었다. 길고 숱 많은 은발을 깔끔하게 빗어 넘긴 휘틀럼은 낭독이 끝날 때까지 의연하게 서서 조금의 미동도 보이지 않았다. 마침내 스미스가 "신이여 여왕을 구하소서."라는 구절을 마지막으로 낭독을 끝마치자 휘틀럼은 마이크에 대고 당당하게 소리쳤다. "총독을 구원할 이가 아무도 없으니, '신이여 여왕이라도 구하소서!'"

이후 며칠간 국민들은 "우리는 고프를 원한다!"는 구호를 외치며 요란한 행진과 항의 시위를 벌였다. 하지만 이미 돌이킬 수 없는 일이었다. 한 달 뒤 열린 선거에서 프레이저는 과반수를 훌쩍 넘기는 득표수를 얻으며 역사상 가장 높은 지지율로 총리 자리에 올랐다. 이후 그는 연달아 세 차례 재선에 성공했고, 1983년까지 그 자리를 지켰다.

사건이 발생한 당시 휘틀럼은 맬컴 프레이저를 '총독의 개'라며 비난하기도 했지만 이후 둘은 좋은 친구가 되었다. 2014년 휘틀럼이 사망하자(프레이저는 몇 개월 뒤인 2015년에 사망했다), 프레이저는 장례식에서 휘틀럼을 애도하며 다음과 같이 말했다. "휘틀럼은 오스트레일리아의 정체성을 확립하기 위해 애썼다. 그는 위대한 계획을 가지고 오스트레일리아를 하나의 독립국으로 키우고자 했다."

휘틀럼이 살아 있었다면 프레이저의 발언에 크게 감동받았을 것이다. 휘틀럼은 3년이라는 짧은 정치 인생 동안 오스트레일리아를 크게 변화시킨 원로 정치인으로 평가된다.

프레이저뿐 아니라, 총리직을 맡았던 많은 이들이 휘틀럼에 대해 높이 평가했다. 밥 호크Bob Hawke는 "휘틀럼은 나라 안팎을 동시에 살필 줄 알았다."라고 했으며, 폴 키팅Paul Keating은 "오스트레일리아는 과거 인종차별이 팽배하던 시절 남아프리카공화국이 소외받았듯 세계에서 무시당하고 있었다. 휘틀럼 덕분에 오스트레일리아가 국제사회의 인정을 받을 수 있었다."고 했다.

휘틀럼을 해임하면서 존 커가 추구하던 것과 정반대의 결과가 나타났다. 총독은 총리를 해임함으로써 지구 반대편에서도 영국 여왕이 막강한 권력을 휘두를 수 있다는 사실을 보여주고자 했다. 하지만 이 사건을 기점으로 오스트레일리아에서는 총리의 권한이 이전과 비교할 수 없을 정도로 확대됐고, 반대로 영국의 권한은 축소됐다. 한때 국가

내부에서 분분하던 지역 간 분쟁도 사그라졌다. 캔버라는 오스트레일리아의 수도로서 위상을 드높였다.∎

우연의 일치였는지, 점차 두각을 드러내던 오스트레일리아는 이 시기에 태평양의 강국으로 부상했다. 아마 다시는 총리 해임과 같은 일이 발생해서는 안 된다는 목소리가 높아지고 국가의 결속력이 단단해지면서 중앙정부가 보다 강력한 권력을 부여받았고, 그에 따라 국가의 위상도 높아진 것으로 보인다.

사건의 원흉인 존 커는 남은 임기 동안 적개심에 가득 찬 오스트레일리아 국민들의 맹렬한 비난을 받았다. 총독이 리본을 자르거나 주춧돌을 세우는 행사에 참여할 때마다 시위가 일어났고, 그를 향해 엄청난 야유가 쏟아졌다. 비난을 견디지 못한 존 커는 술기운에 의지하게 됐다. 이후 런던으로 거취를 옮긴 존 커는 대중의 경멸 속에 비참한 여생을 보내다 1991년 사망했다. 그의 가족은 비밀리에 장례 절차를 진행했다. 이들은 정부(1975년 고프 휘틀럼이 총리로 있었을 시기와 마찬가지로 노동당이 집권하고 있었다)에 국장을 요구할 생각조차 하지 못했다. 요구했다 하더라도 오스트레일리아 근대사를 통틀어 가장 가혹한 비난을 받은 인물에게 그런 영광을 베풀지는 않았을 것이다.

---

∎ 캔버라의 위상은 높아졌지만 국제공항은 건설되지 않았다. 캔버라보다도 존재감이 덜한 캐나다의 수도 오타와에도 국제공항이 있는데 말이다. 모나코, 리히텐슈타인공국, 안도라, 바티칸에도 국제공항은 없다. 태평양의 토켈라우제도에는 공항 자체가 전무하다. 토켈라우제도는 공항뿐 아니라 나라의 수도조차 지정되지 않았는데, 주요 섬 세 개를 매년 돌아가면서 행정 본부로 사용하고 있다.

## 오스트레일리아의
## 상징

1970년대 중반에는 총리 파면 사건 외에도 의미 있는 변화가 또 있었다. 특정하게 콕 집어서 어떤 변화라고 설명하기는 어렵지만, 누구나 알아챌 수 있을 만한 변화였다. 그래도 굳이 간단하게라도 서술하자면, 이 시기를 지나며 오스트레일리아는 '새로운 오스트레일리아'로 거듭났으며, 마침내 전 세계에 으스댈 만한 상징을 가지게 됐다.

오스트레일리아를 긍정적으로 생각하는 사람들도 제2차 세계대전이 끝나고 몇 년 동안은 오스트레일리아를 대표할 만한 특별한 이미지가 없었다는 사실을 인정할 것이다. 오스트레일리아는 수십 년간 영국에 **종속적인 태도**를 보이며 잘 그을린 오른팔 같은 역할을 해왔고, 학구적인 측면에서나 기술적인 측면에서나 별다른 두각을 나타내지 못했다. 그나마 스포츠에서는 괜찮은 성적을 거뒀지만, 어쨌든 오스트레일리아는 온갖 진부한 잡동사니를 버무려놓은 국가라는 인식이 강했다. 미트파이, 지저분한 선술집, 캥거루 사냥꾼, 뜨거운 햇볕, 오지, 불량배들, 거친 플레이를 보여주는 미식축구 선수, 독거미, 앤잭 비스킷, 베지마이트(빵이나 크래커 등에 발라 먹는 오스트레일리아의 스프레드 – 옮긴이), 래밍턴(네모난 스펀지케이크에 초콜릿을 바르고 코코넛 가루를 뿌린 디저트 – 옮긴이), 캐슬메인 XXXX(오스트레일리아의 맥주 상표 – 옮긴이), 키 큰 양귀비 증후군(성취가 뛰어난 사람들에게 반감을 갖고 깎아내리는 현상 – 옮긴이), 원주민들, 바비 인형, '굿다이, 스포트 G'day, sport('안녕, 친구'라는 뜻의 오스트레일리아 인사말 – 옮긴이)', 뛰어난 크리켓 실력, 끈끈한 우정, 백호주의 등이 대표적이다.

하지만 이 사실에 대해 부정적인 의견을 내놓거나 오스트레일리아의 정체성을 따지고 드는 등 시비를 건다면, 오스트레일리아 사람들은 누구도 부정할 수 없는 한 가지 사실을 자랑스럽게 내세울 것이다. 바로 오스트레일리아인들의 따뜻한 마음씨다. 전쟁에서 오스트레일리아 전사들은 놀라운 용기와 투지로 명성을 떨쳤고, 눈물을 머금고 이들을 전장에 내보내고 고향에 남은 사람들은 깊은 애정을 보여줬다. 갈리폴리에는 전투 중에 터키군의 기관총에 목숨을 잃은 오스트레일리아인 8,000명을 애도하기 위한 추모공원이 조성돼 있다. 이곳에는 화려한 장식을 휘두른 거대한 대리석 무덤 대신 수수한 무덤들이 옹기종기 모여 있다. 무덤 앞에는 전사자의 죽음을 쉽게 받아들일 수 없었던 부모와 친구들이 쓴 조그만 카드들이 놓여 있다. 부모는 대개 "아들아, 너는 최선을 다했단다."라는 메시지를 남겼고, 고향 친구들은 "자랑스럽다, 빌리.", "잘했다, 잭." 같은 글귀를 남겼다.

오스트레일리아의 추모공원을 방문한 사람들은 오스트레일리아를 친절하고 상냥한 사람들이 살아가는 '따뜻한 마음씨를 지닌 나라'라고 말할 것이다. 이것 말고는 딱히 오스트레일리아를 평가할 만한 특징이 없었으니, 더욱 그렇다.

하지만 1970년대 중반에 들어서면서 오스트레일리아는 과거와 다른 새로운 모습을 보여줬다. 1974년이 시작된 지 얼마 되지 않아, 오스트레일리아에는 세계인의 관심을 끌 만한 두 가지 흥미로운 요소가 등장했다. 하나는 과거 오스트레일리아가 가진 이미지를 극단적으로 희화한 풍자였고, 다른 하나는 오스트레일리아를 한 단계 위로 끌어올린 아름답고 장엄한 건축물이었다.

그 첫 번째 주인공은 오스트레일리아인의 전형을 세계에 알린 레슬리 콜린 패터슨Leslie Colin Patterson이다. 부르기 쉽고 기억하기 쉽게 패터슨이라고 불리는 공무원이 첫 번째 이야기의 주인공이다. 패터슨은 우스꽝스러운 모습으로 세상에 나타났다.

나는 1974년 가을에 홍콩에서 패터슨을 처음 보았다. 그는 극동아시아 문화교류 담당자로 공시 임명돼 호화로운 만다린 호텔에서 연설을 하고 있었다. 패터슨이 '오스트레일리아 사람들의 성정이 얼마나 많이 개선됐는지' 보여주기 위해 캔버라에서 파견됐다고 말하는 이도 있었다. 당시 패터슨은 32세에 불과했는데, 그때까지 쌓은 커리어만 해도 굉장했다.

패터슨은 시드니 남부의 태런 포인트에서 학교를 다니며 쌓은 인맥을 통해 영국 세관 사무소의 문헌정보관리 부서에 일자리를 구할 수 있었다. 업무는 끔찍이도 단조로웠지만, 덕분에 로버트 멘지스 정부 시절 공직에 있었다는 경력이 생겼다. 그는 요령 좋게도 고프 휘틀럼 노동당 정부로 집권당이 교체된 후에도 책상을 지킬 수 있었다. 그러고 나서 패터슨은 문화교류 담당자로 임명됐고, 2년 후 런던으로 파견됐다. 후에 패터슨은 오스트레일리아로 돌아와 오스트레일리아 치즈 위원회Australian Cheese Board의 회장직에 올라 에티켓 교육을 위한 사립 교육기관을 설립했다. 오스트레일리아 연방 정부에서는 패터슨을 '에티켓 외교 자문위원'으로 임명했다.

패터슨은 이미 젊은 시절부터 두각을 드러내고 있었다. 내 기억이 맞다면 홍콩에서 연설이 있던 그날 저녁, 패터슨은 노란색 안감이 덧대어진 오묘한 푸른색 정장을 입고 있었다. 경기가 한창 좋던 시절 유행하던 스타일이었다. 여기에 1940년대 누아르 영화에서나 볼 수 있을 법한 두꺼운 넥타이를 맸는데 군데군데 음식물 얼룩이 남아 그간 식사자리가 아주 많았다는 것을 짐작할 수 있었다. 툭 튀어나온 긴 치아는 누렇게 착색돼 패터슨이 엄청난 애연가임을 보여주는 듯했다. 실제로 그는 손가락 사이에 항상 담배를 끼고 살았는데, 담배 끝에는 금방이라도 떨어질 듯 기다란 재가 매달려 있었다. 누런 와이셔츠 깃 위로는 언제 감았는지 모를 긴 머리에서 기름이 뚝뚝 떨어질 것 같았다. 심지어 한쪽 신발에는 신발 끈조차 없었다.

그날 저녁 패터슨은 꽤나 거나하게 술을 마셨는지 연설을 하기 위해 동료들의 도움을 받아 연단 위에 올랐다. 그날 그는 인류의 생식 행위에 대한 이야기를 늘어놓으며, 남자끼리 침대에 오르는 행위는 자신의 취향이 아니라고 확실히 못 박았다. 하지만, 여자끼리 침대에 오르는 행위에는 거부감이 없다고도 했다. 여자끼리 침대에서 뭘 하는지도 모르겠고, 태런 포인트 가톨릭 학교에 다니는 동안 제대로 교육받은 적도 없다며 키득거렸다.

술기운에 몸을 제대로 가누지도 못하면서 감정적인 행동을 보이는 게 취한 것이 틀림없었다. 연설은 평가하기조차 민망할 정도로 선정적인 내용이 대부분이었다. 그의 대담한 단어 선택에 청중들은 경악했다. 그는 중간중간 성적이지 않은 내용도 섞어가며 연설을 했는데, 온통 자신의 뛰어난 커리어를 자랑하는 이야기뿐이었다. 코딱지나 파면서 듣기 딱 좋은 수준의 연설이었다. 그는 거친 노동자와 부패한 정치가,■ 허풍쟁이의 특징을 한데 모아놓은 무례한 오스트레일리아 남자의 전형이었다. 조심스레 얘기하건대, 1980년대와 1990년대에 들어서도 이런 특징을 지닌 인물이 오스트레일리아를 대표하는 이미지라고 생각하는 사람들이 없진 않았을 것이다.

물론 패터슨은 작가이자, 코미디언이자, 예술가인 배리 험프리스Barry Humphries가 창조해낸 가상의 인물이다. 그는 패터슨과 완전히 상반되는 자아를 가진 캐릭터인 데임 에단 에버리지Dame Edan Everage로 큰 인기를 얻었다. 코미디 작품에 쓰인 가상의 인물에 너무 큰 의미를 부여할 필요는 없다. 하지만 레슬리 콜린 패터슨은 30년이 넘도록 활발한 활동을 보이며 21세기에 들어서도 오스트레일리아인의 전형을 대표하고 있다. 수많은 오스트레일리아 사람들은 오늘날 오스트레일리아가 가진 점잖은 이미지를 잘 유지해서 패터슨이 역사의 뒤안길로 빨리 사라지기만을 바라고 있다.


**하버브리지와**

**오페라하우스**

공교롭게도 레슬리 콜린 패터슨이 처음으로 무대에 오른 시기에 딱 맞춰 오스트레일리아를 상징하는 대표 건축물인 시드니 오페라하우스가 문을 열었다. 1973년 10월 엘리자베스 2세

---

■ 오스트레일리아에는 부패한 정치가의 전형이 있다. 경마부 장관, 도로부 장관, 경찰총장직을 맡은 러스 힌즈(Russ Hinze)는 1970년대 퀸즐랜드에서 '만물 장관'으로 통했다. 뚱뚱하고, 무례하고, 부패한 힌즈 장관은 본인이 운영하던 술집에 손님을 끌기 위해 고속도로 방향을 틀어버린 사건으로 유명하다. 아마도 힌즈 가문에는 유명인의 유전자가 흐르고 있는 것 같다. 장관의 손녀인 크리스티 힌즈(Kristy Hinze)는 빅토리아 시크릿(Victoria's Secret) 속옷 모델로 이름을 떨쳤다.

여왕이 참석한 가운데 개관식이 진행됐다. 미국 건축가인 프랭크 개리Frank Gehry는 오페라하우스가 "한 나라의 이미지를 완전히 바꿔놓은 건축물"이라고 평가했다.

그때까지 오스트레일리아에는 누구나 든자마자 오스트레일리아를 떠올릴 만한, 나라를 대표하는 상징물이 하나도 없었다. 울루루의 넓은 평원에 우뚝 솟은 사암인 에어스록이라든가, 원주민들, 평화로운 내륙지역 등이 있긴 했지만, 오스트레일리아와 비슷한 자연환경을 가진 다른 나라들에는 인간이 인공적으로 건축한 상징물들 또한 있었다. 미국에는 그랜드캐니언과 엠파이어스테이트빌딩이, 영국에는 도버의 흰 안벽과 스톤헨지가, 이집트에는 나일강과 피라미드가 있었지만, 오스트레일리아에는 그 무엇도 없었다.

시드니 항구의 좁은 입구를 가로지르는 거대한 '옷걸이 다리(옷걸이 모양의 하버브리지를 일컫는 말 – 옮긴이)'가 오페라하우스가 건설되기 전 오스트레일리아를 대표하는 건축물이었다고 주장하는 사람도 있을 것이다. 하지만 이는 오스트레일리아의 건축물이라고 보기 힘들다. 시드니 하버브리지는 영국 미들즈브러의 한 회사에서 축조에 필요한 강철을 영국에서 조달해 배에 싣고 와서 세운 것으로, 대영제국의 작품이기 때문이다. 이는 인도 사람들이 타지마할 대신 에드워드 루첸스Edward Lutyens의 바이스로이스 하우스를 내세우며 으스대는 것과 마찬가지다.

하지만 하버브리지 옆에 위풍당당하게 자리한 시드니 오페라하우스는 다르다. 요트의 돛과 조가비 모양을 살려 건축된 하얀 오페라하우스는 시드니 항구 푸른 바다 위에 우아하게 떠 있다. 고고한 건축물의 모습에서는 서정적인 아름다움까지 느껴진다. 비행기를 타고 시드니로 들어갈 때나, 자동차를 타고 항구 근처를 지나칠 때면 상업 지구에 밀집된 고층 건물 사이로 빠끔히 고개를 내민 오페라하우스를 볼 수 있다. 그리고 오페라하우스가 눈에 들어오면 자연스럽게 건축물을 감상하게 된다. 오페라하우스는 결코 쉽게 지나칠 수 없는 걸작이다.

최근 발생한 한 사건이 한편으로는 씁쓸하지만 한편으로는 달콤했던 기억을 불러일으켰다. 시드니에 머물던 어느 여름날, 막 동이 텄을 무렵에 뉴욕의 병원에서 전화가 왔다. 지구 반대편에서 나의 사랑하는 친구가 죽어가고 있었다. 전 세계인의 사랑을 받던 늙은 편집자는 친구들에게 둘러싸인 채 병실에 누워 있었다. "마지막으로 전하실 말씀이 있나요?" 전화기 건너편에서 목소리가 들려왔다. 그는 이미 의식을 잃고 힘겹게 숨을 이어나가고 있는 상태라고 했다. 그들은 수화기를 늙은 편집자 친구의 귀에 대쳤고, 나는 전화기에다 대고 호텔 창문 밖으로 보이는 풍경을 최대한 자세하게 묘사했다. 커다란 다리 너머로 해가 떠오르는 모습과, 출근길 직장인들을 항구 반대쪽으로 실어 나르기 위해 하얗게 파도가 치는 바다 위 여기저기를 떠다니는 자그마한 선박들과 수줍게 피어난 백합처럼 고층 건물 사이에 자리 잡은 채 발간 햇빛을 받아 분홍색으로 빛나는 시드니 오페라하우스에 대해 최선을 다해 이야기했다.

내 이야기가 끝나고 귀에서 수화기가 떨어지자 친구의 숨이 잠시 멎었다고 했다. 그들은 친구가 내 이야기를 하나도 놓치지 않고 들었을 거라며, 내가 시드니를 사랑하는 만큼 그도 시드니를 사랑했으니 내 마지막 인사가 잠시나마 친구를 행복하게 만들어줬을 것이라고 나를 위로했다. 한 시간 뒤에 친구는 평화로운 모습으로 세상을 떠났다.

하지만 오페라하우스를 건설하는 과정은 결코 평화롭지 않았다. 오스트레일리아를 상징하는 건축물의 건설 과정은 오스트레일리아가 완전히 탈바꿈하며 벌어진 온갖 모순적인 상황을 압축해놓은 축소판이었다. 그중에는 우연히 발생한 끔찍한 사건과 이어지는 섹스 스캔들이 포함된다. 오페라하우스가 올라가는 몇 년 동안에 수많은 갈등이 있었다. 과거와 현재, 폐쇄와 개방, 과거의 투박한 오스트레일리아와 찬란한 미래를 꿈꾸는 20세기의 오스트레일리아 사이에서 치열한 힘겨루기가 일어났다. 비록 그 과정은 순탄치 못했지만, 그 결과는 역사에 길이 남을 만큼 아름다웠다. 시드니가 아니라면 지구상에 존재하는 그 어느 장소에서도 이와 같은 모습을 한 건축물은 탄생할 수 없었을 것이다.

출발은 순조로웠다. 한 영국인 남성이 오스트레일리아 문화의 중심지에 오페라하우스가 필요하다는 생각을 하면서 모든 것이 시작됐다. 음악에 조예가 깊은 벨기에 명문가의 자손으로 런던에서 태어난 지휘자 유진 구센스Eugene Goossens는 20년간 미국에서 뛰어난 기량을 뽐내다가, 1947년 시드니 교향악단을 지휘하기 위해 오스트레일리아로 갔다. 하지만 얼마 지나지 않아 교향악단의 연습실이 너무 작다는 불평불만이 단원들에게서 들려왔다. 시드니 교향악단은 화려한 빅토리아 시청 건물에 본거지를 뒀는데, 세계에서 손에 꼽히게 큰 파이프오르간이 설치됐음에도 불구하고 시청은 오케스트라 연습을 하기에는 터무니없이 작았다. 구센스는 시드니 교향악단에 빅토리아 시청보다 나은 연습실이 필요하다고 생각했다. 세계적인 도시인 시드니에는 세계적인 수준의 오페라하우스가 필요했다.

## 순탄치 않았던
## 오페라하우스 건축 과정

6년 동안의 노력 끝에 마침내 달콤한 결실을 맺었다. 1954년, 철도 노동자와 보험 판매사 경력을 가진 뉴사우스웨일스주 주지사 조 케이힐Joe Cahill이 구센스의 의견에 힘을 보태준 것이다. 그는 베넬롱 포인트의 트램 정거장을 철거해서 오페라하우스 부지를 확보하자는 의견을 내놨다. 베넬롱 포인트는 시드니 식물원 바로 북쪽에 자리한 해안가에 삐쭉 튀어나와 있는 시 소유의 토지였다. 케이힐은 건축가를 선정하기 위해 국제 공모전을 개최했다. 전 세계 30개국에서 230명이 넘는 건축가가 아이디어 스케치를 제출했다. 건축 업계 전체가 아름다운 오스트레일리아에 자리한 생동감 넘치는 도시인 시드니에 특별한 오페라하우스를 세우기 위해 혈안이 된 것 같았다. 마흔한 살의 나이에 항해사를 꿈꾸고, 마야 사원에 푹 빠져 있고, 대표작이 하나도 없는 덴마크 출신의 무명 건축가가 승리를 거머쥐었다. 이 건축가가 바로 예른 웃손Jørn Utzon이었다.

웃손이 제출한 스케치에는 타원형의 껍데기들이 마치 살아 움직이는 것처럼 사방으로 삐쭉삐쭉 솟아 있었다. 얼핏 보기에 돛단배의 돛이나, 거대한 꽃이 피어 있는 것 같았다. 처음부터 웃손의 스케치가 채

택된 것은 아니었다. 미국 중서부에서 미래지향적인 디자인으로 이름을 날린 핀란드 출신 건축가 에로 사리넨Eero Saarinen이 심사 도중 탈락으로 분류된 스케치 더미 사이에서 웃손의 스케치를 끄집어냈다. 그는 웃손의 스케치가 천재적이라며, 이보다 나은 디자인을 찾을 수는 없다고 열변을 토했다. "수많은 오페라하우스들이 하나같이 장화처럼 생겼다. 하지만 웃손의 디자인은 이 문제를 해결했다." 최종 결정 권한을 가진 심사위원들도 "웃손의 오페라하우스가 세계에서 가장 뛰어난 건축물이 될 수도 있다는 의견에 동의한다."며 혁신적인 디자인에 흥분을 감추지 못했다.

시드니 오페라하우스의 건축가로 선정됐다는 소식이 웃손에게 전해졌다. 그의 열 살 난 딸인 린Lin이 전보를 전해줬다. 딸은 자전거 타페달을 쉬지 않고 밟아 덴마크 시골을 가로질러 아빠의 작업실로 향했다. 꼬마 집배원은 당돌하게 질문했다. "이제 나도 말을 타고 다닐 수 있나요?" 시드니에서는 그에게 상금으로 5,000파운드▪를 수여했다. 딸에게 말을 사줄 수 있는 돈이었다. 시드니에서는 웃손에게 오스트레일리아로 건너와 작업을 시작하자고 연락을 넣었다.

생각보다 일이 잘 풀리지 않았다. 웃손은 게리Frank Gehry, 칼라트라바Santiago Calatrava, 프랭크 로이드 라이트Frank Lloyd Wright 같은 위대한 건축가들과 마찬가지로 건축물의 큰 그림은 그렸지만, 어떻게 건축물을 세워나갈지에 대한 계획은 없었다. 예를 들어, 그는 건축물에 활처럼 휜

---

▪ 당시 오스트레일리아는 영국의 영향력에서 완전히 벗어나지 못한 상태였다. 오스트레일리아는 1966년까지 영국 통화인 파운드, 실링, 펜스를 사용했다.

뾰족한 지붕을 얹는 것이 현실적으로 가능한지조차 확신하지 못했다. 특히, 조형물 각각의 크기와 모양이 모두 달랐기에 작업을 진행하기가 쉽지 않았다. 지붕이 될 조형물은 콘크리트로 만들었는데, 제각기 모양이 다른 조형물의 콘크리트가 군을 동안 모양을 잡고 있을 목재 거푸집이 필요했다. 여기에는 어마어마한 비용이 들어갔다. 게다가, 지붕을 구성하는 조형물의 무게는 기둥이 감당할 수 있는 최고 하중을 벗어났다. 이는 공연을 관람하기 위해 오페라하우스를 찾은 손님들의 안전과 건축물의 존속 여부가 달렸다는 점에서 아주 중대한 문제였다.

건축에 필요한 비용이 책정되자 프로젝트는 다음 단계로 넘어갔다. 주 정부는 복권(1등 상금 10만 파운드)을 발행해서 기금을 조성했으며 1960년, 공사 현장에는 미국 가수 폴 로브슨Paul Robeson이 느닷없이 등장해 중장비들 사이에 자리를 잡고 깜짝 콘서트를 열었다. 로브슨은 이탈리아와 그리스에서 온 인부들의 사기를 진작시키기 위해 '올 맨 리버Ol' Man River'를 열창했다. 초콜릿빛 피부의 가수가 올리브빛 피부의 군중들 앞에서 목청을 뽐내는 모습은 마치 앞으로 다가올 오스트레일리아의 다문화주의를 예견하는 듯했다.

1961년, 디자인팀이 번뜩이는 아이디어에 이마를 탁! 치며 지붕 조형물 문제를 해결할 방안을 내놨다. 웃손이 종이 위에 펼친 꿈을 현실화할 해결책이 마침내 등장한 것이다. 각각의 조형물을 한 껍질 안에 동그랗게 모여 있는 오렌지 조각이라고 생각하니 문제가 술술 풀렸다. 조형물의 지름을 통일해서 거푸집 하나로 생산한 후에 건축가가 기획한 크기로 재단해서 이어 붙이는 방법을 사용하기로 했다. 지금 생각해보면 아주 간단한 해결방법이지만, 1961년 당시에는 이 문제를 해

무명의 덴마크 출신 건축가 예른 웃손은 오스트레일리아를 상징하는 시드니 오페라하우스를 건축하면서 세상에 이름을 알렸다. 그는 개관식에 참여하지는 못했지만, 세상에 걸작을 남겨 사후에 큰 명성을 얻었다.

결하기 위해 컴퓨터를 붙잡고 수백 시간을 보내야 했다(건축에 컴퓨터를 사용하는 경우가 드문 시대였다). 이 공로를 웃손에게 돌려야 할지, 아니면 수학적인 해법을 제시한 다른 건축가들에게 돌려야 할지 논란이 일기도 했다. 그 공로가 누구에게 돌아가든 간에 지붕 문제도 해결됐으니 건축이 빠른 속도로 진행될 것 같았다.

아니, 빠르게 진행됐어야 했다. 하지만 오스트레일리아 보수주의자들이 이의를 제기하며 차질이 생겼다. 1965년, 오페라하우스 완공까지 아직 갈 길이 한참 남았을 때 새로운 주 정부가 들어섰다. 새로운 정부의 최고위층 지도자 자리를 차지한 두 정치가는 공교롭게도 예술과 문화를 업신여기는 인사들이었다. 이들은 예술 산업에 돈을 쓰느니 차라리 패터슨에게 예산을 배정하고 싶었을 것이다. 밥 애스킨Bob Askin과 데이비드 휴스David Hughes 장관은 오페라하우스 건축에 사사건

건 딴죽을 걸었다. 오스트레일리아의 유명한 비평가 엘리자베스 패럴리Elizabeth Farrelly는 웃손의 부고 기사에서 데이비드 휴스를 학사 학위를 위조한 '예술이나 건축과 같은 심미적 분야의 문외한이자 교양이라곤 눈곱만큼도 없는 사기꾼'이라고 묘사했다.

휴스 장관은 웃손이 탐탁지 않았다. 그는 외국인이니, 프리마돈나니, 최악의 의미로서의 **예술가**니 하며 예른 웃손을 폄하하는 발언을 했다. 장관은 국민들의 세금 부담을 핑계로 삼아 오페라하우스에 배정된 예산을 조금씩 줄여갔다. 공사비를 충당할 수 없게 되자 웃손은 회의에 참석해 '어떻게 건축가의 요구는 신경도 쓰지 않고 마음대로 모든 걸 결정할 수 있냐'며 푸념을 늘어놓았다. 휴스 장관은 냉정하게 대답했다. "여기는 오스트레일리아고, 오스트레일리아에서는 고객이 원하는 대로 일을 진행하는 게 원칙이오." 물론, 장관이 말하는 고객은 뉴사우스웨일스주의 유권자들을 의미했다.

시간이 지나 1966년 여름 무렵이 되자 상황은 더욱 악화됐다. 그 해 2월에 웃손은 주 정부에서 지불해야 될 비용이 10만 달러▪에 달한다며 구체적인 수치를 제시했다. 그러고는 자신은 사임하겠다는 의사를 밝혔는데 이를 허풍이라고 받아들인 데이비스 휴스 장관은 마음대로 하라며 그의 위협을 가벼이 넘겼다.

지칠 대로 지친 웃손은 6주 후 언론의 시선을 피해 몰래 오스트레일리아를 떠났다. 반쯤 건설이 완료된 오페라하우스 앞에서는 건축가들

---

▪ 이 시기에 오스트레일리아는 영국 파운드 대신 달러를 통화로 사용하고 있었다. 처음에는 통화의 명칭을 '로열'이라고 하려 했으나 결국에는 단순히 오스트레일리아 달러가 됐다.

이 주를 이룬 약 1,000명에 가까운 시위대의 행진이 이어졌다. 한 조각가는 예른 웃손을 어떻게든 오스트레일리아로 다시 데려오라며 단식투쟁에 들어갔다. 안타깝지만, 웃손은 돌아오지 않았다.

웃손의 공백을 메우기 위해 오스트레일리아 건축가들이 현장에 투입됐고, 이로부터 7년이 지나 오페라하우스는 완공됐다. 오페라하우스의 외형은 뛰어난 디자인을 자랑하며 20세기 건축 역사에 위대한 한 획을 그은 반면, 내부 구조는 완벽과는 거리가 멀었다. 오히려 엉망에 가까웠다. 오페라 무대 밑에서 음악을 연주하던 오케스트라의 바이올린 연주자들은 자신들의 연주가 들리지 않아 타악기 연주자들 앞에 플라스틱 칸막이를 설치해야 했으며, 발레 공연이 있는 날이면 발레리나들이 퇴장하다 벽에 부딪치는 일이 없도록 잡아주는 사람을 무대 양끝에 따로 배치해야 했다.

오페라하우스를 건축하던 도중 오스트레일리아를 떠난 예른 웃손이 두 번 다시 오스트레일리아 땅을 밟는 일은 없었고, 완성된 자신의 작품을 실제로 보지도 못했다. 시드니 오페라하우스 개관은 애초 예정보다 10년이 늦어졌고, 예산은 1,400퍼센트 초과됐다. 시드니에 오페라하우스를 세우기로 하고 20년이 지난 1973년 10월, 엘리자베스 2세 여왕이 개관을 축하하며 테이프를 끊었다. 웃손은 개관식에 초대받지 못했다. 개관식에서 그의 이름은 언급되지도 않았다. 대외적으로 예른 웃손은 시드니 오페라하우스와 어떤 관련도 없는 사람이었다. 하지만 웃손은 여기에 연연하지 않았다. 그는 오스트레일리아에서의 경험을 '허풍이 심한 나라의 멜리스Malice in Blunderland(『이상한 나라의 앨리스』를 빗대 풍자한 표현으로, 멜리스는 악의라는 뜻을 가지고 있다 - 옮긴이)'라고 묘사하며 냉소적인 태도를 취했다.

그리고 그는 시간이 지나면 역사가 자신을 제대로 판단해줄 것이라 믿고 있었다. 결국 말년에 웃손은 오스트레일리아의 공식적인 사과를 받았고, 그의 생각이 옳았음이 증명됐다. 오스트레일리아에서는 예른 웃손에게 오스트레일리아 최고훈장을 수여했다. 이뿐 아니라 오스트레일리아에서는 그에게 작업을 의뢰하기도 했다. 시드니 건축가들이 망쳐놓은 오페라하우스의 내부 구조를 뜯어고치기 위해 오스트레일리아에서는 2000년도에 웃손에게 다시 도움을 청했다. 위대한 건축가는 오스트레일리아의 제안을 꺼리는 기색을 보였다. 웃손의 반응을 들은 오스트레일리아 보수주의자들은 다시 한 번 존재감을 드러냈다. 데이비드 휴스는 "건물 내부 환경을 개선하기 위해 공사가 필요한 것은 사실이다. 하지만 왜 굳이 웃손을 데려와야 하나? 시드니의 뛰어난 건축가들에게 일을 맡기면 안 되나?"라며 늘 그랬듯 불만을 드러냈다.

결국에 예른 웃손은 오스트레일리아의 제안을 받아들였다. 그는 직접 오스트레일리아로 가진 않았지만, 항공우편으로 설계도를 보내 작업에 참여했다. 오페라하우스에는 건축가의 이름을 딴 '웃손룸'이 탄생했고(밝고, 바람이 잘 통하고, 공간을 살리도록 가구가 적절히 배치된 웃손룸에서는 반짝이는 항구 풍경이 보인다), 시드니 시민들은 결과물에 굉장히 만족했다. 스페인 마요르카섬에서 안정을 취하던 늙은 건축가는 이 소식을 듣고 함박웃음을 지었다. 그는 "그렇게 멋진 방식으로 내 이름을 오페라하우스에 남겨주다니, 더할 나위 없이 기쁘고 만족스럽다. 건축가로서 이보다 더한 영광을 누릴 수는 없을 것 같다. 지금껏 내가 받은 어떤 보상보다도 의미 깊다."는 대답을 하는 관대함을 보였다.

2006년 엘리자베스 2세 여왕은 웃손의 디자인으로 개조한 오페라하우스 개관식을 위해 다시 한 번 시드니를 찾았다. 이때 웃손은 장거리 비행을 할 수 없을 정도로 건강이 악화된 상태였다. 웃손을 대신해 아들이 개관식에 참여했다. 아들은 "아버지가 자나 깨나 당신의 작품인 오페라하우스를 떠올리신다. 아버지는 눈을 감고 오페라하우스를 그리신다."며 자리에 참석하지 못한 아버지에 대한 안타까움을 드러냈다.

예른 웃손은 이로부터 2년 후 코펜하겐에서 숨을 거뒀다. 그가 사망하고 1년 뒤, 시드니 오페라하우스에서는 웃손을 애도하는 의미와 화해의 의미로 콘서트를 개최했다. 직접적으로 언급되진 않았지만, 사과의 의미도 있었다고 생각한다. 하지만 세간의 관심이 다른 쪽으로 쏠리며 공연의 의미가 퇴색됐다. 건축가가 사망하기 직전에, 유네스코는 예른 웃손의 시드니 오페라하우스를 세계문화유산으로 지정했다. 엄청나게 복잡한 설계와 뒷이야기에 걸맞게 선언문은 엄청난 길이를 자랑했다. 선언문에서는 예른 웃손의 건축물은 유럽이 태평양에 건넨 선물이자, 태평양이 세상에 건넨 선물이라며 시드니 오페라하우스는 "걸작이다. (중략) 그 무엇도 오페라하우스의 디자인과 건축 양식과 견줄 수 없다. 뛰어난 기술력과 혁신이 고스란히 담긴 세계적인 상징물이다. 대담한 설계로 20세기 후반에 건설된 건축물에 지대한 영향력을 끼친 선지자 같은 존재다."라고 했다.

## 안타까운 사건,
## 기이한 사건

　　　　　　이렇듯 오페라하우스가 완공되기까지 온갖 복잡한 사연이 얽혀 있었는데, 그 후에 이어진 두 이야기도 만만찮았다. 둘 다 유쾌한 이야기는 아니다. 하나는 비극적인 결말을 맞이했고, 하나는 쉽게 받아들이기 어려울 만큼 기묘했다.

　첫 번째 이야기는 1960년에 오페라하우스 건축에 들어가는 추가 기금을 조성하기 위해 발행된 복권과 관련이 있다. 복권의 1등 당첨금은 10만 파운드였다. 6월 1일, 당첨자의 이름이 신문에 실렸다. 남태평양 바다와 맞닿은 해변으로 유명한 본다이에서 가족과 함께 생활하던 베이즐 손Bazil Thorne이 1등 당첨자였다. 개인정보보호법이라는 개념 자체가 없던 시절이었기에, 손의 집주소가 고스란히 신문에 공개됐다.

　복권에 당첨되고 한 주 뒤, 누군가가 손의 여덟 살 난 아들 그레임Graeme을 학교에 데려다주겠다며 집 근처 골목에서 차에 태웠다. 하지만 그레임은 학교에 갈 수 없었다. 그날 밤 아이의 몸값으로 2만 5,000파운드를 요구하는 전화가 걸려왔다. 경찰은 대대적으로 수색에 돌입했지만 성과는 없었다. 그렇게 피 말리는 한 달이 지나고 질식사의 흔적이 남은 아이의 시체가 발견됐다. 온몸에는 멍 자국이 선명했다.

　범죄 과학수사가 진행됐고, 세 달 뒤 살인자가 체포됐다. 핑크색 페인트칠이 벗겨진 흔적이라든가, 꽃의 이상한 모양이라든가, 절도된 차가 결정적인 역할을 했다. 정체가 발각되기 직전에 범인이 런던에서 출발한 여객선인 히말라야호를 타고 오스트레일리아를 떠났다는 사실이 드러났다. 오스트레일리아 연방 경찰은 미리 스리랑카의 콜롬보로 가서 여객선이 정박하길 기다렸다가 상당히 복잡한 법적 절차를 거친 뒤에야(오스트레일리아와 스리랑카 사이에 범인인도조약이 체결되기 전이었다) 살인자를 오스트레일리아로 연행할 수 있었다. 헝가리 출신 이민자 스티븐 브래들리Stephen Bradly는 오스트레일리아로 향하는 비행기 안에서 범행을 인정했다. 그는 종신형을 선고받았고, 8년 뒤 교도소에서 사망했다.

이어지는 이야기는 비극적이라기보다 기이한 느낌을 준다. 이 사건은 1950년대 오스트레일리아 분위기와 시대정신을 잘 보여준다. 뛰어난 재능으로 시드니 교향악단을 이끌며 오페라하우스의 탄생에 크게 기여한 영국의 음악 대가▪ 유진 구센스가 독특한 성적 취향을 가지고 있다는 사실이 밝혀졌다. 이는 당시 오스트레일리아에서 절대 용납할 수 없는 일이었다.

시드니에 머무는 동안 구센스에게는 로절린 노턴Rosaleen Norton이라는 연인이 있었다. 그녀는 이교도로, 주술의 열렬한 신봉자였고, 동물, 특히나 염소를 때리는 등 이상한 행동을 보였다. 시드니 언론(지금과 마찬가지로 그때도 영국 스타일을 고수했다)은 노턴을 "킹스크로스의 마녀 노턴 양"이라고 칭했다. 시드니 구석에 자리한 마녀의 작업실에서는 절대 사회적으로 용납될 수 없는 지저분한 일들이 벌어지고 있었다.

구센스는 영국 주술가 알레이스터 크롤리Aleister Crowley의 숭배자였는

---

▪ 1942년 구센스는 전쟁 중 목숨을 잃은 군인들을 애도하기 위해 에런 코플랜드(Aaron Copland)에게 작곡을 의뢰했다. 그렇게 탄생한 교향곡인 '서민을 위한 팡파르(Fanfare for the Common Man)'는 세계적인 곡이 됐다.

데, 종종 노턴에게 관련된 물건을 선물해주곤 했다. 구센스가 1956년 3월 버킹엄궁전에서 기사 작위를 받고 돌아오는 길에 시드니 세관에서 구센스의 짐 가방에 수상쩍은 사진과 필름, 주술 의식에 사용되는 가면이 한가득 들어 있는 것을 발견했다. 구센스는 현장에서 바로 체포됐고, 경찰에서는 그에게 풍기문란죄를 물었다. 자칫하면 수감될 수도 있는 상황에 겁을 집어먹은 구센스는 결국 자신이 영국 관세법을 어기고 '불경스럽고 외설적인 물품'을 오스트레일리아로 반입했다고 인정했다. 자수했다는 점을 감안해 비교적 가벼운 100파운드 벌금형이 내려졌다.

구센스의 예상보다 대중의 반응은 훨씬 냉담했다. 자극적인 제목을 단 기사가 언론에 속속 보도됐고, 구센스의 화려한 커리어는 막을 내렸다. 교향악단과 뉴사우스웨일스 음악원New South Wales Conservatorium은 지체 없이 구센스를 해임했다. 구센스는 자신의 63번째 생일에 런던으로 돌아갔다. 10년 뒤 예른 웃손이 그랬듯, 공개적인 치욕을 당한 지휘자 역시 몸을 사리고 비밀스럽게 오스트레일리아를 떠났다. 후에 구센스의 고향 친구들은 이 사건으로 그가 '완전히 망가졌다'고 진술했다. 오스트레일리아를 떠나고 6년째 되던 해, 구센스는 사망했다.

하지만 시간이 지나고 오페라하우스에 예른 웃손의 이름을 딴 공간이 생겼듯, 구센스도 명예를 회복할 수 있었다. 유진 구센스의 원대한 꿈이었던 오페라하우스는 그가 세상을 떠나고 10년 뒤 개관했다. 오페라하우스의 로비에는 20세기 음악을 상징하는 대표적인 건축물을 설립하는 데 크게 기여한 구센스를 기리는 의미로 지휘자 형상을 한 조각이 배치돼 있다.

훗날 시드니의 한 방송기자는 허세를 부리고wowserish,■ 신실한 척하며 점잔을 빼고, 비판적이고, 위선적이고, 보수적이었던 오스트레일리아 분위기에 구센스가 피해를 입었다는 기사를 썼다. 오늘날이었다면 그의 짐에 어떤 사진이 들어 있든지 누구도 신경을 쓰지 않았을 것이라는 얘기였다. 구센스가 위반한 법 조항은 여전히 법전에 남아 있지만, 수십 년 동안 이 법을 어겨서 처벌을 받은 사람은 단 한 명도 없었다. 오늘날 오스트레일리아의 분위기는 당시와는 전혀 딴판이다. 실상이야 어떻든 간에, 적어도 표면적으로 오스트레일리아는 자유롭고 관대한 사회 분위기 속에 여러 문화가 조화를 이룬 채 살아가는 세계적인 나라로 거듭났고, 오스트레일리아의 정치가들은 진보적이며 미래 지향적이라는 평판을 얻었다.

## 백호주의

지난 50년 동안 오스트레일리아는 과거의 모습을 전혀 찾아볼 수 없을 정도로 엄청나게 변화했다. 아니, 정확하게 이야기하자면 변화한 것처럼 보였다. 오스트레일리아가 서태평양에서 진정으로 인정받고 안정적으로 자리 잡기 위해서는 주변국과의 관계가 중요하다는 사실에는 논란의 여지가 없다. 그중에서도 특히나 파푸아

---

■ 이 단어는 상대방에게 가볍게 면박을 주기 위해 오스트레일리아에서 처음 만들어졌는데, 헨리 루이 멩켄(H. L. Mencken)은 유독 이 단어를 즐겨 사용했다. 선정적인 시를 쓰기로 유명한 클래런스 제임스 데니스(Clarence. J. Dennis)는 "허세꾼(Wowser)은 이 세계가 감방이라 여기며 교도관 행세를 하는 위선자들을 지칭하는 단어다."라고 정의했다.

뉴기니에서 시베리아까지, 인도네시아와 인도차이나에서 필리핀, 한국, 일본, 타이완, 중국 대륙까지, 아시아 국가와의 관계를 어떻게 형성하느냐에 따라 국제사회에서 오스트레일리아의 위상이 결정될 것이다. 오랜 시간 동안 오스트레일리아는 국제사회의 인정을 받지 못했다. 과거 오스트레일리아는 문명화가 진행되지 않았으며, 영국의 통치를 받던 시대를 벗어나지 못하고 여성과 유색인종을 차별하는 나라라는 인식이 강했다. 그 당시 오스트레일리아는 엄청난 양의 광물자원이 매장된 거대한 채굴장에 지나지 않았다.

지리적으로나 지질학적으로나, 혹은 고대부터 오스트레일리아에서 살아오던 토착민들의 특징을 고려했을 때도 오스트레일리아는 분명히 아시아에 속하는 국가다. 하지만 사회적인 관점으로 봤을 때나, 혹은 비교적 얼마 되지 않은 1970년대까지 오스트레일리아 언론이나 정치인들이 보여준 태도에서 우리는 오스트레일리아가 스스로를 아시아에 속한 국가라고 생각하지 않으며, 아시아 국가에 속할 의지가 전혀 없음을 확인할 수 있다. 오스트레일리아 국민의 절대다수는 애초에 오스트레일리아가 아시아에 속한다는 사실에 큰 거부감을 느끼고 있다.

엄청난 비난을 받은 백호주의White Australia, 白濠主義를 시작으로 오스트레일리아의 이러한 사상이 세상에 널리 드러났다. 영국에서 독립해 연방 국가를 설립한 지 얼마 지나지 않은 1901년에 아시아인으로부터 나라를 지키기 위한다는 명목하에 백호주의와 관련된 법이 제정됐다. 오스트레일리아를 둘러싼 유색인종이 오스트레일리아에 자리 잡을 기회를 호시탐탐 노리고 있다는 것이 이들의 논리였다. '아시아가 오스트레일리아를 집어삼키는' 상황을 방지하기 위해 백인만을 오스트레일리아의 국민으로 받아들인다는 조항이 엄청난 지지를 받으며 헌법에 기재됐다.

이러한 법이 제정되는 데는 두려움이 큰 역할을 했다. 이는 불안감에 휩싸인 미국이 '동양인들'을 배척하기 위해 캘리포니아를 비롯한 서부 해안만을 개방한 것과 같은 맥락이다. 빠르고 열정적으로 광물을 캐내는 중국인들이 오스트레일리아인의 자리를 대체할지도 모른다는 불안감, 남태평양 섬사람들이 퀸즐랜드 수수밭에서 백인들보다 훨씬 더 적은 임금을 받고 같은 일을 해낼지도 모른다는 불안감, 필리핀 여자들이 아일랜드나 사우스웨일스주 출신 여자들보다 훨씬 빠르고 능숙하게 침구의 때를 빼내고 스튜를 끓일지도 모른다는 불안감, 오지의 뜨거운 열기에도 군말 없이 철도역을 돌보는 인도인과 말레이인들이 영국의 런던, 리즈, 리버풀에서 온 이민자 후손들의 일자리를 빼앗을지도 모른다는 불안감이 백호주의의 근원이었다.

제1차 세계대전이 끝나고 법률을 통과시킨 이민국 장관은 오스트레일리아를 유색인종(특히 일본인)으로부터 지켜내는 '역사상 가장 위대한 업적'을 이루었다는 평가를 받았다. 제2차 세계대전이 시작됐을 무렵 이 법률은 오스트레일리아 사람들에게 엄청난 고평가를 받고 있었다. 당시 온 마음을 다해 백호주의를 지지하던 오스트레일리아 총리는 다음과 같은 말을 남겼다. "남쪽 바다의 평화를 수호하고자 오스트레일리아로 건너온 영국 이민자들의 후손이 이루어낸 위대한 국가는 영원히 존속할 것이다."

오스트레일리아 노동자들의 권익을 대표하는 노동당에서는 오스트레일리아를 최대한 순수한 상태로 유지하기 위해 아낌없이 목소리를 높였다. "중국인 두 명을 데려와도 백인 한 명만 못하다." 1947년 당시 노동당에 속한 이민국 장관의 발언이다. 그는 엄격한 기준만이 미치광이의 유입을 막고, '혐오스럽고 위험한 인물'이나 범죄자, 아시아인, 혹은 유색인종으로부터 오스트레일리아를 지켜줄 수 있다고 주장했다. 게다가, 그의 주장에 따르면 담당자의 부주의로 미리 공지를 하지 못하더라도 이민을 위해 치러지는 받아쓰기 시험에 낙제하는 사람이 나타나거나, 이민국 직원들이 꼭 영어가 아니더라도 언어 문제로 골치를 썩는 일도 없을 것이었다. 그렇다고 하더라도 직원들이 개인적인 흥미 때문에 지원자들에게 스코틀랜드 토착어로 말을 거는 일은 없었다.

하지만 눈처럼 하얀 백인들만으로 오스트레일리아를 채우는 이상향을 추구하기 위해 도입된 이 정책은 오래가지 못했다. 제2차 세계대전이 끝나고 얼마 지나지 않아, 너무나도 높았던 오스트레일리아의 담장은 무너졌으며, 건강한 구릿빛 피부를 자랑하는 유럽인들이 오스트레일리아에 자리를 잡기 시작했다. 그리스와 이탈리아가 선두에 서 있었다. 오스트레일리아의 기후와 분위기는 이들의 맘에 쏙 들었고, 이민자들이 파도처럼 밀려들었다. 오스트레일리아 정치가들은 떨떠름한 미소를 지으며 열렬한 환영인사를 건넸다. 얼마 지나지 않아 멜버른은 세계에서 그리스인이 가장 많은 도시가 되었다. "그래도 일본인보다는 그리스인이 낫다."고 한 역사학자의 발언에서 알 수 있듯, 오스트레일리아는 나름의 방식으로 이들을 포용했다.

1960년대에 들어서자 오스트레일리아는 일본인과 중국인에게도 문을 열어줬다. 처음에는 '사회적으로 성공한 검증된 아시아인'에게만 기회가 주어졌다. 이들이 오스트레일리아 사회에 잘 어우러져 살아가자, 점차 이민의 문턱은 낮아졌다. 머지않아 크게 성공적하지는 않았지만 '검증된 아시아인'들도 오스트레일리아로 넘어왔다. 그리고 1973년 고프 휘틀럼이 오스트레일리아 개혁 프로그램의 일환으로 제한 사항을 모조리 철폐했다. 받아쓰기 시험이 사라지는 등 인증 기준이 확 낮아졌다. 이민 신청 서류에서 인종 기입란은 자취를 감췄다.

　오스트레일리아의 일원이 되고 싶은 사람이라면 누구나 이민 신청을 할 수 있었다. 70년 전 제정된 구닥다리 법률은 역사의 뒤안길로 사라졌다. 오스트레일리아는 빠르게 다문화 국가로 변화했다. 고집스럽게 백인만의 왕국을 세우려던 영국의 식민지는 전 세계를 포용하는 새로운 사회로 거듭났다. 전 세계에서 찾아온 이민자들로 성공적인 국가를 형성한 태평양 동쪽의 캐나다, 미국과 같이 오스트레일리아는 태평양 서쪽에서 새로운 실험을 실시하고 있었다. 태평양에 자리한 이 세 나라는 미래에 인류가 구성할 국가 형태를 미리 구현해보는 실험 대상이 되겠다고 자처한 것과 마찬가지였다. 1996년 시드니를 방문한 미국 대통령 빌 클린턴Bill Clinton은 "오스트레일리아는 전 세계 각국에서 모인 다양한 사람들이 완벽한 국가와, 완벽한 사회를 이룰 수 있다는 사실을 보여주는 가장 아름다운 사례"라며 칭찬을 아끼지 않았다.

　미국 대통령은 이렇듯 오스트레일리아의 이민정책을 공개적으로 지지했다. 하지만 오스트레일리아 내부에는 이러한 정책 때문에 마침내 오스트레일리아가 아시아에 잡아먹히고 말 거라는 불안감을 가진 세력이 여전히 존재했다. 이들은 오스트레일리아의 개방정책을 강력하게 반대하고 있다. 반대 세력 중에는 변화하는 오스트레일리아의 현실을 받아들이지 않고 거세게 저항하는 사람들도 있다. 이들은 대중의 인식을 바꾸고, 태평양 사회에서 한참 높아져가던 오스트레일리아의 지위를 끌어내리는 데 크게 한몫했다.

폴린 핸슨Pauline Hanson의 지독한 행동이 이를 잘 보여준다. 핸슨은 1996년 가을 유색인종 반대 폭동을 일으켜 오스트레일리아를 뒤흔들며 악명을 떨쳤다. 그녀는 두 번 이혼한 경력이 있는 이혼녀이자 네 자녀의 어머니였다. 브리즈번 외곽에서 식당을 운영하던 핸슨은 고등교육 기관의 문턱조차 밟아보지 못했지만 강력한 인종차별과 외국인 혐오를 내세워 캔버라의 연방 의회에 진출하는 데 성공했다. 그녀는 목적은 아주 뚜렷했다.

핸슨에게 오스트레일리아 전역에 걸쳐 생활하고 있는 토착민들은 하등 도움이 안 되는 존재였다. 그들은 법을 무시하고 제멋대로 행동하기 일쑤였으며, 게으르게 술이나 퍼마시는 족속들이었다. 그뿐 아니라, 그녀는 정치가 반열에 오른 지 얼마 되지 않아 책을 한 권 썼는데, 그 책에는 오스트레일리아 토착민들은 직접 낳은 자녀를 잡아먹는 등 극악한 행동까지 서슴지 않는 식인종이라는 내용이 포함돼 있었다. 이들 때문에 '오스트레일리아 주류'에게 사용돼야 할 예산이 줄어들었다는 주장도 있었다.

폴린 핸슨이 불만을 가진 존재는 오스트레일리아 밖에도 수두룩했다. 그녀는 특히 아시아인을 경멸하는 태도를 숨기지 않았다.

핸슨은 취임사에서 다음과 같이 말했다. "이대로라면 머지않아 오스트레일리아는 아시아인에게 잠식당할 것이다." 취임사 도중에는 끼어들지 않는다는 관습 덕분에, 그녀는 방해받지 않고 자신의 주장을 실컷 펼칠 수 있었다.

1984년부터 1995년까지, 오스트레일리아 이민자들의 40퍼센트는 아시아 출신이었다. 그들은 오스트레일리아와 동화되지 않고 자기들끼리 삼삼오오 모인 채 그들만의 문화와 종교를 추구하면서 살아가고 있다. 나를 인종차별주의자라고 욕하는 사람들이 있다는 사실을 잘 알고 있다. 하지만 집주인으로서 나는 집에 어떤 손님을 초대할지 권한을 갖고 있으며, 집에 벌써 들어와 있는 이들에게 하고 싶은 말을 할 권리가 있다. 여러 문화가 뒤섞이면 절대로 강하게 통합된 완벽한 나라를 이룩할 수 없다. 이미 아일랜드나 보스니아, 아프리카부터 가깝게는 파푸아뉴기니까지 수많은 실패 사례가 있다. 오늘날 미국과 영국도 이민족에게 쉽게 나라를 개방한 대가를 치르고 있다. (중략) 나는 오스트레일리아가 이들의 뒤를 따라가고 있다는 현실에 강력하게 반발하는 세력이 없다는 사실이 무척이나 안타깝다. (중략) 일본, 인도, 미얀마, 스리랑카와 수많은 아프리카 국가에서는 오늘날 우리 백인을 향해 높은 적개심을 보이고 있다. 이들은 백인뿐 아니라 서로를 배척하기도 한다. 이런 이들을 오스트레일리아에 꼭 들여놔야겠는가? 나는 반대한다. 오스트레일리아에 이민족들이 들어온다면 도대체 나라에 어떤 도움이 되는가? 내 안에 끓어오르는 오스트레일리아인의 혈통은 이들의 유입에 강하게 반대한다. 그리고 지금 이 자리에서 나는 이들의 유입을 반대하는 90퍼센트의 오스트레일리아 사람들을 대표하는 바다.

이 취임사로 핸슨은 어마어마한 지지 세력을 얻었다. 핸슨은 오스트레일리아가 유엔에서 완전히 벗어나 외부 세력의 영향력을 차단하길 바랐다. 시간이 지날수록 유색인종의 이민 기준은 가혹하리만큼 높아졌다. 폴린 핸슨은 몇 주 동안 신문 1면을 장식했고, 라디오 방송국에서는 귀를 거북하게 만드는 목소리를 감수해가면서까지 이 여성 정치가를 섭외하고 싶어 안달이 났다. 텔레비전 인터뷰에서 폴린 핸슨 의원은 따뜻한 차와 달콤한 빵을 먹으면서 자신의 근심을 털어놨다. "황인종이 세계를 집어삼킬까 봐 걱정이 된다."

핸슨의 수석 고문으로 연설문 초안을 작성해주던 파스카렐리Pascarelli 역시 이민정책에 격렬하게 반대했는데, 이유를 물어보는 기자에게 그는 간단히 대답했다. "유색인종이 싫다." 언젠가 기자들이 폴린 핸슨에게 자신이 제노포비아라고 생각하냐는 질문을 던진 적이 있다. 교육수준이 그리 높지 않았던 핸슨은 당황한 듯 침묵을 지키다가 기자들에게 되물었다. "그게 뭐죠?"

하지만 그녀의 행태를 경멸스럽다는 듯이 바라보던 반대 세력이라고 해서 국제사회에서 오스트레일리아의 입지를 높이는 데 별다른 기여를 한 것은 아니다. 한 텔레비전 토론 프로그램에서 오스트레일리아 원주민의 주류 과다 섭취에 관한 논쟁에 불이 붙었다. 어느 정치 비평가는 핸슨에게 세계에서 가장 술을 많이 마시는 이들이 누구인지 아냐고 질문했다. 핸슨은 모른다고 대답했다. 정답은 '오스트레일리아 백인'이었다. "원주민들에 비하면 거의 고주망태라고 할 수 있다."고 비평가는 단호하게 말했다. 빠르게 세계화가 진행되는 21세기에 오스트레일리아가 아시아인들을 배척하는 낡은 사고방식을 고수하고 있고,

세계에서 고주망태 역할을 맡고 있다는 사실에 오스트레일리아 국민들은 창피함을 느꼈다. 이것이 새로운 밀레니엄에 들어서면서 폴린 핸슨의 인기가 수그러들기 시작한 이유였다. 오스트레일리아 국민들은 핸슨의 극단적인 언행에 질려갔다. 민심을 잃은 폴린 핸슨은 선거에 떨어지며 의회에서 자리를 잃었고, 밥줄이 끊겼으며, 사기 혐의로 구속되기도 했지만 무혐의로 석방됐다.

그녀는 이러한 사건들을 이용해 정치적 입지를 되찾으려고 부단히도 애를 썼다. 핸슨이 정치가로 한창 인기를 누릴 때도 그녀는 자신이 어린 시절의 역경을 버티고 살아남아 그 자리에 올랐다고 자주 언급하곤 했다. 얼마 남지 않았던 핸슨의 지지자들은 선거에 낙방하고 법정에까지 오른 사건으로 그녀의 인간적인 면모를 보여줄 수 있을 것이라 생각하며 힘을 실어줬다. 잠시 동안 의원직에서 물러났던 그녀는 의회에서 잃었던 자리를 되찾았고, 오늘날까지도 정치가로서의 명맥을 이어오고 있다. 하지만 귀를 거북하게 만드는 그녀의 목소리에 큰 관심을 기울이는 사람은 이제 거의 없다. 많지는 않지만 핸슨의 의견에 동조하는 오스트레일리아 국민들은 그녀에게 소중한 한 표를 행사하며 오스트레일리아의 대외 이미지에 자그마한 흠집을 내고 있다.


## 오스트레일리아의
### 양면성

오늘날 아시아에서 유입된 망명 신청자들을 대하는 오스트레일리아의 강경한 태도는 오스트레일리아라는 나라가 지리적으로 현재 자리한 위치에서 다른 나라들과 잘 어울릴 수 있을지 의문을 갖게 만든다. 오스트레일리아 정부는 안전한 나라에서 보호받는 삶을 꿈꾸며 바다를 건너 찾아온 이민 희망자들을 구금하고 있다. 오스트레일리아 정부는 이들의 고향에서 얼마나 참혹한 전쟁이 벌어지고 있는지, 얼마나 잔혹한 정권 아래에서 목숨을 걸고 빠져나왔는지, 얼마나 심한 학대를 당했는지, 얼마나 오스트레일리아까지 건너오는 항해가 얼마나 어려웠는지는 중요하지 않았다. 비자를 발급받지 못한 채 작은 배를 타고 '부유하고 행복한 나라'■에 도착한 이들은 곧장 감금되었다. 어떤 환경에서 얼마나 오래 감금돼 있을지는 복불복이었다. 오늘날 오스트레일리아와 같이 강경한 대응책을 보이는 민주국가는 전무하다. 최근 들어, 세계 각국의 인권위원회는 거듭해서 오스트레일리아의 대응 방식에 깊은 우려를 드러냈지만, 오스트레일리아 정치인들은 그럴듯한 해결책을 찾지 못하고 있다.

1970년대 중반에 공산당이 베트남을 차지하자, 오스트레일리아 앞바다에는 도저히 대양을 건널 수 있을 것 같지 않은 배가 모습을 드러냈다. 항해 도중에 배가 가라앉지 않은 게 신기할 정도로 많은 사람이 자유를 찾아 오스트레일리아 땅을 밟았다. 고향을 탈출한 베트남 사람들의 행렬은 5년간 계속됐다. 이를 시작으로, 아시아 전역에서 온갖 갈등과 위협을 피해 굶주리고, 병약하고, 겁에 질린 사람들이 오스트레일리아로 건너왔다. 가까운 홍콩과 필리핀부터 머나먼 인도네시

---

■ 도널드 혼(Donald Horne)이 집필한 유명한 저서의 제목으로 오스트레일리아를 비꼬기 위해 역설적인 제목을 붙였다. 책에서는 특히 난민들을 대하는 오스트레일리아 정부의 태도를 꼬집고 있는데, 오늘날 오스트레일리아를 찾아온 이들 중 어떠한 형태로든 부유하고 행복한 나라의 혜택을 누리는 이는 거의 없다.

아까지, 이들은 모국을 떠나 죽기 살기로 나은 삶을 찾아 노를 저었다. 총리 해임 사건이 수습되고 맬컴 프레이저 정부가 집권한 시절이었다. 당시 오스트레일리아 정부는 이들에게 관대한 태도를 보였고, 5만 명이 넘는 난민들을 오스트레일리아 국민으로 받아들였다. 이후 베트남 상황이 개선되는 동시에 경비가 삼엄해지자 오스트레일리아를 찾아오는 베트남 사람들의 수는 현저히 줄어들었다. 남중국해는 평화를 찾았다. 홍콩 난민수용소도 정리가 끝났다. 오스트레일리아 북부의 다윈과 케언스와 브룸을 찾는 이방인들은 사라졌다. 문제가 모두 해결된 듯 보였다.

하지만 평화는 오래가지 않았다. 1989년, 독재정권 아래 잔혹한 처벌과 굶주림을 참다못한 인도네시아 사람들이 풍요로운 삶을 영위하기 위해 아라푸라해를 건너 오스트레일리아로 들이닥치며 여러 문제점들이 모습을 드러냈다. 비슷한 이유로 토러스해협을 건너온 파푸아뉴기니 사람들이나, 아프가니스탄, 파키스탄, 미얀마, 캄보디아를 떠나온 사람들도 마찬가지였다. 광활한 선진 국가에는 노동력이 필요해 보였고, 지리적으로 가까이 자리했기에 아시아 난민들에게 오스트레일리아는 새로운 삶을 시작하기에 아주 적합한 장소였다.

이어지는 수순으로 오스트레일리아에 '스네이크 헤드Snake head'들이 나타났다. 스네이크 헤드는 기회의 땅 오스트레일리아에서 찬란한 삶을 꿈꾸는 아시아인들을 이용해 돈을 버는 밀입국 주선자를 가리키는 용어다. 수천 명에 이르는 난민이 스네이크 헤드에게 비싼 대가를 치르고 미래를 얻었다. 하지만 오스트레일리아 정부의 대응은 과거와 판이했다. 이들을 받아들일 여력이 더 이상은 없다는 것이 오스트레일리아 정부의 입장이었다. 오스트레일리아 노동자들은 아시아에서 유입된 이주민들이 저렴한 품삯으로 자신들의 일자리를 빼앗고 있다며 강한 불만을 표했다. 그렇게 오늘날 혹독한 비판을 받고 있는 구금 정책이 시행됐다. 그 이후로 오스트레일리아 정부가 교체될 때마다 집권당의 태도에 따라 정책이 완화되거나, 강화되며 다양한 변화를 거쳤다. 오스트레일리아를 찾아오는 보트피플들을 어떻게 할 것인지에 관해 현실적인 견해를 가진 사람들과 인도주의적인 견해를 가진 사람들 사이에 갈등이 계속됐다. 정답이 없는 문제였다.

2001년, 오스트레일리아 정부는 태평양 솔루션Pacific Solution을 발효시켰다. 태평양 솔루션 역시 완화되거나, 강화되며 다양한 변화를 거쳤다. 오늘날에는 국경 보호 작전Operation Sovereign Borders이라는 새로운 이름은 붙인 새로운 방안이 도입됐지만 결국 오스트레일리아는 과거와 같은 정책을 유지하고 있는 것이다.

국경 보호 작전에 따라 오스트레일리아 정부는 희망을 찾아 고향을 떠나온 이들을 억류하기 위해 섬 세 곳에 난민수용소를 세웠다. 셋 중 오스트레일리아 영토에 속하는 섬은 인도양에 자리한 크리스마스섬 하나밖에 없고, 나머지 둘은 외국 영토로 오스트레일리아에서 비용을 지불하고 수용소를 운영하고 있다. 먼저 파푸아뉴기니의 마누스주 애드미럴티섬에 수용소가 세워졌다. 제2차 세계대전이 끝나고 마거릿 미드Margaret Mead가 섬의 열대우림에서 터를 잡고 생활하면서 마누스섬은 유명해졌다. 그리고 나우루공화국에도 수용소가 세워졌다. 1960년대에 나우루공화국은 인광석 수출로 세계에서 1인당 국민소득이 가장 높은 부자 나라였지만, 현재는 끔찍한 빈곤에 시달리고 있다. 인광석이 고갈되고, 국가가 부패한 세력들과 손을 맞잡고 돈세탁에 관여하며 상황은 악화됐다. 오늘날 인구가 9,000여 명에 불과한 나우루공화국은 오스트레일리아에 난민수용소 토지를 제공하며 국가 수입을 충당하고 있다.

아프가니스탄, 파키스탄, 시리아 등지에서 전쟁이나 탈레반, 이슬람국가IS를 비롯한 각종 고난과 폐해를 피해 탈출한 사람들이 북적대는 열악한 환경의 난민수용소는 침울하기 그지없다. 이들은 수개월 동안 세계를 돌고 돌아 오스트레일리아 지척까지 접근했지만 국경 보호 작전에 가로막혀 난민수용소에 억류됐다. 벌써 몇 년째 오스트레일리아 영주권을 획득하기 위해 절차를 밟고 있는 사람도 있다. 물론, 실패하는 경우가 대부분이다.

가까스로 고향을 탈출한 이들은 먼저 인도네시아로 향한다. 인도네시아에서 이들은 인간답지 못한 삶을 살며 피난처가 되어줄 오스트레일리아 앞바다로 떠날 날만을 기다리며 수많은 나날을 지새운다. 하지만 구원의 땅을 눈앞에 두고 이들은 국경을 수호하기 위해 오스트레일리아 앞바다를 정찰하는 군인들의 저지에 밀려나 난민수용소에 억류된다.

2014년 11월, 나는 다윈에 있었다. 현지에서 들리는 이야기는 온통 관세청에서 파견한 정찰선이 오스트레일리아 앞바다를 서성이고 있다느니, 그 정찰선이 도저히 물에 뜰 것 같지도 않은 작은 배를 발견했다느니, 그 배가 자바나 술라웨시나 반다에서 왔다느니, 정찰선에 근무 중이던 직원들이 이들을 크리스마스섬이나 마누스섬이나 나우루공화국의 난민수용소로 데려갔다느니 하는 이야기뿐이었다. 오스트레일리아 정부에서는 이들이 일단 오스트레일리아 영토에 정박하고 나면 골치가 아파지기에, 오스트레일리아 땅을 밟지 못하도록 만전을 기하고 있었다. 크리스마스섬은 헌법상 오스트레일리아 영토에 속하긴 하지만, 현실적으로는 타국과 마찬가지다.

그렇다고 크리스마스섬에 도착하기가 쉬운 것도 아니다. 2010년 12월, 난민선 한 척이 플라잉 피시 코브Flying Fish Cove 암초에 부딪치면서 산산조각이 났고, 배에 타고 있던 사람들은 거센 물살에 휩쓸렸다. 이 사고로 48명이 목숨을 잃었다. 크리스마스섬 해안에서 수백 명이 넘는 사람들이 이 끔찍한 장면을 목격했다. 하지만 오스트레일리아 정부에서는 이 사건을 이용해 오스트레일리아에 접근하는 난민선을 저지하는 국가정책에 합리성을 부여했다. 이들은 오스트레일리아 영토에 접근하는 이들을 저지함으로써 끔찍한 사건을 예방할 수 있다는 논리를 펼쳤다. 이 논리에 따르면, 중무장한 군함은 난민들의 안전을 위해 앞바다를 순찰하고 있다는 것이었다.

2010년 크리스마스섬에서 일어난 사건을 계기로 서태평양에서 오스트레일리아가 아시아와 융화될 가능성은 크게 줄어들었다. 사건이 발생했을 때 오스트레일리아 이민국 장관은 유가족들이 희생자의 장례식에 참석할 수 있도록 정부에서 비용을 제공한 사실에 공개적으로 불평을 늘어놨다. 아내와 두 어린 자녀를 잃은 사내가 사랑하는 가족의 무덤 앞에서 마지막 인사를 건넬 기회를 준 것에 불평을 늘어놓는 행동이 너무 인정 없어 보인다고 생각하지 않느냐는 질문에 장관은 이는 정부의 소관이 아니라고 대답했다. 많은 사람이 인정사정없는 냉혈한이라며 그를 욕했다.

오스트레일리아가 사건에 대처하는 방식은 한편으로는 자비가 없었고, 다른 한편으로는 연민이 넘쳤다. 차이는 너무나도 분명했다. 이 사건으로 오스트레일리아가 외부 세계를 대하는 태도가 여전히 양극단을 달린다는 사실을 확인할 수 있었다. 오스트레일리아의 한편에서는 수많은 문화가 어우러져 행복하게 공존하고 있다. 특히 시드니와 멜버른은 다문화 도시로서 세계적인 위상을 뽐내며 오스트레일리아가 서태평양 사회의 구성원이 되기에 전혀 부족함이 없다는 사실을 보여줬다. 하지만, 다른 한편에서는 폴린 핸슨과 같이 고집스러운 정치인들이 오스트레일리아에서 아시아인을 가차 없이 밀어내고, 배척하고 있다. 과거 영국의 식민지였던 다른 국가들과 마찬가지로, 오스트레일리아에서도 타문화를 수용하는 데 어떤 정책을 펼쳐야 할지에 대한 논란은 오랜 시간 동안 지속됐다. 그리고 이 논란이 계속된다면 언젠가는 큰 충돌이 일어날 수도 있을 것이다.

과연 이 거대하고, 부유하고, 운 좋은 태평양 국가가 아시아를 이끄는 동력과 같은 역할을 할 수 있을까? 아니면 거대한 태평양의 귀퉁이에서 양 떼가 평화로운 강가를 누비고 호탕한 국민들이 맥주를 즐기는 그저 그런 영국의 잔재로 남을까? 오스트레일리아는 아시아를 구성하는 일원으로 중국을 상대할 만큼 힘을 키워 태평양에서 균형점을 맞추는 역할을 하고, 태평양에 널리 퍼져 있는 다양한 문화와 가치를 관대하게 받아들임으로써 다채로운 국가로 거듭나고 싶은 욕망을 가지고 있다.

하지만 아직도 오스트레일리아 사회의 저변에는 편협한 백인우월주의가 깔려 있고, 현실에 안주하며 변화를 거부하는 세력들은 과거에 사로잡혀 지리상 자신들이 속한 국제사회의 진정한 일원이 되기를 거부하고 있다. 아마도 오스트레일리아가 태평양에 깊이 뿌리내리기까지는 오랜 시간이 걸릴 것이다.

"오스트레일리아는 참 살기 좋다." 시드니에 있는 친구 한 명이 어느 날 저녁 나에게 얘기했다. 오스트레일리아가 살기 좋은 나라일지는 모르나 결코 위대한 나라라고는 할 수 없다. 적어도 아직까지는 말이다.

제8장

앨빈호,
바닷속 또 다른 세상을 발견하다

1975년 4월 4일, 시애틀에서 마이크로소프트가 문을 열다.

1976년 6월 4일,
하와이 전통 카누 호쿨레아호가 처녀항해를 성공리에 마치다.

1976년 7월 28일, 중국 탕산 대지진으로 30만 명이 목숨을 잃다.

**1977년 2월 17일,
잠수정 앨빈호가 깊은 바닷속에서 열원을 발견하다.**

1979년 4월 21일, 잠수정 앨빈호가 바하칼리포르니아 연안에서
최초의 블랙 스모커를 발견하다.

1980년 5월 18일, 워싱턴 주의 세인트헬렌스 화산이 폭발하다.

1989년 10월 17일, 샌프란시스코에서 로마 프리에타 지진이 발생하다.

PACIFIC

사나운 바닷속 깊은 곳

보다 깊이, 더 깊이 내려간 심연에

아주 먼 옛날부터, 방해하는 이 하나 없이,

크라켄은 깊은 잠에 빠져 있네. 희미한 햇빛마저 달아나고

그의 곁에는 어둠뿐. 억겁의 세월이 쌓이고 쌓여

꿈조차 흡수하는 두툼한 이불이 됐네.

– 앨프리드 테니슨, '크라켄', 1830

1977년은 심해 유인잠수정인 앨빈호가 탄생한 지 13년째 되는 해였다. 앨빈호 선체 곳곳에는 말라붙은 소금기 자국이 남아 있고, 내부 시설도 상당히 낡은 상태였다. 케이블이 끊어지는 사고로 대서양 바닥에 가라앉은 채 6개월을 보낸 적도 있지만, 이 잠수정은 전 세계를 돌아다니며 쉬지 않고 탐험하기로 유명했다. 앨빈호는 50여 년이 지난 지

금까지도 탐험을 계속하고 있다. 어떤 사람들은 앨빈호를 워터 베이비Water Baby라는 별명으로 부르며 애정을 드러냈다. 앨빈호는 빨간색과 흰색으로 도색돼 외양이 마치 장난감처럼 깜찍하다. 잠수정은 미 해군이 사용할 목적으로 매사추세츠에 위치한 우즈홀 해양연구소Woods Hole Oceanographic Institution의 도움으로 만들어졌다.

1977년 2월 중순 어느 화요일 아침, 탐사 대원 세 명이 꼼꼼한 설계를 거쳐 건조된 이 작은 잠수정에 올라탔다. 이들은 깊은 바다로 내려가 탐사를 마치고 안전하게 해수면으로 떠오를 예정이었다. 잠수정은 천천히 동태평양의 따뜻한 푸른 바다 밑으로 내려가 713번째 잠수를 시작했다. 그날 오후 잠수정이 3킬로미터 깊이의 칠흑 같은 심해에 다다랐을 때, 앨빈호는 해양학 역사에 길이 남을 중대한 과학적 사실을 발견하게 된다.

앨빈호는 심해의 새로운 세상을 발견했다. 1977년 추운 겨울날, 어떤 생명체도 살 수 없을 것으로 여겨졌던 차갑고 어두운 바닷속에서 뜨거운 가스와 물이 솟아오르는 장소를 찾아낸 것이다. 거기서는 세상에 전혀 알려지지 않았던 현상들이 일어나고 있었고, 해저 골짜기에서는 가스가 섞인 뜨거운 물이 끊임없이 솟아나고 있었다. 뜨거운 물 주변에는 처음 보는 생명체들이 군집을 이루고 있었다. 이러한 장소를 통틀어 심해열수공이라는 이름이 붙게 되었다.

이만하면 과학계에 연구를 위한 충분한 기초 자료를 마련해준 셈이었다. 하지만 이게 끝이 아니었다. 앨빈호는 태평양에서 더 많은 사실을 발견해냈고, 과학계를 뛰어넘어 상업 분야에도 큰 영향을 미쳤다. 심해열수공을 발견한 지 오래되지 않아 여기에서 흘러나오는 뜨

3인용 잠수정 앨빈호의 활약으로 우즈홀 해양연구소에서는 심해열수공과 연기열수공을 비롯해 과학적으로 큰 의의를 갖는 심해 현상들을 발견할 수 있었다.

거운 물이 단순한 액체가 아니라, 온갖 광물질이 포함된 고체에 가까운 상태라는 사실이 밝혀졌다. 학계에서는 이 장소를 통틀어 스모커라고 칭했다.

　이 작은 잠수정은 이미 오래전부터 유능함을 뽐냈다. 임무를 시작한 지 2년째 되던 해인 1966년, 앨빈호는 미국 폭격기 B-52가 스페인 동부의 상공을 비행하던 중에 실수로 떨어트린 수소폭탄 네 개 중하나를 발견하기도 했다. 토마토 농장 위에 떨어져 있던 나머지 폭탄세 개는 이미 한참 전에 수거된 상태였다. 하지만 폭탄 하나가 지중해에 빠져버렸고, 소련에서 이를 먼저 발견할까 봐 다급해진 미 국방성은 군함 20척과 잠수 대원 150명을 투입해 세 달간 온 바다를 샅샅이뒤졌지만 폭탄을 찾지 못했다. 결국 앨빈호가 수사에 나섰다. 국방성은 우즈홀 해양연구소 연구원들을 비밀리에 소집해 잠수정에 태워 바다로 내려보냈다. 마지막 수소폭탄 하나는 800미터 깊이에 자리한 해저 협곡 가장자리에 걸려 있었다. 해군 함선은 위협적인 존재감을 가진 3미터 길이의 은색 원통형 미사일을 끌어 올리려다 두 번이나 놓쳤고, 한참 씨름을 하다 결국 세 번째 시도에서 무기를 회수할 수 있었다. 이들은 수소폭탄을 방수포로 둘둘 감아 미국으로 긴급히 후송했다. 무기가 떨어지는 장면을 목격하고 앨빈호에 대략적인 탐사 지점을 알려준 스페인 어부 한 명은 그 보상으로 주머니를 꽤나 두둑이 불릴 수 있었다.

앨빈호는 이후에도 아주 오랜 세월 동안 중요한 발견들을 해왔다.[■] 이 잠수정이 1986년 북대서양에서 침몰한 타이태닉호 잔해를 수사하기 위해 로버트 밸러드Robert Ballard를 싣고 열두 번도 넘게 바닷속으로 들어갔던 사실은 특히 잘 알려져 있다. 바다 밑에 가라앉은 타이태닉호를 최초로 발견한 것은 우즈홀 해양연구소의 수중 탐사 로봇인 아르고지만, 앨빈호 덕분에 잠수부들이 타이태닉호에 가까이 접근할 수 있었다. 임무를 완수한 조그마한 앨빈호는 굉장한 명성을 얻었다.

물론 1966년 바닷속에서 수소폭탄을 발견하고, 이로부터 20년 후에 실종된 타이태닉호를 찾은 것도 대단한 업적이었지만, 1977년 2월 17일 미지의 세계를 탐험하다 심해에서 뜨거운 물이 솟아오르는 현상을 발견한 것이야말로 앨빈호의 가장 큰 업적이라고 할 수 있다.

---

■ 1964년 처음 건조할 때 사용된 부품은 새것으로 거의 대체되긴 했지만, 앨빈호는 최근까지도 탐사를 계속하고 있다. 1964년 공장에서 탄생한 뒤 온갖 개조를 거친 이 잠수정은 민첩하게 움직이며 과학계를 위해 힘쓰고 있다.

열수공의 발견으로 과학계에는 일대 파장이 일었다. 이를 발견함으로써 인류는 지구에서 일어나는 작용들을 좀 더 깊이 이해할 수 있었기 때문이다. 그뿐만 아니라, 심해열수공을 발견하면서 생명의 근원에 대해 완전히 새로운 시야가 펼쳐졌다. 게다가 지구상에는 아직 발견되지 않은 수많은 생명체가 살아가고 있다는 사실도 확인됐다. 깊은 바다에서 생명의 근원과 관련된 비밀이 밝혀지면서, 생물학계에는 파란이 일었다. 발견이 이루어진 1970년대 중반은 생태계에 대한 불안감이 커지고 있던 시기였다. 지구상의 바다는 빠르게 오염되고 있었고, 태평양은 그중에서도 상태가 가장 심각했기 때문이다.

## 모든 대륙의 근원,
### 해저산맥

역사 속에서 앨빈호의 713번째와 914번째에 해당하는 잠수를 통해 찾아낸 과학적 발견들은 모두 동태평양해팽East Pacific Rise이라고 알려진 장소에서 일어났다. 멀리 떨어진 대서양중앙해령Mid-Atlantic Ridge과 마찬가지로 대양저에서 불쑥 솟아오른 산맥이 6,700킬로미터 가까이 이어지는 이 장소는 현대 태평양의 최초 발생지라고 여겨지고 있다. 해저산맥은 캘리포니아주 걸프만 북부 가장자리에 자리한 솔턴호에서부터 시작된다. 앨버트로스가 날아다니는 이 산맥은 빙하가 떠 있는 남극 주변까지 이어지는데, 거친 파도와 폭풍이 끊임없이 몰아치는 '노호하는 40도대Roaring Forties'까지 태평양을 남북으로 길게 가로지르고 있다.

이는 대양산령Mid-Oceanic Ridge의 일부로, 동태평양을 가로지르는 이 해저산맥은 비교적 작은 편에 속한다. 바다에 덮여 있어 크기를 쉽게 가늠하기는 어렵지만, 길이가 6만 4,000킬로미터가 넘는 대양산령은 지구상의 모든 산맥을 통틀어 가장 거대한 규모를 자랑한다. 대양산령에는 수도 없이 많은 지류가 있는데, 만약 전 세계 바닷물이 전부 증발해서 그 모습이 고스란히 드러난다면 산령의 산등성이는 마치 야구공에 새겨진 바느질 자국이나 두개골 접합부처럼 동그란 행성이 흩어지지 않도록 감싸놓은 그물망같이 보일 것이다.

빅토리아시대 초기에 대양 한복판에서 희미한 흔적을 발견하고 심해에 거대한 산맥이 있을지도 모른다는 가설이 제기되긴 했지만, 대양산령이 실제로 발견된 지는 오래되지 않았다. 1872년 챌린저호가 대서양에서 해저케이블에 접근하기에 최적의 노선을 조사하던 중, 바다 한복판의 수심이 예상보다 훨씬 얕다는 사실을 발견했다. 그로부터 한 세기가 지나고 독일의 해양학자들이 이렇듯 해저에서 불쑥 솟아오른 지형이 마다가스카르 바로 위쪽의 아프리카 연안에서부터 이어진다는 것을 발견했다.

하지만 앨버트 범스테드가 1936년에 제작한 미국지리학협회 태평양 지도(제2차 세계대전이 끝나고 찰스 본스틸 3세가 한반도를 분단시킬 때 사용한 지도)를 보면 당시 태평양에는 대양산령과 같이 거대한 해저산맥이 발견되지 않았음을 확인할 수 있다. 태평양은 아주 넓었고, 따라서 탐사되지 않은 미지의 영역도 아주 많았다. 지도상에서 엄청난 면적을 차지하고 있던 푸른 태평양은 지형을 나타내는 선이 거의 그어지지 않아 비다시피 했다. 깊은 바다 아래로는 엄청난 비밀이 숨겨져 있을 것이라는 추측뿐이었다.

대양산령의 존재를 발견하는 것만 해도 상당히 어려웠지만, 대양산령의 역할과 그 작용을 알아내는 것은 한 단계 더 고차원적인 임무였다. 대양산령이 처음 발견됐을 때 이는 단순히 해저에 자리한 거대한 산맥이라고만 여겨졌다. 1947년에 뉴욕에 본거지를 둔 지구물리학자들이 우즈홀 해양연구소에서 퍼 올린 대서양 해저의 대양산령이 현존하는 대륙 대부분을 구성하는 화강암이 아니라 현무암으로 구성됐다는 사실을 발견했다. 과학계는 엄청난 혼란에 휩싸였다. 이들은 그 원인을 밝혀내고자 열을 올렸고, 이때부터 대양산령이 지구의 탄생과 관련이 있을지도 모른다는 가능성이 제기됐다.

이로부터 10년 후 콜롬비아 대학교에서 근무하던 미시간 출신 마리 타프Marie Tharp와 아이오와 출신 브루스 히젠Bruce Heezen이 파트너를 이뤄 오대양에 존재하는 모든 해저산맥을 조사해서 지도를 만들기로 결심했다. 이들은 미 해군의 도움을 받아 비밀리에 연구를 진행했다. 히젠은 철로 만든 선체에 돛이 세 개 달린 범선 비마호를 타고 북극에서 남극까지 항해하며 최첨단 수중 음파탐지기를 이용해 대양산령 전체가 드러난 지도를 제작했다. 타프는 탐사선에 오르지 못했다. 아직 성차별이 남아 있던 시대였기에 여성의 승선이 금지돼 있었던 것이다. 그녀는 뉴욕의 지도 제작 연구실에 남아 히젠이 보내준 자료를 이용해 온갖 수치를 측량하는 데 만족해야 했다. 1965년이 돼서야 히젠과 타프는 함께 배에 오를 수 있었고, 그 후 지도 제작에도 가속이 붙었다.

조사가 시작된 지 얼마 지나지 않아 이들은 대양산령이 엄청나게 길고 구불구불하며, 아프리카 대륙의 볼록하게 튀어나온 부분을 따라 곡선을 이루는 것을 발견했다. 남아메리카 근방에서도 비슷한 형태가 보이는데 이는 산령이 대륙의 모양을 반영하고 있다는 것을 의미한다. 이뿐만 아니라, 대양산령은 초기에 조사를 나섰던 이들이 가정했듯 단순히 해지의 토양이 쌓여 생성된 것이 아니라 그보다 훨씬 더 복잡한 구조를 가지고 있었다. 현무암으로 구성된 대양산령은 예상치 못한 엄청나게 복잡한 지형을 보여줬다. 대양산령 끝에서 끝까지 전체에 걸쳐 날카롭게 갈라진 홈이 길게 파여 있는 현상이 발견됐는데, 지진계에 따르면 이 기다란 계곡 안쪽에는 지금껏 발생한 수많은 지진의 진원지가 자리하고 있었다.

타프의 머릿속에 번뜩이는 가설이 떠올랐다. 타프는 산맥 사이로 계곡이 자리한 대양산령의 형태가 케냐의 리프트 밸리와 비슷하다고 생각했고, 어쩌면 대양해령의 존재가 그와 평행을 이루고 있는 두 대륙의 형성에 숨겨진 비밀을 풀 열쇠가 될 수도 있을 것이라 생각했다. 현재 산맥이 자리한 장소에서 지진활동이 일어났고, 양옆으로 현무암을 분출하는 과정에서 산맥이 형성되어 두 대륙을 오늘날과 같이 멀찍이 떨어뜨렸을 수도 있다는 것이었다. 이는 시기를 너무 앞서 나간 가정이었다. 지금이야 이러한 가설이 타당성을 지닌다고 여겨지지만, 20세기 중반까지만 해도 대륙이 움직일 수 있다는 상상 자체가 말이 안 된다고 생각하던 시기였다. 오랜 시간 동안 많은 사람이 대륙은 한자리에 완벽히 고정돼 있다고 믿었고, 대륙이동설을 주장하던 이들을 비웃곤 했다. 나이가 지긋한 일부 지질학자들은 우주의 신성함을 모독하는 변절자들이 쓸데없이 주제넘은 상상을 한다며 이들을 맹렬히 비난했다.

하지만 태평양 탐사에서 조사된 자료들은 대륙이동설이 완전히 허황된 상상이 아닐지도 모른다는 가능성을 제기했다. 이는 마리 타프가 대서양중앙해령과 관련한 가설을 내놓은 시기와 맞물렸다. 어쩌면 해저에 자리한 산맥들이 오늘날과 같은 세계 지형을 구성하는 원동력일 수도 있다는 것이었다.

1960년대 초반에 미 해군에서 비밀리에 연구를 실시했다. 이들은 오래된 전함들을 투입해 오리건 연안에서 발견된 해저산맥을 오르내리며 고성능 자기탐지계를 이용해 자력을 측정했다. 과학자들은 자기탐지계에 기록된 자료들을 분석해서 바다 아래에 자리한 바위들에는 어떤 특징이 있는지 확인했다. 결과는 놀라웠다. 해저산맥을 기준으로 지구자기장이 변화한 흔적이 대칭을 이루고 있었다.

명확한 원인은 밝혀지지 않았지만, 지구의 자기장은 5만 년을 주기로 갑작스레 방향을 바꾼다. 간단히 설명하자면, 5만 년 동안 북쪽을 향하던 자기장이 남쪽을 향하는 경우가 발생하는 것이다. 철을 포함하고 있는 바위에 지구자기장이 변화한 흔적이 남는다는 사실은 미 해군의 실험이 실시되기 오래전부터 잘 알려진 사실이다. 자기장의 방향이 바뀌면 수십만 개에 이르는 철 결정은 소형 나침반처럼 작용하고, 따라서 자석의 역할을 하는 바위에 기록을 남기기 때문이다.

하지만 오리건 연안에서의 발견은 그보다 더 흥미로웠다. 자기탐지계로 자력을 측정한 결과, 해저에 있는 **산맥의 한쪽이 아니라 양쪽에서** 자기장 반전의 흔적이 나타났다. 더욱 놀라운 사실은, 산맥을 기준으로 완벽히 같은 거리에 자리한 바위에서 이러한 흔적이 평행하게 발견됐다는 것이다.

이러한 현상이 나타내는 바는 아주 명백했다. 중앙에 자리한 계곡에서 용융 암석이 분출되어 양쪽으로 넘쳐흐르면서 현재와 같이 대칭을 이루는 산맥이 형성됐다는 사실에는 의심의 여지가 없었다. 그 이후로 용융 암석이 산맥을 따라 흘러내리면서 바깥쪽으로 돌아가는 컨베이어 벨트처럼 천천히 양쪽으로 펼쳐지고 있었다. 이런 현상이 지속되면서 양쪽에 자리한 바위 모두에서 5만 년마다 일어나는 자기장 반전의 흔적을 찾을 수 있었다. 자기장 반전이 발생하면서 한쪽 바위에 흔적이 고스란히 남았고, 대칭을 이루는 다른 쪽 바위에도 똑같은 흔적이 남으며 계곡에서 수 킬로미터 떨어진 바위가 완벽한 대칭을 이루게 된 것이다. 이렇게 미스터리가 풀렸다.

새로이 발견된 사실에 지구물리학자들은 흥분을 감출 수 없었다. 바다 밑 해령이 확장하고 있고, 따라서 새로운 지각이 형성되면서 바깥쪽에 자리한 대륙이 반대쪽으로 밀려나고 있었다. 대륙은 **이동**하고 있었던 것이다. 얼마 전까지만 해도 허황된 상상일 뿐이라며 사나운 비난을 받던 가설이 사실로 드러났다. 지질학계의 판도가 완전히 뒤집혔다. 태평양에서 확인된 사실은 대서양 탐사에 나선 타프와 히젠이 내놓은 결과와 정확히 일치했다. 해령에서 발생하는 지진활동으로 모든 대양에서는 계속해서 새로운 지각이 형성되고 있었다. 해령 중앙에 자리한 계곡에서 새로운 물질이 흘러나오며 바깥쪽을 향해 확장해나갔다.

이렇게 지구에 새로운 물질들이 탄생했다. 해령은 오늘날 대륙이 자리 잡은 장소를 결정지은 주요 요인라고 할 수 있다. 서아프리카의 위치와 오늘날 해안선의 모양은 대륙으로부터 수천 킬로미터 떨어진 먼바다 깊숙한 곳에 자리한 지각이 맞닿은 장소에서 온갖 작용이 일어나 지각이 이동하면서 형성됐다. 이는 서아프리카뿐 아니라 거의 모든 대륙의 해안선에 마찬가지로 적용된다. 해령은 모든 대륙의 근원이다.

## 이동하는 판

이뿐만 아니라 해령의 존재는 1960년대 중반에 판구조론이 제기되는 데도 큰 역할을 했다. 오늘날에는 잘 알려진 이 이론은 대륙이동설이 성립한다는 것을 가정하고 있다. 판구조론은 매우 논리적이어서 어떻게 보면 세련되고, 아름답게까지 느껴진다. 이렇듯 판구조론이 가진 완벽한 타당성 때문에 우리는 이 이론이 마치 억겁의 세월 동안 지구상에 존재했던 것처럼 느낄 때가 종종 있다. 하지만 판구조론은 성립된 지 고작 50년이 지났을 뿐이다.

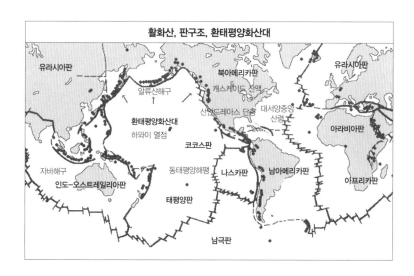

판구조론은 지구의 지표면이 오렌지나 야구공을 감싸는 껍데기처럼 거대한 판 하나가 지구 전체를 감싸고 있는 것이 아니라, 수많은 판이 비교적 온도가 높고 유동성을 지닌 상부 맨틀 위에 떠 있다는 가설을 제시한다. 지각은 일곱 개의 주요 판과 여덟 개의 소규모 판, 그리고 이보다도 더 작은 수많은 판으로 구성돼 있는데, 새로운 판들이 계속 발견되고 있어 정확한 숫자를 따지기는 어렵다. 현재로서는 63개가 발견된 상태다.

이 중에서 태평양판이 가장 덩치가 크다. 태평양판의 면적은 약 1억 300만 제곱킬로미터에 이르는데, 이해를 돕기 위해 설명을 덧붙이자면 이는 미국 면적의 30배에 해당하는 크기다. 태평양판은 전체적으로 아일랜드와 흡사한 모양이다. 태평양판의 동쪽 경계는 알래스카만에서 남쪽으로 이어져 남극해까지 살짝 볼록하게 길고 부드러운 곡선을 이루고 있다.

서쪽 경계는 동쪽 경계와는 달리 들쑥날쑥한 톱니 모양을 보여준다. 캄차카반도에서 시작해 일본을 지나 뉴기니까지 내려온 태평양판이 갑자기 대양 중간으로 쑥 들어간다. 그러고는 예각을 그리며 다시 남쪽으로 이어진다. 남쪽으로 내려온 태평양판은 뉴질랜드를 가로지른다. 뉴질랜드의 북섬은 태평양판 바깥으로 벗어나 있고 남섬의 절반만이 태평양판에 속해 있는데, 남섬을 가로지르는 남알프스산맥이 태평양판과 서쪽에 자리한 인도-오스트레일리아판의 경계선에 자리하고 있기 때문이다. 태평양의 거의 대부분이 태평양판에 속하기는 하나, 그렇다고 태평양 전체가 태평양판에 속하는 것은 아니다.

필연적으로 모든 판은 이동한다. 판 아래쪽에서 마그마가 꿈틀대면 그 움직임에 따라 판들도 일제히 움직이게 된다. 그러니까 만약 마그마가 북서쪽으로 이동하면, 그 위에 자리한 판들도 같은 방향으로 이동하는 것이다. 대부분의 경우 판은 굉장히 느리게 이동한다. 예를 들어 북아메리카판은 1년에 서쪽으로 2센티미터 정도 이동하는데, 이는 한 해에 자라는 손톱의 길이에도 못 미치는 수치다. 반면에 태평양판은 비교적 빠르게 움직인다. 태평양판은 매년 20센티미터씩 북서쪽으로 이동하고 있다. 이는 북아메리카판이 이동하는 속도의 10배로 굳이 비교하자면 질주하는 수준이라고 할 수 있다.

증거는 명확하다. 어떤 태평양 지형도를 보더라도 태평양 서쪽에 자리한 무수한 섬은 대개 동남쪽에서 북서쪽까지 가로지르는 방향으로 마치 대강 줄지어놓은 듯 배치되어 있다는 사실을 확인할 수 있다. 빙하가 이동하면서 지나간 자리에 바위를 떨어뜨려 놓는 등 잔해를 남기는 것처럼 태평양 아래에 자리한 판이 동남쪽에서 북서쪽으로 이동하면서 남은 흔적이 바로 이 섬들이다. 반면에, 판의 경계를 벗어난 위치에 자리한 섬들은 뚜렷한 패턴을 보이지 않고 여기저기 흩어져 있다.

지각변동이 일어나며 태평양에서는 지진, 화산 폭발, 쓰나미와 같은 현상들이 상당히 자주 발생하고 있다. 이렇듯 거대한 자연현상의 대부분은 태평양 아래에 자리한 판이 다른 판과 맞물리는 경계에서 발생한다. 특히 총 길이가 4만 킬로미터가 넘는 태평양판의 북쪽과 동쪽, 서쪽 경계에서 지진활동이 유독 활발한데, 우리는 이 경계를 '불의 고리'라 칭한다. 불의 고리, 정확히 말하자면 불의 띠(남쪽이 끊어져 있기 때문에 완벽한 고리는 아니다)는 400개가 넘는 화산의 근원지이다. 세인트헬렌스산, 피나투보산, 크라카타우산, 타우포, 포포카테페틀산, 운젠 등 강력한 지진이 일어나는 장소들은 불의 고리에 해당하는 태평양판의 경계 위에 자리하고 있다. 역사상 가장 강력했던 1960년 칠레 지진과 1964년 알래스카 지진, 2011년 일본 지진 모두 태평양판의 경계 위에서 일어났다.

하지만 불의 고리에서 엄청나게 위험하고 강력한 지진이 발생하는 현상은 과학적으로 큰 의미가 있는 것은 아니다. 최근 들어 지구물리학에 큰 영향을 미친 발견들이 이루어지는 장소가 바뀌었다. 과거에는 지구를 뒤흔들어놓는 강력한 지진이 발생하는 불의 고리에 해당하는 거대한 화산 지대와 지진대가 지구물리학을 발전시키는 데 중요한 역할을 했다. 하지만 이제는 평화롭고 잔잔해서 위험한 작용이라고는 찾아보기 힘든 동태평양해팽으로 중심이 옮겨갔다.

동태평양해팽은 해저 지각이 확장하는 현상이 가장 뚜렷하게 나타나는 지역이다. 이곳에서 현대의 태평양이 새로이 형성되고 있는 것이다. 8,000만 년 전 태평양판이 지구상에 처음 모습을 드러낸 이래로 판은 계속해서 확장했고, 태평양은 오늘과 같은 모습이 됐다. 동태평양해팽을 제외하고 판들이 서로 맞물리면서 화산이 폭발하고 지진이 발생하는 모든 장소에서는 한 판이 이웃하는 판 아래로 말려들거나(일본, 쿠릴 열도, 알류샨 열도와 태평양 북서부에 자리한 캐스케이드산맥이 이에 해당한다), 다른 판과 마찰하고 있다(북아메리카판과 태평양판의 경계에 해당하는 산안드레아스 단층이 대표적이다. 산안드레아스 단층에서는 수많은 지진이 발생하고 있다).

동태평양해팽은 아주 오래된 중앙해령 중 하나로, 이 거대한 심해

산맥은 태평양판과 태평양판 동남쪽에 이웃하고 있는 세 판의 경계선을 이루고 있다. 태평양판은 자그마한 코코스판과 넓게 펼쳐진 남극판, 그리고 그 사이에 끼어 있는 나스카판과 맞닿아 있는데, 남아메리카 서부 해안을 따라 콜롬비아에서 칠레의 파타고니아까지 이어지는 나스카판은 아주 중요한 역할을 한다. 여기에서 동태평양해팽이 가장 많이 확장하기 때문이다. 태평양판과 나스카판은 매우 빠르게 멀어지고 있다. 두 판을 덮고 있는 지각은 매년 반대 방향으로 7.5센티미터씩 이동하고, 따라서 1년에 총 15센티미터만큼 넓어지고 있는 것이다.

### 심해에도
### 조개가 산다

1973년에 브루스 히젠이 사망한 이후 마리 타프는 홀로 배에 올라 거대한 인도양과 태평양 탐사에 나섰다. 탐사를 마치고 돌아온 타프는 1977년 넓은 바다에서 얻은 자료를 바탕으로 전 세계 해령이 표시된 최초의 해저지형도를 제작했다.▪ 해저산맥이 상세히 기록된 지도가 완성되고, 맨틀에서 형성된 물질이 해령을 통해 뿜어져 나오고 있다는 사실이 밝혀졌다. 지구가 오늘날과 같은 모습을 갖추기까지 해령이 중요한 역할을 했을 것이라는 가설을 내세우던

---

▪ 오스트리아 티롤 출신 삽화가 하인리히 베란(Heinrich Berann)이 세계 해저지형도(World Ocean Floor Map)를 채색했다. 하인리히 베란은 미국 국립공원관리청과 협력해 옐로스톤, 요세미티, 캐스케이드산맥과 같은 거대한 산들의 전경을 그린 것으로 유명하다.

지구물리학자들의 예측은 정확했다.

가설을 확인하는 데는 앨빈호의 탐사도 크게 한몫했다. 1977년 초, 소금기가 눌어붙은 작지만 위대한 잠수정은 모선 루루호의 갑판 위에 올라 파나마운하로 탐사를 떠났다. 탐사를 시작하고 처음으로 파나마 운하에 몸을 담근 앨빈호는 깊은 바닷속에서 해양학 역사에 한 획을 그을 탐사를 시작했다.

우즈홀 해양연구소에서 파견한 또 다른 탐사선인 노르호가 이미 조사를 진행하던 중이었다. 바다 아래에서 수상한 온도 변화가 감지됐다. 이는 조사해볼 만한 현상이었다. 화산활동이 활발한 옐로스톤이나 로토루아에서 뿜어져 나오는 온천과 비슷하게, 해저에 자리한 해령의 꼭대기 부근에서 뜨거운 물이 솟아오르고 있는 것 같았다. 에콰도르 해안에서 서쪽으로 640킬로미터, 갈라파고스산맥에서 북동쪽으로 400킬로미터가량 떨어진 동태평양해팽 동쪽 가장자리의 불룩 솟은 장소에서 이러한 현상이 나타나고 있었다.

2월 17일 목요일, 탐사를 나선 앨빈호는 이곳에서 과학계를 발칵 뒤집어놓는 사실을 발견했다.

1972년에 이곳에서 뭔가 알 수 없는 현상이 일어나고 있다는 사실이 처음으로 발견됐다. 노르호는 이상 현상이 탐지된 장소를 찾아 해저 탐사 기구를 사용해 조사를 시작했다. 이 탐사 기구는 태평양 해안에서 우즈홀 해양연구소와 첨예한 경쟁 구도를 이루던 스크립스 해양연구소Scripps Institution of Oceanography 소유였다. 기구는 2,500미터 깊이까지 투입됐다. 칠흑같이 깜깜하고 얼음장같이 차가운 바닷속에서 이상한 점 두 가지가 확인됐다. 먼저 원인을 알 수 없는 온도 상승이 감지됐다. 상승 폭은 섭씨 0.2도 정도로 아주 미미했지만, 무시할 만한 사안은 아니었다. 게다가 해저에서 30미터가량 올라온 위치에서 온도 상승이 발견되었다는 점은 위쪽으로 뭔가 뜨거운 물질이 솟아오르고 있다는 것을 의미했다. 아마 뜨거운 물일 확률이 가장 높았다. 또, 수온이 상승하는 지점에서 액화된 철과 황의 함유량이 높아졌다는 점도 의문이었다.

노르호는 미 해군에서 자기탐지계를 이용해 비밀리에 진행한 실험을 바탕으로 만들어진, 정확도가 매우 높은 지형도를 참고해서 슬리피Sleepy, 도피Dopey, 배시풀Bashful이라는 이름이 붙여진 음파탐지기 세 개를 바다 아래에 배치했다. 깊은 바다에 배치된 탐지기는 조용히 해저에 가라앉아 우즈홀 해양연구소에서 내려보낸 심해 탐사 장치들이 어둠 속에 길을 잃지 않도록 신호를 내보내는 역할을 할 것이었다.

연구소에서는 무게가 2톤에 가치가 10만 달러에 이르는 철제 무인 탐사 장치인 앵거스Acoustically Navigated Geophysical Underwater System, ANGUS를 이용해 정식 조사에 나섰다. 앵거스에는 앞을 환하게 비춰주는 탐조등과 수많은 온도계와 초고화질 카메라가 설치돼 있었다. 8월 15일 화요일 늦은 오후, 노르호는 거대한 크레인을 이용해 뜨거운 물이 분출되는 융기선 바로 위로 앵거스를 내려보냈다. 노르호가 목표 지점에서 벗어나지 않도록 컴퓨터로 선체에 부착된 프로펠러를 세심하게 조작하고 있었다. 2,500미터에 달하는 크레인 케이블이 완전히 풀어지는 데만 두 시간이 넘게 걸렸다.

앵거스는 해저에 자리한 세 개의 음파탐지기에서 수신된 신호를 이용해 탐사 지점을 찾았다. 모선에서는 값비싼 탐사 장치가 어딘가에 부딪쳐 파손되는 일이 없도록 음향 기사가 케이블의 길이를 조절하고 있었다. 해저면에서 4미터 떨어진 위치에서 앵거스는 탐조등을 켜고 카메라를 가동했다. 이 무인 탐사 장치는 여기저기를 돌아다니며 10초마다 사진을 남겼다.

앵거스가 8킬로미터 정도 이동했을 무렵 노르호 관제실에 부착된 온도계의 바늘이 심하게 떨리며 이상 현상이 일어났음을 알렸다. 탐사가 시작된 지 여섯 시간이 지났을 때였다. 수온이 섭씨 0.2도 정도 상승했다. 얼마 지나지 않아 수온이 빠르게 식은 것처럼 온도계 바늘은 제자리로 돌아왔다. 앵거스는 이상 현상이 발견된 후로도 여섯 시간 동안 해저산맥 주변을 맴돌며 탐사를 계속했다. 카메라 필름이 부족하다는 신호를 확인한 연구원들은 조심스럽게 앵거스를 수면으로 끄집어냈다. 이들은 수중에서 촬영된 사진 3,000장에 과연 어떤 모습이 찍혀 있을지 궁금증을 감추지 못했다.

오전 내내 필름 인화기를 작동시켰다. 들뜬 마음으로 기다리던 연구원들은 정착액 통에 담겨 있던 인화지에서 형상이 드러나자마자 득달같이 달려들어 사진을 확인했다. 어둠과 바위만이 찍힌 사진이 끝없이 이어졌다. 하지만 온도 변화가 감지된 장소에서는 전혀 예상하지 못한 무언가가 찍혀 있었다. 어둠만이 이어지던 깊은 바닷속에서 플래시 라이트가 번쩍 터졌고, 수많은 **생명체**가 무리를 이루고 있는 모습이 포착됐다. 그곳에서는 생명체가 탄생해서 성장하고, 생활하고 있었다. 해수면 3킬로미터 아래 추위와, 어둠과, 두개골이 깨질 것같이 높은 압력은 전혀 문제가 안 된다는 듯, 도저히 생명체가 존재할 수 없을 것만 같은 환경에서 이들은 유유히 살아가고 있었다.

흥미로운 장면이 촬영된 사진은 겨우 열세 장뿐이었지만, 사진에 찍힌 바닷속 생태계는 연구원들에게 놀라움을 선사했다. 승선해 있던 생물학자들은 사진을 보고 입을 다물지 못했다. 지금껏 심해에서 생존할 수 있는 생물체는 없을 것이라 여겨졌다. 하지만 수백, 수천에 이르는 조개와 홍합이 사진에 찍혔다. 생태계가 조성된 장소의 물은 흐린 푸른색이었다. 무늬가 선명한 조개들은 입을 벌리고 있었는데, 이는 조개가 매우 신선하다는 뜻이었다. 도대체 어떻게 깊은 바다 아래에서 조개가 살 수 있을까? 심해에는 영양분이 없었다. 햇빛 한 줄기조차 투과되지 않았다. 이러한 곳에서 생물체가 살아가고 있다는 사실이 발견됐다. 과학자들은 심해 생태계가 존재한다는 사실을 발견하고 엄청난 혼란에 휩싸였다.

심해의 비밀을 담고 있는 사진 열세 장 이후 촬영본 1,500장에는 밋밋한 현무암 퇴적층을 한층 더 두껍게 만들어줄 용암이 흘러나오는 모습만이 확인됐다. 마지막 사진을 확인할 쯤에 루루호가 수평선에 모습을 드러냈다.

흥분에 휩싸인 연구원들은 곧장 교신을 시도했다. 앨빈호를 내일 아침에 바로 투입할 수 있는가? 그렇게까지 깊이 내려갈 수 있는가? 티타늄으로 강화 작업을 마친 지 얼마 안 된 잠수정 조종실에서 2,400미터 깊이까지 내려가 탐사를 진행할 만한 능력을 가진 사람은 있는가?

모든 질문의 대답은 "그렇다."였다.

## 앨빈호가 발견한

## 신대륙

　　　　　　루루호는 곧장 사진이 찍힌 지점 바로 위로 이동했다. 크레인 기사들은 조그마한 앨빈호를 뱃전 위로 들어 올려 따뜻한 푸른 해수면에 살짝 얹어놨다. 2월 17일, 목요일이었다. 항해사 세 명은 비좁고 눅눅한 조종실에 몸을 구겨 넣고 안전띠를 착용했다. 잭 도널리Jack Donnelly가 조종을 맡았고, 해양과학자인 잭 콜리스Jack Corliss 와 치아르트 밴앤덜Tjeerd van Andel이 탐사를 위해 동행했다.

　도널리는 해치를 닫고 공기탱크의 공기를 빼냈다. 크레인과 연결된 케이블을 분리시키자 잠수정은 빠른 속도로 가라앉기 시작했다. 1분 만에 30미터 깊이까지 내려갔으며, 채 3분이 되지 않아 빛이 닿지 않는 곳까지 도달했다. 창 너머 멀리 해수면이 희미한 푸른빛을 띠며 일렁이고 있었다. 루루호 선체 바닥이 어렴풋이 보였다. 얼마 지나지 않아 이마저도 시야에서 사라지자 조종사는 탐조등 전원을 올렸다.

　조종사는 잠수정에 설치된 반동 엔진 일곱 개를 이용해 방향과 위치를 조정했다. 기우뚱대며 가라앉길 한 시간 반, 마침내 잠수정은 바닥에 닿았다. 목표 지점에서 고작 150미터 남짓 떨어진 장소였다. 도널리는 엔진을 점화하고 추진력을 이용해 목표 지점으로 향했다. 공식 탐사 기록에는 "완전히 새로운 세상에 진입했다."고 남아 있다.

　잠수정 아래의 용암지대는 십자 형태로 쩍쩍 갈라져 있었고, 갈라진 틈 사이로 뿌연 물질이 끊임없이 솟아오르고 있었다. 탐지 센서에 따르면 이 물질은 아주 뜨거운 물이었다. 심해에서 뜨거운 물이 솟아오른다는 사실만으로도 놀라웠는데, 이 뜨거운 물이 지척의 얼음장같이 차가운 바닷물과 섞여 화학반응을 일으키며 옅은 푸른빛을 띠는 침전물을 생성해내고 있었다. 침전물은 바위에 두껍게 쌓이면서 암갈색 결정을 이루고 있었다.

지질학자였던 잭 콜리스는 자신의 가설을 입증하는 증거인 이 놀라운 현장을 두 눈으로 똑똑히 목격했다. 그의 이론대로 심해에서는 열수활동이 일어나고 있었다. 이는 바다 아래에 자리한 해령이 확장하고 있으며, 따라서 새로운 지각이 형성되고 있다는 주장을 뒷받침해 줄 증거이기도 했다.

그는 놀라움을 감추지 못한 채 소리를 내질렀다. 콜리스는 3킬로미터 위 해수면에 떠 있는 루루호 관제실에서 대기 중이던 젊은 여자 연구원 데브라 스테이크스Debra Stakes에게 엉뚱한 질문을 했다. "잠깐, 심해 해저면은 사막 같은 상태라고 하지 않았나?" 스테이크스는 뜬금없는 질문에도 차분하게 지금껏 그렇게 여겨왔다고 대답했다. 이런 기초적인 질문을 왜 하는지 도대체 알 수 없었다. 이건 마치 우주비행사가 "우주에는 산소가 없다고 하지 않았나?" 하고 묻는 것과 마찬가지였다. 흥분한 콜리스의 목소리가 흘러나왔다. "하지만 여기에 동물들이 생태계를 이루고 있다네!"

오랜 시간 동안 생명이 존재하는 것 자체가 불가능하다고 여겨지던 장소에서 이들은 우연히 활발한 생태계와 맞닥뜨렸다. 첫 탐사에서 이들은 생태계가 자리 잡은 장소를 네 군데나 발견했다. 네 생태계의 모습은 모두 달랐지만 하나같이 생명력이 넘쳤다. 깊은 바다에서 수많은 생명체가 팔딱대고 있었다. 해초가 바닷물에 하늘거렸으며, 지금껏 한 번도 발견되지 않았던 종류의 문어, 눈 없는 새우가 헤엄치고 있었다. 바닥에서는 길이가 2미터에 이르는 갯지렁이가 꿈틀대며 물을 빨아들이고 있었다. 물에 포함된 영양소를 섭취하고 있는 듯했다.

이들의 존재는 잠수정에 타고 있던 항해사 세 명을 깜짝 놀라게 했다. 게다가 낯선 탐조등 불빛에도 생물체들은 숨을 생각조차 하지 않은 채 유유히 가던 길을 갈 뿐이었다.

오늘날처럼 고도화된 기술을 갖추진 못했지만, 1970년도에도 앨빈호에는 샘플을 채취할 수 있도록 집게발과 보관용 공병이 비치돼 있었다. 잠수정 내에 남은 공기가 부족할지 모르는 상황에서도 조종사는 자리를 지켰고, 덕분에 과학자들은 허겁지겁 생물체를 포획하고 바닷물 샘플을 병에 담을 수 있었다. 이들은 해수면 위로 올라가 채취한 샘플을 분석할 것이었다. 미지의 세계를 맞닥뜨린 과학자들의 머릿속에 수많은 의문점이 떠올랐다. 이 심해 생물체들의 정체가 무엇일까? 이들은 깊은 바다 아래에서 무엇을 하고 있었을까? 어떻게 삶을 유지하고 있는 것일까? 무엇을 섭취할까? 태평양은 순식간에 생각지도 못한 비밀을 품은 바다로 거듭나며 근본적인 조사가 이루어져야 할 장소로 탈바꿈했다.

몇 시간이 지나고, 탐사를 떠났던 이들이 해수면에 모습을 드러냈다. 이들은 깊은 바다에서 발견한 생물들을 채취해왔는데, 그중에는 콜리스의 두 손바닥을 합친 것보다 큰 하얀 조개도 있었다. 해수를 구성하는 성분을 분석하기 위해 바닷물이 든 병을 열자 달걀이 썩은 듯한 고약한 냄새가 코를 찔렀다. 이는 바닷물에 상당한 양의 용해성 물질이 포함돼 있다는 사실을 의미했다. 냄새로 추측해보건대, 화산 지대 근처에서 쉽게 찾아볼 수 있는 노란 가루 형태의 유황이 물에 녹아 있는 것 같았다.

당시 탐사를 나선 루루호에는 MIT를 졸업한 존 에드먼드John Edmond가 승선해 있었는데, 이 젊은 지구화학자는 유황이 생성되는 장소를 발견했다는 것을 깨달은 순간 머리카락이 삐쭉 솟을 정도의 짜릿함을 느꼈다. 물론 해저에서 지각이 생성되는 장소가 발견됐다는 사실도 지리학적으로 아주 중요했지만, 깊은 바다 아래에서 동식물이 생태계를 이루고 있고, 근처에서 유황이 발견됐다는 사실은 생명의 근원을 밝힐 수 있다는 점에서 그와 동료 연구원에게 훨씬 더 의미가 컸다.

생물학 연구팀은 심해에 비교적 복잡한 구조를 지닌 동식물들이 존재하기 위해서는 분명히 무언가를 섭취하며 양분을 얻어야 한다는 사실을 잘 알고 있었다. 그 무언가가 뭐가 됐든지 간에 먹이사슬의 최하층을 구성하고 있으며 원시적인 형태를 띠고 있다는 것만은 분명했다. 심해 동식물의 식량은 박테리아나 그와 비슷한 미생물로 구성됐을 확률이 높았다. 논리적으로 따져보면 뜨거운 물이 솟아나는 장소 어딘가에 원시적인 생물체가 존재하고, 정확히는 모르겠지만 어떠한 과정으로 생식활동을 통해 개체를 늘려 심해 먹이사슬의 밑바닥에서 생태계를 유지하는 중요한 역할을 하고 있었다. 이 원시적인 생물체가 무엇인지는 밝혀지지 않았지만 이들은 햇빛이나 공기가 필요 없고, 일반적으로 생명을 유지하기 위한 필수 요소라고 알려진 다른 어떠한 형태의 화학적·물리적 성분들 없이도 살아갈 수 있음이 확실했다. 만약에 이것의 정체가 박테리아라면, 이러한 종류의 심해 박테리아는 태평양에서 새로 발견된 열수공에서 형성됐을 가능성이 매우 높았다.

에드먼드는 그때의 상황을 이렇게 묘사했다. "퍼즐 조각이 맞아떨어지는 것처럼 수많은 이론이 제자리를 찾아갔다. 우리는 평범한 바닷물이 어떤 물질과 섞이고 있다는 사실을 깨달았다. 이는 지금껏 생각지도 못한 새로운 발견이었다. 나를 포함해 모든 연구원이 흥분해서 사방을 펄쩍펄쩍 뛰어다녔다. 기쁨을 못 이기고 춤을 추기도 했다. 아주 난리도 아니었다. 전혀 예상치 못한 놀라운 발견에 우리 모두는 다음 탐사에 자신이 앨빈호에 오르겠노라며 티격태격했다. 연구할 만한 현상들이 정말이지 엄청나게 많았다. 발견 여행이라고 해도 될 정도였다. 대륙을 발견한 콜럼버스Christopher Columbus가 이런 느낌이었겠구나 싶었다."

이날의 발견으로 판구조론이 사실이라고 밝혀졌다. 이뿐만이 아니다. 이전까지 너무나도 당연하게 받아들여졌던 생명의 근원에 관한 가정 자체가 완전히 뒤집어졌다. 햇빛, 엽록소, 산소, 적당한 온기는 더 이상 생명의 탄생에 있어 필수적인 요소가 아니었다. 그 대신 태평양에서 완전히 새로운 가능성이 펼쳐졌다. 동태평양해팽 먹이사슬의 최하층을 구성하는 물질이 뭐가 됐든 간에(글을 쓰는 이 순간에도 밝혀지지 않았지만 언젠가는 정체가 드러날 것이다) 세상에서 가장 삭막한 환경을 지닌 심해에서 알 수 없는 과정을 거쳐 탄생했다. 동태평양해팽 열수공에서 일어난 생명의 탄생은 이미 매우 잘 알려진 원시 수프 이론과 많은 공통점을 가진다. 이러한 현상이 일어난 장소는 놀라울 정도로 뜨거웠고, 빛이 차단돼 완벽한 어둠을 이루었으며, 매우 풍부한 화학물질로 구성됐다. 지구가 탄생한 지 얼마 되지 않았을 무렵부터 지금까지 이어지는 화산활동으로 생성된 유황이 해수에 상당히 많이 포함돼 있었다.

세포들이 화학작용을 거쳐 혼합되면서 원시적인 형태의 생명체로 진화하는 현상이 심해열수공 근처에 자리한 생태계에서 발견되자마자 생물학계가 발칵 뒤집어졌다. 학계에서는 원인을 밝혀내기 위해 연구에 박차를 가했다.

## 과학계를 진일보시킨
## 갯지렁이

이 일에는 콜린 캐버너Colleen Cavanaugh라는 한 젊은 여성이 큰 역할을 했다. 캐버너는 미시간에서 생물학을 전공하던 학생이었다. 그녀는 앨빈호가 심해열수공을 발견하기 얼마 전에 우즈홀 해양연구소에서 투구게의 교미 행위를 주제로 진행한 여름 학기 강의를 들었다. 학기가 끝날 때쯤 자동차가 고장 나는 바람에 미시간으로 돌아가지 못한 캐버너는 보스턴에서 학사 과정을 마저 끝내기로 했다. 1977년 여름, 캐버너는 학교에서 한 시간 거리에 자리한 우즈홀 해양연구소를 다시 찾았다. 열수공이 발견된 바로 그해였다. 하지만 캐버너는 여전히 투구게의 애정 생활에 대해 연구하고 있었고, 열수공은 이와 전혀 관련이 없었다.

당시 우즈홀 해양연구소의 캠퍼스를 돌아다니는 사람들은 하나같이 8,000킬로미터 떨어진 태평양 한복판에서 지난겨울에 발견된 열수공에 관해 이야기하고 있었다. 사람들은 지질학을 주제로 이런저런 얘기를 나누기도 했다. 하지만 바다 밑에서 발견된 조개, 갯지렁이, 해초, 게(캐버너가 연구 중이던 투구게와 같은 종에 속한다)가 어떻게 익을 것같이 뜨거운 열수공 지척에서 엄청나게 높은 압력과 암흑을 견디며 생태계를 조성할 수 있었는지가 이들의 주된 관심사였다.

콜린 캐버너는 심해에 존재하는 특정한 종류의 박테리아가 그 해답을 제시할 것이라고 굳게 믿고 있었다. 캐버너는 훗날 열수공에서 생성되는 박테리아 종류와, 열수공 주변에 무리 지어 사는 동식물이 영양분을 섭취하는 화학적인 과정을 밝히는 쾌거를 이루어냈다. 그녀가 심해열수공에서 발견된 갯지렁이의 생태를 주제로 한 토론 수업에서 강의를 끊고 발언한 사건은 매우 유명하다. 당시 강연자는 갯지렁이에서 황 결정이 발견됐다는 사실을 가볍게 언급했는데, 이 말을 들은 캐버너는 자리에서 벌떡 일어나 갯지렁이 안에 황을 산화시키는 박테리아가 있는 게 '틀림없다'고 강하게 주장했다. 이 박테리아가 무기물에서 갯지렁이의 생명을 유지시켜주는 유기물을 생성하고 있다는 것이 주장의 핵심이었다. 생명의 빛이라곤 전혀 찾아볼 수 없는 물질에서 생명이 탄생하고 있다는 얘기였다.

이 과정은 화학합성이라고 불린다. 이 이론은 이미 1890년대에 상트페테르부르크에서 놀라운 선견지명을 가진 러시아 출신 화학자 세르게이 비노그라드스키Sergei Winogradsky가 발표한 이론으로, 새롭게 제시된 이론은 아니었다. 특정한 능력을 가진 박테리아가 무기물에서 에너지를 추출하고, 추출된 에너지를 바탕으로 탄수화물을 생성해, 생명의 근원이라고 할 수 있는 유기물인 당을 생성해낼 수 있다는 것이었다.

시간이 지나 콜린 캐버너는 하버드 대학교의 교수로 임명됐는데, 캠퍼스에는 그녀의 이름을 딴 캐버너 연구실까지 있었다. 캐버너는 마침내 심해열수공에서 화학합성이 일어나고 있음을 이론적으로 증명했다. 심해에서 포획한 거대한 갯지렁이(길이가 2미터에 양 끝에는 빨간 무늬가 있었다)의 위장*에서 발견된 작은 황 결정이 결정적인 역할을 했다. 이 결정은 갯지렁이 내부에 있던 박테리아가 해저면 바닥의 갈라진 틈에서 뿜어져 나온 뜨거운 물에 포함된 황화수소에서 에너지를 생성해내고 있다는 증거였다. 이어지는 과정은 비노그라드스키의 이론과 동일했다. 생성된 에너지를 이용해 해수를 구성하는 메탄과 이산화탄소에서 탄수화물을 생성했고, 갯지렁이는 이 탄수화물을 섭취하면서 생명을 유지했다.

캐버너의 발견으로 과학계는 진일보했다. 이러한 사실이 밝혀지기 전에 과학계에서는 생명체가 존재하려면 태양에서 방출되는 에너지를 통한 광합성이 꼭 필요하다고 생각했다. 빛은 모든 생명체의 근원이 되는 에너지이자 필수적인 요소였다. 그러나 비노그라드스키의 이론과 캐버너의 대담한 발언, 태평양 심해의 거대 갯지렁이 리프티아 파킵틸라Riftia pachyptila에 관한 연구는 머나먼 우주에서 빛을 발하는 별의 도움 없이도 지구가 스스로 에너지를 생성해낼 수 있다는 사실을 입증했다.

콜린 캐버너는 1981년에 「사이언스Science」지를 통해 연구 결과를 발표했다. 논문 제목은 '열수분출공 근처에 생태계를 구성한 갯지렁이 리프티아 파킵틸라 내부에 존재하는 전핵 세포: 화학합성 자가 영양 생

---

* 갯지렁이는 소화기관이 없다는 점에서 '위장'은 부적절한 명칭이다. 갯지렁이는 일반적인 소화기관 대신 영양체라는 장기가 있는데, 영양체 내부에 존재하는 박테리아가 생명 유지에 필요한 에너지를 공급하고 있다.

물과 공생생물에 관하여'였다. 이 논문은 현대 과학에서 매우 중요한 위치를 차지하고 있다. 앨빈호가 지구상에서 가장 거대한 바다인 태평양 한복판에서 이러한 연구의 기초가 되는 자료를 발견했다는 점 역시 큰 의의를 갖는다.


## 앨빈호가 주워 올린
## 검은 보물

태평양뿐만 아니라 모든 바다에 열수공이 존재했다. 앨빈호가 태평양에서 첫 열수공을 발견한 이후로 곳곳에서 3,500개가 넘는 열수공이 발견됐다. 해저산맥에서 갈라진 틈을 통해 흘러나온 뜨거운 해수는 똑같이 갈라진 틈으로 흡수된 차가운 해수가 내부에서 데워져 간헐온천처럼 뿜어져 나오는 것이었다. 열수공에서 분출되는 뜨거운 해수는 새로이 형성된 것이 아니라, 이미 바다를 구성하고 있는 물이 갈라진 틈 사이로 순환하면서 데워졌을 뿐이었다. 따라서 전체 해수의 양에는 변함이 없다. 이러한 순환 현상은 지구의 엔진 역할을 한다. 거의 10년에 한 번씩 지구를 구성하는 해수 전체가 수많은 열수공을 통해 순환을 거치며 엄청난 양의 화학물질을 심해로 운반한다고 알려졌다.

열수공의 대부분(물론 예외도 있다)은 해저산맥 꼭대기에 깊게 파인 홈을 따라 나 있다. 잘 알려져 있지 않은 소행성에 붙여진 이름처럼 열수공에도 보통은 아주 평범한 이름이 붙는다. 하지만 강력한 작용을 하는 거대한 열수공들은 그 위력에 걸맞게 그럴듯한 이름을 갖고 있다. 화이트 시티White City, 로키의 성Loki's Castle, 버브빌론Bubbylon, 매직 마운 틴Magic Mountain, 미생물과 세균Mounds and Microbes, 해왕성의 턱수염Neptune's Beard, 니벨룽겐Nibelungen, 솔티 도그Salty Dawg가 대표적이다. 예상했겠지 만 해저산맥 연구에 관련된 규칙을 정립하고 국제적인 협력을 진행할 수 있도록 수많은 국제기구가 설립됐다. 1992년 잠수정을 실은 탐사 선 두 척이 해저산맥의 열수공을 연구하기 위해 같은 지점을 찾아오면 서 그중 하나가 탄생했다.

이전에 심해열수공이 생명의 근원이라는 사실을 밝혀내기 위해 진 행된 탐사 작업도 과학적으로 매우 중요했지만, 오늘날에 이루어지는 심해 산맥 연구는 실질적인 경제적 가치를 창출해내고 있다는 점에 서 중요하다. 앨빈호가 첫 열수공 탐사를 떠나고 2년 뒤, 914번째 잠 수에서 새로운 사실이 밝혀졌다. 첫 발견과 마찬가지로 태평양에서 발견된 새로운 현상은 과학계뿐 아니라 상업계에도 큰 영향을 미쳤 다. 914번째 탐사에서 화산활동이 매우 활발하게 일어나고 있는 해저 산맥의 꼭대기에 거대한 '탑'이 쌓여 있다는 사실이 확인됐다. 이 탑들 은 아래에서 뿜어져 나온 액체에 포함돼 있던 반금속 물질이 침전되 면서 형성된 것이었다. 앨빈호의 713번째 잠수가 과학계에 전설로 남 았다면, 914번째 잠수는 그 전설적인 발견의 이면에서 경제적인 가치 를 찾아낸 것으로 잘 알려져 있다. 깊은 바닷속에서 앨빈호는 매혹적 인 보물을 주워 올렸다.

심해열수공이 최초로 발견된 이후, 앨빈호는 몇 달 동안 이 바다 저 바다로 탐사를 나서느라 쉴 틈이 없었다. 갈라파고스 북부에서 스무 차 례가 넘는 탐사활동을 펼친 잠수정은 파나마운하를 거쳐 카리브해로 향했다. 1978년 우즈홀 해양연구소로 복귀한 앨빈호는 개조 과정을 거쳤다(선체를 구성하던 철제가 티타늄으로 교체됐다). 이 과정으로 수명이 연장된 작은 잠수정은 더 깊은 바다에서 더 오랫동안 탐험을 하게 됐다. 이때 앨빈호에 두 번째 집게발을 장착했다. 이제 과학자들은 열수공에서 이전보다 더 많은 샘플을 채취할 수 있었다. 새로운 고성능 카메라와 탐조등, 샘플을 담을 널찍한 바구니도 추가로 설치했다.

새 단장을 마친 앨빈호는 뉴저지 해안의 방사능 폐기장을 조사하는 등 섬세함이 필요한 온갖 작업에 투입됐다. 얼마 지나지 않아 앨빈호는 다시 파나마운하를 지나 따뜻한 바닷물이 출렁이는 남쪽으로 향했다. 마침내 잠수정은 유독 활발한 활동을 보이는 태평양 지구대에 돌아왔다. 1979년 겨울, 갈라파고스 동북부에서 24번의 잠수를 통해 심해 해초들이 사실 수천에 이르는 아주 작은 생명체들이 군집을 이뤄 형성된 것이라는 사실이 밝혀졌다. 관해파리라는 이름이 붙여진 이 생물은 작은부레관해파리의 친척 격이라고 볼 수 있다. 선체로 옮겨진 관해파리는 해수면의 압력에 적응하지 못하고 터져버리거나 갑자기 쪼그라들었다. 이처럼 열수분출공 주위에 형성된 생태계에 숨겨진 어마어마한 비밀이 조금씩 모습을 드러내고 있었다.

그해 4월에 앨빈호는 북쪽으로 떠났다. 모선 루루호는 앨빈호를 싣고 2,900킬로미터를 이동해 동태평양해팽의 북부 능선에 해당하는 장소에 도착했다. 바하칼리포르니아 끄트머리 절벽에서 굽어보이는 북위 21도의 열대 앞바다에서 탐사가 시작됐다. 해안의 서퍼들은 머나먼 바다에서 무슨 일이 벌어질지 가늠조차 하지 못한 채 파도타기에 여념이 없었다.

루루호에 설치된 크레인이 15톤 무게의 앨빈호를 갑판 너머로 내려보냈다. 과거 해군 조종사로 복무했던 33세의 더들리 포스터Dudley Foster가 조종을 맡았다(포스터는 앨빈호에 부착된 집게발이 자신의 팔과 다름없으며, 잠수정이 자기 신체의 일부라는 발언을 한 적이 있다). 미국인 지질학자와 프랑스인 화산학자가 탐사에 동행했다. 1979년 4월 21일이었다.

화산학자 티에리 쥐토Thierry Juleau는 한 해 전 프랑스 소형 잠수정 시아나호를 타고 탐사 지점 근처에서 특이사항을 발견한 장본인이었다. 시아나호는 당시 탐사에서 엄청나게 많은 종류의 광물 조각 샘플을 채취했는데, 그중에는 아주 특이한 바위도 있었다. 이 바위는 마치 내부가 비어 있는 기다란 금속관 같은 모양이었으며, 어떤 광물 때문인지 표면에는 광택이 있었다. 이 광물은 아연광이 침전하며 형성된 섬아연석■으로 밝혀졌다. 관의 가장자리에서 아연, 동, 구리, 은이 검출되기도 했는데 이는 심해에 이러한 광물을 형성하는 화학물질이 포함돼 있으며, 광물을 용해시킬 정도로 온도가 높은 물이 어딘가에서 솟아오르고 있다는 뜻이었다.

앨빈호는 빠르게 어두운 바다 아래로 가라앉았다. 햇빛이 더 이상 닿지 않는 깊은 바다에서 얼마 전 새로 장착한 강력한 탐조등 전원을 올렸다. 앨빈호는 점심이 되기 전에 해저에 도달했다. 바닥에는 태평양

---

■ 10대 시절, 나는 지질학자의 꿈을 키우며 노란색이나 갈색을 띠는 아름다운 섬아연석 결정을 수집했다. 한번은 영국 북부 컴브리아주에 자리한 벌판의 갈라진 틈 사이에서 엄청나게 많은 섬아연석을 발견했다. 나는 런던의 광물 딜러를 찾아가 이를 다른 종류의 광물과 맞바꾸거나 얼마 안 되는 푼돈을 벌기도 했다.

열수공 지대에서 쉽게 찾아볼 수 있는 하얀 조개들이 눈에 띄었다. 더들리 포스터는 잠수정의 방향을 틀고 이동했다. 조개의 개체 수가 점점 늘어나고 있었다. 정지하겠다는 예고도 없이, 포스터는 갑자기 브레이크를 당겼다. 눈앞에 지금껏 누구도 목격한 적 없는 충격적인 장면이 펼쳐졌기 때문이다.

어두운 색을 띤 바위들이 나선형을 이루며 높다란 탑을 구성하고 있었다. 탑의 꼭대기에는 구멍이 나 있어서 마치 굴뚝 같은 모양이었으며, 그 구멍 가장자리를 삐죽삐죽한 광물 결정이 둘러싸고 있었다. 구멍에서는 마치 최고 항속으로 항해하는 선박이나, 레일을 따라 달려가는 기차의 굴뚝에서 기름기가 가득 낀 검은색 연기가 토해져 나오듯 걸쭉한 검은색 액체가 끊임없이 흘러나오며 소용돌이를 그리고 있었다.

포스터는 탑에 조금 더 가까이 다가갔다. 엄청난 양의 걸쭉하고 검은 액체가 탑 주변을 흐르는 해류를 따라 꿈틀대고 있었다. 놀라운 광경에 정신이 팔린 포스터가 잠시 조종간을 놓치면서 잠수정이 꼭대기 구멍에 처박혔다. 잠수정과 충돌하면서 꼭대기의 구멍이 더 넓어졌고, 검은 액체가 시야를 완전히 차단했다. 포스터는 재빨리 키를 잡고 물러섰다. 그는 도대체 자신이 무엇을 발견했는지 확인하기 위해 잠수정의 방향을 조절했다. 잠수정에 타고 있던 세 명 모두가 눈앞에 펼쳐진 광경에 넋을 잃었다. 손상된 유정에서 수천, 수만 리터에 이르는 검은 석유가 끝없이 새어 나와 청정한 바다에 섞이는 것만 같았다.

얼마간 시간이 지나고 안정을 되찾은 이들은 조심스럽게 다시 탑으로 접근했다. 이번에는 집게발에 전자 온도계를 꼭 움켜쥐고 있었다. 포스터는 반동추진 엔진을 조작해 수평을 유지하며 탑에 접근해서 솟아오르는 검은 액체에 온도계를 살며시 갖다 댔다. 검은 액체의 온도는 측정 가능한 수치를 벗어났다. 이 정도로 깊은 바다에서는 도저히 측정될 수 없을 정도로 높은 온도였다. 뭔가 오류가 있었다고 생각한 이들은 다시 한 번 측정을 시도했지만 온도계 바늘은 이전과 마찬가지로 치솟았고, 이번에는 온도를 감당하지 못한 온도계가 고장 나고 말았다.

이들은 수면으로 돌아와 온도계를 확인하고서야 기계가 고장 난 이유를 알아챘다. 전자 온도계의 끝부분에 부착한 센서가 녹아 있었다. 이들은 다음 잠수에서 용광로의 열기에도 녹지 않을 온도계를 가지고 다시 심해 굴뚝을 찾아 정확한 온도를 측정해냈다. 굴뚝에서 솟아오르던 검은 액체의 온도는 섭씨 350도에 이르렀다. 놀라운 수치였다. 만약 이 검은 액체가 평범한 물이었다면 구리를 녹일 정도로 높은 온도였다. 마그네슘과 주석의 녹는점을 넘긴 온도이기도 했다. 온도가 조금만 더 상승하면 황의 끓는점에 도달할 터였다.

하지만 이 검은 액체는 확실히 평범한 물처럼 보이지는 않았다. 적어도 액체를 구성하는 주요 물질이 물이 아니라는 것만은 확실했다. 이 액체의 온도와 압력 모두 상상하기 어려울 정도로 높아서, 액체를 구성하는 물질은 지각 아래 깊은 곳에서 용해돼 액체 상태로 구멍을 통해 흘러나오고 있었다. 액화 상태의 금, 은, 철, 마그네슘, 구리, 아연, 주석이 심해 굴뚝에서 솟아오르는 검은 액체를 구성하는 주성분이었다. 간단히 말하자면 검은 액체의 정체는 위에 나열한 비非금속으로 생성된 용융 합금에 황과 해수를 섞어놓은 물질이라고 할 수 있다. 이렇듯 다양한 화학물질로 구성된 걸쭉한 액체가 바다로 쏟아져 나와 액체에 포함돼 있던 비금속과 황이 얼음장같이 차가운 해수와 접촉하자마자 단단하게 굳으면서 온갖 물질이 뒤섞인 고체가 되는 것이다. 이 과정에서 드물게 단일 원소로 이루어진 순금속이 형성되어 반짝이는 조각이 발견되기도 한다.

이렇게 구멍을 통해 솟아오른 액체가 차가운 해수에 고체화되면서 구멍 가장자리에 차곡차곡 쌓여 마치 금속으로 된 석순 같은 모습을 띠게 된다. 구멍에서는 액체가 계속해서 뿜어져 나오므로, 따라서 시간이 지나면서 스스로 무게를 이기지 못해 무너질 때까지 탑은 점점 높아진다. 요즘에는 탐사에 나선 잠수정이 실수로 부딪쳐 탑이 무너지는 경우도 있다. 이러한 해저 굴뚝은 몇 시간 만에 어둠 속에서 우뚝 솟아오르기도 하는데, 물리학과 중력의 법칙에 따라 일정 높이 이상으로 쌓이는 경우는 없다. 어느 정도까지 높아진 굴뚝은 바닥으로 무너져 내리는데, 그리스신화에 등장하는 탄탈로스 설화처럼 쌓아 올리고 무너져 내리는 과정이 끊임없이 반복된다.

동태평양해팽에 자리한 해저 굴뚝에는 '스모커'라는 이름이 붙었다. 스모커에서 피어오르는 물질은 평범한 연기가 아니라 금속 침전물이기는 하지만 이러한 이름이 붙은 이유는 따로 설명할 필요가 없을 듯하다. 이로부터 머지않아 대서양에서 발견된 거대한 해저 굴뚝에서는 흰색 액체가 뿜어져 나왔다. 이 액체는 검은 액체보다 온도가 낮았으며 칼슘과 바륨으로 구성돼 있었다. 대서양의 해저 굴뚝에는 '화이트 스모커'라는 이름이 붙었다.

심해 열수공에서 금속과 황이 섞인 뜨거운 액체가 간헐온천처럼 솟아오르면서 금속광물로 구성된 거대한 탑인 블랙 스모커가 형성된다. 이 탑은 수 미터까지도 높아지는데, 크기에 비해 견고함은 떨어져 무게를 이기지 못하고 결국에는 무너져 내리게 된다.

## 블랙 스모커의
## 가치와 논란

　　　　　　　이후로 심해에서 수백 개에 달하는 스모커가 발견됐다. 이 굴뚝은 있을 만한 모든 장소에서 어김없이 모습을 드러냈다. 인도양과 대서양에 자리한 해저산맥에도, 해구 가장자리에도, 태평양판의 경계를 나타내는 호상열도 아래에도 스모커가 존재했다.

　광산업계에 종사하는 이들이 깊은 바다 아래에서 반짝이는 금속 굴뚝의 경제적 가치를 깨닫기까지는 오래 걸리지 않았다. 심해에는 유독 거대한 크기를 자랑하는 스모커들이 있다. 캐나다 연안 태평양 심해에서 발견한 '고질라'라는 이름이 붙은 블랙 스모커는 45미터 높이까지 쌓였다가 무게를 이기지 못하고 바닥으로 허물어졌다. 어마어마한 높이를 자랑하던 고질라는 경제적으로 큰 가치가 없는 산호나 조개, 게, 갯지렁이가 아니라 금속 물질로 구성돼 있었다. 이 거대한 심해 굴뚝을 구성하는 주재료는 황이었는데, 황은 이용 가치가 높고 가채매장량도 커서 수요가 점점 커질 것으로 예상되는 물질이다.

최근 진행된 조사에 따르면 엄청나게 많은 수의 블랙 스모커와 화이트 스모커가 무너져 내리면서 해저 대규모 황화물Seafloor Massive Sulfide, SMS 축적 지대가 생겼다고 한다. 이 축적 지대에는 쉽게 가늠하기 어려울 정도로 어마어마한 양의 구리, 황, 아연, 금, 은이 흩어져 있다. 해저 굴뚝에서 떨어져 나온 금속성 물질은 마치 지구에 떨어진 운석 조각처럼 깊은 바다 아래에서 반짝이고 있다. 이미 앨빈호를 비롯해 비슷한 종류의 잠수정들이 상당한 양의 황화물 파편들을 물 밖으로 끄집어냈다.

심해열수공이 발견되고 수년간, 전 세계 광산업계에서는 깊은 바닷속에 깔린 금속성 물질들을 차지할 방법을 고안하기 위해 머리를 짜냈다. 하지만 열렬한 반응을 보였던 기업들도 행동을 취하는 데는 상당히 조심스러워했다. 1960년대에 과도한 망간 채굴 경쟁으로 과열된 산업이 갑자기 위축되면서 광산업계가 전반적으로 침체돼 있었기 때문이다. 깊은 바다 밑에 가라앉은 수십억 톤의 광물을 해수면으로 퍼 올리려면 천문학적인 비용이 필요했다. 이에 반해 황화물 축적 지대에는 훨씬 더 많은 양의 광물이 쌓여 있을 뿐만 아니라, 중앙해령 근처에 자리했기에 깊이도 비교적 얕은 편에 속했다. 광물들이 지금과 같이 높은 가격을 유지한다는 가정하에 몇 가지 기술적인 문제만 해결한다면 축적 지대의 광물로 백만장자가 되는 것은 시간문제였다.

노틸러스 미네랄Nautilus Mineral이라는 캐나다 기업이 블랙 스모커의 잔해에서 광물을 캐내는 사업에 최초로 뛰어들었다. 기업은 축적 지대

두 군데를 공략하기로 했는데, 둘 다 태평양 불의 고리 위에 자리하고 있었다. 하나는 파푸아뉴기니 북쪽 비스마르크해에서 발견됐다. 뉴브리튼섬에서 뉴아일랜드섬으로 가는 길목에 자리한 이 축적 지대는 불운하기로 유명한 라바울■에서 대략 50킬로미터 떨어져 있었다. 다른 축적 지대는 통가왕국 서쪽에 자리했다. 노틸러스에서 3킬로미터 깊이에 가라앉아 있는 수천 톤의 광물을 추출해내기 위해 고안한 방법은 아주 기발했다. 하지만 환경 단체의 시선은 곱지 않았다.

유엔에서는 심해 채광 활동에 관련된 규칙을 정립하기 위해 자메이카에 국제해저기구International Seabed Authority, ISA라는 규제 기관을 설립했다. 노틸러스에서 처음으로 선정한 축적 지대인 파푸아뉴기니와 통가는 모두 캐나다의 토지관할 지역에 속했기에 유엔에서 제정한 규칙이 적용되지 않았다. 하지만 노틸러스에서 눈독을 들이고 있던 또 다른 축적 지대는 하와이에서 동남쪽으로 800킬로미터가량 떨어진 바다에서 멕시코 해안까지, 520만 제곱킬로미터에 이르는 거대한 클라리온 클리퍼턴 균열대에 속해 있었다. 미국은 ISA가 제정한 국제해양법조Law of the Sea convention에 서명하기를 거부했지만, 어쨌든 이 지역은 ISA의 권한 아래 있다. 아직까지는 수 킬로미터 아래의 차갑고 어두운 바다에

---

■ 라바울은 불행한 역사를 지녔다. 여기에서 끔찍한 전쟁이 일어나기도 했다. 한때 라바울은 일본 해군 기지로 쓰였는데, 연합군의 공습으로 도시가 고립된 지 얼마 지나지 않아 방어선이 완전히 무너졌고, 일본이 패망을 선언하기 직전에는 오스트레일리아 전투기가 시시때때로 퍼붓는 공격 때문에 멀쩡한 구석을 찾아보기 어려울 지경이었다. 1944년에는 불의 고리 위에 자리한 근처 화산 두 개가 폭발하면서 라바울에 살던 수많은 사람이 목숨을 잃었고, 남은 인원은 도시 밖으로 급히 대피했다. 화산 폭발로 거의 모든 건축물이 파괴됐으며, 끔찍한 자연재해가 휩쓸고 간 자리에는 뽀얀 화산재만이 소복이 쌓였다. 화산은 최근 몇 년 동안 잠잠한 상태를 유지하고 있지만, 폐허가 됐던 도시는 아직까지도 예전의 모습을 완벽히 되찾지 못하고 있다.

서 자원을 바다 위로 끌어 올릴 만한 기술이 개발되지 않았기에 ISA가 클라리온클리퍼턴 균열대에 쌓여 있는 광물을 개발하는 데 통제를 가할 만한 상황은 발생하지 않았다. 아마도 시간이 꽤 흘러야 이 해양법이 실질적으로 적용될 것이다.

하지만 파푸아뉴기니와 통가처럼 규제 대상에 속하지 않는 비교적 얕은 바다에서 광물자원을 캐내는 기술은 개발 중에 있다. 노틸러스는 어마어마한 양의 황이 가라앉아 있다고 알려진 1,500미터 깊이의 바다에 '해저개발 툴'이라고 통틀어 지칭되는 기계 세 대를 투입할 예정이다. 노틸러스에서 선택한 기계는 무선으로 조종되는 로봇인데, 거대한 로봇은 바다 아래를 기어 다니면서 뛰어난 성능을 자랑할 것이었다. 물론 방수다. 잉글랜드 동북부의 공업 도시 뉴캐슬에 본거지를 둔 기업인 소일머신 다이내믹스Soil Machine Dynamics에서 이러한 해저개발 툴을 생산하고 있다. 소일머신 다이내믹스는 '전 세계 곳곳에 자리한 위험하고 접근하기 힘든 환경에 투입되는 무선조종 장치'를 만드는 데 특화된 기업으로 유명하다.

조르디인(잉글랜드 동북부 출신을 일컫는 말 – 옮긴이) 노동자들은 오랫동안 선박용 증기터빈을 생산하던 공장 바닥에 옹기종기 모여 앉아 산처럼 쌓인 엔진을 조립하고 있다. 한때 세계 조선 산업의 중심지였던 뉴캐슬에서는 영국 해군 구축함과 유조선, 상선 등 거대한 선박을 건조해 세계로 수출하곤 했다. 이제 뉴캐슬 조선소에서 선박이 건조되는 모습을 찾아보기는 어렵게 되었지만, 과거에 선박을 조립하던 공장에서 구축함만큼 거대하고 유조선만큼 단단한 새로운 기계가 생산되고 있다. 이 기계는 바다 위를 미끄러지는 대신 깊은 바다 아래를 기어 다니고, 바다를 건너 화물을 운반하는 대신 해저에서 광물을 끄집어낼 것이다.

노틸러스가 개발 작업에 투입하기로 한 이 기계들은 압도적인 크기와 외양을 자랑한다. 기계에는 기다란 강철 팔과 날카로운 회전식 칼날이 부착돼 있는데, 거대한 집게발과 칼날은 자동차 한 대쯤은 거뜬히 들어 올릴 만큼 강력하다. 게다가 이 로봇들은 마치 탱크나 불도저처럼 거대한 트랙 바퀴로 이동하므로 심해에서 맞닥뜨릴 수 있는 수많은 장애물을 타 넘고, 가파른 경사를 오르고, 깊은 골짜기를 통과할 수도 있다.

개발 현장에는 먼저 보조 절단기가 투입된다. 보조 절단기는 무시무시한 칼날로 암석 표면을 깎아내 널찍하고 판판한 공간을 만들어 대형 절단기를 내려놓을 만한 공간을 확보한다. 대형 절단기에 부착된 칼날은 200톤에 달하는 파괴력을 갖는데, 이 칼날을 이용해 장애물을 자르고, 부수고, 갈아낸 후 마침내 절벽에서 황을 캐낸다. 이렇게 힘들게 캐낸 황 무더기를 절벽을 따라 드문드문 쌓아두면 마침내 마지막 주자인 회수 로봇이 등장한다.

회수 로봇은 자동화된 덤프트럭과 비슷한데, 단지 그 크기가 여느 채굴장에서 쉽게 볼 수 있는 덤프트럭과는 비교가 안 될 정도로 거대할 뿐이다. 깊은 바다 아래에서 회수 로봇은 거대한 자동차 바퀴 대신 트랙 바퀴를 굴리며 이동한다. 3킬로미터 위 해수면에 대기 중인 모선에서 드론을 조종하듯 회수 로봇을 무선조종하는 조종사의 지시에 따라 로봇은 대형 절단기가 지나간 자리에 남겨진 황 무더기를 퍼올린다. 채광된 황을 선상으로 끌어 올리는 데는 슬러리 펌프와 수직 케이블이 쓰이는데, 열처리를 통해 강화된 3킬로미터 길이의 고무관은 거대한 코끼리 코처럼 광물을 수면의 해저광물 관리 선박으로 빨아들인다.

전에는 결코 본 적 없는 새로운 형태의 이 선박은 두바이에 기반을 둔 기업에서 제조한 것으로, 중국에서 건조됐다. 노틸러스는 해저광물 개발 프로젝트를 위해 이를 5년간 대여할 예정이다. 선박을 하루 대여하는 데에는 19만 9,910달러라는 천문학적인 비용이 들어간다. 이 선박은 해수면에 떠서, 깊은 바닷속을 기어 다니는 기계들을 지휘하는 통제탑 역할을 할 것이다. 선체 중앙부에 설치된 특수장치는 로봇 세 대를 투입해 해저에서 캐낸 어마어마한 양의 황과 해수 혼합물을 빨아들이는 3킬로미터 길이의 고무관과 연결된다. 광석이 갑판에 적당히 쌓이면 커다란 그물망을 이용해 탈수 작업을 하는데, 이때 광물에서 분리된 해수는 다시 바다로 쏟아버린다.

고체 상태의 황은 컨베이어 벨트를 이용해 주변에서 기다리고 있는 바지선으로 옮긴다. 광물을 그득 실은 바지선 함대는 태평양과 남중국해를 지나 4,800킬로미터 떨어진 양쯔강에 자리한 금속가공 공장으로 향할 것이다.

노틸러스는 바닷속에서 광물 1,000톤을 퍼 올리면 그중에 구리 70톤과 상당한 크기의 금은이 포함돼 있을 것이라 기대하고 있다. 기업은 주주들에게 일단 채굴 사업을 시작하기만 하면 개발에 들어간 비용을 회수하는 건 시간문제라고 큰소리치고 있다. 2018년부터 태평양에서 이러한 해저 자원 개발이 시작될 예정이다. 구리 공급이 수요를 따라잡지 못하는 현 상황에서 해저 채굴 사업은 전 세계적으로 큰 도움이 될 것이라고 노틸러스는 확신하고 있다.

노틸러스사 측은 진행 중인 사업이 태평양의 섬세한 자연환경을 해치지 않는다는 내용을 강조한 그럴듯한 광고 책자와 번드르르한 영상을 제작했다. 또한 환경영향 평가 보고서도 공개했는데, 심해 달팽이 두 종의 서식지가 파괴될 수도 있다는 내용이 포함돼 있었다. 하지만 노틸러스는 개발 지역을 손상시키지 않으면서 자원을 개발할 것이라고 주장했다. 개발 지역은 그렇다 치지만, 다른 자연환경에 대해서는 별다른 언급이 없었다.

항상 그렇듯 세계자연기금World Wildlife Fund, 지구의 벗Friends of the Earth, 그린피스Greenpeace와 같은 환경보호 단체들은 끝없는 이익을 추구하는 인간의 탐욕 때문에 해저 생태계가 파괴될 수도 있다는 사실에 염려를 드러냈다. 하지만 파푸아뉴기니 광산업 감시 기관Papua New Guinea Mine Watch에서 환경보호 단체에 반기를 들고 일어났다. 책을 집필하고 있는 이 시점에는 단순히 파푸아뉴기니 연안의 특정 지역에서 이루어지는 해저 채굴 작업뿐만 아니라 전반적인 작업 그 자체에 대해 첨예한 논쟁이 벌어지고 있는데, 찬반 양측 모두 나름대로 논리적인 근거를 제시하고 있다. 논점을 간단히 요약하자면 다음과 같다. '인류의 끝없는 욕심을 충족시키기 위해 아름다운 바다 생태계가 손상될 위험을 감수해야 할까?'

이 논란은 앞으로 펼쳐질 미래에 인류가 태평양을 어떻게 다룰지를 암시한다는 점에서 큰 의의를 갖는다. 태평양에 매장된 풍부한 자원을 이용해 이익을 취하려는 외부인들과, 오랫동안 태평양에 터를 잡고 살아가면서 충분한 관심과 보살핌으로 지속 가능한 개발을 추구하는 이들 사이에 갈등의 골은 좁혀지지 않고 있다.

논쟁은 상당히 복잡하게 얽혀 있다. 구리(노틸러스가 해저에서 개발하려고 계획 중인 것과 같은 종류) 소비를 제한하기 위해 BRIC(브라질, 러시아, 인도, 중국)을 제외한 다른 모든 개발도상국에서 광물 수요를 줄여야한다는 의견이 제시됐다. 그러면 개발도상국 국민들은 구리를 녹여 만든 제품을 누릴 수 없게 되는 것이다. 오늘날 고도로 기술화된 사회에서 구리는 온갖 기계를 구성하는 데 큰 역할을 하고 있으니, 구리가 없는 삶의 질은 확연히 떨어질 수밖에 없다.

물론 이 대책이 발표되자 개발도상국 국민들은 분노에 가득 차 불만을 토로했다. 이들은 서구인들이 오랫동안 너무나도 당연하게 누리던 권리를 어째서 자신들은 누릴 수 없는지 도저히 납득할 수 없었다. 과거 서구인들의 무분별한 소비로 인해 야기된 환경 파괴의 짐을 왜 개발도상국이 져야 하는가? 구리 공급량이 부족하다면 바닷속에 지천으로 널린 구리를 퍼 올리면 되지 않는가?

국제사회에서 이러한 주장을 받아들인다면 남태평양에서 최초의 해저 자원 채굴이 이루어질 것이다. 현재 분위기로 봤을 때 머지않아 개발 작업에 돌입할 가능성이 아주 높다. 이들은 깊은 바다 아래로 보조 절단기와 대형 절단기, 회수 로봇을 투입해 비스마르크 해저산맥을 깨고, 부수고, 갈아 해저를 쑥대밭으로 만들어놓고는 구리를 퍼 올릴 것이다. 바닷속이 아주 엉망이 될 것이라는 사실은 두말할 필요도 없다. 하지만 채굴 작업이 끝나고 더 이상 취할 이득이 남지 않으면 빛 한 줄기 들어오지 않는 깊은 바다를 다시 찾을 이는 없을 것이고, 마구 파헤쳐진 해저산맥은 까맣게 잊힐 것이다. 노틸러스의 임원과 주주는 두 다리를 쭉 뻗고서 잘 먹고, 잘 살고, 곧 더 많은 자원을 개발해내기 위해 새로운 태평양 프로젝트에 돌입할 것이다.

한편 앨빈호는 50년이 넘는 지난 세월 동안 쭉 그래왔듯, 더 깊은 바닷속으로 들어가 과학계를 들썩일 발견을 계속할 것이다. 하지만 이 조그마한 잠수정이 바닷속을 바쁘게 돌아다니면서 수면 밖으로 끄집어낸 놀라운 과학적 지식을 가지고 인류가 어떤 행동을 할지는 알 수 없는 일이다.

제9장

# 바다가 보내는 경고

1971년 4월 26일, 샌프란시스코 등대선이 퇴역하다.

1976년 7월 28일, 중국 탕산 대지진으로 30만 명이 목숨을 잃다.

1980년 5월 18일, 워싱턴 주의 세인트헬렌스 화산이 폭발하다.

**1981년 12월 12일,
그레이트배리어리프에서 산호 탈색 현상이 나타나다.**

1988년 3월 15일, 나사에서 오존층 파괴 현상을 발표하다.

1989년 10월 17일, 샌프란시스코에서 로마 프리에타 지진이 발생하다.

1991년 6월 15일, 필리핀 피나투보 화산이 폭발하다.

PACIFIC

꽃이 돌로 변했구나! 완전한 식물이라고는 할 수 없다.

배에 난 창문 밖으로 조지프 뱅크스의 깊은 수심이 보인다.

이 사랑스러운 풍경은 구름마저 라틴을 찾아오게 하네······.

–케네스 슬레서, '캡틴 쿡의 다섯 가지 비전', 1931

하늘과 바다가 완벽한 푸른빛을 뿜내던 어느 토요일, 초여름의 따뜻한 날씨를 즐기며 퀸즐랜드 중부 판도라 암초 근처의 얕은 바다에서 헤엄을 치던 찰리 베론Charlie Veron의 눈에 이상한 현상이 포착됐다. 베론은 앙증맞은 물고기 떼를 헤치고 알록달록한 산호가 군락을 이루고 있는 바다 밑으로 들어갔다. 군락을 이룬 산호는 다른 장소에서 찾아보기 힘든 희귀한 종류였다. 그는 이 산호에 고니오포라 판도라인시스Goniopora pandoraensis라는 학명을 붙였다.

군락을 이루는 산호는 대부분 노란색이나 짙은 갈색을 띠고 있었는데 중간중간 섞인 분홍색, 황토색, 파란색, 초록색 산호와 뚜렷한 대비를 보이며 아름다운 바닷속 광경을 조성하고 있었다. 이곳을 찾는 다이버와 관광객(일본인 관광객이 절대다수를 차지한다)이 점점 많아지면서 핀도리 암초는 금세 유명세를 얻었다. 하지만 초여름의 토요일에 베론의 시선을 끈 것은 고니오포라 군락 중심에 자리한 특이한 산호였다. 지름이 15센티미터 정도로 보이는 산호가 원형을 이루고 있었는데, 순백색을 띠고 있었다. 이는 매우 드문 경우였다.

그는 산호 군락지에 가까이 다가가 맨손으로 하얀 산호의 가장자리를 조심스럽게 건드려봤다. 산호 줄기 대부분이 단단한 걸로 보아 아직 살아 있는 상태였다. 게다가 줄기는 굉장히 날카로웠다. 만약 죽은 산호였다면 아주 미세한 충격에도 줄기가 산산조각 나서 고운 눈송이처럼 바닥으로 흩어져 내렸을 것이었다. 산호가 살아 있다는 사실을 확실히 확인했지만, 도저히 정상으로 보이지 않는 외양에 의구심을 품은 베론은 어쩌면 이 산호가 죽어가는 중이 아닐까 생각했다. 그는 방수 카메라를 꺼내 사진 한 장을 찍었다. 오랫동안 태평양 생물학계의 자존심이었던 오스트레일리아의 그레이트배리어리프에서 처음 발견된 순백색 산호는 앞으로 생태계에 심각한 변화를 가져올 산호 탈색 현상의 전조였다.

이는 바다(이 경우에는 태평양)의 상태가 심상치 않음을 알려주는 현상 중 하나였다.

동식물 연구자이자 과학자이며, 산호 전문가였던 베론은 환상적인 아름다움을 뽐내는 그레이트배리어리프를 1972년부터 조사하기 시작했다. 암초를 구성하는 단단한 산호를 발견하고, 그 모습을 묘사하

퀸즐랜드 해안을 따라 2,200킬로미터 넘게 펼쳐진 오스트레일리아의 그레이트배리어리프는 지구상에서 가장 규모가 큰 유기체로 자주 언급된다. 하지만 해수의 온도와 산성도가 올라가면서 오늘날 이 산호 서식지는 엄청나게 위험한 상황에 처해 있다. 산호는 지구온난화의 심각성을 보여주는 상징이다.

고, 종류를 분류하던 베론은 말년에 산호와 관련된 백과사전을 편찬했다. 현재까지 세상에 알려진 산호의 종류는 845개에 달하는데, 이 중 상당수는 베론의 업적이다. 이렇듯 산호에 해박한 지식을 가졌던 이 산호 전문가는 하얀 산호를 발견한 그날 즉시 뭔가 잘못됐음을 느꼈다. 시간이 지나자 산호의 색깔이 빠지는 이 현상은 전 세계 열대지방으로 번져나갔다. 훗날 베론은 이렇게 말했다. "무어라 형용할 수 없을 정도로 끔찍했다. 수백 년 동안 바다를 지켜오던 산호가 하얗게 탈색되더니 죽어버렸다. 이는 최근에 들어서야 발생한 현상이다."

탈색 현상이 발견된 지 얼마 지나지 않았다는 사실은 매우 중요했다. 당시에는 그 원인이 무엇인지 밝혀지지 않았으나, 최근 들어 발생한 어떤 외부적인 요인이 이 아름답고 섬세한 생물을 하얗게 시들게 하고,

끝내 죽게 만들었다는 의미였기 때문이다.

베론의 친구이자 동료였던 오베 호그굴드버그Ove Hoegh-Guldberg는 산호가 세계적인 기후변화를 나타내는 지표로 작용하고 있으며, 산호를 통해 앞으로 나타날 기후변화를 상당히 정확하게 예측할 수 있다고 이미 주장한 적이 있다. 그는 산호(식물에 가까운 외양이지만 엄연한 동물로 바위 위에 성을 지어 생활하고 있다. 이 때문에 생물학, 식물학, 광물학 세 분야에 모두 영향을 준다)가 바다를 치장하는 단순한 장식품 이상의 역할을 한다고 오랫동안 생각해왔다. 산호는 서식지에 일어나는 아주 작은 변화에도 매우 민감하게 반응하는 생물체로, 이러한 습성을 잘 이용하면 지구의 환경 변화를 예측하는 데 큰 도움이 될 수 있다.

오스트레일리아의 초여름, 판도라 암초에서 발견된 현상도 마찬가지다. 그날 발견된 하얀 산호는 경고신호였다. 산호 군락지의 아주 미세한 변화를 포착한 찰리 베론은 산호가 보내는 경고신호를 최초로 받아들인 인물이었다. 오스트레일리아 앞바다에서 이상 현상을 발견한 베론은 일생을 바쳐 산호초의 중요성을 세상에 알리기로 결심했다. 그는 산호의 아름다움과 섬세함, 연약함과 더불어 다가오는 위험을 경고하는 놀라운 능력을 강조했다.


**자연의 보고**

**그레이트배리어리프**

태평양에는 대서양보다 두 배 더 많은 종류의 산호가 서식하는 등 어마어마한 양의 산호가 살아가고 있다. 태평양에 자리한 산호섬은 수천 개에 이르며, 산호초는 셀 수 없이 많다. 그중에서도 태평양 남쪽 가장자리, 해저의 지면이 불쑥 솟아오르는 오스트레일리아 동부 해변과 산호해가 만나는 장소는 독보적인 존재감을 가진다. 이곳에는 산호섬 3,900개가 2,200킬로미터 길이에 이르는 그레이트배리어리프를 형성하고 있다.

판다와 흰긴수염고래가 포유류의 아름다움과 비영속성을 상징하고, 다랑어와 그랜드뱅크스의 대구, 도도새와 큰바다오리, 일본의 벚나무가 자연의 연약함을 대표하듯 그레이트배리어리프는 아슬아슬하게 균형 잡힌 지구의 섬세함을 나타냈다. 이 거대한 산호초 지대는 쉽게 수그러드는 산호의 생명이나 해양생태계를 넘어, 지구를 구성하는 전체 생명체의 존속 여부를 점쳤다. 과학계에서는 그레이트배리어리프의 상태가 곧 지구 자연계의 상태와 같다고 주장한다.

오스트레일리아의 그레이트배리어리프는 어마어마한 크기를 자랑한다. 이는 지구상에서 가장 거대한 산호초 지대로, 바하마와 홍해, 멕시코 유카탄반도의 벨리즈, 과테말라, 플로리다, 중국, 그리고 이제는 반쯤 자취를 감춘 차고스 뱅크, 인도양 등 전 세계에 자리한 어떤 산호초 지대라도 길이나, 면적에서 오스트레일리아의 위풍당당한 산호초와는 비교가 안 된다. 그 규모가 어찌나 큰지, 반짝이는 글래드스톤*의 열

---

■ 그레이트배리어리프는 글래드스톤 해안에서부터 200킬로미터 떨어진 바다에 자리한다. 1770년 5월, 제임스 쿡이 조그마한 범선인 인데버호를 타고 잔잔하게 찰랑이는 오스트레일리아 연안을 항해할 당시 선박을 엄청난 위험으로 몰아넣을 수도 있는 이 치명적인 암초의 존재는 아직 알려지지 않은 상태였다. 제임스 쿡의 배가 북쪽으로 올라갈수록 산호초는 점점 가까워졌다. 결국 인데버호는 뾰족한 산호초에 충돌해 반파되는 지경에 이르렀다. 선장과 선원들은 초인적인 노력으로 뱃머리를 돌려 산호초 지대에서 빠져나오는 데 성공했다. 제임스 쿡은 너덜너덜해진 배를 이끌고 오늘날 쿡타운이 자리한 강 하구로 진입했다. 오스트레일리아 원주민들이 언덕 위에서 이들의 모습을 내려다보고 있었다. 이들은 제임스 쿡이 그

대 바다에서부터 탁한 토러스해협 하구에 이르기까지, 북서부로 이어지는 해안을 따라 자리한 산호초 지대는 우주에서도 옅은 초록빛으로 확인될 정도라고 한다.

지구 전체 면적으로 보면 겨우 0.2퍼센트에 해당하는 좁은 지역만 뒤덮고 있는 산호초 지대는 놀라우리만큼 다양한 해양 생물의 보금자리 역할을 하고 있다. 차지하는 면적이 작더라도 산호의 중요성은 결코 무시할 수 없다. 뇌산호, 석산호, 기둥산호, 접시산호를 비롯해 400종이 넘는 산호가 그레이트배리어리프를 구성하고 있다. 오스트레일리아 앞바다에 서식하는 해양 생물의 25퍼센트는 이렇듯 다양한 구성을 보여주는 거대한 산호초에 몸을 숨기며 살아간다. 산호초는 해안 지대를 보호하고, 물고기들에게 아늑한 집을 제공하고, 근처에 터를 잡은 인간들에게는 아름다운 보물을 선사한다. 이뿐만이 아니다. 산호사에 의해 생성된 석회암 물질은 대기 중의 이산화탄소를 흡수하는데, 산호의 사체나 마찬가지인 이 석회암은 지구의 탄소순환에 지대한 영향을 미친다.

산호초는 수많은 생명이 살아가는 터전으로, 활기가 가득하지만 한편으로는 섬세하고 쉽게 파괴되며 오늘날 심각한 위기에 처해 있다는 점에서 열대우림과 비슷하다. 작은 보트를 타고 산호초가 수놓인 얕은 바다로 나가 스노클링용 수경을 쓰고 따뜻한 물에 첨벙 뛰어들면 눈앞에 펼쳐진 아름다운 광경이 혼을 쏙 빼놓는다. 손을 뻗으면 닿을 거리에서 온갖 생명체가 축제를 벌이고 있는 듯하다. 갖가지 종류의 산호

---

지역에 '케이프 트리뷸레이션(Cape Tribulation)'이라는 이름을 붙이든지 말든지 조금도 신경 쓰지 않았다.

와 바다 아네모네가 바닥을 뒤덮고, 조개들이 입을 뻐끔댄다. 부드럽게 이어지는 산호초 지대의 경사면에는 손바닥만 한 크기의 게들이 종종걸음을 치고 있다. 산호 기둥 사이로는 각도에 따라 오묘한 색을 띠는 자그마한 물고기들이 노란색 줄무늬를 뽐내며 바쁘게 돌아다닌다. 갑자기 쏟아지는 햇살에 이 물고기들이 푸르게 빛나며 신비함을 더한다. 은빛 비늘의 큰 물고기들이 물살을 따라 유유자적 헤엄치고 있다. 산호초 아래 모랫바다을 유심히 살펴보면 고운 모래 알갱이 사이로 몸을 숨기거나 초록빛 바다로 고개를 살짝 내미는 작은 생물체들이 눈에 띈다. 은빛 물결이 이는 수면 아래, 이렇듯 사랑스러운 풍경이 부드럽게 흐르는 해류를 따라 끊임없이 흔들리고 있다.

그레이트배리어리프에는 1,500종이 넘는 다양한 동식물이 생태계를 이루고 있다. 오스트레일리아 앞바다에 서식하는 거북, 돌고래, 매너티, 메기, 상어, 가오리, 크기가 작은 고래, 참돌고래는 해양생태계를 한층 더 다채롭고 풍부하게 만든다. 달팽이, 아네모네, 조개, 갯민숭이, 거머리말, 해마, 해초의 종류는 셀 수 없을 정도다. 수면 위에 떠 있는 모래섬들에는 아주 흉포한 바다 악어와 온순하다고 알려진 동식물이 함께 살아가고 있다. 이 모래섬들은 도요새와 백로의 주 서식지이기도 하다. 또한 그레이트배리어리프는 다양한 조류의 터전이기도 하다. 비교적 흔한 종인 바다 갈매기, 슴새, 열대조, 군함새, 오목눈이부터 해안에 터를 잡은 원주민들이 수천 년 동안 숭배해오던 고고한 흰배바다수리까지 온갖 종류의 바닷새를 찾아볼 수 있다.

최근까지 오스트레일리아 해양과학협회Australian Institute of Marine Science의 수석 과학자로 활동하던 찰리 베론은 그가 1981년 처음 목격한 탈색 현상의 원인을 정확히 파악했다. 일반적으로 산호의 폴립 내피 속에는 황록공생조류zooxanthellae라는 수많은 식물성 세포가 서식하고 있는데, 이 조류는 산호와 공생 관계를 이루며 살아간다. 체내의 황록공생조류가 광합성을 하면서 생성되는 산물은 산호에 필요한 양분을 공급한다. 안정적인 환경이 조성되면 조류는 산소를 생성하고, 산호는 산소를 이용해 뼈대를 구성하는 필수 물질인 탄산칼슘을 합성한다. 산호 뼈대를 기본으로 산호초가 형성되기 때문에, 이는 매우 중요하다. 그뿐만 아니라 황록공생조류는 산호에 색깔을 입히는 역할을 한다. 다시 한 번 강조하지만, 여기에는 안정적인 환경이라는 조건이 전제되어야 한다.

하지만 수많은 이유로 산호가 공생 관계에 있는 조류를 몸 밖으로 쫓아내는 경우가 발생하기도 한다. 조류의 도움이 없으면 산호는 생존에 필요한 산소나 포도당, 아미노산(조류의 광합성 활동에서 생성되던 부산물)을 흡수할 수 없다. 또한 황록공생조류가 체내에서 사라지면서 산호는 화사한 빛깔을 잃게 된다. 밖에서 보기에는 마치 몸에서 생명력이 빠져나가 죽음을 앞둔 환자처럼 창백한 모습이 되는 것이다. 이것이 바로 산호 탈색 현상이다. 산소와 포도당, 단백질을 공급받지 못하는 상태가 지속되면 산호는 결국 죽음에 이르고 만다.

베론은 고니오포라 산호와 황록공생조류가 서로에게 꼭 필요한 존재임에도, 산호가 조화를 이루고 사이좋게 살아가던 공생조류와의 관계를 이렇듯 갑작스럽게 끊어낸 이유를 추측해봤다. 원인은 스트레스였다. 산호는 변덕이 아주 심한 동물이다. 산호가 자리를 잡은 따뜻한 햇볕이 비치는 얕은 바다의 평화가 깨지면, 쇼크 상태에 빠진 산호는 스트레스를 견디지 못하고 곧장 황록공생조류를 방출시킨다. 산호는 주로 바다의 수온이 올라가거나 산성도가 높아지면 그 변화를 견뎌내질 못하고 스트레스를 받는다. 1980년대에 발견된 탈색 현상의 원인도 마찬가지였다. 수온 상승의 정확한 원인이 밝혀지지는 않았지만, 1980년대 당시 바다의 평균 온도가 섭씨 1도가량 높아졌다. 날씨가 더워지자 수온이 상승한 바닷물을 견디다 못한 산호가 눈에 띄게 극적인 반응을 보였다. 상황은 점점 악화됐다.

색깔을 잃은 산호가 처음으로 발견된 지 채 몇 주가 지나지 않아 탈색 현상은 넓은 지역으로 퍼져나갔다. 심지어 태평양 바깥에서도 쇼크 상태에 빠진 산호가 모습을 드러냈다. 판도라 암초에서 탈색 현상이 일어난 비슷한 시기에 1만 3,000킬로미터 떨어진 갈라파고스제도의 산호 군락에서도 같은 현상이 발견됐다. 이는 1981~1982년에 오스트레일리아에서 발생한 세계 최초의 대규모 산호 탈색 현상이 비단 오스트레일리아만의 문제가 아니라 세계적인 문제라는 뜻이었다.

역설적이게도 판도라 암초의 백색 산호가 베론의 눈에 띄기 몇 주 전, 유네스코에서는 그레이트배리어리프를 세계문화유산으로 등재했다. 이는 자랑스럽게 여길 만한 일이었으나, 한편으로는 이제 공식적으로 전 인류의 경외의 대상이 된 거대한 산호 지대를 오스트레일리아에서 잘 관리하고 있는지 온 세계가 주목하고 있다는 점에서 상당한 부담이기도 했다. 그레이트배리어리프에서 발생하는 모든 문제는 오스트레일리아의 책임이었다. 위대한 영광을 손에 쥔 오스트레일리아는 이제 막중한 의무도 등에 업었다.

첫 탈색 현상이 발견된 이후로 산호는 쭉 힘든 시기를 보내고 있다. 1997~1998년에 홍해의 안다만제도 근처에 서식하는 산호에서 끔찍한 탈색 현상이 발생했다. 이곳에 서식하던 산호는 높은 수온에도 잘 견디는 특성을 갖고 있었는데, 그럼에도 불구하고 바닷물의 온도가 너무 높아지자 극심한 스트레스 상태에 놓인 산호가 몽땅 죽어버렸다. 2001년에는 이보다 넓은 지역에서 산호 탈색 현상이 발생하며 수많은 산호가 죽음에 이르렀고, 권위 있는 해양생물학자들은 향후 50년 내에 지구상에 존재하는 모든 산호초가 사라질 수도 있다는 예상을 내놨다.

이미 오스트레일리아에서는 기존에 서식하던 산호의 절반이 사라졌다. 그중 대부분은 1998년 오스트레일리아 앞바다에 퍼진 탈색 현상에서 발생한 손실이다. 오늘날 산호를 되살리기 위해 과학계에서는 온갖 노력을 쏟아붓고 있다. 하와이의 연구소에서는 실험을 통해 열에 강한 산호 종을 개량해내며 어느 정도 성공을 거두기도 했다. 하지만 이는 다가오는 재앙을 잠시 미뤄두는 역할밖에 하지 못한다. 대부분의 과학자는 해수의 온도가 상승하고 바다가 산성화되면서 산호가 지금과 같은 위험에 처했다고 믿고 있다.▪ 인류의 무분별한 행동이 이러한 환경 변화를 일으켰는지에 관해서는 아직까지 찬반 양측이 첨예하게 대립하고 있다. 하지만 격심한 환경 변화에 우려의 목소리가 점점 커지고 있으며, 이제 와서 사태를 되돌리는 것은 불가능하

---

▪ 이의를 제기하는 과학자도 있었다. 소수의 대기과학자들은 기후변화와 산호 파괴 사이에는 큰 연관성이 없다고 지속적으로 주장하고 있다. 이들은 세심하게 관리되고 있는 쿠바의 산호 지대는 거의 파괴되지 않았다는 점을 들어, 엄격한 제재가 가해지지 않는 국가에서 생성되는 오염 물질이 산호 지대를 망치고 있다고 했다.

고, 머지않아 산호는 화석의 형태로만 남을 수 있다는 예측까지 나오고 있다.

## 악마불가사리보다 무서운

### 환경오염

가장 큰 위험 요인으로 꼽히는 것은 현지의 환경오염이다. 퀸즐랜드의 수많은 강을 통해 바다로 유입되는 어마어마한 양의 화학비료와 농약, 제초제와 가축 배설물은 산호에 엄청나게 치명적이다. 이뿐만 아니라 그레이트배리어리프를 찾은 무신경한 관광객들의 만행(보트 위와 바닷속에서의 부주의한 행동, 기념품으로 산호를 꺾는 행위 등이 이에 속한다) 역시 산호에 상당한 악영향을 끼친다. 보호구역에서 조업을 펼치는 열성적인 어부들도 문제다. 국제사회에서는 이러한 행동들이 한데 섞여 산호 생태계를 파괴하는 데 박차를 가하고 있다며 손가락질을 하고 있다.

과거 몇 년 동안 산호는 살아남기 위해 악명 높은 악마불가사리와 맞서 싸워야 했다. 무엇이든 가리지 않고 먹어치우는 이 불가사리는 최대 21개에 달하는 팔과 수천 개에 이르는 뾰족한 가시가 있으며, 마치 세제를 푼 듯 부글거리는 독성 강한 거품을 뿜어냈다. 거대한 불가사리는 배로 산호를 완전히 덮고서는 바로 그 자리에서 소화시키기 시작한다. 악마불가사리 한 마리는 1년에 168제곱킬로미터에 달하는 산호초 지대를 초토화시킬 수 있다.

악마불가사리를 퇴치하기 위한 여러 가지 해결책이 등장했다. 그중 하나로 불가사리의 천적인 나팔고둥의 개체를 증가시키는 방법이 있었다. 나팔고둥은 바다달팽이의 일종으로 날카로운 혀를 사용해 불가사리를 찢어 죽인다고 알려져 있다. 다른 기발한 방법은 잠수부가 불가사리에 화학약품을 주사해 결국 말라 죽게 만드는 것이었다. 이 약품은 다른 생물에는 해가 되지 않지만 불가사리에 주입하면 몸에 수포가 잡혀 결국 시들어 죽고 말았다. 솜씨 좋은 잠수부는 1분 만에 불가사리를 두 마리나 처리하는 노련함을 뽐냈다. 마침내 불가사리 퇴치 작업이 끝났다. 또 언제 불가사리가 등장할지 모르지만, 잠시 동안이라도 산호는 불가사리의 공격에서 안전해졌다.

하지만 산호를 위협하는 더 큰 위험이 도사리고 있었다. 오스트레일리아의 해양공원 당국은 1975년 오스트레일리아의 아름다운 산호초 지대를 보호하기 위해 설립된 정부 산하기관이며(그레이트배리어리프를 방문한 관광객들이 지불한 입장료로 운영된다), 산호를 해칠 수 있는 행동에 제재를 가할 권한을 갖는다. 당국에서는 산호초 지대를 파괴하는 주범으로 기후변화를 꼽았다. 하지만 해양공원 당국이 기후변화보다 더 빠르게, 더 큰 위험을 산호에 끼칠 수 있는 개발 프로젝트에 허가를 내어주면서 당국이 책임을 다하지 않고 있다는 비난의 목소리가 커졌다.

퀸즐랜드주 해안을 따라가다 보면 중간쯤에 자리한 보언의 애벗 포인트에 거대한 석탄 수출 항구를 새로 건설하겠다는 개발계획이 대표적이다. 이 항구는 휘트선데이제도, 헤이먼섬, 에얼리 비치, 린데먼섬을 비롯해 그레이트배리어리프에서 가장 아름답기로 소문이 자자한 장소 바로 옆에 세워질 예정이다. 항구를 건설하고, 적재 부두에 접근하는 항로를 만들기 위해 바닷속에서 수백만 톤에 달하는 흙과 모래를 파내는 작업은 엄청난 흙먼지를 일으킬 것이고, 이로 인해 산호와 해초가 살아가는 데 꼭 필요한 맑은 물은 뿌옇게 흐려질 것이다. 오스트레일리아는 잠깐의 경제적인 이익과 넓은 세계가 품은 오랜 희망을 맞바꾸기로 결정했다.

빠르게 성장하는 동아시아(특히 중국) 국가들은 오스트레일리아에 매장된 엄청난 양의 광물자원을 필요로 하고 있다. 수많은 오스트레일리아 사람은 광물 수출을 통해 막대한 이익을 챙겼다. 최근 전 세계를 강타한 경제 위기조차 광물자원 수출로 국고를 가득 채운 오스트레일리아를 흔들 수는 없었다. 세계 각국의 수많은 사람이 허리띠를 졸라매고 소비를 줄일 때조차 오스트레일리아 사람들은 높은 생활수준을 유지할 수 있었다. 오스트레일리아의 최대 수출국은 중국이다. 중국이 오스트레일리아에서 사들이는 광물의 양은 오스트레일리아 전체 광물자원 수출량의 3분의 1이 넘는데, 석탄과 철광석이 그중 70퍼센트를 차지한다.

오스트레일리아 정부는 이와 같은 무역 추세를 유지하기 위해 지원을 아끼지 않고 있다. 오스트레일리아 환경부는 2013년에 애벗 포인트 항구 건설 계획을 승인했고, 정부에서 운영하는 해양공원 당국이 개발에 필요한 허가증을 발급했다. 환경을 보호하기 위해 설립된 두 오스트레일리아 기관에서 해양생태계 대신 석탄 채굴 산업을 보호하기로 했고, 그 결과 국제사회의 거센 비난을 받았다.

해양생태계에 대한 정보와 과학 지식이 전혀 없는 사람조차 산호와 석탄을 뒤섞어놓는 게 좋은 아이디어는 아니라고 생각할 것이다.

2010년 4월, 석탄을 가득 실은 중국 화물선인 선넝 1호가 록햄프턴의 석탄 하역 부두를 떠나는 길에 좌초되면서 기름이 유출되는 사고가 일어났다. 5제곱킬로미터에 달하는 오스트레일리아 앞바다가 오염됐고, 온 나라가 발칵 뒤집혔다. 선원들의 피로 누적이 사고의 원인이라고 했다. 현장에서 체포된 선장과 항해사들은 어리둥절한 표정으로 지방법원에 출두했지만, 이들은 곧 보석금을 내고 풀려나 고향으로 돌아갔다. 배에 부딪힌 산호초가 회복하는 데는 최소 30년이 걸릴 것이다. 어쩌면 영영 이전과 같은 모습으로 돌아가지 못할 가능성도 있다. 해양공원 당국은 이런 불미스러운 사고가 다신 발생하지 않도록 엄격한 규칙을 제정하겠노라 굳게 약속했다. 하지만 기름 유출 사고가 일어난 지 겨우 3년이 지났을 뿐인데 사고 현장에서 얼마 떨어지지 않은 곳에 석탄 수출 항구를 건설하겠다는 계획에 허가증을 내준 걸 보니, 중국의 막대한 자본은 망각이라는 힘을 가진 듯하다.

찰리 베론은 아름다운 산호가 파괴될 것이라는 생각에 비통함을 감추지 못했다. 그는 머리 꼭대기까지 화가 났다. 해양공원 당국이 애벗포인트 준설 계획에 허가를 내려줬다는 소식을 들은 베론은 산호 지대를 보호할 의무를 지닌 공공기관에서 '자살행위'나 마찬가지인 결정을 내렸다며 강한 반발심을 보였다. 2015년 초 세계자연기금은 오스트레일리아 정부와 정부 산하기관이 경제적인 이익에 눈이 멀어 지구의 생태계를 내주고 중국의 자본을 취했다며 날카롭게 비난했다.

1만 6,000킬로미터 떨어진 제네바의 유네스코 본부에서 보인 반응도 별반 다르지 않았다. 이들은 그레이트배리어리프의 세계문화유산 지위가 위험할 수 있다고 경고했다. 상황이 심각해지면 지위 자체를 박탈당할 가능성도 있었다. 실제로 세계문화유산의 지위가 해제된다면 오스트레일리아는 공개적인 망신을 당하는 셈이다. 하지만 산호와 석탄 사이에서 그저 아름답기만 한 산호초를 선택했을 때의 기회비용을 생각하면, 오스트레일리아가 중국에 석탄을 수출하고 벌어들이는 어마어마한 이익을 포기할 리 없다. 현대 태평양에서는 경제력이 곧 국가의 지위를 상징하기 때문이다.

## 아름다운 깃털 망토의
### 경고

내가 세상에서 가장 아름답다고 생각하고 오랫동안 깊은 경외감을 지녔던 작품은 영국 옥스퍼드의 피트리버스 박물관 깊숙한 곳에 우뚝 서 있는 2미터 높이의 거대한 상자 안에 보관돼 있다. 작품을 보호하는 상자는 마호가니와 유리로 짜여 있는데, 혹여나 햇빛에 귀중한 예술품이 바랠까 봐 박물관 창문에는 두꺼운 벨벳 커튼을 쳐놨다. 상자 옆쪽에 설치된 버튼을 누르면 작품에 손상을 가하지 않도록 철저히 계산해서 불이 들어오는 시간을 설정해둔 인공조명이 부드러운 빛으로 작품을 감싸 안는다.

이 작품은 아주 섬세하고 오래됐으며 믿을 수 없을 만큼 선명한 색채를 뿜낸다. 눈이 부신 빨강과 노랑이 한 줄 한 줄 빽빽하게 들어차 있고, 그 사이로 심연 같은 깊은 검정이 초승달처럼 유려한 곡선을 이루고 있다. 이는 과거 하와이 왕족들만이 착용하던 망토다. 아후울라 ahuʻula라는 이 망토는 깃털로 만든 둥그런 원반 모양의 장식을 올린 투구인 마히올레mahiole와 함께 착용하는 경우가 많았다. 먼 옛날 하와이인들은 화려한 깃털 수십만 개를 손으로 하나하나 엮어서 왕족의 망토를 만들었다. 하지만 이 과정에서 목숨을 잃은 새는 단 한 마리도 없었다고 한다. 세상에 몇 남지 않은 이 망토는 생명의 존엄성이 깃들어 있다는 점에서 값어치를 매길 수 없을 정도로 귀하다.

평범한 백파이프부터 토템을 조각해놓은 기둥, 카누, 과거 파푸아치과 의사들이 사용하던 도구와 미국 대평원에서 가죽을 벗겨내는 데 사용하던 기구, 심지어는 사람의 머릿속을 파내 만든 쪼그라든 머리shrunken head까지, 옥스퍼드의 작은 박물관은 50만 개가 넘는 소장품을 보유하고 있다. 피트리버스 박물관의 소장품 목록에 하와이 왕족의 망토가 추가된 지는 150년이 넘었는데, 오랫동안 허드슨 베이 컴퍼니Hudson's Bay Company 몬트리올 지사의 관리자로 재직하던 조지 심프슨George Simpson이 하와이 왕족의 망토를 영국으로 가져왔다고 알려져 있다. 심프슨 경은 은퇴 후에 비서를 대동하고 세계 여행에 나섰는데, 1842년 태평양을 횡단하던 중 샌드위치제도를 방문했고, 훗날 이 섬에 하와이라는 이름이 붙었다.

하와이에서 그는 병상에 누운 아버지를 대신해 나라를 다스리던 케카울루오히Kekauluohi 공주를 만났다. 심프슨이 하와이를 방문했을 당시 제국주의적 야욕에 불타오르던 서구 열강은 태평양을 차지하기 위해 혈안이 돼 있었는데, 이들은 하와이의 통치권을 손에 넣고 마침내는 식민지로 삼으려는 열망에 가득 차 있었다. 미국을 비롯해 프랑스, 벨기에, 그리고 전 세계에 식민지를 둔 영국까지 섬에 영향력을 미치기 위해 갖은 애를 다 쓰고 있었다.

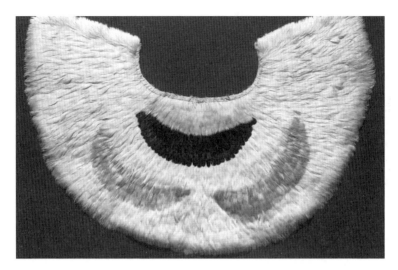

상징적인 의미를 지닌 하와이의 아름다운 깃털 망토 아후울라는 과거 섬의 조류 생태계가 오늘날과는 비교할
수 없을 만큼 풍요로웠음을 보여준다. 하와이 사람들이 망토의 재료인 빨강, 노랑, 검정 깃털을 구하기 위해 새
들을 다치게 하는 일은 없었다고 한다. 그러나 외부인들이 하와이에 유입되면서 서식 중이던 조류가 멸종되기
시작했다.

심프슨은 하와이가 그 누구의 손에 들어가서도 안 된다고 생각했다.
개인적인 견해와, 허드슨 베이 컴퍼니가 무역으로 취하고 있는 이익을
두루 따져봤을 때 심프슨은 하와이가 모든 외부의 영향에서부터 독립
적인 입장을 취해야 한다고 생각했다. 그는 자신의 의견을 젊은 공주
에게 넌지시 건넸다. 공주는 심프슨이 자신과 같은 입장이라는 사실에
크게 기뻐하며 하인을 시켜 공주의 개인 금고에 보관 중이던 아후울라
중 가장 크고 화려한 것을 가져오도록 했다. 공주는 이 망토를 심프슨
에게 하사하며, 아내에게 선물하라고 당부했다.

심프슨의 아내인 프랜시스 심프슨Frances Simpson이 실제로 이 망토를
착용했는지는 알 길이 없다. 심프슨이 세상을 떠난 뒤 망토는 어찌어찌
그의 지인이었던 오거스터스 피트 리버스Augustus Pitt River 장군에게 건네

졌다. 제임스 쿡의 도움으로 이미 풍성했던 피트 리버스 장군의 태평양 수집품 목록에 그렇게 하와이 왕족 망토가 포함됐다. 세월이 지나, 영국에서 가장 사랑받는 박물관인 옥스퍼드 피트리버스 박물관에 떡하니 한자리를 차지한 이 화려한 망토는 유리로 전면을 막아놓은 커다란 나무 상자 안에서 수많은 관람객의 눈길을 사로잡는다.

하와이 독립성▪의 상징물인 아후울라 망토는 피트리버스 박물관에서 고요히 존재감을 뽐내고 있다. 이뿐만 아니라 현대 태평양에 닥친 심각한 환경오염을 경고하는 역할도 한다. 망토는 한때 인류가 자연과 어떤 관계를 맺어왔는지, 그리고 시간이 지나면서 그 관계가 어떻게 변질됐는지 상기시켜준다. 오스트레일리아 원주민들은 오랫동안 그레이트배리어리프에 서식하는 동물들을 숭배해왔다. 그중에서도 이제는 멸종 위기에 처한 흰배바다수리는 많은 원주민 부족의 강력한 토템 역할을 했다. 아후울라 망토를 구성하는 빽빽한 깃털은 하와이 부족민들이 주변을 둘러싼 자연환경, 특히 조류를 아주 소중히 여겼다는 증거라고 할 수 있다.

북태평양 열대지방 한복판, 마그마가 솟아오르는 뜨거운 지대 위에는 하와이에 속하는 화산섬 여덟 개가 떠 있는데, 이 화산섬 군도는 아마 세상에서 가장 고립된 지역일 것이다. 갈라파고스제도와 마찬가지로 바깥세상에서부터 고립돼 외부 생태계의 영향권에서 거의 단절되

---

▪ 오늘날에도 하와이의 독립성을 보여주기 위한 행위는 계속되고 있다. 하와이의 지배층은 때때로 평화적 시위를 통해 외부 세계에 자신들이 가진 섬의 지배권이 굳건함을 증명하곤 한다. 최근 들어서는 중국이 하와이에 은근한 지지를 보내고 있다. 중국이 이러한 행동을 보일 때마다, 미국은 중국이 하와이 민족주의자들에게 제공한 원조와 비슷한 형태로 타이완을 원조한다(중국은 타이완을 완전히 속박하기 위해 노력하고 있다). 하지만 최근 들어 미국은 중국의 행동을 가벼운 도발 정도로 받아들이고 있다.

다시피 한 하와이 화산섬의 자연환경은 생물학자들이 현지 종의 진화 과정을 연구하고, 번식 행태를 조사하는 데 완벽한 조건을 제공하고 있다. 1990년대 말 호놀룰루 비숍 박물관이 실시한 조사를 통해 섬에 서식하고 있는 동물들의 엄청난 생식능력을 확인할 수 있는데, 화산섬 일대에서만 2만 1,000종이 넘는 동물이 발견됐다. 섬 위 육지에서 1만 5,000종, 강에서 300종, 근처 바다에서 5,500종이 터를 잡고 살아가고 있었다.

하지만 하와이의 조류 개체는 감소 추세다. 제임스 쿡이 하와이에 첫발을 딛고 유럽인들이 환상적인 열대 동식물 생태계를 침범하면서 현지에 서식하는 300종 중 16종 이상이 멸종했다. 물론 '하와이에 이미 거주하고 있던 현지인들은 섬의 자연환경에 어떠한 악영향도 미치지 않았으며, 야생동물이 멸종에 이르도록 한 모든 원인은 외부인들에게 있다'고만 주장할 수는 없다. 인류가 자연에서 이득을 취하려는 순간부터 자연은 훼손되기 마련이다. 하지만 하와이 원주민들이 조류 멸종에 끼친 영향이 외부인들보다는 훨씬 적다는 사실은 부정할 수 없다. 역설적으로, 새의 깃털을 뽑아 만든 망토의 존재가 이를 증명한다. 정확히 말하자면 망토를 제작하는 과정을 통해 과거 하와이 사람들이 그들을 둘러싼 자연환경을 얼마나 소중히 여겼는지 확인할 수 있다.

어쩌면 단순히 더 많은 이익을 취하기 위해 이러한 선택을 내렸을 수도 있다. 아름다운 망토를 계속해서 만들어내기 위해서는 수많은 깃털이 필요했고, 따라서 하와이 사람들은 조류 개체군을 유지해야 한다고 생각했을 수도 있다. 그게 아니면 이들은 그저 자연을 숭배하며 조류를 보호하기 위해 애썼을 수도 있다. 이유야 어쨌든 간에 깃털을 엮어 만든 망토는 하와이 사람들이 자연을 대하는 태도가 매우 조심스러웠음을 보여준다. 망토의 재료가 되는 깃털을 모으는 데는 엄청난 인내심이 필요했다.

망토 제작자들은 전통적으로 오오ʻōʻō와 이이위ʻiʻiwi, 두 새의 깃털을 사용했다. 오오(종소리와 비슷한 구슬픈 울음소리를 내서 이런 이름이 붙었다)에게서는 망토를 구성하는 노란색과 검은색 깃털을, 이이위에게서는 빨간색 깃털을 얻었다. 깃털을 얻기 위해 새를 포획하는 과정은 매우 빠르고 정확한 동시에 인도적이었다.

망토의 재료를 구하기 위해 노련한 새잡이는 목표물이 무리를 이루어 살아가는 골짜기로 올라갔다. 오오는 꽃에서 꿀을 빨아들일 수 있도록 구강 구조가 특이했는데, 사냥꾼은 꿀을 좋아하는 오오의 이 습성을 이용했다(오오는 꿀빨이새에 속했다). 사냥꾼은 오오가 앉은 나뭇가지 사이로 꿀이 잔뜩 발린 작대기를 조심스럽게 내밀었다. 달콤한 꿀 향기에 이끌려 작대기로 접근한 새는 끈적거리는 작대기에 붙어 꼼짝할 수가 없었다. 사냥꾼은 조심스럽게 작대기를 회수했다. 이들은 새의 반짝이는 노란 깃털(색이 가장 선명한 허벅지 부분의 깃털을 많이 뽑았다)과 밤처럼 새까만 가슴 깃털을 한 움큼 뽑아내고, 이물질을 닦아주고서는 자연으로 되돌려 보냈다. 새는 숲속으로 포르르 날아갔다.

이이위 깃털을 얻는 과정도 이와 비슷했지만, 이 자그마한 새는 꿀에 관심이 없었기에 사냥꾼들이 직접 나무를 타고 올라가야 했다. 이들은 나무 위에서 새가 근처 나뭇가지에 내려앉을 때까지 인내심을 가지고 기다렸다. 손이 닿는 거리에 새가 앉으면 뾰족하게 휘어 있는 부리에

쪼여 피를 보는 일이 없도록 조심하면서 재빠르게 새를 잡아챘다. 사냥꾼은 이이위 아랫배 부근에 난 빨간 깃털을 몇 개 뽑아낸 뒤 손바닥을 펼쳐 새를 날려 보냈다. 풀려난 새는 빨간 깃털을 펄럭이며 재빨리 나무들 사이로 사라졌다.

오오는 모두 네 종으로 분류됐는데, 오늘날에는 한 종도 남지 않고 전부 멸종했다고 알려져 있다. 다행이라 할 수 있을지는 모르겠지만, 이 새가 멸종된 시기는 마지막 깃털 망토가 제작되고 한참이 지난 후의 일이다. 오오가 멸종된 까닭은 명백했다. 조류말라리아에 유독 취약했던 오오는 모기에 물리면 며칠이 채 지나지 않아 죽고 말았다.

1934년 이후 하와이 본섬에서는 더 이상 오오를 볼 수 없었으며 1987년 카우아이섬에서 목격된 오오를 마지막으로 완전히 멸종했다고 한다. 나는 조류 관찰에는 특별한 능력이 없는데, 1970년대 말 이글대는 여름날 카우아이섬을 방문했을 때 운 좋게도 멸종 위기에 처한 새를 볼 수 있었다. 그날 나는 알라카이 늪지대에서 비를 주제로 글을 쓰고 있었다(섬 정상에서 느껴지는 강력한 비의 기운과 강수량이 매우 많은 아삼의 체라푼지에서 느껴지는 비의 기운을 비교하는 내용이었다). 갑자기 가이드가 내 팔에 손을 올리더니 움직이지 말라는 신호를 보냈다.

적막이 흐르는 가운데 열대우림 속에서 마치 플루트 소리 같기도 한 기분 좋은 울림이 들려왔다. 맑고 고운 소리였다. 1분쯤 지났을까, 소리가 멈췄다. 그러던 중 어딘가에서 작은 새 한 마리가 날아왔다. 가슴에 흰 반점이 있는 까만 새였는데, 짧은 꼬리는 위를 향하고 있었고 놀랍도록 선명한 노란 허벅지가 눈에 띄었다. 새에 관한 지식이라곤 전혀 없는 나조차도 그 새가 아주 특별하다는 사실을 눈치챌 수 있었다. 내 가이드는 열정적으로 고개를 끄덕였다. 그는 감격에 벅차올라 제대로 말도 하지 못했다. 그 새는 마지막 모호 브라카투스Moho braccatus(네 종의 오오 가운데 하나로, 카우아이오오로도 불린다 – 옮긴이)중 하나였다. 그 당시 세상에 남은 모호 브라카투스 개체는 20마리 남짓에 불과했다.

10년 뒤 모든 개체가 멸종했다. 이제 오오의 깃털은 하와이 왕족의 망토에나 남아 있다. 하와이 왕족도 거의 멸종된 것이나 마찬가지지만 말이다. 오오의 흔적은 하와이에서 태평양을 건너 옥스퍼드로 가면 온갖 기이한 소장품을 모아놓은 박물관에서, 현존하는 가장 아름다운 깃털만을 모아 만든 망토로만 볼 수 있다. 이 망토는 멸종된 수많은 동물에 대한 경각심을 불러일으킨다. 또한 과거 태평양 사람들이 오늘날과는 다르게 생태계의 일부로서 주변 환경에 녹아들어 자연을 매우 소중하게 다뤘다는 사실을 떠올리게 한다.

**앨버트로스의**

**부활**

　　　　하지만 끈질긴 노력 덕분에 태평양은 최근 들어 과거의 모습을 되찾아가고 있다. 일본인 조류학자 하세가와 히로시長谷川洋는 북태평양에서 발견되는 바닷새 중 가장 거대한 포바스트리아 알바트루스Phoebastria albatrus, 즉 짧은꼬리앨버트로스의 멸종을 막고자 30년이 넘는 긴 세월 동안 최선을 다했다. 2012년, 그는 마침내 짧은꼬리앨버트로스가 멸종 위기에서 벗어났다고 공식 발표했다. 그는 교배를 통해 개체 수를 늘렸고, 과거 수준으로 회복한 앨버트로스 개체는 아직까지 안정적으로 유지되고 있다. 멸종 위기를 벗어난 이 새는 알래스카에서 캄차카까지, 알류샨에서 미드웨이까지, 일본에서 멕시코까지 과거에 터를 잡고 살던 서식지로 되돌아가 우아한 비행을 선보이고 있다. 하세가와는 태즈메이니아에서 열린 제5회 국제 앨버트로스 콘퍼런스에서 이 사실을 발표했다. 많은 이가 하세가와의 업적에 깊은 감동을 받았고, 하세가와는 앨버트로스가 개체 수를 회복한 사실이 '마치 꿈만 같다'고 표현했다.

앨버트로스는 거의 신화적인 존재로, 수많은 시와 그림에 모델이 되거나 전래동화나 항해 이야기의 주인공으로 등장하기도 한다. 시인 새뮤얼 테일러 콜리지Samuel Taylor Coleridge와 관련된 이야기도 있다. 18세기에 콜리지가 쓴 유명한 서사시 '늙은 선원Ancient Mariner'에 따르면, 이야기의 주인공은 앨버트로스를 해쳐서는 안 된다는 오랜 규칙을 어기고 석궁으로 앨버트로스를 쏘아 죽여서 악령에 시달렸다고 한다. 이 새가 바다에서 목숨을 잃은 선원의 영혼을 담고 있어서, 새를 죽인 이는 끔찍한 운명에 고통받게 된다는 말이 선원들 사이에서 돌고 있었다.

남해에서 가장 거대한 새인 디오메디아 엑슬란스Diomedea Exulans, 즉 나그네앨버트로스는 몇 주 넘게 바다를 항해하는 배를 따라다니며 수호신 역할을 한다고 알려져 있다. 흰색과 회색 깃털이 섞여 있는 이 새는 날개를 활짝 펼쳤을 때의 길이가 최대 3.5미터에 달하고, 몸통의 크기는 웬만한 어린아이만 하다. 노호하는 40도대의 높은 파도에 배가 심하게 흔들리고, 뱃멀미에 시달리는 선원들이 침몰을 걱정하고 있을 때면 항상 배에서 멀찍이 떨어져서 비행하던 거대한 새가 선체 옆으로 다가와 한순간에 하늘로 높이 치솟아 올랐다가, 날개가 바다에 닿을 듯 급강하하면서 아슬아슬한 비행을 펼친다고 한다. 나그네앨버트로스를 목격한 선원들은 결코 그 광경을 잊지 못한다. 항해 중 창밖 너머로 나그네앨버트로스의 비행을 목격한 이들은 나이가 들어 할아버지가 됐을 때 손주를 무릎에 앉히고 그 경험담을 속삭일 것이다.

북극해에서는 앨버트로스속<sup>屬</sup>에 해당하는 포바스트리아가 발견된다. 이 새는 날개의 폭이 좁고 몸통의 크기도 살짝 작은 편이다. 작다고 해도 북반구에서는 가장 큰 바닷새의 지위를 굳건히 지키고 있다. 또한 이 새는 수명이 길기로 유명하다. 최근 미드웨이제도 근처에서 확인된 새 한 마리는 나이가 예순 살이 넘을 것으로 추정된다. 이 거대한 흰 새의 머리에는 금빛 줄이 그어져 있고, 연한 핑크색 바탕에 가장자리가 하늘색으로 칠해진 표식지가 달려 있는데 이 표식지가 부착된 것이 60년 전이기 때문이다. 이 새는 아마도 현재 지구상에 존재하는 야생 조류 중 가장 나이가 많을 것이다.

남반구에 서식하는 디오메디아와 북반구에 서식하는 포바스트리아 사이에는 큰 차이점이 있다. 남반구에 서식하는 종은 개체가 비교적 잘 유지되고 있고, 추운 겨울에 남쪽 바다를 찾아오는 몇 안 되는 인간들은 이들을 존중하며 불필요하게 관여하지 않는다. 반면에 북반구의 짧은꼬리앨버트로스는 지난 50년간 아슬아슬하게 멸종을 면하고 있다. 이들을 멸종 위기로 몰아넣으며 앨버트로스를 무척이나 아끼는 하와이의 폴리네시아 사람들을 슬프게 만든 천적의 정체는 일본인 사냥꾼들이었다.

짧은꼬리앨버트로스의 번식지*는 일본의 이즈제도다. 새들은 번식기가 되면 도쿄만 남쪽에서부터 해저 화산맥을 따라 640킬로미터가량 이동하면 나타나는 태평양 한복판의 외로운 화산섬을 찾아왔다. 이 해저 화산맥은 태평양판과 필리핀판이 만나는 서쪽 가장자리를 나타내는 이즈제도, 보닌제도, 마리아나제도로 이어지는 IBM 라인의 북부에 해당한다. 도쿄와 괌 사이의 화산대 위에 자리한 이 화산섬에서는 지진활동이 끊임없이 일어나고 있기에 상주인구는 매우 적은 편이다.

화산대 남쪽 끄트머리에는 직경이 1.5킬로미터밖에 안 되는 작은 도리시마섬이 있는데, 360미터 높이의 화산이 섬 한복판을 차지하고 있다. 이런저런 이유로 오랫동안 짧은꼬리앨버트로스는 이 가파른 활화산 자락에서 번식활동을 해왔다. 한때 화산의 폭신한 잔디 위에는 수백 개가 넘는 둥지가 있었다. 안식처를 장만한 한 쌍의 앨버트로스는 교미를 통해 매년 알을 한두 개씩 낳았다. 부모 앨버트로스는 아직 솜털이 보송보송한 새끼에게 날아오르는 법(앨버트로스의 이륙 실력은 매우 떨어지는 편이다)을 가르치고, 어느 정도 비행에 익숙해지면 자식을 독립시켰다. 독립한 새끼는 알래스카에서 중국까지 먼 거리를 날아다니면서 남은 생애 동안 먹잇감을 찾아다닐 것이다.

1860년대까지 도리시마섬에는 사람의 발길이 거의 닿지 않았다. 간

---

■ 하와이에서는 오랫동안 셀 수 없이 많은 동식물이 멸종됐다. 외부인의 유입과 더불어 섬에 개, 고양이, 쥐, 몽구스의 수가 빠르게 늘어나자 이에 반비례해 조류 개체는 빠르게 줄어들었다. 최근 한 실험에서 오아후섬 서쪽 끄트머리의 카에나 포인트에 0.8킬로미터에 이르는 쥐 방지 울타리를 치고 그 효과를 관찰해봤다. 놀랍게도 울타리 너머의 생태계는 번성했고, 한때 희귀종으로 분류됐던 레이산앨버트로스의 개체가 현저히 증가했다. 이는 일본의 짧은꼬리앨버트로스의 경우와 더불어 파괴된 자연이 인간의 노력으로 회복될 수 있음을 보여주는 좋은 사례다.

혹 난파당한 선원들만이 우연히 섬으로 밀려왔을 뿐이었다.▪ 하지만 매슈 페리Matthew Perry 제독이 일본에 들어오고 왕정복고가 이루어지면서 일본 경제가 급성장했고, 앨버트로스 배설물을 수거해서 비료로 쓰려는 어부들이 작은 화산섬에 터를 잡고 살기 시작했다. 1902년 화산이 폭발하면서(이 끔찍한 사고는 당시 「뉴욕타임스」 1면에 보도됐다) 섬에 있던 모두가 목숨을 잃었다. 사고가 터진 이후 도리시마섬에 터를 잡는 이는 단 한 명도 없었다.

하지만 도리시마섬에 엄청나게 많은 앨버트로스가 살고 있다는 소문은 금세 퍼졌고, 이후로 수십 년 동안 사냥꾼들의 발길이 이어졌다. 이들은 깃털을 차지하기 위해 둥지를 찾아다니며 앨버트로스 새끼들을 죽였다. 50년 동안 일본은 어마어마한 양의 앨버트로스 깃털을 수출했다. 깃으로는 펜을 만들었고, 날개깃과 꽁지깃은 장식으로 사용했으며, 보송보송한 아랫배깃은 매트리스 충전재로 사용했다. 게다가 이 새를 죽이는 일은 너무나도 손쉬웠다. 일본인들은 이 새들을 아호도리阿鳥, 즉 '멍청한 새'라고 불렀다. 멍청한 새는 사냥꾼이 그들의 가족을 두들겨 패서 죽일 동안 날아가지 않고 다음 차례를 기다리는 듯 둥지에 꼼짝 않고 있었다. 수년간 일본은 조류 대학살로 손쉽게 엄청난 이익을 취했다. 미국 정부의 자료에 따르면 20세기 초반에 도리시마섬에서 사냥꾼에게 목숨을 잃은 앨버트로스의 수는 500만 마리가 넘는

---

▪ 미국에 최초로 거주한 일본인 중 한 명인 나카하마 만지로(中浜 万次郎)는 1841년 도리시마섬에 조난당했고, 그를 발견한 미국 고래잡이 어선은 나카하마를 매사추세츠의 뉴베드퍼드로 데려왔다. 이곳에서 나카하마는 미국 학교에 다니며 영어를 배웠다. 이 시기에 일본은 마지못해 서구에 문을 개방했고, 고향에 돌아온 나카하마는 통역사로 활약했다. 나카하마 만지로는 아마 기차와 증기기관선을 타본 최초의 일본인이자, 캘리포니아 골드러시에 뛰어든 최초의 일본인일 것이다.

다. 섬에서 새가 남아나지 않을 때까지 사냥은 계속됐다.

1940년에 도리시마섬에 남은 앨버트로스는 50마리에 불과했다. 1951년에는 10마리로 줄었다. 5년 뒤에는 멸종할 지경에 이르렀다. 일본 정부는 충격적인 결과에 창피해하며 짧은꼬리앨버트로스를 국보로 지정했다. 소 잃고 외양간 고치는 격이긴 했으나 이제 깃털 사냥은 불법이었고, 도리시마섬 출입도 엄격히 통제됐다. 다행히 아직 개체가 남긴 했지만 사람들은 이미 손쓸 도리가 없다고 생각했다.

당시 하세가와 히로시는 도쿄의 도호 대학교에서 생물학을 전공하던 풋내기 조류학자였으나 남은 인생을 짧은꼬리앨버트로스의 멸종을 막는 데 바치기로 결심했다. 그는 도리시마섬 출입 허가를 받았고, 이후로 30년 동안 조류 개체를 보호하고 유지하는 데 온 힘을 다했다. 마침내 하세가와는 도리시마섬을 과거와 같이 앨버트로스 번식지로 회복시키는 데 성공했다.

사우스조지아제도 연안에 자리한 인적이 드문 섬에서 평평한 장소를 찾아 둥지를 트는 남극해의 나그네앨버트로스와 달리 북극해의 짧은꼬리앨버트로스는 활화산의 가파른 경사 위에 둥지를 트는 습성이 있다. 이들은 짝짓기를 하고 금방이라도 무너질 것 같은 허술한 둥지에 알을 낳았다. 알을 낳자마자 둥지가 경사면을 타고 바다로 굴러떨어지는 경우가 허다했다. 알을 깨고 태어나는 개체부터가 워낙 적었으니, 어린 새가 죽는 확률을 따지기조차 무색했다.

하세가와는 화산 경사면에 잔디를 심어서 이런 사태를 방지하고자 했다. 도리시마섬의 비옥한 화산토와 따뜻한 날씨 덕분에 한 철이 지나자 잔디는 무럭무럭 자랐다. 알을 깨고 나오는 개체는 두 배로 늘었다.

하지만 한 철뿐이었다. 거센 폭풍우가 섬을 휩쓸고, 산사태가 일어나면서 진흙 더미가 잔디를 몽땅 쓸어버렸다. 깃털 사냥꾼은 사라졌지만 조류의 수는 도통 증가할 기미가 보이지 않았다. 원인은 다양했다.

하지만 하세가와는 포기하지 않았다. 일본 정부는 둥지를 틀기에 적합한 환경을 조성하기 위해 화산을 계단식으로 깎는 비용을 보조해줬다. 그러자 개체 수가 증가했다. 하지만 이 방법은 인간이 지속적으로 개입해야 한다는 점에서 이상적이라고 하기 어려웠다. 하세가와는 보다 근본적인 대책을 강구해냈다. 그는 이 새들을 섬 반대편으로 유인해내기로 했다. 섬 반대편의 평평하고 안정적인 지대는 앨버트로스가 둥지를 틀고 알을 낳기에 훨씬 적합했다. 계획은 간단했다. 이 멍청한 새의 생각을 바꾸는 것이었다. 생각을 바꾸지 못한다면 습성이라도 바꿔야 했다.

하세가와는 적당한 장소를 물색했다. 그는 실제 크기의 유인용 새를 손수 색칠해서 잔디밭에 올려뒀다. 그러고는 주변에 녹음기와 대형 스피커를 몰래 설치해서 앨버트로스가 짝짓기를 할 때 내는 소리를 재생했다. 조류를 꾀어내기 위한 호객 행위였던 셈이다.

결과는 성공적이었다. 몇 시간이 채 지나지 않아 젊은 수컷 앨버트로스 무리가 하늘에 모습을 드러냈다. 그중 몇 마리는 바닥에 내려앉았고, 몇 마리는 머리를 하늘로 쳐들고 부리를 빠르게 딱딱댔다. 이 행위는 앨버트로스가 구애 행위를 할 때 치르는 의식의 일종인 구애의 춤이었다. 얼마 지나지 않아 암컷 앨버트로스도 나타났다. 이들은 서로를 탐색하고, 상대를 고르고, 짝짓기를 했다. 새로 태어난 알은 둥지에서 굴러떨어지지 않았다. 부모 새가 품은 알에서 새끼가 나왔다. 부모에게서 하늘을 나는 법을 배운 새끼들은 잔디를 박차고 곧 하늘 위로 날아올랐다. 한 해 한 해 시간이 지날수록 점점 더 많은 짧은꼬리앨버트로스가 북태평양 하늘에서 비행을 즐겼다.

주변 섬들에도 앨버트로스 둥지가 속속 등장했다. 최근에는 보닌제도에서 둥지가 발견됐다. 떠오르는 초강대국인 중국과 영토 분쟁으로 첨예한 갈등을 벌이고 있는 장소인 센카쿠 열도(미국은 중국의 영토주권에 의문을 제기하며 일본의 편을 들고 있다)에서도 앨버트로스 둥지가 발견됐다. 바람직한 현상이었다. 누구라도 앨버트로스가 둥지를 튼 지역을 평화롭게 잘 관리하는 편이 좋겠다고 생각할 것이었다.

2012년 8월, 조류학자가 대개 그렇듯 부드럽고 차분한 성정을 지닌 하세가와 히로시는 뉴질랜드 웰링턴에서 개최된 제5회 국제 앨버트로스 및 슴새 콘퍼런스에서 도리시마섬에 짧은꼬리앨버트로스 3,000마리가 서식하고 있다고 공식적으로 발표했다. 미국 스캐그웨이에서 상하이까지, 미드웨이제도에서 알래스카의 놈곳까지 넓은 바다 위에서 활기차게 비행하는 앨버트로스가 발견됐다. 2018년이면 앨버트로스의 개체는 8,000마리까지 증식할 것으로 추측된다. 그때쯤이면 짧은꼬리앨버트로스는 더 이상 멸종 위기 종으로 언급되지 않을 것이다. 하세가와가 발표한 논문은 '대성공'이었다. 콘퍼런스에 참석한 이들은 태평양의 생태계를 되살리는 데 30년을 헌신한 한 남자의 노력이 가져온 기쁜 소식에 아낌없는 박수갈채를 보냈다.

짧은꼬리앨버트로스 혹은 스텔러앨버트로스라고 불리는 포바스트리아 알바트루스는 경제적 이익을 취하기 위해 무분별한 살상을 벌이던 깃털 사냥꾼에 의해 멸종 위기에 처했다. 하지만 하세가와 히로시의 외로운 싸움 덕분에 개체 수를 회복한 짧은꼬리앨버트로스는 멸종 위기에서 벗어날 수 있었다.

## 거대한
## 쓰레기 섬

물론 태평양의 조류 생태계를 위협하는 요소는 여전히 많다. 대부분의 경우는 인간 사회가 문제다. 새들은 길게 쳐놓은 어구에 걸리거나, 바다에 유출된 기름을 뒤집어쓰기도 한다. 쥐와 같은 포유동물도 이들의 번식지를 끊임없이 침범하고 있다. 게다가 얼마 전에는 태평양 한복판에 쓰레기가 소용돌이를 이루며 떠다니고 있다는 경악할 만한 사실이 확인됐다. 이제는 아주 잘 알려진 이 지역에는 '태평양의 거대한 쓰레기 섬Great Pacific Garbage Gyre'이라는 명칭이 붙었다. 새들이 바다에 떠다니는 플라스틱 조각을 먹는 문제도 심각한 지경에 이르렀다. 오늘날 태평양에서 발견되는 플라스틱 쓰레기의 양은 도를 넘어섰는데, 해류에 휩쓸린 쓰레기들이 가득한 태평양의 거대한 쓰레기 섬이 아주 끔찍한 광경을 연출하고 있다.

2014년 어느 가을날, 나는 오호츠크해 옆으로 길게 이어지는 캄차카반도의 모래사장을 따라 걷고 있었다. 모래사장의 반대편 강어귀에서는 물이 천천히 흘렀고, 그 너머에 펼쳐진 넓은 초원에는 소나무가 숲을 이루면서 전형적인 러시아 동부의 시골 마을 풍경을 그려냈다. 햇살이 기분 좋게 쏟아지는 날이었다. 강가에는 하얀 말들이 활기차게 뛰어다녔다. 상쾌하게 불어오는 바람에 몸이 식지 않도록 나와 일행은 계속해서 걸음을 옮겼다.

하지만 예상치 못한 광경에 발걸음을 멈췄다. 파도를 따라 밀려온 쓰레기가 해안선에 쌓여 있던 것이다. 우리는 주섬주섬 쓰레기를 주워 올리기 시작했다. 아무렇게나 잘려 나온 나무토막과 오래된 전선, 너덜너덜한 밧줄, 완전히 닳아 불투명한 빛깔을 띠는 유리병이 눈에 띄었다. 하지만 해변 여기저기에 마구 흩어져 있는, 지름이 10센티미터 정도 되는 작은 구체가 온갖 쓰레기 중에서도 단연 가장 큰 비중을 차지했다. 이 공은 일본 어선에서 그물이 가라앉지 않도록 엮어놓은 부표였다. 그중에는 검은 플라스틱 부표도 있었고 유리로 만든 투명한 부표도 있었는데, 부표 가운데에는 이음매처럼 보이는 줄이 희미하게 보였다. 간혹 손으로 직접 만든 부표도 보였다. 살짝 찌그러진 듯 크기와 모양이 미묘하게 다른 이 부표들은 수십 년 전에 만들어진 것이 분명했다. 수천 번의 풍랑에도 굴하지 않고 오랜 시간 동안 바다에 그물을 띄우던 부표는 어선에서 떨어져 나온 뒤로 넓은 바다를 떠돌아다니다가 여기까지 이르렀을 것이다. 부표를 발견할 때마다 우리는 어린아이처럼 기뻐하며 소리를 질렀다.

긴 세월 동안 바다를 떠다니는 잡동사니는 흥미롭고 매력적인 존재였다. 물론 어쩌다 한 번씩은 반쯤 물에 잠겨 있는 컨테이너에 부딪혀 찌그러진 선체를 확인하고는 바다에 웬 쓰레기냐며 욕설을 뱉는 일도 생기곤 한다(실제로 내가 경험한 일이다). 하지만 대부분의 경우, 항해 도중 발견한 유리 조각이나 고무 오리 장난감, 혹은 편지가 담긴 유리병은 여행에 재미를 더해줬다. 바다에 떠다니는 작은 쓰레기들은 보물찾기를 위해 숨겨진 작은 즐거움 같은 존재였다.

하지만 1999년 한 선원이 하와이와 캘리포니아 북부 해안 사이를 항해하다가 바다 한복판에서 거대한 플라스틱 쓰레기 더미를 발견했고, 이후 사람들의 인식은 바뀌기 시작했다. 선원은 쓰레기 더미에 플라스틱 병, 타이어, 우유갑, 선체 파편, 장난감, 낡은 그물망 등이 있었다며, 바다 위에 엉켜 있는 쓰레기 더미가 어찌나 컸던지 사람이 그 위에 올라가서 걸어 다녀도 될 정도라고 밝혔다. 알래스카 아우크만에 거주하던 미국해양대기청U.S. National Oceanic and Atmospheric Administration 소속 과학자 세 명은 쓰레기 섬의 존재를 접하고도 전혀 놀란 눈치가 아니었다. 이들은 이미 10년 전에 무분별한 쓰레기 투기와 과도한 플라스틱 사용이 계속된다면 태평양의 해류가 바다에 떠 있는 쓰레기를 한곳으로 응집해 거대한 쓰레기 소용돌이를 형성할 것이라는 주제로 논문을 쓴 적이 있다. 이들이 예견한 대로 정확히 1999년에 쓰레기 섬이 모습을 드러낸 것이다.

선원의 목격담은 곧장 전 세계로 퍼져나갔다. '소용돌이(모든 대양 한복판에는 해류가 순환하는 소용돌이가 존재한다)'는 생태계에 어마어마한 영향을 끼치는 '부유물'과 '해양 폐기물'같이 부정적인 단어로 사용되기 시작했다. 인류가 인위적으로 형성한 물질이 지구온난화를 가속화하고 있다는 주장에도 힘이 실렸다. 하지만 일반 대중이 쓰레기 소용돌이를 직접 보기란 굉장히 어려웠고 세상에는 흥미롭고 새로운 소식이 넘쳐났으니, 쓰레기 소용돌이에 대한 관심은 점차 식어갔다.

쓰레기 소용돌이는 분명히 존재한다. 해수 샘플을 채취해 분석해본 결과 편서풍과 무역풍이 부는 잔잔한 바다ⁿ로 과거 '무풍대horse latitudes'라고 불리던 지역에 불순물이 떠다니고 있다는 사실이 증명됐다. 북회귀선 북쪽, 하와이 동쪽부터 미국과 캐나다 서부 해안선까지가 이곳에 해당한다. 하지만 쓰레기 소용돌이는 처음 보고된 것처럼 엄청나게 극적인 존재는 아니었다.

바다 표면에서 수십 센티미터 깊이까지, 아주 작게 잘라놓은 색종이 조각 크기의 플라스틱이 떠다니는데 면적 1제곱킬로미터에 포함된 쓰레기의 양은 자그마치 5킬로그램이 넘어간다. 바닷속을 떠다니는 작은 플라스틱 조각은 눈으로 확인하기 힘들지만, 그렇다고 위험하지 않은 것은 아니다. 플라스틱 조각들이 바다에 떠 있다는 것만은 확실하나, 물결이 이는 표면에 휩쓸리면 도저히 육안으로는 찾아내기 어려울

---

ⁿ 바다가 워낙 잔잔한 탓에 이 지역을 지날 때에는 배에 속도가 붙지 않았다. 통상적으로 이때쯤 선원들에게 보수가 지급됐고, 이들은 돛대 위에 매달아놓은 모형 말을 끄집어 내려서 갑판 밖으로 던져버리는 기념식을 치렀다. 이러한 행위를 소위 '말 죽이기'라고 불렀다. 태평양 쓰레기 무단 투기의 역사는 아주 오래됐다.

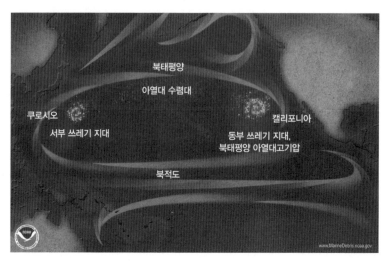

북태평양
아열대 수렴대
쿠로시오
서부 쓰레기 지대
캘리포니아
동부 쓰레기 지대,
북태평양 아열대고기압
북적도

www.MarineDebris.noaa.gov

'태평양 쓰레기 지대(The Pacific Garbage Patch)'는 샌프란시스코와 하와이 사이 태평양 동북부의, 육안으로 확인하기 어려운 미세한 플라스틱 조각이 떠다니는 지역에 붙여진 가상의 명칭이다. 이곳에서 쓰레기 섬이 발견된 이후로 해양오염을 제한하기 위한 노력에 박차가 가해졌다.

만큼 크기가 작으므로 선상에서 쓰레기를 확인하거나 심지어 미세한 파편을 사진에 담아내기조차 쉽지 않다. 그렇기에 바다에 터를 잡은 동물들이 이 작은 쓰레기를 삼키는 경우가 허다했고, 생태계를 구성하는 먹이사슬은 무너졌다. 비교적 크기가 큰 쓰레기들은 소용돌이 부근의 해변으로 밀려들어와서 심각한 환경오염을 야기했다. 미드웨이제도에서 온갖 독성 강한 플라스틱 쓰레기를 주워 삼켜 결국 죽음에 이른 레이산앨버트로스의 안타까운 모습을 촬영한 사진이 공개되면서 이 쓰레기 문제는 대중들의 관심을 끌기 시작했다.

최근 들어 이러한 환경문제를 해결하려는 움직임이 나타났다. 막대한 시간과 비용이 들어가는 연구를 진행하기로 한 것이다. 크고 작은 연구용 선박들이 정크 프로젝트JUNK Project에 투입됐고, 작은 배 한 척과 큰 배 두 척(뉴허라이즌호, 카이세이호)이 항해에 나섰다. 이 덕분에 플라스틱이 매우 위험하고, 환경을 크게 오염시킬 수 있으며, 먼 미래까지 영향을 미칠 수 있다는 사실이 수많은 사람에게 알려졌다(플라스틱은 미생물이나 햇빛에도 분해되지 않는 특성을 가지고 있다). 이는 미국해양대기청 연구원의 예견과, 한 선원이 태평양에서 발견한 쓰레기 더미가 이루어낸 업적이었다. 하지만 아직까지 일반 대중들의 행동에서 이렇다 할 변화를 찾기는 힘들다.


## 바다를
## 수호하라

지구를 구성하는 바다의 크기가 워낙 거대하기에, 국가 관할권을 벗어나는 이원해역<sub>Areas Beyond National Jurisdiction, ABNJ</sub>에서 펼쳐지는 행위를 제한하기란 사실상 쉽지 않다. 그렇기 때문에 섬세하고 오염되기 쉬운 바다를 보호하기 위해 해양생태계에 관한 방대한 지식을 갖춘 거대한 국제기관이 막강한 권력을 가지고 환경문제에 대응하는 방안이 가장 이상적일 것이다. 이러한 기관의 부재로 과거 심각한 문제가 초래된 경우가 많다. 1992년 캐나다 뉴펀들랜드에서 대구 어획량이 급증하며 생태계의 균형이 무너졌지만 이 사태에 관심을 갖고 책임을 지거나, 사태를 수습할 주체가 없었다. 오늘날까지도 남태평양에 서식하는 참치, 상어, 거북, 고래 등 다양한 생명이 전혀 보호받지 못하고 있다. 이들의 개체는 빠르게 감소하고 있으며, 심지어 몇몇 종은 멸종 위기에 처하기까지 했다.

아주 오랫동안 태평양은 무방비 상태로 방치됐다. 그린피스, 세계자연기금과 같은 비정부 조직은 지구의 환경을 보전하기 위해 지속적으로 노력해왔고 그 덕분에 세계적인 관심과 공감을 얻었지만, 이들에게는 실질적인 권력이 없었다. 과거 각종 국가기관은 정치적인 목적으로 공해에 권력을 휘두르려는 시도를 해왔다. 하지만 다행히도 최근 들어서는 기분 좋은 변화가 불고 있는 듯하다.

수온이 올라가고, 산성화가 진행되고, 불필요하게 많은 물고기를 낚아 올리고, 바다가 오염되고, 해저 채굴이 진행되는 등 해양생태계가 심각한 위험에 처해 있다는 사실이 세상에 알려지자 바다를 보호하고자 하는 선한 움직임이 나타나기 시작했다. 이러한 행동이 자연을 걱정하는 진실된 마음에서 우러나왔는지, 잠깐 타오르고 말 일시적인 관심인지, 아니면 업적을 남기고자 하는 지도자들의 개인적인 욕심인지, 혹은 죄책감 때문인지는 알 수 없다. 의도가 어떻든지 간에 오늘날 여기저기에 해양 보호구역이 속속 생겨나고 있다. 특히 태평양은 상당히 넓은 면적이 해양 보호구역에 속하며, 새롭게 지정되는 장소도 늘고 있는 추세다.

미국 정부에서는 해양생태계를 구성하는 생물체들을 보호하기 위해 태평양 한복판을 보호구역으로 지정하고 엄격하게 관리하려는 시도를 해왔다. 조지 W. 부시George W. Bush 대통령 재임 당시, 정부는 유적보호법(국보를 보호하기 위해 시어도어 루스벨트Theodore Roosevel 재임 시절 발의된 법안이다)을 적용해 넓은 범위에 걸쳐 태평양 보호구역 네 군데를 선정했다. 하와이제도 북서쪽에 위치한, 면적이 무려 35만 7,300제곱킬로미터에 달하는 파파하노모쿠아키아 국립해양기념물이 그중 하나다. 나머지 보호구역 세 군데는 부시의 임기가 끝나기 2주 전에 지정됐다. 아메리칸사모아의 로즈 산호초, 라인제도의 작은 섬 일곱 곳과 마리아나제도의 섬 세 곳, 태평양 중간에 자리한 수많은 무인도를 둘러싼 51만 7,800제곱킬로미터의 넓은 바다는 리모트 아일랜드 국립해양기념물로 지정됐고, 광산 채굴 행위와 상업적 목적을 지닌 물고기 포획이 금지됐다. 지금과 같은 상태가 언제까지 유지될지는 모르겠으나 현재로서는 거의 스페인만 한 면적의 바다에 서식하는 물고기, 게, 상어, 바닷새, 열수공 생태계 생물 들이 안전하게 보호받고 있다.

2014년 버락 오바마Barack Obama 대통령은 여기에서 한 걸음 더 나아갔다. 오바마 대통령은 조지 부시와 마찬가지로 100년 전에 제정된 유적보호법을 이용해 리모트 아일랜드 국립해양기념물의 면적에 181만 2,000제곱킬로미터를 더했다. 물론 부시 대통령의 엄격한 규칙은 여기에도 똑같이 적용됐다. 게다가 오바마는 참치 어업까지 금지시키며 어부들의 원성을 샀다.

이후 다른 국가들도 해양 보호에 박차를 가했다. 영국은 핏케언섬과 근방의 무인도 세 군데를 둘러싼 바다를 보호구역으로 지정할지 검토 중에 있다. 문제는 보호구역을 지정하기 위해서는 영국에서 핏케언제도로 해군을 파견해야 하는데, 그럴 만한 비용이 없다는 것이다.

과거 영국의 식민지였던 키리바시공화국의 행정구에 해당하는 바다는 이미 어업 제한구역으로 지정되어 있다. 키리바시공화국의 섬들은 적도 부근에서 남북으로 흩어져 있는데, 한 나라의 영토가 동반구, 서반구, 남반구, 북반구에 모두 걸쳐 있는 경우는 키리바시공화국이 유일하다. 게다가 날짜변경선까지 이곳을 지나고 있다. 넓은 바다에서 적당한 장소를 골라 보호구역으로 지정하는 일은 크게 어렵지 않았다. 이들은 10만 명이 거주하고 있는 349만 5,000제곱킬로미터의 바다를 보호하기로 결정했다.

하지만 현재 키리바시공화국에는 바다에서 낚아 올리는 물고기의 수를 제한하는 것보다 훨씬 심각한 문제가 진행 중이다. 머지않아 나라 자체가 사라질지도 모르기 때문이다. 키리바시공화국의 섬들은 물에 잠기고 있다. 지구온난화로 해수면이 상승하면서 키리바시공화국은 기후변화의 첫 희생양이 될 수도 있다는 두려움에 떨고 있다. 이미 침수 사고는 빈번하게 일어나고 있고, 섬의 높이는 해수면에서 고작 2미터에 불과하기 때문에 21세기가 끝나기 전에 공화국이 지구상에서 사라질 가능성도 적지 않다.

다행히 키리바시공화국에서는 대책을 마련하고 있다. 이들은 피지 제도의 바누아레부섬 25제곱킬로미터를 사들였으며, 피지 대통령은 피치 못할 사정이 생겨 고향을 떠나야 할 일이 생긴다면 이들을 두 팔 벌려 맞이하겠노라 약속했다. 지금으로서는 그저 모래주머니로 방파제를 쌓고, 해수면이 다시 내려가기를 기다리는 것이 최선이다.▪

───────────

▪ 이는 키리바시공화국만의 문제가 아니다. 태평양에 자리한 섬 중 상주인구가 존재하는 섬 1만 2,983개가 이들과 같은 고민을 안고 있다. 기후변화에 관한 정부 간 협의체의 발표에 따르면 해수면이 1미터 상승할 경우 이 중 15퍼센트가 바다에 잠긴다. 이 경우 전 세계 100만 명에 이르는 인구가 난민 신세로 전락한다.

## 래리 엘리슨의

## 도전

　　　　　산호에 깊은 애정을 가졌던 오스트레일리아의 과학자, 앨버트로스 개체를 회복시킨 일본인 조류학자, 이름 모를 과거의 하와이 망토 제작자 등 자연을 보호하기 위해 묵묵히 외롭게 애쓰던 이들과 각국 정부의 노력이 인상 깊었는지, 여러 분야의 최고 권위자들이 힘을 합쳐 환경보호에 나섰다. 주로 남성으로 구성된 이 엘리트 집단은 지구상에 그들의 흔적을 남기기 위해 자신들이 가진 엄청난 부를 기쁜 마음으로 쓰겠노라 결심했다. 오라클Oracle Corporation의 설립자로, 전 세계에서 몇 손가락 안에 드는 부자인 래리 엘리슨Larry Ellison도 태평양에서 그가 가진 영향력을 보여주기로 마음먹었다. 2012년, 그는 하와이의 라나이섬을 사들이는 일부터 시작했다. 라나이섬은 이미 한물간 작은 섬으로, 한때 돌Dole에서 이곳을 거대한 파인애플 농장으로 사용했는데 이는 세계에서 가장 큰 플랜테이션 농장이었다.

　엘리슨은 이 섬을 작은 파라다이스로 만들 계획이었다. 엘리슨을 대신해 현지에서 섬 관리를 총괄하던 커트 마쓰모토Kurt Matsumoto는 라나이섬을 '독자 생존이 가능한, 완전한 친환경 공동체'로 변화시키겠다고 호언장담했다. 만약 이러한 엘리슨의 시도가 성공한다면 라나이섬을 둘러싼 바다는 청정 지역으로 거듭나게 된다. 하지만 섬을 인수하고 몇 년이 지나도록 엘리슨은 애초에 그가 강한 자신감을 보여줬던 만큼의 성과를 거두지 못하고 있다.

　엘리슨의 재력은 상상하기 힘들 정도로 어마어마하다. 2014년 「포브스Forbes」의 발표에 따르면 그의 재산은 560억 달러에 이른다. 이 수치가 정확하다면 맨해튼 로어이스트사이드의 10대 미혼모 밑에서 태어나 대학을 중퇴하고 큰 성공을 이룬 이 70대 남성의 자산은 전 세계 120개 국가의 GDP를 능가한다는 것이다. 이는 우루과이 전체 인구 340만 명이 1년 동안 생산하는 경제적 가치보다도 높은 금액이며, 캄보디아 인구 1,500만 명이 1년 동안 생산하는 경제적 가치의 네 배에 해당하는 값이다.

엘리슨은 컴퓨터 하드웨어와 소프트웨어를 생산해서 재력을 손에 넣었다. 1977년 1,200달러를 대출해 오라클을 설립해서 2014년 CEO에서 물러나기까지, 그는 긴 시간 동안 회사를 직접 경영해왔다. 시애틀의 마이크로소프트와 쿠퍼티노의 애플, 마운틴뷰의 구글과 마찬가지로 샌타클라라의 오라클 역시 태평양이 낳은 회사라고 할 수 있다. 비록 뉴욕에서 태어나 중서부에 자리한 대학으로 진학했지만, 래리 엘리슨은 스물두 살에 태평양과 맞닿아 있는 서부의 캘리포니아로 이주한 뒤 지금껏 쭉 캘리포니아를 떠나지 않고 있다.

한때 엘리슨은 자신의 부를 맘껏 과시하기도 했다. 그는 거대한 선박과 전용기를 몰고 다녔고(엘리슨은 과거 군용기로 사용되던 항공기 두 대를 소유하고 있다), 바다에 큰 관심을 보였다. 최근 들어 그는 동서양의 조화를 추구하는 삶을 살며, 자신을 둘러싼 세계에 깊은 관심이 있다는 사실을 사람들에게 알리고 싶어 한다. 엘리슨은 '바다의 친구'로, 자신이 가진 자산을 베풀 줄 아는 관대한 인물로 세상에 기억되길 원한다. 2004년에 그는 1억 500만 달러를 기부했는데, 이는 그가 가진 총 자산의 1퍼센트에 해당하는 금액이다. 엘리슨은 자신이 사망하기 전에 자산의 95퍼센트를 사회에 환원할 계획이라고 밝혔다.

그는 현재 일본 문화에 푹 빠져 있다. 일본식 가옥에서 생활하며, 일본식 정원을 꾸미고, 일본 음식을 먹고, 불교 사상을 추구하고 있다. 엘리슨은 3억 달러를 지불하고 라나이섬을 사들였지만, 그에게는 크게 부담스럽지 않은 적당한 금액이었다. 바다 건너 8킬로미터 떨어진 마우이섬에서 라나이섬 쪽을 쳐다보면 보이는 건 화산 하나밖에 없다고 해서 하와이어로 '혹'이라는 뜻을 가진 라나이섬의 전체 면적은 365제곱킬로미터다. 엘리슨은 섬 전체를 사들이고 싶었지만 섬에는 이미 사람이 살고 있었고 일부 땅은 오래전부터 하와이에 귀속돼 있었기에 파인애플밭과 해변, 산과 부두, 교회와 커다란 고급 호텔 두 곳이 세워진 352제곱킬로미터의 땅에 만족해야 했다(적자로 인해 매년 호텔로 큰돈이 들어가고 있다). 엘리슨은 라나이섬과 호놀룰루를 오가는 노선을 운행하는 라나이섬의 작은 현지 항공사도 함께 인수하며 부유한 관광객들이 섬에 밀려들길 기대했다.

하지만 현재 라나이섬은 엘리슨의 야심을 충족시키지 못하고 있다. 사실 지금뿐 아니라 여태껏 라나이섬은 한 번도 큰 관심을 받아본 적이 없다. 유럽인이 섬을 찾기 전까지 섬에는 사람을 잡아먹는 괴물이 산다든가, 시체를 파먹는 악귀가 떠돈다든가, 악몽을 꾸게 만드는 산신이 있다든가 하는 식의 음침한 소문만이 무성했다. 해변에 밀려온 난파선과 하와이에서 추방당한 귀족들의 무덤은 을씨년스러운 풍경을 자아냈다. 라나이섬에 처음으로 정착한 유럽인은 모르몬교 선교사였는데 후에 그는 사기꾼으로 밝혀졌고, 솔트레이크시티의 장로들은 그를 파문했다. 그리고 라나이섬은 경매에 올랐다. 이때 제임스 돌James Dole

이 섬을 헐값으로 사들여 파인애플 농장을 만들었다.

오늘날까지도 라나이섬에서는 파인애플 재배 때문에 생긴 농업 쓰레기가 발견되고 있다. 70년 동안 65제곱킬로미터에 이르는 넓은 면적이 온전히 파인애플밭으로 쓰였기 때문이다(섬의 나머지 부분은 대부분 고지대로 가지뿔영양, 무플론양, 야생 고양이, 사슴이 소나무 숲 사이로 몸을 숨기고 있었다. 영국이 태평양에서 위세를 떨칠 때 해군은 돛대를 만들기 위해 이섬의 소나무를 수없이 베어냈다. 섬 가장자리 해안을 따라서는 가파른 협곡이 형성돼 있었는데 이는 장관을 이뤘지만 이용 가치는 없었다).

눈물방울 모양의 섬 중앙, 시원하고 그늘진 곳에 자리한 라나이 시티는 완벽한 정사각형을 이루고 있다. 거의 기업 공동체라고 할 수 있는 라나이 시티에는 파인애플 플랜테이션 농장의 필리핀인 노동자들이 살던 작은 양철 지붕 주택들과, 이들을 노예처럼 부리던 일본인이나 하올리haole(하와이 토박이가 아닌 사람을 일컫는 하와이 말. 특히 백인을 뜻한다 - 옮긴이)가 거주하던 큰 건축물들이 세워져 있다. 돌의 파인애플 농장에서 관리직을 맡았던 H. 브룸필드 브라운H. Broomfield Brown은 무자비하기로 유명했다. 말을 타고 먼로 트레일에 올라 높은 곳에서 망원경으로 농장을 지켜보는 것이 그의 일과였다. 챙이 넓은 모자와 작업용 고글을 낀 필리핀인 노동자가 허리를 펴고 조금 쉬기라도 할 참이면 브라운은 부리나케 달려 내려가 욕을 해대고, 심한 경우에는 임금을 삭감하기까지 했다. 자주 요령을 부린다 싶으면 그는 노동자를 사옥에서 쫓아내고 부두로 끌고 가 하와이 본토로 되돌려 보냈다. 농장에서 쫓겨난 노동자 대부분은 마닐라로 추방당했다.

요령을 부리지 않고 열심히 일한 노동자들은 나쁘지 않은 삶을 살았다. 오랫동안 돌은 '행복한 노동자가 맛있는 파인애플을 재배한다'는 신념을 추구했다. 기업에서는 이들에게 교육의 기회와 의료 서비스를 제공했고, 노동자들의 집 주변 잔디를 손질하는 등 라나이 시티를 깔끔하고 예쁘게 유지하기 위해 최선을 다했다. 이 섬은 작은 유토피아 같은 모습이었다. 라나이섬에서는 매일 파인애플 수백만 개가 출하됐다. 하지만 노동조합이 결성되고, 깨끗한 물을 구하기가 어려워지고, 마우이섬에서 해저케이블을 통해 끌어오는 전기 사용료가 높아지면서 파인애플 재배에 드는 비용이 점점 불어났다. 1980년대에 들어서자 에콰도르와 필리핀에서 값싼 과일을 수출하기 시작했고, 돌의 파인애플 제국은 서서히 무너졌다.

결국 캘리포니아의 기업가 데이비드 머독David Murdock이 돌을 인수하고 라나이섬을 차지했다. 그는 라나이섬에 으리으리한 저택을 한 채 짓고, 빅토리아 양식의 난초 정원을 가꿨다. 또 라나이 시티와 해안에 각각 호텔 하나씩을 설립했다. 머독은 라나이섬에서 마차를 타고 마을을 지나갈 때 자신이 '나의 자녀들'이라고 부르는 플랜테이션 농장 노동자들이 깊은 충성심을 표현해주길 내심 기대하고 있었다.

하지만 머독은 곧 권태를 느꼈다. 그는 철저히 이성적으로 사고하는 사업가였고, 섬에서 그럴듯한 이윤이 나지 않자 흥미를 잃은 것이다. 그래서 데이비드 머독은 래리 엘리슨에게 이 섬을 팔기로 했다. 머독은 오라클 사장에게 3억 달러를 받고 섬에 있는 모든 시설에 대한 전권을 넘겼다. 그러나 난초 정원만은 예외였다. 당시 에너지 사업에 열을 올리던 머독은 라나이섬 북동쪽에 자리한 곳에 풍력발전소를 세우려고 했다. 하지만 결국에는 난초 정원까지 엘리슨에게 넘어갔다. 엘리슨은 황량한 정원을 넘겨받아 다시 예전의 아름다운 모습으로 가꿔났다.

2012년 여름, 엘리슨은 섬 일체를 마음대로 주무를 권력을 손에 넣었다. 2013년에 들어 그는 자신이 섬을 인수한 목적을 공식적으로 밝혔다. 그는 라나이섬이 '환경을 파괴하지 않고 독자 생존이 가능한지를 실험해 보이는 장소'라고 했다. 대변인의 말에 따르면 이 프로젝트는 '명확한 목적과 넓은 적용 범위를 가졌고, 상당히 복잡한 방식으로 진행될 것'이라고 한다.

라나이 시티의 면적은 세 배로 확장됐고, 인구는 1만 2,000명까지 늘어났으며, 마우이섬에서 공급되는 전력을 끊고 현지에 태양력발전소를 설치할 예정이다. 엘리슨은 캘리포니아 주립대학교 샌디에이고 캠퍼스에서 소위 '태양열 전문가'라 불리는 바이런 와스홈Byron Washom을 고용해 마이크로그리드를 설계하도록 했다. 고사양 컴퓨터는 상황에 맞춰 태양과 물, 바람 중 어떤 자원을 이용해서 에너지를 생산해낼지 빠르게 결정하도록 설정됐다.* 실험의 핵심이 될 신선한 물은 거대한 담수 처리 공장에서 공급할 계획이다. 황폐해진 파인애플 농장은 적하식 관개시설이 설치된 유기농 채소밭으로 변신할 것이고, 밭에서 거두어들이는 수확물은 일본으로 수출돼 높은 수익을 올릴 것이다. 또 포도를 키워 섬에 와인 양조장을 두겠다는 계획도 세웠다. 섬에는 친

---

* 전력 자급자족을 가능하게 해주는 마이크로그리드 시스템으로 캘리포니아 주립대학교 샌디에이고 캠퍼스는 놀라운 기술력을 인정받았다. 2011년 캘리포니아주 전체가 정전됐을 때 마이크로그리드는 다섯 시간 만에 전력을 다시 공급해내기 시작한 반면, 시 전체에 전력 공급이 회복되기까지는 열세 시간이 걸렸다. 물론 이는 마이크로그리드가 '어둠의 바다 한가운데서 홀로 빛나는 섬' 역할을 할 것이라는 주장에는 못 미치는 결과였다. 하지만 와스홈은 라나이섬에서 테스트를 통해 시스템을 발전시켜 10년 뒤에는 완벽한 모습을 보여주길 기대하고 있다.

환경 전기자동차만이 돌아다닐 수 있다. 엘리슨은 섬에 유명 대학교의 분교와 고급스러운 저택, 영화 제작 스튜디오를 설립하고, 자그마한 공항 옆에 활주로를 하나 더 만들고, 호텔을 하나 더 세우고, 테니스 아카데미를 열 예정이다.

라나이섬에 이렇듯 갑작스러운 변화의 바람이 불 것임을 예측한 사람은 거의 없었다. 그리고 얼마간 엘리슨은 라나이섬을 구원해줄 메시이 같은 존재로 대중의 칭송을 받았다. 하지만 3년이 지난 뒤에도 섬은 엘리슨이 그렸던 휘황찬란한 모습과는 거리가 멀었다. 라나이섬의 두 호텔이 새 단장을 마쳤고 커다란 저택 몇 채가 올라가기는 했다. 데이비드 머독이 폐쇄한 수영장은 2014년에 다시 문을 열었다. 자그마한 영화관 역시 완전히 새로운 모습으로 탈바꿈해 손님들의 발길을 끌고 있는 것은 사실이다.

하지만 호텔 레스토랑에 신선한 재료를 공급해줄 채소밭이 호텔을 찾는 손님들만큼이나 유기농 채소에 관심이 많은 야생 칠면조의 습격으로 쑥대밭이 되어버린 이후 농업활동은 재개되지 않고 있다. 그뿐만 아니라 현재 담수 처리 공장 건설을 두고 주민들과 라나이섬 운영을 맡은 회사인 풀라마 라나이 Pulama Lanai가 갈등을 빚고 있다. 주민들은 공장이 세워지면서 섬에 얼마 없는 대수층마저 파괴될까 염려를 나타냈고, 공장 건설은 지연됐다. 또 아직까지 라나이섬 공항에는 활주로가 하나뿐이며 풍력발전소는 언제 세워질지 기약이 없다.

현지 신문사의 편집장은 이렇게 말했다. "래리 엘리슨은 섬을 포기한 것 같다. 그는 벌여둔 일이 아주 많고, 라나이섬에는 신경을 끈 듯 보인다."

오늘날 섬 주민 상당수는 회사 측에서 섬을 어떻게 운영할지 당사자인 자신들에게 충분한 정보를 제공하지 않는다며 공공연히 불만을 드러내고 있다. 2015년 들어, 한때 아름다운 미래를 꿈꿨던 주민들은 드디어 라나이섬이 섬뜩한 괴담만 무성하던 귀신 소굴 신세를 벗어나나 싶었더니 값비싼 장난감으로 전락해 결국 버려지는 것이 아닐까 우려를 드러내고 있다.

하지만 엘리슨의 편에 선 이들도 여전히 많다. 특히 그의 충성심 깊은 직원들은 비밀 유지를 위해 앞으로의 계획에 관해서는 입을 꾹 다문 상태지만 라나이섬 개발 계획에 열렬한 지지를 보내고 있다. 또 밴쿠버에 거주하고 있는 프랑스계 캐나다인 정신치료사이자 과거 하레 크리슈나 교단의 열성적인 신자였던 헨리 졸리쾨르Henry Jolicoeur는 엘리슨의 노력과 업적에 관한 영상을 정기적으로 방송에 내보내고, 감히 엘리슨을 비난하는 이들에게는 공격을 가하고 있다. 한 신문사에서 래리 엘리슨이 달리는 요트 위에서 농구를 즐기기 위해 보트를 타고 엘리슨을 따라다니며 공을 주울 인부를 고용한 일화를 보도했는데, 이 기사가 졸리쾨르의 신경을 건드렸다. 그는 농구공을 주워주는 사람을 쓰면 안 되는 이유라도 있냐며 흥분을 감추지 못했다. 래리 엘리슨이 자신이 쌓아 올린 자산을 이용해 원하는 대로 살겠다는데 무엇이 문제냐는 것이었다. 졸리쾨르는 기사를 쓴 기자가 삼류만도 못한 엉터리라며 물어뜯었다.

라나이섬을 제외하고는 하와이제도에서 개인이 소유한 섬은 니하우섬(1864년 로빈슨Robinson이 하와이 왕에게서 섬을 사들인 이후 이 섬은 쭉 로빈슨 가족의 사유지로 남아 있다) 하나밖에 없는데, 이 섬은 엄청난 빈곤에 시달리고 있다. 섬에 거주 중인 하와이인은 130명가량이며 대부분

생활보조비로 근근이 살아가고 있는 실정이다. 전기 공급 시설이 없으니 당연히 섬에는 TV도, 라디오도, 전화도 없다. 니하우섬에 하나 있는 초등학교는 태양열로 에너지를 공급받고 있다. 농업과 양봉업으로 거두는 수확도 거의 없으며, 섬 주민들은 작은 텃밭에서 키운 채소로 영양분을 섭취한다. 니하우섬 귀퉁이의 절벽 꼭대기에는 근처 카우아이섬에서 실시되는 미사일 실험을 관찰하기 위해 미 해군에서 세운 무인 레이더 탐지소가 자리하고 있는데, 섬 소유주인 로빈슨 가족은 이곳을 해군에 임대해 어느 정도 수익을 올리고 있다.

먼지가 풀풀 날리는 황량한 니하우섬과 대조적으로 라나이섬은 넓은 경지와 아름다운 풍경을 지니고 있다. 래리 엘리슨이 설계한 지속 가능한 독립체가 앞으로 성공을 거둘 것인지는 예측하기 어렵다. 하지만 목적을 이루기 위한 노력은 계속 이어지고 있다. 또 이제껏 어떠한 관심도 받지 못하던 바다가 주목받고 있다는 점에서 이는 큰 의의를 갖는다. 그레이트배리어리프와 일본의 도리시마 화산섬, 태평양 한복판의 수많은 산호섬과 마찬가지로 라나이섬은 세계인의 이목을 끌었고, 마침내 섬과 섬 주변을 둘러싼 환경은 보호받기 시작했다.

제10장

# 미국과 중국의 충돌

1987년 6월 8일, 뉴질랜드가 핵무기 전면금지를 선포하다.

1989년 6월 4일, 베이징 톈안먼 사태가 일어나다.

1989년 10월 17일, 샌프란시스코에서 로마 프리에타 지진이 발생하다.

**1991년 6월 15일, 필리핀 피나투보 화산이 폭발하다.**

1997년 7월 19일, 캄보디아에서 폴 포트가 체포되다.

2001년 4월 1일, 미국 항공기와 중국 전투기가 충돌하다.

2006년 10월 9일, 북한이 1차 핵실험을 강행하다.

**2006년 10월 26일, 키티호크호가 중국 잠수정을 발견하다.**

2008년 2월 23일, 괌에서 미 공군 B-2 폭격기가 추락하다.

2009년 4월 5일, 북한이 일본 상공으로 미사일을 발사하다.

2013년 1월 23일, 중국과 일본 사이에 영토 분쟁이 일어나다.

PACIFIC

不知彼, 不知己, 每戰必敗

적을 모르고 나를 모르면

매번 싸워 매번 질 것이다.

—손무, 『손자병법』, 기원전 2600년

국가 안보를 추구하기 위해서는 (중략)

항구와 해안을 적으로부터 지켜내야 한다.

—알프레드 세이어 마한, 『해양력이 역사에 미치는 영향』, 1890

15년간의 세월을 두고 서태평양에서 예상치 못한 두 사건이 일어났다. 사건의 표면만을 보면 첫 번째 사건과 뒤따른 두 번째 사건은 아무런 연관성도 없어 보인다. 첫 번째 사건은 1991년 필리핀 북부에서 강력한 화산 폭발이 일어나 막대한 손실이 발생한 일이다. 엎친 데 덮친 격으로 태풍까지 강타해 2차 피해가 발생했다. 이 끔찍한 재해는 필리핀 해를 감시하던 잠망경이 발견된 두 번째 사건에 어떤 형태로든 영향을 미쳤다. 이 잠망경은 순찰하는 미 해군 항모 전단의 감시망을 뚫고 어뢰 발사 범위까지 비밀스럽게 침투한 중국 잠수함의 것이었다. 후에 이 사실을 알게 된 미 국방성은 고도의 첨단 기술이 탑재된 해저 탐사 장비를 갖춘 미 해군의 방어선이 뚫렸다는 사실에 매우 당황했다. 중국 잠수정이 어떻게 미 해군의 눈을 피해 침투했는지 알아내는 것도 중요한 문제였다. 하지만 더 근본적인 문제는 대체 무슨 이유로 중국의 전투용 잠수정이 오랜 세월 동안 미국 관할로 여겨지던 바다에 은밀히 접근했냐는 것이었다.

오래가지 않아 다양한 모양과 크기의 중국 선박들이 서태평양에 불쑥불쑥 나타나기 시작했다. 2006년 10월 26일 첫 잠망경이 발견된 후 중국 해군은 오늘날까지 꾸준히, 끈질기게 영역을 확장해왔다. 두 사건 사이에는 어떤 개연성도 없어 보이지만 사실 중국의 영역 확장은 15년 전인 1991년 6월 15일 토요일, 습한 바람이 불어오던 새벽, 필리핀에서 화산이 폭발하면서 일대가 아수라장이 되어버린 그때부터 시작되었다.


## 피나투보산이
## 폭발하다

피나투보산이 폭발했을 당시 국제사회의 이목이 필리핀에 집중됐지만, 곧 이 사건은 서구인들의 기억 속에서 희미해졌다. 불의 고리 위에서 발생한 이 화산 폭발은 강력했지만 깊은 인상을 남기지는 못했다. 가장 기억에 남는 화산 폭발 사건을 물어보면 1890년 5월에 일어난 미국 세인트헬렌스산 폭발을 언급하는 경우가 대부분이었다. 마찬가지로 1964년 성금요일에 알래스카 앵커리지를 갈라놓은 대지진이나, 1989년 샌프란시스코의 고속도로와 다리를 붕괴한 로마 프리에타 지진이 더 충격적인 사건이었다. 쓰나미의 경우 2004년 크리스마스에 거대한 파도가 수마트라섬의 반다아체를 덮치며 상상하기 어려울 정도로 많은 인명 피해를 낳은 사건이나, 2011년 일본 북부 해저에서 강력한 지진 발생으로 후쿠시마 원전이 물에 잠기면서 방사능이 유출된 원전 사고를 언급할 것이다.

피나투보산 폭발은 20세기에 폭발한 화산 중에서 두 번째로 강력했음에도 불구하고 역사책이나 참고 자료에 짤막하게 등장할 뿐이었다. 이는 어쩌면 당시의 시대 상황 때문일지도 모른다.■ 장기 집권 중이던 페르디난드 마르코스Ferdinand Marcos 대통령과 그의 아내, 친지들이 나라를 장악하고 있었고, 부정부패가 판을 치던 정치판은 도무지 개선될 기미가 보이지 않았다. 희망이 없어 보이는 현실의 두려움만이 필리핀 국민을 결속시키고 있었다. 그래서인지 거대한 화산이 폭발하며 끔찍한 피해를 초래했음에도 불구하고, 안타까운 재해로 목숨을 잃은 국민에 대한 애도와 동정심은 크지 않았다.

---

■ 1912년 알래스카반도의 알류샨산산맥에서 일어난 화산 폭발이 20세기에 발생한 화산 폭발 중 가장 강력했다. 성층화산인 노바룹타산은 5개월간 엄청난 규모의 대분화를 일으켰고, 12.5세제곱킬로미터 부피의 화산재를 분출했다. 역사를 통틀어 이보다 강력했던 화산 폭발은 19세기에 발생한 크라카타우산 대폭발과 탐보라산 대폭발이 유일하다.

하지만 피나투보산 폭발은 근래에 태평양에서 발생한 지진활동 중 국제사회에 가장 큰 영향을 미친 사건이었다. 근처에 있던 미군기지 두 군데가 완전히 초토화되었고, 이 때문에 잠시 동안 아시아에서 미국의 군사력이 약화되기도 했다.

피나투보는 특별할 게 하나도 없는 평범한 산이었다. 화산이 여기저기 흔하게 솟아 있는 필리핀에서 무성한 수풀에 싸인 나지막한 피나투보는 존재감을 드러내지 못했다(피나투보산에서 남쪽으로 100킬로미터 떨어진 곳에 아름답기로 유명한 마욘산■이 자리하고 있다. 마욘산은 완벽하게 대칭을 이루는 원뿔 모양이다). 사람들은 피나투보산이 활화산이라는 사실마저 잊고 있었다. 1991년 이전까지는 피나투보산이 폭발하는 장면을 목격한 사람은 아무도 없었으며 그저 재수 없는 존재라고 생각할 뿐이었다. 국민들의 존경을 한 몸에 받던 라몬 막사이사이Ramón Magsaysay 대통령이 자신의 업무용 비행기에 '피나투보'라는 이름을 붙였는데, 1957년 이 비행기를 타고 이동하던 중 발생한 추락 사고로 막사이사이 대통령을 포함해 비행기에 타고 있던 모두가 목숨을 잃었기 때문이다.

1990년 7월에 루손섬 한복판을 흔들어놓은 지진은 머지않아 닥칠 재앙의 전조 신호였다. 수렵과 채집을 하며 살아가던 아이타 원주민들은 피나투보산 측면에서 수증기가 피어오르고 있다고 신고했다. 하지

---

■ 1990년에 나는 친구와 함께 가이드 두 명을 대동하고 마욘산을 올랐다. 거의 정상에 다다랐을 때 강한 돌풍이 불어오자 가이드 두 명이 허겁지겁 내빼버렸다. 나와 친구는 가이드 없이 계속해서 산을 올랐다. 마지막 수십 미터를 남겨둔 지점에 이르러서는 쏟아지는 비와 세찬 바람을 고스란히 맞으며 분화구를 엉금엉금 기어올라야 했다. 나중에서야 가이드들이 동굴로 대피했다는 사실을 알아챘는데, 이들은 마리화나를 너무 많이 피어대서 제정신이 아니었다. 산을 내려올 때는 우리가 이들을 보필하는 가이드 역할을 해야만 했다.

만 지진학자들이 현장에 도착했을 때는 어떠한 이상 현상도 발견되지 않았다. 본격적인 징조가 나타난 것은 1991년 3월이었다. 산마루가 갈라지고, 작은 증기 구멍들이 모습을 드러냈다. 펄펄 끓는 뜨거운 물이 산등성을 타고 흘러내리는가 하면, 화산재가 하늘에 날렸다. 또 필리핀 화산협회와 파트너십을 맺고 있던 미국 지질연구소U.S. Geological Survey의 지진계 기록에 의하면 피나투보산 아래의 지각이 자잘하게 흔들리고 있었다. 지진학자들은 이곳에서 마그마가 형성되고 있다고 판단했다. 이들은 지난 6,000년 동안 단 세 번밖에 폭발하지 않았던 피나투보산이 곧 폭발할 것이라고 진단했다. 6월 7일, 화산재 구름이 6.5킬로미터 상공으로 치솟아 올랐다. 필리핀 정부는 즉시 대피 명령을 내렸다. 피나투보산은 당장이라도 폭발할 것만 같았다.

피나투보산은 수도인 마닐라로부터 북쪽으로 150킬로미터가량 떨어져 있긴 했지만, 화산 근처에만 해도 600만 명에 가까운 인구가 거주하고 있었다. 게다가 피나투보산 가까이에는 핵심적인 역할을 수행하는 미군기지 두 곳이 자리하고 있었기에 미 국방성의 걱정이 이만저만이 아니었다. 현장에서 32킬로미터 떨어진 곳에 수비크만 해군기지가 있었고, 채 15킬로미터도 안 되는 곳에 클라크 공군기지가 있었다. 이는 미국 지질연구소 지진계의 탐지 범위 안에 들 정도로 가까운 거리였다. 화산이 폭발한다면 두 군사기지는 물론 미국 지질연구소의 연구실까지 위험할 수 있었다.

두 기지는 미국의 군사력에 매우 큰 역할을 하고 있었다. 클라크 공군기지는 미국 영토를 벗어난 곳에 자리한 군사기지 중 상주인구가 가장 많은 기지로, 600제곱킬로미터의 땅 위에 1만 5,000명이 살고 있었다. 활주로에는 전투기와 거대한 항공기, 핵무기를 실어 나르는 폭격기, 병력 수송기, 헬리콥터가 바쁘게 돌아다녔다. 베트남전쟁 동안에는 사이공으로 향하는 병력과 군수품의 중앙 집결지로 정신없이 돌아가곤 했다. 전쟁이 끝나고 냉전 시대가 막을 내릴 때까지 클라크 공군기지는 전진작전기지로 쓰였다. 소련과 팽팽한 긴장감을 조성하던 시기도 지나가고 수많은 항공기가 알래스카와 캘리포니아의 기지로 돌아갔다. 하지만 미 국방성은 중국을 견제하기 위해 기지를 유지하기로 했다. 그러나 대자연의 생각은 다른 듯했다.

수비크만 해군기지는 클라크 공군기지보다도 더 중요한 역할을 하고 있었다. 수비크만 해군기지에는 클라크 공군기지와 마찬가지로 바쁘게 돌아가던 해군 항공기지가 있었다. 해군 항공기지를 포함한 해군기지의 면적은 670제곱킬로미터에 달했다. 수비크만 해군기지는 미 해군 제7함대의 전진작전기지로 쓰였는데, 베트남전쟁 동안 수백 척에 달하는 선박과 수백 대의 항공기가 이곳에서 수리를 거쳤다.

1987년, 미국 정부가 장기 군사 계획을 자문하던 랜드 연구소RAND Corporation는 필리핀에 위치한 두 미군기지의 전략적 중요성을 강조했다. "미국과 필리핀의 관계가 악화되어 두 군사기지를 필리핀에서 철거하게 된다면 지역 안보에 큰 구멍이 뚫릴 것이다. 클라크 공군기지와 수비크만 해군기지를 잃는 것은 미국이 동남아시아국가연합Association of Southeast Asian Nations, ASEAN을 비롯해 항로 보안을 중요시하는 국가들의 방어선을 무너뜨리는 것과 같다."

랜드 연구소는 미국 정부와 필리핀 정부의 싸늘한 관계에만 집중했다. 하지만 정치적인 사안들은 군사기지 존속에 어떠한 역할도 하지 않

았다. 분화구에 마그마가 빠르게 차오르고, 뒤이어 화산이 폭발하면서
상황은 깨끗하게 정리됐다.


## 무너진
## 방어선

　　　　　6월 7일, 피나투보산이 폭발할 조짐을 보이자 정
부에서는 공식 경보를 내렸다. 아이타 원주민들이 가장 먼저 대피했
다. 이들의 재빠른 결정은 과거에 재앙이 닥쳤을 때 원주민들이 보여
준 놀라운 행동을 상기시켰다. 일례로 벵골만의 안다만섬에 터를 잡
은 원주민들은 2004년 수많은 피해자를 낳은 쓰나미가 섬을 덮치기
전에 미리 고지대로 대피해 안타까운 사고를 피할 수 있었다.

지진활동이 발견되고 공식 경보까지 내려졌음에도 피나투보산 반경
40킬로미터 안에 거주 중이던 현지인 30만 명은 정든 집을 떠날 생각
이 없어 보였다. 미군기지 사령관들도 이들의 결정을 따르기로 했다.
병사들과 선박들, 항공기들은 가만히 사태를 지켜보며 대기하고 있었
다. 하지만 화산이 진정될 기미가 보이지 않았고, 3일 뒤에는 화산활동
을 관찰하던 미국 지질연구소 연구원들이 곧 대재앙이 일어날 것임을
알렸다. 클라크 공군기지는 부랴부랴 대피에 나섰다. 기지에 상주하던
군사들은 서둘러 수비크만으로 향했다. 이들은 수비크만에 정박 중이
던 군함에 올라 최대한 빨리, 그리고 멀리 달아났다.

6월 12일(마침 필리핀의 독립기념일이었다), 눈이 시리도록 맑았던 이
날 아침에 대재앙이 시작됐다. 지난 몇 달 사이에 형성된 것으로 추정

되는 반고체 상태의 용암원정구에서 가스가 들끓는 수백만 톤의 마그마가 갑자기 흘러나왔고, 거대한 화산재 구름이 하늘로 치솟았다. 선명한 푸른 하늘 높이 거대한 회색 구름이 떠오른 풍경을 보며 사람들은 경이로움과 두려움을 동시에 느꼈다.

미국은 구조 작업에 들어갔다. 국방성은 화산 폭발에 대비해 미리 계획을 세워둔 상태였고, 덕분에 화산이 폭발하자마자 파이어리 비질Fiery Vigil 작전을 곧장 수행할 수 있었다. 미군 항공기들은 이미 공군기지와 해군 항공기지를 떠나 안전한 곳으로 대피해 있었다. 수비크만으로 향하는 군용 트럭과 자가용의 행렬이 끝도 없이 이어졌고, 수 킬로미터가 넘도록 나아질 기미가 보이지 않는 극심한 정체에 사람들은 조급해져갔다. 공산주의자들이 폭동을 일으킬 경우를 대비해 중무장한 미 해군들이 꽉 막힌 고속도로를 따라 줄지어 서 있었다. 정오 무렵에는 온도가 섭씨 40도에 이르렀고, 피나투보산이 폭발하는 광경을 생전 처음 목격한 이들은 두려움에 떨었다.

하지만 구조 작업은 무난하게 진행됐다. 본격적인 폭발이 일어날 때쯤 수비크만으로 몸을 피한 사람은 5,000명에 이르렀고, 부둣가에는 자동차 수천 대가 줄지어 있었다. 제7함대 사령부는 근처에서 순찰을 돌고 있던 선박을 불러 모으느라 여념이 없었다. 긴급 상황에 주민들을 대피시키기 위해 미드웨이호와 에이브러햄 링컨호를 포함한 군함 17대가 중대를 이탈해 수비크만으로 향하고 있었다.

6월 15일, 동트기 직전에 피나투보산의 마지막 폭발이 시작됐다. 하필이면 거대한 화산 폭발이 일어남과 동시에 태풍 윤야가 루손섬을 강타했고, 강력한 바람이 불어오는 소리에 묻혀 폭발음이 거의 들리지 않았다. 화산이 폭발하며 수백만 톤에 이르는 화산재가 32킬로미터 상공으로 뿜어져 나왔지만 짙게 낀 비구름과 쏟아지는 뇌우에 시야가 가려 그 누구도 폭발 장면을 제대로 목격하지 못했다. 그저 폭풍우 사이로 상상할 수 없을 만큼 밝은 빛이 번쩍여 모두를 경악하게 했을 뿐이다. 그날 내내 화산재 수천 톤이 섞인 폭풍이 휘몰아치면서 건물을 무너뜨리고, 도로를 부숴놓았으며, 강물을 흙탕물이 흐르는 급류로 바꿔놓았다.

하나도 빠짐없이 모든 지진계가 작동을 멈췄다. 암흑에 휩싸인 끔찍한 광경은 마치 죽음을 상징하는 듯했다. 클라크 공군기지에는 최소한의 인원이 남아 섬세한 장비들을 지키고 있었는데, 마침내 이들에게도 기계를 버려두고 탈출하라는 명령이 내려왔다. 하지만 기지에서 가장 튼튼하게 지어진 건물을 박차고 나가 강력한 폭풍우를 뚫고 탈출을 시도할 만큼 무모한 행동을 보인 이는 거의 없었다. 건물은 속절없이 흔들리고 있었고, 오싹한 바람 소리가 들려왔으며, 기압이 낮아져 숨을 쉬기 힘들 정도였다.

그날 밤 10시 30분경, 대기압이 정상 수준으로 돌아왔다. 비가 멎고, 구름이 걷히고, 폭발이 멈췄다. 대재앙의 막이 내렸다. 산꼭대기 750미터가 깎여나갔고 공중에 흩날리던 잔해는 다시 대지로 떨어졌다.￭ 미국

---

￭ 이로부터 몇 주가 지나고 화산활동이 완전히 멎은 것을 확인한 뒤 나는 사진사 한 명과 함께 마닐라에서 헬리콥터를 타고 현장을 살피러 나섰다. 우리는 분화구에 형성된 화산 호수를 둘러보기 위해 카약을 챙겨 갔다. 호수 중심부로 다가갈수록 수온은 점점 높아졌고, 분화구에 다다르자 물이 끓고 있는 모습을 확인할 수 있었다. 내가 타고 있던 플라스틱 카약이 높은 온도를 이기지 못해 녹기 시작했다. 나는 미친 듯이 노를 저어 호수 가장자리로 탈출해 나왔다. 나중에 카약을 반납하러 갔을 때 주인은 카약의 상태를 확인하고 불평을 터뜨렸지만, 도대체 어쩌다가 카약이 그 지경이 됐는지는 짐작조차 하지 못했다.

활화산이라는 사실을 잊게 할 정도로 평화로웠던 피나투보산이 갑자기 폭발하면서 근처의 미군기지 두 곳을 완전히 파괴해버렸는데, 둘 중 하나는 미 해군 본부로서 전략적으로 매우 중요한 역할을 수행하고 있었다. 보안이 취약해진 틈을 타 중국 해군이 필리핀 앞바다에 침투했다.

의 군사기지가 자리했던 장소는 두께가 30센티미터가 넘는 걸쭉하고 기름진 회색 진흙에 파묻혔다. 기지를 과거의 모습으로 되돌리는 데는 수백만 달러의 비용과 몇 년의 세월이 필요할 것이다.

화산 폭발과 태풍의 피해는 어마어마했다. 섬의 12만 4,300만 제곱킬로미터에 달하는 면적이 화산재에 뒤덮였고, 마을 전체가 완전히 파괴됐다. 홍수가 나면서 계곡은 쑥대밭이 됐다. 800명이 목숨을 잃었고, 200만 명이 직접적인 피해를 입었으며, 주택 8,000채가 무너져 내렸다. 화산 폭발로 마그마 10억 톤과 산성을 띠는 가스 2,000톤이 분출돼 환경을 어마어마하게 오염시켰다. 호황일 때도 불안정했던 필리핀의 경제는 이 사고로 급격히 어려워졌다.

하지만 미군기지에서 실시한 대피 작전은 성공적이었다. 이들은 완벽하게 효율적이고 체계적인 움직임을 보여줬다. 놀랍도록 발전한 과학기술의 도움이 있었기에 가능한 일이었다. 미국 지질연구소의 과학자들은 피나투보산이 폭발하기 오래전부터 자연재해가 발생할 것이라는 사실을 알아차렸고, 폭발이 일어나는 시기뿐 아니라 폭발이 야기할 피해 규모까지 정확히 예측했다.

이 덕분에 수천 명이 끔찍한 운명을 피할 수 있었다. 화산학자들은 이제 지구의 자연현상을 예측하는 전문가 반열에 올랐다. 이들은 지진계를 통해 지각의 움직임을 관찰하며 언제, 어디서, 얼마나 강력한 화산이 폭발할지 유심히 살펴보고 있다.

피나투보산이 폭발한 지 채 한 달이 지나지 않아 조지 H. W. 부시 George H. W. Bush 정부의 국방부 장관이었던 딕 체니 Dick Cheney는 클라크 공군기지를 수습하기에는 그 피해 규모가 너무 크므로 공군기지를 철수하겠다고 발표했다. 미군은 지난 90년 동안 이곳 기지에서 활동을 해왔다. 1901년 시어도어 루스벨트 대통령이 세운 수비크만 해군기지는 정화 작업을 거쳐 재개될 예정이었다. 하지만 당시 필리핀 상원의 급진주의 정치인들 사이에 반미 감정이 빠르게 퍼져나가고 있었고, 이들이 개입하면서 수비크만 해군기지도 필리핀에서 철수하게 됐다. 두 미군기지에서 성조기가 내려졌다. 1991년 11월 클라크 공군기지가 철수했고, 이듬해 11월 24일에 수비크만 해군기지가 그 뒤를 따랐다.

1992년, 100년 만에 필리핀에서 미국 병력이 사라졌다. 동시에 500년 만에 필리핀에서 타국의 전투부대가 사라진 해이기도 했다. 필리핀은 무방비 상태에 놓였다(필리핀 현지에 남은 방어 전력은 미미했다. 50년 전에 건조된 낡고 보잘것없는 미 해군 선박 하나와, 제트기 다섯 대가 전부였다). 하룻밤 사이에 서태평양 바다의 방어선이 무너진 것이다.

중국 군부에서는 기쁜 마음으로 서태평양을 접수하러 나섰다.


## 드러난 중국의
## 야심

2006년 10월, 중국 해군이 태평양 심해에서 영향력을 키우고 있다는 사실이 밝혀졌다. 미 해군은 이를 '키티호크호 사건'이라고 부른다. 세부 사항은 기밀에 부쳐져서 확인할 수 없으나, 알려진 사실만으로 상황을 재구성해보면 당시 실제 투입되던 해군 선박 중 역사가 가장 깊은 8만 톤급의 항공모함인 키티호크호는 오키나와와 팔라우 중간 지점을 지나가고 있었다. 이로부터 수 주 전에 키티호크호와 호위선 부대(여객기 한 척, 구축함 두 척, 항공기 70대, 잠수정 한두 척, 장거리 작전을 수행할 때 동행하는 급유선 한 척)는 모항인 도쿄만의 요코스카항을 떠나왔다. 이들은 5항모 전단에서 주기적으로 실시하는 훈련을 하던 중이었다. 훈련 내용은 1,600킬로미터 떨어진 일본에서 제7함대를 총괄하는 사령관과 8,000킬로미터 떨어진 진주만에서 태평양 함대를 지휘하는 4성 제독에게 실시간으로 보고됐다.

그 목요일, 키티호크호의 사령관은 전단이 훈련을 실시하고 있는 지역의 바다를 살펴보기 위해 록히드 S-3 바이킹 대잠 전투기를 투입하기로 결정했다. 낮은 엔진 소리 때문에 후버Hoover(진공청소기 등의 가전제품 브랜드. 일반적으로 진공청소기를 가리키기도 한다 - 옮긴이)라는 애정 어린 이름이 붙은 전투기에 탑승하고 있던 승무원 네 명은 이미 비행 중

2006년 10월, 필리핀해에서 작전을 수행 중이던 항공모함 키티호크호기 수면에 떠 있는 중국 전투 잠수정을 발견했다. 잠수정은 미국 전단으로부터 고작 8킬로미터 떨어져 있었다. 이는 '대양 해군'을 구성하려는 중국의 야심이 처음으로 드러난 사건이었다.

이던 FA-18C 호닛 전투기가 보낸 메시지를 확인하고 아연실색했다. 바다에서 잠수정 잠망경이 지나가면서 생기는 흔적이 발견된 것이다. 후버는 상황을 파악하기 위해 바로 이륙했다. 항공모함에서 8킬로미터 떨어진 지점에 심해에서 순찰을 돌던 잠수정 한 척이 떠 있었다. 이는 중국에서 얼마 전에 건조한 송급Song-class 전투용 디젤 잠수정이었다. 엄청난 파괴력을 가진 것으로 알려진 이 잠수정이 미 전단 바로 지척까지 다가와 있었다. 절대 우연일 리 없었다.

소식은 빠르게 워싱턴으로 전해졌다. 국방성 해군정보실에서 근무하던 장교 한 명은 이렇게 말했다고 한다. "소련이 인공위성 스푸트니크를 쏘아 올렸다는 소식만큼이나 충격적이다." 진주만 공습과 9·11 테러의 끔찍했던 기억이 떠올랐다. 산전수전을 다 겪은 해군 사령관들은 공해상에서 순찰을 돌고 있는 거대한 미국 항공모함이 급작스럽게 공격을 받을 경우에 일어날 수 있는 피해를 빠르게 계산해봤다. 어뢰가 항공모함을 정확히 타격하면 어마어마한 크기를 자랑하는 키티호크호가 가라앉으면서 5,000명이 넘는 인원이 목숨을 잃게 될 것이었다. 인적으로나 물적으로나 손실의 규모가 엄청날 것이었다.

이러한 상황이 실제로 발생할 가능성은 크지 않았지만, 미국 정부와 태평양의 미 해군 전략가들은 도저히 마음을 놓을 수 없었다. 바다 한가운데에서 중국과 미국의 해군이 정면으로 맞닥뜨린 사건은 피나투보산 폭발로 클라크 공군기지가 화산재에 뒤덮인 지 8개월 후이자, 미군이 수비크만을 떠나기 9개월 전인 1992년 2월로 거슬러 올라간다. 미국이 필리핀 앞바다에서 영향력을 거둬들이고, 중국이 이곳에 마수를 뻗기 시작하면서 생각지도 못했던 양국 해군의 대치 사건이 발생한 것이다.

그해 2월, 중국 정부에서 남중국해의 80퍼센트를 중국의 영해로 귀속시키겠다고 공표한 것이 사건의 시작이었다. 중국 정부는 급히 제정한 법안인 '영해 및 접속수역법'을 세상에 알렸다. 이는 협의 없이 이루어진 일방적인 통보였고, 중국 정부는 국제사회의 반발에 무시하는 태도로 일관했다. 이제 중국은 자국의 영해로 포함된 바다에 허가받지 않은 선박이 불법 침범할 경우 공격을 가할 준비가 돼 있었다. 급부상한 강국인 중국이 이제 행동에 나서겠다고 선전포고를 한 셈이다.

미국 정부의 반응은 냉담했다. 필리핀 미군기지가 폐쇄되고, 필리핀 앞바다에서 미국의 군사력이 약해지면서 필리핀과 중국 사이에 자리한 바다의 보안망에 구멍이 뚫린 틈을 타 중국이 세력을 넓히려는 것이 분명했다.

중국은 오랫동안 더 넓은 바다로 진출해 영향력을 키우겠다는 역사적·철학적 신념을 고수해왔다. 중국 정부는 '제1열도선'이라고 부르는 범위까지 영역을 넓히겠다는 군사전략적 목표를 세웠다. 제1열도선은 북쪽의 캄차카반도에서부터 남쪽의 보르네오섬까지, 불의 고리 위에 길게 이어져 있음을 지도상에서 확인할 수 있다. 중국은 제1열도선까지는 지리학적으로 아시아에 해당하기에 절대로 양도할 수 없는 범위라고 생각하고 있으며, 여기에 방어선을 구축해야만 동쪽에 자리한 아시아 외부 세력으로부터 중국을 지켜낼 수 있다고 여기고 있다.▪ 중국의 신념은 확고하다. 제1열도선이 무너지면 아시아의 경계선이 무너진다. 따라서 제1열도선까지 푸르게 일렁이는 바다를 차지하면 국가안보 역시 안전하다는 것이다.

중국의 방위전문가들은 어떤 상황에서도 서태평양에 놓인 이 경계

---

▪ 제1열도선 바깥쪽으로, 일본에서부터 괌을 지나 파푸아뉴기니 서쪽 끄트머리까지는 제2열도선이 이어지고 있다. 중국은 제2열도선에 도달하는 범위까지 중국의 영해로 귀속시키겠다는 야심을 가지고 있다. 더 나아가, 중국에서 제작한 지도에는 알류샨 열도에서 하와이제도의 서쪽 섬들을 통과해 뉴질랜드까지 제3열도선이 표시돼 있다. 이는 최종적으로 중국이 달성하고자 하는 목표라고 볼 수 있다.

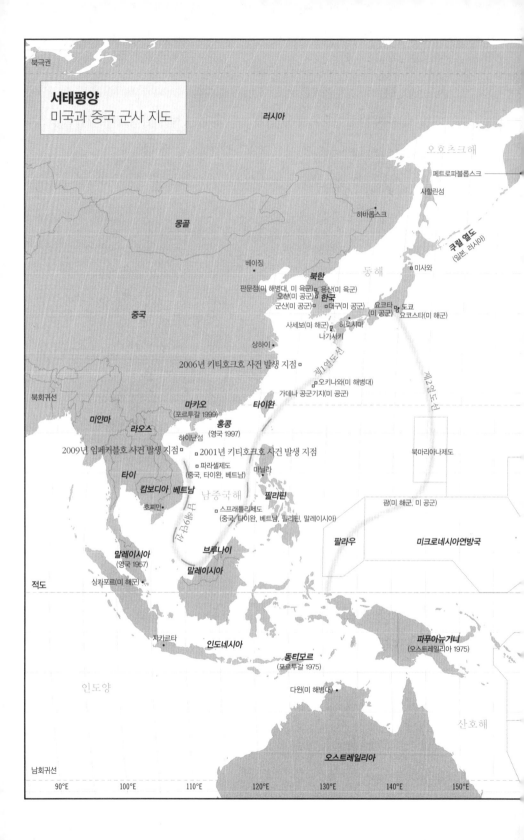

**서태평양**
미국과 중국 군사 지도

북극권

러시아

오호츠크해

페트로파블롭스크

사할린섬

하바롭스크

쿠릴 열도
(일본, 러시아)

몽골

베이징

미사와

동해

북한

판문점(미 해병대, 미 육군) 용산(미 육군)

오산(미 공군) 한국

중국

군산(미 공군) 대구(미 공군) 요코타 도쿄
(미 공군) 요코스카(미 해군)

사세보(마 해군) 히로시마

나가사키

상하이

2006년 키티호크호 사건 발생 지점

제1열도선

오키나와(미 해병대)

가데나 공군기지(미 공군)

제2열도선

북회귀선

마카오
(포르투갈 1999)

타이완

미얀마

홍콩
(영국 1997)

라오스

하이난섬

2009년 임페커블호 사건 발생 지점

2001년 키티호크호 사건 발생 지점

북마리아나제도

파라셀제도
(중국, 타이완, 베트남)

마닐라

타이

캄보디아 베트남

남중국해

괌(미 해군, 미 공군)

호찌민

스프래틀리제도
(중국, 타이완, 베트남, 필리핀, 말레이시아)

필리핀

팔라우

미크로네시아연방국

말레이시아
(영국 1957)

브루나이

말레이시아

적도

싱가포르(미 해군)

파푸아뉴기니
(오스트레일리아 1975)

자카르타

인도네시아

동티모르
(포르투갈 1975)

인도양

다윈(미 해병대)

산호해

오스트레일리아

남회귀선

90°E    100°E    110°E    120°E    130°E    140°E    150°E

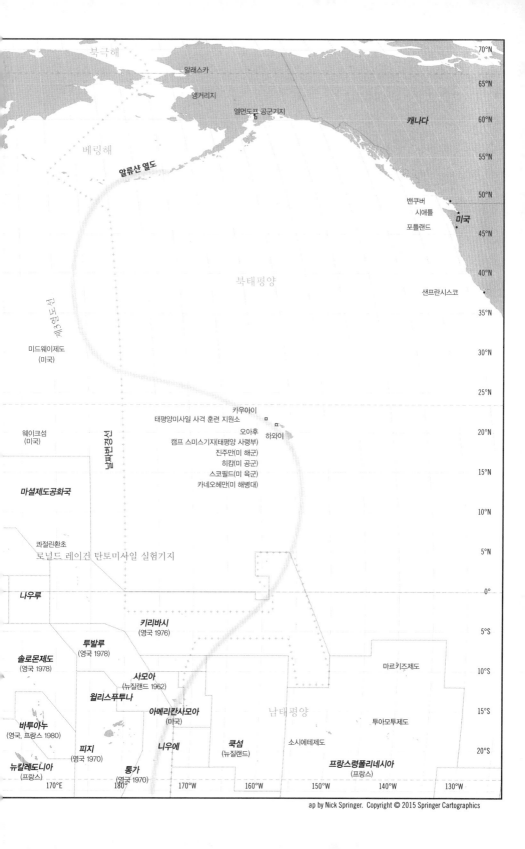

북극해

알래스카

앵커리지

엘먼도프 공군기지

캐나다

베링해

알류샨 열도

밴쿠버
시애틀
포틀랜드
미국

북태평양

샌프란시스코

제3방어선

미드웨이제도
(미국)

카우아이
태평양미사일 사격 훈련 지원소
웨이크섬
(미국)

오아후
캠프 스미스기지(태평양 사령부)    하와이
진주만(미 해군)
히캄(미 공군)
스코필드(미 육군)
카네오헤만(미 해병대)

남재방경선

마셜제도공화국

콰절린환초
로널드 레이건 탄토미사일 실험기지

나우루

키리바시
(영국 1976)

투발루
(영국 1978)

마르키즈제도

솔로몬제도
(영국 1978)

사모아
(뉴질랜드 1962)

윌리스푸투나

아메리칸사모아
(미국)

남태평양

투아모투제도

바투아누
(영국, 프랑스 1980)

니우에

쿡섬
(뉴질랜드)

소시에테제도

피지
(영국 1970)

뉴칼레도니아
(프랑스)

통가
(영국 1970)

프랑스령폴리네시아
(프랑스)

170°E    180°    170°W    160°W    150°W    140°W    130°W

선을 포기해서는 안 된다고 굳게 믿고 있다. 제1열도선 안에 해당하는 바다에는 미국을 비롯해 어떤 비아시아 국가의 영향력도 미쳐서는 안 된다는 것이 중국이 가진 이상적인 세계관이다. 중국을 비롯해 보수적인 견해를 가진 주변국들은 이미 이 지역 내에서 영향력을 미치고 있는 미군 병력에 탐탁잖은 시선을 보내고 있다. 일본 앞바다를 떠다니는 미국 전함들과 오키나와섬의 미 해군기지, 한국에 배치된 미 육군 및 공군 기지와 1991년까지 필리핀에 자리했던 미군기지를 비롯해 사방에 포진한 군사기지 수백 개에 상주하는 미군 병사들은 중국이 보기에 눈엣가시 같은 존재였다. 중국 정부는 제1열도선 범위 내에서 미군이 활개 치고 있는 굴욕적인 상황을 도저히 용납할 수 없었다.

아직까지 중국은 국제 회담에 참석해 으름장을 놓거나, 언론에 적개심을 드러내는 기사를 싣거나, 역사적인 권리를 주장하거나, 초등학교 교과서에 외국의 영향력이 사라진 중국의 영광스러운 미래를 묘사하는 등 실질적인 행동을 취하지는 않고 있다. 하지만 남중국해(해저에는 석유와 천연가스를 비롯한 광물이 매장돼 있고, 항로의 면적은 3,900제곱킬로미터에 이른다)의 경우는 다르다. 현재 남중국해를 둘러싼 국제사회의 갈등은 일촉즉발의 상황에 이르렀다.


## 산호초에

### 중국 막사가 세워지다

1947년, 중국 정부에서 남중국해 주변에 자리한 작은 섬들을 따라 남해9단선이라는 가상의 선을 긋고 소유권을 주장하면서 갈등이 시작됐다. 한 해에 수천 척이 넘는 세계 각국의 화물선과 유조선이 남중국해의 항로를 지나다니고 있다. 하지만 중국 정부는 남중국해가 중국의 영해에 속한다고 강력히 주장하고 있고, 주장을 사실로 만들기 위해 자못 위험할 수 있는 행동까지 보이고 있다. 그리고 시간이 지날수록 악화되는 갈등의 중심에는 남해9단선이 있다.■

1947년, 정권을 잡고 있던 중국의 보수정당인 국민당이 만든 지도에 점선으로 표시된 남해9단선이 처음으로 등장했다. 중국은 이 지도를 바탕으로 카이로회담과 포츠담회담에서, 세계대전에서 패망한 일본이 한때 지배력을 행사하던 남중국해의 섬들은 이제 중국의 영토에 속한다고 선언했다. 오랜 세월이 지나 이제는 잊힌 중국 관료들이 남중국해의 섬들을 따라 그린 U형 선, 혹은 우설선(소의 혀를 닮았다 하여 붙여진 이름)은 타이완 동쪽 바다에서부터 시작해 남쪽으로 이어진다. 점선은 필리핀 영토에 속하는 루손섬을 거쳐 보르네오섬 해안까지 아래로 길게 내려오다 인도네시아에 속하는 섬을 피해 북쪽으로 방향을 꺾는다. 베트남의 통킹만 연안을 따라 북쪽으로 올라간 선은 중국의 하이난에서 약 320킬로미터 떨어진 지점에서 끝이 난다(처음에 제작된 지도에는 점이 11개 찍혀 있었는데, 후에 하이난과 베트남 사이에 찍혀 있던 점 두 개가 지워지면서 9단선으로 수정됐다).

---

■ 1990년대 후반에 영국 국적 컨테이너선인 카디건베이호는 몇 달에 한 번씩 주기적으로 싱가포르와 홍콩 사이를 운항하면서 파라셀제도를 거쳐 갔다. 영국 해군은 카디건베이호의 선장에게 운항 도중 새롭게 건설된 구조물을 발견할 때마다 사진을 찍어달라고 부탁했다. 1995년 나는 카디건베이호를 타고 항해에 나섰는데, 한 컨테이너 항구에서 촬영된 필름을 수거하는 영국 해군의 정보장교와 우연히 맞닥뜨리게 됐다. 그는 등 뒤에 솟아 있는 중국을 향해 엄지를 까딱이며 이렇게 말했다. "저 뒤쪽에 크게 한자리 차지하고 앉은 친구가 뭘 하고 있는지 확인하는 데 아주 큰 도움이 됩니다."

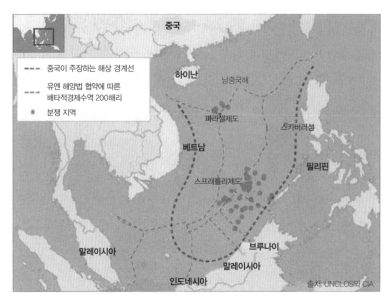

중국은 오늘날까지도 세계대전이 끝나고 지도에 임시로 그어놓은 남해9단선의 영유권을 주장하고 있다. 남해9단선의 범위 안에서 인민해방군 해군은 제약 없이 활동하고 있으며, 미국을 포함한 각국 정부는 여기에 이의를 제기하고 있다.

    국민당이 처음으로 9단선을 그려 넣은 지도는 임시 제작된 지도에 불과했지만, 1949년 중화인민공화국이 수립되고 공산당 정부가 집권하면서부터는 중국에서 반포되는 모든 지도에 남해9단선이 표시됐다. 공산당 중앙위원회는 남해9단선을 중국의 해상 경계선으로 확정했고, 국제사회의 반발에도 입장을 고수하고 있다.

    논란의 여지가 다분했다. 남해9단선 안쪽으로 수많은 섬이 자리하고 있는데, 남쪽으로는 필리핀 근처의 스프래틀리제도와 북쪽으로는 하이난 근처의 파라셀제도가 영토 분쟁의 대상이 됐다. 말레이시아와 필리핀, 브루나이공화국, 베트남, 심지어는 타이완까지 역사적 권원을 근거로 스프래틀리제도의 소유권을 주장하고 있다. 베트남과 타이완

정부는 파라셀제도에 대해서도 마찬가지 입장을 취한다. 하지만 이들의 주장에 중국 정부는 귀찮다는 듯 손을 휘휘 내저을 뿐이다. 중국은 긴 시간 동안 수많은 저항을 이겨내고서 남해9단선을 차지하고 말겠다는 의지를 드러내고 있다.

중국이 처음으로 남해9단선 안에서 점령한 영토는 필리핀에서 고작 160킬로미터 남짓 떨어져 있을 뿐이었다. 이 말발굽 모양의 산호섬은 스플래틀리제도의 얕은 바다 위에 떠 있는 무인도로, 필리핀의 배타적 경제수역에 속했다. 팡가니방 산호초 라는 이름이 붙은 이 섬을 찾는 사람은 매우 드물었다.

하지만 1995년 1월 필리핀의 어선 한 척이 팡가니방 산호초로 진입했고, 어부들은 그곳에서 예상치 못한 광경을 맞닥뜨렸다. 산호초 뒤편의 얕은 바다에 철골 기둥을 박은 판판한 구조물 네 개가 서 있었고, 그 위에 높이가 수 미터에 달하는 팔각형 모양의 막사 여덟 채가 세워져 있었다. 각각의 막사 지붕에는 위성안테나도 설치돼 있었다.

수평선에서 무장 선박 여덟 척이 접근해오더니 잔뜩 화가 난 중국인 선원들이 모습을 드러냈다. 어부들의 가슴은 두방망이질 쳤다. 중국인들은 이 작은 어선 위로 우르르 몰려와 섬에 무단 침입한 죄로 어부들

---

■ 중국이 본격적인 움직임을 보인 것은 피나투보산이 폭발한 후의 일이지만, 이전에도 중국과 베트남은 영유권 문제를 두고 갈등을 빚은 적이 있었다. 1974년에는 파라셀제도 서부의 섬을 두고, 1988년에는 스플래틀리제도 서부의 섬을 두고 영토 분쟁에 불이 붙었다. 두 차례 모두 막강한 물리력을 동원한 중국이 이미 섬을 점거하고 있던 베트남을 내쫓았다. 1974년 분쟁 때 미국은 CIA 요원을 파견하는 등 영토 분쟁 초반에는 남베트남을 지지하는 행동을 보이기도 했다. 하지만 베트남전쟁에서 패하고, 베트남 전체가 공산화되자 미국은 공산주의자들끼리 알아서 하라며 더 이상 분쟁에 관여하지 않기로 했다. 중국은 피나투보산이 폭발하기 3년 전인 1988년에 존슨사우스 암초 접전에서 승리하면서 스플래틀리제도 진출의 발판을 마련했다.

을 구금했다. 어부들은 억울해하며 팡가니방 산호초는 필리핀 영토라며 저항했지만 중국인들은 우습다는 듯 코웃음을 쳤다. 일주일이 지나고, 이들은 팡가니방 산호초에서 목격한 장면을 절대 누설하지 않겠다고 맹세하고서야 마침내 풀려날 수 있었다.

물론 고향으로 돌아온 어부들은 비밀을 지키지 않았다. 믿을 수 없는 소식을 접한 필리핀 정부는 분노했다. 정부는 곧장 중국 외교관을 불러들여 설명을 요구했지만, 외교관은 팡가니방 산호초에 설치된 막사는 바다를 떠도는 중국 어부들이 쉬어가기 위한 시설물일 뿐이라며 뻔뻔한 태도를 취해 화를 돋웠다. 외교관의 말도 안 되는 변명을 믿는 사람은 아무도 없었다.

하지만 윽박질러봐야 사태는 해결되지 않았다. 친교 정책도 도움이 안 되기는 마찬가지였다. 1996년 중국 주석 장쩌민江澤民이 마닐라를 방문했을 때, 마닐라만을 한 바퀴 도는 가라오케 여객선에서 그는 필리핀 대통령 피델 라모스Fidel Ramos와 함께 '러브 미 텐더Love Me Tender'를 흥얼거렸다. 하지만 팡가니방 산호초에 세워진 막사는 여전히 그 자리에 남아 있었고, 어느새 콘크리트로 보강된 건축물에는 탐조등까지 설치돼 있었다. 몇 년이 지나자 산호초에는 작은 헬리콥터 이착륙장까지 생겼다.

싱가포르를 건국하고 초대 총리 자리에 오른 리콴유李光耀는 특유의 냉소적인 화법으로 중국의 행태를 개의 습성에 비유해 설명했다. 그가 말하길, 중국은 "동네를 돌아다니는 작은 개들이 괜히 껄떡대지 않도록 힘센 개가 이 나무 저 나무에 영역 표시를 하는 것"이라고 했다.

힘센 개는 영역 표시를 마친 나무에 이름을 붙이기까지 했다. 팡가니방 환초를 차지한 중국은 남중국해에 중국식 이름을 붙이기 시작했다. 채 몇 년이 지나지 않아 남해9단선 내에 자리한 모든 섬은 중국식 이름을 갖게 됐다. 이에 질세라 베트남, 말레이시아, 필리핀도 섬들에 현지어 이름을 붙였다. 남중국해를 지나가는 항해사들에게는 안된 일이었다. 하지만 노련한 항해사들은 과거의 해도에 표기돼 있던 이름을 그대로 사용함으로써 혼란스러운 상황을 정리했다. 스카버러 암초, 트루로섬, 헬렌리프, 로버트섬, 크레센트 군도, 메이클즈필드 뱅크, 리드 테이블마운트, 봄베이 캐슬, 로열샬럿 암초, 세컨드토머스 사주, 라이플맨 뱅크와 같이 영어로 된 이름이 대부분이었다. 먼 옛날, 초록빛을 띠는 얕은 바다에서 산호와 야자나무를 발견한 이들은 고향에서 사용하던 지명이나 유명한 선박 이름, 죽은 뒤에도 오래도록 회자되는 항해사의 이름을 섬에 붙였다. 측량기와 망원경을 옆구리에 낀 빅토리아시대 선원을 떠올리게 하는 이름은 끝도 없이 이어졌다.

### 우디섬과
### 싼사시

섬이 뭐라고 불리든, 다른 나라에서 뭐라고 반박하든 중국은 목표를 달성하기 위해 무섭게 밀고 나갔다. 실제로 중국은 수많은 섬을 밀고서 활주로를 놓고 막사와 학교, 심지어는 마을까지 세워 올렸다. 이는 모두 섬을 중국 영토로 귀속하기 위한 상징적인 행동이었다. 일례로, 얼마 전 파라셀제도 한복판에 자리한 우디섬은 완전히 새로운 모습으로 태어났다. 남중국해에서는 상당히 큰 편에 속하지만 우디섬의 면적은 2.5제곱킬로미터에 불과하다. 고도가 낮고 모래투성이에 야자나무로 뒤덮인 이 열대 섬은 특별할 것 하나 없이 평범했다.

수많은 나라가 우디섬에 자국 국기가 펄럭이길 원했는데, 그건 우디섬이 전략적 요충지이기 때문은 아니었다. 하지만 모두 우디섬을 차지하고 싶어 했고, 경쟁이 치열해지면서 우디섬은 상징적 의미를 지니게 됐다. 이론적으로 우디섬은 공해상에 자리하고 있지만, 중국과 인접해 있어 아주 오래전에 제작된 중국 지도에서도 그 위치를 확인할 수 있다. 15세기, 환관이었던 정화鄭和가 아프리카 원정을 다녀오면서 전리품으로 베이징의 궁정에 기린을 들여놓았는데, 당시 정화가 항해에 사용하던 지도에도 우디섬이 표시돼 있었다. 일본과도 가까웠던 우디섬은 1940년대에 일본의 지배 아래 들어갔다. 하지만 곧 중국 민족주의자들이, 1940년대 후반에 들어서는 중국 공산주의자들이 섬을 차지했다. 1950년대 중반에는 베트남의 지배국이었던 프랑스가 우디섬을 점령했고, 프랑스에서 독립한 후에는 베트남이 섬의 지배권을 주장했다.

잠깐씩 섬을 차지한 국가들은 어부가 머물 만한 헛간이나 기념비, 봉화 등을 세웠고, 간혹 병력을 배치하는 경우도 있었다. 1990년, 중국은 과거에 누군가 건설해놓은 기본적인 형태의 이착륙장을 잘 가꿔 한결 그럴듯하게 만들어놨다. 하지만 피나투보산이 폭발하고, 날카롭게 날을 세우고 있던 미국이 필리핀 앞바다를 떠나기 전까지 우디섬에는 제대로 된 시설물이 갖춰져 있지 않았다. 미군이 철수하자 섬에서 대대적인 공사가 시작됐다. 처음에는 공사의 규모가 그리 크지 않았지만 남해9단선 장악이라는 목표를 가진 중국이 2006년에 은밀하게 섬에 발을 들여놓으면서 공사에 박차가 가해졌고, 마침내 우디섬은 완벽하게 탈바꿈을 했다. 미국의 입장에서는 이렇듯 급격한 변화가 상당히 위협적으로 느껴졌다.

쓸모없던 모래섬은 싼사시三沙市로 재탄생했다. 싼사시는 남중국해의 중국 영토를 대표하는 행정 수도로 당당히 거듭났다. 이제 우디섬은 중국의 실효적 지배하에 있게 되었으며 영토 내에서 발생하는 모든 일은 중국이 주관하게 됐다. 역설적이게도 중국의 주요 도시 중 인구가 가장 적은 싼사시는 가장 넓은 행정구역을 다스리고 있다. 싼사시에 거주하는 인구는 고작 630명으로, 대부분은 어업에 종사하고 있다. 반면 수많은 배가 바쁘게 지나다니고, 풍부한 천연자원이 매장돼 있고, 수많은 섬이 떠 있는 남중국해의 면적은 무려 181만 2,000제곱킬로미터에 달하는데 이는 알래스카나 알제리와 비슷하고, 텍사스보다는 훨씬 넓은 면적에 해당한다.

싼사시는 현대적이고 깔끔한 데다 아주 예쁘게 꾸며져 있어서 시간이 지난 뒤 상당히 많은 관광객이 찾을 것으로 예상된다. 섬의 군사시설 또한 빠르게 확장되고 있다. 길이가 거의 3.5킬로미터에 달하는 이 착륙장은 최신식 전투기와 수송기 처리가 가능한 현대적인 시설을 갖추고 있다. 섬에는 보호망이 잘 구축된 거대한 부두도 건설돼 있다. 크고 작은 구축함들을 수용해내는 부두는 현재 중국 해군 조선소에서 '소시지처럼' 줄줄이 건조하고 있는 순찰 함대를 앞세운 전진작전기지로 사용될 가능성이 높다. 우디섬은 북쪽에 자리한 하이난섬의 잠수정 전략기지와 더불어 중국 군대의 사령부로서 중요한 역할을 할 것으로 보인다. 이곳을 발판 삼아 중국은 본토와 머나먼 보르네오섬 사이에 놓인 넓은 바다를 감시 아래 둘 예정이다.

우디섬만으로는 부족했는지, 중국은 분쟁지인 스프래틀리제도까지 내려가 영향력을 확장하고 있다. 2014년, 파이어리크로스 암초 서쪽의 얕은 바닷가에서 준설 작업을 실시하는 중국 공병工兵들이 포착됐다. 중국은 커다란 인공 섬을 건설할 계획이었다. 몇 주가 지나자 이곳을 촬영한 인공위성 이미지에 항만과 3킬로미터가 넘는 이착륙장이 포착됐다. 몇 달이 지나자 중국 해군에 소속된 콜베트함이 사방에 배치됐다. 중국 군인들은 필리핀 영토에 속하는 근처 섬에서 조업하던 어부들을 쫓아냈다. 어부들은 오랫동안 물고기를 낚아 올리던 삶의 터전을 눈 깜짝할 새 빼앗긴 것이다.

중국은 남중국해에서 세력 확장을 멈출 생각이 없는 듯하다. 파이어리크로스 암초에서와 마찬가지로 1988년 베트남과 치열한 접전을 펼쳤던 존슨사우스 암초 근처에서도 준설 작업을 펼치고 콘크리트를 바다에 쏟아부으며 새로운 섬을 건설했다. 남중국해에 인공 섬이 하나둘씩 형성됐다. 현재까지 남중국해에 새로 생긴 인공 섬은 일곱 곳이고, 열일곱 곳이 건설 중에 있으며, 중국 정부는 앞으로도 수많은 인공 섬을 건설할 예정이다.

중국의 계획은 아주 영리하고 교묘하게 진행되고 있다. 인공 섬 건설 작업을 하나하나 떼어놓으면 별일 아닌 듯 보이기에 제재를 가하기조차 애매하다. 중국이 바다 한가운데에 떠 있는 작은 암초를 점거하는 것을 막기 위해 미국의 항모 타격 부대가 나서는 것도 우스운 일이다. 하지만 중국의 전체적인 움직임을 읽으면 이는 결코 무시할 수 없

중국은 남중국해에 넓게 퍼져 있는 수많은 산호초와 무인도가 현재 중국의 실효적 지배 아래에 있다고 주장한다. 중국에서 파견한 건설팀은 '기상관측소'를 설립한다는 핑계로 매립 작업을 진행하며 바다에 시멘트를 쏟아 붓고 있다. 미국은 중국이 남중국해에 군사기지를 건설하고 있다고 생각한다.

는 사안이다. 게다가 이미 벌어진 일은 되돌릴 수도 없다.『손자병법』을 그대로 적용한 듯 노련한 전략은 미국을 바짝 약 올렸다. 중국의 전략이 제대로 먹힌 셈이다.

중국과 영토 분쟁을 벌이는 나라들은 중국의 진출을 저지하기 위한 행동을 취하기도 한다. 필리핀이 세컨드토머스 사주를 지키기 위해 군인 70명을 파견한 사건은 유명하다. 세컨드토머스 사주에는 건조된 지 벌써 70년이 넘어 금방이라도 부서질 것 같은 미국 대형 상륙함 한 척이 정박되어 있는데, 필리핀 군인들은 상부의 명령에 따라 1999년 섬에 정박해둔 이 상륙함에서 위험하게 생활하고 있다. 식량과 식수는 낙하산으로 보급하고, 섬에 상주하는 군인은 4개월마다 교체된다. 중국 감시선은 인내심을 갖고 암초 너머의 먼바다에 자리를 잡고서 이들의 움직임을 지켜보고 있다.

필리핀에서 군인들을 파견한 목적은 단 하나다. 공식적인 영유권을 잃지 않기 위해서다. 하지만 노력이 무색하게, 남중국해에 새로 건설된 섬들에는 중국의 영토임을 나타내는 빨간 국기가 펄럭이고 있다. 섬을 지키는 중국 해군의 경계는 삼엄하다. 중국이 영유권을 주장하는 지역도 점차 확장돼서, 최근 들어 해군은 필리핀 지척에 자리한 스카버러 암초를 봉쇄하고 타국 선박의 출입을 제한하기까지 했다. 중국은 국제사회의 차가운 시선에도 아랑곳하지 않고 영토 확장에 열을 올리고 있으며, 차지한 영토를 지키기 위해서는 수단과 방법을 가리지 않을 것이다.▪

한때는 중국이 남중국해를 원하는 이유가 바다 아래 매장된 풍부한 석유와 천연가스 때문이라고 여겨졌다. 하지만 가장 중요한 이유는 따로 있었다. 단순했다. 중국은 그저 침입자들에게서 나라를 지키기 위해

---

▪ 스프래틀리제도 한가운데에 자리한 타이핑다오(太平島)는 1956년에 타이완의 실효 지배 아래에 들어갔다. 타이핑다오에는 공무원 600명이 거주하고 있으며 전기, 수도, 공중전화, 인터넷은 물론 중국이 점거한 인근 암초에 세워진 송신탑 덕분에 휴대전화 사용에도 문제가 없다. 타이핑다오를 둘러싼 분쟁에 중국은 별다른 반응을 보이지 않고 있는데, 이는 때가 되면 타이완과 더불어 타이핑다오도 결국 중국의 통치 아래에 들어올 것이라는 자신감 때문이다. 쿠바의 관타나모와 발트해에 자리한 러시아의 칼리닌그라드와 마찬가지로 타이핑다오는 오아시스 같은 역할을 하고 있다.

그들이 제1열도선이라고 부르는 경계에 해당하는 '인접한 바다'를 차지하고 싶을 뿐이었다. 중국은 '힘이 곧 권리'라는 사실을 잘 알고 있었고, 교묘한 계책과 굳센 의지력으로 외부 세력을 물리칠 수 있다고 믿었다. 리처드 2세Richard Ⅱ가 영국을 지배할 때 셰익스피어는 영국을 둘러싼 바다를 "전쟁과 전염병으로부터 나라를 지켜주는 요새"라고 묘사했다. 그리고 중국은 이러한 요새를 구축하고자 했다.

미국은 중국이 남중국해를 야금야금 차지하면서 영향력을 키우는 상황을 탐탁지 않게 여기고 있다. 오늘날 중국이 서태평양에서 보이는 행동은 1820년대부터 지난 한 세기동안 미국이 먼로독트린을 앞세우며 보여준 행동과 별반 다르지 않으니 미국이 중국에 훈수를 둘 처지는 아니다. 하지만 현재로서 남중국해의 항로를 안전하게 유지하고, 중국이 국제해상법을 준수하도록 제재를 가할 만한 군사력을 가진 유일한 국가인 미국은 중재에 나설 의사가 없어 보인다. 중국과 영토 분쟁에 휩싸인 수많은 국가 중 미국 정부의 도움을 받은 나라는 단한 군데도 없다.

**중국과**

**미국의 대립**

백악관은 중국과의 관계를 껄끄럽지 않게 유지하고 싶은 눈치다. 하지만 두 초강대국 사이에 발생한 세 번의 충돌은 사소한 계기로 심각한 갈등이 벌어질 수도 있다는 사실을 보여줬다. 세 사건은 모두 미국이 중국의 군사력에 관해 정보 수집 활동을 펼치던 중에 일어났다. 미국은 국제 공해와 국제 공역에서 작전을 수행 중이었고, 이러한 작전 수행이 전혀 문제될 것이 없다는 입장이었으나 중국의 생각은 달랐다.

2001년 4월 1일, 하이난섬에서 남쪽으로 110킬로미터 떨어진 바다 위 6.5킬로미터 상공에서 첫 사건이 발생했다. 항공기가 중국 영토에서 얼마나 떨어져 있었고, 비행고도가 얼마나 높았는지는 매우 중요하다. 미국은 항공기가 공해상의 공역을 비행하고 있었으며, 중국 본토와 하이난섬, 그리고 중국이 영유권을 주장하는 파라셀제도에서도 충분한 거리를 뒀다고 주장했다. 중국도 미국 항공기의 위치에 대해서는 이의를 제기하지 않았다. 단지 그곳이 중국에는 공해도, 공역도 아니었을 뿐이다. 그들은 미국 항공기가 지나던 장소가 중국의 영공에 해당하며, 어떠한 형태로든 군사작전을 펼치려면 사전에 허가를 받아야 한다고 반박했다. 그리고 중국의 영공을 기웃대며 정보 수집 활동을 펼치던 프로펠러 추진 정찰기인 EP-3는 그날 중국의 사전 허가 없이 오키나와의 기지를 이륙했으므로 무단 침범을 한 것과 마찬가지라고 주장했다. 미국은 여태껏 문제가 되는 지역을 비행하기 위해 허가를 받은 적이 단 한 번도 없었고, 받을 생각도 없었다. 이것이 사건의 발단이었다.

미국 항공기는 여섯 시간 동안 공해에서 작전을 수행하고 천천히 기지로 돌아가는 길이었다. 항공기는 자동조종 상태로 일정한 고도를 유지하며 직선비행을 하고 있었다. 내부에서는 기술자 20명이 중국의 무선통신 내용에 귀 기울이며 항상 그러했듯 자신이 맡은 업무를 처리했다. 중국 해군의 날렵한 전투요격기 두 대가 갑자기 접근했지만 크게 놀라지는 않았다. 이전에도 비슷한 상황이 있었기 때문이다. 당시 중국인 조종사는 꽤나 상냥한 태도를 보였고, 중국 전투기는 거의 호위기처럼 미 국적기를 따라 비행하며, 미국 항공기가 항로에서 벗어나지 않도록 신경 썼다. 심지어 조종사 중 한 명이었던 왕웨이王維 소령은 그가 들고 있던 환영 피켓의 이메일 주소를 미국인들이 조종석 너머로 읽을 수 있을 정도로 가까이 접근하기까지 했다.

2001년 만우절에도 왕웨이 소령이 나섰다. 이전과 마찬가지로 그는 미국 항공기에 무모하리만치 가까이 다가왔다. 두 번째로 접근할 때까지는 아무 문제가 없었지만, 아래쪽에서 세 번째 접근을 시도했을 때 사고가 터졌다. 두 항공기가 충돌한 것이다.

왕웨이의 전투기가 미국의 EP-3 정찰기 바닥에 부딪치며 두 항공기는 비행이 불가능할 정도로 파손됐다. 중국 해군 전투기의 조종실은 완파됐고, 제트기는 처참한 모습으로 바다에 추락했다. 왕웨이는 가까스로 탈출에 성공했으나, 낙하산이 펼쳐지지 않는 바람에 사망했다. 시신은 발견되지 않았다.

미 정찰기의 조종을 맡았던 셰인 오즈번Shane Osborn 중위와 함께 비행 중이던 승무원 23명(그중 세 명은 여성이었다)은 운이 좋은 편이었다. 항공기에서 프로펠러가 떨어져나가고, 기체에 구멍이 생기면서 실내 기압이 떨어지고, 무선 레이더 돔이 부서지고, 왼쪽 날개가 파손되고, 선체의 무선통신 안테나 역할을 하던 철사가 꼬리에 감기면서 비행기가 빠르게 추락하기 시작했다. 5킬로미터가량 추락했을 때, 조종실에서 힘겹게 씨름을 하던 오즈번 중위가 마침내 기체를 수평으로 되돌리는 데 성공했다. 그는 기내에 있던 모두에게 탈출 준비를 하라고 명령을 내렸다. 그때 중위는 비행기가 하이난섬 근처를 지나가고 있으며, 왕웨이의 전투기가 이륙했던 공군기지가 바로 근처에 있다는 사실을 떠올렸다. 중국 공군기지에서 미국인 조종사의 급박한 통신에 응답할 리가 없고 사전 허가도 받지 못했으나, 중위는 모든 위험을 감수하고 하이난섬의 공군기지에 착륙을 시도했다.

오즈번은 비밀스럽게 운영되던 중국 공군기지에 착륙했다. 사상자는 한 명도 없었다. 마침내 비행기가 멈췄고, 중무장한 중국인 병력이 곧장 기체를 둘러쌌다. 미국인들이 비행기 안에서 기밀문서를 파기하고, 무선통신과 레이더를 부수는 동안 중국 병사들은 기체를 사납게 두드려댔다. 결국 중국 병사들이 지렛대를 이용해 억지로 문을 열고서 들이닥쳤다. 구금당한 미국인들은 심문을 당하다가 열흘 뒤에 풀려났다. 미국 정부는 국민을 되찾기 위해 공식적으로 사과했으며, 유죄를 인정하고, 3만 4,000달러 가치의 융통어음을 지불해야 했다. 마침내 석방된 이들은 여객선을 타고 괌으로 건너간 후 괌에서 미국 공군의 도움을 받아 하와이로 이동했다. 중국에서는 EP-3 정찰기를 분해하고, 남아 있는 비밀 장치들을 떼어낸 뒤 비행 기록 장치를 제거하고 미국에 반환했다. 분해된 정찰기는 커다란 나무 상자에 담겨 러시아의 화물 수송기를 통해 치욕스러운 모습으로 미국에 전달됐다.

오즈번 중위는 은퇴하고 정치가의 길을 걸었다. 그는 훗날 네브래스카주의 재무장관 자리까지 올랐다. 조지 W. 부시 대통령은 사고로 남편을 잃은 왕웨이 소령의 아내에게 애도의 뜻이 담긴 편지를 썼다. 미국과 중국을 긴장시킨 항공기 충돌 사건은 이보다 훨씬 끔찍한 결과를 가져올 수도 있었다. 이 사건을 계기로, 미국 전투기들은 어떤 과업을 수행하고 있든 간에 해당 지역을 비행할 때는 경계 태세를 갖추고 고도의 주의를 기울이게 됐다.

하지만 미국은 여전히 하이난섬 앞바다에서 정찰을 계속했다. 대부분의 경우는 별 탈 없이 넘어갔다.■ 이로부터 8년이 지나고, 과거 충돌 사건이 발생한 지역 인근에서 비슷한 사건이 발생했다. 이번에는 비행기가 아니라 배가 문제였다.

EP-3가 중국 전투기와 충돌한 장소 바로 아래, 하이난섬에서 남쪽으로 70킬로미터 떨어진 바다에서 미국 국적 해양관측선이 말썽에 휘말렸다. 사건이 발생한 2009년 3월 5일 목요일, 희한한 외양을 한 최신식 비무장선인 임페커블호는 1.5킬로미터 길이의 잠수정 탐지 장비를 탑재한 채 남중국해를 지나가고 있었다. 언뜻 거대한 회색 철제 상자처럼 보이는 임페커블호는 어떤 거친 바다에도 뒤집어지지 않도록 견고하게 설계됐으며, 잠수정과 수중 무기를 탐지하는 특수한 임무를 수행하고 있었다. 중국의 원자력잠수정 기지가 자리한 하이난섬 근처에서 몇 시간 동안 서성이고 있는 미국 특수선의 목적은 너무나 명백했다. 당시 중국은 얼마 전 새로 건조한 093 상급 Shang-class 원자력잠수함의 성능을 확인하기 위한 테스트를 실시하고 있었다. 머스크 Maersk사의 거대한 컨테이너 운송 라인에서 은밀하게 운영되던 민간 선박이 테스트 내용을 파악하기 위해 남중국해로 나온 것이었다.

---

■ 충돌이 전혀 없지는 않았다. 2014년 8월 19일, 충돌 사고가 일어났던 그 지점에서 중국 전투기 한 대가 미국의 거대한 포세이돈 정찰기 6미터 앞까지 접근해왔다. 미 국방성의 주장에 따르면 중국인 조종사는 전투기에 탑재된 무기를 내보이려는 듯 기체를 완전히 뒤집고서 포세이돈의 코앞을 스쳐 지나갔다고 한다. 이러한 행동에 미국 정부는 정식으로 중국에 항의했다.

임페커블호의 존재를 눈치챈 중국은 불쾌감을 드러냈다. 미국 국적 선의 뱃머리 바로 앞쪽으로 고속 구축함 한 척이 예고도 없이 나타난 것이다. 북쪽에서 날아온 작은 항공기 한 대는 150미터까지 고도를 낮추고 임페커블호 선체 바로 위를 맴돌았다. 이들은 임페커블호에 무선 통신으로 메시지를 송신했다. 지금 당장 떠나지 않으면 본때를 보여주 겠다는 내용이었다. 임페커블호는 이를 무시하고 수중에서 중국 잠수 정 신호가 탐지되지는 않는지 확인하는 등 임무를 계속했다.

그렇게 이틀이 지나자 중국의 대응은 점점 지저분해졌다. 못 보던 중 국 선박 다섯 척이 나타나 임페커블호에 접근해 성가신 행동을 보이기 시작했다. 그중 셋은 무장선이었고, 나머지 둘은 낡은 트롤선이었다. 배에 승선한 중국인 선원들은 임페커블호에 탑재된 155톤짜리 수중 감시 장치에 갈고리를 던지고, 뱃머리 아래쪽으로 통나무를 던지는 등 방해 공작을 펼쳤다. 심지어 이들은 임페커블호의 이동 경로에 끼어들 어 방향을 선회하도록 유도하기도 했는데, 트롤선 한 척은 거대한 감 시선과 충돌할 위험에도 아랑곳하지 않고 임페커블호를 막아서서 결 국에는 미 국적선을 급정지하게 만들었다.

비무장선인 임페커블호는 가까이 접근한 중국 선박에 소방 호스로 물을 뿜어내는 것 외에는 달리 대응할 방법이 없었다. 하지만 잔잔하고 더운 날에 쏟아지는 물줄기는 전혀 위협적이지 않았다. 중국인들은 옷 을 벗어젖히고 보란 듯이 갑판 위를 활보하며 시원한 물줄기를 즐겼다.

중국 선박들에 둘러싸인 임페커블호는 꼼짝할 수 없었다. 선장은 하와이에 무선을 보내 배에 설치된 최신식 장비를 부수고 지금껏 수 집한 정보를 파기해야 할지 조언을 구했다. 하와이 본부에서는 배는

시선을 잡아끄는 외양을 가진 5,000톤급의 비무장 감시선인 임페커블호는 이동형 수중 잠수정 감시 장치를 탑재하고 있다. 2009년, 중국 전함 부대가 미국의 특수 목적선을 에워쌌고 이에 미국 정부는 곧장 항의했다.

건드릴 필요가 없다며, 중국에 허가를 요청하고 남중국해에서 빠져나오라고 지시했다. 임페커블호는 꼬리를 내리고 중국 관계자들에게 길을 터달라고 부탁했다. 중국 선박들이 물러나자 임페커블호는 곧장 방향을 틀어 동쪽으로 향했다. 한 시간이 채 지나지 않아 임페커블호는 동쪽 수평선 너머로 연기만을 남기며 사라졌고, 중국 선박들은 미국 독수리의 꽁지깃을 뽑아냈다며 의기양양해했다. 이 사안에 대해 워싱턴의 정치인들은 강력하게 항의했고, 외교부에서는 합당한 설명을 요구했다.

하지만 중국의 입장은 단호했다. 임페커블호가 지나간 바다가 공해가 아니라는 것이었다. 중국은 미국에 남중국해가 중국의 영해라는 현실을 받아들이라고 했다. 항의를 하든 말든 이는 미국의 자유였지만, 그렇다고 변하는 것은 없었다. 이 바다는 이제 남중국해가 아니라 남쪽에 있는 '중국 바다'였다. 미국은 중국의 뻔뻔한 태도에 남중국해를 중국의 영해로 받아들일 수는 없다고 대답했다. 이뿐만 아니라 임페커블호와 자매선이 임무를 수행하기 위해 남중국해에 진입할 때 보초선 한 척과 강력한 구축함 한 척을 대동하도록 하명했다. 상황이 잠잠해지기까지 몇 달 동안 호위함 두 척이 임페커블호와 동행했다. 마침내 임페커블호는 고향으로 돌아왔고, 방해 없이 수중 탐사 작업을 계속할 수 있었다.

위의 두 사건과 마찬가지로 남중국해에서 발생한 세 번째 사건으로 새로운 사실이 밝혀졌다. 중국이 영해 안에서뿐만 아니라 다른 지역에서도 빠르게 성장하는 해군과 관련된 정보가 조금이라도 새어나갈까봐 극도로 예민한 반응을 보인다는 것이다. 초강대국으로 새롭게 떠오르는 이 아시아 국가는 최근 자국의 해군이 어떤 과정을 거쳐 얼마나 성장하든지 신경 쓰지 말라는 의사를 명확히 내비쳤다.

미 해군의 미사일 순양함 카우펜스호는 중국의 첫 항공모함인 5만 3,000톤급의 랴오닝함이 최초로 실전에 배치된다는 소식을 접하고 곧장 추적에 나섰다.

랴오닝함이 탄생하기까지는 복잡한 사연이 있다. 원래는 소련 해군에서 랴오닝함을 건조하기 시작했고, 후에 우크라이나로 옮겨졌으나 이런저런 사정으로 결국 완성되지 못했다. 중국은 도박꾼의 천국인 마카오에서 이 배를 카지노로 재탄생시키겠다는 핑계를 대며 랴오닝함을 구입했다. 랴오닝함은 중국으로 견인되는 도중 그리스에서 폭풍을 만나 연결고리가 끊어지는 사고를 겪기도 했다.

어찌 됐든 랴오닝함은 무사히 중국 앞바다로 들어왔지만, 마카오가 아니라 북태평양의 다롄항으로 옮겨졌다. 미국 해군 정보부에서는 이미 예상하고 있던 바였다. 랴오닝함은 다롄항의 조선소에서 몇 년 동안 항해에 필요한 장비를 갖추고, 강력한 엔진을 설치하고, 각종 무기와 전자 장비를 부착하는 등 수리를 거쳐 적당한 때에 비행 중대를 싣고 바다로 나가 책임을 다할 것이었다. 이 항공모함에는 완성된 지역의 이름을 따 랴오닝이라는 이름이 붙었다. 2012년, 랴오닝함은 취역식을 거치고 정식으로 중국 인민해방군 해군 편제에 들어갔다. 선박의 첫 용골이 놓인 지 27년째 되는 해였다.

2013년 11월 26일, 항공기를 가득 실은 랴오닝함은 구축함 두 척과 미사일 탑재 호위함 두 척을 대동하고서 칭다오항을 떠나 남쪽으로 향했다. 랴오닝함은 중국 최초의 항모 타격단에서 해군력을 강화시키는 데 매우 중요한 역할을 할 예정이었다. 이로부터 사흘 뒤, 비밀스럽게 요코스카항을 출발한 미국의 카우펜스호가 서둘러 중국 항모 타격단의 뒤를 쫓았다. 칭다오항을 출발한 랴오닝함은 동중국해의 타이완해협을 지나 분쟁 지역인 남중국해에 진입했다. 이곳에서 카우펜스호는 과거에 EP-3 정찰기와 임페커블호가 그랬듯 중국과 한 차례 대치했다.

중국이 처음부터 미국에 강경한 대응을 보이지는 않았다. 12월 5일, 구축함 한 척이 편대에서 이탈해 나와 수평선을 따라 유유히 항해 중인 거대한 미국 순양함에 접근했다. 카우펜스호를 랴오닝함으로부터 떨어뜨리기 위해서였다. 중국 구축함은 무선 교신을 이용해 현재 미국 국적선이 중국 항모 타격단의 40킬로미터 '방어선'을 침범했으니, 중국 인민해방군 해군이 '과학 연구와 군사훈련'을 계속할 수 있도록 해당 수역에서 물러나라고 카우펜스호에 경고를 보냈다.

카우펜스호의 함장은 전혀 물러날 생각이 없다고 예의를 갖춰 중국의 무선 교신에 답했다. 카우펜스호가 항해 중인 바다는 누구에게나 개방돼 있는 공해에 속한 데다 군사적인 목적을 가지고 랴오닝함에 접근한 것도 아니니 물러날 이유가 없다는 것이었다. 구축함은 원래 있던 자리로 돌아갔다. 그런데 갑자기 랴오닝함을 호위하던 커다란 수륙양용선 한 척이 속도를 높이더니 카우펜스호를 막아섰다. 중국 군함의 무모한 행동에 당황한 카우펜스호는 충돌을 피하기 위해 급하게 방향을 틀어야만 했다.

양국 함장은 무선 교신을 통해 대화를 나눴고, 상황을 평화롭게 종료하기로 합의했다. 랴오닝함의 출항 첫날, 카우펜스호가 그럴듯한 정보를 수집했는지는 알 수 없는 일이다. 다만 한 가지 확실한 점은, 피나투보산이 폭발하고 벌써 20년이 지났지만 '남중국해가 어디에 속하는지'에 관해서는 답이 나오지 않았고, 그 때문에 남중국해에서는 끊임없이 경고음이 울려 퍼지고 있다는 것이다.


## 성장하는 중국,
## 변화하는 정세

중국의 욕심은 끝이 없었고, 영유권을 주장하는 범위는 점점 넓어져갔다. 최근 들어 중국은 남중국해에 그치지 않고 동중국해까지 차지하려는 움직임을 보이고 있다. 중국과 일본은 타이완 북동쪽에 자리한 무인도 지대를 놓고서 영토 분쟁을 벌이고 있는

데, 중국에서는 이 지역을 댜오위다오, 일본에서는 센카쿠 열도라고 부른다. 2013년 중국 정부는 뜬금없이 분쟁 지역 상공을 제한구역이라고 선포하며, 민간 항공기든 군용기든 이 지역을 통과하려면 중국에 미리 보고하고서 허가를 받아야 한다고 발표했다.

중국의 가당찮은 요구에 미국은 코웃음을 쳤고, 괌의 군사기지에서 눈에 확 띄는 B-52 전략폭격기 한 쌍을 분쟁 지역으로 보내 중국이 선포한 경계를 보란 듯이 넘나들었다. 물론 중국에 비행 계획을 알리거나, 무선 교신에 사용할 주파수를 등록하지 않은 상태였다. 중국 측은 위반 사항을 감지했다고만 했을 뿐 별다른 대응을 보이지는 않았다. 처음에 일본 항공사들은 중국의 요구에 따르겠다고 했으나 미국 폭격기의 비행 소식을 듣고는 입장을 번복했다. 한국은 중국의 요구에 따르지 않겠다고 했고, 타이완은 수용하겠다고 했다. 전 세계에서 중국의 요구에 나름의 의사를 표시했다. 오스트레일리아와 독일은 중국 외교관을 통해 터무니없는 규칙에 항의했다. 여기저기서 빗발치는 항의에 중국은 쓸데없이 고집을 부리는 꼴이 되고 말았다. 하지만 중국은 거센 반발에도 입장을 굳건히 고수하고 있다. 게다가 분쟁 지역에 무력을 투입하면서 독일 외무부에 번복 의사가 전혀 없음을 내보이기까지 했다.

중국의 해군력이 빠르게 성장하면서 진출 범위도 점점 넓어졌다. 서구 국가들은 중국의 영유권 주장이 터무니없다고 여겼다. 중국의 군사력이 커질수록 이들의 근심도 덩달아 커져갔고, 결과적으로 대(對)태평양 정책을 변화시키기까지 했다. 특히 미국의 정책에 큰 변화가 있었으며, 이는 여전히 진행 중이다.

현재 미국은 '중심 잡기' 혹은 '피벗(균형점이라는 뜻 – 옮긴이)'이라고 불리는 정책을 도입하면서 태평양에 집중하고 있다. 미국이 중국의 방어망에 대응하기 위한 군사정책도 두 가지 명칭으로 불렸다. 처음 도입된 2009년부터 2014년까지 이 대응책은 '공해전투Air-Sea Battle'라는 이름으로 불렸다. 그리고 2015년 1월 8일 공해전투는 한 단계 보완을 거쳐 '국제공역에서의 접근과 기동을 위한 합동개념Joint Concept for Access and Maneuver in the Global Commons'으로 수정됐다. 미 국방성의 합동참모본부에서는 지나치게 긴 이 용어의 앞 글자를 따서 간단히 잼지시JAM-GC라고 부르고 있다.

용어야 어떻게 변했든 간에 이는 2009년부터 미국이 완전히 변한 세계정세에 맞춰 새로운 군사 대응 정책을 내놓았음을 보여준다. 미 국방성은 유럽에서 눈을 돌리고, 오랫동안 속을 썩였던 발트해와 우크라이나에 대한 근심을 덜어내고, 좀처럼 다루기 어려웠던 중동 지역을 벗어나 태평양에 초점을 맞추기로 했다. 중국이 세력을 확장하며 빠르게 변하고 있는 태평양의 현실을 제대로 마주하는 것이 그 첫 번째 관문이었다. 대서양과 지중해는 이제 더 이상 중요하지 않았다. 미국과 중국이 찬란한 미래를 손에 쥐기 위해서는 태평양에서 복잡하게 얽힌 갈등을 푸는 일이 최우선이었다.

하지만 도대체 중국이 뭘 원하는지, 어쩔 생각인지를 알 수 없으니 문제를 풀 수가 없었다. 미국은 중국의 속을 들여다보기 위해 온갖 노력을 했으나 간단한 두 질문에 대한 정확한 답을 찾지 못했다.

## 중국의
## 새로운 꿈

하지만 오늘날 중국의 행보에 두 인물이 깊게 관여했다는 점은 분명하다. 미국에 알프레드 마한Alfred Thayer Mahan과 시어도어 루스벨트가 있듯, 중국에는 류화칭劉華清■이 있다. 류화칭 사령관은 중국 해군의 장기 군사 계획의 토대를 세운 인물이다. 오늘날 중국이 선보이는 모든 전략은 1985년에 류화칭 사령관과 덩샤오핑 주석이 함께 협의한 것이라고 볼 수 있다. 당시 류화칭 사령관은 70세였으며, 덩샤오핑 주석은 81세였다. 오랜 친구였던 둘은 보수적인 공산주의 혁명가로 중국 공산당 대장정에 참가했다. 그리고 이 과정에서 중국이 최근 수십 년 동안 이룩해낸 빠른 성장에 중요한 영향을 미쳤다.

1980년대 초반, 곧 해체 수순을 밟을 소비에트연방이 더 이상 중국의 미래에 위협적인 존재가 아니라는 사실을 깨달은 류화칭은 앞으로 중국 해군이 나아가야 할 방향을 설정했다. 중국 군대(공식적으로는 중국 인민해방군이라는 이름 아래 '해군'과 '공군'으로 나뉘어 있다)는 빠르게 초점을 이동시켰다.

이전까지 중국 해군은 해안 도시에 출몰하는 적국 병력을 몰아내고, 본진으로 복귀하는 육군의 이동을 돕는 등 해안선 방어를 최우선으로 삼았다. 이제 더는 이러한 걱정을 하지 않아도 되니, 해군은 조금 더 먼 바다까지 방어선을 넓히기로 했다. 이제 중국은 해군 병력을 키워 국토

---

■ 하지만 류화칭 사령관은 이 둘과는 확연히 달랐다. 그는 1989년 6월 4일 발생한 톈안먼 사태의 책임자였는데, 현재까지도 그의 무자비한 성정은 악명이 자자하다.

삼면을 둘러싼 거대한 남중국해, 황해, 동중국해로 진출할 차례였다.

그렇게 새로운 개념이 들어섰다. 충분한 예산과 병력이 주어진다면, 장기적으로 중국 해군이 태평양 머나먼 곳까지 방어선을 확장시켜 국가의 영향력을 미칠 수 있을 것이라는 생각이 그 바탕에 있었다. 이때 제1열도선이라는 군사전략상의 경계선이 생겼다. 캄차카반도에서 보르네오섬에 이르는 경계 안의 '푸른 바다'를 차지하고, 그 범위 안으로 접근하고자 하는 외국 세력을 몰아내 중국을 지킨다는 것이었다.

더욱이 이제는 여기서 그치지 않고 제2열도선과 제3열도선까지 영역을 확장하겠다는 목표가 생겼다. 언젠가는 중국이 괌을 넘어 하와이까지 진출할 수도 있다는 것이다. 과거에는 전혀 고려해보지 않은, 아니 상상조차 하지 못했던 몽상 같은 일이었다.

류화칭 사령관은 하루아침에 중국에 새로운 꿈을 심어줬다. 그리고 1980년대 후반에 산업이 급성장하면서 중국은 추진력을 얻을 수 있었다. 공장은 쉴 새 없이 돌아갔고, 수출량은 급증했으며, 엄청난 양의 달러와 금이 베이징과 상하이의 은행 금고를 가득 채웠다. 1997년에는 홍콩이 중국에 반환되면서 경제가 급성장한 덕분에 국채 발행도 한결 수월해졌다. 경제성장으로 동력을 얻은 중국은 국방비를 조달할 수 있었다. 아니, 중국의 대업을 이루기 위해서는 국방비를 늘려야만 했다. 중국 인민해방군 해군의 조선소는 바쁘게 돌아갔다. 해군 병력에 전함이 하나둘 추가됐고, 최신식 전투 장비들이 무기고를 가득 채웠다. 새로 개발한 무기를 실험하느라 중국 앞바다에서는 하얀 포말이 사라질 새가 없었다. 검은 연기를 토해내는 거대한 회색 철제 군함들이 전투기를 펄럭이며 중국 해군의 대업을 이루기 위해 바다로 나섰다. 드넓

류화칭 사령관은 오늘날 중국 해군이 서태평양에서 빠르게 성장하는 데 발판을 마련한 인물이다. 그는 2040년까지 중국 해군이 수많은 항공모함을 거느리고 태평양을 호령할 수준에 도달할 것이라 믿었다.

은 서태평양을 차지하기 위해 중국은 박차를 가했다.

구체적인 목표 달성 시기도 정해놨다. 류화칭 사령관과 덩샤오핑 주석은 2000년도까지 중국 인민해방군 해군의 영향력을 제1열도선까지 확장할 계획이었다. 이 목표는 아직 달성되지 않았지만 북쪽으로는 센카쿠 열도에서부터 남쪽으로는 스프래틀리제도에 달하는 범위까지, 수많은 산호섬과 암초에 벙커를 건설하고, 이착륙장을 만들고, 전탐기지를 세우는 등 제1열도선 내에서 중국은 무섭도록 빠르게 덩치를 키우고 있다.

2006년 필리핀 앞바다에서 발견된 중국의 공격형 잠수함은 이미 계획이 다음 단계로 넘어갔음을 알려준다. 루손섬에서 마리아나제도까지, 세부에서 팔라우까지, 보르네오섬에서 바누아투까지, 제1열도선을 넘어 제2열도선까지 중국은 존재감을 드러내기 시작했다. 여기에서 더 나아가, 현재 중국 정부는 하와이제도를 포함한 제3열도선 진출을 진지하게 논의하고 있다.

미 해군이 주기적으로 하와이 연안에 배를 끌고 나타나는 욕심 많은 아시아 국가를 반길 리 없다. 하지만 중국 해군의 원대한 계획을 나타낸 지도에는 하와이 인근 바다가 포함돼 있다. 우습게도 해군이성경처럼 여기는 알프레드 마한의 『해양력이 역사에 미치는 영향』의 2005년 중국어 번역본에 실린 지도에도 하와이가 중국의 진출 범위로 표시되어 있다. 당시 류화칭 사령관은 현역 군인으로 활동하고 있었고(그는 2011년에 사망했다), 이러한 지도를 제작하는 데는 류화칭의 입김이 크게 작용했을 것이다. 그는 어떠한 방법을 쓰든 2049년까지 제3열도선에 해당하는 범위를 중국의 권역으로 포함시켜 중국 해군을 세계적인 해군으로 만들 계획이었다.

1949년 8월에 중화인민공화국의 설립과 더불어 중국 인민해방군이 탄생했으니 2049년은 그 100주년이 되는 뜻깊은 해다. 그리고 이들은 탄생 100주년에 영토 확장의 정점을 찍고자 한다. 그때쯤이면 중국은 꿈꾸던 넓은 서태평양이 손에 들어올 것이라고 믿고 있다. 지난 세월 동안 천천히, 하지만 꾸준하게 중국은 영토를 확장해왔다. 만주를 되찾았으며, 조계지였던 뤼순과 웨이하이도 되찾았다. 과거 영국의 식민지였던 홍콩도 반환받았다. 프랑스는 하이난을, 포르투갈은 마카오를 중국에 돌려주고 떠났다. 이제 중국은 포르투갈어로 '아름다운 섬'을 뜻하는 중국과 일본 사이의 수많은 '포모사'를 되찾길 염원한다. 하지만 뛰어난 외교 수완이 등장해 마법처럼 상황을 해결해주지 않는 이상, 둘 사이의 영토 분쟁은 피할 수 없을 것으로 보인다.

급격히 늘어난 중국의 국방비 예산(2012년에 편성된 중국 국방비는 1,660억 달러로, 전년도 대비 12퍼센트 상승한 금액이었다. 중국의 국방비는 계속해서 상승하고 있다)은 중국이 영토를 회복하고, 세력을 확장하고 있는 넓은 바다를 지키는 데 중요한 역할을 한다. 군사 장비 역시 많이 보강됐다. 2014년을 기준으로 중국은 수상전투함 77척(미국의 태평양 함대는 96척), 잠수정 67척(미국 71척), 수륙양용선 55척(미국 30척), 소형 전함 85척(미국 26척)을 갖고 있는데, 이 역시 중국이 세운 장기 계획의 일부다. 이렇듯 미국과 엇비슷한 전력을 보여주는 중국은 한 가지 분야에서만은 미국에 한참 뒤처진다. 현재 중국이 보유한 항공모함은 랴오닝함 한 척밖에 없는 반면, 미국은 거대한 항공모함을 10척이나 보유하고 있기 때문이다. 하지만 이마저도 곧 중국에 따라잡힐 듯하다. 중국은 오스트레일리아와 러시아에서 항공모함 세 척을 사들여 수리 중이고 상하이에서는 새로운 항공모함 두 척이 건조되고 있다.

　계획을 수립하고, 달성 시기를 정립하고, 예산을 편성하고, 장비를 갖추면서 중국은 목표를 향해 똑바로 다가가고 있다. 여기에 대응하기 위해 미국이 내세운 '무력화 전략' 혹은 군사혁신Revolution in Military Affaira, RMA■이 현재로서는 우위를 점하고 있음이 확실하다. 미 해군은 전함 284척과 전투기 3,700대, 현역으로 복무 중인 군인 32만 5,000명의 병력을 가지고 있는 반면, 중국이 보유한 해군 전력은 전함 495척, 전투기 650대, 군인 25만 5,000명에 불과하다. 하지만 미국이 군사적 우위를 점하고 있다는 판단은 단순히 중국이 목표를 달성하기 위해 보일 움직임에 대응할 때를 고려했을 뿐이다. 시어도어 루스벨트 대통령 집

---

■ 군사혁신, RMA 개념은 과학기술을 적용해서 새로운 장비를 개발함으로써 전투 효과를 증폭시킬 수 있다는 믿음에서 탄생했다(수레와 장궁, 핵무기, 최근 들어서는 드론을 그 예로 들 수 있다). 새로운 장비가 등장하면서 새로운 전력 체계가 펼쳐졌다. RMA 이론을 옹호하는 사람들은 현재 중국이 서태평양의 판도를 완전히 뒤바꿀 만한 기술을 지니고 있고, 미국이 태평양을 지키기 위해서는 혁신이 필요하다고 주장한다.

권 시절의 군사정책과 같이 중국과 정면충돌할 가능성을 염두에 두고 거기에 맞게 전략을 짜는 일이 필요해 보인다. 4년 주기로 치러지는 미국 대통령 선거는 군사전략을 펼치는 데 걸림돌로 작용한다. 미 국방성이 내세운 전략 대부분은 장기적으로 실행되지 못하고 대통령 선거가 치러질 때마다 변모하는 경우가 대부분이다. 현재 미국 정부가 먼 미래를 염두에 두지 않고 단기적 정책만을 수립하는 추세가 자리 잡은 데는 미국 정치제도의 탓이 크다.

하지만 미국에서도 대안을 마련해뒀다. 다른 모든 복잡한 군사전략과 마찬가지로 이 전략을 수립하는 데도 수많은 인물의 노력이 들어갔다. 그중 태평양을 아우르는 계획의 초석을 마련한 한 남자가 있다. 중국의 류화칭 사령관과 대등하게 비견되는 미국의 앤드루 마셜Andrew Marshall이 바로 그 주인공이다.

이 특출한 인물은 1973년 리처드 닉슨 대통령으로부터 미 국방성 총괄평가국장으로 임명받은 뒤 42년 동안 미국의 안보 전략을 책임지다가 2015년에 은퇴했다. 그가 94세의 나이로 은퇴하기까지 수십 년간 미국 언론에서는 국방성의 평화 지킴이이자 정의의 사도로 활약하던 마셜을 영화 〈스타워즈〉에 등장하는 최고 지도자인 '요다'라고 불렀다. 그의 임무는 미래에 발생할 수 있는 전쟁에 대비해 계책을 세우는 것이었다. 마셜의 표현에 따르면 그의 직업은 '아름답지 않은 미래를 꿈꾸는' 일이었다. 전 세계 전략가들, 그중에서도 특히 러시아와 중국의 전략가들에게 마셜은 전설적인 존재로 추앙받고 있다. 현대 중국에서 가장 뛰어난 전략가로 인정받고 있는 중국 인민해방군의 천저우陳舟 장군은 앤드루 마셜을 '나의 영웅'이라고 칭했다. 천저우 장군은 자신을 비롯해 중국 전략가들이 마셜이 내놓은 미국의 RMA를 '철저하게' 분석했다고 발언하기도 했다. 장군은 마셜이 쓴 글을 하나도 빠짐없이 중국어로 옮겼다고 한다.

마셜은 최근에 쓴 글(2009년에 쓴 것으로, 당시 그는 88세였다)에서 태평양 전체를 아우르는 전략의 기반을 마련했는데, 국방성은 이를 공해전투 개념이라고 불렀다.

이 개념은 중국의 목표가 미국을 곤궁에 빠뜨리고, 중국 연안은 물론 주변의 전투 지역조차 접근 불가능하도록 만드는 것이라는 가정을 전제하고 있다. 제1열도선 내의 푸른 바다에서 외부 세력을 몰아내겠다는 류화칭 사령관의 유서 깊은 전략 역시 그중 하나였다. 미국에서는 중국이 수립한 이 골치 아픈 전략을 반접근 지역 거부anti-access/area denial, 줄여서 A2/AD라고 칭하고 있다. 앞서 살펴봤듯, 중국 해군은 이미 남중국해에 접근한 미국 병력을 도발할 만한 힘을 갖췄다. 어쩌면 머지 않은 미래에 미군의 출입을 완전히 금지시킬지도 모르는 일이다. 시간이 흐르면 현재 중국이 남중국해에 미치는 영향력이 동중국해와 황해까지 확장될 가능성도 있다.

해군 장비를 구축하고 정책을 수립하는 것은 중국이 지닌 거대한 계획 중 일부일 뿐이다. 현재 중국은 적군이 중국 해안에 접근하는 것을 막고, 더 나아가 향후 전투 발생 가능성이 있는 지역에조차 접근하지 못하도록 중국 영토에 수많은 미사일기지와 레이더 관측기지, 포병진지를 세우고 있다. 남중국해에 새로 만든 인공 섬 기지와 본토의 미사일 포병 중대 조합은 앞으로 미국이 상륙작전을 펼치려면 이전보다 더 높은 위험과 비용을 감수하도록 설계됐다. 다시 말하자면, 이는 어떠한

앤드루 마셜은 1973년 리처드 닉슨 대통령이 그를 미 국방성 총괄평가국장으로 임명한 뒤로 42년간 국장 자리를 굳건히 지켰다. 중국과의 대립을 대비해 그가 세운 개념인 공해전투는 오늘날 미국 군사전략의 핵심이다.

종류의 군사 행위도 용납하지 않겠다는 의지의 표명이었다.

　중국의 군사전략가들은 미국의 군사력이 막강하다는 사실을 아주 잘 알고 있고, 전략을 수립할 때 군사력으로 미국과 동등한 지위를 차지하겠다는 생각은 접었다. 아직까지는 말이다. 그 대신 중국은 비대칭 전력을 활용해 전쟁 계획을 수립하기로 했다. 정면으로 맞붙으면 미국의 군사력을 감당해낼 재간이 없으니 먼저 공격하지 않고, 전쟁이 발발하면 미국의 약점을 노리는 계획을 택한 것이다.

　최근 중국이 거대한 대함 탄도미사일인 동풍同風 DF-21이라는 신무기를 개발하면서 미국에 근심을 더해줬다. 2010년, 이 미사일을 쏘아 올리기 위한 거대한 미사일 포대가 중국 해안에 설치됐다고 알려졌다. 이 미사일에는 '항공모함 킬러'라는 별명이 붙었다. DF-21 탄도미사일의 사정거리는 1,700킬로미터에 달하는데, 만약 미사일이 발사 궤도를 벗어나지 않고 목표 타격점을 정확히 공격한다면 미국의 항공모함은 오키나와 너머 서쪽 바다로 섣불리 진입하지 못할 것이다. 비록 환경이 심하게 차이 나긴 하지만 이미 중국은 고비사막에서 실물 크기의 항공모함 모형을 이용해 미사일 실험을 완료했다. 결과는 성공적이었다.

이러한 신무기가 실전에 투입되고, 레이더 시스템이 완비되고, 초계 잠수함(중국의 초계 잠수함 건조 속도는 미국의 네 배에 달한다)이 배치되고, 새롭게 구축된 사이버 무기(이미 효과적이라는 사실이 입증됐다)와 대對위성 미사일이 자동추적에 돌입하고, 일본과 괌, 한국에 자리한 미군기지(필리핀에서는 피나투보산이 폭발한 뒤 1992년에 철수했다)가 중국의 사정거리 안에 들어오게 되면 이것 하나만큼은 확실해진다. 바로 미군의 중국 상륙이 불가능해진다는 것이다. 이렇듯 중국의 해안 방어선이 강화되면 미국은 중국 연안에 구축함대를 배치하고 주요 도시들에 토마호크 미사일을 발사하는 공격조차 강행하지 못할 것이다. 그때쯤이면 애초에 중국 연안 접근 자체가 불가능해질 것이기 때문이다.

이 경우, 중국과 정면충돌해서 전투를 치르기도 전에 미국이 입는 전력 손실이 어마어마해지니 군사력으로 중국을 뒤흔들어놓기가 어려워진다. 현실을 직시한 앤드루 마셜과 총괄평가국은 새로운 대책을 강구해야 한다는 사실을 깨달았다.

**공해전투의**

**탄생**

그렇게 공해전투 개념이 탄생했다. 전쟁에서 육군의 비중을 줄이는 대신 해군과 공군의 기여도를 늘린다는 공해전투 개념은 두 가지 주요한 목적을 가진다. 그 첫 번째 목적은 중국의 선공에도 전투에 투입한 전력을 유지하는 것이고, 이보다도 중요한 두 번째 목적은 중국 연안을 지키는 레이더망과 미사일을 피해 잠수정과 스텔스 항공기를 전투 현장에 침투시켜 정밀 공격을 가하는 것이다. 전쟁 발발 시 오늘날 서태평양 지역에 넓게 포진해 있는 거대한 미군 기지들(카데나, 요코스카, 사세보, 군산, 오산)은 중국의 역습을 받을 가능성이 있다. 이 경우 티니언섬이나 팔라우제도와 같이 중국에서 꽤 멀고 방어망이 잘 구축된 기지에서 지원군을 파병할 예정이다.

따라서 미국이 군사정책을 펼치기 위해 중국의 A2/AD 전략을 무력화시켜서 병력을 적국의 영해에 안전하게 진입시키는 것이 가장 중요하다. 일단 미군이 본토에 발을 들여놓으면 승리는 떼어놓은 당상이라고 할 수 있다. 내용의 대부분은 기밀이지만, 어쨌든 200쪽이 넘는 공해전투 매뉴얼에는 구체적인 작전 사항이 빼곡하게 적혀 있다. 그리고 이 두꺼운 매뉴얼에는 인민해방군이라는 단어가 400번도 넘게 언급돼 있다. 이 전략이 어느 나라를 염두에 두고 수립됐는지는 너무나도 명백하다. 공해전투 매뉴얼은 미국에 더 많은 군함과 잠수정이 필요하며, 제7함대(태평양 지역을 관할하고 있다)에 항모 타격단을 하나 더 배치하고, 지금 미국이 가진 것보다 성능이 더 뛰어난 스텔스 항공기와 미사일과 폭탄을 갖춰야 한다고 서술하고 있다.

공해전투 개념이 발표된 뒤 '미 국방성 총괄평가국장인 앤드루 마셜이 위험을 부추기고 있다'는 비판이 제기되기도 했다. 전략에서 제외된 미 해병대는 공해전투를 펼치는 데 '터무니없이 많은 비용'이 들어가고, 전투에서 실제로 이 전략을 도입하면 '막대한 인명 피해와 경제적 손실을 가져올 것'이라며 부정적인 의견을 보였다. 브루킹스연구소

(미국 민주당의 진보적 정책 연구소 – 옮긴이)는 중국이 미국을 공격하는 상황 자체가 발생할 수 없다며 마셜의 총괄평가국에서 내놓은 시나리오를 맹렬히 비난했다.

공해전투가 특정 국가나 지역을 겨냥해 수립된 전략이 아니라는 미국방성의 발표에도 불구하고 중국은 정책에 강한 반발심을 드러냈다. 놀랄 일은 아니다. 중국의 대령 한 명은 「워싱턴포스트Washington Post」에 "만약 미군이 중국 인민해방군에 대응하기 위해 공해전투 개념을 도입한다면 중국 측에서는 반反공해전투 전략을 개발할 수밖에 없다."고 입장을 표명했다. 이런 식이라면 50년 전 미국과 소련이 그러했듯 천문학적인 비용이 들어가는 위협적인 군수 경쟁이 시작될 가능성도 있다.

용어야 '중심 잡기'가 됐든 '피벗'이 됐든, 이도 아니면 '공해전투'나 한결 완화된 표현인 '국제공역에서의 접근과 기동을 위한 합동개념'이 됐든 버락 오바마 정부가 미국의 안보 전략 중심축을 태평양으로 옮겨놓은 이 전략은 현재 미국의 외교정책에서 큰 비중을 차지하고 있다. 전략을 도입함으로써 기대되는 성과를 나타낸 표현은 2012년 국방수권법National Defense Authorization Bills에 처음으로 등장했다. 하지만 비용이 문제였다. 미국 국회 내부에서 정책을 두고 갈등이 일어나며 도입이 연기되었고, 애초 세웠던 계획의 일부는 폐기되기도 했다. 또한 중동 정세가 악화되면서 대對태평양 정책은 한 차례 더 연기되었으나 결국에는 발효가 이루어졌다. 하지만 그 성과는 아직까지 미미하고 적용 지역도 태평양 가장자리에 그쳤다.

정책의 일부로, 현재 오스트레일리아 북부 도시인 다윈 근처에 자리한 오스트레일리아 육군기지에는 미 해병대 병력이 주둔 중이다. 2013

년에 최초로 미 해병대 병력 250명이 오스트레일리아에 파견됐고, 향후 25년간 6개월 간격으로 전투태세를 갖춘 해병대 2,500명과 수송 헬리콥터 여러 대를 순환 배치할 예정이다. 하지만 오스트레일리아의 우기에 속하는 한여름에는 최소 인원만 오스트레일리아에 남겨두고 나머지는 하와이에 돌아가기로 되어 있다. 열대에 속하는 오스트레일리아의 한여름 날씨에는 사실상 훈련이 불가능하기 때문이다.

현재 오스트레일리아 서부 도시인 퍼스 외곽의 스털링 해군기지에서 미 해군을 받아들일지에 관한 논의도 오가고 있다. 또 미군 폭격기를 배치할 수 있도록 가든 아일랜드의 활주로를 연장하고, 항공모함의 접근과 수리가 가능하도록 부두를 확충하는 사항도 협의 중이다.

싱가포르는 소위 연안 전투함이라고 불리는 미국의 근거리 공격용 최신식 전투함 네 척의 자국 항구 배치를 수락했다. 이 전투함들(작고 빠른 데다 스텔스 설계가 도입됐다)은 중국의 비대칭 전력에 대항하기 위해 특별히 제작된 것으로, 선체에는 헬기 갑판과 추가로 투입된 해병대 병력을 수용할 공간이 마련돼 있다. 오늘날 남중국해의 실정을 고려했을 때 연안 전투함은 미국이 중국을 상대할 가장 좋은 대안으로 보인다. 1991년 필리핀이 수비크만에 미군기지 존속을 거부했으니, 싱가포르와 연안 전투함 배치 협약을 맺은 것은 바람직한 선택이었다. (하지만 최근 들어 필리핀은 미군에 수비크만을 개방할 여지를 보이고 있다. 2013년 초에 필리핀 정부는 미국 국적선이 수비크만의 군사시설을 제한적으로 사용하는 데 동의했다. 수비크만은 피나투보 화산 폭발 이후 수리를 거쳐 완전히 새롭게 정비됐다. 현재 이곳은 필리핀 군사기지로 사용되고 있으나, 필리핀 정부는 미국의 외교 압박과 수비크만을 개방했을 때 얻게 될 상당한 경제적 이익을 고려해 미국의 태평양 중심 잡기 정책에 작은 도움을 주겠다는 의사를 내비쳤다. 아직 시험 기간이긴 하지만, 과거 미국의 해군 본부로 영광을 누렸던 수비크만에는 현재 미국 선박 몇 척이 배치되어 있다.)

이 외에도 미국의 군사정책을 실현하기 위한 리스트는 계속 이어진다. 미국은 더 많은 공격형 잠수함을 태평양 서쪽 먼바다에 투입할 예정이다. 또 깊은 바다를 순찰하기 위해 수많은 탄도미사일 탑재 원자력 잠수함super-secret ballistic missile subs, SSBN이 태평양으로 향하고 있다. ■ 땅과 바다를 가리지 않고 놀라운 전투력을 보여주는 미 해병대가 대서양을 떠나 태평양으로 발걸음을 옮길 것이다. 오키나와와 괌에는 패트리엇이나 사드와 같은 격추 미사일을 배치해서 방어망을 구축할 계획이다. 또 베트남 정부와 미국 사이에는 오래전 베트남전쟁이 발발했을 때 미국이 깜라인만에 건설한 군사시설 사용에 대해 논의가 오가고 있다. 아이러니한 일이다.

게다가 태평양 지역의 군사정책과 관련해 '피벗 **안의** 피벗'이라는 방안이 추가적으로 제시되기도 했다. 종종 앤드루 마셜과 같이 선견지명을 가진 인물들과 의견을 같이하는 미국 전략국제문제연구소는 미 국방성에 국제 안보 정책과 관련해 적절한 조언을 해주기로 유명하다. 2012년 8월, 전략국제문제연구소는 다음과 같은 발언을 했다. "현재

■ 북태평양 페트로파블롭스크 캄차츠키 기지 근처에서 핵탄도미사일을 탑재한 러시아의 델타급(Delta-class) 전략 잠수함을 발견하기는 크게 어렵지 않은 반면, 미국의 탄도미사일 잠수함을 목격하는 일은 하늘의 별 따기와 같다. 언젠가 진주만을 방문했을 때 거대한 오하이오급(Ohio-class) 잠수함이 수리를 받기 위해 계획에도 없이 수면으로 떠올랐다. 검은 잠수정이 부둣가에 정박되자 보안을 위해서인지 커다란 담요로 감쌌고, 중무장한 군인들이 부두 주변에 보초를 섰다. 이들은 사진 촬영을 금지하고, 도로를 폐쇄하고, 지나가는 사람들에게 **신경 쓰지 말고 빨리 발걸음을 옮기라**고 재촉했다.

미 국방성의 군사정책은 동북아시아(한국과 일본)에 심하게 치우쳐 있다. 한반도와 일본, 타이완해협에 존재하는 갈등과 위협을 경계할 필요가 있다는 것은 분명하다. **하지만 최근 남중국해와 넓은 바다에 자리한 섬들에서 중국이 보이는 동향으로 확인할 수 있듯, 국제적 갈등은 남아시아와 동남아시아에서 그 어느 때보다 빠르게 고조되고 있다. 미국의 군사정책이 성공을 거두기 위해서는 해당 지역에 더 많은 관심을 기울일 필요가 있다.**" 싱가포르, 베트남, 오스트레일리아에 병력을 배치하는 까닭이 바로 여기에 있다. 이런 이유로, 미국이 목표하는 바를 이루고자 한다면 화산재에 파묻혔던 필리핀의 군사기지를 회복해야 하는 것이다.

미국이 한때 깊은 관심을 쏟았던 동북아시아(골칫거리 북한, 센카쿠 열도를 둘러싼 중국과 일본 사이의 영토 분쟁이 특히 중요하게 여겨졌다)는 뒷방 늙은이 신세가 돼버렸다. 하지만 여전히 서태평양에 존재하는 가장 큰 위협은 북한이라고 생각하는 전략가들도 있다. 마찬가지로 이들은 영토 분쟁으로 중국과 일본이 전쟁을 치를 가능성도 염두에 두고 있다. 그리고 동북아시아에서 이들의 염려가 현실이 되어 나타난다면, 이는 미국의 가장 번화한 도시에서 조용한 시골까지 국가 전체를 뒤흔들 수밖에 없다. 동북아 국가와 조약을 체결했기에 개입이 불가피하기 때문이다. 이 때문에 최근 들어 미국 언론에서는 동북아시아 정세와 관련된 기사를 심심찮게 찾아볼 수 있다. 또 거의 집착에 가까울 정도로 북한에 관심을 보이는 뉴스 제작자들은 한 치의 오차도 없이 각을 잡고 행진하는 군대와, 얼굴근육이 굳은 듯 딱딱한 표정을 한 독재자의 행보를 예의 주시하며 가상의 시나리오를 보도하는 데 상당한 시간을 할애하고 있다. 물론 그러한 상황이 실제로 발생할 수도 있고, 또 발생한다면 그에 따르는 피해 규모도 어마어마할 것이 분명하다.

하지만 더 큰 그림을 그려본 수많은 전략가는 위에 서술된 상황이 현재 태평양 지역에 도사린 핵심적인 위협을 분산시키는 요소에 불과하다고 주장한다. 그리고 이들이 말하는 핵심은 중국이다. 인구수가 13억이 넘는 중국은 유구한 역사를 자랑한다. 자국의 역사를 깊이 이해하고, 그를 바탕으로 현재 인류에게 주어진 상황을 파악하는 데 뛰어난 능력을 지닌 중국을 제대로 파악하지 않고는 태평양의 미래를 예측할 수 없을 것이다. 이러한 추상적인 개념도 무시할 수 없지만, 오늘날 중국이 초강대국의 지위를 거머쥘 수 있었던 이유는 물론 우리에게 보다 친숙하고, 쉽게 확인 가능한 능력을 지녔기 때문이다. 중국이 거머쥔 막대한 부와 끊임없이 확장되는 영토, 권력, 전 세계에 미치는 엄청난 영향력, 높은 자부심, 이 모든 요소가 합쳐져 태평양의 주축으로 자리 잡은 중국은 여봐란듯이 콧대를 세우고 있다.


## 태평양의

### 과거와 미래

미국은 지난 한 세기 동안 태평양을 호령하고 세계경제를 휘어잡았다. 미국은 명실상부 지구상에서 유일한 최강대국이었다. 하지만 중국이 급부상하면서 미국 정부는 최강대국 지위를 중국과 공유하게 될까 봐 두려움에 떨고 있다.

미국은 '태평양 내에 자리한 국가들의 권력을 분립함으로써 미국이 태평양에 접근하고 우위를 선점하는 데 장애물이 되거나, 미국의 이익을 해할 가능성이 있는 강대국의 탄생을 방지한다'는 전략적 목표를 오랫동안 공표해왔다. 그리고 중국은 이러한 미국의 목표에 정면으로 도전하고 있고, 이는 장기전이 될 가능성이 높다.

미국은 태평양에서 자국의 영향이 미치는 범위가 넓었기에 태평양의 경제가 오늘날과 같이 발전했다고 굳게 믿고 있다. 하와이 태평양 사령부의 사령관들은 미국의 위대한 업적을 나타내는 눈부시게 반짝이는 싱가포르, 홍콩, 도쿄와 서울의 스카이라인을 무척이나 자랑스럽게 여기고 있다. 상하이와 광저우도 마찬가지다. 이들은 미국의 개입으로 무역선이 바쁘게 지나다니는 항로를 자유롭게 유지했기에 태평양이 이토록 번성할 수 있었다고 강력하게 주장한다.

급속히 발전하는 아시아의 '호랑이 경제(싱가포르, 한국 등 빠르게 성장한 아시아 국가들의 경제를 일컫는 말-옮긴이)'는 순전히 미국이 무역 보호 정책을 펼치고, 위협이 되는 존재를 진압하고, 미국이 가진 가치관을 태평양에 전파한 덕분이라는 것이 미국의 주장이다. 따라서 태평양에서 미국의 영향력이 약해지고 톈안먼 사건을 일으킨 몰인정한 국가, 즉 새롭게 나타난 강대국인 중국에 태평양의 안위가 넘어가면 아시아 전체의 경제가 위축되고, 가라앉고, 결국에는 파멸에 이르게 될 것이라고 미국은 경고한다.

하지만 최근 들어 미국의 이러한 가정에 의문이 제기되고 있다. 오스트레일리아의 작가 코럴 벨Coral Bell은 새로운 정치적·전략 지정학적인 아이디어의 실험대에 오른 태평양이 마침내 '바스쿠 다 가마Vasco da Gama의 시대'에서 벗어났다고 표현했다. 한 포르투갈 탐험가가 인도와 말레이반도로 향하는 항로를 최초로 개척한 이후 스페인과 포르투갈을 시작으로 독일, 프랑스, 영국, 그리고 마침내는 난공불락의 권력을 지닌 미국에 이르기까지, 동양은 지난 500년 동안 많은 서양 국가의 영향력 아래 존재해왔다.

그리고 오늘날, 세계에서는 전례 없이 빠르고 갑작스러운 힘의 재분배가 이루어지고 있다. 이러한 변화는 영원히 서구를 중심으로 돌아갈 것만 같았던 우리의 세계, 그중에서도 특히 태평양이 서구의 지배를 벗어나 새로운 양상으로 나아가고 있음을 보여준다.

한때는 진리로 받아들여졌던 가정들이 이제 완전히 버려졌다. 예를 들어 20세기 중반까지만 하더라도 미국 선박이 양쯔강을 통해 중국 깊숙이 진입하는 행위에 그 누구도 제재를 가하지 않았다. 역지사지를 적용해보자. 중국의 콜베트함이 미시시피강을 타고서 한니발과 아이오와 주의 디모인을 거쳐 세인트루이스항에 사전 허가 없이 정박하는 상황을 생각이나 할 수 있겠는가? 그리고 술에 취한 중국인 선원들이 미국에서 범죄를 저지르고도 미국 법이 아닌 중국의 법률에 따라 재판받는 상황은 어떠한가? 과연 이러한 상황이 벌어질 수 있을까?

미국을 포함한 모든 국가에서는 이 질문에 하나같이 '노'라고 대답한다. 하지만 중국 해군선이 필리핀 앞바다를 지나 괌, 팔라우, 바누아투, 종국에는 하와이에서까지 미사일을 발사하고, 잠수정의 성능을 실험하고, 항로를 순찰한다면 뭐라 하겠는가? 혹은 샌디에이고나 새너제이의 스카이라인이 훤히 내다보이는 캘리포니아 앞바다까지 진출한다면? 아마, 빠르게 성장하는 중국 해군의 추세를 생각했을 때 그러할 가능성이 있다고 대답할 것이다.

그리고 중국의 세력 확장이 옳지 않다고 주장하는 근거는 무엇일까?

과연 중국 해군이 현재의 미국 해군보다 태평양의 항로를 보호하는 데 신경을 덜 쓸까? 게다가 아시아 국가들이 아시아의 정책을 따르는 데 문제가 될 것은 무엇인가? 아시아 국가들은 엄청난 문화적 차이에도 불구하고 타 대륙에 속하는 국가들과 경쟁해서 오늘과 같은 성장을 이루어냈다. 그렇다면 아시아의 특성을 이해하고 거기에 알맞은 정책을 도입한다면 더 큰 성장을 이루어낼 수도 있지 않을까? 서양은 동양이 충분한 능력을 갖췄다는 사실을 인정한다. 그러니 이제는 동양의 국가들이 동서양이 조우하는 바다인 태평양의 미래를 책임지도록 두고 봐도 되지 않을까? 아니면 서양인들은 도저히 불안감을 떨치지 못하고 있는 것일까? 혹은 서양이 과거같이 건재하지 않다는 사실에 불쾌함을 느끼고 있는 것일까? 세계를 제패하던 제국이 이미 사라졌다는 사실을 받아들이지 못하고서 고집을 부리고 있는 것일까? 아니면 아직까지 백인 우월주의 사상에 젖어 있는 것일까?

과거 서양인들은 언젠가 이러한 현실이 닥칠 것이라고는 생각조차 못 했으리라.

마찬가지로 1991년에 피나투보산이 폭발할 것이라 생각한 사람도, 더 나아가 화산 폭발이 오늘날 태평양의 정세에 이토록 큰 영향을 미칠 것이라 생각한 사람도 없었다. 하지만 예상치 못한 순간에 자연재해가 발생하듯 역사 속에서도 도저히 상상할 수 없는 변화가 발생하기도 한다. 필리핀과 미국은 물론, 중국도 예외는 아니다. 거대한 태평양에 자리한 그 어떤 국가도 예외가 될 수는 없다.

# 파도가 전하는 메시지

오팔처럼 반짝이는 강렬하고 넓은 바다를 바라보라.

장미와 무지개만큼이나 아름다운 바다는 인류에게

일용할 양식을 제공하고, 세상을 정화하며, 달콤한 날씨를 선사한다.

언제나 변함없는 썰물과 밀물은

한결같은 존재의 완벽함을 보여준다.

–랠프 월도 에머슨, 『일기』, 1856

'말라마 호누아malama honua'라는 오랜 과거부터 전해져 내려온 하와이어 구절이 있다. 이 구절은 '우리의 지구섬을 지키기' 위해 인류가 책임을 다해야 된다는 의미를 담고 있다. 2014년 5월 중순, 어느 따뜻했던 토요일 저녁에 낡은 배 한 척이 하와이의 메시지를 전하기 위해 오아후섬 부두를 출발했다. 부드럽게 불어오는 순풍에 돛이 부풀어 올랐다. 이 배는 앞으로 3년간 폴리네시아를 지나 전 세계를 돌아다니면서

하와이 전통 카누인 '와'의 모습을 그대로 복원해놓은 호쿨레아호는 1975년 오아후섬에서 제작됐다. 폴리네시아 선원들은 호쿨레아호의 항해를 통해 특별한 항해 장비 없이도 넓디넓은 태평양을 횡단할 수 있다는 사실을 증명했다. 2014년 호쿨레아호는 GPS는 고사하고 시계, 나침반, 육분의조차 없이 세계 일주에 나섰다.

임무를 수행할 예정이었다.

40년이라는 세월을 견뎌온 60톤 규모의 선박은 이중 선체 구조를 갖추고 있었다. 바로 호쿨레아호였다. 먼바다로 항해를 떠난 하와이의 카누는 북쪽 하늘을 비추는 아름다운 별인 아르크투루스를 의미하는 하와이어 '호쿨레아'를 따서 이름이 붙여졌다. 과거 장거리 항해에 쓰이던 폴리네시아 전통 카누인 와wa'a의 모습을 그대로 복원해놓은 호쿨레아호는 1975년에 수작업으로 제작됐다. 호쿨레아호는 외양만큼이나 전통적인 항해법을 도입해 여행을 떠나기로 했다(호쿨레아호는 2017년 6월 무사히 되돌아왔으나 본문의 시점은 저자의 집필 시기에 따랐다 - 편집자).

호쿨레아호가 닻을 올린 그 5월 저녁, 노을이 지는 풍경 아래 오아후섬 부둣가에서는 팡파르를 터뜨리고 뿔 나팔을 부는 등 안전한 항해를 기원하는 기념식이 열렸다. 이 작은 카누가 떠날 모험은 아주 특별했다. 이제부터 호쿨레아호는 선원 30명을 태우고 **어떠한 현대식 항법 보조 도구도 갖추지 않은 채** 7만 5,600킬로미터에 달하는 거리를 항해할 것이었다. 이들은 나침반조차 가져가지 않았다. 육분의도 없었다. 레이더 장치나 무선통신 장비도 없었다. 물론 GPS도 없었다. 수 세기 전 이들의 조상이 그러했듯 호쿨레아호는 넓은 태평양으로 외로운 항해를 떠났다.

선원의 대부분은 맑은 눈을 가진 하와이 젊은이들이었는데, 혈기 왕성한 선원에게 적절한 조언을 해줄 노련한 항해사들도 탐험에 동행했다. 이들은 엄청난 훈련을 거치고 호쿨레아호에 올랐다. 글을 쓰고 있는 지금 이 순간에도 이들은 작은 배 한 척에 몸을 싣고 오스트레일리아 북부 바다를 향해 서쪽으로 끊임없이 나아가고 있다. 현재 호쿨레아호는 하와이를 떠나 1만 4,000킬로미터를 이동했고, 지구 한 바퀴를 돌아 다이아몬드헤드 사화산에 이르기까지 앞으로 6만 4,000킬로미터를 더 가야 한다. 호쿨레아호에 오른 선원들은 고향과 마찬가지인 태평양을 떠나 인도양과 지중해, 대서양과 카리브해를 건널 것이다. 낯선 별자리들이 반짝이는 하늘 아래, 호쿨레아호의 항해는 이어진다.

호쿨레아호의 모험이 성공하든 아니면 실패로 끝나든, 카누에 오른 이들은 이번 도전으로 태평양의 중요성을 다시 한 번 강조할 수 있을 것이라 굳게 믿고 있다. 비단 탐험에 나선 선원들뿐만이 아니다. 하와이에 남아 호쿨레아호를 기다리는 사람들 역시 같은 마음이다. 말라마 호누아. 지구상에 살아 있는 모든 존재에게 양분을 공급하는 바다, 새로운 생명이 탄생하는 바다, 그 안에서 살아가는 인류의 무지각한 행위에 점차 지쳐가는 바다인 태평양을 지켜달라는 염원을 담고 그렇게 호쿨레아호의 탐험은 시작됐다.


## 폴리네시아 사람들의
### 지혜

1975년 오아후섬 북동쪽, 무역풍이 불어오는 쿠알로아 해변에 자리한 조선소에서 호쿨레아호가 제작되고 있었다. 도대체 어떤 경로로 인류가 태평양 한복판에 덩그러니 떠 있는 하와이에 발 딛게 되었는지 여전히 의문이 무성하던 시기였다. 발사나무로 만든 뗏목인 콘티키호를 타고 페루에서 폴리네시아까지 도달한 토르 헤위에르달의 이론은 꽤나 유효해 보였다. 항해하던 도중 조류에 휩쓸린 남아메리카 사람들이 바다를 떠돌다가 우연히 태평양 한복판에 자리한 섬에 도착해 터를 잡고 살았다는 게 그의 주장이었다. 이 가설이 틀렸다면 아메리카 대륙의 고구마가 폴리네시아의 주요한 식재료로 자리 잡은 현상을 어떻게 설명하겠는가?

하지만 1970년대 들어 헤위에르달이 제기한 학설은 점차 논리를 잃어갔다. 유전학적·언어학적 증거의 발견과 더불어 과거 태평양 섬사람들의 항해술이 무척 뛰어났다는 주장이 널리 받아들여지면서 헤위에르달의 가설은 밀려나기 시작했다. 그 대신 태평양 한복판의 멜라네시아, 미크로네시아, 그리고 폴리네시아에 처음으로 이주한 사람들은 표류 중에 우연히 이곳에 도착한 게 아니라 뛰어난 항해술로 새로운 고향을 찾아 떠나온 것이며, 더 나아가 이들은 아메리카가 아니라 아시아의 후예라는 가설이 급부상했다.

만약 이 모든 주장이 사실이라면 최초로 태평양 한복판의 섬에 정박한 이들의 항해술은 가히 전설적이라고 할 수 있다. BP 5000년경(책을 시작하면서 언급했던 시대 표현으로, 기원전 3000년경을 나타내고 싶었다) 필리핀을 비롯한 남중국해에 거주하던 사람들이 카누를 타고 동쪽으로, 서쪽으로 떠나가기 시작했다. 이들은 인도양의 섬들, 머나먼 아프리카의 마다가스카르와 태평양의 이스터섬까지 진출했다. 도자기 조각, 해당 지역에 서식하는 동물의 종류, 뿌리가 같은 언어, 고대 상형문자를 확인해본 결과 이들이 타고 왔던 배의 종류가 일치한다는 사실 등 그 증거는 다양하다. 이들은 바람을 타고 노를 저어, 새로운 장소에서 새로운 사회를 구축했다. 그리고 이웃 섬과 교역하고, 텃밭을 가꾸고, 낚시를 하면서 살아온 것이다.

태평양 남서부의 섬들은 특히나 인기 있는 목적지였다. 앞서 서술했듯 활발한 지질활동의 결과로 이 섬들은 일직선상에 놓여 있다. 게다가 섬 사이의 거리도 가까워서 한 섬에서 다른 섬까지의 거리가 500킬로미터도 채 안 되는 경우가 대부분이다. 멜라네시아와 파푸아를 차지한 이주민들은 언뜻 엄청난 모험을 한 듯 보이지만 사실 그 거리는 얼마 되지 않는다. 멜라네시아를 찾아온 이들은 위대한 모험을 했다기보다는 가까운 섬들로 거처를 옮겼을 뿐이라고 받아들여진다.

하지만 폴리네시아로 떠난 이들의 경우는 다르다. 이들이 이룩해낸 결과는 어마어마했다. 먼저 그 거리부터가 감탄을 자아낸다. 폴리네시아를 찾아온 이주민들이 자리 잡은 영토는 얼핏 삼각형 모양을 이루고 있는데 북쪽으로는 하와이, 동쪽으로는 이스터섬, 서쪽으로는 거대한 뉴질랜드에 이르기까지(폴리네시아 언어로 이스터섬은 라파누이, 뉴질랜드는 아오테아러우어라고 칭한다) 거의 태평양 전체를 포함한다고 봐도 무방하다. 면적이 무려 3,624만 4,300제곱킬로미터에 이르는 바다에 누군가가 흩뿌려놓은 듯 드문드문 섬이 자리하고 있으니, 폴리네시아 사람들은 고향 땅이 아니라 **고향 바다**를 가지고 있다는 표현이 더욱 알맞다. 유일한 예외인 뉴질랜드를 제외하고 폴리네시아 사람들이 차지한 바다와 육지의 면적을 평균적으로 따져보면 바다 면적 1,000제곱킬로미터당 2제곱킬로미터의 육지가 있는 셈이다. 그러니 이토록 멀리 떨어져 있는 수많은 섬 중 무인도가 많지 않다는 사실은 경이롭기까지 하다. 도대체 이들은 어떻게 망망대해를 건너 그 많은 섬에 터를 잡을 수 있었던 것일까?

1769년 제임스 쿡이 처음으로 나선 남태평양 탐사에서 의문을 해결해줄 작은 단서를 포착해냈다. 라이아테아섬의 사제였던 투파이아 Tupaia가 제임스 쿡의 탐험에 동행했는데, 이 신성한 인물은 항해를 하는 내내 놀라운 능력을 보여줬다. 주변을 둘러싼 모든 섬에 대해 해박한 지식을 가졌을 뿐만 아니라 위치와 방향까지 줄줄이 꿰고 있었던 것이다. 인데버호에 승선하고 있던 과학자인 조지프 뱅크스 Joseph Banks 는 투파이아의 뛰어난 재능에 입을 다물 수가 없었다. "투파이아는 배에 타고 있던 그 누구보다 항해 경험이 풍부한 뛰어난 길잡이였다. 게다가 남태평양의 섬과 관련된 모든 정보가 그의 머릿속에 입력되어 있는 것만 같았다. 투파이아는 70곳이 넘는 섬을 지나칠 때마다 우리에게 섬의 이름을 알려줬는데, 그는 인데버호가 스쳐 지나간 대부분의 섬에 이미 다녀왔다고 했다."

제임스 쿡과 투파이아는 인도네시아까지 함께했다. 투파이아는 거기에서 그치지 않고 쿡이 가지고 있던 지도 양옆으로 각각 3,200킬로미터가 넘는 넓은 바다 부분을 그려 위대한 탐험가를 깜짝 놀라게 했다. 지도에는 쿡이 아직 발견하지 못한 수많은 섬(피지, 통가, 마르키즈제도)이 표시돼 있었다. 안타깝게도 이 놀라운 인물은 자카르타(당시에는 바타비아라고 불렸다)에서 고열에 시달리다 세상을 떠나고 말았다. 투파이아는 쿡과 뱅크스에게 남태평양에는 특별한 재주를 가진 항해사들이 거주하고 있다는 사실을 알려줬다. 서양인들이 세계를 탐험하고 태평양을 손에 넣기 위해 사용했던 시계, 육분의, 나침반을 비롯한 수많은 항해 장비는 폴리네시아의 놀라운 항해사들에게는 별 쓸모가 없었다. 투파이아와 같은 인물은 그저 바다를 둘러보고, 하늘의 별을 살피고, 지나가는 물고기와 새를 관찰하는 것만으로 목적지를 쉽게 찾아갔다. 주변을 둘러싼 자연을 통해 얻은 정보만으로 충분했다.

하지만 이후 200년이 넘도록 서양인들은 남태평양 사람들의 능력을 인정하지 않았다. 그들이 마주한 남태평양 사람들은 바다 한가운데서 거의 발가벗은 채 생활하는 야만인이었다. 미개한 야만인들이 그토록 넓은 바다를 자유자재로 항해할 수 있는 뛰어난 기술을 지녔을 리만무했다. 물론 원주민들이 제작한 배는 무척이나 세련되고 견고했다. 거친 파도를 뚫고 빠르게 이동하는 카누를 보건대 이들의 노 젓는 실력 또한 상당했음이 분명했다. 하지만 아름다운 배와 튼튼한 두 팔만으로 수천 킬로미터가 넘는 망망대해를 항해해서 새로운 섬을 찾아 떠나는 일은 불가능했다.

심지어 투파이아의 놀라운 재주를 두 눈으로 똑똑히 확인한 제임스 쿡마저 폴리네시아에 터를 잡은 원주민 대부분은 조난을 당해 우연히 그곳에 도착했을 뿐이라고 생각했다. 이후에 쿡이 탐험 도중 발견한 하와이와 이스터섬에 대해서도 같은 생각이었다. 그는 섬에 살고 있던 원주민들이 언젠가 뱃놀이를 즐기던 중 표류돼 바람과 조류에 여기저기 밀려다니다가 운 좋게 적당한 섬에 정착한 것이라고 생각했다. 어쩌다 보니 새로운 섬을 발견하긴 했으나 출발지로 돌아갈 수는 없었으며, 이들의 목적지와 항로는 순전히 우연의 산물이었다고 생각한 것이다. 얼마 전까지만 해도 이러한 가정은 사실로 받아들여졌다. 콘티키호의 탐험 역시 파도에 휩쓸린 아메리카 원주민이 우연히 폴리네시아에 도착했다는 주장을 입증하기 위한 것이었다(알다시피 입증에 실패했다). 어딘가에서 사고를 당해 표류하던 이들이 폴리네시아 문화를 형성한 것이라고 수많은 사람이 확신했다.

이는 명백히 경솔하고 불합리한 추정이었다. 태평양의 바람과 조류에 휩쓸려 남쪽 바다에서 우연히 하와이까지 도달한다는 것은 불가능에 가까웠다. 하지만 폴리네시아 사람들을 얕잡아 보던 서양인들에게는 우연만이 유일한 가능성이었다. 인종 우월주의에 사로잡혀 있던 고집스러운 서양의 불청객들은 태평양 한복판에서 생활하고 있던 유색인종이 특별한 능력을 가지고 있다는 사실을 도저히 받아들일 수가 없었던 것이다.

하지만 폴리네시아 사람들은 실제로 뛰어난 항해 기술을 지니고 있었다. 수백 년 동안 이들의 설화와 시, 노래 속에는 항해 이야기가 필수 요소로 등장했다. 학교에서는 항해술을 가르쳤고 이를 나타내는 명칭도 따로 있었다(이들은 항해술을 포ppwo, 항해사는 팔루ppalu라고 불렀다). 폴리네시아 삼각지대 안에서 새로운 섬을 발견하고 터를 잡기 위해 항해술은 꼭 익혀야 할 기술이었다. 아이러니하게도 서구 제국들이 태평양에 지배력을 행사하기 시작하면서 폴리네시아 특유의 항해술은 설 자리를 잃고 말았다. 식민지 개척자들이 행정상의 편의를 위해 펼친 정책 때문이었다.

서양인들은 폴리네시아 사람들이 카누를 타고 섬 사이를 오가는 행위를 금지했다. 정책이 도입되자 폴리네시아 사람들의 뛰어난 항해 기술은 빠르게 자취를 감추었다. 폴리네시아를 차지한 독일, 일본, 영국, 프랑스가 이러한 정책을 도입한 이유는 단순했다. 사전 허가 없이 마음 내키는 대로 항해에 나서는 행동은 너무나 위험했기 때문이었다. 물론 그 외에도 보험회사와 관련된 문제라든가, 섬에 출입하기 위해 필요한 여권이나 통행 허가증 등 복잡한 사항들이 얽혀 있었다. 이를테면 독일의 지배를 받든 영국의 식민지가 됐든 프랑스의 영향권 아래에 있든 폴리네시아 원주민들이 제멋대로 이 섬 저 섬을 누비고 돌아다닌다면 태평양은 그야말로 아수라장이 되고 말 것이었다.

러시아 전체 면적이나, 남아메리카와 북아메리카를 합쳐놓은 면적만큼이나 넓은 바다에 걸쳐 있던 자유분방한 폴리네시아는 순식간에 사라졌다. 폴리네시아를 차지한 유럽인들은 지역에 질서를 수립하고 올바른 통치를 펼치기 위해서 그들이 적절하다고 판단한 섬에 폴리네시아 사람들을 적당히 배치해 머무르도록 했다. 침략자들의 입장에서는 이 방법이 최선이었다. 그 결과 폴리네시아 원주민들이 갖고 있던 소중한 가치가 일부 소실됐다.

이때 잃어버린 귀중한 기술 중 하나가 바로 항해술이었다. 폴리네시아 문화권에서는 전통적인 삶을 꾸려나가는 데 '참된 인도'를 해주는 노인들을 가슴 깊이 숭상했는데, 유럽의 침략을 받은 뒤로는 노인들이 가지고 있던 바다를 보는 지혜가 다음 세대로 전승되지 못한 채 쇠퇴하고 말았다. 1970년대에 폴리네시아의 전통 항해술은 거의 소멸된 것과 다름없었다. 태평양 원주민들은 자의든 타의든 21세기 현대사회의 구성원이 되었고, 한때 이들이 지녔던 뛰어난 항해 감각은 더 이상 찾아볼 수 없게 되었다.

하지만 1970년대 초반, 오래된 폴리네시아 항해술에 깊은 관심을 가지고 있던 하와이 청년들이 이 비밀스러운 지혜를 간직한 팔루가 아직 한두 명쯤 남아 있다는 사실을 발견했다. 피우스 피아일루그Pius Piailug가 그중 한 명이었다. 발견 당시 40세였던 이 야프인은 여섯 살 때부터 놀라운 능력을 보여줬다고 한다. 캐롤라인제도에 속한 사타왈섬에서 피우스는 항로 찾기의 대가로 명성이 자자했다. 그는 젊었고, 자신이 가진 능력과 지혜를 전파하고 싶었지만 인구가 400명밖에 안 되는 피우스의 고향 섬에는 그 기술을 배우고자 하는 사람이 단 한 명도 없었다. 사타왈섬 사람들은 낚시와 코코넛 채집으로 근근이 생활하고 있었으니 항해술에까지 관심을 두기는 어려웠을 것이다. 그는 자신이 죽으면 전통 항해술도 같이 소멸할 것이라고 생각했다. 피우스는 폴리네시아에 거의 마지막으로 남은 항해사였다.

## 타히티를
## 향하여

　　하지만 놀랍게도 우연한 상황이 이어지면서 폴리네시아의 지혜가 되살아났다. 피우스는 그가 가진 놀라운 능력을 살려 섬 사이를 운항하는 증기선에 선원으로 취직했다. 배에서 그는 '마우'라는 별명으로 불렸다. 야프섬과 추크섬, 코스라에섬을 비롯해 미크로네시아의 수많은 섬을 항해하던 도중 그는 우연히 마이크 매코이 Mike McCoy라는 미국 평화지원단 단원과 가까워지게 됐다. 마우는 매코이와 항해 장비 없이 항로를 찾는 자신의 놀라운 능력에 관해 종종 대화를 나누곤 했다. 이 능력에 완전히 매료된 매코이는 마우의 항해술을 주제로 글을 썼다. 우연히 이 글 읽은 인류학자 벤 피니 Ben Finney 역시 마우의 기술에 깊은 관심을 나타냈다. 당시 피니는 호놀룰루에서 하와이 원주민들이 가진 유산을 부활시키기 위해 하와이안 르네상스라는 운동에 참가하고 있었다.

　1974년 마우 피아일루그의 대문 앞에 전혀 생각지도 못한 초대장이 도착했다. 마우는 영어를 읽을 수 없었기에 누군가가 이 초대장을 대신 읽어줘야만 했다. 초대장에는 마우가 호놀룰루로 건너와 하와이에서 열리는 미국 독립 200주년 기념식 계획을 세우는 데 도움을 주길 바란다고 적혀 있었다. 당시 하와이에는 벤 피니를 비롯한 수많은 인물이 과거 카누를 타고 이 섬 저 섬을 떠돌던 폴리네시아 원주민 문화를 지지하는 그룹을 형성하고 있었다. 이들은 현대적인 항해 장비 없이 폴리네시아 전통 카누를 타고 하와이에서 타히티까지 4,200킬로미터에 이르는 바다를 항해하기로 결심했다. 지난 600년 동안 단 한 번도 성공한 적 없는 도전이었다. 하지만 마우 피아일루그 같은 뛰어난 항해사와 동행한다면 성공할 가능성을 높일 수 있을 것이었다.

마우는 이들의 초대에 크게 기뻐했다. 그는 폴리네시아항해협회를 설립한 사람들을 만나기 위해 곧장 하와이로 날아갔다. 협회는 호쿨레아호 제작을 준비하고 있었고, 폴리네시아 전통 항해 기법을 이용해 타히티로 향하는 기념비적인 항해를 통해 하와이 원주민들의 자부심을 고취시킬 수 있을 것이라고 주 정부를 설득했다. 만약 이 항해가 성공한다면 현실에 불만을 품은 수천 명의 하와이 원주민들(1970년대 당시 협회 구성원 대부분은 하와이 사회에서 최하층 계급에 속하는 젊은이로, 어두운 미래를 고민하고 있었다)이 새로운 희망을 품을 수 있을 것이라고 폴리네시아항해협회는 주장했다. 이런저런 이유를 다 떠나 모험 그 자체에 낭만이 있었다. 어쩌면 항해에 참가한 몇 명은 항해사로 거듭날 수도 있었고, 값진 경험을 통해 반쪽짜리 미국인이 아닌 온전한 폴리네시아인으로 새롭게 태어날 가능성도 있었다.

이러한 측면에서 호쿨레아호는 상징성을 지닌다. 그리고 호쿨레아호의 선원들이 4,200킬로미터에 달하는 바다를 건너 남쪽의 타히티로 향하는 항해를 도와줄 마우 피아일루그는 카누의 선원들은 물론 항해에 참여하지 않는 사람들에게까지 자신이 가진 기술을 전파하겠다는 의지를 가지고 있었다. 호쿨레아호는 단순한 상징에 그치지 않고 어마어마한 문화적 변화를 가져올 촉매 역할을 할 수도 있었다.

현대식 장비 없이 항해에 나서려면 바다를 깊이 이해해야만 했다. 폴리네시아 전통 항해술을 터득하기는 몹시 어려웠지만 그 대신 한번 배우고 나면 잊을 수가 없었다. 폴리네시아의 항해사가 되기 위해서는 파도와 조류가 선체에 부딪치는 바다의 느낌을 익혀야만 했다. 마우의 동향민인 캐롤라인제도 사람들은 마우가 마치 잠든 듯 배에 누워 있는 모습을 자주 목격했다고 한다. 누군가 누워 있는 자신의 근처에 접근하면 그는 검지를 세워 입술에 살포시 갖다 댔다. 마우는 바다에서 들려오는 소리에 귀를 기울이고, 배 아래에서 부드럽게 움직이는 물의 움직임을 느끼고 있었다. 바다의 상태가 어떠한지, 어디로 흘러가고 있는지, 파도가 얼마나 거친지 등 온몸으로 자연을 받아들이고 있는 것이었다. 물론 바닷길에 오르기 위해서는 그 외에도 많은 능력이 필요했다. 항해사는 별자리를 확인할 수 있어야 하고, 바람의 종류를 구별하고 변덕스러운 날씨에 대처해야 하며, 바다 안팎을 구성하는 생태계(특히 바닷새)에 관련해 풍부한 지식을 갖춰야만 했다.

이 모두가 무시할 수 없는 중요한 능력이었지만, 그중에서도 별자리를 읽는 능력이 핵심이었다. 하지만 타히티로 항해를 떠나기에는 마우 피아일루그가 가진 별자리 지식이 부족했다. 북반구의 캐롤라인제도와 하와이에서 생활해온 마우 피아일루그에게 남반구의 별자리는 너무나도 낯설었다. 사타왈섬 출신 항해사에게 남반구의 하늘은 처음으로 마주하는 새로운 공간이었다.

다행히 아주 간단하게 이 문제를 해결할 수 있었다. 호놀룰루의 비숍 박물관에 플라네타륨이 있었기 때문이다. 1975년 마우를 비롯한 호쿨레아호의 선원들은 수 주 동안 박물관을 드나들며 남반구의 별자리를 익히기 위해 애썼다. 프로젝터가 부드럽게 회전하면서 수평선 너머에 존재하는 새로운 하늘을 비추었다. 이제 북반구의 북극성을 대신해 비뚤어진 십자 형태를 띠는 남십자성을 길잡이별 삼아 길을 떠나야 했다. 1976년 초여름에 마우는 지금 당장 타히티로 떠나도 좋을 만큼 남반구의 별자리를 충분히 숙지했다고 자신감을 드러냈다.

호쿨레아호도 준비가 돼 있었다. 제임스 쿡이 두 세기 전 통가와 타히티에서 목격한 선박의 모습을 묘사해놓은 일기를 참고해서 만들어진 호쿨레아호의 외양은 아주 전통적이었다. 하지만 선체를 구성하는 재료에는 일부 현대적인 물질이 섞여 있었다. 배의 성능을 향상하기 위해 호쿨레아호에는 대나무, 오크나무, 코코넛 껍질로 만든 섬유와 같은 천연 재료와 나일론, 유리섬유, 데이크론, 합판과 같은 신소재가 함께 사용됐다. 그리고 호쿨레아호의 선체는 알래스카 원주민이 우호적인 관계를 다지기 위해 하와이에 선물한 거대하고 단단한 통나무로 제작됐다.

1976년 5월 1일, 호쿨레아호의 선원들은 출항을 기념하며 아바ava (하와이 전통주로, 술을 마신 직후부터 항해가 끝날 때까지 이들에게는 술과 여자가 금지됐다)를 벌컥벌컥 들이켠 후 닻을 올리고 마우이섬을 떠났다. 마우 피아일루그가 키를 잡았다. 마침내 기나긴 항해가 시작됐다. 그는 선원들을 이끌고 넓은 바다를 건너 남반구에 진입해서 프랑스령에 속하는 최종 목적지로 향할 예정이었다. 호쿨레아호에는 선원 17명, 개 한 마리와 돼지 한 마리(항해 첫 주에 개와 돼지는 엄청난 뱃멀미에 시달렸다), 닭 두 마리가 승선해 있었다. 또한 이들은 하와이에서 쉽게 찾아볼 수 있는 식물들이 타히티에서도 잘 자라길 바라며 선물로 빵나무 묘목과 참마, 작은 야자나무와 뽕나무 씨앗을 챙겼다. 선원들이 항해 중에 남긴 일기와 기록은 정확성이 떨어졌다. 시간을 확인할 방법이 없으니 언제 어떤 일이 발생했는지 기록을 남기지 못한 것이다. 조금이라도 항해에 도움을 줄 만한 장비는 모두 육지에 남겨둔 채였다. 배 위에는 나침반으로 개조할 수 있는 아날로그 손목시계조차 없었다.

마우 피아일루그는 잠을 잘 때조차 선실 외부에 머무르면서 바다와 하늘을 관찰했다. 그는 침대 대신 호쿨레아호의 선미에 노끈을 꼬아 만든 해먹을 설치했다. 낮 동안 마우는 파도와 구름을 살피고, 바람을 느끼고, 새들을 관찰했다. 그러다 가끔씩 조타수에게 방향을 꺾으라는 지시를 내리곤 했다. 밤이 되면 별을 바라봤다. 그는 별이 어느 방향에서 뜨는지, 또 어느 방향으로 지는지 살펴보며 손으로 각도를 쟀다. 호쿨레아호가 적도를 지나자 남십자성을 구성하는 별 네 개가 수평선에 모습을 드러냈다. 마우는 눈을 반짝였다. 비숍 박물관의 플라네타륨에서 본 대로였다. 남반구의 하늘은 그가 걱정한 만큼 낯설지는 않았다.

마우는 눈대중으로 항속을 확인해서 지나온 거리를 추정했다. 매일 정오(태양이 머리 바로 위 하늘 한가운데에 떠올라 정오를 알렸다)가 되면 그는 선원들에게 현재 위치를 알렸다. 주로 호쿨레아호가 어떤 장소를 지나쳤는지 설명하는 식이었다. 항해는 순탄하게 진행됐고 마우는 호쿨레아호가 무역풍의 영향권을 떠나기까지 며칠이 남았는지, 혹은 얼마나 더 항해해야 적도무풍대에 진입하는지를 정확히 예측했다. 마침내 호쿨레아호는 투아모투제도를 지나 타히티에 도착했다. 선원들은 마우가 보여준 폴리네시아 전통 항해술에 흥분을 감추지 못했다. 마우는 수천 킬로미터가 넘는 먼 바닷길을 지도 한 장 없이 항해하며 단 한 번도 헤매거나, 호쿨레아호의 위치를 놓치는 법이 없었다. 게다가 호쿨레아호는 마우가 예상한 날짜에 딱 맞춰 목적지에 도착했다.

마우이섬을 출발한 호쿨레아호가 타히티에 도착하기까지는 딱 한 달이 걸렸다. 파도가 커졌고, 배 옆으로 갈매기 한 쌍이 날아갔다. 1976년 6월 1일 동틀 무렵, 저 멀리 수평선에서 어두운 하늘 아래로 투아모투제도에 속하는 마타이바섬이 희미하게 모습을 드러냈다. 마우가 예고했던 그대로였다. 호쿨레아호는 섬을 둘러싼 날카로운 암초들을 능숙하게 피해 갔다. 타히티는 이제 겨우 270킬로미터 떨어져 있었다. 호쿨레아호는 하루를 꼬박 항해해서 타히티의 파페에테항에 도착했다. 항구에는 엄청난 인파가 몰려 있었다. 마치 타히티에 있는 폴리네시아인이 한 명도 빠짐없이 다 모인 것 같았다. 이들은 부두로 달려 나와 호쿨레아호를 열렬히 환영하며 성공적인 항해를 축하했다. 훗날 밝혀지기를 이날 파페에테항에는 타히티 인구의 절반에 해당하는 1만 7,000명이 모였다고 한다.

호쿨레아호의 항해는 미국 독립 200주년을 기념하는 행사 중 가장 폭발적인 반응을 이끌어냈다. 하지만 사실 이는 미국을 위한 행사라기보다 폴리네시아인을 위한 기념식에 가까웠다. 그해 늦여름에 호쿨레아호는 하와이로 돌아갔고, 하와이 사람들은 엄청난 자부심을 느꼈다. 하와이안 르네상스의 정신이 곳곳에 스며들었으며 엄청난 반향을 일으켰다. 르네상스 정신은 오늘날까지도 건재하다.

호쿨레아호는 이후로도 여러 번 항해에 나섰다. 호쿨레아호가 타히티에서 하와이로 돌아올 때 큰 도움을 준 나이노아 톰프슨Nainoa Thompson이라는 한 젊은 하와이 원주민은 마우 피아일루그의 항해술을 계승해 그의 후계자로 거듭났다(돌아오는 항해에서 톰프슨은 폴리네시아 전통 항해술과 현대식 항해술이 합쳐졌을 때 어떤 효과가 나타나는지 확인하기 위해 현대식 항해 장비를 사용했다). 톰프슨이 키를 잡은 호쿨레아호는 타히티보다도 먼 목적지를 향해 열 번이나 바닷길에 올랐다. 대부분은 첫 항해와 마찬가지로 성공적이었다. 1980년에 나이노아 톰프슨은 처음으로 마우 피아일루그의 도움 없이 타히티에 도착했다. 이후 그는 통가로 떠났으며, 미국과 캐나다의 서부 해안으로 뱃머리를 돌리기도 했다. 2000년에는 이스터섬, 2007년에는 야프섬과 마우 피아일루그의 고향인 사타왈섬으로 향했다. 폴리네시아 전통 항해술을 부활시키고 큰 상을 받은 마우는 당시 병석에 누워 있었다(2010년에 사망했다). 다음으로 호쿨레아호가 향한 목적지는 일본이었다.

그리고 놀라운 변화가 생겨났다. 일본인들은 남부 해안을 따라 항해하는 호쿨레아호를 보고 자신도 모르는 사이에 깊은 감명을 받았다. 이는 단순히 나침반과 육분의와 시계 같은 기본적인 항해 장비 하나 없이 머나먼 미크로네시아에서 일본까지 찾아온 작은 선박이 이루어낸 결과에 대한 놀라움 그 이상이었다. 일본인들은 호쿨레아호의 항해를 통해 폴리네시아, 미크로네시아, 파푸아, 멜라네시아 사람들과 마찬가지로 자신들 역시 태평양의 구성원이라는 사실을 깨달은 것이다. 태평양 안에서 살아가는 사람들은 신비로운 결속력을 느꼈다. 넓디넓은 바다는 이들을 떨어뜨려놓는 장벽이 아니라 이들을 이어주는 다리 역할을 하고 있었다.

무언가에 홀린 듯, 일본인들은 작은 배 한 척이 해안으로 미끄러지듯 접근하는 장면에서 눈을 떼지 못했다. 오랜 세월 동안 스스로를 아시아인이라고 칭하며 뒷문으로만 오가던 일본인들은 드디어 정문의 존재를 발견했다. 정문 밖으로 펼쳐진 아름다운 바다에는 수많은 이웃이 살아가고 있었다.

말라마 호누아 정신을 넓은 세상에 알리기 위해 2014년 고향 바다를 떠나 세계 일주에 나선 호쿨레아호는 내가 이 글을 쓰고 있는 이 순간 전체 여정의 4분의 1에 해당하는 지점을 지나고 있다. 호쿨레아호는 폴리네시아 전통 항해술로 세계 일주에 성공해 세상을 깜짝 놀라게 하겠다는 목표를 가지고 있다. 여기에 그치지 않고 이 작은 배는 한 걸음 더 나아가 우리에게 친숙하지만 낯선 사실을 깨우쳐줄 것이다. 호쿨레아호의 항해를 통해 세상의 모든 바다는 이어져 있으며, 우리가 하나의 세상에 살고 있고, 우리 모두 지구라는 거대한 배에 탑승한 승객이기에 지구가 맞닥뜨린 문제를 함께 헤쳐나가야 한다는 사실이 다시 한 번 모두의 가슴에 아로새겨지길 바란다.

호쿨레아호의 모험은 거대한 상징성을 지니고 있다. 이 작은 배가 탄생한 바다, 폴리네시아 전통 항해술이 부활하고 전승된 바다, 전 세계로 뻗어나갈 위대한 항해가 시작된 바다, 호쿨레아호는 이 바다를 상징한다. 태평양은 지구상의 수많은 바다 가운데 독보적인 위치를 차지하고 있다. 그리고 호쿨레아호의 모험이 그 이유를 말해준다.

## 태평양의
### 교훈

호쿨레아호가 과거에 보여준 활약과 지금 진행 중인 모험 이야기는 누구에게나 놀라움을 선사한다. 오늘날 우리가 이룩해낸 첨단 기술(동양 문화권에 속하는 대부분의 국가는 현재 이러한 첨단 기술을 개발해내려고 부단히 노력하고 있다) 사이에 숨겨져 있던 아주 오래된 지혜를 이용해 호쿨레아호가 그토록 복잡하고 어려운 임무를 수행해냈다는 사실은 과거를 되돌아보게 만들었다. 폴리네시아 항해사들의 업적은 거의 기적에 가까웠다. 태평양의 전통 항해술이 보여준 놀라운 결과에 정신없이 뛰어가던 사람들은 잠시 멈춰 서서 숨을 돌렸다. 이들은 호쿨레아호의 성취에 존경심을 나타냈고, 긴 시간이 흐르고 수많은 발전이 일어나면서 이제는 사라졌을 것이라고 생각했던 지혜가 아직까지 남아 있었다는 사실에 경이로움을 느꼈다.

그리고 우리는 한 가지 의문점을 품게 됐다.

인류, 아니 정확히 말하자면 전 세계를 지배할 권리가 있다고 굳게 믿었던 서구인들은 지난 3,000년간 해가 지는 서쪽으로 끝없이 세력을 확장해왔다. 이들은 비옥한 초승달 지대(서아시아에 위치한 고대 문명 발생지를 일컫는 말 – 옮긴이)에서 나일강으로, 동부 지중해 연안 레반트에서 지브롤터해협의 '헤라클레스의 기둥(지브롤터해협 어귀에 위치한 낭떠러지의 바위 – 옮긴이)'으로, 구대륙에서 신대륙으로 이동했다. 근대에 들어서는 미국이 신으로부터 위임받았다는 권한과 '명백한 운명Manifest Destiny'을 핑계 삼아 이미 터를 잡고 살아가던 원주민들을 몰아내고 태평양과 맞닿아 있는 서부 해안까지 영토를 확장했다.

발보아가 태평양을 발견하고, 마젤란이 처음으로 태평양 횡단에 나선 이래로 서양인들은 5세기 동안 끊임없이 넓은 바다로 진출해서 새로 찾은 영토에 소유권을 주장했다. 그들은 태평양에서 터를 잡고 고유한 문화를 형성하며 살아가던 사람들을 착취하는 행위를 당연시했다. 수천 년의 긴 세월 동안 평화롭고 만족스러운 삶을 살아가던 태평양 원주민들의 터전은 서구의 침입으로 얼룩지고 말았다.

반면에 중국과 일본, 한국, 필리핀과 같은 동양 국가들과 오스트레일리아 원주민들 그리고 놀라운 항해술을 지닌 폴리네시아 사람들은 달랐다. 폴리네시아 항해사들의 뛰어난 항해술로 확인할 수 있듯 이들도 배를 타고 머나먼 바다를 유랑하기 했지만, 과거 서양인들이 그러했듯 영토를 확장하고 지배권을 거머쥐기 위해서는 아니었다. 서양인들은 동양인들이 세력 확장에 나서지 않은 이유가 그저 주어진 삶에 만족하며 더 큰 미래를 꿈꾸지 않는 소심하고 편협한 민족적 특성 때문이라고 결론 내리며 동양인들을 내려다보곤 했다. 여기에 한술 더 떠 이들은 '우리가 동양을 발견하기 전에 왜 동양에서 우리를 먼저 발견하지 못했느냐'며 동양인들을 얕잡아 보기 일쑤였고, 오로지 그들이 먼저 동양에 진출했다는 단순한 이유 하나만으로 그들의 영토를 침략할 권리를 가진 듯 행동했다. 그렇게 서구 열강의 거대한 태평양 제국이 탄생했다. 서양인들은 수 세기 동안 새로운 제국을 손에 쥐고 흔들며 종교를 전파하고, 그들의 자원으로 막대한 부를 축적했다.

물론 오늘날에는 많은 것이 변했다. 제국주의 정신은 구닥다리 취급을 받고 있으며, 유럽인들은 식민 지배를 중단하고 고향으로 돌아갔다. 사과의 말을 전하는 광경도 심심찮게 볼 수 있다. 종교인들의 열성적인 선교 활동은 여전하다. 미국의 모르몬교회는 태평양에서 그 어느 때보다 활발한 움직임을 보이고 있다. 모르몬교 장로들은 태평양 구석구석으로 진출해 그럴듯해 보이는 성경 구절을 인용하며 전도에 열을 올리고 있다. 거대 기업들의 활약도 수그러들 기미가 보이지 않는다. 아이패드와 스팸, 콜라, 치리오스 시리얼은 태평양 곳곳에서 큰 사랑을 받고 있다. 하지만 종교적·상업적 측면을 제외하고는 서태평양에 미치던 제국의 영향력은 대부분 사라졌다. 아쉬운 마음을 뒤로한 채 서양인들은 태평양을 원래 주인에게 되돌려줬다. 썰물과 같이 태평양에서 빠져나간 서양인들은 상황을 가만히 지켜보고 있을 뿐이다.

서양인들이 떠난 태평양에서는 호쿨레아호의 신비로운 항해와 같은 놀라운 일들이 일어났다. 미처 대비할 틈도 없이 들이닥친 제국주의에 가려져 있던 지혜와 슬기가 드러난 것이다. 세상 사람들은 서구의 확고부동한 신념 아래 무시당하던 기적 같은 동양의 지혜를 새로운 눈으로 쳐다보기 시작했다.

태평양은 동양과 서양이 조우하는 장소다. 서태평양에 해당하는 지역에 동양이, 동태평양에 해당하는 지역에 서양이 자리하는 아이러니에 지리학적으로 혼란을 느낄 수도 있지만, 어쨌든 동양과 서양은 태평양을 공유하고 있다. 태평양이라는 이름이 무색하게 세상에서 가장 태평하지 못한 바다라는 사실도 아이러니를 더해준다. 마젤란은 이 바다에 태평양이라는 이름을 붙이면서 이토록 거센 폭풍이 몰아치고, 끔찍한 전쟁이 발발하고, 강력한 지진과 화산활동이 일어날 것이라고는 상상조차 하지 못했을 것이다. 이렇듯 태평양은 겉보기와는 다른 이면을 가지고 있다.

서구가 태평양에서 물러나면서 머지않아 이곳에 첨예한 갈등이 빚어질 것이라고 서양인들(특히 미국인들)은 굳게 믿고 있다. 오늘날 우리는(정확히 말하자면 태평양의 현실을 주제로 이야기를 풀어나간 이 책은) 동양과 서양의 충돌로 긴장감이 감도는 태평양에서 총성이 울려 퍼지고 욕설이 난무할까 우려하고 있다. 어떤 사람들은 여전히 동양과 서양은 결코 화합할 수 없는 원수와 같은 사이로, 두 세기 전 키플링이 말했듯 절대 마주치지 말아야 한다고 생각한다.

하지만 동서양 한가운데 자리 잡은 평화로운 폴리네시아의 존재는 어쩌면 이러한 우리의 생각이 틀렸을 수도 있다고 암시한다. 아직 밝혀지지 않은 수많은 지혜와 뚜렷한 정체성을 지닌 광대한 폴리네시아 제국 사람들은 동양과 서양의 공존이 가능하고, 인종을 근거로 편견을 가져서는 안 된다는 사실을 상기시켜줬다. 어쩌면 우리가 세상을 보는 관점을 바꾸고 더 나은 방향으로 나아가거나, 아니면 아예 새로운 관점을 가져야 할 시기가 왔는지도 모르겠다. 오랜 정복과 지배의 시기에 막을 내린 태평양은 이제 더 이상 갈등과 충돌의 장소가 되어서는 안 된다. 다 함께 머리를 맞대고 우리 앞에 어떤 새로운 가능성이 열려 있는지 고민해봐야 할 것이다.

서양인은 넓게 펼쳐진 바다를 건너 지구를 한 바퀴 돌아 마침내 여정을 끝내고 고향으로 돌아왔다. 그리고 현재 동양인과 서양인은 서로를 똑바로 마주하고서 서로에 대해 의문을 품고, 평가를 내리고, 깊은 고민을 하고 있다. 폴리네시아 사람들은 태평양의 동쪽에 속하는 땅에 뿌리를 내리고 살아가는 서양인들이 어떻게 행동해야 할지 이미 알려줬다. 서양인들은 동양인들을 완전히 다른 존재로 인식하고 경쟁 상대로 여기기보다 그들의 지혜를 본받아야 한다.

오늘날의 태평양을 나타내는 **항공모함이나 오염, 쓰레기 소용돌이, 산호 탈색 현상** 같은 단어가 사라지고 그 자리를 대신할 새로운 어휘가 등장하길 바란다. 이제는 동양을 향한 **존중, 존경, 화합, 경외**가 필요한 때다. 지금 이 시점부터 서양은 동양을 두려워하거나 거부하지 말고, 고요한 문화를 통해 많은 것을 배우고 받아들여야 한다. 결과적으로는 현대 서구 사회가 동양을 받아들임으로써 얻는 득이 실보다 클 것이다. 하지만 그 과정에서 결코 동양의 오래된 지혜를 무시해서는 안 되며, 인내심을 가지고 충분한 시간을 들여 둘 사이의 균형점을 찾고 포용하는 자세를 갖춰야만 한다. 이것이 바로 태평양이 우리에게 주는 교훈이다.

호쿨레아호는 지구 한 바퀴를 돌아 고향으로 되돌아오기 위해 천천히 바다를 가로지르고 있다. 이 작은 폴리네시아 카누는 태평양으로 돌아오는 길에 자리한 넓은 세계에 고향 바다에서 기원한 '말라마 호누아' 정신을 전파하고 있다. 우리의 행성을 보살피자. 호쿨레아호가 전하는 메시지의 핵심이다. 지구는 우리에게 주어진 전부고, 앞으로도 그럴 것이다. 우리는 이미 이러한 사실을 깨닫고 실천에 옮기는 사람들을 본받으며, 그에 동참해야 한다.

**알로하, 마할로**(감사한 마음을 나타내는 하와이어 – 옮긴이).

# 감사의 말

호놀룰루 동서문화센터East-West Center 회장 찰스 모리슨Charles Morrison 덕분에 나는 총면적 1억 6,525제곱킬로미터에 달하는 거대한 태평양에 얽힌 복잡하고 매혹적인 이야기를 훨씬 쉽게 풀어나갈 수 있었다. 2014년 겨울, 내가 자료 조사를 위해 6주 동안 하와이에 머물 때 찰스는 나에게 연구실을 비롯한 행정적 지원을 아끼지 않았다. 또 연구실에서 길을 따라 걷다 보면 나오는 하와이 주립대학교 도서관의 태평양 자료실에 비치된 방대한 자료가 없었더라면 책을 집필하는 데 애를 먹었을 것이다. 그러니 먼저 이 책의 기반을 마련하는 데 큰 도움을 준 모리슨 박사와 동료 연구원인 구라모토 준Kuramoto June, 안나 크로커Anna Kroeker, 필리스 타부사Phyllis Tabusa, 캐런 누드센Karen Knudsen, 엘리사 존스턴Elisa Johnston, 스콧 크로커Scott Kroeker, 캐럴 폭스Carol Fox에게 감사의 인사를 전한다.

다음으로 하와이와 세계 곳곳에 자리한 미 해군에 고마움을 표현하고 싶다. 진주만 태평양 함대 본부의 선두 척후병인 제이슨 개릿Jason Garrett 사령관과 캠프 스미스 태평양 사령부의 에릭 블룸Eric Bloom 중령은 나에게 도움을 주기 위해 무척 애를 썼다. 이들 덕분에 미군기지에 출입해서 필요한 자료를 수집할 수 있었다. 정말 감사하게도, 두 장교는 단 한 번도 귀찮은 내색을 하지 않고 내가 요청한 수많은 자료를 제공해줬다.

내가 하와이에 머물 당시 해리 해리스Harry Harris 제독이 태평양 함대를 지휘하고 있었다. 해리스 제독은 후에 태평양 사령부의 사령관 자리에 올라 태평양 일대 미군을 통합 지휘했다. 정중하고 따뜻한 태도로 나를 맞아준 해리스 사령관에게 감사를 전한다. 현재 백악관에서 복무하고 있는 존 더피Jon Duffy 사령관은 하와이에서 복무할 때는 물론 워싱턴으로 이동한 후에도 큰 도움을 주었다. 더피 사령관은 바쁜 시간을 쪼개 중국의 성장과 관련된 구절을 읽고 유용한 조언을 건넸다. 하지만 사건과 관련된 해석은 사령관의 의견과는 전혀 관련이 없으며, 본문에 사실과 다른 내용이 포함되어 있다면 이는 전적으로 나의 책임이다.

나는 마이클 사카이오Michael Sakaio와 섀넌 폴슨Shannon Paulsen의 소개로 콰절린 환초의 미군 미사일기지를 방문할 수 있었다. 마이클과 섀넌은 내가 마셜제도 원주민들의 안타까운 현실을 언급했다는 사실에 틀림없이 기뻐할 것이다. 불합리한 정책이 야기한 마셜제도의 비극을 서술하면서 특정인을 비난하고자 하는 의도는 전혀 없었다는 점을 명확히 밝히고 넘어가겠다.

해양학 관련 주제를 집필하는 데는 매사추세츠 코드곶에 자리한 우즈홀 해양연구소의 과학자들에게 큰 신세를 졌다. 이들은 연구 자료와 지식을 기쁘게 공유해줬다. 특히 연구소에 방문할 수 있도록 중간에 다리를 놔준 칼 피터슨Carl Peterson과 총괄 책임자인 수전 에이버리Susan Avery에게 고맙다는 말을 전하고 싶다. 제인 이아프라테Jayne Iafrate와 대니얼 포나리Daniel Fornari, 애덤 술Adam Soule은 귀중한 시간을 할애해 나에게 열수공과 관련된 과학적 지식을 알려줬다. 심해 자원 개발과 관련된 사항에는 모리스 티비Maurice Tivey의 도움이, 원폭 실험과 원자력 사고로 인한 방사능오염에 관련된 내용에는 켄 뷔에슬러Ken Bu sseler의 도움이 컸다.

일본 정부 산하의 기상 연구 기관인 해양연구개발기구가 제공한 자료 덕분에 태평양의 기상 현상을 쉽게 이해할 수 있었다. 아슬아슬한 비행기 시각에도 불구하고 남편과 함께하는 귀중한 휴가를 놓칠 위험을 감수하며 연구소 방문 전에 필요한 정보를 제공해주고, 해양학자들과의 만남을 주선해준 이지마 미즈에게 깊은 감사의 마음을 전한다. 일본 해양연구개발기구의 과학자 중에서도 안도 겐타로와 도미시마 사토미, 도이 다케시는 책을 쓰는 데 특히 큰 도움을 줬다. 도이 다케시는 일본 NEC가 제작한 슈퍼컴퓨터인 지구 시뮬레이터 2를 이용해 태평양의 복잡한 기상 현상을 파악하는 데 힘쓰고 있었다.

이부카 마사루와 소니의 첫 트랜지스터라디오와 관련된 이야기를 써내려가기 위해 소니의 전·현직 임직원들의 도움을 받았다. 모리타 아키오와 함께 소니 뉴욕 지부에서 근무했던 전부사장 오노야마 히로코와 현재 미국 소니에서 근무 중인 마에다 히로코의 소개로 나는 도쿄의 소니 본사와 문서고, 전시장을 방문해서 필요한 자료를 수집할 수 있었다. 또 캘리포니아 주립대학교 샌타바버라 캠퍼스에서 일본 문화를 연구하며 소니의 역사를 주제로 아주 흥미로운 책을 집필한 존 네이선John Nathan 교수의 도움에도 감사하다는 말을 전하고 싶다.

2014년 위대한 말라마 호누아 항해를 준비하느라 바쁜 와중에도 조선소에 불쑥 찾아온 방문객을 열렬하게 환영해주고 선뜻 도움의 손길을 내밀어준 폴리네시아항해협회의 열정적이고 용감한 회원들에게도 고마움을 전한다. 호쿨레아호의 세계 일주와 관련해 당시 대외 커뮤니케이션을 담당하던 머리사 헤이스Marisa Hayase의 친절한 설명 덕분에 좋은 글을 쓸 수 있었다.

나에게 도움과 격려를 준 수많은 이들에게도 고마운 마음을 전하고 싶다. 다윈의 재건에 힘썼던 오스트레일리아의 환경 운동가 케이트 앤드루스Kate Andrews는 내가 오스트레일리아를 주제로 쓴 글을 읽고서 적절한 조언을 건넸다. 캄차카반도의 지질학자인 사샤 벨로소프Sasha Belousov의 안내 덕분에 주파놉스키 화산의 폭발을 관찰할 수 있었으며, 사이먼 보든Simon Bowden과 데이나 이Dana Yee가 베풀어준 친절 덕분에 호놀룰루에 있는 그들의 아파트에 머물 수 있었다. 콰절린 환초의 기상학자 마크 브래드퍼드Mark Bradford는 열대 사이클론에 관한 정보를 제공해줬다. 홋카이도에서 출발해 전 세계를 떠돌며 환경문제에 관심을 보이던 마크 브러질Mark Brazil과 시드니 매쿼리 대학교 빅 역사연구소의 관장 데이비드 크리스천David Christian, 하와이에 기반을 둔 작가로, 태평양 섬들과 관련된 주제에서만큼은 걸어 다니는 백과사전이나 마찬가지인 거밴 도스Gavan Daws, 산안드레아스 단층에 깊은 조예를 가진 작가로, 마우나케아산 정상에서 초대형 망원경을 들여다보길 즐기는 존 드보락John Dvorak, 내 오랜 친구인 닐 코넌Neal Conan의 아내이자 뛰어난 작가로 현재 하와이에 거주 중인 그레텔 엘릭Gretel Ehrlich, 노틸러스 미네랄의 존 엘리아스John Elias, 열대 산호 전문가 메리 하거돈Mary Hagedorn, 대기과학자이자 하와이 주립대학교 소속 국제태평양연구센터의 책임자였던 케빈 해밀턴Kevin Hamilton, 옥스퍼드 피트리버스 박물관의 루이즈 행콕Louise Hancock, 짧은꼬리앨버트로스의 구원자이자 조류학계의 영웅인 하세가와 히로시, 뉴캐슬어폰타인 소일 머신 다이내믹스사의 로리 어빈Laurie Irvine, 노인들의 참된 인도를 따라 지혜를 터득하고 있는 하와이 토착민이자 내 오랜 친구인 엘리자베스 카푸우와일라니 린지Elizabeth Kapu'uwailani Linsey, 폴라마 라나이사의 커트 마쓰모토, 라나이섬을 주제로 여러 차례 글을 쓴 뛰어난 작가 존 무알름Jon Mooallem, 과거 홍콩에서 공무원으로 근무했던 나의 친구 피터 모스Peter Moss, 마주로섬에 거주하면서 버림받은 비키니섬 사람들과 교류하던 잭 니에덴탈Jack Niedenthal, 벨파스트의 퀸스 대학교 지질연대학 교수 폴라 라이머Paula Reimer, 현재 뉴욕에서 언론인으로 활동하고 있는 나의 오스트레일리아인 친구 카일리 로버트슨Kylie Robertson, 라나이섬 포시즌스 리조트의 매니저로 근무하는 톰 로렌스Tom Roelans, 마지막 남은 태평양 영국령 중 하나였던 솔로몬제도에 파견된 식민지 공무원 필립 스마일리Philip Smiley, 래리 엘리슨의 대변인 로리 테라니시Lori Teranishi, 과거 유엔 일본 대사로 현재 로마에서 외교에 힘쓰고 있는 우메모토 가즈요시, 세계 산호 전문가 찰리 베론, 하와이 주립대학교 태평양 섬 연구센터의 연구원으로 마셜제도 국민들의 삶을 연구하는 줄리앤 월시Julinne Walsh, 그리고 마지막으로 런던과 프놈펜을 오가며 원고 교정과 수정을 봐주고 귀중한 조언을 아끼지 않은 나의 아들 루퍼트 윈체스터Rupert Winchester에게 고마운 마음을 전한다.

책을 완성하기 위해 태평양을 주제로 방대한 자료를 수집하고, 원고를 써내려가기까지 상당히 고된 작업이 이어졌다. 하지만 나의 좋은 친구이자 하퍼콜린스 출판사의 현명하고 영리한 편집자인 헨리 페리스 Henry Ferris의 조언과 도움으로 힘든 과정을 이겨내고서 책을 완성할 수 있었다. 그의 노고에 존경을 표한다. 읽기 좋은 책이란 결국 작가와 편집자의 팀워크로 탄생한 결과물이라고 생각한다. 독자들이 내 책을 읽고 가독성이 좋다고 느낀다면 이는 편집자인 헨리 패리스의 능력이 뛰어난 덕분이다. 하퍼 출신으로, 톡톡 튀는 유머와 넓은 이해심을 보여준 뛰어난 보조 편집자 닉 앰플렛 Nick Amphlett이 편집 과정 전반에 걸쳐 큰 도움을 줬다. 하퍼콜린스 출판사 뉴욕 지부와 런던 지부 편집장 마틴 레드펀 Martine Redfern을 비롯한 모두에게 공로를 돌리겠다.

나의 에이전트 윌리엄 모리스 William Morris, 나에게 힘을 준 뉴욕의 수잰 글룩 Suzanne Gluck과 클리오 세라핌 Clio Seraphim, 격려를 아끼지 않은 런던의 사이먼 트레윈 Simon Trewin을 비롯해 나를 도와준 모두에게 깊은 감사를 전한다. 축복이 함께하길!

2015년 7월
매사추세츠 샌디스필드에서
사이먼 윈체스터

# 세계라는 퍼즐의 광대하고도 아름다운 마지막 조각, 태평양

사이먼 윈체스터는 우리를 광활한 태평양으로 이끈다. 그는 발걸음을 나란히 맞춰 걸으며 낯설고도 익숙한 세상을 생동감 넘치게 묘사한다. 윈체스터의 안내에 따라 태평양을 누비며 그가 풀어놓는 이야기 꾸러미에 가만가만 귀를 기울이다 보면, 어느새 주머니는 커다란 그림을 완성시킬 조그마한 퍼즐 조각들로 불룩해진다.

역사부터 정치, 사회, 과학에 이르기까지, 사이먼 윈체스터는 놀랍도록 방대한 지식을 늘어놓는다. 하지만 그의 글에는 조금이라도 잘난 체하는 구석을 찾아볼 수 없다. 마치 친근한 이웃이 우연히 함께 즐기게 된 식사자리에서 자신이 전해들은 재미있는 이야기를 나누고 싶다는 듯, 그는 그렇게 태평양이라는 큰 주제를 놓고 내용을 전개해나간다.

사이먼 윈체스터가 가볍게 이야기를 풀어나가며 손에 하나씩 쥐여주는 퍼즐 조각에는 결코 단순하다고 말할 수 없는 그림이 그려져 있다. 퍼즐 조각을 맞춰가는 과정 역시 쉽지 않았다. 언젠가 한 번쯤 들어봤을 법한 내용을 다룰 때는 고개를 끄덕이며 찬찬히 퍼즐 위의 그림을 살피며 그 주변에 어떤 그림이 그려져 있을지 추측해보기도 했으나, 저자가 선정한 주제들 중에는 도무지 이해하기 힘든 내용 역시 포함되어 있었다.

하지만 나는 고개를 갸웃거리는 독자들에게 책을 덮고 한숨을 내쉬는 대신, 미간을 찡그리고 고개를 절레절레 흔들더라도 차분히 책장을 넘기라고 조언하고 싶다. 한 조각만으로 결코 정체를 알 수 없던 그림이, 주변의 퍼즐 조각이 맞춰지기 시작하면서 차츰 분명하게 모습을 드러낸다. 그러다 전체적인 형체가 눈에 들어오면 자기도 모르는 사이에 뿌듯함에 미소를 지을 것이다.

사이먼 윈체스터는 흥미로운 이야기를 통해 오늘날 우리가 살아가는 사회가 형성된 배경과, 현재 우리가 머무르는 세상, 그리고 더 나아가 이 세상이 어디로 흘러가고 있는지 보여준다.

푸른 바다와 넘실대는 물결, 따뜻한 햇살과 반짝이는 산호초로 가득한 태평양은 결코 아름답지만은 않다. 무시무시한 태풍이 휘몰아치고, 인류를 멸망시킬 만한 위력을 가진 끔찍한 핵폭탄이 터진다. 사이먼 윈체스터가 보는 태평양은 현대사회의 이해관계와 첨예한 갈등이 얽힌 전장인 동시에, 더 나은 미래를 열어줄 희망의 터전이다.

책을 읽고, 우리말로 옮겨 적는 과정에서 나는 세상을 바라보는 저자의 넓은 시야를 공유하고 있다는 느낌을 받았다. 사이먼 윈체스터가 그린 커다란 그림과, 그 그림을 구성하는 퍼즐 조각이 얼룩지지 않도록 글을 옮기는 과정은 쉽지 않았다. 내가 윈체스터가 구상한 흐름에 따라 글을 읽고, 마침내 마지막 책장을 덮고서 그가 그린 태평양과, 앞으로 꿈꾸는 미래를 떠올렸듯, 번역이라는 매개로 책을 접하는 독자들에게도 같은 경험을 선사해주고 싶었다.

사이먼 원체스터는 나의 손을 잡고 넓은 세계로 이끌었다. 나는 한쪽 손으로 사이먼 원체스터를 붙잡고, 다른 한쪽 손으로는 독자들의 손을 잡아 인도해주는 길잡이 역할을 하는 셈이다.

혹시라도 나의 부족한 글이 저자가 의도하지 않은 길로 독자들을 이끌까 봐, 글을 옮기는 내내 노심초사했다. 책을 완성하기까지의 과정은 지금껏 한 번도 올라본 적 없는 산의 정상을 향하는 길과 같았다. 그렇게 단어 하나, 문장 하나를 조심스럽게 써내려가는 내내 길가에 핀 꽃과 거친 땅에 뿌리를 내린 나무를 보며 즐거워했고, 때로는 끝이 보이지 않는 오르막길에 숨을 몰아쉬었다. 시원한 바람이 불어오는 기분 좋은 산책로를 걸을 때도, 도저히 더 이상은 발걸음을 옮기지 못할 것 같아 산 중턱에 하염없이 주저앉아 고민하는 순간들도 있었다.

마침내 퍼즐의 마지막 조각을 끼워 넣었을 때, 마침내 마지막 문장에 마침표를 찍고 책장을 덮었을 때, 마침내 정상에 올랐을 때, 나는 마음속으로 '야호'를 외쳤다.

사이먼 원체스터가 그린 그림과, 나의 모작이 완벽히 동일하다고 이야기할 수는 없다. 하지만 적어도 언뜻 살펴봐서는 다른 점을 찾을 수 없도록 번역을 하는 동안 '완벽한 모작'을 만들기 위해 애썼다. 나의 번역을 통해 독자들이 사이먼 원체스터가 그린 작품을 보며 감동을 받을 수 있었으면 하는 마음뿐이다. 조금 더 욕심을 부리자면, 원체스터의 그림과 나의 모작을 보고 영감을 받은 누군가가 자신만의 작품 활동을 펼쳤으면 한다.

정상에서 즐긴 잠깐 동안의 휴식을 마무리하고, 이제 조심스러운 발걸음으로 산을 내려가야 할 시간이다.

# 참고 자료에 대하여

아래에 언급한 책들과 관련된 자세한 사항은 참고 문헌 목록에서 확인할 수 있다. 하지만 특정 연구원이나 우즈홀 해양연구소와 같이 특정 기관에 관해 언급한 내용은 대개 하나의 주제로 여러 논문과 책을 광범위하게 참고했다. 출처를 일일이 나열하는 데는 어려움이 있기에 추가적인 의문 사항이 있으면 독자가 직접 인터넷 검색으로 확인해보길 바란다. 모든 참고 문헌을 일일이 기재하려면 책이 엄청나게 두꺼워질 것이다.

## 프롤로그. 쓸쓸한 바다와 하늘

태평양에 자리한 날짜변경선 제정, 표준 시간대의 탄생과 관련된 정보는 클라크 블레이즈(Clark Blaise)가 쓴 샌퍼드 플레밍의 전기 『시간의 제왕(Time Lord)』, 그리고 데릭 하우스(Derek Howes)의 저서 『경도의 발견과 시간의 탄생(Time and the Discovery of the Longitude)』을 참고했다. 날짜변경선과 표준 시간대의 탄생, 그에 따른 국제사회의 분쟁에 관련된 추가적인 내용이 궁금한 독자들은 1884년 워싱턴에서 열린 국제자오선회의 회의록을 확인하면 의문에 답을 얻을 수 있을 것이다.

줄리앤 월시가 위협을 무릅쓰고 쓴 책 『마셜제도의 역사(Etto Nan Raan Kein: A Marshall Islands History)』를 참고해서 마셜제도(특히 콰절린 환초) 원주민들의 복잡하고 고통스러운 삶에 대한 정보를 얻었다. 20세기 초반 일본이 서태평양 섬들에 미친 영향력에 관해서는 마크 피티(Mark

Peattie)의 저서 『난요, 일본 미크로네시아제국의 흥망성쇠(Nanyo, The Rise and Fall of the Japanese Micronesia)』를 참고했다.


## 제0장

리처드 플린트(Richard Flint)와 에드워드 디비(Edward Deevey)가 1962년 학술지 『라디오케미스트리(Radiochemistry)』에 게재한 서문에서 1950년 1월을 시대구분의 기준으로 삼은 배경을 확인할 수 있다. 케임브리지의 영국 남극연구소(British Antarctic Survey) 소속 에릭 울프(Eric Wolff)와 퀸스대학교 지질학과 기상환경연대센터(Centre for Climate, Environment, and Chronology)의 센터장 폴라 라이머 또한 AD와 BC, BP를 대신해 1950년을 '현대'의 시작으로 받아들이자는 주장을 지지하는 글을 썼다.


## 제1장. 핵실험으로 일그러진 바다

트루먼 대통령과 당시 CIA 국장이었던 수어스 제독이 신무기를 개발하고, 비키니섬과 에네웨타크 환초에서 신무기 실험을 하겠다는 결정을 내린 대화 내용은 리처드 로즈(Richard Rhodes)가 수소폭탄 개발을 주제로 쓴 책인 『수소 폭탄 만들기: 20세기를 지배한 암흑의 태양(Dark Sun: The Making of the Hydrogen Bomb)』을 참고했다. 홀리 바커(Holly Barker)의 저서 『마셜제도를 위한 박수갈채(Bravo for the Marshallese)』와 코니 골드스미스(Connie Goldsmith)의 『비키니섬에 내린 폭탄(Bombs over Bikini)』, 잭 니에덴탈의 『인류의 선(For the Good of Mankind)』을 참고해서 비키니섬에서 실시된 핵폭탄 실험 프로그램과 관련된 자료를 수집했다. 잭 니에덴탈의 책에는 비키니섬 주민들의 애국심을 이용해 그들의 고향을 핵실험 장소로 사용하기 위해 설득에 나선 장군들과 제독들의 이야기가 잘 묘사되어 있다.

조너선 와이스갤(Jonathan Weisgall)의 『크로스로드 작전(Operation Crossroads)』은 제2차 세계대전이 끝나고 실시된 수소폭탄 실험 전반에 대한 내용을 싣고 있다. 미국 안보원자력기구(U.S. Defense Nuclear Agency)에서 발간한 공식 리포트에서 끔찍한 결과를 가져온 캐슬브라보 실험을 비롯해 크로스로드 작전 이후 실시된 엄청난 위력의 수소폭탄 실험과 관련된 정보를 확인할 수 있다. 또 소닉붐닷컴(Sonicboom.com)에는 2만 6,000톤 규모의 거대한 전함인 아칸소호가 크로스로드 작전의 베이커 폭탄 폭발로 인해 거꾸로 매달린 영상이 게시되어 있다.

플루토늄 반구 '악마의 핵'으로 인해 발생한 악명 높은 사고와 그로 인해 야기된 방사선 효과와 관련된 상세 내용은 루이스 헴펠만(Louis Hempelmann)이 1962년 로스앨러모스 국립연구소(Los

Alamos National Laboratory)를 통해 발표한 논문을 참고했다.


## 제2장. 트랜지스터라디오 혁명

소니 설립 초기의 다양한 이야기에 관한 자료의 상당 부분은 존 네이선이 객관적인 시각으로 써내려간 책 『소니, 이면의 이야기(Sony: The Private Life)』를 참고했다. 또 기업의 초석을 마련한 배경은 소니에서 출간한 모리타 아키오와 이부카 마사루의 회고록에 자세히 기록돼 있지만, 한편으로는 모리타와 이부카를 과하게 위대한 인물로 묘사하고 있어 객관성이 떨어진다. 미국 지사에서 모리타를 도와 사업을 번창시킨 오노야마 히로코 전 부사장이 사적으로 제공해준 정보도 큰 도움이 됐다. 이부카가 작성한 설립취지서는 도쿄의 소니 문서고에 보관돼 있다.

벨 연구소에서 발명해낸 트랜지스터와 관련된 내용은 2000년도에 발간된 「미국 물리학 학술지(Journal of American Society)」 9권 제10장에 깔끔하게 정리돼 있다. 그리고 퀸스에서 벌어진 소니 트랜지스터라디오 도난 사건을 다룬 기사는 1958년 1월 17일 자 「뉴욕타임스」 17쪽에서 확인 가능하다.


## 제3장. 서핑, 파도가 주는 선물

맷 워쇼(Matt Warshaw)의 『서핑의 역사(The History of Surfing)』는 아주 흥미롭고 매력적인 책이다. 이 책은 서핑과 관련된 포괄적인 이야기를 아름답게 서술하고 있는데, 나는 앞표지를 넘긴 뒤로 페이지가 너덜너덜해질 때까지 손에서 책을 떼지 못했다. 앞서 소개한 책보다는 냉철한 시각으로 내용을 전개하는 스콧 래더먼(Scott Laderman)의 『파도의 제국: 서핑의 정치적 역사(Empire in Waves: A Political History of Surfing)』 역시 큰 도움이 됐다. 그리고 스포츠계에 일대 파란을 일으킨 잭 런던의 『스나크호의 항해』와 「우먼스 홈 컴패니언」 1907년 10월호에 기고한 글도 좋은 자료가 됐다.

아일랜드의 피가 흐르는 '서핑의 제왕' 조지 프리스의 이야기는 2008년에 개봉한 아일랜드인 감독 조엘 콘로이(Joel Conroy)의 영화 〈파도를 타는 사나이〉에 아주 잘 나타나 있다.

1992년 편찬된 윌리엄 프리드릭(William Friedrick)의 『헨리 E. 헌팅턴과 캘리포니아 남부의 번성(Henry E. Huntington and the Creation of Southern California)』은 20세기 초반, 캘리포니아가 인기 스포츠로 급부상한 서핑의 성지가 된 배경을 아주 자세히 다루고 있다. 그러비 클라크가 클라크폼을 갑작스럽게 폐쇄한 소식과 클라크의 결정이 서핑 산업에 미친 영향력에 대해서는 「서핑(Surfing)」지를 참고했다. 암벽등반 장비와 아웃도어 의류를 제조하는 파타고니아의 설립자인 이

본 취나드가 도입한 유연 근무제에 관련된 이야기는 그의 저서 『파도가 칠 때는 서핑을(Let My People Go Surfing)』에서 확인할 수 있다.

## 제4장. 럭비공 같은 나라, 북한

한 미군이 큰 생각 없이 내린 결정으로 북한이 탄생했다는 있음 직하지 않은 이야기는 딘 러스크(Dean Rusk)가 집필한 찰스 H. 본스틸 대령의 전기 『각자의 시야(As I Saw It)』를 참고했다. 맥스 헤이스팅스(Max Hastings)의 완벽에 가까운 작품 『한국전쟁(The Korean War)』은 남한과 북한 사이의 끔찍하고 의미 없는 갈등과 후에 이어진 안타까운 사연을 심도 있게 다루고 있다.

잭 치버스(Jack Cheevers)와 에드 브랜트(Ed Brandt)가 푸에블로호를 주제로 쓴 책들 역시 좋은 자료가 됐다. 로이드 버처 선장이 나포 당시의 경험을 바탕으로 쓴 책인 『버처: 나의 이야기(Bucher: My Story)』도 참고했다. 1953년 휴전 이후부터 이어져 내려온 북한의 세습 정치에 대해 더 자세히 확인하고 싶은 독자들은 2013년 유엔 북한인권조사위원회에서 발간한 보고서를 꼭 한번 읽어보길 추천한다.

## 제5장. 태평양 식민 시대의 종식

과거 저널리스트로 활동하던 브라이언 이자드(Brian Izzard)가 큐나드 선사의 퀸엘리자베스호를 침몰시킨 화재 사건을 아주 자세하게 묘사한 책 『사보타주(Sabotage)』가 큰 도움이 됐다. 1995년 9월 출간된 「소셜리스트 리뷰(Socialist Review)」 189호에는 그레이시 장군이 패전을 선포한 일본군을 이끌고 사이공에서 베트남 독립 운동가들을 상대로 펼친 전투를 다룬 기사가 실려 있다. 베트남전쟁과 관련된 상세한 자료를 원하는 독자들은 킹스칼리지런던의 군사 기록물 보관소인 리들 하트 센터(Liddell Hart Centre)에 보관 중인 문서를 참고하길 바란다.

테드 모건(Ted Morgan)의 『죽음의 계곡(Valley of Death)』과 버나드 폴(Bernard Fall)의 『작은 지옥(Hell in a Very Small Place)』을 참고해서 디엔비엔푸 전투 관련 자료를 수집했다. 2014년 개봉한 로리 케네디(Rory Kennedy)의 영화 〈라스트 데이즈 인 베트남(Last Days in Vietnam)〉은 전쟁이 끝나고 이어지는 20년간 베트남에서 공산주의가 어떻게 자리 잡았는지 매우 상세하게 보여준다.

오늘날 태평양에서 식민 지배를 받는 국가는 거의 없다. 마지막 남은 영국 식민지 중 하나였던 홍콩이 중국에 반환되고 새로운 모습으로 재탄생하는 과정은 잰 모리스(Jan Morris)의 『홍콩: 샹강(Hong Kong: Xianggang)』을 참고했다.

아직까지도 핏케언제도는 넓디넓은 영국 태평양 제국의 흔적으로 남아 있다. 디 버킷(Dea

Birkett)은 그녀의 저서 『천국의 뱀(Serpent in Paradise)』을 통해 핏케언섬의 현실을 알렸다. 그리고 내가 제5장을 집필하는 도중에 캐시 마크스(Kathy Marks)가 핏케언섬에서 일어난 지저분한 스캔들에 관해 직접 증언해주었는데, 캐시의 용기 있는 행동이 큰 도움이 됐다.

## 제6장. 기후이변, 태평양에 위기가 닥치다

2014년, 나는 태풍 트레이시로 엄청난 피해를 입은 뒤 완벽하게 재건설된 오스트레일리아의 다윈을 방문했다. 이 오스트레일리아의 열대 도시를 방문하기 전에 소피 커닝햄(Sophie Cunningham)의 『경고(Warning)』를 읽고 트레이시에 대해 한층 깊게 이해할 수 있었다.

다윈에 트레이시가 상륙하고 나서 40년 뒤 필리핀을 강타해 어마어마한 피해를 낳은 태풍 하이옌의 형성 과정은 진주만의 미국 합동태풍경보센터에서 발간한 출판물을 참고했다.

끊임없이 강렬한 바람을 생성해내는 다양한 대기 현상을 분석해놓은 케리 이매뉴얼(Kerry Emanuel)의 『신성한 바람(Divine Wind)』은 제6장에서 다룬 복잡한 주제를 풀어나가는 데 많은 도움이 됐다.

하와이 주립대학교 국제태평양연구센터의 케빈 해밀턴과, 콰절린 환초의 기상학자 마크 브래드퍼드가 쓴 엘니뇨-남방진동, 즉 ENSO를 주제로 한 수많은 논문 덕분에 한결 수월하게 글을 써내려갈 수 있었다. 도쿄만 요코스카항에 자리한 일본 해양연구개발기구가 제공한 엘니뇨 연구 자료 역시 큰 도움이 됐다.

태평양에서 발생하는 다양한 기상 현상은 오늘날 과학계에서 매우 중대한 연구 과제 중 하나로 다뤄지고 있다. 그리고 이 모든 연구의 배경에는 길버트 워커의 발견이 자리한다. 『옥스퍼드 인물 사전(Oxford Dictionary of National Biography)』에는 이제 사람들에게 거의 잊힌, 다소 별난 면모를 가지고 있던 위인 길버트 워커에 관련된 내용이 길고 상세하게 서술되어 있다.

## 제7장. 오스트레일리아는 아시아의 일원이 될 수 있을까?

오스트레일리아 총리 고프 휘틀럼이 파면당한 전례 없는 사건을 다루는 폴 켈리(Paul Kelly)의 『파면(The Dismissal)』을 참고했다. 휘틀럼이 직접 집필한 『사건의 진실(The Truth of the Matter)』과 존 커의 『비판을 위한 근거 자료(Matters for Judgement)』는 주관적인 시각으로 파면 사건을 언급하고 있지만, 당사자들이 밝히는 이면의 이야기는 상당히 큰 도움이 됐다.

오스트레일리아인 감독 존 와일리(John Weiley)의 BBC 다큐멘터리 영화 〈꿈의 건축물(Autopsy on a Dream)〉은 시드니 오페라하우스의 건축 과정과 관련된 복잡하고 미묘한 이야기를 담고 있다. 오스트레일리아에서 덴마크 출신 건축가에게 보여준 태도에 비판적인 시각을 담은 이 영화는 영국에서는 개봉했지만 오스트레일리아에서는 상영되지 못하고 폐기됐다. 30년 후 런던에서 우연히 초본이 발견됐고, 다큐멘터리를 접한 오스트레일리아인들은 다양한 반응을 보여줬다. 또 폴린 핸슨의 정치적 행보를 주제로 촬영된 오스트레일리아의 한 다큐멘터리 TV 프로그램을 통해 많은 정보를 얻을 수 있었다. ABC 방송국에서 방영하는 TV 프로그램 〈식스티 미니츠(60 minutes)〉에서 트레이시 커로(Tracey Curro)가 핸슨을 인터뷰하며 날카로운 질문을 던진 부분은 방송계에 전설로 남아 있다.

## 제8장. 엘빈호, 바닷속 또 다른 세상을 발견하다

앨빈호를 비롯해 수많은 업적을 남긴 잠수정들의 탐사 기록은 우즈홀 해양연구소의 보고서와 출판물을 통해 확인 가능하다. 그중에서도 심해열수공과 스모커에 관련된 핵심 내용은 대니얼 포나리(Daniel Fonari)와 데버라 켈리(Deborah Kelly), 마이클 퍼핏(Michael R. Perfit), 티머시 샹크(Timothy M. Shank)의 『심해의 발견(Discovering the Deep)』을 참고했다.

해저지형도 제작자 마리 타프에 관심이 있는 독자들은 스티븐 홀(Stephen Hall)이 「뉴욕타임스」 2006년 12월호에 기고한 글을 읽어보기를 추천한다.

태평양 형성의 과학적 배경이 되는 판구조론을 보다 상세하게 이해하고 싶으면 2002년 출간되어 오늘날까지 해당 분야의 필독서로 꼽히는 나오미 오레스케스(Naomi Oreskes)의 『판구조론(Plate Tectonics)』이 큰 도움이 될 것이다.

2000년도에 쓴 로버트 밸러드의 글 「끝없는 어둠(The Eternal Darkness)」은 앨빈호와 앨빈호의 심해 탐사에 대한 내용을 담고 있다. 「하버드 가제트(Harvard Gazette)」에 실린 콜린 캐버너와의 인터뷰에서는 심해에서 생명체가 형성되는 데 황이 어떤 역할을 하는지에 관해 상당한 정보를 확인할 수 있다.

## 제9장. 바다가 보내는 경고

나는 찰리 베론과 개인적으로 연락을 취한 덕분에 그레이트배리어리프에서 발견된 산호 탈색 현상이 나타내는 재앙의 전조 신호에 대해 한층 잘 이해할 수 있었다. 이언 매캘먼(Iain McCalman)의 『그레이트배리어리프의 화려한 역사(The Reef: A Passionate History)』는 산호초에 서식하는 생물들이 처한 위험 등 그레이트배리어리프의 현상을 생물학적·문화적으로 폭넓게 다루고 있다.

스미스소니언의 지원으로 운영되는 해양학 연구센터인 하와이 마린GEO(MarineGEO)의 메리 하거돈은 지속적인 수온 상승으로부터 산호를 지키기 위한 프로젝트에 참가 중이다. 하거돈의 출판물은 정보 전달 측면에서 매우 유용하고, 전개 방식이 아주 흥미롭다. 그레이트배리어리프의 해양공원 당국이 편찬한 보고서 역시 산호 탈색 현상에 대해 상세하게 서술하고 있다.

나는 마크 브러질의 『일본의 자연(The Nature of Japan)』을 통해 도리시마섬의 앨버트로스를 되살린 하세가와 히로시의 위대한 업적을 처음으로 알게 됐다. 옥스퍼드 피트리버스 박물관 웹사이트에서는 하와이 전통 망토의 의미를 상세하게 설명해놓은 논문을 확인할 수 있다.

2014년 9월 28일 자 「뉴욕타임스」에는 래리 엘리슨이 하와이제도의 라나이섬을 사들이며 원대한 계획을 세웠다는 내용을 담은 존 무알름의 기사가 실렸는데, 당시 이 기사는 엄청난 주목을 받았다. 무알름의 의견은 기사가 실리기 6개월 전 내가 라나이섬을 방문했을 때 받은 인상과 별반 다르지 않았다.


## 제10장. 미국과 중국의 충돌

오늘날 태평양 서쪽 먼 곳에서 점차 영향력을 넓히며 미국을 위협하고 있는 중국을 주제로 한 빌 헤이턴(Bill Hayton)의 『남중국해(The South China Sea)』, 로버드 해딕(Robert Haddick)의 『바다의 불씨(Fire on the Water)』, 로버트 캐플런(Robert Kaplan)의 『아시아의 가마솥(Asia's Cauldron)』이 글을 쓰는 데 많은 도움이 됐다. 하지만 상황은 급변하고 있고 이미 위에 언급한 책들은 다소 시대에 뒤처진 연구 자료가 되었다. 그러니 최근 중국의 정세를 파악하고 싶은 독자들은 미국 전략국제문제연구소, 아시아학회(The Asia Society), 국제위기그룹(International Crisis Group)의 출판물을 참고하기를 바란다.

2012년 발표된 국제위기그룹의 보고서 229호 「남중국해를 둘러싼 분쟁(Stirring Up the South China Sea)」은 특히나 유용한 정보를 담고 있다. 그리고 분쟁의 배경과 관련해 한층 더 심화된 내용을 확인하고 싶은 독자들에게는 알프레드 마한의 『해양력이 역사에 미치는 영향』을 추천한다. 앞으로 해군이 세상에 어떤 영향을 미칠지에 대한 궁금증이 조금이나마 해소될 수 있을 것이다.

마지막으로, 태평양을 둘러싼 복잡한 영토 분쟁과 관련된 자세한 내용은 그레그 재프(Greg Jaffe)가 2012년 8월 1일 「워싱턴포스트」에 기고한 글에 매끄럽게 설명되어 있다.

## 에필로그. 파도가 전하는 메시지

하와이 전통 카누를 본떠 만든 호쿨레아호의 항해에 대한 자세한 사항은 2017년까지 매일 호쿨룰루의 폴리네시아항해협회를 통해 지속적으로 보도될 예정이다. 샘 로(Sam Low)의 저서 『하와이키의 부상(Hawaiki Rising)』은 하와이안 르네상스가 시작된 배경을 다루고 있다. 또한 벤 피니의 『조상의 지혜와 함께하는 항해(Sailing in the Wake of the Ancestor)』는 폴리네시아 전통 항해술에 대해 자세히 서술하고 있으며, 데이비드 루이스(David Lewis)의 매력적인 책 『항해사(We, the Navigators)』 역시 많은 도움이 됐다.

# 참고 문헌

Armitage, David, and Alison Bashford, eds. *Pacific Histories: Ocean, Land, People*. New York: Palgrave, 2014.

Bain, Kenneth. *The Friendly Islanders*. London: Hodder, 1967.

Ballard, Robert. *The Eternal Darkness: A Personal History of Deep-Sea Exploration*. Princeton, NJ: Princeton University Press, 2000.

Barker, Holly. *Bravo for the Marshallese: Regaining Control in a Post-Nuclear, Post-Colonial World*. Belmont, CA: Wadsworth, 2013.

Barlow, Thomas. *The Australian Miracle: An Innovative Nation Revisited*. Sydney: Picador, 2006.

Barrie, David. *Sextant: A Voyage Guided by the Stars and the Men Who Mapped the World's Oceans*. London: William Collins, 2014.

Beaglehole, J. C. *The Exploration of the Pacific*. Stanford, CA: Stanford University Press, 1934.

Bentley, Jerry H., et al., eds. *Seascapes: Maritime Histories, Littoral Cultures, and Transoceanic Exchanges*. Honolulu: University of Hawaii Press, 2007.

Bergreen, Laurence. *Over the Edge of the World: Magellan's Terrifying Circumnavigation of the Globe*. New York: Harper, 2003.

Birkett, Dea. *Serpent in Paradise: Among the People of the Bounty*. New York:

Doubleday, 1997.

Blaise, Clark. *Time Lord: Sir Sandford Fleming and the Creation of Standard Time*. New York: Vintage, 2002.

Borneman, Walter R. *The Admirals: Nimitz, Halsey, Leahy, and King—he Five-Star Admirals Who Won the War at Sea*. New York: Little, Brown, 2012.

Brandt, Ed. *The Last Voyage of USS Pueblo*. New York: W. W. Norton, 1969.

Brazil, Mark. *The Nature of Japan*. Sapporo: Japan Nature Guides, 2014.

Bryant, Nick. *The Rise and Fall of Australia: How a Great Nation Lost Its Way*. New York: Bantam, 2014.

Bucher, Lloyd. *Bucher: My Story*. New York: Doubleday, 1970.

Butler, Robert. *The Jade Coast: The Ecology of the North Pacific Ocean*. Toronto: Key Porter Books, 2003.

Cameron, Ian. *Magellan and the First Circumnavigation of the World*. London: Weidenfeld, 1974.

Carson, Rachel, ed. *The Sea Around Us*. New York: Oxford University Press, 2003.

Chandler, Alfred D. *Inventing the Electronic Century: The Epic Story of Consumer Electronics and Computer Industries*. Cambridge, MA: Harvard University Press, 2001.

Cheevers, Jack. *Act of War: Lyndon Johnson, North Korea, and the Capture of the Spy Ship Pueblo*. New York: Penguin, 2013.

Chouinard, Yvon. *Let My People Go Surfing: The Education of a Reluctant Businessman. New York*: Penguin, 2005.

Collins, Donald E. *Native American Aliens: Disloyalty and the Renunciation of Citizenship by Japanese Americans in World War 2*. Westport, CT: Greenwood Press, 1985.

Cooper, George, and Gavan Daws. *Land and Power in Hawaii*. Honolulu: University of Hawaii Press, 1990.

Cox, Jeffrey. *Rising Sun, Falling Skies: The Disastrous Java Sea Campaign of World War 2. Oxford*: Osprey, 2014.

Cralle, Trevor, ed. *Surfin'ary: A Dictionary of Surfing Terms and Surfspeak*. Berkeley: Ten Speed Press, 1991.

Cramer, Deborah. *Ocean: Our Water, Our World*. New York: HarperCollins/

Smithsonian, 2008.

Cullen, Vicky. *Down to the Sea for Science: 75 Years of Ocean Research, Education, and Exploration at the Woods Hole Oceanographic Institution*. Woods Hole: WHOI, 2005.

Culliney, John L. *Islands in a Far Sea: The Fate of Nature in Hawaii*. Honolulu: University of Hawaii Press, 2006.

Cunningham, Sophie. *Warning: The Story of Cyclone Tracy*. Melbourne: Text Publishing, 2014.

Cushman, Gregory T. *Guano and the Opening of the Pacific World*. New York: Cambridge University Press, 2013.

Daniel, Hawthorne. *Islands of the Pacific*. New York: Putnam, 1943.

Danielsson, Bengt. *The Forgotten Islands of the South Seas*. London: Allen and Unwin, 1957.

—, *The Happy Island*. London: Allen and Unwin, 1952.

Dawes, Gavan. *A Dream of Islands: Voyages of Self-Discovery in the South Seas*. New York: W. W. Norton, 1980.

Denoon, Donald, et al. *A History of Australia, New Zealand, and the Pacific*. Oxford: Blackwell, 2000.

Dobbs-Higginson, Michael. *Asia Pacific: A View on Its Role in the New World Order*. Hong Kong: Longman, 1993.

Dodd, Edward. *The Rape of Tahiti*. New York: Dodd, Mead, 1983.

Dolin, Eric Jay. *When America First Met China: An Exotic History of Tea, Drugs, and Money in the Age of Sail*. New York: Norton, 2012.

Dower, John W. *Embracing Defeat: Japan in the Wake of World War Two*. New York: W. W. Norton, 1999.

Durschmied, Erik. *The Weather Factor: How Nature Has Changed History*. London: Hodder, 2000.

Dvorak, John. *Earthquake Storms: The Fascinating History and Volatile Future of the San Andreas Fault*. New York: Pegasus, 2014.

Ellis, Richard. *The Encyclopedia of the Sea*. New York: Knopf, 2006.

Emanuel, Kerry. *Divine Wind: The History and Science of Hurricanes*. New York: Oxford University Press, 2005.

Etulain, Richard W., and Michael P. Malone. *The American West: A Modern History, 1900 to the Present*. Lincoln: University of Nebraska Press, 1989.

Evans, Julian. *Transit of Venus: Travels in the Pacific*. London: Secker, 1992.

Fagan, Brian. *Beyond the Blue Horizon: How the Earliest Mariners Unlocked the Secrets of the Oceans*. New York: Bloomsbury, 2012.

Fall, Bernard B. *Hell in a Very Small Place: The Siege of Dien Bien Phu*. New York: Lippincott, 1966.

Finney, Ben. *Hokule'a: The Way to Tahiti*. New York: Dodd, Mead, 1979.

—, *Sailing in the Wake of the Ancestors*. Bishop Museum, 2003.

Fischer, Steven Roger. *A History of the Pacific Islands*. Basingstoke: Palgrave, 2002.

Fisher, Stephen, ed. *Man and the Maritime Environment*. Exeter, UK: University of Exeter Press, 1994.

Fornari, Daniel J., et al. *Discovering the Deep: A Photographic Atlas of the Seafloor and Ocean Crust*. Cambridge, UK: Cambridge University Press, 2015.

Freeman, Donald B. *The Pacific*. London: Routledge, 2010.

Friedricks, William. *Henry E. Huntington and the Creation of Southern California*. Columbus: Ohio State University Press, 1991.

Garfield, Brian. *The Thousand-Mile War: World War II in Alaska and the Aleutians*. Fairbanks: Alaska University Press, 1995.

Garnaut, Ross. *Dog Days: Australia After the Boom*. Melbourne: Redback, 2013.

George, Rose. *Ninety Percent of Everything: Inside Shipping*. New York: Henry Holt, 2013.

Gibney, Frank. *The Pacific Century: America and Asia in a Changing World*. New York: Scribner, 1992.

Gillis, John R. *The Human Shore: Seacoasts in History*. Chicago: University of Chicago Press, 2012.

Glacken, Clarence J. *Traces on the Rhodian Shore*. Berkeley: University of California Press, 1967.

Glavin, Terry. *The Last Great Sea: A Voyage Through the Human and Natural History of the North Pacific Ocean*. Vancouver: Greystone Books, 2000.

Goldsmith, Connie. *Bombs over Bikini: The World's First Nuclear Disaster*.

Minneapolis. Twenty-First Century Books, 2014.

Greely, Adolphus Washington. *Handbook of Alaska*. New York: Scribner, 1925.

Grimble, Arthur. *A Pattern of Islands*. London: John Murray, 1952.

—, *Return to the Islands*. London: John Murray, 1957.

Gurnis, Michael, et al. *Oceans: A Scientific American Reader*. Chicago: University of Chicago Press, 2007.

Gwyther, John. *Captain Cook and the South Pacific: The Voyage of the Endeavour, 1768–771*. Cambridge, MA: Houghton Mifflin, 1954.

Haddick, Robert. *Fire on the Water: China, America, and the Future of the Pacific*. Annapolis, MD: Naval Institute Press, 2014.

Haley, James L. *Captive Paradise: A History of Hawaii*. New York: St. Martin's, 2014.

Hamilton-Paterson, James. *The Great Deep: The Sea and Its Thresholds*. New York: Random House, 1992.

Harwit, Martin. *An Exhibition Denied: Lobbying the History of Enola Gay*. New York: Copernicus, 1996.

Hastings, Max. *The Korean War*. London: Michael Joseph, 1987.

Hattendorf, John B., ed. *The Oxford Encyclopedia of Maritime History*. 4 vols. New York: Oxford University Press, 2007.

Hayton, Bill. *The South China Sea: The Struggle for Power in Asia*. New Haven, CT: Yale University Press, 2014.

Henderson, Bonnie. *Strand: An Odyssey of Pacific Ocean Debris*. Corvallis: Oregon State University Press, 2008.

Hersh, Seymour. *The Target Is Destroyed*. London: Faber, 1986.

Heyerdahl, Thor. *Fatu-Hiva: Back to Nature*. New York: Doubleday, 1974.

—, *Kon-Tiki: Across the Pacific by Raft*. New York: Rand McNally, 1950.

Hill, Ernestine. *The Territory: The Classic Saga of Australia's Far North*. Sydney: Angus and Robertson, 1951.

Hinrichsen, Don. *The Atlas of Coasts and Oceans*. London: Earthscan, 2011.

Holt, John Dominis. *On Being Hawaiian*. Honolulu: Kupa'a Publishing, 1964.

Horwitz, Tony. *Blue Latitudes: Boldly Going Where Captain Cook Has Gone*

*Before*. New York: Henry Holt, 2002.

Howarth, David Armine. *Tahiti: A Paradise Lost*. London: Harvill, 1983.

Howse, Derek. *Greenwich Time and the Discovery of the Longitude*. Oxford: Oxford University Press, 1980.

Ienaga, Saburo. *The Pacific War, 1931–945*. New York: Pantheon, 1978.

Igler, David. *The Great Ocean: Pacific Worlds from Captain Cook to the Gold Rush*. New York: Oxford University Press, 2013.

Ilyichev, V. I., and V. V. Anikiev. *Oceanic and Anthropogenic Controls of Life in the Pacific Ocean*. Dordrecht: Kluwer Publishers, 1992.

Inada, Lawson Fusao. *Only What We Could Carry: The Japanese American Internment Experience*. Berkeley: Heyday, 2000.

Izzard, Brian. *Sabotage: The Mafia, Mao, and the Death of the Queen Elizabeth*. Gloucester, UK: Amberley, 2012.

Johnson, R. W. *Shootdown: The Verdict on KAL 007*. London: Chatto and Windus, 1986.

Kaplan, Robert D. *Asia's Cauldron: The South China Sea and the End of a Stable Pacific*. New York: Random House, 2014.

Kashima, Tatsuden. Foreword. *Personal Justice Denied: Report of the Commission on Wartime Relocation and Internment of Civilians*. Seattle: University of Washington Press, 1982.

Kelly, Paul. *The Dismissal: Australia's Most Sensational Power Struggle—he Dramatic Fall of Gough Whitlam*. Sydney: Angus and Robertson, 1983.

Kennedy, David M. *Freedom from Fear*. New York: Oxford University Press, 1999.

Kerr, John. *Matters for Judgment*. Sydney: Macmillan, 1978.

King, Ernest J. (Fleet Admiral). *Official Reports: U.S. Navy at War 1941–5*. Washington, DC: U.S. Navy, 1946.

King, Samuel, and Randall Roth. *Broken Trust: Greed, Mismanagement, and Political Manipulation at America's Largest Charitable Trust*. Honolulu: University of Hawaii Press, 2006.

Klein, Bernhard, and Gesa Mackenthun, eds. *Sea Changes: Historicizing the Ocean*. New York: Routledge, 2004.

Kyselka, Will. *An Ocean in Mind*. Honolulu: University of Hawaii Press, 1987.

Laderman, Scott. *Empire in Waves: A Political History of Surfing*. Berkeley: University of California Press, 2014.

Lal, Brij V., and Kate Fortune, eds. *The Pacific Islands: An Encyclopedia*. Honolulu: University of Hawaii Press, 2000.

Lavery, Brian. *The Conquest of the Ocean: An Illustrated History of Seafaring*. New York: Dorling Kindersley, 2013.

Levy, Steven. *Insanely Great: The Life and Times of Macintosh*. New York: Penguin, 1994.

Lewis, David. *We, the Navigators: The Ancient Art of Landfinding in the Pacific*. Honolulu: University of Hawaii Press, 1972.

Linklater, Eric. *The Voyage of the Challenger*. New York: Doubleday, 1972.

Linzmayer, Owen W. *Apple Confidential 2.0: The Definitive History of the World's Most Colorful Company*. San Francisco, CA: No Starch Press, 2004.

London, Jack. *The Cruise of the Snark*. New York: Macmillan, 1911.

Low, Sam. *Hawaiki Rising: Hokulea, Nainoa Thompson, and the Hawaiian Renaissance*. Waipahu, HI: Island Heritage Publishing, 2013.

Lyons, Nick. *The Sony Vision*. New York: Crown, 1976.

Macintyre, Michael. *The New Pacific*. London: Collins, 1985.

Macintyre, Stuart. *A Concise History of Australia*. 3rd ed. New York: Cambridge University Press, 2009.

Mack, John. *The Sea: A Cultural History*. London: Reaktion Books, 2011.

Mahan, Alfred Thayer. *The Influence of Sea Power upon History, 1660–783*. 1890; Reprint. New Orleans: Pelican Publishing, 2003.

Malcolmson, Scott L. *Tuturani: A Political Journey in the Pacific Islands*. London: Hamish Hamilton, 1990.

Manjiro, John, ed. *Drifting Toward the Southeast: The Story of Five Japanese Castaways*. New Bedford, MA: Spinner Publications, 2003.

Marks, Kathy. *Pitcairn: Paradise Lost*. Sydney: Harper Australia, 1988.

Mason, R. H. P., and J. P. Caiger. *A History of Japan*. Rutland, VT: Tuttle, 1997.

Matsuda, Matt K. *Pacific Worlds: A History of Seas, Peoples and Cultures*. New York: Cambridge University Press, 2012.

McCalman, Iain. *The Reef: A Passionate History*. Melbourne: Penguin, 2013.

McCune, Shannon. *The Ryukyu Islands*. Newton Abbot: David and Charles, 1975.

McEvedy, Colin. *The Penguin Historical Atlas of the Pacific*. New York: Penguin, 1998.

McLean, Ian W. *Why Australia Prospered: The Shifting Sources of Economic Growth*. Princeton, NJ: Princeton University Press, 2013.

Megalogenis, George. *The Australian Moment*: *How We Were Made for These Times.* Melbourne: Penguin, 2012.

Melville, Herman. *Typee, Omoo, and Mardi*. New York: Library of America, 1846–9.

Michener, James. *Hawaii.* New York: Random House, 1959.

Mitchell, General William L. *The Opening of Alaska*. Anchorage: Cook Inlet Historical Society, 1982.

Moore, Michael Scott. *Sweetness and Blood. How Surfing Spread from Hawaii and California to the Rest of the World, with Some Unexpected Results*. New York: Rodale, 2010.

Moorehead, Alan. *The Fatal Impact: An Account of the Invasion of the South Pacific, 1767–840*. London: Hamish Hamilton, 1966.

Morgan, Ted. *Valley of Death: The Tragedy at Dien Bien Phu That Led America into the Vietnam War*. New York: Presidio Press, 2010.

Morison, Samuel Eliot. *The Two-Ocean War*. Boston: Little, Brown, 1963.

Morita, Akio. *Made in Japan: Akio Morita and Sony*. New York: Dutton, 1986.

Morris, Jan. *Hong Kong: Xianggang*. New York: Penguin, 1988.

Motteler, Lee S. *Pacific Island Names: A Map and Name Guide to the New Pacific*. Honolulu: Bishop Museum Press, 2006.

Muir, John. *Travels in Alaska*. Boston: Houghton Mifflin, 1915.

Nathan, John. Sony: *The Private Life*. Boston: Houghton Mifflin, 1999.

Nicholls, Henry. *The Galapagos: A Natural History.* New York: Basic Books, 2014.

Niedenthal, Jack. *For the Good of Mankind: A History of the People of Bikini and Their Islands*. Majuro: Micronitor/Bravo Publishers, 2001.

Niiya, Brian, ed. *Japanese-American History: An A– Reference, 1868 to the Present*. New York. Facts on File, XXXX.

Olson, Steve. *Mapping Human History: Genes, Race and Our Common Origins*. New York: Houghton Mifflin, 2003.

Oreskes, Naomi. *Plate Tectonics: An Insider's History of the Modern Theory of the Earth*. Westview Press, 2003.

Oosterzee, Penny van. *A Natural History of Australia's Top End*. Marleston: Gecko Books, 20014.

Paik, Koohan, and Jerry Mander. *The Superferry Chronicles: Hawaii's Uprising Against Militarism, Commercialism and the Desecration of the Earth*. Kihei, HI: Koa Books, 2009.

Paine, Lincoln. *The Sea and Civilization: A Maritime History of the World*. New York: Knopf, 2013.

Parker, Bruce. *The Power of the Sea: Tsunamis, Storm Surges, Rogue Waves, and Our Quest to Predict Disasters*. New York: Palgrave Macmillan, 2010.

Peattie, Mark. *Nanyo: The Rise and Fall of the Japanese in Micronesia, 1885–945*. Honolulu: University of Hawaii Press, 1988.

Pembroke, Michael. *Arthur Phillip: Sailor, Mercenary, Governor, Spy*. Melbourne: Hardie Grant Books, 2013.

Philbrick, Nathaniel. *Sea of Glory: America's Voyage of Discovery, the U.S. Exploring Expedition*. New York: Penguin, 2003.

Prados, John. *Islands of Destiny: The Solomons Campaign and the Eclipse of the Rising Sun*. New York: Penguin, 2012.

Pratt, H. Douglas, et al. *The Birds of Hawaii and the Tropical Pacific*. Princeton, NJ: Princeton University Press, 1987.

Pyle, Kenneth B. *Japan Rising: The Resurgence of Japanese Power and Purpose*. New York: Public Affairs, 2007.

Rankin, Nicholas. *Dead Man's Chest: Travels After Robert Louis Stevenson*. London: Faber and Faber, 1987.

Regan, Anthony J. *Light Intervention: Lessons from Bougainville*. Washington, DC: U.S. Institute of Peace Press, 2010.

Reid, Anna. *The Shaman's Coat: A Native History of Siberia*. New York: Walker, 2002.

Rhodes, Richard. *Dark Sun: The Making of the Hydrogen Bomb*. New York: Simon and Schuster, 1995.

—, *The Making of the Atomic Bomb*. New York: Simon and Schuster, 1986.

Ricketts, Edward F., et al. *Between Pacific Tides*. Stanford, CA: Stanford University Press, 1939.

Riesenberg, Felix. *The Pacific Ocean*. London: Museum Press, 1947.

Roberts, Callum. *The Unnatural History of the Sea*. Washington, DC: Island Press, 2007.

Robertson, Geoffrey. *Dreaming Too Loud: Reflections on a Race Apart*. Sydney: Random House, 2013.

Romoli, Kathleen. *Balboa of Darien: Discoverer of the Pacific*. New York: Doubleday, 1953.

Rusk, Dean. *As I Saw It*. New York: W. W. Norton, 1990.

Safina, Carl. *Song for a Blue Ocean*. New York: Henry Holt, 1997.

Segal, Gerald. *Rethinking the Pacific*. Oxford: Oxford University Press, 1990.

Sherry, Frank. *Pacific Passions: The European Struggle for Power in the Great Ocean in the Age of Exploration*. New York: Morrow, 1994.

Sims, Eugene C. *Kwajalein Remembered: Stories from the Realm of the Killer Clam*. Eugene, OR: Eugene C. Sims, 1993.

Sloan, Bill. *Given Up for Dead: America's Heroic Stand at Wake Island*. New York: Bantam, 2003.

Spate, O. H. K. *The Pacific Since Magellan*. 3 vols. Canberra: Australian National University Press, 1979.

Stanton, Doug. *In Harm's Way: The Sinking of the USS* Indianapolis. New York: Henry Holt, 2001.

Starck, Walter. *The Blue Reef: A Report from Beneath the Sea*. New York: Knopf, 1978.

Stark, Peter. *Astoria: John Jacob Astor and Thomas Jefferson's Lost Pacific Empire*. New York: Ecco, 2014.

Starr, Kevin. *Golden Gate: The Life and Times of America's Greatest Bridge*. New York: Bloomsbury, 2010.

Stevenson, Robert Louis, and Fanny Stevenson. *Our Samoan Adventure*. New York: Harper and Brothers, 1955.

Stuart, Douglas T. *Security Within the Pacific Rim*. Aldershot: Gower, 1987.

Talley, Lynne, et al. *Descriptive Physical Oceanography: An Introduction*. London: Elsevier, 2011.

Tennesen, Michael. *The Next Species: The Future of Evolution in the Aftermath of Man*. New York: Simon and Schuster, 2015.

Tess, Leah. *Darwin*. Sydney: University of New South Wales Press, 2014.

Theroux, Paul. *The Happy Isles of Oceania: Paddling the Pacific*. Boston: Houghton Mifflin, 1992.

Thomas, Nicholas. *Cook: The Extraordinary Voyages of Captain James Cook*. Toronto: Viking, 2003.

—, *Islanders: The Pacific in the Age of Empire*. New Haven, CT: Yale University Press, 2010.

Tink, Andrew. *Australia, 1901–001: A Narrative History*. Sydney: NewSouth, 2014.

Toops, Connie, and Phyllis Greenberg. *Midway: A Guide to the Atoll and Its Inhabitants*. Naples, FL: LasAves, 2012.

Turvey, Nigel. *Cane Toads: A Tale of Sugar, Politics, and Flawed Science*. Sydney: University of New South Wales Press, 2013.

United Nations. *Report of the Commission of Inquiry on Human Rights in the Democratic People's Republic of Korea*. Geneva: United Nations, 2014. Available at http://www.ohchr.org/EN/HRBodies/HRC/CoIDPRK/Pages/CommissionInquiryonHRinDPRK.aspx.

U.S. Department of Defense. Defense Nuclear Agency. *Castle Series*. Washington, DC: U.S. Government Printing Office, 1982.

Veron, J. E. N. *A Reef in Time: The Great Barrier Reef from Beginning to End*. Cambridge, MA: Harvard University Press, 2008.

Visher, Stephen Sargent. *Tropical Cyclones of the Pacific*. Honolulu, HI: Bishop Museum, 1925.

Viviano, Frank. *Dispatches from the Pacific Century*. New York: Addison-Wesley, 1993.

Walsh, Julianne. *Etto Nan Raan Kein: A Marshall Islands History*. Honolulu, HI: Bess Press, 2012.

Warshaw, Matt. The History of Surfing. San Francisco: Chronicle Books, 2010.

Weisgall, Jonathan. *Operation Crossroads: The Atomic Tests at Bikini Atoll*.

Annapolis, MD: Naval Institute Press, 1994.

Wertheim, Eric. *The Naval Institute Guide to Combat Fleets of the World*. Annapolis, MD: Naval Institute Press, 2013.

Whelan, Christal. *Kansai Cool: A Journey into the Cultural Heartland of Japan*. Rutland, VT: Tuttle, 2014.

Whistler, W. Arthur. *Plants of the Canoe People: An Ethnobotanical Journey Through Polynesia*. Lawai, Kauai: National Tropical Botanical Garden, 2009.

Whitlam, Gough. *The Truth of the Matter: An Autobiography*. Melbourne: Penguin, 1979.

Wilson, Derek. *The Circumnavigators*. New York: M. Evans and Co., 1989.

Wilson, Dick. *When Tigers Fight: The Story of the Sino-Japanese War, 1937–945*. London: Viking, 1892.

Wilson, Rob. *Reimagining the American Pacific*. Durham, NC: Duke University Press, 2000.

Winchester, Simon. *Pacific Rising: The Emergence of a New World Culture*. New York: Simon and Schuster, 1991.

Withey, Lynne. *Voyages of Discovery: Captain Cook and the Exploration of the Pacific*. Melbourne: Hutchinson, 1987.

Wood, Gillen D'Arcy. *Tambora: The Eruption That Changed the World*. Princeton, NJ: Princeton University Press, 2014.

Wozniak, Steve. *iWoz: Computer Geek to Cult Icon—ow I Invented the Personal Computer and Co-Founded Apple*. London: W. W. Norton, 2006.

Wright, Ronald. *On Fiji Islands*. London: Viking, 1986.

Yoshihara, Toshi, and James R. Holmes. *Red Star over the Pacific: China's Rise and Challenge to U.S. Maritime Strategy*. Annapolis, MD: Naval Institute Press, 2010.

Young, Louise B. *Islands: Portraits of Miniature Worlds*. New York: W. H. Freeman, 1999.

Zweig, Stefan, ed. *Decisive Moments in History*. Riverside, CA: Ariadne Press, 1999

—, *Magellan*. London: Pushkin Press, 2011.

# 찾아보기

## ㄱ

가든 아일랜드 540

갈라파고스제도 65, 447, 456

고갱, 폴 11

고난의 언덕(핏케언섬) 276, 280

고니오포라 판도라인시스 439-440, 446

고질라(블랙 스모커) 427

공동경비구역(한국 JSA) 218, 224, 232, 233

공해전투 528, 537-539

과달카날전투 273

과테말라 443

관타나모 516

관해파리 422

괌 6, 9-10, 15-17, 225, 463, 503, 520, 527, 530, 537, 541, 545

구르카족 용병 260-261, 287

구센스, 유진 362-363, 372-374

구정 대공세 266

국민당 507, 508

국제자오선회의 13, 580

국제해저기구(ISA) 429

군사혁신(RMA) 533, 535

〈그랜드 부다페스트 호텔〉 35

그랜드센트럴 터미널 44

그레이브스, 앨빈 88-89, 92, 95

그레이시, 더글러스 데이비드 257-262, 583

그레이트배리어리프 439-445, 447, 449, 450, 452, 485, 586

그린피스 433, 474

그린힐, 데니스 69

그림블, 아서 272

글래드스톤 443

글렌, 존 273

글로스터 공작 271

〈기젯〉(캐시 코너) 155-159, 186

길버트제도(키리바시 공화국) 17, 30, 271-273, 323

김일성 45, 224, 226-236

김정은 229

김정일 229

깜라인만 541

# ㄴ

나가사키 47, 62, 79, 88, 100, 147, 195, 299, 300

나가토호 75

나바르 작전 263

나스카판 407

나우루공화국 347, 385-386

나카하마 만지로 464

나폴레옹 35

날짜변경선 13-15, 29, 270, 323, 476, 580

남방진동 323, 325, 584

남베트남 262, 265, 509

남십자성 559, 561

남아프리카 156

남아프리카공화국 353

남알프스산맥 404

남중국해 290, 384, 502, 506-507, 511-517, 521-526, 530, 535, 540, 542, 551, 586

남태평양 40, 371, 376, 434, 552-553

남한 206, 218, 223-226, 228, 232, 234, 309, 583

남해9단선 506-508, 511, 513

냉전시대 47, 195, 202, 494

네덜란드 41, 242, 258

네루, 자와할랄 45, 286

네바다 핵실험 72

네바다호 72

넬슨, 허레이쇼 212

노르호 408-410

노벨 물리학상 125

노벨 화학상 49

노턴, 로절린 372-373

노틸러스미네랄 428-435, 574

노호하는 40도대 397, 461

〈누드와 바이올린〉 139

뉴사우스웨일스 363, 367

뉴사우스웨일스 음악원 373

뉴아일랜드 429

뉴올리언스 302, 310

「뉴욕타임스」 571, 73, 139, 157, 462, 582, 585, 586

뉴질랜드 12, 32, 162, 242, 277, 279, 347, 404, 467, 552

뉴칼레도니아 274

뉴헤브리디스 270, 273-274

뉴호라이즌호 365

니덤 문제 131

니덤, 조지프 131

니하우섬 485

닉슨, 리처드 38, 534, 536

# ㄷ

다리엔 지협 27, 34

다마얀 작전 307

다윈, 찰스 341

다윈시 295-302, 305, 325, 384, 386, 539, 573, 584

다이센산 148

다이아몬드헤드 사화산 7, 549

다케코시 요사부로 17, 18

대륙이동설 400, 401, 403

대서양 28, 33, 56, 125, 242, 310-314, 393, 399, 402, 426, 427, 442 528, 549

대서양중앙해령 397, 401

대영제국 252, 256, 258, 287, 360

대처, 마거릿 283-284

댜오위다오 409

더들리 포스터 423-424

덩샤오핑 282-284, 529, 531

데브라 스테이크스 413

델모니코 인터내셔널 139-140

도널리, 잭 412

도리시마 화산 463-465, 467, 485, 586

도쓰코(도쿄쓰신코교가부시키카이샤) 116-136

도요타 18, 147

도쿄 11,14, 18, 37, 61, 116, 145-151, 304, 329, 463, 544

도쿄만 19, 145-150, 203, 463, 584

도쿄통신공업주식회사 111, 116, 126

도호 대학교 465

돌(Dole) 332, 477

돌, 제임스 479

돌아올 수 없는 다리 219-220, 224, 225, 232, 237

동남아시아국가연합(ASEAN) 494

동남아시아 16, 244, 257, 542

동방해외컨테이너라인(OOCL) 200

동태평양해팽 397, 406, 408, 416, 422, 426

동해 150, 202

둥젠화 253, 255-256

둥하오위안 247-255

듀크 카하나모쿠 174-176, 186

듀크, 도리스 7

디, 샌드라 157, 158, 186

디에고가르시아섬 200

디엔비엔푸 전투 241, 258, 264, 583

디포, 대니얼 29

딩고 베이비 38


# ㄹ

라나이섬 477-485, 574, 586

라니냐 325, 330, 31

라모스, 피델 510

라바울 429

라인 제도 475

라인배커 작전 266

라파누이 552

랄리크 열도 66

래틀리프, 스마일리 278

래플스, 스탬퍼드 270

랴오닝호 524–526, 533

러스크, 딘 196, 583

러시아 28, 88, 242, 516, 520, 533, 534, 555

러키드래곤 5호 99–102

런던, 잭 155, 165–168, 174, 186, 582

레 둑 토 266

레닌, 블라디미르 36

레돈도 비치 173–174, 178

레이테 만 305–307

로런스, 윌리엄 73

로런스, 제임스 212

로마 프리에타 지진 491

로버트섬 511

로브슨, 폴 365

「로빈슨 크루소」 29

로스비파 333

「로스앤젤레스타임스」 182

로스앨러모스 연구소 64, 76,–77, 88, 90, 582

로이나무르 24

로젠블루스, 마셜 93–94

로클리어 3세, 새뮤얼 309–310, 336

롤링선더 작전 266

롱겔라프 섬 92, 95–102

루루호 408, 411–415, 422, 423

루손섬 492, 496, 507, 531

루스벨트, 시어도어 474, 499, 529, 533

루스벨트, 프랭클린 62, 85

루첸스, 에드워드 360

류화칭 529–532, 534, 535

「르몽드」 59

리디포드, 찰스 195

리모트 아일랜드 국립해양기념물 475

리비, 윌러드 48–49

리콴유 510

ㅁ

마그나복스 145

마그마 404, 456, 493, 495, 498

마노아 10

마누스 난민수용소 385–386

마다가스카르 398, 551

마르코스, 페르디난드 491

마르키즈 11, 553

마리 타프 399, 401, 407, 585

마리버드랜드 27

마리아나제도 15, 463, 475, 531

마셜, 앤드루 534-538, 541

마셜, 조지 195-197

마셜제도 15-16, 23-26, 30, 59-70, 85, 87, 90, 103, 571, 580

마스터돔 작전 259

마쓰시타 144

마오리족 32, 41

마오쩌둥 45, 52, 343

마은산 492

마우이 482, 560-561

마이크로그리드 482

마이크로소프트 124, 478

마젤란, 페르디난드 15, 34, 56, 565, 567

마젤란해협 28, 29, 34

마주로섬 9, 15, 18, 574

마추픽추 166

마카오 290, 524, 532

마크 트웨인 168

마타이바섬 562

마한, 알프레드 세이어 489, 529, 532, 586

「만프레드」 295

매든—줄리언 진동 334

매스게임 227, 230

매코이, 마이크 557

맥아더 마을 306

맥아더, 더글러스 306

맨해튼 프로젝트 64, 99

머독, 데이비드 481-483

머리 매클리호스 282

머스크사 컨테이너 운송 라인 521

먼로 트레일 480

멘지스, 로버트 343, 357

멜라네시아 32, 274, 551, 563

멜버른 299, 343, 351, 377

멜빌, 허먼 12

멩켄, 헨리 루이스 374

모로족 16, 307

모리타 아키오 112-122, 126, 129, 134-138, 143, 572, 582

무루로아 환초 52, 277

문화혁명 250

미국 국가안전보장국(NSA) 200-201, 203

미국 전략국제문제연구소 541, 586

미국 지질연구소 493, 495, 499

미국 태평양사령부 544

미국 해군정보부 525

미국지리학협회 지도 195-196, 222, 398

미나마타병 37

미드, 마거릿 385

미드웨이제도 99, 462, 467, 472

미드웨이호 496

미쓰비시 127

미얀마 11, 223, 224, 380, 384

미크로네시아 9, 14-20, 25, 32, 303, 550, 563, 581

민다나오 302, 307

밀라이 학살 38, 266


ㅂ
──

바누아레부섬 476

바누아투 274, 531, 545

바다 대륙 28, 323

바오다이 262, 265

바운티호 275, 276, 278

바이런, 조지 고든 295

바하마 245, 443

바하칼리포르니아 422

박정희 206, 221

박중국 216, 219

반덴버그 기지 25

반도체 125, 128, 133, 141

반자이 파이프라인 183-184

발보아, 바스코 누네즈 데 27, 34-35, 565

배너호(정보 수집선) 199

배서스트섬 297

배시풀(음파탐지기) 409

배타적경제수역 509

백호주의 374-377

밴쿠버 109-110, 285, 286, 484

뱅크스, 조지프 439, 552, 553

버뮤다 194, 285

버진아일랜드 285

버처, 로이드 201-214, 219-220, 583

범스테드, 앨버트 195, 398

베넬롱 포인트 363

베니스 비치 172, 178

베란, 하인리히 407

베론, 찰리 439-442, 445-447, 452, 574, 586

베르사유조약 270

베링육교 161

베링해협 27, 28

베이스서지 81, 83

베이커 핵 실험 78-81, 84, 87

베트남 30,38, 45, 258-269, 343, 383-384, 507-509, 511, 512, 514, 541, 583

베트남전쟁 30, 266-267, 494, 509, 541, 583

벨 연구소 125, 127, 131-134, 582

벨리즈 443

벵골만 495

보닌 제도 463

보르네오섬 270, 332, 503, 507, 514, 531

보응우옌잡 264-265

보츠와나 333

본스틸 3세, 찰스 하트웰 196-198, 214, 222, 237, 398, 583

봄베이 캐슬 511

부로바 135, 137

부시, 조지 H. W. 499

부시, 조지 W. 474-475, 499

「부유하고 행복한 나라」 341, 383

북극성 559

북베트남(베트남민주공화국) 262, 269

북보르네오 271

북아메리카판 405, 406

북회귀선 315, 471

「불을 지피다」 165

불의 고리 405-406, 429, 491, 503

브라운, 브루스 182,

브라질 78, 246, 285, 331, 434

브레머턴 200, 203

브루나이 270, 508

브루킹스 연구소 538

브룩, 루퍼트 12

브룩헤이븐 연방연구소 96

브리타니아호 288-290

브리티시컬럼비아 332

브링크, 프랜시스 263

블라이 선장 275

블랜디, 윌리엄 64, 66-67, 70, 74, 79, 82

블랭크 먼데이 185

「비글호 항해」 341

비노그라드스키, 세르게이 418-419

비숍 박물관 457, 561

비숍, 아이다 297

비스마르크 군도 161

비스마르크해 429

비슬라마어 273

비치보이스 182

비키니의 헬렌(수소폭탄) 21, 81

빅토리아 여왕 175

빙엄, 하이럼 166


## ㅅ

사드 541

사라왁 270, 336

사리넨, 에로 364

사우스조지아 465

사이공 258-261, 263, 266-269, 494, 583

사이클론 33, 297-303, 314, 317, 322, 331, 573

사이판 62

사카와호 74

산요 144

삼성 145

삼합회 251, 253

상하이 11, 150, 247, 308, 583, 533, 544

새러토가호 103

샌더스, 돈 298

샌드위치제도 454

샌디에이고 545

샌타모니카 171

샤프 113

서울 37, 38, 196, 206, 219, 223, 233, 235, 544

석유수출국기구(OPEC) 345

선군사상 231

세계기상기구 312-313

세계문화유산 103, 370, 447, 452, 453

세미팔라틴스크 핵실험 52

세인트헬레나 285

세인트헬렌스 화산 404, 491

세컨드토머스 사주 515, 516

센카쿠 열도 467, 527, 531, 542

셀커크, 알렉산더 29

셰익스피어, 윌리엄 201, 517

소니 39, 111-144, 229, 572-573, 582

소비자 가전 141-142, 144, 150

소프트파워 241

손, 그레임 371

손, 베이즐 371-372

『손자병법』 489, 515

솔로몬제도 271, 273, 347

솔턴호 397

쇼클리, 윌리엄 125

수마트라섬 491

수비크만 495-496, 502, 540

수비크만 해군기지 493-494, 499

수소폭탄 47, 52, 57-58, 73, 77, 88-91, 100, 101, 395-396, 581

술라웨시 386

스나크호 165, 167, 170

『스나크호의 항해』170, 582

스리랑카 372, 380

스미스, 데이비드 351

스미토모 제철 18

스와데시 226

스웨덴 233-234

스위스 143, 233-236

스카버러 암초 511

스탈린, 이오시프 45, 46

스털링 해군기지 540

스톤커터스섬 287

스트라우스, 루이스 99-101

스프래틀리 제도 508-509, 514, 516, 531

슬레서, 케니스 439

슬로틴, 루이스 76-77, 89

슬리피(음파탐지기) 409

시게이트 176

시드니 11, 175, 341, 348, 357, 359–364, 372–374, 378, 389, 585

시드니 교향악단 362–363, 372

시드니 수어스 57–58, 581

시베리아 313, 375

시아나호 423

시애틀 142, 150, 245, 478

시에라산맥 336

「신시내티 인콰이어러」 98

신이여, 여왕을 구하소서(영국 국가) 344

실리콘밸리 124

실바니아 145

심프슨, 조지 454–455

심프슨, 프랜시스 455

심해열수공 394, 395, 397, 417–421, 428, 585

쓰나미 32, 81–82, 325, 405, 491, 495

쓰레기 소용돌이 470–471, 568


ㅇ


아라푸라해 296, 384

아르고(수중탐사로봇) 396

아메리칸사모아 475

아민, 이디 226

「아사히신문」 118

아오테이어러우어 12, 552

아이비 마이크 폭탄 88, 89, 91

아인슈타인, 알베르트 55

아일랜드 169, 174, 376, 380, 404

아킨소호(전함) 80–81, 581

아편전쟁 286, 289

아후울라 453–456

악마불가사리 449–450

악마의 핵 77, 581

안다만제도 448

알라카이 늪지대 459

알래스카 8, 11, 28, 46, 461, 463, 467, 491, 494, 513,

알래스카 아우크만 470

알래스카 원주민 560

알래스카 지진 406

알류샨 461

알류샨 열도 406, 503

알류샨산맥 461, 491

알류트족 32

알터, 호비 180–185

앙골라 349

애드미럴티섬 385

애벗 포인트 450–452

애스킨, 밥 366

애틀랜틱시티 176

애팔래치아호 73

앤더슨, 웨스 35

앨버트 코언 111-112

앨버트로스 397, 461-468, 477, 586

앵거스 409-410

「야성의 부름」 165

양쯔강 432, 545

에네웨타크 환초 52, 71, 88-90, 581

에드먼드, 존 451-452

에머슨, 랠프 월도 547

에버리지, 대임 에단 359

에이브러햄링컨호(항공모함) 496

에이블 72, 74, 76-78, 82

에이전트 오렌지 266

에콰도르 21, 261, 317, 372

엔버 호자 178

엘니뇨 249-264, 252, 258

엘리슨, 래리 477-485, 586

엘리자베스 2세 247, 271, 275, 359, 368, 370

열대수렴대 317

영국연방 347

오든, 위스턴 휴 193

오라클 477, 478, 481

오바마, 버락 475, 539

오스트레일리아 원주민 348, 381, 442, 456

오아후섬 548, 550

오오(새) 458-460

오웰, 조지 195, 228

오일쇼크 344

오즈번, 셰인 519-520

오키나와 306, 307, 500, 506, 518, 536, 541

오키나와호 269

오페라하우스 359-373, 585

오펜하이머, 로버트 55, 99

오호츠크해 469

올로(서핑 보드) 164, 176

와글란섬 287

와스홀, 바이런 482

와이어트, 벤 67-69

와이즈뮬러, 조니 175

왓슨, 제임스 131

왕웨이 519-520

요코스카항 146, 147, 500, 525, 584

요코하마 149, 329

요코하마항 146, 203-204

우디섬 511-514

「우먼스 홈 컴패니언」 155, 169, 582

우엘크, 스티븐 214-215

우즈홀 해양연구소 394-396, 408, 409, 417, 422, 580, 585

웃손, 예른 363-370, 373

「워싱턴포스트」 539, 587

워커, 길버트 320-325, 335, 584

워커순환 322-324, 333, 335

워크맨 119, 142

원자력위원회(AEC, Atomic Energy Commission) 56-58, 98, 100, 104

웨스턴일렉트릭 127, 132

웨스트모얼랜드, 윌리엄 266

웨이하이 532

위니펙 109, 112, 137

유카탄반도 443

응우옌 왕조 263

이누이트 32

이부카 마사루 112-128, 132-151, 572, 582

이스터섬 12, 551-552, 554, 563

이스트먼, 조지 136

이와마 가즈오 128, 132-134, 143

이이위 (새) 458-459

이키스, 해럴드 L. 85

인데버호 443, 552

인도 544

인도네시아 32, 296, 324, 332, 375, 384, 386, 507, 555

인도양 28, 68, 385, 407, 427, 443, 549, 551

인도-오스트레일리아판 404

인도차이나반도 41, 241, 244, 257

인도차이나전쟁 262, 266

『인류 역사의 위대한 순간』 35

인민해방군 508, 524, 529-532, 534, 538, 539

인종차별 353, 379

인호프, 제임스 310

일본 해양연구개발기구(JAMSTEC) 329, 330, 572, 584

일본공업계측회사(JIMCO) 113

임페커블호 521-525

잉카문명 160, 161, 166

ㅈ

자카르타 11, 553

장쩌민 510

잭슨, 제임스 45

적도무풍대 561

제1차 세계대전 17, 61, 80, 177, 262, 270, 376

제2차 세계대전 17, 21, 37, 44, 52, 62, 66, 80, 111, 125, 147, 198, 245, 256, 258, 271, 355, 376, 377, 385, 398, 581

제네바협약(1954) 265

제퍼스, 로빈슨 6, 42

조지워싱턴호 307, 308

존슨, 린든 217-218, 266

존슨사우스 암초 509, 514

주체사상 226, 231

중국 광저우 544

「중국과 사랑에 빠진 사나이」 131

중립국휴전감시위원단 233, 234

지구 시뮬레이터 2 329-330

지브롤터 200, 285

지중해 33, 395, 528, 549, 565

진주만 7, 18, 72, 75, 92, 295, 303, 502, 541, 571, 584


ㅊ

차고스 뱅크 443

채텀호 289

챌린저호 398

처칠, 윈스턴 139, 259, 261

천국의 문 38

천저우 534

체니, 딕 499

체라푼지 459

최저중심기압 312-314

추크섬 19, 557

「출애굽기」 68

취나드, 이본 187

츠바이크, 슈테판 35-36

칠레 38, 407

칠레 지진 406

침보테 317-3

ㅋ

카디건베이호 507

카우아이 459, 485

카우펜스호 524-526

카워드, 노엘 139

카이로회담 507

카이세이호 473

칼뱅주의자 166

캄차카반도 8, 404, 503, 530, 573

캐나다 109, 110, 111, 137, 273, 314, 333, 347, 378, 429, 563

캐롤라인제도 15, 16, 556, 559

캐버너, 콜린 417-419, 585

캐스케이드산맥 336, 406, 407

캐슬브라보 실험 87-95, 581

캔버라 299, 348, 351, 354, 357, 379

캔터베리호 275

「캡틴 쿡의 다섯 가지 비전」 439

커, 존 347-354, 585

커티스호 92

케네디, 로버트 F. 38

케네디, 존 F. 196, 217, 266, 273

케산 전투 266

케언스 384

케이힐, 조 363

코너, 캐시 157, 186

코로나 델 마르 178

코리올리, 귀스타브 334

코스라에섬 557

코코스판 407

코프라 29

콘티키호 160, 550, 554

콜리스, 잭 412, 414

콰절린 환초 9, 21–26, 61, 62, 65, 66, 86, 96, 98, 571, 573, 580, 584

쿠릴 열도 148, 406

쿡, 제임스 8, 270, 443, 456, 457, 552–553, 560

쿡섬 12

퀸, 샐리 매 139

퀸메리호 246

퀸엘리자베스호 241–255, 290, 291, 583

큐나드 라인 242–247, 254

크라카타우 화산 81, 82, 406, 491

크라켄 393

크레센트 군도 511

크로스로드 작전 70–73, 77–78, 83, 84, 87, 581

크롤리, 알레이스터 372

크리스천, 스티브 279

크리스천, 플래처 275, 279

클라크 공군기지 493–495, 497, 499, 502

클라크 폼 184–185, 582

클라크, 조지 '그러비' 181–186

클리퍼턴섬 274

클린턴, 빌 378

키니, 애벗 171–172

키리바시 28–29, 273, 323, 475–476

키케로 36

키티호크호 500–502

키팅, 폴 353

키플링 270, 567


ㅌ

타라와 28–29

타이완 해협 525, 542

타이태닉호 396

타이핑다오 516

타히티 12, 17, 40, 325, 557–563

탄소순환 444

탄소연대측정법 49–51

태평양 솔루션 385

태평양판 404–407, 463

테니슨, 앨프리드 393

톈안먼 광장 284, 286, 288

톈안먼 사태 285, 286, 529

토마호크 미사일 537

톰프슨, 나이노아 562–563

톰프슨, 하워드 157

통일교 합동결혼식 38

통킹만 507

투아모투제도 561, 562

트랜지스터라디오 39, 127, 134-137, 141, 229, 572, 582

트레이시 300, 302, 305, 309, 312, 324, 336, 584

트루로섬 511

트루먼, 해리 45, 55-58, 62, 63, 87, 581

트리스탄다쿠냐섬 175


ㅍ

〈파도 속으로〉 182

〈파도를 타는 사나이〉 169, 582

파라셀제도 507, 508, 509, 511, 518

파렐리, 엘리자베스 367

파이포 164-165, 167

「파퓰러사이언스」 179

판구조론 403-404, 416, 585

판도라 암초 439-440, 442, 447

판문점 216, 218, 219, 223-224, 228, 232, 236

판타랏사 8

팔라우 19, 500, 531, 538, 545

팜비치호 199

팡가니방 산호초 509-510

패러것, 데이비드 212

패터슨, 레슬리 콜린 357-359, 366

페렐순환 334

포드, 알랙산더 흄 167-169, 186

포드, 제럴드 224

포모사 532

포츠담회담 507

폭스콘 145

폰페이섬 9

폴 버니언 작전 224

폴란드 233, 234

폴리네시아 항해사 564, 566

푸에블로호 194, 199-224, 237, 583

푹스, 클라우스 47

풀라우 18

프레이저, 맬컴 346, 353, 584

프라이스, 조지 168-176, 186, 582

프린츠오이겐호 21, 75

플루토늄 30, 47, 64, 73, 76-77, 83, 89, 581

피나투보산 406, 490-499, 509, 512, 537, 540, 546

피니, 벤 577

피닉스제도 323

피트리버스 박물관 453-454, 456, 574, 586

필드, 샐리 157

필리핀판 463

핏케언섬 271, 276-281, 475, 581

핏케언제도 275-281, 584

## ㅎ

하버브리지 360

하세가와 히로시 460-461, 465-467, 468, 574, 586

「하얀 송곳니」 165

하와이안 르네상스 557, 562, 587

하이난섬 507, 513, 518, 520, 521, 532

한국전쟁 194, 216, 218, 219, 265

해들리순환 334

해리 더그힐런 76

「해양력이 역사에 미치는 영향」 489, 532, 586

핸더슨비둘기 278

핸슨, 폴린 379-382, 388, 585

헌팅턴, 헨리 171-173, 582

험프리스, 배리 359

헤위에르달, 토르 160, 161, 550

호누아, 말라마 547,-549, 564, 573

호지스, 두에인 210, 214, 218, 219, 220

호찌민 45, 50, 260, 262-265

호찌민루트 266

호쿨레아호 548-550, 558, 560-565, 573, 587

혼, 도널드 341, 383

홀트, 해럴드 343

황록공생조류 446-447

후안페르난데스제도 29

후지산 146

훔볼트해류 319

휘태커, 돈 98

휘틀럼, 고프 342-354, 378, 584

휴스, 데이비스 366, 367, 369

흄, 엘리자베스 45

흰배바다수리 445, 456

히구치 아키라 116

히말라야호 371

히젠, 브루스 399, 402, 407

힌즈, 러스 359

힌즈, 크리스티 359

## 영문

ABNJ(국가관할권을 벗어나는 이원해역) 473

B-29 46, 65, 77

B-52 폭격기 225, 395, 527

BP(before present) 51, 551, 581

CBC 111

CIA(미 중앙정보국) 509

DMZ 204, 214, 223, 225, 231-234

**ENSO(엘니뇨-남방진동)** 323, 330–331, 333, 584

**EP-3 정찰기** 518–521, 525

**FA-18C 호닛 전투기** 501

**IBM 라인** 463

**NHK** 126

**NYK 컨테이너선** 146

**RAF** 21

## 숫자

**38선** 197–199

KI신서 6318

# 태평양 이야기

**1판 1쇄 인쇄** 2017년 9월 11일
**1판 1쇄 발행** 2017년 9월 18일

**지은이** 사이먼 원체스터 **옮긴이** 김한슬기
**펴낸이** 김영곤 **펴낸곳** (주)북이십일 21세기북스

**출판사업본부장** 신승철
**정보개발팀장** 이남경 **책임편집** 박영미
**해외기획팀** 임세은 채윤지
**표지 디자인** 김현주 한성미
**출판마케팅팀** 김홍선 최성환 배상현 신혜진 박수미 김선영 나은경
**출판영업팀** 이경희 이은혜 권오권 홍태형
**홍보기획팀** 이혜연 최수아 김미임 박혜림 문소라 전효은 백세희 김세영
**제휴팀** 류승은 **제작팀** 이영민

**출판등록** 2000년 5월 6일 제406-2003-061호
**주소** (우 10881) 경기도 파주시 회동길 201(문발동)
**대표전화** 031-955-2100 **팩스** 031-955-2151 **이메일** book21@book21.co.kr

**(주)북이십일 경계를 허무는 콘텐츠 리더**

21세기북스 채널에서 도서 정보와 다양한 영상자료, 이벤트를 만나세요!
장강명, 요조와 함께하는 팟캐스트 말랑한 책수다 **'책, 이게 뭐라고'**
페이스북 facebook.com/21cbooks 블로그 b.book21.com
인스타그램 instagram.com/21cbooks 홈페이지 www.book21.com

**ISBN** 978-89-509-6265-4 03900